Edition Maritim

ROD HEIKELL

Französische Mittelmeerküste und Korsika

Häfen und Ankerplätze

Edition Maritim

Autor und Verlag übernehmen für Irrtümer, Fehler oder Weglassungen keinerlei Gewährleistung oder Haftung. Die Pläne dienen zur Orientierung und nicht zur Navigation; sie ersetzen also keineswegs Seekarten oder Seehandbücher.

Bibliografische Information Der Deutschen Bibliothek
Die Deutsche Bibliothek verzeichnet diese Publikation in der Deutschen Nationalbibliografie; detaillierte bibliografische Daten sind im Internet über „http://dnb.ddb.de“ abrufbar.

3. Auflage 2004
ISBN 3-89225-235-1

Titel der englischen Originalausgabe:
Mediterranean France and Corsica
Imray, Laurie, Norie & Wilson Ltd, St Ives, Huntingdon

Umschlaggestaltung: Buchholz/Hinsch/Hensinger, Hamburg
Übersetzung: Christiane Hauert, Hamburg
Druck und Bindung: Westermann Druck Zwickau GmbH, Zwickau
Fotonachweis
alle Fotos Rod Heikell bis auf:
Lu Michell: Seite 8, 73, 74, 75, 134, 145, 237, 252, 272, 276, 279, 284, 289, 303, 308, 309, 311, 313, 314, 315

Titelfoto: St-Jean-Cap Ferrat und die Anse de Fosses

Printed in Germany 2004

Vertrieb: Delius Klasing Verlag, Siekerwall 21, 33602 Bielefeld
Tel.: 0521/559-911, Fax: 0521/559-114
E-Mail: info@delius-klasing.de · www.delius-klasing.de

Inhalt

Vorwort

Der Süden Frankreichs bezaubert mit einer Vielzahl von Bildern und Eindrücken: das Yachtmekka des Mittelmeers – die architektonisch schönsten Marinas der Welt – angenehme Sportboothäfen in schöner Umgebung – eine hervorragende Küche zu einem guten Preis-Leistungs-Verhältnis – exzellente Weine – Sandstrände – heiße, wolkenlose Tage und das immer blaue Mittelmeer.
Sie werden bemerken, dass die Beschreibung der südfranzösischen Küste selten einsame Ankerplätze, kleine Fischerhäfen oder ruhige Tage an der Küste umfasst. Erwartet man relativ unentdeckte Buchten zum Ankern, wenig besuchte Fischerhäfen, ist man enttäuscht – sie existieren nicht mehr.
Will man Südfrankreich wirklich entdecken, muss man sich der dortigen Lebensart und dem typischen Flair unter den Wassersportlern anpassen. Die meisten Städte entlang der Küste warten mit sommerlichen Festivitäten und allen Arten von Vergnügungen auf: Karneval mit viel nächtlichem Rummel, Jazz- oder klassische Konzerte – oft unter freiem Himmel – oder Straßenmusik. Auch Veranstaltungen mit lokaler Folklore und örtlichen Künstlern findet man überall. Mit Feuerwerken feiert man die jeweiligen Schutzpatrone oder einfach die Tatsache, dass Sommer ist. Pétanque wird nach wie vor auf den schattigen Plätzen der Städte gespielt. Die permanenten Ausstellungen der Museen vermitteln den Eindruck, dass sich im Süden Frankreichs der Welt umfangreichste Sammlung postimpressionistischer Kunst befindet.
Das Leben an der Küste kann man entspannt in einer Bar oder einem Restaurant genießen, denn Essen und Trinken sind ein wesentlicher Bestandteil eines Segelsommers an der französischen Mittelmeerküste.
In einem gewissen Maße entziehen sich die Sportschiffer dem „typischen Touristendasein", denn das Reisen auf dem Wasser löst vielfältige Begegnungen mit Land und Leuten aus: Praktische Dinge wie Marktbesuche, das Kraftstofftanken oder die Suche nach Reparaturmöglichkeiten bescheren Seglern wie Motorbootfahrern viele Kontakte mit Einheimischen sowie Einsichten, die „normalen" Touristen verborgen bleiben. Man verliert automatisch seine Vorurteile, und die Vorbehalte der Franzosen gegen einen selbst werden im täglichen Miteinander schnell verschwinden.
Wer Frankreich schon ein wenig kennt, weiß, dass es ganz wesentliche Unterschiede zwischen dem Norden und dem Süden gibt: in der Lebensart, der Kultur und schließlich der Sprache, die man kaum versteht, wenn sie mit dem typischen örtlichen Akzent gesprochen wird.
Viele südfranzösische Dialekte unterscheiden sich ganz erheblich vom erlernten Schulfranzösisch. Der des Französischen Kundige wird zwar verstanden, doch ihm wird es schwer fallen, den Einheimischen zu verstehen.
Mit dem Akzent verbindet man in Südfrankreich eine typische Gestik und Mimik, wie sie in allen Mittelmeerländern von Spanien bis zur Türkei üblich sind. Versteht man diese „Zeichensprache", ist es sehr viel leichter, sich ohne große Konversation verständlich zu machen.
Südfrankreich wirklich kennen zu lernen ist einen Versuch wert. Es gibt entlang der Küste unendlich viel zu entdecken – darunter kulturelle Zeugnisse aus Jahrhunderten und eine unvergleichlich schöne Landschaft.
Südfrankreich bietet beides: eine aufregende Vielfalt und die Behäbigkeit des Südens. Von beidem können Sie sich schnell einfangen lassen.
Doch ich möchte davor warnen: Bei mir endete es mit einer Heirat; damit bin ich diesem mediterranen Lebensstil unentrinnbar verbunden.
Dieses Buch widme ich meiner Frau Odile Marie Suzanne Heikell.
Rod Heikell
Aix-en-Provence 1990

Vorwort zur zweiten Auflage

In vielerlei Hinsicht hat sich in Südfrankreich wenig gewandelt, und gerade das macht wohl auch mit seinen Reiz aus. Im Gegensatz zu vielen anderen Regionen erlebt man den Tourismus hier eher familär und unspektakulär. Der Verzicht auf übertriebene Baumaßnahmen lässt den Urlauber auch nach Jahren „seinen" Ort wiedererkennen, ohne dass er auf die Verrückten fluchen müsste, die alles ruiniert hätten.
Dennoch haben sich für diese neue Auflage eine ganze Reihe von Änderungen ergeben. Die Pläne und Hinweise zur Navigation werden nun durch farbige Luftaufnahmen der meisten Hafenanlagen an der Südküste vervollständigt. Trotz meines Widerwillens, mich aus einem vom Wind hin- und hergerüttelten kleinen Flugzeug zu lehnen, bin ich schließlich mithilfe einiger steifer Beruhigungswhiskys zu recht anständigen Aufnahmen gekommen. Alle Pläne sind auf ihre Aktualität geprüft und korrigiert sowie eine

ganze Reihe neuer Karten hinzugefügt worden. Zu den Plänen finden Sie nun auch die Wegpunkte der Häfen, die sich zum Eingeben in das GPS oder in die elektronische Seekarte eignen. Die Texte wurden, soweit nötig, um aktuelle Angaben sowie einen Hinweis auf die Liegegebühr ergänzt, sodass man bereits vor der Ankunft eine Vorstellung von den zu erwartenden Kosten hat.

Von den vielen Informanten, die mir von Neuerungen berichteten, möchte ich Kerr Whiteford und Chrissy Cansdell, Chris Bruce von der SY WELSH WARRIOR, Claire James von der PHOENICIAN, Christopher Buckley von der WANDERING MOON sowie Willie Wilson und dem Team von Imray ganz besonders danken.

Rod Heikell
London 1996

Danksagung

Ich danke Odile für ihre Begleitung und „Entschlüsselung" Südfrankreichs; Graham Sewell für die helfende Hand in Italien und rund um Korsika sowie Katrina – Lavezzi wird unvergessen bleiben; Colin Michell und Yvette für ihre Begleitung in Griechenland; Joe Charlton für die Unterbringung und die Hilfe für TETRA beim Kranen in Levkas; Robyn für die Gastlichkeit, Neil für die Holzarbeiten; Adonis für seine Hilfsbereitschaft; Christo und Mila; Madame Marguerite Bertolotti für Geduld und Nachsicht in Martigues; Madame Odette Meni für ihre Bouillabaisse; Elaine für die beste französische Küche, die ich je genossen habe; Dave und Claire Elderkin; Olivier und Louise von der ARIÈGE; Alan Walker; Nell und Rob für ihre Einführung in die Welt von Bits und Bytes; Luise Grose für die Aufstellung des Registers; William Wilson und der Imray-Crew für ihre stete Sorgfalt beim Zusammenstellen dieses Buches. Leider sind die Fehler allein meine.

Vorwort zur dritten Auflage

In den letzten Jahren ist es in den Gewässern im Süden Frankreichs voller geworden, und wie in vielen anderen Ländern gibt es einen starken Zuwachs von Boots- und Yachteignern zu verzeichnen, die segelnder oder motorender Weise die Wasserstraßen bevölkern. Das gesteigerte Interesse an nautischen Dingen ist vielleicht durch die zunehmende Popularität von Veranstaltungen in der Art eines Volvo Ocean Races oder der großen Transatlantik-Regatten beeinflusst. So mancher hat sich vielleicht vom America's Cup in Auckland vielleicht aber auch von Klassikertreffen und Wettfahrten, die das Mittelmeer mittlerweile regelmäßig beehren, inspirieren lassen. Und last but not least ist das beschriebene Phänomen natürlich auch Ausdruck des wachsenden Wohlstandes in Europa.

Was immer die Gründe sein mögen – für den Fahrtensegler bedeutet es, dass er besonders in den Monaten Juli und August bei der Suche nach Liegeplätzen nicht allein sein wird. Dennoch bleibt es die Ausnahme, dass eine Marina eine Yacht abweisen muss. Die Hafenmeister sind es gewohnt, die Marinas bis in die hinterste Ecke zu belegen. Yachten über 15 Meter Länge sollten jedoch ihr Kommen einen Tag im Voraus ankündigen, was natürlich hauptsächlich während der Hochsaison für die besonders beliebten Häfen an der französischen Mittelmeerküste gilt. Im Kreise der Super- und Megayachten ist dies ohnehin üblich. Zur Erleichterung habe ich für diese dritte Auflage alle verfügbaren Telefon- und Faxnummern sowie E-Mail-Adressen zusammengetragen. Außerhalb der Saison wird jedes Schiff auch ohne Anmeldung einen Platz finden, und auf Korsika lässt sich dann mancherorts gar die ersehnte Einsamkeit genießen.

Die vorliegende farbige Ausgabe ist von mir während einer Frankreich- und Korsika-Rundreise aktualisiert worden, wobei mich die liebenswürdige Lu mit zahlreichen Fotos und Recherchen unterstützt hat. Sie war es auch, die diese Fassung hingebungsvoll redigiert und die neuen Informationen eingefügt hat. Gerade etwa bei der zeitaufwändigen Kontrolle der Kennungen der Leuchttonnen und -türme oder der Koordinaten der Wegpunkte ist eine unendliche Geduld und Ausdauer vonnöten, die ich keineswegs unterschätzt wissen möchte. Auch allen anderen, die mich mit zusätzlichen Informationen versorgt haben, gilt mein ausdrücklicher Dank: beispielsweise den Mitgliedern der Cruising Association, die in dem Revier segelten und wertvolle Hinweise bereithielten. Des Weiteren sollen Dave und Claire Elderkin Erwähnung finden, die mir in Hyères Unterkunft und Unterstützung gewährten. Dank schulde ich außerdem Jean-Louis und Martine, Murray Pereira für seine geschichtlichen „Leckerbissen" und jenem freundlichen Paar in Porto Vecchio, deren Namen ich mir leider nicht aufgeschrieben habe. Natürlich haben sich auch Willie Wilson und seine Leute von Imray bei der Fertigstellung des Buches wieder einmal ordentlich ins Zeug gelegt und auch Ihnen allen gilt mein aufrichtigster Dank!

Rod Heikell
Dodekanes 2002

Einführung

An der nur 350 sm langen Mittelmeerküste Frankreichs liegen so viele Häfen wie in keinem anderen Land am Mittelmeer. Die größte Entfernung zwischen zwei Häfen beträgt 30 sm. Es gibt aber auch Küstenabschnitte, z. B. am Golfe de Napoule, wo Sie an einer 5 sm langen Küstenstrecke vier Marinas, zwei Flusshäfen an der Siagne und drei kleinere Häfen für flachgehende Boote vorfinden. Fast überall sind die Versorgungsmöglichkeiten ausgezeichnet: Strom, Wasser, Treibstoff und Lebensmittel sind eigentlich in jedem Hafen zu bekommen, und die Auswahl an Restaurants ist besonders in der Hauptsaison sehr vielfältig.

An der korsischen Küste liegen die Häfen und Marinas etwas weiter auseinander; die Versorgung ist ebenfalls gut. Zusätzlich bietet die Küste zahlreiche Buchten und Naturhäfen in einer oft traumhaft schönen Landschaft, die zum Ankern einlädt.

Natürlich herrscht an einer Küste mit so vielen Yachtliegeplätzen reger Betrieb auf dem Wasser. Besonders in den Monaten Juli und August sowie an den Wochenenden kann es manchmal schwierig werden, einen Liegeplatz zu bekommen. Deshalb sollten sich Yachten über 15 m Länge einen Platz über UKW-Sprechfunk reservieren lassen. Ab einer Schiffslänge von 25 m ist es ratsam, die Liegeplätze längerfristig vorzubestellen.

Die Ankerplätze sind im Sommer oft nur tagsüber belegt oder überfüllt, und es wird an scheinbar ungeeigneten und ungeschützten Stellen, z. B. vor offener Küste, geankert. Das liegt daran, dass zumindest die französischen Yachtsportler meist zum Abend ihren Ankerplatz verlassen und einen sicheren Hafen aufsuchen. So sind einige Buchten bei Dunkelheit nahezu verwaist.

Gerade in den letzten Jahren ist der Wassersport in Frankreich immer beliebter geworden, und die Bootsbauunternehmen prosperieren – die beiden weltgrößten Yachtwerften haben ihren Sitz in Frankreich. Auch der Dienstleistungsbereich hat sich erheblich ausgeweitet. Reparaturwerkstätten, Yachtausrüster und Segelmacher sind in allen größeren Häfen zu finden. Die Bedingungen für eine Yachtüberholung sind nirgends so günstig wie in Frankreich; allerdings liegen die Kosten nicht gerade im unteren Bereich.

Yachthäfen

Unter einem Yachthafen oder einer Marina wird in diesem Buch ein Sportboothafen mit guten Versorgungseinrichtungen verstanden. Meist finden Sie nahe der Einfahrt einen Empfangskai („Quai d'Accueil") vor, an dem Sie vorübergehend festmachen, um sich im Hafenbüro („Capitainerie") einen Liegeplatz zuweisen zu lassen. Die Büros sind meist über den UKW-Kanal 09 bzw. 16 oder 12 zu erreichen, sodass man sich nach freien Plätzen erkundigen kann. In fast allen Häfen gilt eine Höchstgeschwindigkeit von 3 kn. Meist besteht ein Ankerverbot. Die verschiedenen Arten des Festmachens, z. B. an Moorings, Pfählen oder Tonnen und an Querschlengeln, werden im Folgenden erklärt.

Liegeplätze

In den meisten Häfen und Marinas Südfrankreichs und Korsikas liegt eine Yacht mit dem Bug oder Heck zum Kai bzw. zum Schwimmsteg, wobei es verschiedene Methoden gibt, von diesem Abstand zu halten. Besonders bei stärkerem Wind von der Seite kann es Nerven kosten, rückwärts in eine enge Box zu manövrieren. Sie sollten reichlich Fender ausbringen und Ihre Yacht lieber das letzte Stück ohne Maschinenhilfe bugsieren. Yachten ab 11 m Länge lassen sich vorwärts erheblich besser handhaben. Außerdem liegen Sie mit dem Bug zum Anleger ungestörter, weil niemand ins Cockpit sehen kann.

Moorings

Mooringbojen sind mit einem Gewicht am Grund verankert, mit dem sie durch eine Leine und eine Kette verbunden sind. Nehmen Sie die Boje oder die Leine auf, und setzen Sie diese so dicht, dass die Yacht nicht an den Kai oder Schlengel stoßen kann.

In Marinas, die dem Mistral oder Tramontane ausgesetzt sind, wird an Pfählen statt Bojen festgemacht

Zum Schutz gegen scharfkantigen Muschelbewuchs und Schmutz sollten Sie bei diesem Manöver Handschuhe tragen. Nehmen Sie nicht die Kette an Bord, die das Deck und die Beschläge beschädigen könnte, sondern befestigen Sie eine Leine an einem Kettenglied.

Pfähle und große Tonnen

Legen Sie eine Leine um die Pfähle bzw. ziehen Sie diese durch den Ring auf den großen Tonnen. Die Leine wird erst dichtgesetzt, nachdem am Kai oder Schlengel festgemacht ist. Günstig ist, die lange Leine auf Slip zu nehmen, weil Sie dann leichter ablegen können.

Querschlengel

Gehen Sie längsseits an den Querschlengel, und bringen Sie Springs aus, um die Yacht vom Hauptschlengel abzuhalten. Da die kleinen Schlengel wenig Auftrieb haben, sollte man diese nur mit Vorsicht betreten und damit rechnen, dass sie unter die Wasseroberfläche absinken.

Gastliegeplätze

Bis auf wenige Ausnahmen verfügen alle in diesem Führer genannten Yachthäfen über Gastliegeplätze. Wer in der Hochsaison einmal keinen Platz gefunden hat, mag im Zorn zumindest leise Zweifel ob der Existenz aller dieser Plätze hegen. Dazu sei angemerkt, dass die in diesem Führer verwendeten Daten allesamt aus Unterlagen, herausgegeben von den betreffenden Häfen selbst, stammen.

Gastliegeplätze werden von durchreisenden französischen wie ausländischen Yachten in Anspruch genommen und stehen im Prinzip allen Booten zur Verfügung, die keinen Dauerliegeplatz im Hafen besitzen. Da es in Frankreich üblich ist, seine Yacht in der Hochsaison über Wochen oder gar Monate in einen anderen Hafen zu verlegen, werden in den Heimathäfen Dauerliegeplätze frei, während unverhältnismäßig viele Gastliegeplätze bereits durch länger liegende Gäste belegt sind.

Allgemein werden Segel- wie Motoryachten auch in der Hochsaison auf geschäftige Hafenmeister treffen, die notfalls auch auf unkonventionelle Weise einen Liegeplatz für Gastlieger zu organisieren wissen. Dennoch sollte man wenn möglich während der Sommermonate einen Gastliegeplatz in den bekanntermaßen beliebten Häfen im Voraus bestellen. Das gilt vor allem, wenn ein längerer Aufenthalt geplant ist. Wer Reservierungen umgehen möchte, sollte in der Hochsaison von Mitte Juni bis Mitte

September, auf jeden Fall aber im Juli und August, die französische Riviera, Teile der Côte d'Azur und bestimmte Yachthäfen auf Korsika meiden. Abschließend noch die Empfehlung, doch bitte nicht den Hafenmeister dafür verantwortlich zu machen, wenn sich einmal kein freier Gastliegeplatz finden lässt.

Ankern

In vielen kleinen Buchten und in den fjordähnlichen Naturhäfen („Calanques") ist es üblich, zusätzlich zum Anker noch eine Leine zum Land auszubringen. So kann man raumsparend ankern, weil die Yachten nicht schwojen. Außerdem kann eine Yacht mit den zusätzlichen Leinen in den Wind oder Schwell gedreht werden, sodass diese ruhiger liegt.

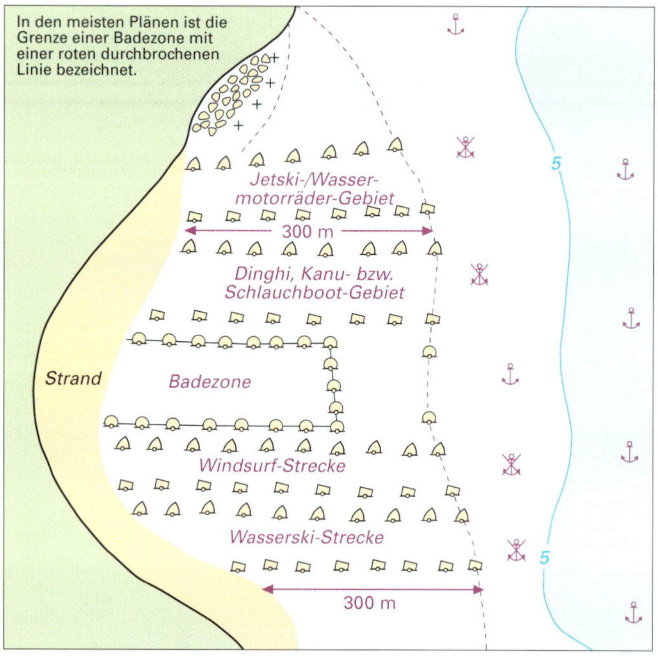

Badezonen vor den Stränden sind meist mit einer Reihe kleiner gelber Bojen markiert. Innerhalb dieser Bojen besteht ein Fahr- und Ankerverbot. Häufig ist ein schmales Fahrwasser zum Strand ausgespart, das von Speedbooten oder Wasserskiläufern benutzt wird. Dieses Fahrwasser darf beim Ankern nicht versperrt werden. Im Allgemeinen gilt eine Höchstgeschwindigkeit von 5 kn bei weniger als 300 m Landabstand sowie in kleineren Buchten oder Golfen.

Die Yacht und ihre Ausrüstung

Maschine

Eine zuverlässige Maschine ist unbedingt notwendig, um die Yacht bei den unvermeidbaren Windstillen vorwärts zu motoren. Des Weiteren braucht man sie, um auch einmal gegen starken Wind anzumotoren. Ein kraftvoller Motor stellt eine unschätzbare Hilfe dar, wenn starke Winde und die kurzen steilen Seen des Mittelmeers die Einsteuerung in den Hafen erschweren, was leider häufig vorkommt. Ein Benzinmotor, ob als Innen- oder Außenborder, kann im heißen Mittelmeerklima sehr gefährlich werden, da die hohen Außentemperaturen das Benzin leicht verdampfen lassen und die Gefahr einer Explosion ungleich höher ist als in gemäßigteren Klimazonen. Das Gleiche gilt natürlich auch für den Außenborder, ob er nun für das Beiboot oder als Notantrieb auf einer Motoryacht verwendet wird. Besonderes Augenmerk ist jedenfalls auf die Belüftung und auf den Stauraum für das Benzin zu legen.

Beim Einbau einer neuen Maschine sollte man darauf achten, dass eine im Mittelmeerraum vertretene Marke gewählt wird. Eine dort unbekannte Maschine mag vielleicht im Kauf preisgünstiger sein, doch im Schadensfall werden die Beschaffung von Ersatzteilen aus dem Ausland und die fehlende Erfahrung der Mechaniker garantiert höhere Kosten verursachen. Gegen eine marinisierte Maschine ist grundsätzlich nichts einzuwenden, doch beachte man, dass Ersatzteile für einen solchen Motor meist nur im Ursprungsland zu kaufen sind. Ein Handbuch, in dem auch eventuelle Service-Werkstätten verzeichnet sind, kann sich als ein unschätzbarer Wert erweisen! Gängige im Mittelmeerraum vertretene Marken sind Volvo Penta, marinisierte Ford-Motoren, Perkins, Yanmar, Mercedes, Caterpillar, MAN sowie marinisierte GM-Diesel.

Lüftung

Die meisten in Europa gebauten Yachten verfügen für das Mittelmeerklima über keine ausreichende Lüftung. Zusätzliche Luken, Windhutzen und eine zusätzliche Wärmeschutzisolierung können hier Abhilfe schaffen. Windhutzen, die frische Luft durch das Vorluk unter Deck leiten, sind eine sehr empfehlenswerte Investition. Es gibt inzwischen zahlreiche, zum Teil sehr gute Ausführungen fertig zu kaufen.

Sonnensegel

Ein gutes Sonnensegel gehört zur notwendigen Ausrüstung einer Yacht im Mittelmeer. Viel Zeit wird im Cockpit zugebracht, und daher sollte das Sonnensegel so gestaltet sein, dass eine bequeme Sitzhöhe über den Cockpitbänken gewährleistet ist. Zusätzliche Seitenteile, mit denen man sich vor der tiefstehenden Abendsonne schützen kann, sind ein ideales Extra.

Das Sonnensegel sollte aus dunklem Segeltuch gefertigt sein, weil helle Materialien ein unangenehm grelles Licht erzeugen. Nylon oder Terylene beginnen schon bei der geringsten Brise zu schlagen und zu knallen.

Ein ständiges Sonnensegel, das oberhalb der Sprayhood aufgeriggt ist, ähnlich dem Bimini-Sonnenverdeck der Karibik, schützt nicht nur im Hafen, sondern auch während der Fahrt unter Motor oder beim Segeln.

Einige Skipper fürchten bei auffrischender Brise um das Sonnensegel, aber ich habe die Erfahrung gemacht, dass man den Sonnenschutz erst ab 35 Knoten Wind (Bft 8) wegnehmen muss. Auf meiner TETRA habe ich das Sonnensegel auf der gesamten Reise nach Südostasien und zurück nicht abbauen müssen, und auf der SEVEN TENTH habe ich es nur während des Hurrikans George eingeholt. Die rund 8000 Seemeilen bis in die Karibik und zurück ins Mittelmeer blieb das Bimini im Prinzip fest installiert.

Kühlschrank

Ein Kühlschrank wird im Mittelmeerraum von vielen als Notwendigkeit angesehen. Er beansprucht die Bordbatterie allerdings ganz erheblich, sodass eine zusätzliche Batterie sinnvoll ist, um den Stromverbrauch sicherstellen zu können. Auf den Kühlschrank entfallen 50–60 Prozent des gesamten Stromverbrauchs einer Yacht. Kleinere Yachten ohne zusätzliche Lichtmaschine oder Wellengenerator können sich mit der Installation von Solarzellen oder Windgeneratoren helfen.

Absorber- und Peltier-Kühlschränke arbeiten bei den hohen Außentemperaturen nicht besonders effektiv. Kompressoren mit Speicherkühlung, die ihre Energie entweder von der Batterie (hoher Stromverbrauch) oder der Maschine (hohe Anschaffungs- und Einbaukosten) beziehen, arbeiten am wirkungsvollsten.

Im Allgemeinen ist die Isolierung der meisten Kühlschränke nicht ausreichend – Isoliermaterial von 10 cm Dicke sollte das Minimum sein. Empfehlenswert ist ein Modell, das von oben geöffnet wird, da die kalte Luft nicht bei jedem Öffnen des Kühlschrankes auf den Boden verströmt.

Eis

Stangeneis oder lose Eisstücke sind in vielen Häfen erhältlich – in Fischereihäfen gibt es eher Stangeneis, während in den Shops der Yachthäfen oftmals Tüten mit Eiswürfeln zu kaufen sind. Fertiges Eis ist die preisgünstigste Methode, um an Bord Lebensmittel kühl zu halten. Im Hochsommer erreichen die eventuell installierten Kühlgeräte ohnehin nicht oder nur unter Schwierigkeiten die gewünschte niedrige Temperatur.

Dusche

Eine Dusche an Bord ist nicht verkehrt. Allerdings ist es sehr viel praktischer, wenn man sie draußen an Deck oder im Cockpit benutzen kann; zum Beispiel um nach dem Schwimmen das Salz des Mittelmeeres abzuspülen. Das erfordert einen großen oder sogar zweiten separaten Wassertank. Die so genannten „Solarduschen“ – ein schwarzer Plastiksack mit Schlauch und Duschkopf – sind recht nützlich. Man muss aber darauf achten, dass das Wasser – besonders im Juli und August – nicht zu heiß wird, wenn der Sack längere Zeit in der Sonne gehangen hat.

Im Sommer kann es sehr heiß werden, und nicht immer wird man die Möglichkeit oder den Wunsch haben, zur Abkühlung baden oder duschen zu gehen, zumal Letzteres die Trinkwasserreserven angreift. Eine wassersparende und zugleich äußerst effektive Alternative bietet eine Sprühflasche, wie man sie zum Besprühen von Zimmerpflanzen verwendet. Hiermit werden alle der Sonne ausgesetzten Körperteile, also das Gesicht und der Nacken, die Arme und Beine usw. befeuchtet, was zu einer deutlichen und als sehr angenehm empfundenen Abkühlung des Körpers bei minimalem Wasserverbrauch führt.

Abwassertanks

Noch sind Abwassertanks für Privatfahrzeuge in französischen Gewässern keine Pflicht, doch das schützt niemanden vor einer Strafe, der in einem Yachthafen oder einer Bucht Abwasser nach draußen pumpt. Schon in naher Zukunft werden solche Tanks gesetzlich vorgeschrieben sein.

Installationen dieser Art sollten zum einen die Möglichkeit bieten, Abwässer aus dem Boot zu pumpen, wobei dies theoretisch außerhalb der Dreimeilenzone geschieht, denn nicht in allen Yachthäfen gibt es Abpumpvorrichtungen. Schon aus schlichter Rücksichtnahme sollte die Bordtoilette in Häfen und Ankerbuchten nicht nach außen entleert werden, zumal in kaum einer Marina die öffentliche Toilette fehlt. Ansonsten gilt die Regel, dass es immer noch besser ist, das Abpumpen in zwei Meilen Entfernung von der Küste als in unmittelbarer Landnähe zu besorgen!

Fäkalientanks sollten mit geruchsundurchlässigen Sanitärschläuchen angeschlossen und mit einer reichlich dimensionierten Belüftung versehen sein, wenn möglich auch mit einem Belüftungsfilter. Unter der Voraussetzung des professionellen Einbaus und der Verwendung von Edelstahltanks (am besten) lässt sich mit den vorgenannten drei Vorkehrungen die Geruchsbelästigung eines Abwassertanks minimieren. Auf meinem Schiff gehen die Abwässer der Toilette immer direkt in den Tank unterhalb der Nasszelle, wobei das Seeventil der

Einheimische Boote in der Nähe von Marseille

Toilette geschlossen bleibt. Dieses wird nur zum Entleeren auf See geöffnet: Durch die Schwerkraft und mithilfe von einigen Pumpenschlägen funktioniert dies im Allgemeinen problemlos.

Anker

Vorlieben für einen bestimmten Ankertyp sind jedem selbst überlassen, die folgenden Informationen sollen helfen, mit den unterschiedlichen Ankergründen zurechtzukommen.

Oft besteht der Grund aus hartem Sand, der stark verkrautet ist. Hier haben einige Ankertypen Schwierigkeiten, durch das dichte Kraut zu dringen und sich in den Sand einzugraben. Ist das Wasser klar genug, sollte man einen Sandflecken suchen und den Anker dort fallen lassen. Danach geht man etwas achteraus, um sicherzugehen, dass der Anker tatsächlich gefasst hat. Kommt die Ankerkette oder das -tau steif, kann man sicher sein, dass der Anker sich gut eingegraben hat.

Bruce-Anker Ein guter Hauptanker mit hoher Haltekraft auch bei wenig Kettenlänge, der sich bei einer ganzen Reihe unterschiedlicher Grundarten einsetzen lässt. Allerdings hat der Bruce-Anker auf stark verkrauteten Böden Schwierigkeiten. Er sammelt gelegentlich große Klumpen Kraut an seinen Flunken, die erst entfernt werden müssen, bevor man einen neuen Versuch startet.

CQR-Anker Ein guter Hauptanker, der in Schlick und Sand gut hält, in allzu weichem Schlick aber zieht. Er hat Schwierigkeiten, durch dichtes Kraut zu dringen, und sammelt häufig große Klumpen Seegras an seinen Flunken, die anschließend entfernt werden müssen.

Delta-Anker Ein neuer Ankertyp, ähnlich dem CQR-Anker, aber ohne beweglichen Teil. Seine starre Konstruktion aus einem Stück macht ihn unverwüstlich, und durch seine Form dreht er sich stets so, dass er fasst – ganz gleich, wie er auf dem Grund landet.

Bügelanker Eine deutsche Konstruktion, bestehend aus einem einzigen geschmiedeten Flunken, an dessen Oberseite ein halbrunder Bügel den Flunken so dreht, dass er sich in den Grund gräbt. Geeignet auch für harten Sandgrund und dicken Grasbewuchs.

Danforth-Anker Hält gut in Schlick und Sand und geht durch dichten Krautbewuchs, sammelt aber auch oft große Klumpen Kraut an seinen Flunken, die entfernt werden müssen. Der Danforth lässt sich besonders gut als Warpanker benutzen.

Fortress-Anker Ein modifizierter Danforth, der aus einer Aluminium-Magnesium-Legierung besteht und daher sehr leicht ist. Er widerlegt die herkömmliche Meinung, dass ein Anker schwer sein muss, um zu halten. In der Praxis kann dieser Anker sehr leicht mit dem Beiboot ausgebracht werden.

Stockanker Hervorragend, um durch Kraut hindurchzudringen, hat aber nicht die Haltekraft der Pflugscharanker. Er hält auf steinigem Grund, in dichtem Kraut und besonders weichem Schlamm, in dem die meisten Ankertypen nicht fassen.

Draggen Nur als Anker für das Beiboot nützlich, nicht mehr.

Segel

Segeltuch leidet unter der starken mediterranen Sonneneinstrahlung mehr, als es in weiter nördlichen Regionen der Fall ist. Es ist von Vorteil, das Großsegel mit einer Persenning zu schützen und die Vorsegel in Segelsäcken wegzustauen, sobald sie nicht mehr benötigt werden. Wenn man eine Rollfock hat, sollte man am Vor- oder Unterliek einen Opferstreifen anbringen, der das Segel in eingeholtem Zustand schützt.

Rollreffanlagen sind inzwischen viel häufiger anzutreffen, als solche an Stagreitern, was für ihre praktische Handhabung spricht.

Großsegel-Reffsysteme, bei denen das Segel in den Mast gerollt wird, sind zuverlässiger und häufiger geworden, obwohl beim Segelschnitt noch immer Abstriche hinzunehmen sind. Dennoch kann eine solche Vorrichtung unter manchen Umständen durchaus hilfreich sein. Daneben existieren etliche Alternativen zur leichteren Handhabung eines Großsegels. So sind mittlerweile Vorrichtungen zum Einrollen des Segels in den Baum technisch gut entwickelt, was auch für das Aufwickeln des Segels unter einer Persenning gilt. Beide Varianten eignen sich für konventionell wie durchgelattete Großsegel. Des Weiteren gibt es zahlreiche Vorrichtungen zur Erleichterung des Großsegelbergens wie etwa das Lazy-Jack-System, das oftmals mit einem permanent am Baum befestigten Segelkleid kombiniert wird, welches auch das weggereffte Tuch aufnimmt. Ich benutzte dies auf der TETRA und habe es auch auf der SEVEN TENTH installiert. Es vereinfacht die Handhabung des Segels, ohne auf den Schnitt Einfluss zu nehmen.

Passerelles (Laufplanken)

Laufplanken können eine kunstvolle Gangway sein oder einfache Bohlen. Es ist sinnvoll, am landseitigen Ende zwei Räder anzubringen, damit das Holz nicht ständig auf dem Kai scheuert und damit die eigene Nachtruhe und die der Nachbarn stört.
Yachten, die gewöhnlich mit dem Bug zum Kai bzw. Schlengel oder Steg liegen, verfügen oftmals über eine Art Leiter, die im Bugkorb eingehakt wird und das An- und Von-Bord-Gehen erleichtert. Andere Yachten besitzen einen zweigeteilten Bugkorb in U-Form, der mit einem Trittbrett versehen ist.

Navigation

Navigationsinstrumente

Neben den üblichen Navigationsinstrumenten für die Arbeit in der Seekarte wird hier nicht mehr an Navigationsausrüstung als für andere Küstenreviere benötigt, in der Praxis vielleicht sogar weniger. Außer einem Steuerkompass, einem Handpeilkompass, einem Echolot und einer Logge ist kaum etwas erforderlich.
Ein Echolot ist sehr hilfreich, obwohl man außerhalb der großen Industriehäfen keine Schwierigkeiten hat, bis auf den Grund zu sehen. Es erfordert aber einige Übung, die Wassertiefe richtig abzuschätzen.
UKW-Sprechfunkanlagen sind in Frankreich weit verbreitet, und fast alle Marinas unterhalten einen Hafenfunkdienst auf UKW. Nähere Informationen zu Küstenfunkstellen siehe unten. Angaben zu den UKW-Kanälen finden sich bei den Angaben über die Ansteuerung der Häfen und Marinas. Die aktuellen Angaben über Küstenfunkstellen sind dem Jachtfunkdienst Mittelmeer (BSH-Nr. 2159) zu entnehmen.

Elektronische Navigationshilfen

Global Positioning System (GPS) Die ursprüngliche Bezeichnung NAVSTAR (NAVigation System by Time and Ranging = Navigationssystem mittels Zeit und fixer Punkte) beschreibt die Funktionsweise viel besser als GPS. Die Funktionsweise des GPS ist sehr einfach und von jedem, der terristische Navigation gelernt hat, sofort zu verstehen. Wenn man die Position und die Entfernung von einem Objekt kennt, kann man von diesem Objekt eine Standlinie ziehen. Peilt man die Entfernung zu drei bekannten Objekten, bekommt man drei Standlinien und somit einen sehr genauen Schiffsort. Das GPS-Gerät peilt die Position und Entfernung von drei Satelliten, weil die Uhr in dem Gerät ungenau sein kann und die Signale durch die Ionosphäre abgelenkt werden. Die erzielte Genauigkeit liegt bei solchen Ergebnissen mit 95 % Wahrscheinlichkeit bei 20 m.
Moderne GPS-Geräte empfangen die Signale von bis zu 12 Satelliten gleichzeitig und verwenden sie zur Positionsbestimmung. Die Geschwindigkeit, mit der moderne Geräte die Position nach dem Einschalten anzeigen, liegt bei 30 Sekunden. Solche Geräte haben zudem eine Software, die dem Benutzer die verschiedensten Auswertungen und Darstellungsformen der Daten ermöglicht. Man kann die Geschwindigkeit über Grund, den Kompass- und den wahren Kurs, den Kurs sowie den Abstand zum nächsten Wegpunkt und die Abweichung vom Kurs ablesen.
Die Positionsbestimmung mit einem GPS-Gerät ist die preiswerteste Navigation und kostet nicht mehr als ein guter Handpeilkompass. Die modernen Mehrkanal-GPS-Geräte erreichen eine Genauigkeit zwischen 5 und 10 m. Das ist genauer, als der Segler seine Position wissen muss.
Trotzdem kann die sehr feine Positionsangabe des GPS-Gerätes mit den zwei Stellen hinter dem Komma irreführend sein. Das liegt ganz einfach daran, dass die Seekarten nicht präzise genug sind. Beachten Sie den Hinweis am Ende.
Weil Satelliten von Zeit zu Zeit zur Wartung abgeschaltet werden und es Gebiete gibt, in denen sie keine genauen Werte liefern – wobei diese Störungen nach meiner Erfahrung nicht länger als eine Stunde dauern – sollte man den Autopilot nicht über das GPS-Gerät steuern. Der Autopilot steuert nämlich nach dem wahren Kurs und erkennt nicht Strömungen und Tiden. Ansonsten kann es einem ergehen wie der Yacht in der Karibik, die auf ein Riff lief, weil der unaufmerksame Eigner die Fehlmeldung seines GPS-Gerätes nicht wahrnahm. Das GPS-Gerät hielt entsprechend der letzten empfangenen Satellitendaten und ohne Korrektur wegen Strömung und anderer Fehler exakt Kurs auf das Riff.

DGPS Im französischen Mittelmeerraum werden verschiedene DGPS-Stationen erprobt, doch da das konventionelle GPS bereits so wenig verfälschte Daten liefert, ist die DGPS-Unterstützung zu vernachlässigen.
DGPS-Stationen befinden sich auf Cap Béar sowie auf der Ile de Porquerolles.
SDGPS (satellite differential GPS) arbeitet mit einem Netz von Referenzstationen an Land, die Empfangssignale der einzelnen Satelliten an einem geografisch bekannten Ort messen und sie dem Nutzer als DGPS-Korrekturwerte (Umlaufbahn des Satelliten, Uhrzeit, Übertragungsfehler aufgrund von Störungen in der Atmosphäre und Ionosphäre) zur Verfügung stellt. Dann wird ein GPS-Korrektursignal auf derselben Frequenz der Empfangssignale an die Satelliten ausgestrahlt. Somit wird eine Positionsgenauigkeit von 2–3 m erreicht. Dieses System gibt es bereits in den USA und wird möglicherweise 2004 nach Europa kommen und hier eine Genauigkeit von 3 m erreichen. Diese zusätzliche Genauigkeit braucht jedoch kein Segler im Mittelmeer.
Galileo Diese europäische Alternative zum GPS-System soll Europa unabhängig vom amerikanischen System machen. Wenn etwa 2008 alle notwendigen Satelliten am Himmel installiert sind, sollen die Nutzer eine Lizenzgebühr bezahlen. Seitdem GPS kostenlos ist, dürfte dieses System vermutlich schneller zur Verfügung stehen.
Seekarten-Plotter Immer mehr Yachten werden mit diesen Geräten in Verbindung mit einem elektronischen System zur Schiffsortbestimmung ausgerüstet, das jederzeit auf einer digitalen Seekarte den Schiffsort der Yacht anzeigt. Sie sind eine nützliche Ergänzung am Kartentisch oder im Cockpit. Ich habe solch ein Gerät auf meiner SEVEN TENTH. Der Plotter ersetzt nicht die viel übersichtlicheren Seekarten, die ich überall hin mitnehmen und schnell an Deck holen kann, um mir einen Überblick zu verschaffen, Gefahrenstellen auszumachen oder die ganze Breite des Seegebietes zu überblicken. Man kann bei der Meldung des Plotters „Warten Sie bitte! Die neue Karte wird geladen." verrückt werden. Das geschieht meistens, wenn man den Ausschnitt vergrößern, verkleinern oder verschieben will. Ist der Plotter am Kartentisch montiert, muss man ständig rauf und runter laufen, um Sicht- und Kartennavigation aufeinander abzustimmen. Das verstärkt das Problem, die 3-D-Sicht an Deck mit der 2-D-Darstellung auf dem Plotter abzustimmen. Eine Karte im Cockpit ermöglicht den ständigen Abgleich. Dadurch wird sie zur realen Welt.
Laptop-Computer Auf vielen Yachten findet man einen Laptop als Seekartenplotter mit GPS- und Radar-Anschluss. Das kann ein nützliches Gerät sein. Viele haben jedoch folgendes Problem: Die meisten Geräte sind nicht fest montiert und somit bei hartem Wetter kaum oder gar nicht zu nutzen. Da viele bei schwerem Seegang befürchten, dass das Gerät ins Rutschen kommt, wird es weggestaut. Wer die Anschaffung eines Laptops zur Navigation und Geräteüberwachung erwägt, sollte sich überlegen, wie er ihn zur ständigen Nutzung sicher montiert oder sich eine Rechnereinheit unter dem Kartentisch, sowie einen fest montierten Flachmonitor und eine Schreibtastatur besorgen. Es gibt bereits viele wasserfeste Monitore fürs Cockpit, auf denen Seekarten, die GPS-Position und viele andere Daten dargestellt werden.
Hier einige Hinweise für den Kauf von elektronischen Seekarten:
Grundsätzlich unterscheidet man zwischen Rasterkarten und Vektorkarten. Rasterkarten sind digitale Bilder der Original-Karten. Diese sind im Bild und im Inhalt exakt identisch mit den Papierkarten und eignen sich deshalb besonders gut für den kombinierten Gebrauch von elektronischer und gedruckter Karte. Da diese Kombination auf Sportbooten vorgeschrieben ist, ist die problemlose Vergleichbarkeit des elektronischen und des gedruckten Seekartenbilds für den Komfort im Umgang mit der verwendeten elektronischen Karte sehr wichtig. Zum Beispiel können bei den digitalen Delius Klasing-Sportbootkarten die einzelnen Rasterkarten eines Maßstabs auch ohne Kartenwechsel als eine große Karte verwendet werden.
Vektorkarten sind sehr aufwändig, teuer und in erster Linie für die Berufsschifffahrt entwickelte Karten. Bei diesen Karten werden aus einer Datei mit den Informationen einer Karte erst vom entsprechenden Seekartenprogramm die Informationen zu einem Bild zusammengesetzt. Dadurch sind die Abbildungen nicht mit dem Kartenbild der gedruckten Seekarte identisch und nicht so komfortabel mit der Papierkarte vergleichbar wie bei Rasterkarten.
Der Vorteil von Vektorkarten ist die Auslesbarkeit der Karteninformationen zum Beispiel für Tiefenalarme, Nachtsichtdarstellungen mit in der festgelegten Kennung arbeitenden Leuchtfeuern und ähnlichen Funktionen. Der Nachteil ist die kompliziertere Bedienung der dazugehörigen Software sowie der deutlich höhere Preis.
Man sollte sich keinen Seekartenplotter mit übermäßig vielen Funktionen anschaffen. Jede einfache Ausführung reicht für praktische Navigation. Je mehr man auf der Bedienungsleiste herumschalten muss, desto schwieriger wird es, wenn das Schiff in den Wellen herumtanzt. Solch ein einfaches Gerät beinhaltet Wegpunktnavigation, kann Routen erstellen und speichern, hat eine vom GPS unab-

hängige automatische Logge und eine, die Fahrt- und Ankunftszeiten berechnet.
Wichtig sind leicht zu bedienende und große Icons. Denn wenn es draußen bläst und das Schiff durch die Wellen bolzt, wünscht man sich keinen Stress beim Ausarbeiten einer Route. Zumal man dann häufig allein ist, weil der Rest der Crew seekrank ist. In solchen Fällen ist eine Maus besser zu bedienen als ein Touchpad oder ein kleiner Joystick zwischen den Schreibtasten.
Laptops werden in der Regel an einen Grenzwellenempfänger angeschlossen, um so mit der entsprechenden Software Navtex-Sendungen (Seewarnnachrichten und Seewetterberichte) anzuzeigen.
Radar Die Radargeräte der neuen Generation sind sehr viel kompakter und verbrauchen nur noch ein Bruchteil des Stroms der älteren Geräte, weshalb sie inzwischen ein ausgesprochen nützliches Navigationsinstrument sind. Ihr Hauptvorteil liegt darin, dass sie eine Karte des Ist-Zustandes der Umgebung zeichnen. Das kann besser sein, als Breiten- und Längenangaben in eine oftmals ungenaue Karte einzutragen.

Zur Beachtung Obwohl inzwischen zahlreiche Seekarten für Frankreich mit grundlegenden Korrekturen neu herausgegeben wurden, ist es noch nicht gelungen, den Verlauf der Küsten und Inseln insgesamt zu aktualisieren. In vielen Fällen weichen daher die Angaben über die geografische Breite und Länge eines bestimmten Ortes von den mithilfe von Satellitensystemen zur Standortbestimmung ermittelten Angaben erheblich ab. In manchen Fällen erreichen diese Abweichungen Größenordnungen bis zu einer viertel Seemeile. Während man via GPS-Navigator einen Standort bis auf 20 m genau erhält, kann die Karte, in der man diesen Standort einzeichnet, Ungenauigkeiten bis zu einer viertel Seemeile beinhalten, vor allem was die geografische Länge betrifft. Es braucht daher wohl kaum erwähnt zu werden, dass in Landnähe mit größter Vorsicht zu navigieren ist. Der Navigation nach Sicht ist daher immer noch am ehesten zu trauen.

Versorgungsmöglichkeiten

Treibstoff
In den Hafenbeschreibungen beziehen sich die Angaben zu „Treibstoff" in den meisten Fällen auf Dieselkraftstoff. Meistens ist an den Bunkerkais in den Marinas aber auch Benzin erhältlich. Treibstoff ist fast ausnahmslos in allen Marinas an der französischen Küste zu bekommen; an der korsischen Küste sollte man etwas vorsichtiger planen.

Gas
Camping GAZ sowie Propan- und Butangas sind selbst in den kleinsten Ortschaften erhältlich. Für Yachten, die mit Propangasanlagen ausgestattet sind, kann man in Frankreich entsprechende Adapter kaufen, damit französische Gasflaschen angeschlossen werden können.

Petroleum
Es kann schwierig sein, Petroleum aufzutreiben. Man fragt nach „Pétrole kerdane".

Spiritus
In vielen Supermärkten kann man Spiritus unter der Bezeichnung „Alcool à brûler" kaufen.

Wasser
Das Wasser hat fast überall Trinkwasserqualität; es sei denn, der Hinweis „non portable" besagt das Gegenteil. In manchen Marinas gibt es zweierlei Zapfstellen, die mit dem Hinweis „portable" bzw. „non portable" beschildert sind – bei Letzteren handelt es sich um Brauchwasser zum Säubern der Yacht. Wenn man unsicher ist, welches Wasser Trinkwasserqualität hat, sollte man lieber nachfragen.
In Restaurants wird Mineralwasser getrunken, eine Vorliebe, die nichts über die Qualität von Leitungswasser aussagt und die nicht an Bord eingeführt werden sollte, da schon genügend achtlos weggeworfene Mineralwasserflaschen aus Plastik die See und die Strände des Mittelmeeres verunzieren. Ein Wasserschlauch von 20–50 m Länge – je nach vorhandenem Stauraum – ist empfehlenswert, um den Wassertank der Yacht zu füllen. Ebenso eine Auswahl verschiedener Anschlüsse – in manchen Marinas kann man gegen Hinterlegung eines Pfandes auch den passenden Adapter für die zum Teil ungewöhnlichen Wasseranschlüsse ausleihen.

Eis
Eis ist in fast allen Marinas in Form von Blöcken oder Würfeln zu erhalten. Wenn man kein entsprechendes Hinweisschild entdecken kann, fragt man in der Capitainerie nach.

Ersatzteile
In Frankreich sind fast überall Ersatzteile jeder Art zu bekommen. In jeder größeren Marina gibt es verschiedene Schiffsausrüster und Vertretungen der Hersteller von Bootsmotoren, Außenbordern sowie elektronischer Ausrüstung.

Antifouling
In den warmen Gewässern des Mittelmeers bewächst das Unterwasserschiff einer Yacht schneller als in

nördlichen Gewässern. Folglich muss ein anderes Antifouling verwendet werden.
Selbstpolierende Antifoulings wie International Micron, Blakes und Hempels Blau sind gut, solange eine Yacht in Bewegung ist und nicht längere Zeit vor Anker oder an einem festen Liegeplatz liegt. Dann nämlich übersteigt der tierische und pflanzliche Bewuchs die selbstpolierende Kraft des Antifoulings, und es baut sich schnell ab. Hart-Antifoulings wie Blakes tinfree Tiger, Hempels Hard Racing und Venziani haben sich ebenfalls bewährt, obwohl sie dazu neigen, sich schneller abzubauen. Sie haben den Vorteil, dass man sie leicht abschrubben kann und vor einem erneuten Anstrich nicht vollständig entfernen muss.
Vor Ort produzierte Weich-Antifoulings sind überall zu finden, preiswert und wirkungsvoll. Es muss allerdings darauf geachtet werden, dass Antifoulings, die Zinn enthalten, in Frankreich verboten sind.

Aufslippen

In fast jeder Marina gibt es Bootswerften, die Yachten mit Travellift, Kran oder Slipwagen schnell aus dem Wasser nehmen können. Für gewöhnlich sind die Preise angemessen und von der Nachfrage sowie dem Platzangebot an Land abhängig. Im Westen ist es allgemein etwas günstiger, doch auch an der Riviera und der Côte d'Azur existieren einige günstige Möglichkeiten. Größere Betriebe umfassen meist alle handwerklichen Sparten, kleinere können oftmals auf unabhängige Fachleute vor Ort verweisen.
Zur Slipmöglichkeit in den hier beschriebenen Yachthäfen ist stets die Höchsttonnage vermerkt. Daneben gibt es Informationen zu den Reparaturmöglichkeiten vor Ort.

Aufsichts- und Wartungsdienste

In den meisten Marinas gibt es spezielle Dienste, die z. B. Yachten während der Winterzeit oder bei Abwesenheit des Eigners an den Wasserliegeplätzen nach Auftrag durch den Eigner beaufsichtigen und pflegen bzw. warten. Zum Standardangebot gehören z. B. in vereinbarten Intervallen das Prüfen der Festmacheleinen, das Laufenlassen von Motoren, Prüfen und evtl. Laden der Batterien, Lüftung des Bootsinneren, Kontrolle von Verschlüssen, Abdeckungen, Luken etc. Diese Dienste werden am besten schriftlich vereinbart, weitere Aufgaben dann ebenfalls. Die Qualität dieser Dienste, dazu kann man auch das Urteil anderer Skipper einholen, sagt mehr über die entsprechende Marina aus, als jedes super ausgestattete Büro oder aufwändig gestaltete Hochglanzbroschüre.

Abfall

In fast allen Yachthäfen sind Müllcontainer aufgestellt, in die der tägliche Abfall gehört – denn Müll gehört nicht ins Meer! Die verstärkten Bemühungen der Franzosen, Natur und Umwelt zu schützen, sollten von allen Wassersportlern tatkräftig unterstützt werden.

Rettungsdienste

Kanäle und Frequenzen für den Not-, Dringlichkeits- und Sicherheitsverkehr über DSC auf UKW oder Grenzwelle werden von den Seenotleitstellen CROSS (Centre Régional Opérationel de Surveillance et de Sauvetage) gehört. Diese Stellen stehen nicht für den öffentlichen Nachrichtenaustausch zur Verfügung.

CROSS La Garde (MRCC)
Gebiet: Grenze Frankreich/Spanien bis Grenze Frankreich/Italien einschließlich Monaco.
Telefon: 04 94 61 71 10. MMSI 00 227 5400. Frequenz: 1696, 2677 kHz (HX), UKW-Kanal 67, 68, 69, 73, 80 (HX). Ruf: Crossmed. Not- und Sicherheitsverkehr: 2187,5 kHz, UKW-Kanal 70.
2182 kHz (H24), UKW-Kanal 16 (H24).
Sous-CROSS Corse (MRSC)
Gebiet: Küstengewässer um Korsika. Dienstzeit: Juni–Oktober 0730–2300 (GZ); November–Mai 0730–1900 (GZ). Außerhalb dieser Dienstzeiten siehe unter CROSS La Garde. Telefon: 04 95 20 13 63. MMSI 00 227 5420. Frequenz: UKW-Kanal 16 (H24), 67 (HX). Ruf: Crossmed. Not- und Sicherheitsverkehr: UKW-Kanal 70. UKW-Kanal 16.

Liegegebühren

In allen Marinas und in den meisten Yachthäfen wird Liegegeld verlangt. Meist können Sie zwischen ein und vier Stunden unentgeltlich am Empfangskai festmachen, um Informationen einzuholen oder sich zu verproviantieren. Wird diese Zeit überschritten, ist die Liegegebühr für einen Tag zu entrichten.
Für diese Auflage wurde eine Kategorisierung der Liegegebühren eingeführt. Die aufgeführten Preise beziehen sich jeweils auf eine 12-m-Yacht pro Tag während der Hochsaison von Mitte Juni bis Mitte September; in einigen Yachthäfen verlängert sich die Hochsaison von Anfang Juni bis Ende September. Außerhalb der Hochsaison liegen die Kosten weitaus niedriger, und in so manchem Hafen lässt sich ein guter Winterrabatt aushandeln. Selbst in einigen beliebten Häfen der Riviera und der Côte d'Azur ist dies möglich. Meinem Geschmack entsprechen diese Häfen ohnehin mehr als jene im Languedoc-Roussillon, wo die Urlaubsorte und Häfen im Winter Geisterstädten gleichen.

Kategorie 1: gratis
Kategorie 2: unter 25 Euro
Kategorie 3: 25–40 Euro
Kategorie 4: 41–55 Euro
Kategorie 5: über 55 Euro
Bezahlt man für eine Woche, einen Monat oder gar ein ganzes Jahr, verringern sich die Kosten ganz erheblich. Das Gleiche gilt auch für die Neben- oder Nachsaison.

Allgemeine Informationen

Fremdenverkehrsämter

In allen Ortschaften und Städten an der Mittelmeerküste gibt es Touristenbüros („Syndicat d'Initiative"), die Ihnen Auskünfte über alles Wissenswerte geben können. Es werden Gratisbroschüren und kleine Landkarten der Region abgegeben und kleinere Probleme gelöst.

Banken

Travellerschecks sowie harte Währungen werden in allen Banken mit Wechselservice akzeptiert. Geldautomaten nehmen zumeist nur Visa- bzw. Access-Karten an. Die Automaten von Crédit Lyonnais und Crédit Agricole akzeptieren dagegen nicht selten auch nichtfranzösische Karten.
Im Allgemeinen haben die Banken werktags von 0830 bis 1200 und von 1400 bis 1700 Uhr geöffnet – gewechselt wird manchmal nur bis 1500 Uhr, die Öffnungszeiten variieren aber regional. Die bekanntesten Kreditkarten wie Visa, Access und American Express werden von einem Großteil der Restaurants, Boutiquen, Tankstellen und Yachthafen-Büros angenommen.

Nationale Feiertage

Feste Feiertage sind der 1. Januar (Neujahr), der 1. Mai (Tag der Arbeit), der 14. Juli (Nationalfeiertag), der 15. August (Mariä Himmelfahrt), der 1. November (Allerheiligen), der 11. November (Waffenstillstand im Ersten Weltkrieg) und der 25. Dezember (Erster Weihnachtstag).
Bewegliche Feiertage sind Karfreitag und Ostermontag, Himmelfahrt sowie Pfingstmontag.
Die meisten Städte und Ortschaften haben Feiertage zu Ehren ihrer Heiligen, an denen Prozessionen stattfinden und Läden wie Dienstleistungsbetriebe meist geschlossen sind.

Zeit

In Frankreich gilt die Mitteleuropäische Zeit (MEZ); die Sommerzeit (MEZ + 1 Stunde) beginnt Ende März und endet im Oktober. Zwischen Frankreich und beispielsweise Deutschland gibt es somit keinen Zeitunterschied.

Waschsalons

In den größeren Marinas gibt es Waschautomaten, und alle größeren Ortschaften bieten Waschsalons, in denen Sie Ihre Wäsche selbst waschen können. In den meisten etwas größeren Ortschaften finden Sie ebenfalls Waschsalons, meistens allerdings in den weniger schicken Gegenden. Daneben existieren in Städten und größeren Yachthäfen die nicht eben günstigen Wäschereien.

Sicherheit

Diebstahl ist in Frankreich so häufig wie in jedem anderen westeuropäischen Land. Beim Verlassen der Yacht sollte diese abgeschlossen werden. Wenn Sie mehrere Tage abwesend sind, ist es ratsam, alles Wertvolle von Bord zu nehmen. In einigen Yachthäfen sorgen nachts Wachposten für Ruhe und Ordnung.

Gesundheitswesen

Reisende aus den EU-Ländern werden in dringenden Fällen kostenlos oder gegen ein geringes Entgelt behandelt. Besorgen Sie sich vor der Reise die entsprechenden Unterlagen bei Ihrer Krankenversicherung. Die medizinische Versorgung ist ausgezeichnet, kann Sie aber teuer zu stehen kommen, wenn Sie nicht versichert sind.

Post

Auf die französische Post ist Verlass, auch wenn sie manchmal nicht die schnellste ist. Nehmen Sie Ihre Briefe postlagernd („poste restante") in Empfang, oder lassen Sie sich Ihre Post in eine bestimmte Marina schicken. Letztere sollten Sie im Voraus informieren.

Lebensmittel

Die Preise sind, verglichen mit anderen Mittelmeerländern, moderat, und die Qualität der Waren ist sehr gut. Die Preise sind von Geschäft zu Geschäft verschieden. Es lohnt sich, größere Einkäufe in einem der großen Casino- oder Monoprix-Supermärkte zu tätigen. Importwaren sind meist teurer als Produkte französischer Herkunft.
Die Geschäfte haben montags bis sonnabends von 0830 bis 1200/1300 und 1400/1500 bis 1700/1800 Uhr geöffnet. Einige Läden öffnen auch an Sonntagen. Viele Geschäfte bleiben am Montagnachmittag geschlossen. In den meisten größeren Ortschaften und in den Städten findet ein- bis mehrmals in der Woche Markt statt – eine gute Gelegenheit, den lukullischen Wünschen freien Lauf zu lassen. In

Frisch, preiswert und gut: einheimische Erzeugnisse auf den Wochenmärkten

Auch Wurstwaren kann man auf den Wochenmärkten kaufen – lecker!

kleineren Orten ist oft nur einmal wöchentlich oder alle 14 Tage Markt. Dort bekommt man Obst und Gemüse, Käse aus einheimischer Herstellung, frischen Fisch, Schaltiere, Fleisch, Aufschnitt und Pasteten („Charcuterie") sowie Brot und andere frische regionale Spezialitäten, die farbenfroh präsentiert werden und die Sinne aktivieren. Fisch und Schaltiere werden meist über Nacht auf dem Lastwagen aus den großen Fischereihäfen herangebracht, das Obst ist größten Teils frisch gepflückt, das Gemüse am Tag zuvor im Bauerngarten geerntet. Die Franzosen haben ein Auge für die Qualität frischer Produkte, und auf dem Markt muss man weder Nepp noch Wucher befürchten.

Fleisch ist teuer, aber sehr gut. Es wird meist ohne Fett und Knochen gewogen.

Fisch gibt es in allen Qualitäts- und Preisklassen.

Schaltiere Austern sind hier frisch und preiswert. Die Mittelmeeraustern aus den Etangs sind auch für den kleinen Geldbeutel erschwinglich und müssen einen Vergleich mit den „Fin de Claire" aus der Bretagne nicht scheuen. Muscheln und andere Schaltiere sind stets frisch und ihr Geld wert.

Obst und Gemüse gibt es das ganze Jahr über zu günstigen Preisen.

Grundnahrungsmittel gibt es überall zu kaufen.

Käse ist relativ günstig und in einer riesigen Auswahl zu haben.

Konserven gibt es ebenfalls in guter Auswahl und zu günstigen Preisen.

Kaffee ist in verschiedensten Geschmacksrichtungen zu bekommen; löslicher Kaffee ist teurer.

Tee gibt es als „Infusions", die nicht immer gut schmecken.

Wein, Bier und Spirituosen Es gibt preiswerten und vor allem sehr guten Wein, ein „Vin de table" ist durchaus genießbar. Das französische Bier ähnelt im Geschmack dem englischen Lager und ist nicht jedermanns Sache. Spirituosen sind nicht günstiger als in Deutschland zu haben.

Formalitäten bei der Ein- und Ausreise

Bootspapiere

Von Booten unter deutscher Flagge, die auf französischen Binnen- und Küstengewässern fahren, verlangen die Behörden als Bootsdokument das Flaggenzertifikat des Bundesamtes für Seeschifffahrt und Hydrographie (BSH). Es wird auf Antrag vom Bundesamt für Seeschifffahrt und Hydrographie, Bernhard-Nocht-Straße 78, 20305 Hamburg, ausgestellt.

Boote unter deutscher Flagge, die nur auf französischen Binnengewässern fahren, benötigen lediglich den Internationalen Bootsschein (IBS), der vom Deutschen Segler-Verband, Gründgensstraße 18, 22309 Hamburg, Tel. 040-63 20 09 62, vom Deutschen Motoryachtverband e. V., Vinckeufer 12–14, 47119 Duisburg, Tel. 0203-80 95 80, oder vom ADAC, Referat Grenzverkehr und Sportschifffahrt, Am Westpark 8, 81373 München, Tel. 089-7 67 60, ausgestellt wird.

Segel- und Motoryachten mit mehr als 15 m Rumpflänge müssen in Frankreich den Eintrag in ein Schiffsregister nachweisen und dies mit dem Schiffszertifikat belegen können.

Bootsführerschein

Ausländische Bootsführer müssen in Frankreich den Bootsführerschein besitzen, der im Heimatland zum Befahren vergleichbarer Gewässer vorgeschrieben ist.

Danach gilt für deutsche Skipper:

– auf den französischen Binnengewässern muss zum Führen von Booten mit Motoren von mehr als 3,68

kW (5 PS) der Sportbootführerschein Binnen vorgelegt werden;
– auf den französischen Küstengewässern wird zum Führen von Booten mit Antriebsmaschine von mehr als 3,68 kW (5 PS) der Sportbootführerschein See verlangt.
Charterboote, die auf den französischen Binnenwasserstraßen angeboten werden, sind durchweg führerscheinfrei. Für alle anderen in Frankreich zugelassenen Sportboote gelten die französischen Führerscheinvorschriften.

Grenzübertritt/Zoll

Seit der Einführung des Europäischen Binnenmarktes am 1. Januar 1993 gibt es beim Grenzübertritt auf den Binnenwasserstraßen keine Grenzkontrollen mehr. Boote, die unter der Flagge eines Mitgliedsstaates der Europäischen Union (EU) laufen, genießen innerhalb der EU Freizügigkeit in räumlicher und zeitlicher Hinsicht.
Dies heißt, dass sich Boote unter deutscher Flagge beliebig lange in Frankreich aufhalten können, ohne dass es irgendwelcher Abgaben oder Formalitäten bedarf. Voraussetzung hierfür ist allerdings, dass das Boot irgendwann einmal ordnungsgemäß in die EU eingeführt wurde.
Die Einfuhr in den europäischen Binnenmarkt gilt als erfolgt, wenn für das Boot nachweislich die fällige Umsatzsteuer (Mehrwertsteuer) in einem beliebigen EU-Land bezahlt wurde. Eignern von Booten, die nach dem 1. Januar 1985 in Betrieb genommen wurden, ist zu empfehlen, einen entsprechenden Nachweis über die abgeführte Umsatzsteuer in Form des Kaufvertrages oder einer entsprechenden Zollbescheinigung an Bord mitzuführen.
Boote, die über See französische Gewässer ansteuern, sind weiterhin verpflichtet, in einem französischen Zollhafen (Port of Entry) ordnungsgemäß einzuklarieren. Nach dieser Prozedur gilt auch für diese Boote die zuvor beschriebene Freizügigkeit in räumlicher und zeitlicher Hinsicht.

Kanalgebühren (Vignette)

Seit dem 1. Januar 1992 ist die Benutzung der französischen Binnenwasserstraßen, die von den Voies Navigables de France (VNF) verwaltet werden, gebührenpflichtig. Die Höhe der zu zahlenden Gebühr richtet sich nach der Bootsgröße und Aufenthaltsdauer. Vignetten können für drei unterschiedliche Zeiträume erworben werden: 1 Tag, 16 Tage, 30 Tage oder ein Kalenderjahr.
Die benötigten Vignetten kann man anhand von Formularen bei einem Büro der VNF (Anschriften s. u.) bestellen. Die entsprechenden Gebühren sollten dem Antrag per Verrechnungsscheck beigelegt werden.
Berechnungsgrundlage für die Vignettengebühr ist die Bootsfläche, die sich wie folgt ergibt: Länge des Bootes x größte Breite = Bootsfläche (in Quadratmetern). Bei der Bootslänge werden überstehende Teile (Bugspriet, Badeplattform etc.) nicht berücksichtigt. Die Daten im Antrag sollten den Angaben in den Bootspapieren entsprechen. Aus der Bootsfläche ergibt sich die Kategorie und die entsprechende Gebühr.
Die Zeitschrift „boote" veröffentlicht zu Beginn jeden Jahres auf der Internetseite (www.boote-magazin.de) unter „Reise" die aktuellen Vignetten-Preise sowie das entsprechende Antragsformular.
Auf dem Rhein, den kanalisierten Rheinstrecken, dem Grand Canal d'Alsace und auf der Mosel werden keine Gebühren erhoben.
Der Antrag wird zusammen mit dem Verrechnungsscheck an ein Büro der Voies Navigables de France (VNF) geschickt; ein adressierter Rückumschlag in der Größe DIN A5 sollte mit dem Antrag eingereicht werden. Die Vignette wird dem Antragsteller dann nach der Bearbeitung direkt per Post zugeschickt und ist an der Steuerbordseite der Frontscheibe gut sichtbar anzubringen.
Die ebenfalls zugestellte Quittung der VNF sollte zu den Bootspapieren genommen werden. Die VNF lehnt übrigens jede Verantwortung ab, wenn dem Antrag Bargeld beigelegt wird.
Mittlerweile kann die Vignette auch an allen Eingangsschleusen während der Bürozeiten gekauft werden.

Anschriften der VNF-Büros:
VNF
14, Rue de l'Est
68052 Mulhouse-Cedex, Tel. 03 89 45 22 46
VNF
5, Rue de Port-du-Rhin
67016 Strasbourg- Cedex, Tel. 03 90 41 06 06
VNF
30, Rue Raymond-Poincarré
57200 Sarreguemines, Tel. 03 87 98 11 15

Essen und Trinken

Es ist schwierig, die französischen Speisen und Weine auf ein oder zwei Seiten abzuhandeln. Wenn Sie mehr über die Küche Frankreichs wissen möchten, sollten Sie sich eines der zahlreichen Kochbücher kaufen.
Essen und Trinken sind mehr als ein guter Grund, nach Frankreich zu reisen. Die Franzosen sind vielleicht manchmal etwas zu anspruchsvoll in ihrer Esskultur, doch dafür können Sie in diesem Land so

Was gibt es schöneres, als im Straßencafé zu sitzen und die Passanten zu beobachten?

gut und so günstig Essen gehen, wie sonst kaum in Europa. Ein gutes Restaurant ausfindig zu machen ist hauptsächlich eine Frage der Intuition. Ich empfehle keine Restaurants, weil sich die Qualität rasch ändern kann.

Suppen (Soupes)
Bouillon – Brühe
Consommé – klare Suppe
Aigo boulido – provenzalische Knoblauchsuppe, der Kräuter, Eier, Käse, Kartoffeln oder Fisch (dann ist es eine Aigo saou) zugegeben werden. Sehr lecker, wird teilweise als Heilmittel verwendet.
Bouillabaisse – mehr ein Fischgericht denn eine Suppe. Siehe Rezept im Buch.
Soupe de Poisson – Fischsuppe, ähnlich wie Bouillabaisse
Soupe au Pistou – Gemüsesuppe, deren Ursprung sowohl von Nizza als auch von Genua beansprucht wird. Zutaten sind drei Sorten Bohnen und vor allem Basilikum.
Garbure – gebundene Gemüsesuppe aus dem Languedoc-Roussillon

Vorspeisen und Salate (Hors d'œuvres, Salades)
Crudités – rohes, klein geschnittenes Gemüse, meist mit einer Mayonnaise zum Einstippen
Tapenade – provenzalisches Püree aus schwarzen Oliven, Kapern, Tunfisch und Anchovis; wird als Aufstrich zu Toast serviert
Salade Niçoise – Salat aus Tomaten, Zwiebeln, Oliven, hart gekochten Eiern und Anchovis
Salade aux lardons – grüner Salat mit in Streifen geschnittenem gekochten Schinken
Salade verte – Blattsalat
Salade de riz – Reissalat mit Tomaten, grünem Paprika und Oliven

Eierspeisen (Œufs)
Omelette – eine Art Rührei mit Kräutern, Speck, Käse, Muscheln oder Kartoffeln, je nach Geschmack des Kochs
Piperade – auch eine Art Rührei mit rotem Paprika und Sahne, sehr zu empfehlen

Fisch und Muscheln (Poissons et Coquillages)
Die verschiedenen Fischarten des Mittelmeeres werden gegrillt oder gebraten und mal mit, mal ohne Sauce serviert.
Ailloli – Mayonnaise aus Essig, Öl und zerdrücktem Knoblauch, oft zu Fischgerichten gereicht
Bourride – provenzalischer Fischeintopf mit Ailloli, mit Eigelb angedickt
Brandade – Stockfischcreme
Bouillabaisse – Fischsuppe
Friture – kleine Bratfische
Fische wie Brassen, Barsche, Makrelen, Plattfische etc. werden oft nur mit Fenchel, Basilikum, Knoblauch, Estragon beziehungsweise regional unterschiedlichen Kräutermischungen zubereitet. Sofern der Fisch frisch ist, schmeckt das Ergebnis vorzüglich. Schaltiere werden in den meisten guten „Coquillage"-Restaurants lediglich mit einer Zitronenscheibe serviert.
Moules/Huîtres – Muscheln und Austern werden mit einem Spritzer Zitrone verzehrt.

Speisefische
Die folgende, längst nicht vollständige Liste enthält einen Großteil der auf dem Markt und in den Restaurants erhältlichen Fischarten.
Anchois – Anchovis, meist gesalzen und eingelegt
Anguille – Aal, in Südfrankreich sehr selten
Bar – Seebarsch, äußerst wohlschmeckendes weißes Fleisch
Barbou – Glattbutt
Baudroie – Anglerfisch
Blanchaille – kleine Weißfische, besonders delikat als Bratfisch
Calamars – meist fritierter Tintenfisch, teilweise in Tomatensauce
Coquilles St. Jacques – Jakobsmuscheln, meist tiefgefroren
Crevettes – Garnelen, meist tiefgefroren
Daurade – Seebrasse, exzellentes weißes Fleisch, aber viele Gräten
Encornet – Tintenfisch
Espadon – Schwertfisch, meist als Steak mit einem Spritzer Zitrone
Harengs – Heringe, häufig in Sahnesauce

Homard – Hummer
Huîtres – Austern
Langouste – Hummer bzw. Krebs
Lotte – Seeteufel
Loup – Seebarsch
Maquereau – Makrele
Merlan – Merlan
Mérou – Zackenbarsch
Morue – Stockfisch
Moules – Muscheln von den Muschelbänken an der Küste, im Geschmack kräftiger als die aus dem Atlantik
Mullet – Barbe
Omble-chevalier – Saibling
Palourdes – Seemuscheln
Poulpe – Oktopus, Krake
Raie – Rochen, in Sahnesauce oder schwarzer Butter (Beurre noire) serviert
Rouget – Rotbarbe, ausgezeichnet im Geschmack, aber mit vielen Gräten
St. Pierre – Heringskönig
Saumon – Lachs, Importfisch
Thon – Tunfisch, besonders gegrillt vorzüglich
Truite – Forelle, meist Zuchtfisch

Geflügel und Wild (Volailles et Gibier)
Hühnchen werden mit wilden Kräutern, Pinienkernen, Oliven, Zitronen usw. gefüllt und dann gegrillt. Kapaune serviert man auf die gleiche Art. Kleinere Vögel wie Lerchen (Alouettes), Wachteln (Caille) oder Perlhühner (Pintade) serviert man gegrillt mit einer Sauce.
Hase (Lapin) ist meist in einer dicken Sauce geschmort.

Fleisch (Viandes)
Das Fleisch stammt vom Lamm (Agneau), Hammel (Mouton), Rind (Bœuf), Kalb (Veau) oder Schwein (Porc). Es kann angebraten (bleu), nicht durchgebraten (saignant), medium (à point) oder durchgebraten (bien cuit) bestellt werden.
Hier eine Auswahl an Fleischgerichten:
Daube, pot-au-feu – ein Eintopf
Cassoulet – Bohnen- und Fleischeintopf, siehe Rezept im Buch
Basquaise – Fleisch mit Tomaten und Pfeffer
Bercy – Fleisch in Schalotten und Weißwein
Chasseur/forestière – mit Pilzen
A la meunière – in Butter gedünstet
Provençale – mit Tomaten und Knoblauch zubereitet

Gerichte aus dem Ofen und Nudeln (Patés et Pasta)
Quiche Lorraine – herzhafter Kuchen mit Speck und einer Eier-Käse-Sahne-Creme
Tarte à l'oignon – sahniger Zwiebelkuchen
Pissaladière – provenzalische Pastete mit Anchovis und Zwiebeln
Pizza gibt es in vielen verschiedenen und sehr leckeren Varianten. Nudelgerichte werden seit der italienischen Einwanderungswelle zu Beginn des 20. Jahrhunderts in Frankreich angeboten.

Gemüse (Légumes)
Ratatouille – Gemüseeintopf aus Zwiebeln, Tomaten, Auberginen und Paprika
Gratin dauphinois – Kartoffelauflauf mit Sahnecreme
Tian – mit Eiern und Käse überbackenes Gemüse
Gratin – mit Eiern, Sahne und Käse überbackene Zucchini, Tomaten oder Kürbisse (sind eigentlich Pfannkuchen)
Beignets – fritierte Auberginen oder Zucchini

Nachspeisen (Desserts)
Nach dem Essen stehen meist Mousse au Chocolat, Tarte aux Pommes/aux Fraises, Crème caramel, Gâteaux sowie Glaces und Sorbets zur Auswahl.
Crêpes werden seltener als Nachtisch genommen, sondern oft sogar als vollwertige Mahlzeit in einer Crêperie verspeist.

Weine
Der erste Wein kam mit den Phokäern nach Südfrankreich, die etwa 600 vor Christus in Marseille siedelten. Unter der römischen Herrschaft wurden die Weinberge ausgedehnt, neue Rebsorten angebaut und das Keltern sowie die Lagerung der Weine verbessert. Im Mittelalter noch sehr beliebt, verloren die Weine Südfrankreichs im 19. Jahrhundert an Bedeutung.
Die meisten Weine von der französischen Mittelmeerküste sind Rosés, die gut gekühlt eine köstliche Erfrischung sein können. Im Folgenden führe ich Weine der Kategorie „Appellation d'Origine Contrôlée" auf und beginne mit der westlichen Region.
Côtes du Roussillon und Côtes du Roussillon Village sind die wohl bekanntesten Lagen; vor allem die Rotweine sind ausgezeichnet. Les Corbières sind wohlschmeckende Weiß- und Rotweine; Fitou ist die bekannteste Sorte dieser Region.
Aus der Gegend um Banyuls stammen sehr gute Rosé- und Weißweine.
Côtes de Provence werden in der Region zwischen der Rhône und St-Raphaël angebaut. Nur auf 45 000 Morgen der Anbaufläche wachsen Weine der A.O.C.-Kategorie, wobei diese geschmacklich sehr variieren. Etwa 60 % sind Rosé-, 35 % Rot- und nur 5 % sind Weißweine. Die Lieblingsweine des Autoren sind der weiße Cassis, der rote Gigondas und die Roséweine Tavel und Lirac. Außerdem sind die roten und

weißen Weine aus Bandol und die roten aus La Croix-Valmer empfehlenswert.

Meerestiere

Die Fauna des Mittelmeeres ist nicht sehr artenreich. Es gibt weniger Seevögel als in den nördlichen Breiten. Wegen Fischmangels kann es schwierig werden, ein gutes Fischrestaurant zu finden. Der Meeresboden ist, verglichen mit dem des Pazifiks oder Atlantiks, geradezu langweilig. Hauptursache dafür ist das Fehlen der Tide im Mittelmeer. Gerade in den Bereichen, die während der Ebbe trockenfallen, können sich komplizierte Ökosysteme und eine artenreiche Flora und Fauna entwickeln. Außerdem wird durch den Tidenstrom eine Durchmischung des Wassers bewirkt, es ist also „sauberer". Speziell das Plankton, Grundbaustein aller Lebenskreisläufe im Meer, kann im Mittelmeer nicht existieren, und da diese Schwebstoffe fehlen, ist das Wasser zumindest vergleichsweise klar. Ein weiterer Grund für die Fischarmut des Mittelmeeres ist die vor langen Zeiten begonnene Be- bzw. Überfischung. Historisch gesehen ist dies keine neue Einsicht, und zudem muss das Mittelmeer als „nasse" Entsprechung der so genannten Grenzertragsböden wie etwa die Prärie oder Steppe angesehen werden, die zu keinem Zeitpunkt eine besondere Vielfalt der Flora und Fauna aufgewiesen hat. Schon die Römer beklagten Fischmangel und geringe Fänge, obwohl ihre Fangmethoden sicher nicht zu einer Überfischung haben führen können.

Trotzdem hat gerade der Yachtsportler die besten Möglichkeiten, das Leben im Wasser zu entdecken. Besonders die felsigen Küstenabschnitte und das warme Mittelmeer bieten dem Hobbytaucher noch eine Menge Möglichkeiten.

Delfine und Wale

An der französischen Mittelmeerküste kommen Wale seltener vor als in anderen Teilen dieses Meeres. Wahrscheinlich fühlen sich die Tiere durch den regen Verkehr auf dem Wasser gestört. Nur in den tiefen Gewässern vor Korsika ist noch ab und zu ein Pottwal zu sichten.

Delfine treten häufiger auf. Am häufigsten sieht man die 1,7 bis 2,4 m langen und 75 bis 85 kg schweren Tiere der Gemeinen Delfine (Delphinus delphis). Sie sind am Rücken schwarz oder dunkelbraun und am Bauch- und Brustbereich heller gezeichnet. Weniger verbreitet sind der Große Tümmler (Tursiops truncatus) und der Gewöhnliche Schweinswal (Phoceana phoceana), während Grindwale (Glopbicephalinae) öfter gesichtet und anhand ihrer Kopfform leicht identifiziert werden können.

Gefährliche und giftige Meerestiere

Haifische sind sehr gefürchtet, kommen aber nur selten vor. Sie folgen meist den Fischern aus tiefen Gewässern in die Nähe der Küste. In diesem Jahrhundert wurden im Mittelmeer weniger als 20 Überfälle durch Haie gezählt.

Mittelmeer-Muränen (Muraenidae helena) sind im Mittelmeer recht verbreitet und werden häufig von Fischern gefangen. Sie bewohnen Höhlen und Fels-

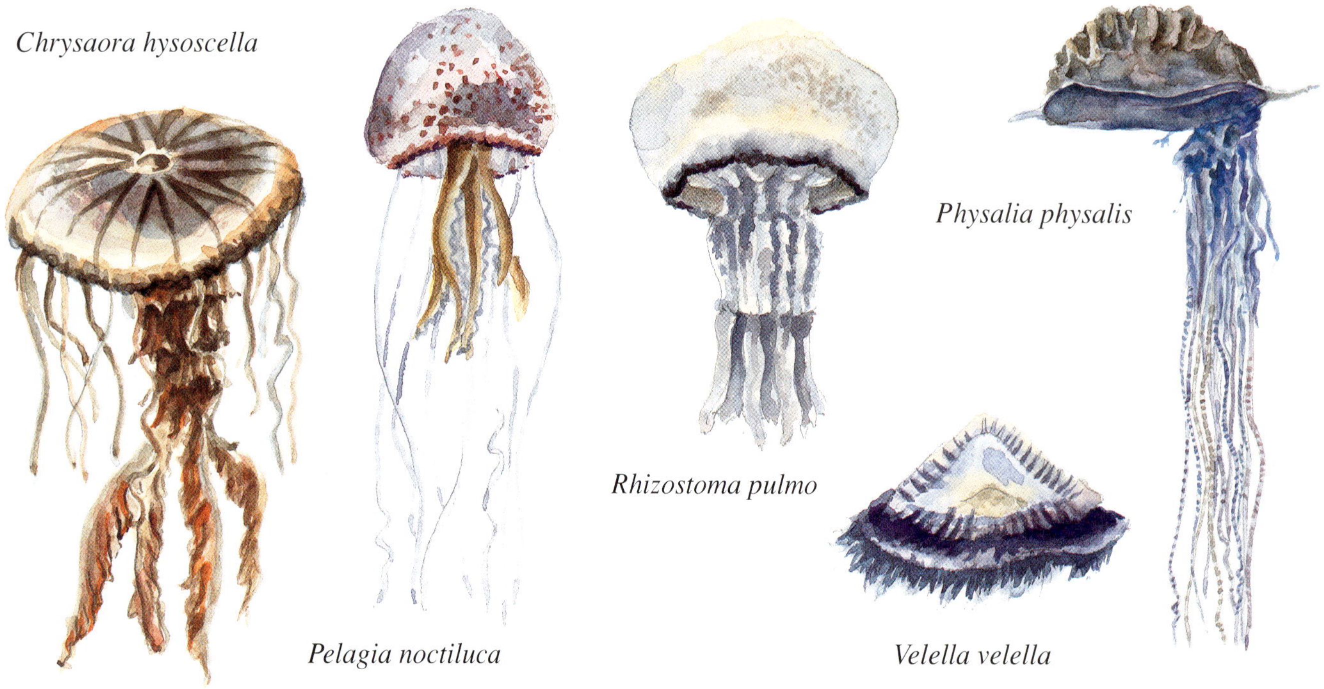

Chrysaora hysoscella

Pelagia noctiluca

Rhizostoma pulmo

Physalia physalis

Velella velella

spalten und wehren sich durch Beißen gegen Angriffe und Belästigungen. Doch normalerweise, wenn sie nicht ernsthaft provoziert oder gar verwundet werden, sind die Tiere friedlich und ziehen sich zurück.

Kraken oder Tintenfische sind sehr scheu und greifen nicht an.

Stachel-/Stechrochen, auch Feuer- oder Giftflundern (Dasyatis pastinaca), leben im flachen Wasser und graben sich im Sand ein. Wenn sie getreten werden, schnellen sie aus ihrem Versteck und stechen. Der Stich des giftigen Stachels auf der Schwanzoberseite ruft heftiges Unwohlsein in Form von Schmerzen, Übelkeit, Schweißausbrüchen und Herzrasen hervor, dem sehr selten der Tod folgt. Baden Sie den betroffenen Körperteil in warmem Wasser, und suchen Sie einen Arzt auf.

Drachenfische Sie gehören zur Familie der Trachinidae. Die beiden häufigsten Arten sind das Große Petermännchen (Trachinus draco) und das Kleine Petermännchen (Trachinus vipera). Die Kiemen- und Rückenstacheln enthalten Gift. Werden Drachenfische gestört oder belästigt, stellen sich die Stacheln an der Rückenflosse zum Angriff auf. Das verspritzte Gift erzeugt augenblicklich heftige Schmerzen, die sich im ganzen Körper ausbreiten. Das Opfer kann dabei das Bewusstsein verlieren, manchmal tritt sogar der Tod ein. Ein Gegengift ist nicht bekannt. Man sollte den verletzten Fuß in heißem Wasser baden und schnellstmöglich einen Arzt aufsuchen.

Hinweis: Wenn man durch Wasser läuft, in dem sich Stachelrochen oder Drachenfische aufhalten können, sollte man Badeschuhe tragen und beim Gehen über den Grund schlurfen. Niemals tote Stachelrochen oder Drachenfische anfassen!

Quallen Von allen beschriebenen Tierarten ist ein Zusammentreffen mit Quallen am wahrscheinlichsten. Zu bestimmten Jahreszeiten und an bestimmten Stellen treten sie in beachtlicher Zahl auf. Alle Quallen haben Tentakel, mit denen sie sich fortbewegen. Manche Arten haben jedoch mächtigere Tentakel als andere und verdienen folglich mehr Respekt.

Aurelia aurita Die Ohrenqualle ist die häufigste Quallenart. Sie hat einen durchscheinenden, gewölbten Körper mit vier dunkelvioletten Halbmonden, die um ihren Mittelpunkt angeordnet sind. Transparente bis leicht violette Fangarme hängen darunter. Sie wird bis zu 25 cm im Durchmesser groß. Eine leichte Berührung mit ihren Tentakeln ist wie die Bekanntschaft mit einer Brennnessel. Längerer Kontakt mit ihren Tentakeln führt zu Verletzungen.

Pelagia noctiluca Die Leuchtqualle, eine pilzförmige Qualle bis zu 10 cm Durchmesser. Sie ist leicht an ihrer hellbraun-gelben Färbung zu erkennen und mit „Warzen" bedeckt. Sie zieht lange Tentakeln hinter sich her und kann schwere, schmerzhafte Verbrennungen verursachen.

Cyanea lamarckii Die Blaue Nesselqualle. Eine blauviolette, untertassenförmige Qualle bis zu 30 cm Durchmesser. Sie ist an einer Vielzahl gekräuselter Fangarme an ihrer Unterseite zu erkennen. Die langen Tentakel verursachen schwere, schmerzhafte Striemen. Es gibt eine braune Variante (Cyanea capillata), die bis zu 50 cm Durchmesser erreicht.

Chrysaora hysoscella Kompassqualle. Ihre 16 gelb bis rotbraun gefärbten Radialbänder auf ihrem bis 30 cm breiten, flachen Schirm säumen 24 lange und ziemlich dicke Tentakel, die bei Berührung leichtes Brennen verursachen können.

Velella velella Segelqualle. Auf einer blauen, ovalen Schwimmscheibe steht eine silbrig durchsichtige Blase, die mit Sauerstoff gefüllt ist und wie ein Segel arbeitet, mit dem sie recht gut am Wind segeln können. Man trifft sie nur selten. Eine Begegnung kann jedoch sehr unangenehm sein.

Charybdea marsupialis Die mediterrane Seewespe. Ein durchsichtiger, gelb-roter, kastenartiger Schirmkörper, der bis zu 6 cm Höhe haben kann. Äußerst selten, verursacht aber schwere, schmerzhafte Verbrennungen.

Physalia physalis Die Portugiesische Galeere. Hat einen großen, auffälligen Körper, der aus dem Wasser ragt und bis zu 30 cm lang und 10 cm hoch werden kann. Darunter breiten sich extrem lange Tentakel aus (bis zu 30 m Länge). Selten anzutreffen, verursacht aber schwere, schmerzhafte Stiche.

Rhizostoma pulmo Die Blumenkohlqualle. Eine kuppelförmige, blau-weiße Qualle, die bis zu 90 cm Durchmesser erreichen kann. Ihre Fangarme bilden an ihrer Unterseite eine graugrüne, blumenkohlähnliche Masse. Sie hat keine langen Tentakel und gilt allgemein als ungefährlich.

Behandlung: Es gibt für Quallenstiche zwar keine Gegengifte, aber eine Reihe von Möglichkeiten, die Schmerzen zu lindern. Antihistamin-Salben haben sich in vielen Fällen bewährt, helfen aber nicht bei allen Quallenstichen. Verschiedene Hausmittel wie Salmiakgeist, doppeltkohlensaures Natrium (Natron), Olivenöl, Zucker, Äthylalkohol usw. können verwendet werden. Das Auflegen von frischem Fleisch scheint die Proteinbasis der Gifte zu zerstören. Wenn man seinen Anker in einem Gebiet mit vielen Quallen aufholt, sollte man Handschuhe tragen, weil sich die Tentakel, insbesondere die der Pelagia, an der Kette verfangen können.

Borstenwürmer In manchen Gegenden trifft man auf zahllose Borstenwürmer aus der Familie der Nereidae (Ringelwürmer). Sie sind schwarz und

werden bis zu 25 cm lang. Die Berührung kann zu leichtem Juckreiz wie dem einer Brennnessel führen.
Seeigel An einigen Stellen der Felsenküsten leben große Kolonien von Seeigeln (Paracentrotus lividus und Arbacia lixula). Sie verfügen über keine Giftdrüsen, dafür dringen ihre Stacheln in die Haut ein und brechen ab. Seeigelstachel verursachen große Schmerzen und Entzündungen, wenn sie nicht sofort entfernt werden.

Umweltverschmutzung

An den Küsten des relativ geschlossenen Mittelmeeres leben etwa 120 Millionen Menschen, zu denen im Sommer noch eine große Zahl Touristen hinzukommt. Der tidenbedingte Wasseraustausch mit dem Atlantik durch die Straße von Gibraltar beläuft sich auf eine Million Kubikmeter pro Sekunde.
Die meisten Abwässer der Küstenstädte werden direkt ins Meer geleitet. Dazu kommen die Kohlenwasserstoffe der Raffinerien und Tankanlagen sowie die Industrieabwässer, die meist ungeklärt in die Flüsse und ins Meer fließen, sodass im westlichen Mittelmeer von einer erheblichen Wasserverschmutzung gesprochen werden muss. Die Franzosen lagen lange hinter den europäischen Bemühungen im Umweltschutz zurück, doch mittlerweile wurden auch an Frankreichs Küsten Naturschutzgebiete eingerichtet, in denen nicht geankert und gefischt werden darf, damit sich die Meeresflora und -fauna erholen kann. Außerdem sind die Industrieeinleitungen reduziert und Kläranlagen gefördert worden. Es gibt allerdings noch mehr zu tun.
Auf Anregung der Vereinten Nationen wurde 1980 von allen Mittelmeer-Anrainerstaaten (außer Albanien) ein Programm zur Reinhaltung und zum Schutz des Meeres verabschiedet. EU-Richtlinien treiben das Säubern der Strände sowie die Verbesserung der Abwasserentsorgung voran.
Alle Yachtsportler sind aufgerufen, sich an den Schutzmaßnahmen zu beteiligen. So sind in allen Marinas große Müllcontainer aufgestellt, in die natürlich auch der organische Abfall gehört. Das Ablassen von Altöl im Hafen und in den Küstengewässern steht unter Strafe; in den Häfen befinden sich meist Altöltanks. Außerdem wird darauf hingewiesen, dass die Benutzung von Toiletten und Duschen in den Häfen zwar teurer, aber weniger umweltbelastend ist als die Benutzung der Bordeinrichtungen. Zum Schluss geht noch ein Dank an alle Organisationen wie Greenpeace oder Friends of the Earth, die sich vielerorts um die Beseitigung von gedankenlos verursachten Verschmutzungen bemühen und weitere zu verhindern suchen.

Geschichte

Der auf Südfrankreich bezogene geschichtliche Überblick soll Ihnen die Möglichkeit bieten, Ereignisse einzuordnen und besser zu verstehen.

Vor Christus

1000 Erste Siedlungen der Ligurer an der Küste und im Hinterland.

600 Griechen aus Phokäa (W-Kleinasien, heute Foça genannt) gründen Massalia, das heutige Marseille. Ihnen wird die Einführung des Wein- und Olivenanbaus zugeschrieben. Es werden weitere Kolonien an der Küste gegründet, und es wird Handel mit den Ligurern getrieben.

540 Besetzung Massalias durch die Karthager und Machtübernahme bis 480.

5.–4. Jahrhundert. Die Phokäer errichten in Hyères, St-Tropez, Antibes und Nizza Handelsposten. Beginn der Überfälle durch die Kelten.

340 Reise des phokäischen Seefahrers Pytheas nach England, um Bernstein und Zinn zu erwerben.

218 Hannibal überquert die Rhône sowie die Alpen und greift Rom an.

125 Massalia bittet Rom um Unterstützung im Kampf gegen die Kelten.

122 Vertreibung der Kelten und Gründung von Aix-en-Provence durch die Römer.

102 Vertreibung der Teutonen aus Aix-en-Provence durch den Feldherrn Marius.

58–51 Julius Cäsar erobert Gallien.

49 Julius Cäsar lässt Massalia plündern, weil es auf der Seite Pompejis steht, und gründet Fréjus. Arles wird zu einem bedeutenden Zentrum.

10 Gründung zahlreicher römischer Kolonien unter der strengen Herrschaft Augustus'.

Nach Christus

1.–4. Jahrhundert. Ausweitung der römischen Zivilisation an der gesamten Küste. Die Via Aurelia zwischen Ventimiglia und Arles wird zur Hauptverkehrsader.
Blütezeit von Städten wie Nîmes oder Arles.

313 Kaiser Konstantin der Große erneuert das 311 von Galerius erlassene Toleranzedikt. Christen wird Religionsfreiheit gewährt.

3.–4. Jahrhundert. Ausbreitung des Christentums auch im Binnenland. Gründung von Bistümern und Klöstern.

476 Zerfall des Römischen Reichs.

5.–6. Jahrhundert. Einfall von Vandalen, Alemannen, Westgoten, Ostgoten und Franken in Südfrankreich. Viele Städte werden geplündert und niedergebrannt.

494 Vertreibung der Alemannen durch den Frankenkönig Klovis.
520 Arles wird Hauptstadt der Provence.
574 Einfall der Sachsen.
7.–9. Jahrhundert. Einfall der Sarazenen und Mauren an der Küste. Viele Stadtbewohner weichen ins Hinterland zurück oder errichten Festungen.
800 Krönung Karls des Großen zum Kaiser des Heiligen Römischen Reichs.
843 Dreiteilung des Römischen Reichs; der Enkel von Karl dem Großen, Lothar I., bekommt die Provence.
855 Lothars Sohn Karl ruft das Königreich Provence aus.
859 Einfall der Normannen in die Camargue.
884 Besetzung der Region um das Massif des Maures durch die Sarazenen; die benachbarten Küstenstriche werden in Mitleidenschaft gezogen.
10. Jahrhundert. Die Provence wird Teil des Römischen Reichs, wobei viele Städte ihre Unabhängigkeit bewahren. Blüte vieler Küstenstädte.
12. Jahrhundert. Die Provence wird von den Grafen von Toulouse, später von den Grafen von Barcelona regiert. Aix-en-Provence wird zur Hauptstadt.
1246 Karl von Anjou wird durch Heirat zum Grafen der Provence.
1248 Ludwig IX. (der Heilige) sticht in Aigues-Mortes zum 7. Kreuzzug in See.
1270 Tod von Ludwig IX. zu Beginn des 8. Kreuzzuges in Tunesien.
1308 Kauf von Monaco durch das Geschlecht der Grimaldi.
1309–1403 Zeit der Päpste in Avignon. Großes Schisma; Spaltung Europas in zwei Lager.
1337 Beginn des Hundertjährigen Krieges; Ende 1453.
1343 Johanna I. wird Gräfin der Provence.
1348 Erste Pestepidemie in Südfrankreich.
1388 Übernahme von Nizza und Umgebung durch den Grafen von Savoyen.
1419 Nizza wird offiziell an den Grafen von Savoyen abgetreten.
1434 René von Anjou wird Graf der Provence. Beginn des „Goldenen Zeitalters“ der Provence.
1481 Die Provence wird Teil des französischen Königreichs.
1501 Erstes Parlament in Aix-en-Provence.
1524–1536 Invasion von Karl V., Kaiser des Heiligen Römischen Reichs.
1543 Angriff französischer und türkischer Truppen auf Nizza.
1555 Veröffentlichung der astronomischen Erkenntnisse Nostradamus'.
1560–1598 Religionskriege. 1598 gewährt das Edikt von Nantes den Protestanten Glaubensfreiheit.
1610 Ermordung Heinrich IV. durch Ludwig XIII.
1629 Richelieu lässt Festungsanlagen in Südfrankreich schleifen.
1643–1715 Herrschaft von Ludwig XIV.
1685 Annullierung des Ediktes von Nantes; Verbot des Protestantismus. 3,5 Millionen Hugenotten müssen in protestantische Länder fliehen.
1691 Nizza wird französisch.
1696 Nizza kehrt zur Grafschaft Savoyen zurück.
1707 Einmarsch savoyischer Truppen unter Eugen in Südfrankreich.
1720 Pestepidemie in Südfrankreich.
1746 Der Vormarsch von Österreich und Sardinien wird in Antibes gestoppt.
1787 Toleranzedikt; Ende der Protestantenverfolgung.
1789 Französische Revolution.
1792 Marsch von Marseille nach Paris; Entstehung der „Marseillaise“.
1793 Hinrichtung von Ludwig XVI. Nizza wird Frankreich angeschlossen.
1799 Rückkehr Napoléons nach Frankreich (St-Raphaël).
1804 Krönung Napoléons zum französischen Kaiser.
1814 Napoléon muss abdanken und ins Exil nach Elba gehen.
1815 Am 1. Juni kehrt Napoléon von Elba zurück; am 18. Juni findet die Schlacht von Waterloo statt.
1830 Ludwig-Philippe besteigt den Thron.
1852–1870 Herrschaft von Napoléon III.
1860 Endgültige Rückgewinnung von Nizza.
1878 Eröffnung des Casinos in Monte-Carlo.
1880 Ein Großteil der Weinstöcke ist von der Reblaus befallen.
1940 Invasion der Italiener in Menton.
1942 Einmarsch der Deutschen auch in Vichy-Frankreich. Vertreibung der französischen Marine aus Toulon.
1944 Landung der alliierten Truppen.
1970 Tod von Charles de Gaulle.
1989 Zweihundertjahrfeier der Französischen Revolution.

Seekarten und nautische Bücher

Für das in diesem Buch beschriebene Küstengebiet erhält der Leser in den Seekartenvertriebsstellen sowohl die deutschen wie die französischen Seekarten. Die französischen Karten sind für die Mittelmeerküsten größtenteils auch als „P"-Karten erhältlich: Diese sind auf einem etwas dünneren, aber wasserabweisenden Papier gedruckt und für den Gebrauch auf kleinen Kartentischen oder engen Cockpits wie eine Autokarte gefaltet.

Deutschsprachige nautische Handbücher; hrsg. vom Bundesamt für Seeschifffahrt und Hydrographie, Hamburg/Rostock: Mittelmeer-Handbuch, I. Teil; O-Küste Spaniens und Balearen, S-Küste Frankreichs und Korsika, D 2027

Jachtfunkdienst Mittelmeer, D 2159

Revierfunkdienst Mittelmeer u. Rotes Meer, D 20293

Klima und Wetter im Mittelmeer, D 2180

Deutschsprachige Sportbootführer:

Andrea Horn/Wyn Hoop, Korsika, Nordost-Sardinien, Toskanische Inselwelt, Hamburg

Lothar Kaufeld/Klaus Dittmer/Rolf Doberitz, Mittelmeerwetter, Bielefeld

Klaus-Jürgen Röhring, Korsika–Sardinien–Elba, Bielefeld

Klimatabelle für Marseille

	max. Durchschnittstemp. in °C	min. Durchschnittstemp. in °C	Höchsttemperatur in °C	Relative Luftfeuchtigkeit	Tage mit mind. 1 mm Niederschlag	Wassertemperatur in °C
Jan.	10	2	18	68%	8	11
Feb.	12	2	2	60%	6	11
März	15	5	24	57%	7	12
April	18	8	29	54%	7	12
Mai	22	11	31	54%	8	13
Juni	26	15	37	50%	4	17
Juli	29	17	39	45%	2	20
Aug.	28	17	37	49%	5	22
Sept.	25	5	34	54%	6	22
Okt.	20	10	29	61%	8	20
Nov.	15	6	23	66%	9	17
Dez.	11	3	20	66%	10	15

Klima und Wetter

Da das Wetter regional sehr unterschiedlich sein kann, wird zu Beginn jedes Kapitels eine Wetterbeschreibung für den entsprechenden Küstenabschnitt gegeben. Die folgenden Aussagen gelten für die gesamte Südküste Frankreichs.

Windstärke

Alle Windstärken sind nach der Beaufortskala angegeben.

Winde

Es ist üblich, zwischen den Windverhältnissen W-lich bzw. E-lich von Toulon zu unterscheiden.

W-lich von Toulon ist die vorherrschende Windrichtung sommers wie winters NW. Auch die meisten Stürme kommen aus dieser Richtung. Der Tramontane erreicht hauptsächlich den Küstenabschnitt zwischen den Pyrenäen und Sète. Er entsteht bei einer Tiefdruckwetterlage im Zentrum Frankreichs, bei der die über dem Land eingeschlossenen Luftmassen zwischen den Pyrenäen und dem Massif Central durch die Schlucht von Toulouse entweichen und entlang der Küste des Languedoc-Roussillon wehen. Mistral entsteht bei einem Tief über Zentralfrankreich, wenn die bodennahe Kaltluft die Alpen nicht überwinden kann, sondern durch das Rhônetal entweicht. Die stärksten Winde wehen dabei im Rhônedelta, während der Mistral in abgeschwächter Form teilweise noch Saint-Tropez, Cannes oder Nizza erreicht.

Mistral und Tramontane können zwischen einem und zwölf Tagen andauern, wehen aber meist drei bis sechs Tage. Mistral wird von zigarrenförmigen Wolken angekündigt, die später einem klaren, blauen Himmel weichen. Er beginnt meist gegen 0500 Uhr zu wehen. Dem Volksmund zufolge geht ihm ein besonders roter Sonnenuntergang mit zunächst roten, später grauen Wolken voraus. Je schneller die Wolkenfärbung ins Grau wechselt, desto stärker soll der Mistral werden.

Im Sommer ist ein starker Tramontane oder Mistral selten. Im Frühjahr und Herbst nimmt die Häufigkeit von Starkwind zu. Im Winter sind 13 % der Winde Stürme aus NW-lichen Richtungen. Im Sommer fällt der lokale Mistral oder Tramontane meist als ablandiger Wind mit Bft 5–6 aus, der kaum weiter als 10 sm vor die Küste reicht und zum Abend abflaut.

Wenn im Sommer nicht der Mistral weht, herrscht der SE- bis S-liche Seewind mit Bft 4–6 vor und erzeugt vor der Küste eine unruhige See. Gegen Abend flaut der Wind ab.

S-liche Stürme treten meist im Winter auf und

Windrichtungen und ihre Häufigkeit

in Perpignan

Monat	*um 0600*	*um 0600*	*um 1200*	*um 1200*	*Windstille*
Januar	NW–W 58%	veränderlicher Wind	NW–W 48%	veränderl. Wind	23%
Februar	NW–W 56%	veränderlicher Wind	NW–W 49%	veränderl. Wind	20%
März	NW–W 50%	veränderlicher Wind	NW–W 42%	NE–E 31%	15%
April	NW–W 45%	veränderlicher Wind	NW–W 39%	E–SE 30%	11%
Mai	NW–W 48%	veränderlicher Wind	E–SE 38%	NW–W 36%	7%
Juni	NW–W 50%	veränderlicher Wind	NW–W 38%	E–SE 33%	8%
Juli	NW–W 56%	veränderlicher Wind	NW–W 40%	E–SE 30%	7%
August	NW–W 56%	veränderlicher Wind	NW–W 39%	E–SE 30%	9%
September	NW–W 50%	veränderlicher Wind	NW–W 35%	E–SE 31%	11%
Oktober	NW–W 37%	veränderlicher Wind	NW–W 37%	E–SE 24%	14%
November	NW–W 36%	veränderlicher Wind	NW–W 36%	veränderl. Wind	20%
Dezember	NW–W 56%	veränderlicher Wind	NW–W 59%	veränderl. Wind	21%

in Marseille

Monat	*um 0700*	*um 0700*	*um 1300*	*um 1300*	*Windstille*
Januar	NE–E 46%	NW–W 36%	NW–W 50%	NE–E 20%	5%
Februar	NW–W 41%	N–NE 39%	NW–W 49%	veränderl. Wind	4%
März	NW–W 40%	NE–E 41%	NW–W 48%	E–SE 18%	2%
April	N–NE–E 42%	NW–W 36%	NW–W 49%	SW 18%	1%
Mai	NW–W 45%	N–NE 30%	NW–W–SW 71%	S–SE 19%	1%
Juni	NW–W 40%	N–NE 23%	NW–W–SW 81%	S–SE 14%	2%
Juli	NW–W 40%	N–NE–E 30%	NW–W–SW 80%	S–SE 13%	2%
August	NW–W 40%	N–NE–E 33%	NW–W–SW 75%	S–SE 14%	1%
September	N–NE–E 42%	NW–W 33%	NW–W–SW 67%	S–SE 20%	1%
Oktober	N–NE–E 48%	NW–W 20%	NW–W–SW 61%	SE 12%	3%
November	N–NE–E 49%	NW–W 30%	NW–W 52%	E–SE 20%	6%
Dezember	N–NE–E 47%	NW–W 33%	NW–W 43%	E–SE 23%	9%

am Cap Corse

Monat	*um 0700*	*um 0700*	*um 1300*	*um 1300*	*Windstille*
Januar	NE–E–SE 48%	SW–W 33%	NE–E 40%	W–SW 40%	2%
Februar	NE–E 39%	W–SW 30%	W–SW 39%	NE–E 36%	4%
März	NE–E–SE 47%	W–SW 31%	W–SW 38%	NE–E 37%	2%
April	W–SW 49%	SE 21%	W–SW 45%	NE–E–SE 41%	3%
Mai	W–SW 45%	E–SE 32%	W 39%	NE–E 28%	3%
Juni	W–SW 52%	E–SE 22%	W 41%	SW 13%	4%
Juli	W–SW 55%	E–SE 17%	W–SW 54%	NE–E 26%	5%
August	W–SW 46%	E–SE 26%	W–SW 48%	NE–E 44%	3%
September	W–SW 47%	E–SE 28%	W–SW 49%	NE–E–SE 34%	3%
Oktober	W–SW 44%	E–SE 26%	W–SW 48%	NE–E–SE 35%	4%
November	NE–E–SE 49%	W–SW 24%	NE–E–SE 47%	W–SW 25%	3%
Dezember	NE–E–SE 48%	W–SW 33%	NE–E–SE 48%	W–SW 37%	3%

erzeugen eine äußerst unangenehme See, die in den flachen Küstengewässern wie dem Golfe du Lion gefährlich werden kann. Viele Häfen sind nach S ungeschützt und können bei S-Sturm nicht angelaufen werden. E-lich von Toulon sind kaum noch Auswirkungen des Mistrals zu spüren. Vorherrschend ist der aus S über SE bis E kommende Seewind, der vom späten Vormittag bis in die Abendstunden weht und selten mehr als Bft 4 erreicht. Bei NW- bis W-Winden ist selten mit mehr als Bft 4–5 zu rechnen. Insgesamt herrscht E-lich von Toulon häufiger Flaute als im Westen.

Die Windverhältnisse in den Küstengewässern um Korsika entnehmen Sie dem Kapitel über Korsika.

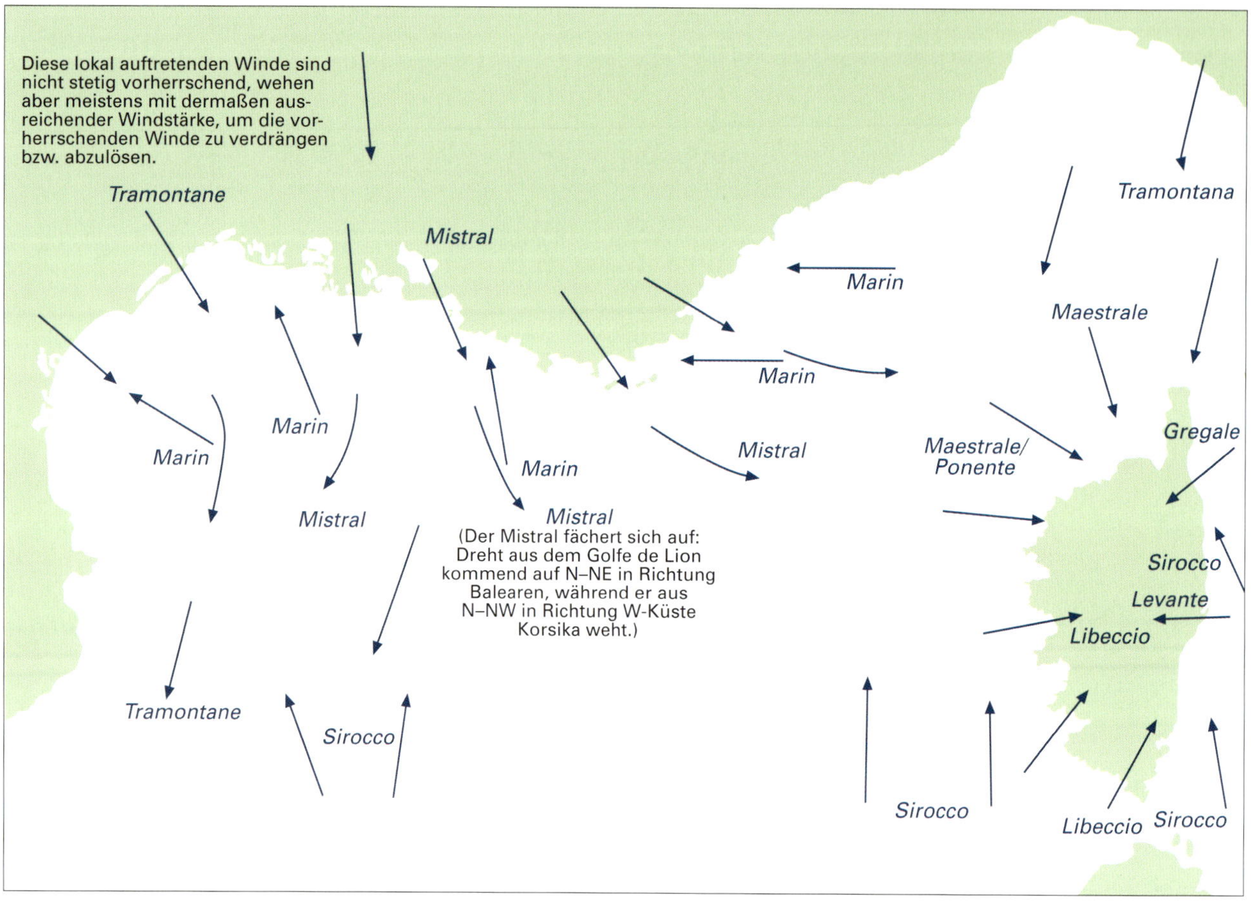

Regionale Winde

Regionale Windbezeichnungen

Bise – trockener NE-Wind in der Region Languedoc-Roussillon

Libeccio – W- bis SW-licher Wind an den Küsten Korsikas

Maestrale – N-liche Winde (ungebräuchlicher Begriff)

Marin – S-liche Winde, Seewind

Mistral – trockener, kalter, starker Wind aus dem Rhônedelta, der bis zu den Balearen im W und Korsika im E reichen kann

Ponant – SW-licher Wind der Côte d'Azur; weht meist von mittags bis zum Einbruch der Dunkelheit

Tramontane – starker NW- bis N-licher Wind, der durch die Schlucht von Toulouse in den Golfe du Lion einfällt

Tramontana – N- bis NE-licher Wind, der aus dem Golf von Genua herausweht

Vent d'Est – „Regenwind", wird von tiefverhangenem Himmel angekündigt; erzeugt vor der Küste teilweise schwere See

Vent solaire – aus S bis SE wehende Seebrise

Tiefdruckgebiete

Im Mittelmeerraum weist der Golfe du Lion mit 6,8 % die höchste Sturmrate auf, dagegen hat das Tyrrhenische Meer nur 1,8 % Sturm, das Ionische Meer 4,5 % und die Gewässer um Korsika 2,5–3 %. Die meisten Stürme im Golfe du Lion wehen über den Winter verteilt, nur 1,3 % fallen in den Sommer.

Etwa 90 % der Stürme kommen aus N- bis NW-lichen Richtungen (Tramontane oder Mistral). Die restlichen 10 % sind S-Stürme.

Tiefdruckgebiete erreichen den Mittelmeerraum durch die Schlucht von Toulouse, die Straße von Gibraltar oder von der nordafrikanischen Küste her. Im Golfe du Lion vertiefen sie sich meist, bevor sie weiterziehen. Ebenso ist es im Ligurischen Meer im E der Riviera. Vor einer Fahrt in diesen beiden Revieren sollte unbedingt ein Wetterbericht abgehört werden.

Gewitter

Die meisten Gewitter ereignen sich im Frühjahr oder Herbst und werden von heftigen Regenböen begleitet. Sie dauern selten länger als ein bis zwei Stunden.

Nebel und Sichtweiten

Die Sichtweite ist meist sehr gut. Der nebelreichste Monat an der französischen Mittelmeerküste ist der Mai mit 5 %. In allen anderen Monaten ist nur mit

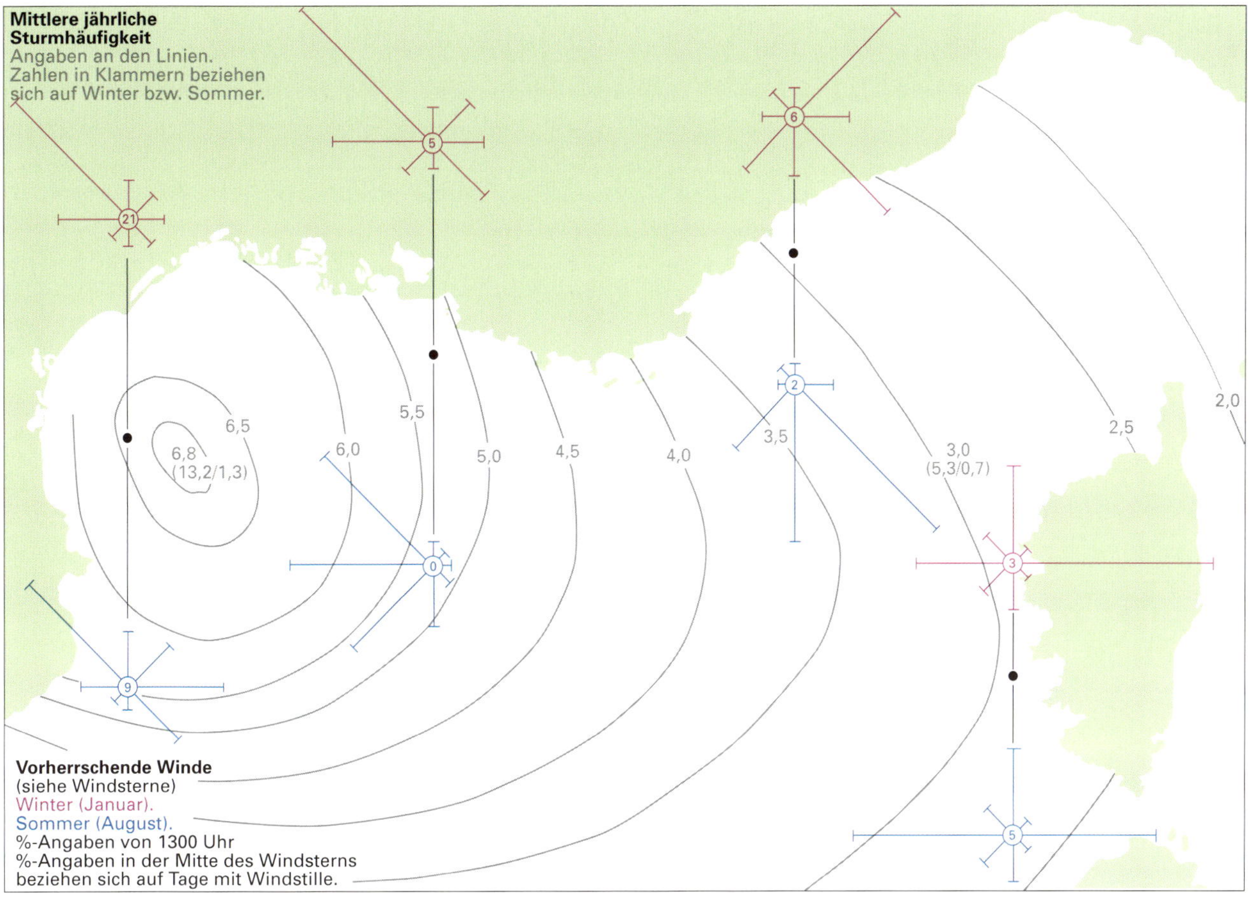

Vorherrschende Winde und durchschnittliche Sturmhäufigkeit

2 % Nebel zu rechnen. In Industrieregionen wie dem Golfe de Fos und dem Golfe de Marseille kann sich die Sicht an windstillen Tagen durch Emissionen verschlechtern.

Luftfeuchtigkeit

Die Luftfeuchtigkeit ist durchschnittlich hoch, kann aber je nach Wetterlage nach oben oder unten abweichen. Bei Mistral ist z. B. mit einer geringen Luftfeuchte zu rechnen.

Wassertemperaturen

Die Wassertemperaturen schwanken zwischen etwa 12 °C im Januar und 21–24 °C im August.

Seegang

Bei starken SW- bis SE-lichen Winden tritt heftiger Seegang auf. Im Golfe du Lion ist dieser am stärksten und dauert am längsten an.

Strömungen

Im Winter setzt eine WSW-liche Strömung parallel zur Küste. Im Sommer ist diese Strömung geringer oder wird durch die vorherrschenden ablandigen Winde aufgehoben. Die Strömung setzt quer zur Mündung des Golfe du Lion und erzeugt an seiner Küste eine gegenläufige Strömung. E-lich von Toulon erreicht die Strömung selten mehr als 1 kn, dagegen muss im Golfe du Lion besonders bei auflandigen Winden mit bis zu 2 kn Strom gerechnet werden. Vor der Rhône setzt der Strom Richtung W, wechselt aber zwischen Sète und Cap Creux in S- bzw. SE-liche Richtung.

Gezeiten

Der Tidenhub zur Springtide beträgt überall weniger als 0,3 m und kann bei allen navigatorischen Überlegungen vernachlässigt werden.

Wasserstand

Lang andauernde und starke N-liche Winde senken den Wasserstand, S-Winde führen zu erhöhten Wasserständen an der Küste.

Seewetterberichte

Grenzwelle

CROSS La Garde

In französischer und englischer Sprache Sprache. 1696 und 2677 kHz (nach Ankündigung auf 2182 kHz) für die Vorhersagegebiete 514, 515, 516, 521, 522, 523, 531–534. Nach Eingang und um 0103, 0503, 0903, 1303, 1703 Uhr. Sturmwarnung und BMS

(Bulletin Météo Spéciaux Marine, darin enthalten Starkwindwarnungen Bft 8 bis 9 sowie Sturmwarnungen ab Bft 10). Um 0650, 1433 und 1850 Uhr. Sturmwarnung, Übersicht, Vorhersage für 24 Stunden und Aussichten für weitere 24 Stunden.

Monaco
In französischer und englischer Sprache Wettervorhersage. 4363 kHz für die Vorhersagegebiete 514–516, 521–523 und 531–534. Um 0903, 1403 und 1915 Uhr. 8728 und 8806 kHz für die Vorhersagegebiete 511–516, 521–525 und 531–537. Um 0715 und 1830 Uhr.

UKW-Sprechfunk
CROSS La Garde
In französischer Sprache Sturmwarnung und BMS, Vorhersage für 24 Stunden und Stationsmeldungen.
Für die Küstengewässer von Languedoc-Roussillon bis Port Camargue bis 20 sm seewärts. Agde, UKW-Kanal 79. Um 0715, 1245 und 1915 Uhr. Pic de Néoulos, UKW-Kanal 79. Um 0703, 1233 und 1903 Uhr.
Für die Küstengewässer von Port Camargue bis St-Raphaël bis 20 sm seewärts. Mont Coudon/Toulon, UKW-Kanal 80. Um 0745, 1315 und 1945 Uhr. Phare de l'Ile due Planier, UKW-Kanal 80. Um 0733, 1303 und 1933 Uhr.
Für die Küstengewässer von St-Raphaël bis Menton bis 20 sm seewärts. Pic de l'Ours, UKW-Kanal 80. Um 0750, 1320 und 1950 Uhr.
Für die Küstengewässer Korsika bis 20 sm seewärts. Conça/Porto Vecchio, UKW-Kanal 79. Um 0803, 1303 und 2003 Uhr. Ersa/Cap Corse, UKW-Kanal 79. Um 0733, 1233 und 1933 Uhr. La Punta/Ajaccio, UKW-Kanal 79. Um 0833, 1333 und 2033 Uhr. Piana/Golfo de Porto, UKW-Kanal 79. Um 0845, 1345 und 2045 Uhr. Serra di Pigno/Bastia, UKW-Kanal 79. Um 0745, 1245 und 1945 Uhr. Serragia/Pointe Roccapina, UKW-Kanal 79. Um 0815, 1315 und 2015 Uhr.

Monaco
In französischer und englischer Sprache Wettervorhersage. Ununterbrochen (Tonband), die Angaben werden dreimal täglich erneuert. Für Küstengewässer von Port Camargue bis St-Raphaël bis 20 sm seewärts, UKW-Kanal 25. Für Küstengewässer von St-Raphaël bis Menton bis 20 sm seewärts, UKW-Kanal 23. Für Küstengewässer Korsika bis 20 sm seewärts, UKW-Kanal 24.
Hinweis: Die Sturmwarnungen französischer Küstenfunkstellen werden wie folgt bezeichnet:
Avis de grand frais <Bft 8
Avis de coup de vent Bft 8–9
Avis de tempête >Bft 10
Avis de cyclones tropicaux >Bft 12

NAVTEX
Vorhersagegebiete 514, 515, 516, 521, 522, 523 und 531–534.
518 kHz (W) nach Eingang und um 0340, 0740, 1140, 1540, 1949 und 2340. Sturmwarnung. Um 1140 und 2340 Uhr. Sturmwarnung, Übersicht, Vorhersage für 24 Stunden.
490 kHz (S) nach Eingang und um 0300, 0700, 1100, 1500, 1900 und 2300 Uhr. Sturmwarnung. Um 0700 und 1900 Uhr. Sturmwarnung, Übersicht, Vorhersage für 24 Stunden.

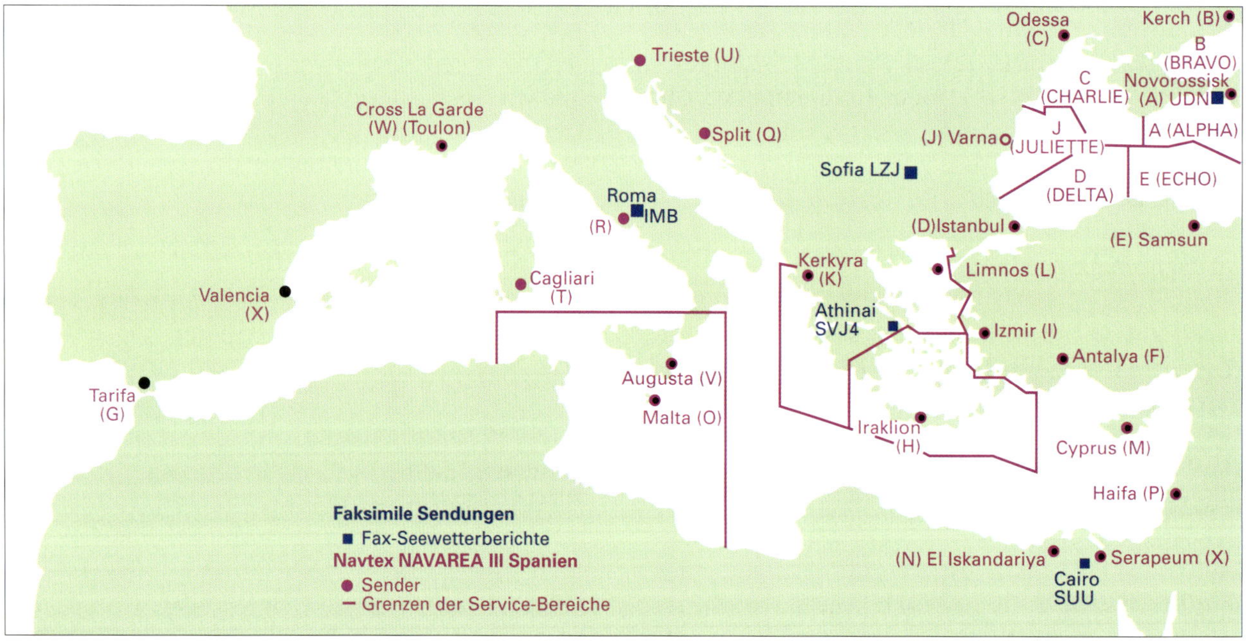

NAVTEX und Fax-Seewetterberichte

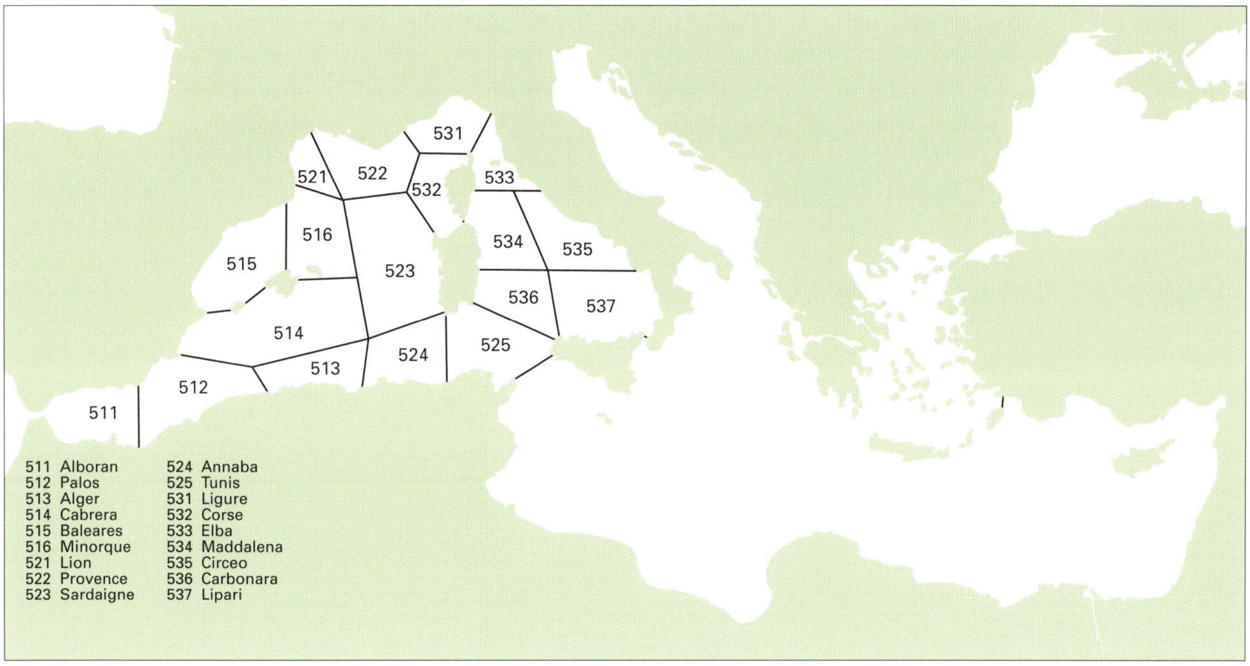

Französische Wettervorhersagegebiete

Rundfunksender
In deutscher Sprache
Deutsche Welle. 6075 und 9545 kHz während der Sommerzeit täglich um 0755 und 1755 Uhr (MESZ/MEZ). Seewetterbericht Mittelmeer und Kanaren: Wetterlage, Vorhersage bis zum Abend des folgenden Tages, Stationsmeldungen. Für die Vorhersagegebiete Kanarische Inseln, Alborn/Gibraltar, Palos, Balearen, Westlich Korsika/Sardinien, Golfe du Lion, Ligurisches Meer, Tyrrhenisches Meer, Adria, Ionisches Meer, Ägäis, Taurus und Biskaya.

In französischer Sprache
Radio France. 945 kHz (Toulouse), 1242 kHz (Marseille), 1404 kHz (Ajaccio) und 1557 kHz (Nice) um 0640 Uhr. 162 kHz (France Inter) um 2003 Uhr. Sturmwarnung, Übersicht, Vorhersage für 24 Stunden und allgemeine Wetterangaben. Für die Vorhersagegebiete 514–516, 521–523 und 531–537.

In englischer Sprache
Radio Riviera. Montag bis Freitag um 0715, 0815, 1240, 1710 und 1915 Uhr. Wettervorhersage. Für die Küstengewässer von St-Tropez bis zur italienischen Grenze und Korsika.

Im Fernsehen
Auf den sechs französischen Kanälen gibt es zwischen 2015 und 2045 Uhr Nachrichten mit anschließender Wettervorhersage. Auf TF1 und TF2 sind ausführliche Wettervorhersagen nach den Nachrichten um 1330 und 2030 Uhr üblich.

In Zeitungen
Alle überregionalen Tageszeitungen veröffentlichen täglich eine aktuelle Wetterkarte, besonders seien Ihnen Le Monde und Libération ans Herz gelegt.

Telefonische Ansagen
In ganz Frankreich gilt die Telefonnummer 36 63 68 08 XX, wobei Sie für XX die Leitzahl des gewünschten Departements einsetzen (siehe Karte oben). Sie erhalten dann den aktuellen Seewetterbericht mit der allgemeinen Vorhersage, Sturmwarnungen und einer detaillierten Prognose für das jeweilige Gebiet. Ansage in französischer Sprache zum Mitschreiben. Ein auf Englisch verfasster Wetterbericht ist unter Tel. 36 63 70 12 34 abzurufen: Nach der Nummer wählen Sie eine „1" für den Inlandswetterbericht, danach eine „2", um die allgemeine Wetterlage sowie die Vorhersage für die Küstengewässer sowie die Seereviere zu erhalten.

Minitel
Unter 3615MET ist rund um die Uhr eine Wetterkarte sowie eine Vorhersage für maximal die folgenden fünf Tage zu finden.

Fax-Service (téléreponde ur)
Unter der Fax-Nr. 02 39 28 00 28 ist der Abruf eines Seewetterberichts möglich.

Wetterinfos in Häfen und Yachthäfen
In den meisten Häfen werden ein- bis zweimal täglich aktualisierte Wetterinfos ausgehängt. Teilweise gibt es auch eine englische Version, aber selbst

wer nur wenig Französisch versteht, hat sich in die Einheimische schnell eingelesen. Nebst einem Textteil beinhalten sie oft eine Karte, in die die zu erwartenden Windstärken und der Seegang eingezeichnet sind.
Immer häufiger sind Yachthäfen mit dem ANTIOPE-Videotextsystem ausgestattet, das auf einem Bildschirm nebst einer Wetterkarte auch Vorhersagen bietet. Die Daten laufen nonstop durch oder müssen speziell in einem Menü angewählt werden und sind meist in der Capitainerie oder im Yachthafenbüro zu finden.

Befeuerung

Die folgenden Yachthäfen verfügen über Starkwind-Warnfeuer, die bei Helligkeit und normaler, also guter Sicht, eine Tragweite von 5 sm haben: St-Cyprien-Plage, Canet-Plage, La Grande Motte, Pomègues (auf der Ile du Frioul bei Marseille), Hyères-Plage sowie Bormes-les-Mimosas, außerdem der Leuchtturm La Garoupe auf Cap d'Antibes. Die Kennung LFl.8s warnt vor Bft 6 und mehr innerhalb der nächsten sechs Stunden, während mit der Kennung Fl. vor regionalen Winden mit Bft 6 oder mehr gewarnt wird.

Schießübungen

Informationen über Schießübungen im Seegebiet bis 20 sm vor Île du Levant (43°02'N 006°28'E) erhält man dort beim Centre d'Essais de la Méditerranée auf UKW-Kanal 16, Ruf: Delta Neuf. Dienstzeit: Montag bis Freitag 0800–1800 Uhr (GZ).

Meteorologische Ausdrücke

Französisch	*Deutsch*
accalmie	Flaute
agité	mäßig bewegte See
amélioration	Besserung
anticyclone	Hochdruckgebiet
augmentation	Zunahme
averse	Schauer
avis	Warnung
avis de coup de vent	Sturmwarnung
basse pression	Tief(druck)
beau	schön
belle (mer)	ruhige (See)
brise	Brise
brise de mer	Seewind
brouillard	Nebel
brume	Dunst
calme	Windstille
clair	heiter bis wolkenlos
coup de vent	stürmischer Wind
courant	Strömung
couvert	bedeckt
dépression	Tief(druckgebiet)
direction	Richtung
éclaircie	klarer Himmel
en baisse	fallend
en formation	sich aufbauend, zunehmend
en hausse	steigend
état de mer	Zustand der See (Seegang)
force du vent	Windstärke
fort, forte	stark, rau
fort coup de vent	Sturm
frais	frisch
fréquent	häufig
front	Front
front chaud	Warmfront
front froid	Kaltfront
grain	Bö
grand frais	steifer Wind
houle	Dünung, Wellengang
instable	veränderlicher Wind
léger	leicht
mauvais temps	schlechtes Wetter
mer	See, Meer
modéré	mittlerer Stärke
noeud	Knoten
nuage	Wolke
nuageux	wolkig
orage	Gewitter
ouragan	Orkan
pertubation	Störung
pluie	Regen
pression	(Luft)Druck
prévision	Vorhersage
probabilité	Wahrscheinlichkeit
rafale	Bö
région	Gebiet
situation générale	Wetterlage
stationnaire	festliegend
tempête	schwerer oder starker Sturm
variable	veränderlicher Wind
vent frais	steife Brise
violant tempête	orkanartiger Sturm
zone de haute pression	Hoch(druckgebiet)
zone	Gebiet

Hinweise zu Hafenplänen und andere Angaben

Betonnungssystem

Das IALA-Betonnungssystem „A" gilt seit seiner Einführung im Jahre 1980 und ist gut ausgebaut.

Befeuerung

Die Küste ist gut befeuert; alle Feuer werden gut gewartet. An der Küste kann man nachts ohne Schwierigkeiten navigieren. Die Einfahrtsfeuer der Häfen sind allerdings häufig relativ schwach und daher schlecht auszumachen.

Geografische Bezeichnungen

Für alle geografischen Angaben werden die französischen Ausdrücke verwandt, solange sie zusammen mit einem Namen stehen.

Abkürzungen

Himmelsrichtungen sind gemäß der gängigen Praxis abgekürzt; so steht E für Osten, NE für Nordosten usw.

Hafenpläne

Die Hafenpläne dienen nur zur Darstellung der im Text aufgeführten Angaben und beruhen größtenteils auf Skizzenmaterial, das vom Autor angefertigt wurde. Sie können nicht als Ersatz offizieller Seekarten angesehen werden, und man sollte nicht mit ihnen navigieren. Hinweise und Korrekturen werden vom Verlag dankbar angenommen.

Tiefenangaben

Alle Tiefen sind in Metern (m) angegeben. Die meisten Angaben sind vom Autor überprüft worden und eher unter- denn übertrieben. Andererseits können teilweise die Tiefen an Stellen, die immer wieder versanden, trotz Baggerarbeiten nicht erreicht bzw. eingehalten werden.

Wegpunkte

Für alle Häfen und Ankerplätze sind Wegpunkte unterschiedlichen Ursprungs angegeben. Alle hier aufgeführten Wegpunkte beziehen sich auf das Bezugssystem WGS 84 (World Geodetic System 1984), das weltweite Gültigkeit hat. Die meisten GPS-Geräte beziehen sich automatisch auf dieses System.

Wenn Sie einen Wegpunkt in eine Karte einzeichnen, so stimmt dieser oftmals nicht mit der Zeichnung der Karte überein. Dies kann verschiedene Ursachen haben:

1. Die Karte bezieht sich auf ein anderes Datum. Imray-Tetra-Karten beziehen sich zum Beispiel auf ED 50, das European Datum von 1950. Daneben gibt es andere Bezugsdaten, die ebenso Grundlage einer Seekarte sein können.
2. Alle Seekarten, also auch Karten auf der Grundlage von WGS 84, können Fehler aufweisen. Die meisten Seekarten sind bereits im 19. Jahrhundert entstanden und später im Sinne von WGS 84 „frisiert" worden.
3. Selbst beim Zeichnen eines Hafenplans gibt es zahlreiche Möglichkeiten zu „menschlichen" Fehlern, und etliche davon gehen im vorliegenden Fall zweifellos auf mein Konto.

Das Fazit dieser Auflistung von möglichen Fehlerquellen ist, dass sich niemand allein auf die Angaben in Karten oder auf den GPS verlassen, sondern jedes Manöver und jede Fahrt mit Augenmaß begleiten sollte. In allen Fällen, da ich selbst auf der Grundlage von WGS 84 einen Wegpunkt ermittelt habe, ist dieser auch auf der Karte an der richtigen Position eingezeichnet. In anderen Fällen wurden die Wegpunkte von der Position bestimmter Seezeichen hergeleitet bzw. entstammen meinen Notizen oder ganz anderen Quellen.

Für diese Ausgabe wurde am Anfang jedes Kapitels eine Liste mit wichtigen Wegpunkten zusammengestellt, die sich in der jeweiligen Übersichtskarte wiederfinden. Diverse Wegpunkte in einer halben Seemeile Abstand zur Küste habe ich mithilfe von Radar und Handpeilkompass selbst ermittelt, sodass sie eine Ungenauigkeit von bis zu 50 Metern aufweisen; andere entstanden beim Ausfahren einer Bucht oder beim Umfahren einer Insel und sind entsprechend genauer.

Die Schreibweise bei der Angabe von Positionen nach geografischer Breite und Länge sowohl bei den Wegpunkten wie bei anderen Angaben nennt die Gradzahlen von geografischen Breiten zweistellig und von geografischen Längen dreistellig. Minutenzahlen werden dabei zweistellig geschrieben, bei Bedarf werden bei den Minutenzahlen eine oder mehrere Dezimalstellen hinter dem Komma aufgeführt.

Die Schreibweise in Bogensekunden wird hier nicht verwendet.

Peilungen und Richtungen

Alle Peilungen sind rechtweisend angegeben.

Kurzübersicht

Zu Beginn jedes Kapitels gibt die „Kurzübersicht" eine Zusammenfassung der wichtigsten Informationen wie Sperrgebiete, Leuchtfeuer usw.

Danach folgt eine tabellarische Übersicht der Häfen und Ankerplätze, die in dem jeweiligen Kapitel beschrieben werden. Informationen über den gebotenen Schutz, Liegemöglichkeiten, Angaben zu Treibstoff, Wasser- und Lebensmittelversorgung sowie Restaurants sind auf einen Blick ersichtlich.

Komprimierte Angaben mithilfe eines solchen Rasters zu geben ist nicht immer einfach, und die Angaben sind naturgemäß unvollständig. Eine solche Aufstellung leistet aber gute Dienste bei der Törnplanung und ist eine „Gedächtnisstütze" bei der Wahl eines Hafens.

Symbole und Abkürzungen in den Plänen

3 2 Wassertiefe in Metern
<1 Gebiet mit Wassertiefe von 1 m und weniger
Felsen, weniger als 2 m unter Kartennull
Felsen, überspült bzw. in Höhe Kartennull
2 Untiefe oder Felsen mit der angegebenen Wassertiefe
Wrack, teilweise über Wasser
Stromwirbel
Wrack
4 Wk gefährliches Wrack
Steinschüttung an einer Mole
Felsen, ständig über Wasser
Klippen
Ankerplatz
Ankern verboten
Yachtliegeplätze, ohne besondere Einrichtungen
Yachthafen, Marina
Windmühle
Kirche

Schornstein
Kastell, Festung
Flughafen
Ruinen
Häuser, Gebäude
Hafenamt, Hafenmeister
Fischzucht
Zoll
Travellift
C Yachtclub
Wasser
Dusche
Treibstoff
WC WC
Postamt
Telefon
i Touristbüro
Stromanschluss
Pinie
Laubbäume
Einreisehafen / Port of Entry
Gastliegeplätze
Wegpunkt

Yachtliegeplatz
einheimische Boote (meist untief oder reserviert)
Bake
R Backbord-Fahrwassertonne
G Steuerbord-Fahrwassertonne
Festmachetonne

Leuchtfeuer und Meeresgrund

Feuer
Leuchtturm
F Festfeuer
Fl Blitzfeuer
Fl(2) Blitzfeuer in Gruppen
Oc Unterbrochenes Feuer
R Rot
G Grün
W Weiß
M Seemeilen
S Sand
M Schlick
Wd Seegras
R Fels

Abkürzungen in der Kurzübersicht

Schutz
A - sehr gut
B - gut bei den vorherrschenden Winden
C - nur bei bestimmten Windrichtungen sicher, sonst ungemütlich oder gar gefährlich
O - Schönwetterplatz, der nur bei ganz ruhigem Wetter zu empfehlen ist

Liegeplätze
A - mit Bug oder Heck
B - längsseits
C - vor Anker, auf Reede
Treibstoff
A - am Kai
B - in der Stadt
O - nicht erhältlich oder nur begrenzt

Wasser
A - am Kai
B - in der Stadt
O - nicht erhältlich oder nur begrenzt

Verpflegung
A - sehr gut
B - die meisten Lebensmittel sind erhältlich
C - sehr begrenzte Einkaufsmöglichkeiten
O - keine Einkaufsmöglichkeiten

Restaurants
A - sehr gute Auswahl
B - durchschnittliche Auswahl
C - begrenzte Möglichkeiten
O - keine
Diese Aussagen beziehen sich allein auf die Quantität und keinesfalls auf die Qualität der Einrichtungen.

Symbole und Abkürzungen in den Plänen

Alle Pläne sind nach Nord ausgerichtet. Die Entfernungen sind in Metern (m) oder Seemeilen (sm/Nautical Miles) angegeben, die Tiefen in Metern (m). Die verwendeten Symbole und Abkürzungen entsprechen den Spezifikationen der International Hydrographic Organization.

Liegegebühren

(bezogen auf eine 12-m-Yacht in der Hochsaison)
1 - keine Liegegebühren
2 - niedrige Liegegebühren (bis 25 Euro)
3 - mittlere Liegegebühren (25–40 Euro)
4 - hohe Liegegebühren (41–55 Euro)
5 - sehr hohe Liegegebühren (55 Euro und mehr)

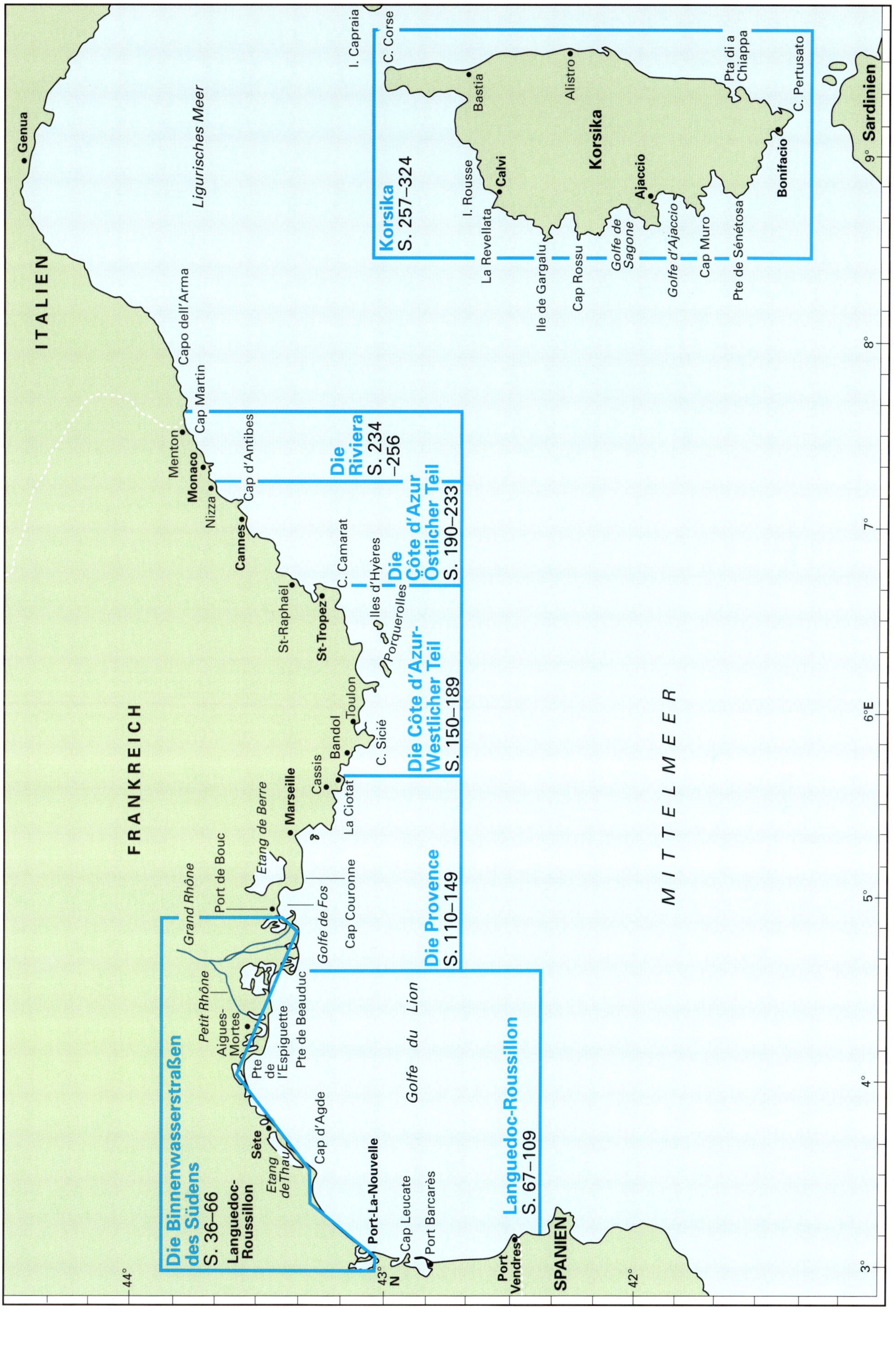
ITALIEN
FRANKREICH
SPANIEN
MITTELMEER
Ligurisches Meer
Golfe du Lion
Genua
Capo dell'Arma
Cap Martin
Menton
Monaco
Nizza
Cap d'Antibes
Cannes
St-Raphaël
St-Tropez
C. Camarat
Iles d'Hyères
Porquerolles
Toulon
C. Sicié
Bandol
Cassis
La Ciotat
Marseille
Etang de Berre
Port de Bouc
Cap Couronne
Golfe de Fos
Grand Rhône
Petit Rhône
Aigues-Mortes
Pte de l'Espiguette
Pte de Beauduc
Sète
Etang de Thau
Cap d'Agde
Port-La-Nouvelle
Cap Leucate
Port Barcarès
Port Vendres
Die Binnenwasserstraßen des Südens
S. 36–66
Languedoc-Roussillon
Languedoc-Roussillon
S. 67–109
Die Provence
S. 110–149
Die Côte d'Azur-Westlicher Teil
S. 150–189
Die Côte d'Azur Östlicher Teil
S. 190–233
Die Riviera
S. 234–256
Korsika
S. 257–324
Korsika
C. Corse
I. Capraia
Bastia
Alistro
Pta di a Chiappa
C. Pertusato
Bonifacio
Sardinien
I. Rousse
Calvi
La Revellata
Ile de Gargalu
Cap Rossu
Golfe de Sagone
Ajaccio
Golfe d'Ajaccio
Cap Muro
Pte de Sénétosa
44°
43° N
42°
3°
4°
5°
6°E
7°
8°
9°

Die Binnenwasserstraßen des Südens

Canal du Midi von Port-La-Robine bis Les Onglous
Zweigkanal vom Canal du Midi bis Port-La-Nouvelle
Etang de Thau
Canal du Rhône à Sète
Beaucaire-Zweigkanal
Petit Rhône
Die Rhône von Arles bis Port St-Louis-du-Rhône

Yachten, deren Tiefgang, Höhe und Breite bestimmte Höchstmaße nicht überschreiten, können die Binnenwasserstraßen Südfrankreichs als angenehme Ergänzung zu den Seepassagen auf dem Mittelmeer nutzen. Die hier beschriebenen Flüsse und Kanäle führen durch schöne Landschaften, Städte und Dörfer. Es bieten sich Möglichkeiten, mitten im Zentrum einer Stadt festzumachen, in Restaurants direkt am Wasser zu speisen oder in der wilden Natur der Camargue freilebende Pferde oder seltene Vogelarten zu beobachten, sodass Sie Frankreich einmal von einer ganz neuen Seite kennen lernen können.

Größenbeschränkungen

Die Schiffslänge wird durch die Größe der Schleusen begrenzt. Ältere Schleusen können Fahrzeuge bis 30 m Länge aufnehmen; die neueren Schleusen der Freycinet-Norm können bis 38 m Länge genutzt werden. Die Tiefe der Flüsse und Kanäle ist unterschiedlich. So ist der Canal du Midi von Yachten bis 1,6 m Tiefgang zu befahren, während auf der Rhône Schiffe bis 3 m Tiefgang verkehren können.
Die schmalsten Schleusen, die die Schiffsbreite begrenzen, gibt es mit 5,5 m am Canal du Midi. Dieses Maß wird ohnehin nur für Mehrrumpfboote von Interesse sein.
Die Beschränkungen beziehen sich also hauptsächlich auf den Tiefgang und die lichte Höhe der Yacht. Entsprechende Angaben finden Sie zu Beginn jeder Fluss- bzw. Kanalbeschreibung.
Yachtmasten können in Port-La-Nouvelle, Agde, Sète, Port Napoléon und Port St-Louis-du-Rhône gelegt werden. Die lichte Höhe einer Motoryacht

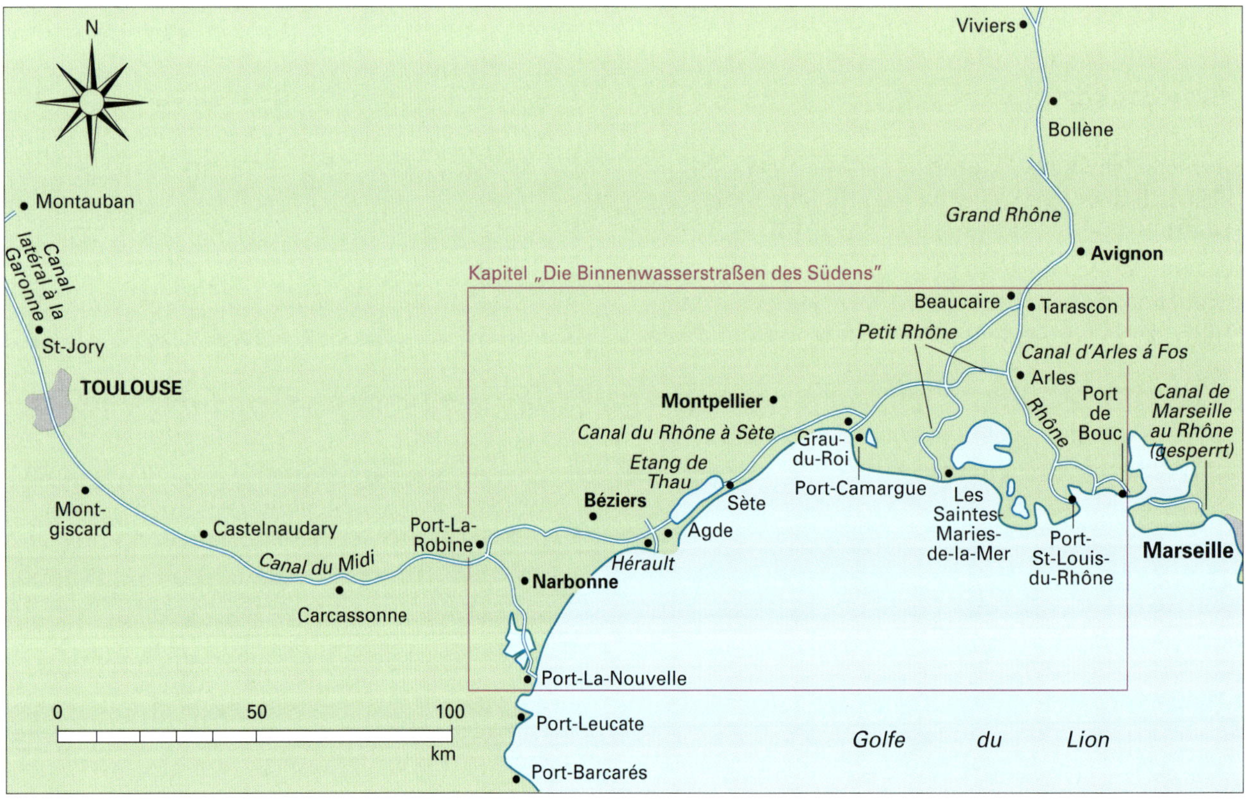

wird besonders im Canal du Midi von Interesse sein, da es hier eine Reihe alter Brücken mit geringen Durchfahrtshöhen gibt.
Während einige Yachten durch die Kanäle fahren, um Strecke zu sparen oder Stürme abzuwettern, gibt es andere, die in den Binnenwasserstraßen regelrecht überwintern. Dort sind die Kosten meist geringer als in den Yachthäfen an der Küste. Außerdem bietet sich oftmals die Gelegenheit, inmitten einer Stadt oder kleineren Ortschaft festzumachen und am Leben fern der See teilzuhaben.

Bootspapiere

Nebst den allgemein für Frankreich nötigen Yachtpapieren sind weitere Dokumente erforderlich (und hilfreich):
- ein (international gültiger) Führerschein für Binnenwasserstraßen;
- eine Ausgabe der Binnenwasserstraßenverkehrsordnung;
- eine Quittung der VNF, dass die Kanalgebühren (Vignette) bezahlt sind, s. u.

Besonderheiten der Wintersaison

Im Winter sind manche Kanäle in der Zeit zwischen Ende Oktober und Anfang April geschlossen. In dieser Zeit kann man Kanäle nur in Ausnahmefällen benutzen, wenn vor der Passage spezielle Absprachen mit den Schleusenwärtern getroffen wurden. Während laufender Bauarbeiten kann eine Wasserstraße selbstverständlich nicht passiert werden. Die Wintermonate werden meist dazu genutzt, Kanalabschnitte auszubaggern oder auszubessern.

Kanalgebühren (Vignette)

Seit dem 1. Januar 1992 ist die Benutzung der französischen Wasserstraßen, die von den „Voies Navigables de France“ verwaltet werden, gebührenpflichtig. Die Höhe der zu zahlenden Gebühr richtet sich nach der Bootsgröße und Aufenthaltsdauer. Die benötigten Vignetten können anhand von Formularen bei einem Büro der VNF bestellt oder dort selbst erworben werden.
Die Zeitschrift „boote“ veröffentlicht zu Beginn jeden Jahres die aktuellen Vignettenpreise sowie das entsprechende Antragsformular.
Boote unter 5 m Länge mit Motoren bis 9,9 PS zahlen keine Gebühren.

Anschriften der Büros der Voies Navigables de France (VNF):
- 175, rue Ludovic Boutleux, 62400 Béthune, Tel. 03 21 63 24 24
- Service de la Navigation de Sud Ouest Ecluse ronde d'Agde, 34304 Agde, Tel. 04 67 94 23 09, geöffnet auch am Wochenende
- 1, quai Gare Maritime, 13637 Arles, Tel. 04 90 96 00 85
- 11, quai Maréchal Joffre, 69002 Lyon, Tel. 04 78 42 74 99
- 2 BP, Ecluse d'Aubigny, 18320 Marseilles-les-Aubigny, Tel. 02 48 76 41 95
- 9 bis, quai d'Alsace, Ecluse de Gua, 11100 Narbonne Tel. 04 68 42 23 27
- 1, Quai Philippe Régy, 34200 Sète, Tel. 04 67 46 36 67
- 8, Port St-Etienne, 31073 Toulouse, Tel. 05 61 36 24 24.

Internetadresse: www.vnf.fr/acceueil/index.htm

In den oben genannten Büros können alle Vignettenarten (für 1 Tag, 16 Tage, 30 Tage oder Kalenderjahr) erworben werden. Die Vignette ist an Steuerbord des Bootes gut sichtbar anzubringen und den Kontrolleuren der VNF oder der Gendarmerie nicht zu verbergen. Wer keine gültige Vignette vorweisen kann, bezahlt eine Strafe.

Schifffahrtssperren (Chômages)

Die französischen Behörden sperren meist in den Sommermonaten einzelne Wasserwege von ein paar Tagen bis zu mehreren Wochen Dauer wegen Reparatur- und Unterhaltungsarbeiten. Der Sperrplan wird jährlich etwa im März festgelegt und kann dann bei folgender Anschrift erfragt werden (Rückumschlag oder Adressaufkleber mitsenden): Ministère des Transports, Direction des Voies Navigables, 244, Boulevard Saint-Germain, F-75007 Paris. Die Zeitschrift „boote“ sowie der Deutsche Motoryachtverband e. V., Vinckeufer 12–14, 47119 Duisburg, geben jährlich im Frühjahr eine Übersicht mit den Sperrungen der französischen Wasserwege heraus.

Chartermöglichkeiten

Die Charterfirmen sind in verschiedenen Orten an den Binnenwasserstraßen ansässig. Die Boote wurden meist weniger unter ästhetischen als vielmehr pragmatischen Gesichtspunkten konstruiert. Sie bieten vier bis zwölf Schlafplätze, wobei es sehr eng an Bord wird, wenn Sie mit der maximalen Personenzahl Urlaub machen. Zusätzlich fährt eine Reihe von Hotelschiffen auf den südlichen Binnenwasserstraßen. Dies sind ausgebaute, ehemalige Frachtschuten („Péniches“), auf denen Sie gut untergebracht und wohl verpflegt werden und auch beim Fahren selbst keine Hand anlegen müssen. Einzelheiten erfährt man bei den französischen Fremdenverkehrsämtern oder in den monatlich erscheinenden Zeitschriften, die sich mit Wassersport auf Binnenwasserstraßen beschäftigen, z. B. „boote“.

Liegemöglichkeiten für Sportboote

Gemeinden, öffentliche Körperschaften, Unternehmen oder Verbände/Vereine sorgen in Frankreich an den für Sportboote schiffbaren Wasserstraßen für zahlreiche Liegeplätze:

- *Halte Nautique*: Das ist ein kleiner fester Steg oder ein Schwimmsteg.
- *Port de Plaisance*: Hier findet man einen gut ausgestatteten Sportboothafen bzw. eine Marina.
- *Base de Tourisme Fluvial*: Ein oder mehrere Charterunternehmen haben hier Liegeplätze, Sportboote können die hier angebotenen Service- und Versorgungsleistungen nutzen.
- *Base Nautique*: Hier liegen kleine, offene Boote und Jollen, oft werden von hier aus auch andere Wassersportarten betrieben.
- *Relais Fluvial*: Dort liegen oft fest verankerte Bojenfelder zum Festmachen.

Außerdem legen die Voies Navigables de France (VNF) vor vielen Schleusen Schwimmstege für Sportbootfahrer aus.

Außer auf den offiziellen Liegeplätzen, die im Text beschrieben oder in den Karten markiert sind, können Sie überall an den Ufern festmachen, wenn dabei der Schiffsverkehr auf dem Kanal oder Fluss nicht behindert wird und kein ausdrückliches Liegeverbot besteht. In Schleusen und deren Zufahrten darf man nicht über Nacht liegen.

Oft nehmen die Wassertiefen zum Ufer hin ab, sodass man sich dem Land mit äußerster Vorsicht nähern sollte. Beachten Sie, dass der Sog der vorbeifahrenden Schiffe für kurze Zeit die Tiefen verringert, sodass Sie mit Grundberührungen rechnen müssen. Ist der Grund unrein, könnte Ihre Yacht dabei beschädigt werden.

Schleusen

Es gibt bemannte und automatische Schleusen, deren Handhabung Ihnen schnell vertraut sein wird.

In den bemannten Schleusen werden die Schleusentore von einem Schleusenwärter bedient, der sich aber über Ihre Hilfe freut. Beim Hochschleusen sollte eine Person vor der Schleuse an Land gehen, um in der Schleuse die Leinen annehmen zu können. Wie ruhig und sicher Ihre Yacht beim Schleusen liegt, hängt auch vom vorsichtigen bzw. plötzlichen Öffnen der Tore ab.

Die meisten Schleusenwärter sind sehr umgängliche Menschen, die Ihnen eventuell selbst produzierte Lebensmittel oder Wein verkaufen möchten. Natürlich finden sich in diesem Job aber auch sehr exzentrische Seelen, doch das werden Sie ja selbst sehen.

Automatische Schleusen lassen sich meist mithilfe einer Art Stange, die an einem Draht quer über dem Kanal hängt, bedienen. Dieser „Griff“ muss gezogen oder gedreht werden, damit sich die Schleusentore öffnen. Teilweise öffnen sich die Tore auch beim Passieren einer Lichtschranke. Beachten Sie die Einfahrtssignale. Häufig ist ein roter Knopf oder eine Leine vorhanden, mit denen der Schleusenvorgang im Notfall gestoppt werden kann. Auf den großen Binnenwasserstraßen, wie beispielsweise der Rhône, sind die großen Schleusen der Europanorm alle bemannt und mit Einfahrtssignalen ausgestattet. Genauere Absprachen mit den Schleusenwärtern können über Lautsprecher oder UKW getroffen werden. Die Berufsschifffahrt hat stets Vorfahrt.

Schleusenzeiten

Zur Törnplanung muss man auch wissen, dass nach Dunkelwerden bzw. während der Monate, in denen es länger hell bleibt, nach 19.30 Uhr nicht mehr gefahren werden soll. Geschleust wird im Allgemeinen im Hochsommer zwischen 6.30 Uhr und 19.30 Uhr. Wenn die Tage kürzer werden, macht auch der Schleusenwärter eher Feierabend. An gesetzlichen Feiertragen sind die Schleusen außer Betrieb.

Außer in Notfällen ist es für Yachten sinnlos, bei Dunkelheit von einer Schleuse zur nächsten zu fahren; falls man es doch tun muss, sind die vorschriftsmäßigen Navigationslichter zu führen und die Geschwindigkeitsbeschränkungen zu beachten.

Im Allgemeinen arbeiten die Schleusen zu folgenden Stunden:

- vom 1. April bis 30. September: 6.30 bis 19.30 Uhr
- vom 1. Oktober bis 30. November: 7.00 bis 18.00 Uhr
- vom 1. Dezember bis 31. Januar: 7.30 bis 17.30 Uhr
- im Februar: 7.00 bis 18.00 Uhr
- im März: 7.00 bis 19.00 Uhr.

Auf der Seine zwischen Port à l'Anglais und Cléon wird ganzjährig von 7.00 bis 19.00 Uhr geschleust.

Auf der Rhône unterhalb Lyon wird ganzjährig von 5.00 bis 21.00 Uhr geschleust.

Die Kanäle von Paris haben eigene Schleusenzeiten, die bei der zuständigen Behörde zu erfragen sind. Anschrift und Telefonnummer siehe unter: Kanäle von Paris.

Aktuelle Schleusenzeiten sind der Motorboot-Fachpresse, z. B. der Zeitschrift „boote“, zu entnehmen.

Schleusenruhe

An folgenden Feiertagen sind die Schleusen außer Betrieb: 1. Januar, 1. Mai, 14. Juli, 1. November, 11. November, 25. Dezember sowie am Oster- und Pfingstsonntag.

Auf dem Canal de la Marne à la Saône ist ganzjährig sonntags Schleusenruhe. Auf dem Canal de Bourgogne ist ganzjährig am Mittwoch Schleusenruhe. Ausnahmen sind möglich.

LICHTSIGNALE FÜR SCHLEUSEN

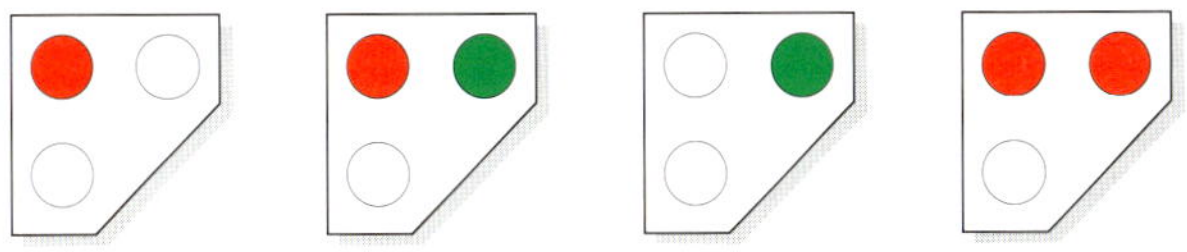

Keine Einfahrt

Keine Einfahrt, Öffnung wird vorbereitet

Einfahrt frei

Keine Einfahrt, Schleuse geschlossen

ANDERE ZEICHEN

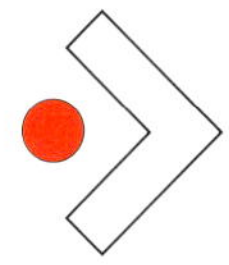

Einfahrt in angegebene Richtung verboten

VERBOTSZEICHEN

Durchfahrt verboten

Überholverbot

Begegnungs- und Überholverbot

Stillliegeverbot

Ankerverbot

Festmacheverbot

Wendeverbot

Sog und Wellenschlag vermeiden

Fahrverbot für Maschinenfahrzeuge

Gebotene Fahrtrichtung

Anhalten

Geschwindigkeit nicht überschreiten

Schallsignal geben

Vorsicht

Einfahrt in die Hauptwasserstraße ohne Behinderung

Begrenzte Höhe über Wasserspiegel

Begrenzte Breite

Fahrwassereinengung rechtes Ufer, Abstand 40 m halten

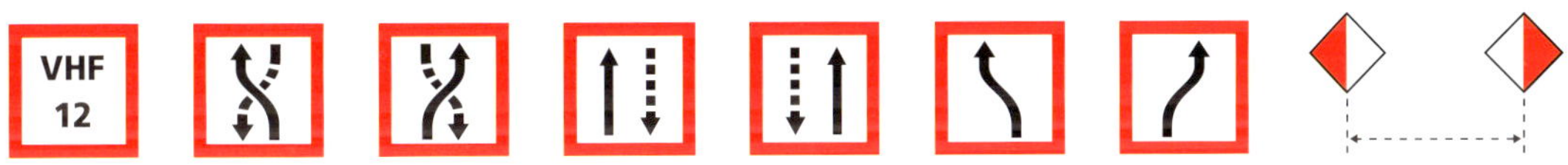

Sprechfunk auf dem angegebenen Kanal benutzen

Fahrwasser nach Backbord queren

Fahrwasser nach Steuerbord queren

Halten der Fahrwasserseite an Backbord

Halten der Fahrwasserseite an Steuerbord

Wechsel auf Fahrwasserseite an Backbord

Wechsel auf Fahrwasserseite an Steuerbord

Durchfahrt verboten außerhalb der roten Markierungen

HINWEISZEICHEN

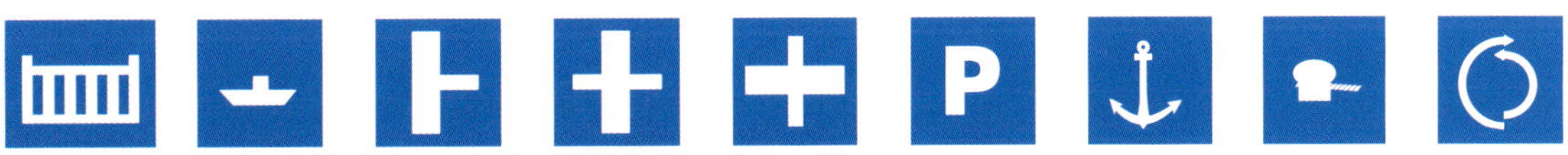

Vorsicht, Wehr

Freifahrende Fähre

Einmündende Wasserstraßen gelten als Nebenwasserstraßen

Benutzte Wasserstraße gilt als Nebenwasserstraße

Stillliegeerlaubnis

Ankererlaubnis

Erlaubnis zum Festmachen

Wendestelle

Fahrtrichtungsempfehlung

Hochspannungsleitung kreuzt

Ende von Einschränkungen

ZEICHEN AN BRÜCKEN UND WEHREN

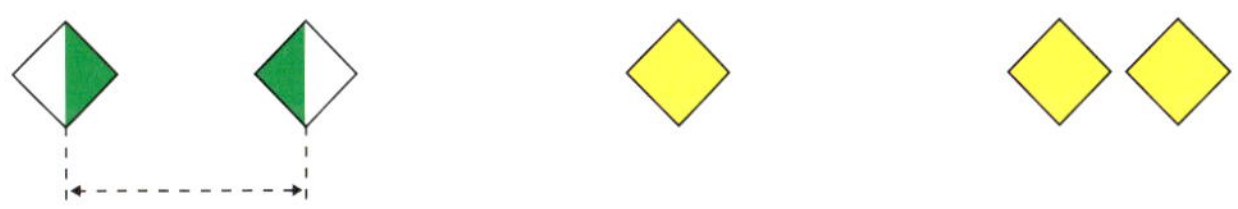

Durchfahrt empfohlen innerhalb der grünen Markierungen

Empfohlene Durchfahrt (Gegenverkehr beachten)

Empfohlene Durchfahrt (kein Gegenverkehr)

SCHALLSIGNALE

—	Achtung
•	Ich richte meinen Kurs nach Steuerbord
••	Ich richte meinen Kurs nach Backbord
•••	Meine Maschine geht rückwärts
••••	Ich bin manövrierunfähig
•••••	Gefahr eines Zusammenstoßes
— — — —	Notsignal
— •	Ich wende über Steuerbordseite
— ••	Ich wende über Backbordseite

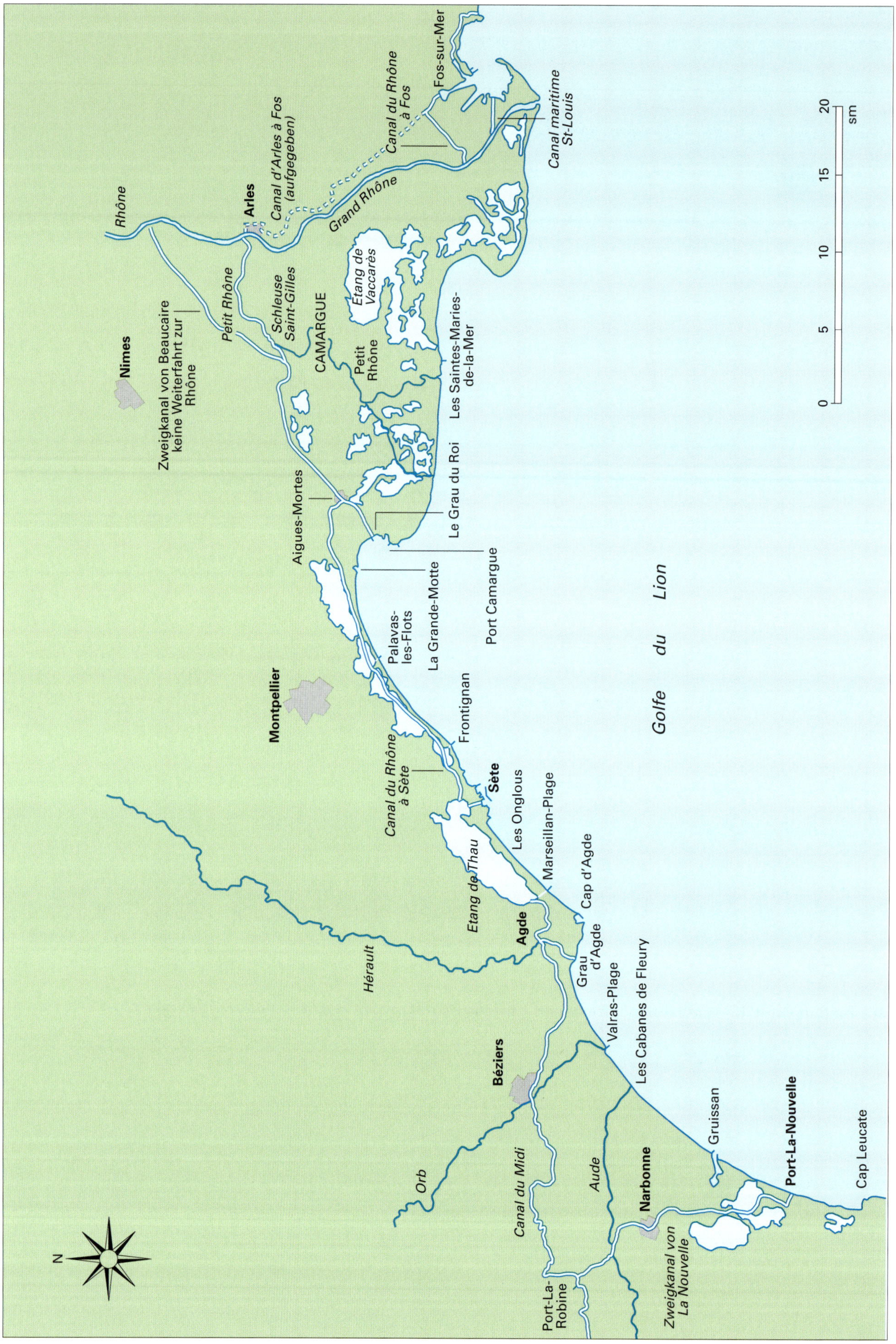
Rhône
Arles
Canal d'Arles à Fos (aufgegeben)
Canal du Rhône à Fos
Fos-sur-Mer
Grand Rhône
Canal maritime St-Louis
0 5 10 15 20 sm
Nimes
Zweigkanal von Beaucaire keine Weiterfahrt zur Rhône
Petit Rhône
Schleuse Saint-Gilles
CAMARGUE
Etang de Vaccarès
Petit Rhône
Les Saintes-Maries-de-la-Mer
Aigues-Mortes
Le Grau du Roi
La Grande-Motte
Port Camargue
Palavas-les-Flots
Montpellier
Frontignan
Golfe du Lion
Canal du Rhône à Sète
Sète
Les Onglous
Marseillan-Plage
Etang de Thau
Cap d'Agde
Agde
Hérault
Grau d'Agde
Valras-Plage
Les Cabanes de Fleury
Béziers
Orb
Canal du Midi
Aude
Gruissan
Narbonne
Port-La-Nouvelle
Cap Leucate
Zweigkanal von La Nouvelle
Port-La-Robine
N

Zu den Plänen
Die Pläne der Kanäle zeigen Ortschaften und Dörfer, Schleusen, Brücken sowie alle unveränderbaren Landmarken entlang des Wasserweges. Manchen Ortschaften sind außerdem Pläne beigefügt, die die vorhandenen Servicemöglichkeiten zeigen. Alle Entfernungen sind in Kilometern angegeben.

KEY TO SYMBOLS

K kilometre number
lock
bridge
mooring
channel (Rhône and Petit Rhône)
fuel
water
electricity
shower
information
post office

Canal du Midi von Port-La-Robine bis Les Onglous

Strecke Die Gesamtlänge des Kanals von Toulouse bis Les Onglous am Etang de Thau beträgt 240 km. In Toulouse mündet der Canal du Midi in den Canal latéral à la Garonne, der über Bordeaux bis zur Atlantikküste führt. Die Kilometerangaben beginnen im Hafen von Toulouse mit km 0,0 und enden mit km 240,1 in Les Onglous. Im Folgenden wird die Kanalstrecke zwischen Le Somail bei km 166 und Les Onglous bei km 240,1 beschrieben.

Tiefen Die offizielle Mindesttiefe beträgt 1,6 m. An einigen Stellen versandet das Kanalbett immer wieder. Leider haben Bewässerungen im großen Stil in Verbindung mit Instandhaltungsproblemen und der daraus resultierenden Wasservergeudung sowie eine Reihe von besonders regenarmen Jahren dieses System vor einigen Jahren über die Grenzen seiner Möglichkeiten strapaziert, weshalb zusätzliche Reserven geschaffen wurden (ein neues Reservoir in Montbel, das das Reservoir von Ganguise durch Schwerkraft auffüllt), sodass die Funktionsfähigkeit des Kanals im Prinzip sogar während trockener Sommer garantiert ist. Östlich der Wasserscheide (Col de Naurouze) beginnt der Abstieg zum Mittelmeer.

Durchfahrtshöhen Die maximale Durchfahrtshöhe, gemessen mittig unter den Bögen der alten Brücken, beträgt 3,3 m. An den Seiten sind es nur 2,4 m.

Breiten Die Höchstbreite liegt bei 5,5 m.

Schleusen Zwischen Le Somail und Les Onglous liegen acht Schleusen. Die Schleuse bei Prades bleibt im Sommer meist geöffnet. Falls das Schiffshebewerk (Wasserkeil) Fonsérannes bei Béziers einmal nicht arbeitet, muss man die alte Schleusentreppe mit sechs Kammern benutzen und dazurechnen.

Brücken Außer der Hubbrücke bei Fouga (km 210) sind alle Brücken fest.

Schiffsverkehr Es gibt wenig Berufsschifffahrt, dafür aber umso mehr Charter- und Hotelschiffe.

Modernisierung Pläne, Teilstrecken zu begradigen und die Mindesttiefe auf 1,8 m zu halten, sind bis jetzt nicht verwirklicht worden.

Geschichte Schon die Römer hatten sich mit der Idee beschäftigt, das Mittelmeer mit der Garonne bei Toulouse durch einen Kanal zu verbinden. Die verschiedenen Pläne scheiterten alle an einem Problem: Wie regelt man die Wasserzufuhr in den heißen, trockenen Sommern?
Das Languedoc ist im Sommer eine äußerst trockene Region. Seine Flüsse sind dann nur dünne Rinnsale, während sie im Winter und Frühjahr wegen der reißenden Strömung nahezu unschiffbar werden. So konnte für den Canal du Midi das in Nordfrankreich übliche Verfahren, Flüsse zu kanalisieren, nicht angewandt werden.
Im 17. Jahrhundert beschäftigte sich der durch Salzsteuern reich gewordene Pierre Paul Riquet, dessen Vater schon an Kanalplänen beteiligt war, mit der Problematik. Mit dem jungen Ingenieur François Andreossy an seiner Seite entwickelte er ein System mit 60 Kilometer langen Wasserzufuhrkanälen sowie einem Becken, das sich im Winter mit Regenwasser füllt und den Kanal in den trockenen Sommermonaten speisen kann.
Im Jahre 1666 wurde der Bau von Ludwig XIV. beschlossen; die Finanzierung der Bauarbeiten wurde von der Provinz Languedoc und dem Baumeister selbst übernommen, der an den Einnahmen durch Benutzungsgebühren beteiligt werden sollte. Die Arbeiten dauerten von 1666 bis 1681; Paul Riquet starb jedoch ein halbes Jahr vor der Inbetriebnahme. Der Canal Royal, wie der Kanal zunächst hieß, erfreute sich wachsender Beliebtheit.
Doch erst nach dem Bau des Canal latéral à la Garonne, mit dem die schwierige Flussstrecke von

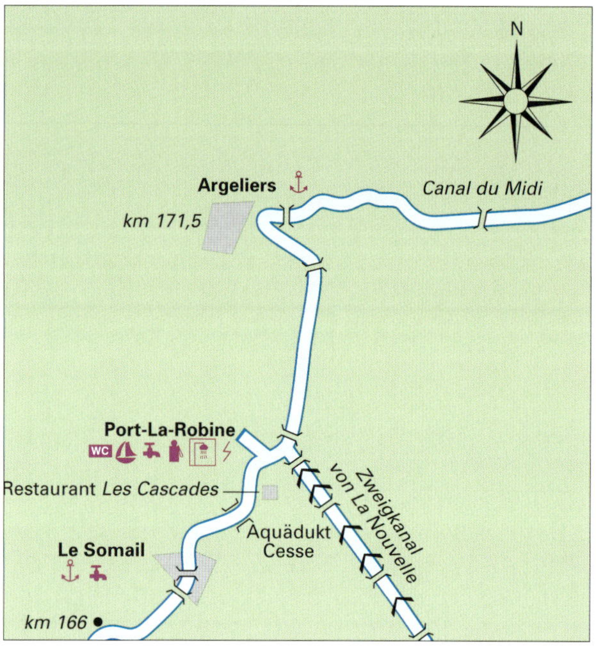

Eine der niedrigsten Brücken am Canal du Midi kurz vor Capestang. Wer hier passieren kann, kommt überall durch

Toulouse bis Castets-en-Dorthe, etwa 50 km stromauf von Bordeaux, umfahren werden konnte, kam die große Zeit des Kanals. Noch heute sind die meisten der solide gebauten Schleusen und Brücken in Betrieb – seit 300 Jahren! Nur verkehren jetzt hauptsächlich Sportboote bzw. Charter- und Hotelschiffe auf dem Kanal.
Hinweis: Die Beschreibung des Canal du Midi erfolgt von Le Somail bei km 166 bis Les Onglous am Etang de Thau bei km 240,1. Die Bezeichnungen „rechtes“ und „linkes“ Ufer beziehen sich auf diese Fahrtrichtung.

km 166 Le Somail. Die kleine, hübsche Ortschaft war bis zum Bau des Zweigkanals Hafen von Narbonne. Man liegt zwischen den beiden Brücken; Wasser in der Nähe; beschränkte Einkaufsmöglichkeiten und einige Restaurants. Charterbasis.

km 168 Aquädukt Cesse. Auf dem Aquädukt ist kein Gegenverkehr möglich. Gebaut 1686 von Vauban und Riquet, ersetzt einen Damm und Schleusen.

km 168,3 Brücke (Truilhas).

km 168,6 Port-La-Robine. Basis einer Charterfirma am linken Ufer; Diesel und Wasser sind erhältlich. Yachten können gekrant werden, beschränkte Reparaturmöglichkeiten sind vorhanden, Infos unter Tel. 04 68 46 11 46.

km 168,7 Zweigkanal von La Nouvelle am rechten Ufer (s. o.).

km 168,8 Eisenbahnbrücke.

km 171,4 Brücke (Pont de la Province).

km 172 Argeliers. Liegeplätze am linken Ufer. Die Ortschaft mit Einkaufsmöglichkeiten liegt etwas entfernt, ein weiteres Restaurant befindet sich an der Brücke.

km 172,6 Brücke mit beschränkter Durchfahrtsbreite. Restaurant.

km 176,5 Brücke (Sériège).

km 178,3 Brücke (Pigasse).

km 180,6 Brücke (Malvies).

km 188,3 Capestang. Brücke mit beschränkter Durchfahrtshöhe und -breite. Kai am linken Ufer; Liegeplätze hinter der Brücke am rechten Ufer; Wasser. Im Ort gute Einkaufsmöglichkeiten und Restaurants.
Der Ort ist an der Apsis und dem Chor einer nicht fertig gestellten Kirche des 14. Jahrhunderts zu erkennen. Wunderschön mit engen Gassen und alten Häusern. 1766 brach nach heftigen Regen- und Schneefällen der Kanaldamm, das schlimmste Unglück der Kanalgeschichte. Man installierte Signalhörner, die bei erhöhtem Wasserstand anfangen zu tuten, und mauerte einen Steindamm zur Verstärkung.

km 188,5 Brücke.

km 191,7 Straßenbrücke (Trézilles).

km 194,1 Fußgängerbrücke (Poilhès).

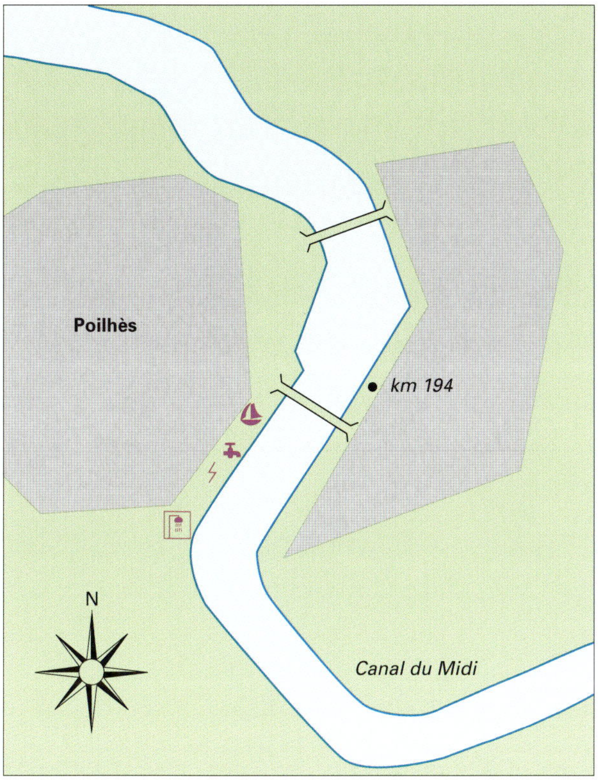

km 194,2 Poilhès. Freundliches, kleines Dorf auf einem Bergrücken im Süden. Liegeplätze zwischen den beiden Brücken mit Wasser und öffentlichen Duschen. Lebensmittel und Restaurants im Ort. Bei der Fußgängerbrücke gibt es eine Charterfirma.

km 196,3 Brücke (Régimont).

km 198,8 Tunnel Malpas. 161 m langer Tunnel, der jeweils nur in einer Richtung zu befahren ist, keine Verkehrssignale. Dieser älteste bekannte Kanaltunnel wurde von Riquet angelegt und führt durch weichen Sandstein. Später fand man hier Überreste der iberisch-griechischen Siedlung Oppidum d'Ensérune; an der Straße D 62 oberhalb des Tunnels sind die Fundstücke in einem Museum zu besichtigen. Eine weitere Sehenswürdigkeit ist ein im 13. Jahrhundert angelegter See.

km 200,5 Brücke (Colombiers). Einkaufsmöglichkeit und Restaurant.

km 202 Engstelle. Stellenweise nur Einbahnverkehr möglich (bis km 204).

km 204,4 Brücke (Gourgasse).

km 205,9 Brücke (Narbonne).

km 206,6 Ecluse de Fonsérannes. Berühmte Schleusentreppe und das neue Schiffshebewerk, ein Wasserkeil. Mit dem Wasserkeil überwinden Sie den gesamten Schleusenhub in einem Vorgang. Per Dieselantrieb werden die Boote in einem Trog auf Schienen nach oben bzw. unten gefahren. Gegenüber den sieben alten Schleusen sparen Sie hierbei Zeit und Nerven.

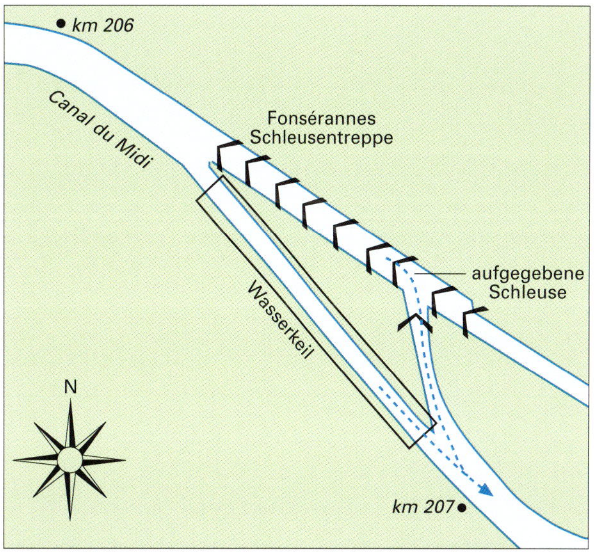

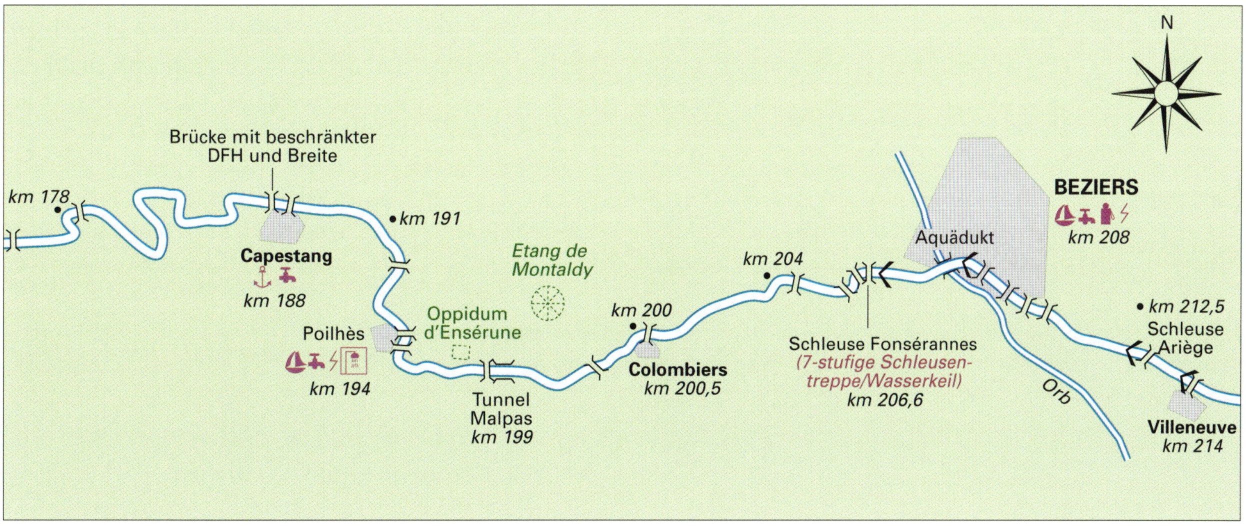

Der technisch eindrucksvolle Wasserkeil von Fonsérannes ersetzt heute die Schleusentreppe und erleichtert den steilen Auf- oder Abstieg nach Béziers erheblich.

Paul Riquet wurde für verrückt erklärt, als er den Kanal oberhalb von Béziers entlangführte. Der Höhenunterschied bis zu dem Fluss Orb musste mithilfe von acht Schleusen überwunden werden. Außerdem war die Schifffahrt auf dem Fluss besonders im Winter äußerst schwierig. So baute man 1856 eine neue Teilstrecke, die über einen Viadukt den Orb querte und nur sechs Schleusen benötigte. Aufwärts wird täglich um 1000, 1145, 1600, 1730, abwärts um 0800, 0930, 1330 und 1530 Uhr geschleust, Infos unter Tel. 04 67 28 46 44.

km 207,6 Aquädukt Orb. 1856 von Mague als Umgehung des Orb gebaut, der im Winter versandete und überflutete. Vom siebenbögigen Aquädukt hat man einen wundervollen Blick auf Béziers.

km 208 Ecluse d'Orb. Brücke.

Im Hafen von Béziers

Die „tiefe" Schleuse von Béziers

km 208,1 Béziers Hafen. Liegeplätze mit Wasseranschluss und Strom am linken Ufer; Treibstoff, Lebensmittel und Restaurants im Ort. Die Charterfirma hat einen Kran. Die „Péniche" beherbergt eine Bar mit Diskothek.

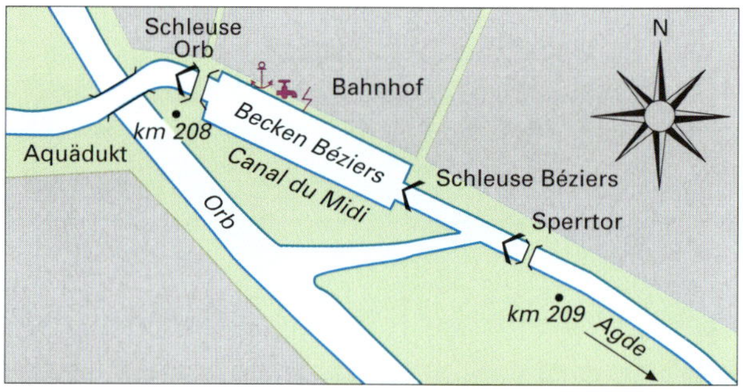

Béziers

Das Stadtbild ist von einer gotischen Kathedrale und dem Bischofspalast geprägt, die nach dem großen Massaker zwischen Katholiken und Katharern im Jahre 1209 gebaut wurden.
Béziers ist eine Stadt der Gegensätze: Vor schmuddeligen Wohnhäusern hängt die frisch gewaschene weiße Wäsche, der Ortskern ist laut und chaotisch, während man auch ruhige Plätze wie den Hafen finden kann.

km 208,4 Ecluse de Béziers.

km 208,5 Brücke.

km 208,8 Sperrtor. Brücke.

km 209,5 Fußgängerbrücke (Saint-Pierre).

km 210 Hubbrücke Fouga.

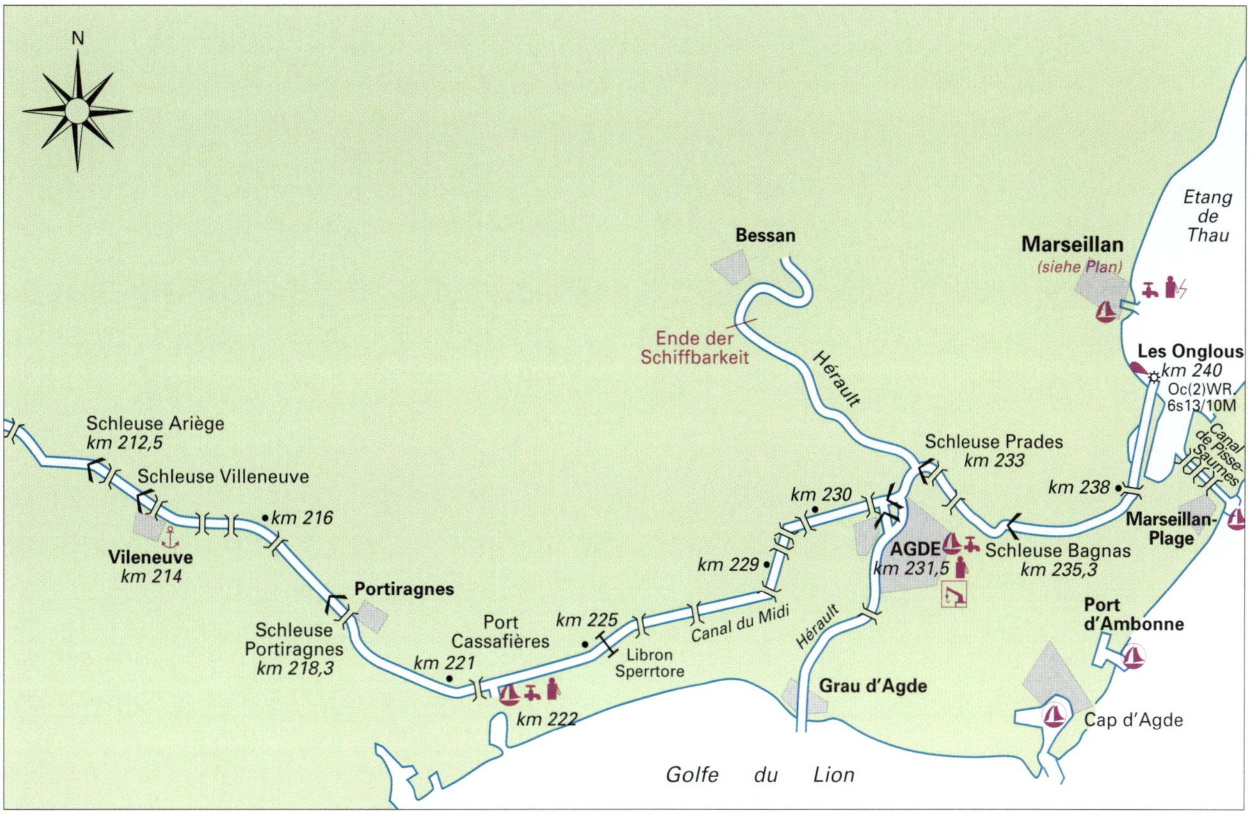

km 210,5 Brücke (Capiscol).

km 212,5 Ecluse Ariège.

km 212,7 Autobahnbrücke (Languedocienne).

km 213,8 Ecluse Villeneuve. Brücke. Liegeplätze am rechten Ufer; Einkaufsmöglichkeiten und Restaurant im Ort.

km 215 Brücke (Cers).

km 216,5 Brücke (Caylus).

km 218,3 Ecluse Portiragnes. Brücke in der Nähe.

km 221,6 Brücke (Roquehaute).

km 222 Port Cassafières. Hafenbecken einer Charterfirma mit Tankstelle und Wasseranschluss am rechten Ufer; Restaurant in der Nähe.

km 225,2 Kreuzung mit dem Fluss Libron. Zwischen den Schleusentoren, die den Fluss bei hohem Wasserstand abschotten, ist die Durchfahrt eingeengt.

km 226,4 Brücke (Pont Vieux, Vias).

km 228,2 Brückenumgehung von Agde.

km 229 Brücke (Pont Neuf, Vias).

km 229,2 Eisenbahnbrücke.

km 229,7 Brücke mit drei Bögen.

km 231 Port Fluvial d'Agde. Hafenbecken für kleinere Boote; Wasser und Strom sowie Toiletten vorhanden.

km 231,3 Ecluse Agde. Die runde Schleuse ist von drei Seiten zugänglich: vom Kanal, vom Fluss Hérault sowie vom Mittelmeer über Grau d'Agde. Liegeplätze oberhalb der Schleuse.

km 231,5 Agde (am Hérault). Liegeplätze am Stadtkai oder am Ufer des Verbindungskanals vom Canal du Midi zum Hérault. Unterhalb der Ufer des Hérault entstehen immer wieder Versandungen; man sollte in den Kanal ausweichen, wenn der Fluss viel Wasser führt. Wasser, Treibstoff, gute Einkaufmöglichkeiten und zahlreiche Restaurants in Agde.
Von Agde flussabwärts befinden sich mehrere Werften mit Liegeplätzen. Wasser und Treibstoff in der Nähe; Slipmöglichkeiten; Mastkran. Bei ruhigem Wetter bietet sich zudem die Möglichkeit, in den Mittelmeerhafen von Cap d'Agde zu fahren. Die Durchfahrtshöhe unter der Brücke beträgt 12 m.
Yachten, deren Masten höher als 12 m sind, sollten über den Canal du Midi und den Etang de Thau

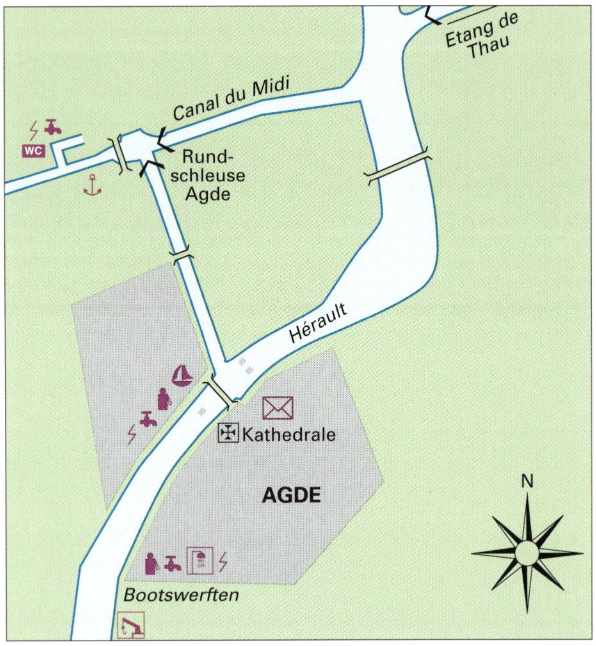

nach Sète ausweichen und dort den Mast setzen, da unterhalb der Brücke von Agde keine guten Möglichkeiten bestehen.

Agde

Agde ist eine der ältesten Städte Frankreichs und wurde schon im 6. Jahrhundert vor Christus von den Phokäern unter dem Namen Agathe Tyché (schöner Ort) gegründet. Ein Handelshafen entstand. Die große Kathedrale stammt aus dem 12. Jahrhundert; sie wurde aus dem schwarzen Basaltgestein des Mont Loup gebaut und als Wehrkirche entworfen.
Die Stadt ist angenehm belebt und bietet ein kleines, attraktives Heimatmuseum.

Die Fahrt flussabwärts

Von Agde aus ist das Mittelmeer über den Hérault und Grau d'Agde zu erreichen. Der Fluss weist Mindesttiefen von 2,5–5 m auf; im Winter und Frühjahr ist mit höheren Wasserständen zu rechnen. Die Brücke unterhalb von Agde hat unter dem mittleren Bogen eine Durchfahrtshöhe von 12 m.

km 231,8 Der Canal du Midi verläuft im Bett des Hérault. Weiterfahrt für etwa 1 km flussaufwärts bis zur Ecluse de Garde de Prades am rechten Ufer, die nur geschlossen wird, wenn der Fluss viel Wasser führt. Hier Weiterfahrt wieder im Canal du Midi.
Der Hérault ist weitere 5 km flussaufwärts bis Bessan schiffbar. Die Mindesttiefen betragen 2,5 m, an den Ufern weniger. Die unberührte Flusslandschaft ist reizvoll; keine Versorgungsmöglichkeiten. Wegen des unreinen Grunds sollten Sie sich den Ufern mit Vorsicht nähern.

km 233,2 Brücke (Prades).

km 234,1 Brücke (Saint-Bauzille).

km 235,3 Ecluse Bagnas.

km 238,5 Brücke (Les Onglous).

km 239,8 Les Onglous. Das kleine Hafenbecken ist versandet und für die meisten Schiffe zu flach.

km 240,1 Leuchtturm Les Onglous. Kennung Oc(2)WR.6s13/10M, der weiße Sektor bezeichnet die sichere Ansteuerung vom Etang de Thau her. Weiterfahrt auf dem Etang de Thau nach „Zweigkanal von La Nouvelle".

Zweigkanal von La Nouvelle

Canal de Jonction und Canal de la Robine – vom Canal du Midi bis Port-La-Nouvelle am Mittelmeer

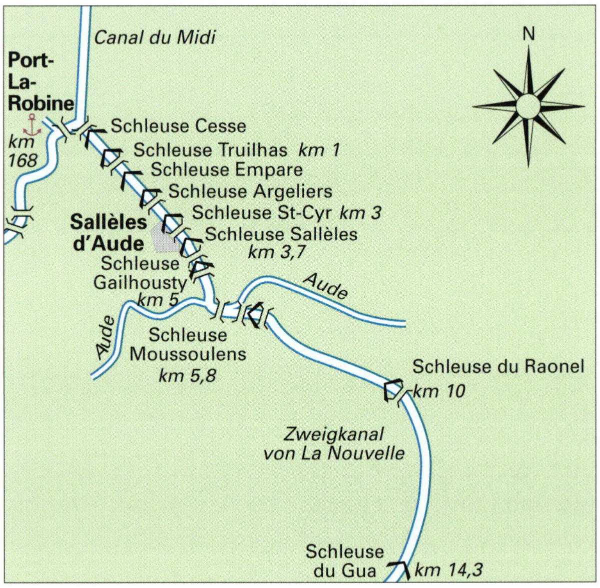

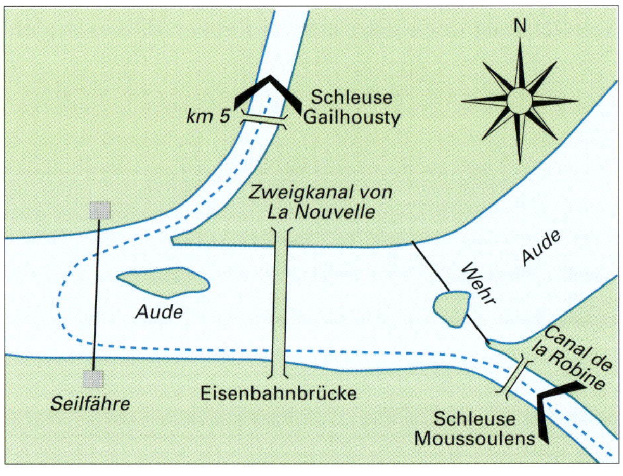

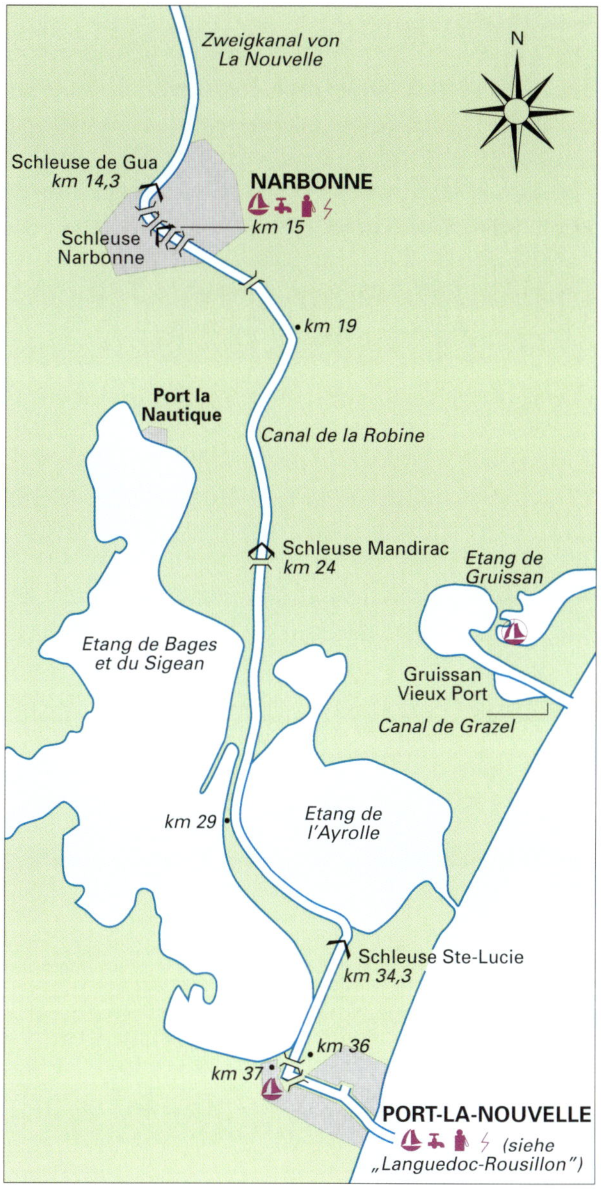

Strecke Der Kanal zweigt bei km 168,7 vom Canal du Midi ab (km 0,0) und erreicht nach 37 km Port-La-Nouvelle (km 37,3).

Tiefen Die offizielle Mindesttiefe liegt bei 1,8 m. Teilweise ist der Kanal jedoch flacher, da versandet. Besonders im Bereich der Aude-Kreuzung ist mit Untiefen zu rechnen (Sommertrockenheit).

Durchfahrtshöhen Die römische Brücke bei Narbonne begrenzt die Durchfahrtshöhe auf 3,3 m unter der Bogenmitte; an der Seite sind es nur 2,3 m.

Breiten Schiffe bis 5,5 m Breite können die Schleusen und Brücken im Kanal passieren.

Schleusen 13 Schleusen, Länge 40,50 m, Breite 5,85 m.

Brücken Es gibt nur feste Brücken.

Schiffsverkehr Wenig Berufsschifffahrt mit abnehmender Tendenz.

Geschichte Beim Bau des Canal du Midi fühlten sich die Bürger Narbonnes berechtigterweise hintergangen, da Fracht und Passagiere in Le Somail ausgeladen wurden und nur auf dem Landweg in die Stadt kommen konnten. Über den 1776 eröffneten Verbindungs- oder Zweigkanal erreicht man mithilfe von acht Schleusen die Aude und fährt dann durch den Canal de la Robine nach Narbonne. Der Canal de la Robine verlief zunächst links und rechts der Aude und sollte ihre Strömung vermindern. Später wurden die Strecke begradigt und sechs Schleusen gebaut.

km 0,0 Abzweigung vom Canal du Midi.

km 0,3 Ecluse Cesse.

km 1,0 Ecluse Truilhas.

km 1,6 Ecluse Empare.

km 2,3 Ecluse Argeliers.

km 3,0 Ecluse St-Cyr.

km 3,4 Brücke bei der Ortschaft Sallèles d'Aude. Liegeplätze hinter der Brücke; Lebensmittel und ein Restaurant im Ort.

km 3,7 Ecluse Sallèles. Einzelschleuse mit großem Schleusenhub (5,4 m).

km 3,8 Brücke.

km 4,9 Ecluse Gailhousty. Brücke.

km 5,1 Ende des Canal de Jonction. Weiterfahrt auf der Aude. Besonders im Sommer ist mit Untiefen zu rechnen, insbesondere nach Passieren des Wehrs. Fahren Sie nicht in der Flussmitte, sondern in Ufernähe, weil es dort tiefer ist. Im Frühjahr und Herbst kann es vorkommen, dass der Schiffsverkehr auf dem Fluss eingestellt werden muss, weil heftige Regenfälle den Fluss stark anschwellen lassen und eine reißende Strömung entsteht, während im Sommer der Verkehr wegen Wassermangels zum Erliegen kommt.
Nach der Ecluse Gailhousty fährt man bis zur Fähre flussaufwärts, wechselt dann zum anderen Ufer hinüber und fährt bis zur Ecluse Moussoulens weiter.

km 5,8 Ecluse Moussoulens. Brücke.

km 6,4 Brücke (Pont Vieux, Moussoulens).

km 9,8 Ecluse Raonel. Brücke.

km 14,2 Ecluse Gua. Fußgängerbrücke. Dahinter Liegeplätze.

km 14,6 Fußgängerbrücke.

km 14,9 Fußgängerbrücke.

km 15,1 Eisenbahnbrücke.

km 15,2 Zwei Brücken (Escoute und Carmes).

km 15,3 Ecluse de Narbonne. Beachten Sie die vom Wehr kommende Querströmung.

km 15,5 Brücke Marchands. Römische Brücke mit geringer Durchfahrtshöhe (3,3 m).

km 15,6 Fußgängerbrücke.

km 15,7 Narbonne. Liegeplätze an den Kais beiderseits des Kanals; Wasser und Strom; öffentliche Toiletten in der Nähe; sehr gute Einkaufsmöglichkeiten und viele Restaurants. Hier liegen Sie allerdings im Stadtzentrum.

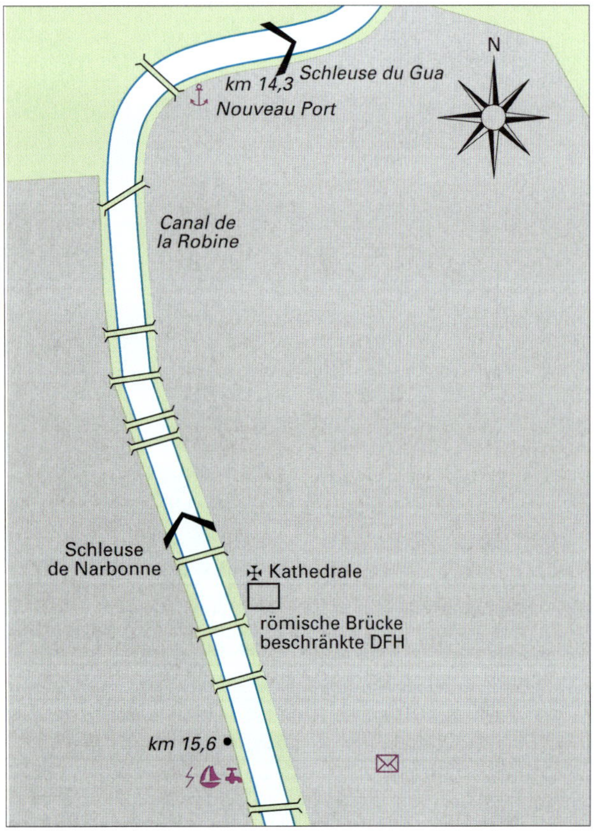

Narbonne

Die wirtschaftliche Blüte Narbonnes reicht bis in römische Zeit zurück, auch wenn alle Spuren aus dieser Zeit durch die Plünderungen der Vandalen und Westgoten verloren gegangen sind.
Im 6. Jahrhundert vor Christus von den Römern gegründet, entwickelte sich Narbonne bald zur Hauptstadt des Südens, bis im 2. Jahrhundert n. Chr. Lyon diese Rolle übernahm. Der Hafen zählte zu den bedeutendsten der Region, versandete aber wegen eines Dammbruchs und geriet in Vergessenheit. Ab dem 4. Jahrhundert war Narbonne Bischofssitz und wurde von Bischöfen und dem Adel gleichermaßen regiert. Während der Katharer-Kreuzzüge trugen sich in der Stadt ähnliche Gräueltaten wie in Béziers zu, und schließlich wurde der blutrünstige Arnald Almaury Erzbischof.
Heute scheint die nähere Geschichte stets präsent: Elegante Kaufmannshäuser und die Bischofspaläste sowie die unvollendete Kathedrale St. Just am rechten Flussufer prägen das Stadtbild.
Das Archäologische Museum bietet einen Einblick in die Geschichte bis zur Zeit der Römer. Ein Besuch der Stadt ist sehr zu empfehlen.

km 15,8 Brücke (Saint-Catherine).

km 16,1 Fußgängerbrücke.

km 24,1 Ecluse Mandirac. Brücke.

km 26,3 Brücke. Hinter dem rechten Ufer liegt der Etang de Bages et de Sigean; der Blick ist wegen der Eisenbahnlinie nicht besonders interessant.

km 30,0 Etang de l'Ayrolle. Am linken Ufer.

km 34,3 Ecluse Ste-Lucie.

km 37,3 Brücke. Port-La-Nouvelle. Liegeplätze am rechten Ufer oder, wenn Platz vorhanden, an den Schwimmstegen.

Port La Nautique Im Etang de Bages hinter Port-La-Nouvelle und Gruissan und westlich des Canal de la Robine gelegen, befindet sich das Wassersportzentrum Port La Nautique. Für kleinere Yachten und Jollen ist der Etang de Bages et de Sigean ein ideales Segelrevier. Der Port La Nautique bietet sich für Trailerboote als Ausgangsort für Fahrten im naturbelassenen See wie für weitere Touren im S Frankreichs an.
20 der insgesamt 235 Liegeplätze sind für Gastlieger reserviert. Der Hafen eignet sich für Boote bis 7,5 m Länge und max. 1–1,2 m Tiefgang.

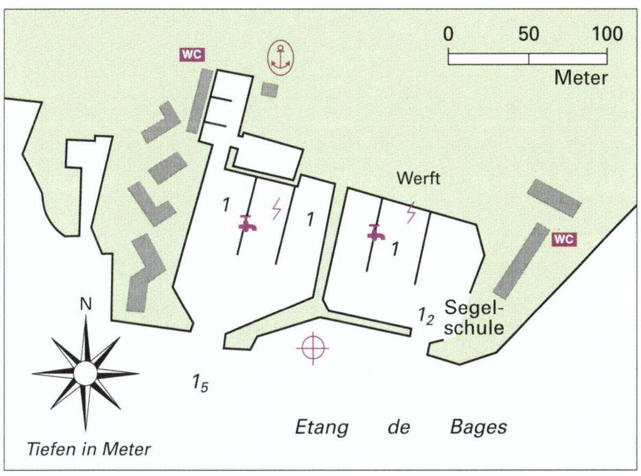

WP 43°08,35'N 003°05,0'E

Einzelheiten zu Port-La-Nouvelle siehe Kapitel „Languedoc-Roussillon".

Etang de Thau

Auf dem großen, etwa 10 sm langen und 2,5 sm breiten Salzwassersee fährt man vom Canal du Midi nach Sète oder zum Canal du Rhône à Sète. Ein weiteres Fahrwasser führt nach Marseillan-Plage; hier begrenzt eine Brücke mit einer Durchfahrtshöhe von 2,5 m die Durchfahrt.

Navigation auf dem Etang de Thau

Beste Landmarke ist der Mont de Sète (oder Mont St-Clair) im SE des Sees. Auch der weiße, 10 m hohe Leuchtturm mit roter Spitze von Les Onglous sowie die rot-schwarz-rote, 6 m hohe Turmbake mit Doppelball-Toppzeichen auf dem Rocher de Roquérols und die schwarz-gelbe Kardinalbake N vor der Pte du Barrou sind sehr gut zu erkennen. Im E des Sees

liegt ein Industriegebiet mit vielen Schornsteinen und hohen Gebäuden.
Nachts sind die folgenden Feuer von Bedeutung:
Les Onglous: Oc(2)WR.6s13/10M.
Marseillan: Der freistehende Wellenbrecher ist befeuert mit Fl(2+1)R.10s7M im N, Fl(2+1)Y.10s3M im S.
Alte Mole: Iso.G.4s6M sowie Neue Mole im N mit Fl.R.2,5s4M und auf dem Vorsprung Fl.R.2,5s2M.
Mèze: Fl.G.4s6M und Fl.R.4s3M.
Rocher de Roquérols: Fl(2)WR.6s11/8M.
Einfahrtsfeuer in den Canal du Sète: Q.G.5M und Q.R.6M.
Die Flammen der Raffinerie in Frontignan sind gut zu sehen.
Gefahren: Im NW des Sees behindern Muschel- und Austernzuchtgebiete den Schiffsverkehr (siehe Karte). Im SE erstrecken sich ausgedehnte Untiefen. Starke nördliche Winde erzeugen eine äußerst unangenehme kurze steile See. Bei Tramontane sollte man lieber im Hafen oder im Fahrwasser bleiben.
Hinweis: Während und nach einer längeren Nordwindphase kann der Wasserstand auf dem Etang de Thau um bis zu 0,5 m sinken. Dadurch wird die Zufahrt zu den Häfen im NW deutlich beeinträchtigt, eine Tatsache, die bei der Routenplanung berücksichtigt werden muss.

Häfen

Im NW des Sees liegen einige Häfen; die Häfen von Marseillan-Plage und Sète sind über kurze Kanäle zu erreichen. Beachten Sie die meist geringen Wassertiefen.
Bei Dunkelheit sind die ausgedehnten Muschelzuchtgebiete nur schwer auszumachen. Weitere Probleme ergeben sich beim Ausmachen der Leuchtfeuer durch die vielen Lichter am Ufer.

Marseillan

WP 43°21,2'N 003°32,1'E

Allgemeines

Die schöne alte Stadt ist bekannt für die Muscheln aus den Zuchtgebieten vor dem Hafen.

Ansteuerung

Vom Canal du Midi aus sind die Gebäude von Marseillan nicht zu übersehen. Starke SE-liche Winde erzeugen eine unruhige See in der Hafeneinfahrt.
Bei Dunkelheit ist die Ansteuerung trotz der Befeuerung des Sporthafens mit Fl.R.2,5s4M und Fl(2+1)Y.10s3M wegen der Muschelzuchtgebiete in Einfahrtsnähe nicht zu empfehlen.

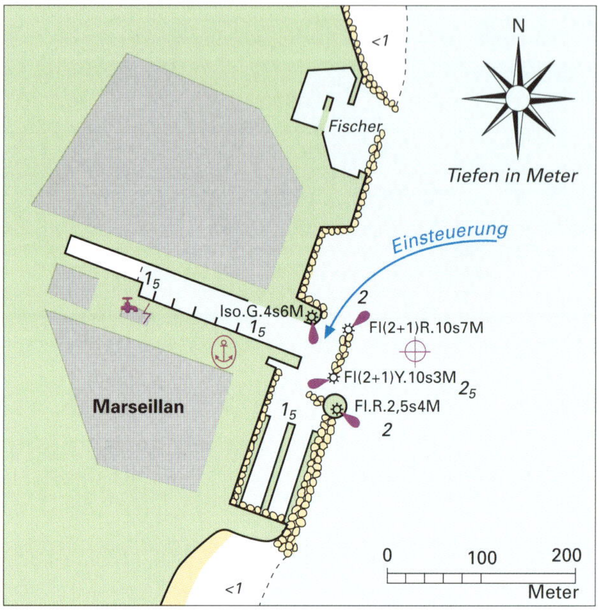

Liegeplätze

Gehen Sie auf einen freien Platz oder lassen Sie sich einen zuweisen. Halten Sie Leinen für die Pfähle bereit. Der Hafen ist, außer bei SE-lichen Winden, die Schwell erzeugen, gut geschützt.

Versorgung

Wasser und Strom am Hafen, Treibstoff in der Stadt. Gute Einkaufsmöglichkeiten, gute Auswahl an Restaurants. Charterbootbasis.

Mèze

WP 43°25,3'N 003°36,4'E

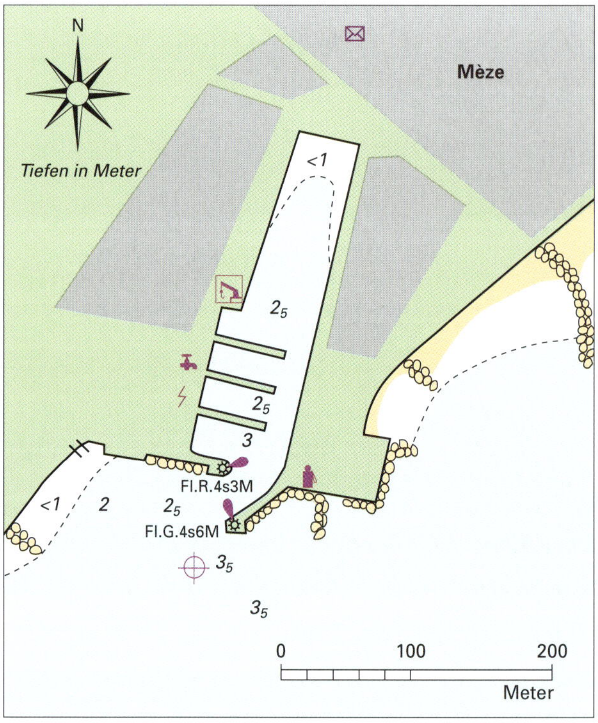

Der Hafen von Mèze am NW-Ufer des Etang de Thau

Allgemeines
Die kleine alte Stadt wurde von den Römern unter dem Namen Mezna gegründet. Ihr Hafen blühte bis zum Beginn des 19. Jahrhunderts und dem Bau der Eisenbahn, denn fast der gesamte Wein der Hérault-Region wurde hier verschifft.
Heute lebt man von der Muschelzucht. Eine Kostprobe in einem der zahlreichen „Coquillage"-Restaurants, bei der auch der trockene Weißwein dieses Gebietes nicht fehlen darf, ist sehr zu empfehlen.

Ansteuerung
Zwischen den Muschelzuchtgebieten im SW und E führt eine Durchfahrt zum Hafen. Die Stadt und der Leuchtturm auf der Mole sind gut zu erkennen.
Die Einfahrt ist mit Fl.G.4s6M und Fl.R.4s3M befeuert, doch wegen der Muschelzuchtgebiete ist die Ansteuerung bei Nacht nicht zu empfehlen.

Liegeplätze
Legen Sie sich auf einen freien Platz oder lassen Sie sich einen zuweisen. Man liegt römisch-katholisch und ist bei jeder Windrichtung gut geschützt. Gebühren der Kategorie 2.

Versorgung
Wasser und Treibstoff am Kai. Gute Einkaufsmöglichkeiten und zahlreiche Restaurants im Ort.

Bouzigues
WP 43°24,8'N 003°39,5'E

Allgemeines
Das etwas verschlafene kleine Städtchen ist einzig wegen seiner Muscheln bekannt.

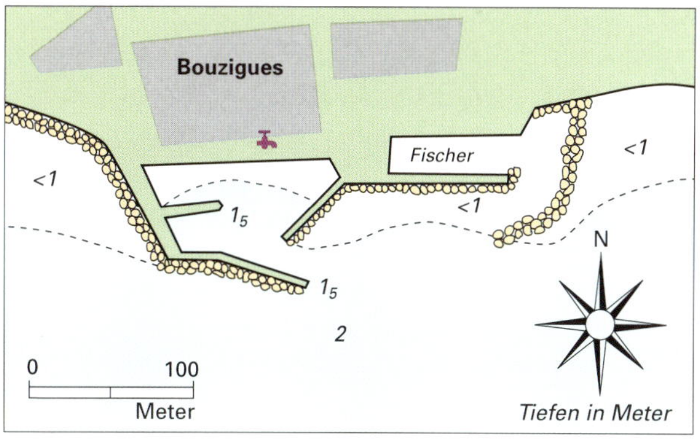

Ansteuerung
Der Hafen eignet sich für Boote mit weniger als 1 m Tiefgang. Ab der Bake auf dem Rocher de Roquérols sind die Häuser des Ortes zu sehen. Vom Muschelzuchtgebiet im W muss man sich gut freihalten.

Liegeplätze
Man macht direkt hinter der Mole im W-Teil des Hafens fest. Die Wassertiefen sind zu beachten, da der Hafen immer wieder versandet.

Versorgung
Wasser und Treibstoff in der Nähe. Lebensmittel und Restaurants im Ort.

Balaruc-Les-Usines
Das kleine Sportbootbecken ist von Industrie umgeben und über ein betonntes Fahrwasser im E des Sees anzusteuern. Lebensmittel im Ort.

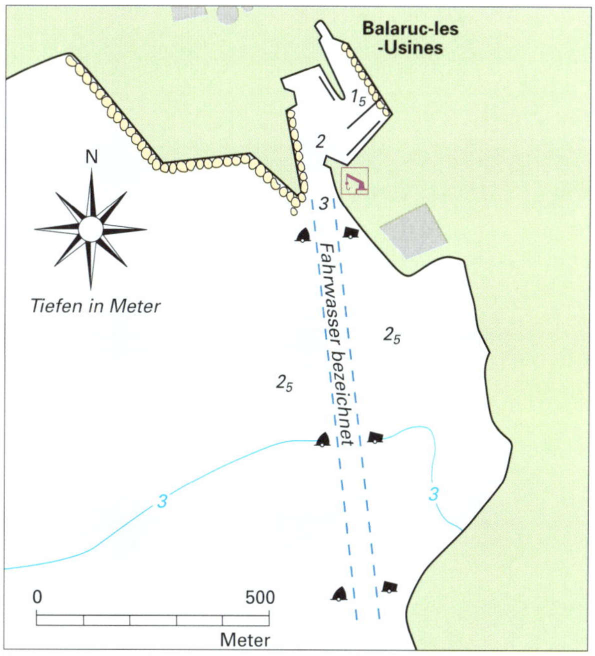

Nach Sète
Die Turmbake auf dem Rocher de Roquérols und die Kardinalbake vor der Pte de Barrou sind gut zu er-

kennen. Später kommen die Hubbrücke und die weißen Leuchttürme an der Einfahrt in den Canal Latéral und die beiden Baken an der Einfahrt in den Canal Maritime in Sicht. Die Brücke zwischen dem Etang de Thau und dem Nouveau Bassin in Sète öffnet zweimal täglich um 0920 und 1315 Uhr. Man macht am E-Kai fest, um auf die Öffnung zu warten, Infos unter Tel. 04 67 74 38 05 (Einzelheiten zu Sète siehe Seite 97).

Nach Marseillan-Plage

Man erreicht den Hafen über ein betonntes Fahrwasser und einen kurzen Stichkanal. Von Les Onglous führt ein betonntes Fahrwasser zum Canal de Pisse-Saumes, der in Marseillan-Plage endet. Der Kanal ist 2 m tief und bietet eine Durchfahrtshöhe von 2,0 m (Einzelheiten zu Marseillan-Plage siehe Seite 96).

Canal du Rhône à Sète

Strecke Vom Etang de Thau (km 98,0) bis zur Ecluse de St-Gilles (km 28,0) am Verbindungskanal (Canal de St-Gilles) zur Petit Rhône sind es 70 km.

Tiefen Die Mindesttiefe liegt bei 2,2 m.

Durchfahrtshöhen Die Brücken begrenzen die Durchfahrtshöhe auf 4,1 m.

Breiten Die Eisenbahnbrücke bei km 97 begrenzt die mögliche Durchfahrtsbreite auf 9,6 m.

Schleusen Die einzige Schleuse, die Ecluse de St-Gilles, an der Zufahrt zur Petit Rhône schleust Schiffe bis 175 m Länge und 12 m Breite.

Brücken Die Hubbrücke bei km 92,2 in Frontignan öffnet Mo–Fr um 0700, 1300 und 1630 Uhr, am Wochenende 0900 und 1700 Uhr. Yachten in Richtung Sète haben Vorfahrt.
Die Fußgänger-Drehbrücke bei km 78 öffnet nach Bedarf. Auch die Drehbrücke von Aigues-Mortes bei km 50,9 öffnet bei Bedarf.

Schiffsverkehr Der Kanal wird von nur wenigen Pénichen benutzt. Die meisten Charterboote stammen aus Port Pérols, Aigues-Mortes und aus dem Beaucaire-Zweigkanal.

Modernisierung Ein Kanalausbau ist geplant, damit auch große Schubverbände über die Rhône zum Etang de Thau gelangen können. Dazu zählt das Ausbaggern auf eine Tiefe von 2,2 m, das nahezu abgeschlossen ist. Neue Teilstrecken zur Umgehung von Aigues-Mortes und Frontignan sind ebenfalls geplant. Die Durchfahrtshöhen und Breiten sollen an einigen Stellen vergrößert werden. Die Arbeiten begannen im Jahr 1983; ein Ende ist nicht abzusehen.

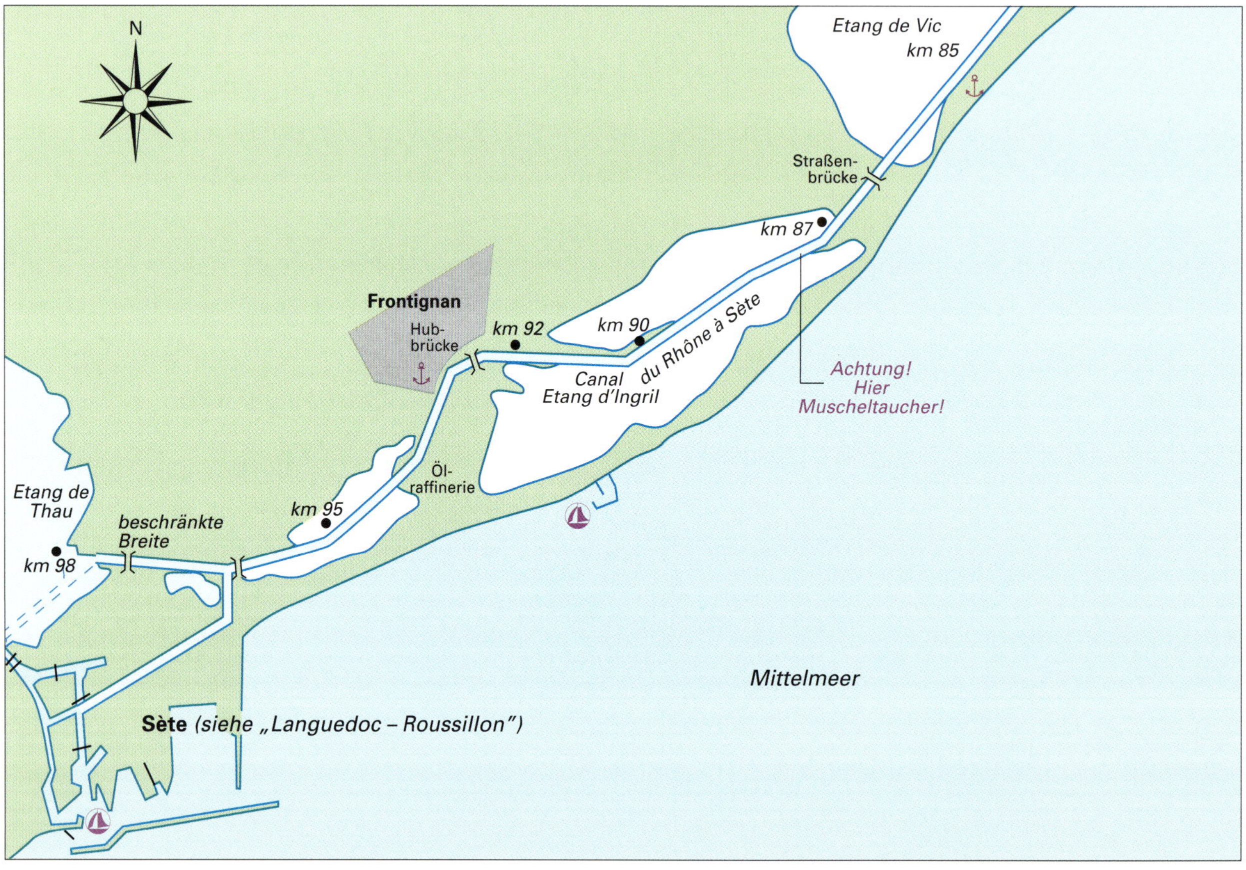

Geschichte Schon bevor der Canal du Midi fertig gestellt war, gab es Pläne, diesen mit der Rhône zu verbinden. Zunächst nutzte man die mittelalterlichen Kanäle zwischen den Seen, die vertieft und verbreitert werden mussten. Doch die Französische Revolution unterbrach die Arbeiten, sodass man das Projekt erst 1808 beenden konnte. So wurde der alte Canal des Etangs mit dem Canal de Beaucaire verlängert und bekam den Namen Canal du Rhône à Sète.
Durch die Kanalisierung der Rhône in diesem Jahrhundert wurden die Wasserstände dermaßen verändert, dass die Schleuse Beaucaire, die den Kanal von der Rhône trennt, geschlossen werden musste. Die Petit Rhône kanalisierte man ebenfalls, und zwar fast bis zum alten Kanal unterhalb von St-Gilles. Die neue Verbindungsschleuse mit Europanorm verbindet heute die Petit Rhône mit dem Canal du Rhône à Sète, wobei das Schiffsaufkommen auf der Petit Rhône nicht der Rede wert ist.

km 98 Einfahrt in den Canal du Rhône à Sète.
Das Fahrwasser von Sète bis zum Kanal ist betonnt, aber auch außerhalb liegen die Tiefen bei 3–4 m. Die Kanaleinfahrt ist schwer auszumachen.
Die heruntergekommene Mole am N-Ufer der Einfahrt gehörte zur Marina du Flamant d'Or, die heute in der industriellen Umgebung nicht mehr genutzt wird.

km 97,3 Straßenbrücke. Eisenbahnbrücke mit 9,6 m Breite.

km 96,2 Abzweigung des geschlossenen Canal de la Peyrade. Das Hafenbecken wird von Schleppkähnen genutzt.

km 96,1 Straßenbrücke (N 108).

km 92,3 Frontignan. Liegeplätze am linken Ufer am Steinkai mit Wasseranschluss. Lebensmittel und Restaurants im Ort. Trotz der nahen Raffinerie ist Frontignan ein nettes, etwas verschlafenes Städtchen, das für seinen lieblichen Muscat-Wein bekannt ist, den Sie in der Kellerei hinter der Brücke probieren können.

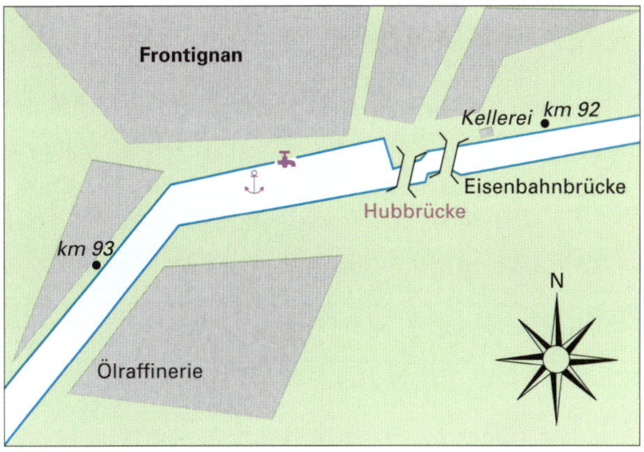

km 92,2 Hubbrücke Frontignan. Öffnungen Mo–Fr um 0700, 1300 und 1630 Uhr, Wochenende um 0900 und 1700 Uhr. Fahrzeuge in Richtung Sète haben Vorfahrt. Erkundigen Sie sich im Büro an der Brücke, ob die Zeiten noch stimmen. Direkt dahinter ist eine Eisenbahnbrücke; Liegeplätze am linken Ufer.
Auf der Teilstrecke hinter Frontignan wird nach Muscheln und Austern getaucht: Die Fahrt in Ufernähe sollte nur mit besonderer Vorsicht erfolgen!

km 86,6 Straßenbrücke Bois de la Fontaine. Am linken Ufer liegt der Bois de la Fontaine, am rechten der beliebte Strand Les Aresquiers. Auf dem See zu beiden Seiten kann man die berühmten rosa Flamingos beobachten.

km 85 Liegeplätze am rechten Ufer.

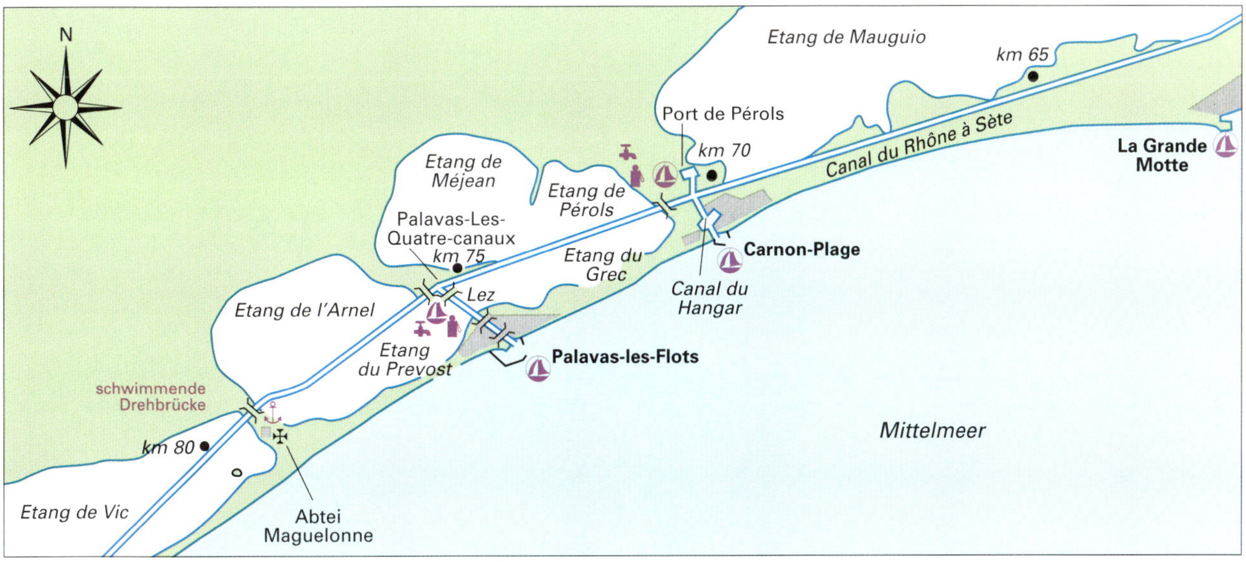

km 78,6 Abtei Maguelonne. Der kiefernbewachsene Hügel, auf dem die Abtei steht, war ehemals eine Insel. Dahinter lag der große Hafen von Montpellier, der später vollständig versandete und die Insel mit der Küste verband. Schon im 3. Jahrhundert wurde hier ein erstes Bistum gegründet; die heutigen Gemäuer stammen aus dem 11. Jahrhundert. 1633 auf Anweisung von Ludwig XIII. teilweise zerstört, 1875 wieder aufgebaut, kann die romanische Kirche täglich besichtigt werden.
Einige Liegeplätze befinden sich nahe der Abtei am rechten Ufer; der Grund ist unrein. Hinter Maguelonne stehen am linken Ufer ein paar Schuppen. Eine schwimmende Drehbrücke, die nach Bedarf öffnet, quert den Kanal.

km 75,5 Straßenbrücke (Quatre Canaux). Liegeplätze am rechten Ufer direkt vor der Brücke.

km 75,2 Palavas-les-Quatre-Canaux. Kreuzung mit dem Fluss Lez. Die Sperrtore sind im Sommer meistens geöffnet und schließen nur, wenn der Fluss viel Wasser führt. Liegeplätze auf dem Lez mit einer Durchfahrtshöhe von nur 2,4 m, wenn der Wasserstand hoch ist. Wasser und Strom, Werft in der Nähe, Tankstelle an der Straße hinter der Werft. Boote mit weniger als 1 m Tiefgang und weniger als 2 m Höhe können den Lez bis nach Palavas-les-Flots weiterfahren; dort ist die Versorgung exzellent (siehe Seite 101).

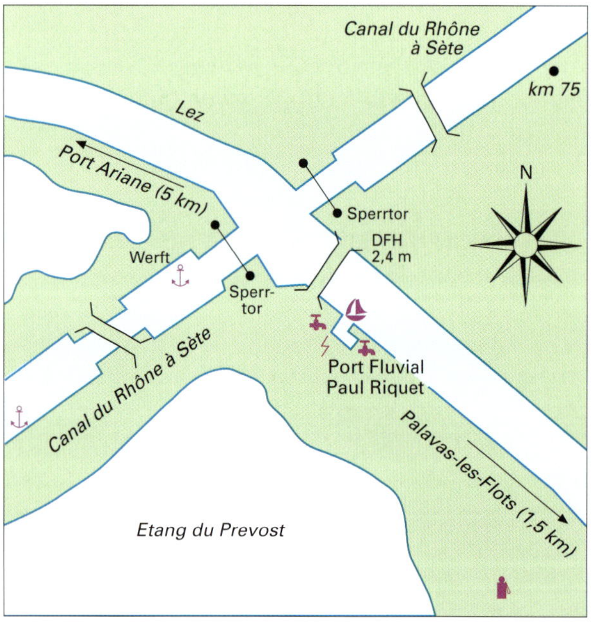

Port Fluvial Paul Riquet

Dieser Hafen eignet sich für kleinere Sportboote. Er befindet sich hinter der Brücke über den Kanal, der nach Palavas-les-Flots führt. Wasser und Strom sowie Duschen und Toiletten sind vorhanden. Gebühren der Kategorie 2. Zu erreichen über UKW-Kanal 09 bzw. Tel. 04 67 07 73 48.

Port Ariane

Hafen für kleine Sportboote 5 km den Lez flussaufwärts. Wasser und Strom sowie Toiletten und Duschen sind vorhanden. Reparaturen sind im beschränkten Maße möglich. Gebühren der Kategorie 2. Infos unter Tel. 04 67 20 24 12.

km 75,1 Straßenbrücke.

km 71,5 Cabanes de Carnon.

km 70,7 Straßenbrücke Carnon. Hinter der Brücke am linken Ufer beginnt der Canal du Hangar mit Liegeplätzen; Wasser und Strom, Werft. Lebensmittel und Restaurants findet man im 1 km entfernten Carnon-Plage. Flachgehende Boote (0,4–1 m Tiefgang) mit weniger als 1,2 m Höhe können bis Carnon-Plage weiterfahren (siehe Seite 102). Auf dem weiten Etang de Mauguio links des Kanals gibt es besonders viele Flamingos.

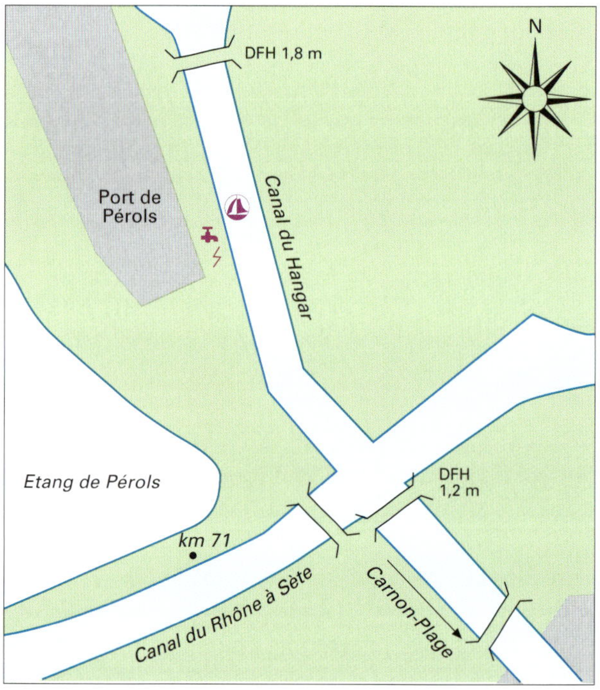

km 70,0 Straßenbrücke (D 62).

km 61,7 Liegeplätze am rechten Ufer; Geschäfte und Restaurants im 1,5 km entfernten La Grande-Motte.

km 61,0 Cabanes du Roc.

km 59,0 Canal de Lunel (geschlossen).

km 58,9 Straßenbrücke (D 61).

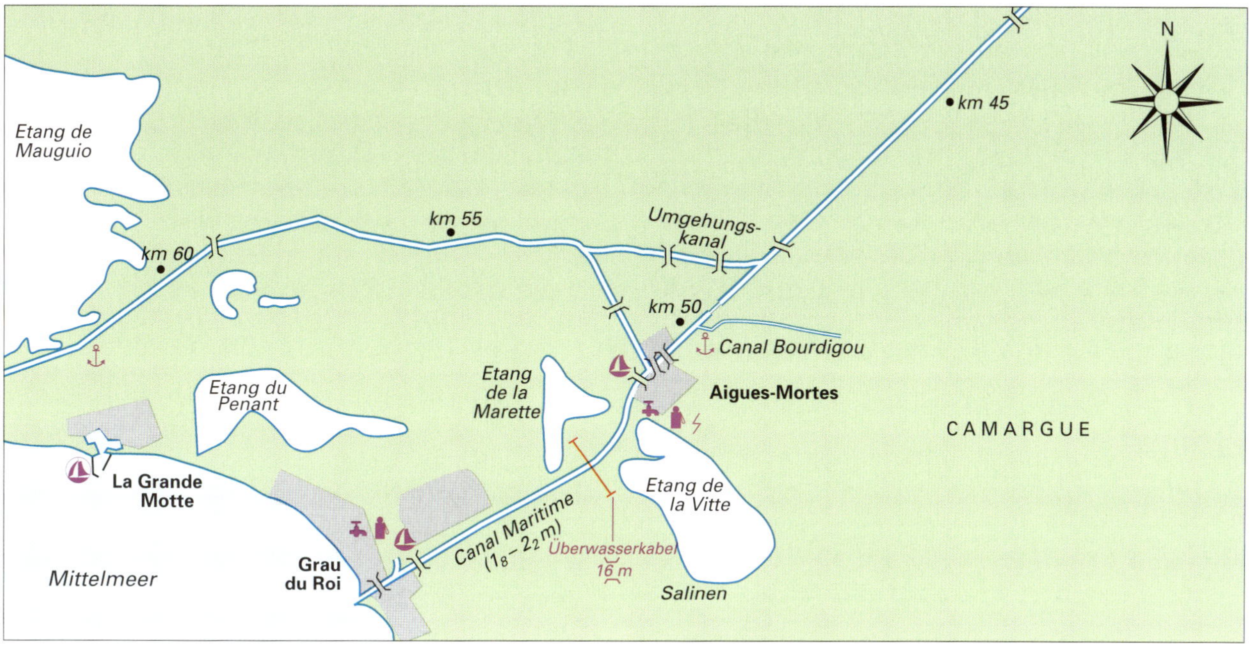

km 55,0 Kreuzung mit der Virdourle. Zufahrt in den Fluss durch Hochwassersperrtore. Flachgehende Schiffe können auf der Virdourle bis Le Grau-du-Roi weiterfahren, interessante Strecke.

km 54 Kanalumgehung von Aigues-Mortes, die bei km 48 auf den Canal du Rhône à Sète stößt.

km 51,9 Straßenbrücke (D 62). Blick auf den Tour de la Constance von Aigues-Mortes.

km 51,0 Aigues-Mortes. Abzweigung des Canal Maritime auf der rechten Seite. Liegeplätze am rechten Ufer vor der Kanaleinfahrt oder im Canal Maritime hinter der Brücke unterhalb der Stadtmauern von Aigues-Mortes mit Wasser und Strom; Liegegebühr der Kategorie 3. In Aigues-Mortes gute Einkaufsmöglichkeiten und Restaurants.

Aigues-Mortes

Die mittelalterliche Festungsstadt, Stadt der „Toten Wasser", wurde von Ludwig IX. als Stützpunkt für seine Kreuzzüge ins Heilige Land erbaut. Der Kanal durch die Salzmarschen verband die Stadt mit dem Meer, sodass Frankreich auf diese Weise zu seinem damals einzigen Mittelmeerhafen kam. Zur Finanzierung der aufwändigen Bauarbeiten wurde das erste umfassende Steuersystem eingeführt, unter dem man noch heute leidet.

Die beiden Kreuzzüge, die 1248 und 1270 in Aigues-Mortes starteten, blieben glücklos – Ludwig IX. (1297 heilig gesprochen) starb in Nordafrika an der Pest.

Während der Tour de la Constance zur Sicherung des Hafens noch von Ludwig IX. stammte, wurden die

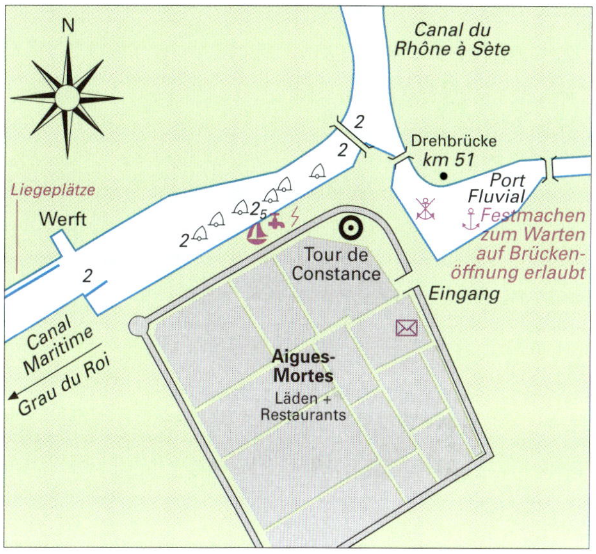

Stadtmauern erst von Phillip dem Tapferen errichtet. Bis zu Beginn des 15. Jahrhunderts florierte der Seehandel; danach versandete der Canal Maritime und wurde unschiffbar.

In den 1970er-Jahren kamen die ersten Touristen in die Stadt und brachten ihr einen gewissen Aufschwung. Vom Tour de la Constance, der stets als Gefängnis diente, hat man einen wundervollen Blick über die Stadt, das Meer und das Hinterland. Statt an einer offiziellen Führung teilzunehmen, sollten Sie lieber durch die Gassen schlendern und einen Drink in einem der Cafés am Hauptplatz nehmen.

Canal Maritime

Der sechs Kilometer lange Kanal verbindet Aigues-Mortes mit Le Grau-du-Roi am Mittelmeer. Am rechten Ufer befinden sich einige Werften; bei Le Grau-du-Roi gibt es einen Mastkran. Die beiden

Aigues-Mortes mit dem Canal du Rhône à Sète, der oben im Foto zur Petit Rhône führt

Brücken über den Kanal (vor und in Le Grau-du-Roi) sind beweglich. Gastliegeplätze finden sich am linken Ufer vor der Brücke. Näheres siehe Kapitel „Languedoc-Roussillon".

km 50,9 Eisenbahndrehbrücke. Öffnet nach Bedarf.

Port Fluvial

Im Hafenbecken dürfen nur Yachten liegen, die auf die Öffnung der Drehbrücke warten. Beachten Sie den unreinen Grund an den Ufern. Falls Platz ist, kann auch am Schwimmsteg festgemacht werden.

km 50,8 Eisenbahnbrücke.

km 49,9 Canal Bourdigou. Offenstehende Schleuse. Zur rechten Hand liegt der nicht mehr schiffbare Canal Bourdig. Im Hafenbecken an der Kanaleinfahrt gibt es meist zwischen den zahlreichen Pénichen ein paar Liegeplätze.

km 48,0 Straßenbrücke (Soulier). Abzweigung des Umgehungskanals, trifft unterhalb von Aigues-Mortes auf km 54.

km 43,0 Brücke mit beschränkter Durchfahrtsbreite (Tourradons).

km 39,2 Brücke und Ortschaft Gallician. Liegeplätze am linken Ufer, Wasseranschluss. Lebensmittel und Restaurants im Ort. Am rechten Ufer liegt die Einfahrt in den Canal des Capettes. Der Kanal wirkt sehr verwunschen – vielleicht ein interessanter Abstecher.

km 35,1 Brücke und Ortschaft Franquevaux. Liegeplätze am linken Ufer vor der Brücke. Lebensmittel und Restaurants im Ort. Zwischen Franquevaux und **km 30,0** gibt es zahlreiche Liegemöglichkeiten in der Wildnis der Camargue.

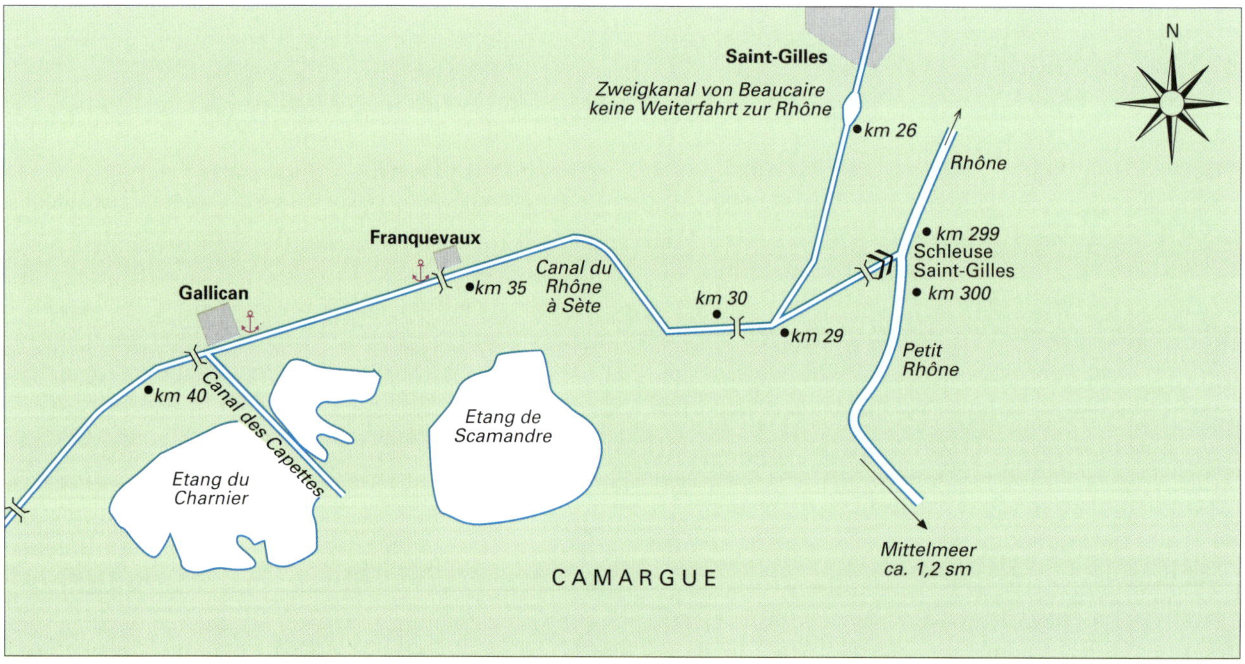

km 29,7 Brücke mit beschränkter Durchfahrtsbreite (Espeyron).

km 29,0 Abzweigung des Beaucaire-Zweigkanals am linken Ufer. Damit die Lastkähne hier wenden können, ist der Kanal besonders breit.

km 28,0 Ecluse de St-Gilles, Zufahrt in die Petit Rhône. Man macht am linken Ufer fest, bis die Schleuse (zu erreichen über UKW-Kanal 18 und 22 bzw. Tel. 04 66 87 75 30) öffnet und grüne Lichter das Einlaufen gestatten. An der Schleuse hat man sich im Büro zu melden. Mit etwas Glück bekommt man hier Wein angeboten.

Zweigkanal von Beaucaire

Strecke Von der Verbindung mit dem Canal du Rhône à Sète (km 29) bis nach Beaucaire (km 0,6) sind es 28,4 km.

Tiefen Die Mindesttiefe beträgt 1,8 m.

Durchfahrtshöhen Die maximale Durchfahrtshöhe unter den Brücken liegt bei 4,1 m.

Breiten Die Höchstbreite ist 8,7 m; unterhalb von Beaucaire liegt sie bei 10 m.

Schleusen Die einzige Schleuse Ecluse du Nourriguier auf km 7,7 ist 80 m lang und 12 m breit.

Brücken Alle Brücken sind fest.

Schiffsverkehr Der Kanal wird hauptsächlich von Sportbooten und nur wenigen Lastkähnen befahren. In St-Gilles und Beaucaire gibt es Charterbasen.

Geschichte Der Zweigkanal verband den Canal du Rhône à Sète mit der Rhône bei Beaucaire, bis in den 1970er-Jahren der Kanal zur Petit Rhône eröffnet wurde.
Die Angaben „rechts“ und „links“ beziehen sich auf eine Fahrtrichtung vom Canal du Rhône à Sète nach Beaucaire.

km 29,0 Verbindung mit dem Canal du Rhône à Sète.

km 24,9 Eisenbahnbrücke.

km 24,7 Straßenbrücke mit beschränkter Durchfahrtsbreite (St-Gilles).

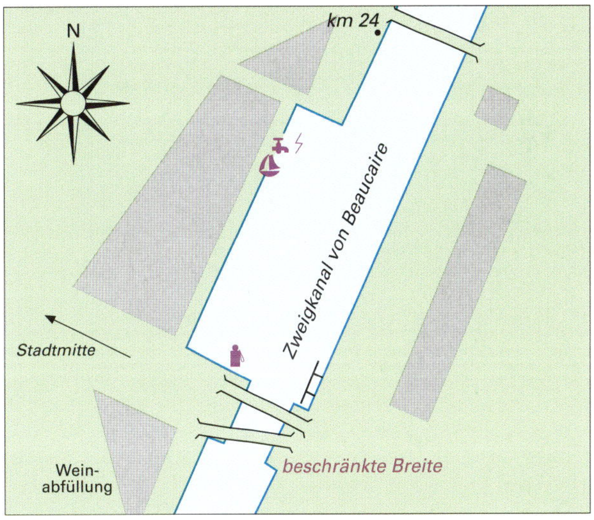

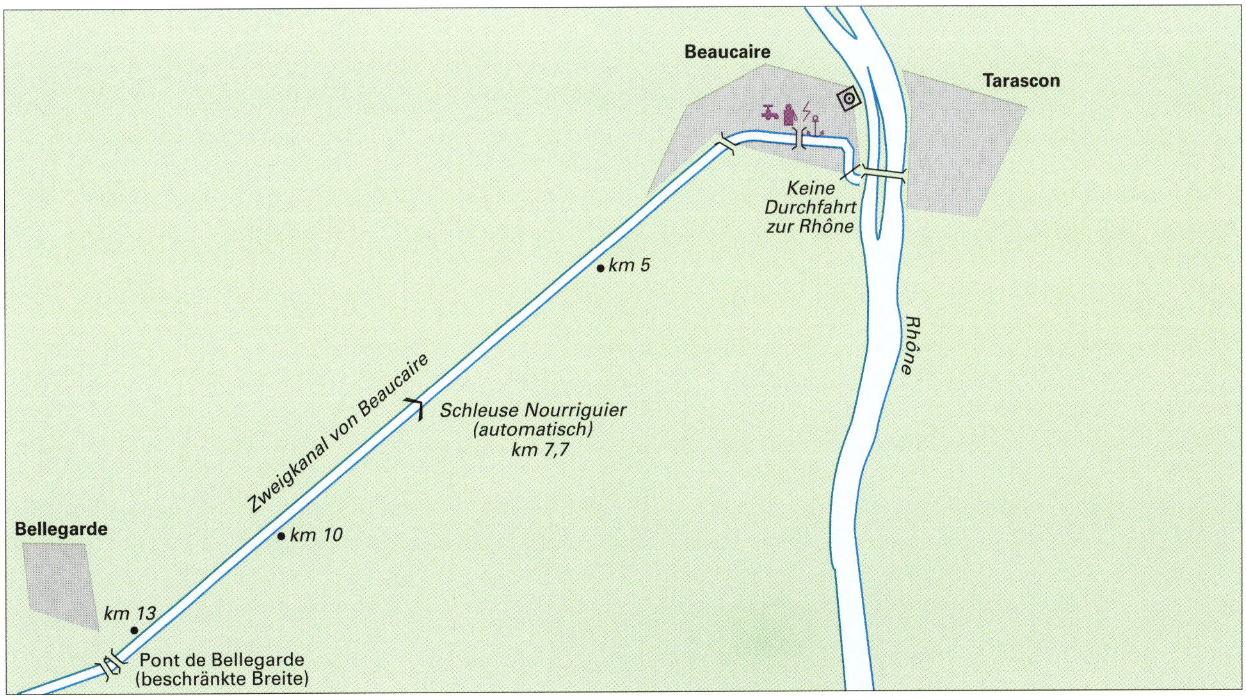

km 24,5 Hafenbecken St-Gilles. Liegeplätze am linken Ufer; Wasser- und Stromanschluss; Diesel in der Nähe; Liegegeld. Lebensmittel und Restaurants im Ort. Der Port St-Gilles ist unter Tel. 04 66 87 78 01 zu erreichen.

St-Gilles

Im Mittelalter pilgerte man zum Grab des St-Gilles oder St-Aegidius, zu dessen Ehren im 12. Jahrhundert die Abtei der Stadt erbaut wurde. Von Bedeutung war auch der Flusshafen, damals einer der wichtigsten der Region.
Während ein Besuch der Abtei mit Kirche, an deren W-Seite eindrucksvolle Szenen aus dem Alten und Neuen Testament dargestellt sind, zu empfehlen ist, gibt es über den verkehrsreichen Ort selbst nichts Besonderes zu berichten. Ein wenig Ruhe findet man in den Weinbergen, wo recht angesehene Weine produziert werden.

km 24,0 Brücke.

km 16,6 Brücke (Broussan).

km 13,2 Brücke Bellegarde mit beschränkter Durchfahrtsbreite. Liegeplätze und eine Snackbar hinter der Brücke; Einkaufsmöglichkeiten im 1 km entfernten Ort.

km 13,1 Straßenbrücke (N 113).

km 7,9 Straßenbrücke (Nourriguier).

km 7,7 Ecluse du Nourriguier. Automatische Schleuse.

km 3,4 Straßenbrücke (Charençonne).

km 2,2 Eisenbahnbrücke mit beschränkter Durchfahrtsbreite sowie eine Privatbrücke.

km 1,3 Brücke mit beschränkter Durchfahrtsbreite (Porte Vieille).

km 0,9 Fußgängerbrücke.

km 0,6 Hafen Beaucaire. Liegeplätze; Strom- und Wasseranschluss; Tankstelle in der Nähe; Liegegeld. Im Ort gute Einkaufsmöglichkeiten und Restaurants.

Beaucaire

Die Burg von Beaucaire schützte über Jahrhunderte das damalige Gallien vor Übergriffen der Römer, deren Reich am anderen Rhôneufer bei Tarascon begann.

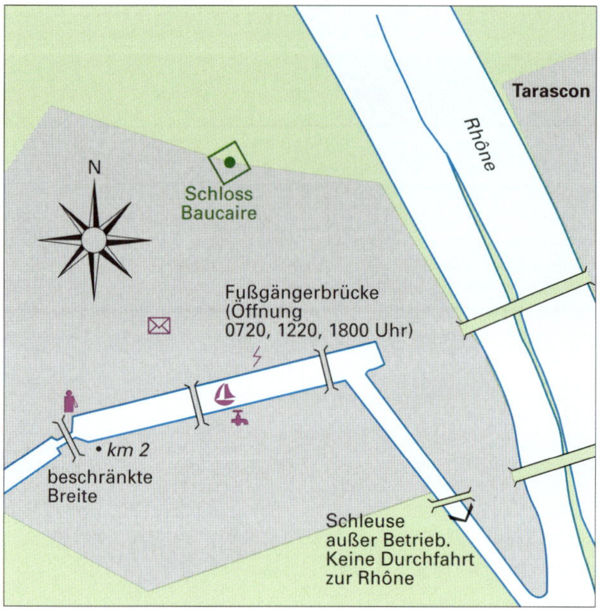

Beaucaire besaß den wichtigsten Rhônehafen. Der Markt der Stadt war vom 13. bis zu Beginn des 19. Jahrhunderts in ganz Europa bekannt. Jedes Jahr kamen im Juli Schiffe selbst aus England, Deutschland, der Türkei und der Levante, um am großen Markt, der an den Ufern der Rhône stattfand, teilzunehmen. Historische Quellen berichten von 700 bis 800 Schiffen, die vor der Stadt auf Reede lagen. Ganze „Straßenzüge" dieser Zeltstadt wurden von Produkten oder Händlern einer Region oder eines Landes eingenommen: Die Marseiller verkauften Seife, Öle und Heilmittel, die Türken Teppiche und Pfeifen, die Griechen kandierte Früchte und die Perser ihr kostbares Rosenöl.
Mit dem Bau der Eisenbahn, die zum Haupttransportmittel wurde, verloren der Markt und der Flusshafen ihre Bedeutung.
Beaucaire mit den Burgruinen auf dem mit Kiefern bestandenen Hügel oberhalb der Stadt ist noch heute wunderschön. Das Kastell wurde zum Teil erst im 17. Jahrhundert durch Kardinal Richelieu zerstört – eines von vielen, die er schleifen ließ, um so Aufstände im Süden des Landes zu verhindern. Gegenüber von Beaucaire liegt die Stadt Tarascon mit ihrer Burg, die 1926 restauriert wurde. Eine Brücke über die Rhône verbindet die beiden Orte.

Die Petit Rhône

Strecke Vom Verbindungskanal zum Canal du Rhône à Sète bei der Ecluse de St-Gilles (km 299,6) bis zur Rhône (km 279,2) sind es rund 21 Kilometer.

Tiefen Die Mindesttiefe beträgt 2,2 m.

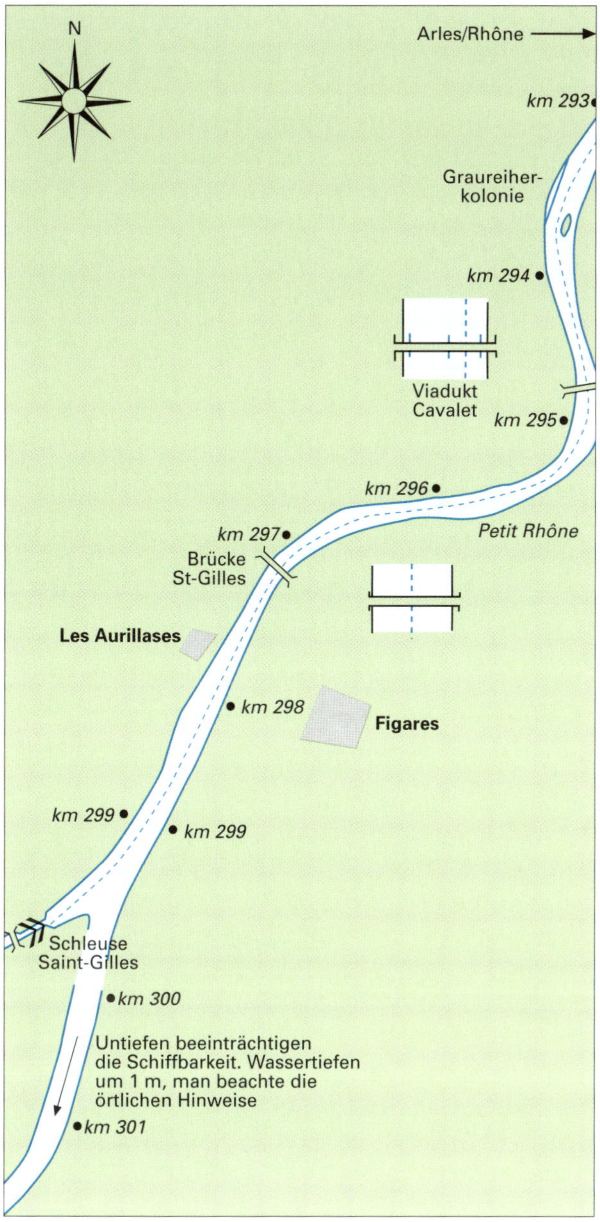

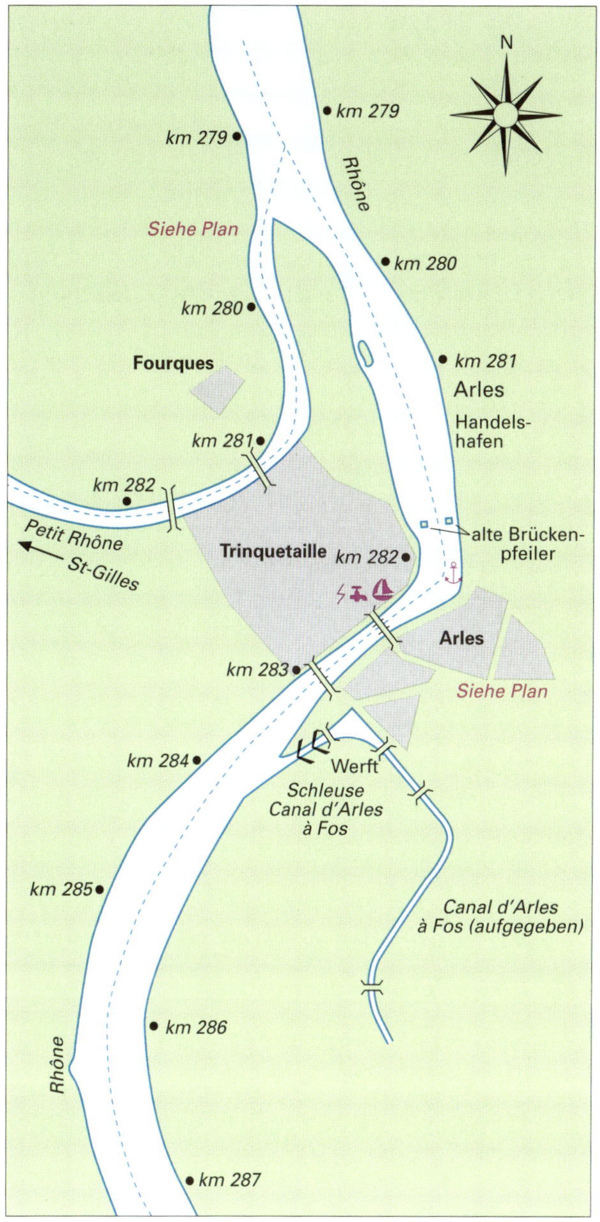

Durchfahrtshöhen Die maximale Durchfahrtshöhe liegt bei 4,75 m.

Breiten Die Durchfahrtsbreite wird durch die Ecluse de St-Gilles auf 12 m begrenzt.

Brücken Alle Brücken sind fest.

Schiffsverkehr Der Fluss wird von nur wenigen Frachtkähnen benutzt.

Geschichte Die Petit Rhône wurde zu Beginn der 1970er-Jahre ausgebaut, betonnt und ersetzt heute die alte Verbindung von der Rhône und dem Canal du Rhône à Sète, dem Beaucaire-Zweigkanal.

Hinweise: Das Fahrwasser ist an Backbord und Steuerbord mit Tonnen und Baken bezeichnet, wobei die Markierung wie üblich seewärtig beginnt. An Steuerbord sind schwarz-weiße Baken bzw. schwarze Tonnen zu finden, an Backbord bezeichnen rot-weiße Baken oder Tonnen das Fahrwasser.
Die Angaben „rechts" und „links" beziehen sich auf die Fahrt flussaufwärts. Die Strömung variiert von 1 kn gegen Ende des Sommers bis zu 2–3 kn im Frühjahr.

km 299,6 Zufahrt zur Ecluse de St-Gilles. Liegeplätze am Kai des linken Ufers hinter der Schleuse. Beginn der Fahrwassermarkierung. In der Schleuseneinfahrt ist mit größeren Mengen Treibgut zu rechnen.

Flussabwärts

Unterhalb der Ecluse de St-Gilles weist die Petit Rhône Tiefen von nur 1 m und weniger auf. Die

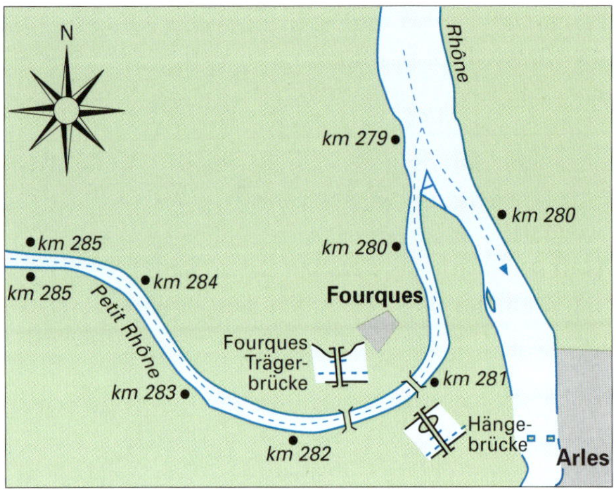

Durchfahrtshöhe ist auf 2,7 m begrenzt. Von der Schleuse bis zum Mittelmeer sind es 37 km. Selbst flachgehende Schiffe müssen mit äußerster Vorsicht navigieren, da sich die Lage der vielen Sandbänke stark verändert. Es gibt kein markiertes Fahrwasser. Die folgenden Angaben dienen der allgemeinen Orientierung.

km 307,0 Ortschaft Albaron. Restaurant und Lebensmittel finden Sie im Ort.

km 322,0 Brücke. Einfahrt und Schleuse des Canal du Peccais à Sylvéréal.

km 330,8 Seilfähre. Durchfahrtshöhe unter dem Seil beträgt 2,7 m. Café in der Nähe.

km 334,2 Port Dromar. Kleiner Sportboothafen. Wasseranschluss und kleines Hotel in der Nähe.

km 337,0 Mündung der Petit Rhône ins Meer, von einer Sandbarre versperrt, nach Berichten sind dort Wassertiefen von 1,2 m vorhanden. Port Gardian bei

Die Camargue

Oberhalb von Arles teilt sich die Rhône in die beiden Hauptarme Grand Rhône und Petit Rhône, zwischen denen sich die wilde Landschaft der Camargue, seit 1928 unter Naturschutz, ausbreitet. Das Gebiet ist von idyllischen Nebenarmen der Rhône, flachen Salzseen und dschungelähnlicher Vegetation geprägt.

Die Region der Camargue entstand durch Sand- und Schlickablagerungen der Rhône in einer Größenordnung von zwanzig Millionen Kubikmetern im Jahr, die noch heute zu einer Ausweitung der Küste um bis zu 15 m in Richtung Süden führen. Das Schwemmland ist mit Salzwasser getränkt, sodass die Bauern der Nordcamargue das Land drainieren und mit dem Süßwasser der Rhône „waschen" mussten, um etwas anbauen zu können. Heute werden alljährlich 120 000 Tonnen Reis, die nahezu dem Jahresbedarf Frankreichs entsprechen, geerntet. Die Touristen kommen allerdings weniger wegen des Reisanbaus, sondern wegen der außergewöhnlichen Landschaft und der Tierwelt in die Camargue. Es gibt hier viele Vogelarten, die ansonsten längst ausgestorben sind. So ist die Camargue das letzte Brutgebiet der Flamingos in Europa. Dazu kommen seltene Vogelarten wie verschiedene Reiher, Fischadler, Regenpfeifer, Säbelschnäbler und eine ganze Reihe von Bremsen oder Biesfliegen. Außerdem existieren kleinere Kolonien der sehr seltenen Silberreiher, Rallenreiher, Tafelenten und Bienenfresser. Von den Raubvögeln ist besonders der Turmfalke zu erwähnen. Daneben leben Füchse und eine der letzten Biberkolonien Europas in der Camargue, und es gibt natürlich die berühmten freilebenden Pferde und Stiere.

Die weißen Pferde der Camargue sollen von einem Urpferd abstammen, dessen Knochen man in der Nähe von Lyon fand. Sie könnten aber auch arabischen Ursprungs sein, denn sie sind ausdauernd und trittsicher wie die Ponys der Sarazenen. Geritten werden diese Tiere von den „Guardians", den Cowboys der Camargue, die sich damit in den weiten Marschlanden fortbewegen. Die schwarzen, mit langen Hörnern ausgestatteten Stiere der Camargue werden für die provenzalische Variante des Stierkampfes aufgezogen, die „Courses à la Cocarde". Hierbei müssen die Stierkämpfer versuchen, den Stieren die vorher auf die Hörner gesetzten Rosetten wieder abzunehmen, wobei es auf ihre Geschicklichkeit ankommt und das Ganze nicht, wie in Spanien, blutig endet. Den in der Camargue frei weidenden Stieren geht der Ruf voraus, nicht ganz ungefährlich zu sein.

Auf den im Buch beschriebenen Routen wird die Camargue nur gestreift. Dennoch wähnt man sich manchmal mitten in der Wildnis. Um Vögel zu beobachten, eignet sich die Fahrt auf der Petit Rhône: Man sollte die Maschine drosseln, sodass sich die Tiere nicht gestört fühlen und gegebenenfalls nahe herankommen. Die meisten Pferde und Stiere sieht man auf der Strecke zwischen Aigues-Mortes und der Ecluse de St-Gilles auf dem Canal du Rhône à Sète. Vom Canal des Capettes aus sind ebenfalls Pferde und Stiere, aber auch seltene Vogelarten zu bewundern.

Die Hängebrücke Fourques über die Petit Rhône

Stes-Maries-de-la-Mer liegt etwa 1 sm E-lich (Einzelheiten siehe „Languedoc-Roussillon").

Flussaufwärts

km 297,3 Brücke St-Gilles. Passieren Sie unter dem mit gelben Rauten bezeichneten Brückenteil.

km 294,7 Viadukt de Cavalet. Eisenbahnbrücke. Fahren Sie unter dem rechten, mit gelben Rauten bezeichneten Brückenbogen hindurch.

km 293,6 „Graureiherkolonie". Beginn des wildesten Streckenabschnittes mit besonders vielen Wasser- und Raubvögeln.

km 288,7 Autobahnbrücke (A 54).

km 281,7 Brücke Fourques (Trägerbrücke). Man steuert unter dem weiten, mit gelben Rauten bezeichneten Bogen hindurch.

km 281,0 Hängebrücke Fourques. Man steuert unter dem breiten, mit gelben Rauten bezeichneten Bogen hindurch. Ortschaft Fourques in der Nähe am linken Ufer.

km 279,2 Einfahrt in die Rhône. Man fährt bis zur Mitte des Stroms und kürzt nicht über die rechte durch eben überspülte Mauern versperrte Ecke ab. Arles liegt etwa 3 km flussabwärts.

Die Rhône von Arles bis Port St-Louis-du-Rhône

Strecke Die Entfernung von der Petit Rhône bei km 279 bis Port St-Louis-du-Rhône bei km 323,5 beträgt 44,5 km. Von Port St-Louis bis zum Meer ist die Rhône nicht schiffbar.
Die Fahrt zum Mittelmeer führt durch die Seeschleuse von Port St-Louis-du-Rhône und weiter über den 3 km langen Canal maritime St-Louis (Seekanal von St-Louis) in den Golfe de Fos.

Tiefen Die Rhône wird auf einer Mindesttiefe von 3 m gehalten, die meisten Flussabschnitte sind erheblich tiefer.

Durchfahrtshöhen Beim höchsten schiffbaren Wasserstand beträgt die geringste Durchfahrtshöhe 6 m.

Breiten Die Schleuse von Port St-Louis begrenzt die Durchfahrtsbreite auf 22 m.

Schleusen Die einzige Schleuse auf diesem Flussabschnitt, die Ecluse Maritime de Port St-Louis-du-Rhône, ist 160 m lang und 22 m breit.

Brücken Alle Brücken sind fest. Die Hubbrücke bei Port St-Louis öffnet sich, wenn Sie durchschleusen.

Schiffsverkehr Auf der Rhône muss mit starker Berufsschifffahrt gerechnet werden. In Schleusen und auf dem Fluss hat sie stets Vorfahrt. Außer kleineren Tankschiffen bis 1500 t verkehren große Schubverbände bis 4500 t.

Modernisierung Die Kanalisierung der Rhône wurde im Jahre 1980 mit dem Bau der Schleuse Vaugris abgeschlossen.

Geschichte Die Rhône wird seit über 2000 Jahren von der Schifffahrt genutzt. Schon die in Marseille ansässigen Phokäer segelten den Fluss hinauf. Die Phönizier befuhren ihn auf der Suche nach neuen Handelspartnern, und die Römer nutzten die Rhône zur Versorgung ihrer Garnisonen und zum Transport von Wein aus dem Hinterland. Im Mittelalter wuchs die Bedeutung der Flusshäfen wie Beaucaire.
Im Jahre 1934 gründete sich die CNR (Compagnie Nationale du Rhône) mit dem Ziel, durch die Kanalisierung des Flusses den Transport auf dem Wasser zu fördern und gleichzeitig die Strömung zur Energiegewinnung zu nutzen. Die Bauarbeiten begannen nach dem Zweiten Weltkrieg mit einem ersten Damm und einer Schleuse bei Donzère-Mondragon. Im Jahre 1980 schloss man die Arbeiten mit den Bauten bei Vaugris ab. Seitdem ist die Rhône durch zwölf Dämme gestaut und durch ebenso viele Schleusen zu passieren.
Hinweis: Das Fahrwasser ist flussaufwärts an Steuerbord mit schwarz-weißen Pfählen oder grünen bzw.

schwarzen Tonnen und an Backbord mit rot-weißen Pfählen oder roten bzw. rot-weißen Tonnen bezeichnet.
Die Strömung variiert zwischen 1–2 kn zum Ende des Sommers und 3–4 kn im Winter und Frühling. Infos zur aktuellen Strömung unter Tel. 04 72 56 59 20 (Ansage), in Avignon Tel. 04 90 86 01 41 und in Arles Tel. 04 90 96 00 85.
Die Bezeichnungen „rechts" und „links" beziehen sich auf die Fahrt flussabwärts.
Durch die Kanalisierung wurde die Flussstrecke geringfügig verkürzt, die alten Kilometerangaben wurden aber beibehalten. Die 310 km der Rhône zählen heute von km 0,7 bei Lyon bis km 323,0 bei Port St-Louis-du-Rhône; bis zur Mündung sind es weitere 6 km.

km 279,5 Abzweigung der Petit Rhône. Der Handelshafen von Arles befindet sich am linken Ufer.

km 281,9 Pfeiler einer ehemaligen Brücke. Bleiben Sie in der Fahrwassermitte.

km 282,0 Arles. Die Liegeplätze am linken Ufer sind versandet; die größten Tiefen findet man am oberen Kaiende. Geschäfte und das Stadtzentrum befinden sich in der Nähe.

km 282,3 Arles. Liegeplätze am Schwimmsteg am rechten Ufer; Wasser- und Stromanschluss. Die Tankstelle ist etwas weiter weg. Großer Supermarkt hinter der neuen Kirche in Trinquetaille. Ins Zentrum gelangt man über den Pont de Trinquetaille.

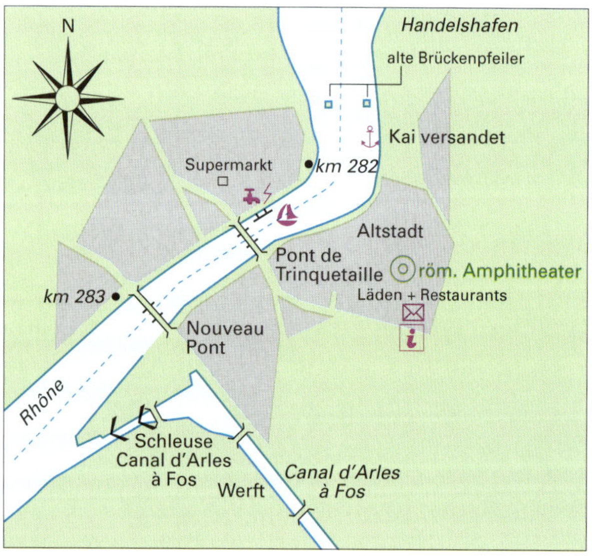

Arles

Die Bedeutung der Stadt wurde stets durch die geografisch günstige Lage gesichert. Die Phokäer gründeten hier die erste kleine Kolonie mit Hafen, und im 2. Jahrhundert v. Chr. siedelten die Römer in Arles. Konsul Marius ließ einen Kanal von Arles nach Fos am Mittelmeer bauen. Im Jahre 49 v. Chr. wurde Arles unter Julius Cäsar die Hauptstadt der „Provincia". Da die Stadt an der Via Aurelia lag, mussten alle Waren der Region die Stadt passieren, und so blühte Arles auf. Im Jahr 4 n. Chr. errichtete man die erste Rhônebrücke. Wasser bekam man über einen Aquädukt aus 75 km Entfernung; in heißen Sommern wurde die Bildung übler Gerüche durch eine Kanalisation verhindert. Zahlreiche Zeugnisse aus römischer Zeit sind in Arles noch heute zu finden: Theater-, Tempel- und Bäderruinen sowie das große Amphitheater, in dem jetzt die berühmten Stierkämpfe stattfinden.

Van Gogh

Unsere Vorstellungen von Arles, der Rhône, der Camargue und der Provence sind stark von den beeindruckenden Werken Vincent van Goghs geprägt. Seine flammenden Farben, die leuchtenden Trachten aus Stes-Maries-de-la-Mer, die Cafés von Arles oder die Sonnenblumen, die das tiefe Gelb der mediterranen Sonne zu reflektieren scheinen, waren seinerzeit etwas ganz Neues und sind wohl bis heute nicht wieder erreicht worden.
Van Gogh kam im Jahre 1888 von Paris nach Arles. Er lebte in dem auch von ihm gemalten „Gelben Haus" über dem Bistro „La Civette Arlésienne", das im Zweiten Weltkrieg zerstört wurde. Die heutige Bar „Civette Arlésienne" ist also nicht authentisch. Zunächst gefiel es dem Künstler in Arles, und er konnte sich in einem Brief an seinen Bruder über das Blau des Himmels, das Grün der Feigenbäume und das Violett der Irisblüte freuen.
Doch schon Ende 1888 überschatteten Streitigkeiten mit dem Künstlerkollegen Paul Gauguin das Leben van Goghs. Auf dem Höhepunkt der Auseinandersetzungen schnitt sich der Maler ein Ohr ab und schickte es einer Prostituierten zur Aufbewahrung. Ab Mai 1889 lebte er freiwillig in der Anstalt von St-Rémy-de-Provence, wo etwa 300 seiner bekanntesten Bilder entstanden.
Die meisten Werke van Goghs sind leider nicht in Südfrankreich zu sehen, sondern hängen in den großen Museen und Galerien von Amsterdam, London oder New York. Sie werden zu Preisen gehandelt, die in keinem Vergleich zu dem ärmlichen Leben stehen, das der Künstler in Arles fristete. Im Juli 1890, als van Gogh jede Hoffnung auf Heilung seiner Krankheit aufgegeben hatte, beging er Selbstmord.

Die Totenstadt an der Via Aurelia wurde in ganz Europa als christlicher Friedhof bekannt, und alle, die damals Rang und Namen hatten – Könige, Fürsten und Generäle, aber auch reiche Kaufleute –, wurden hier beigesetzt. Leider ist vom Friedhof Alyscamps nichts erhalten geblieben. Er befand sich dort, wo sich heute zwischen einer Eisenbahnlinie und dem alten Kanal Arles – Fos ein Industriegebiet erstreckt. Im Museum von Arles ist aber noch eine Reihe von Sarkophagen zu bewundern.
Im Mittelalter war Arles Hauptstadt des Königreichs von Arles, das Burgund sowie Teile der Provence einschloss. Auch wenn seine Bedeutung später verblasste, wurde Arles im 15. Jahrhundert Teil des französischen Königreichs und ein politisches Zentrum. Die mittelalterlichen Bauten der Altstadt, die früher das Amphitheater vollständig umschlossen, sowie die Kathedrale geben einen guten Eindruck, wie das Arles vergangener Jahrhunderte aussah.

km 282,5 Brücke Trinquetaille. Man steuert durch den mittleren, mit Rauten bezeichneten Bogen.

km 283,0 Nouveau Pont. Man steuert unter dem mittleren Bogen, der mit Rauten bezeichnet ist, hindurch.

km 283,5 Einfahrt in den Canal d'Arles à Fos am linken Ufer. Hinter der Einfahrtsschleuse befindet sich ein Hafenbecken mit mehreren Werften, und mit ein bisschen Verhandlungsgeschick findet sich hier immer ein Liegeplatz.

km 292,5 Untiefen. Fahrwasserverengung und Zunahme der Strömung über den felsigen Untiefen. Man fährt im betonnten Fahrwasser dicht unter dem rechten Ufer.

km 309,0 Île des Pilotes.

km 316,0 Salin de Giraud, am rechten Ufer.

km 316,5 Einfahrt in den Canal du Rhône à Fos am linken Ufer. Der Kanal dient ausschließlich der Berufsschifffahrt.

km 316,7 Autofähre Barcarin. Liegt die Fähre am Ufer, haben Yachten Vorfahrt. Ansonsten muss man die Fähre queren lassen.

km 317,5 Eisenbahnfähre.

km 319,0 Port de l'Esquineau. Der Berufsschifffahrt vorbehalten.

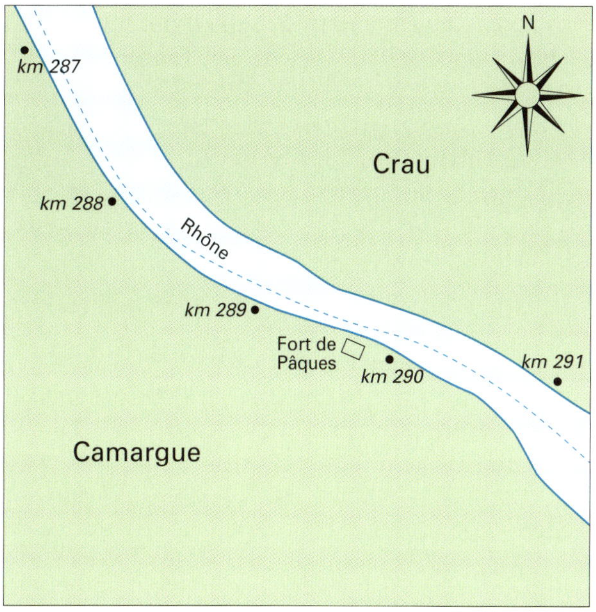

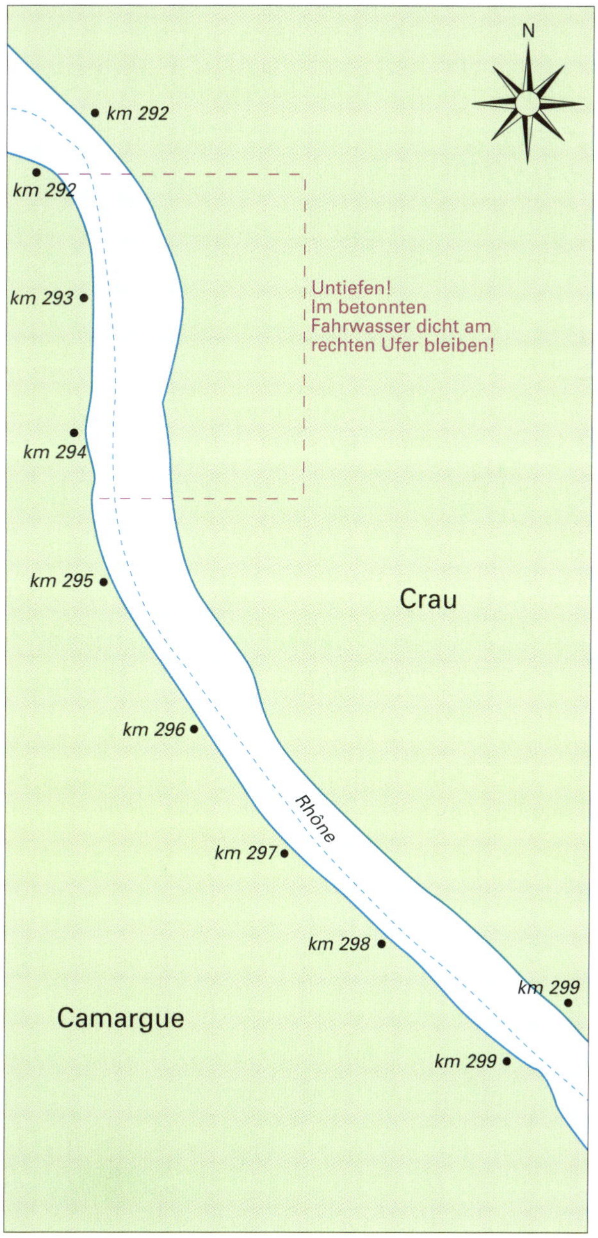

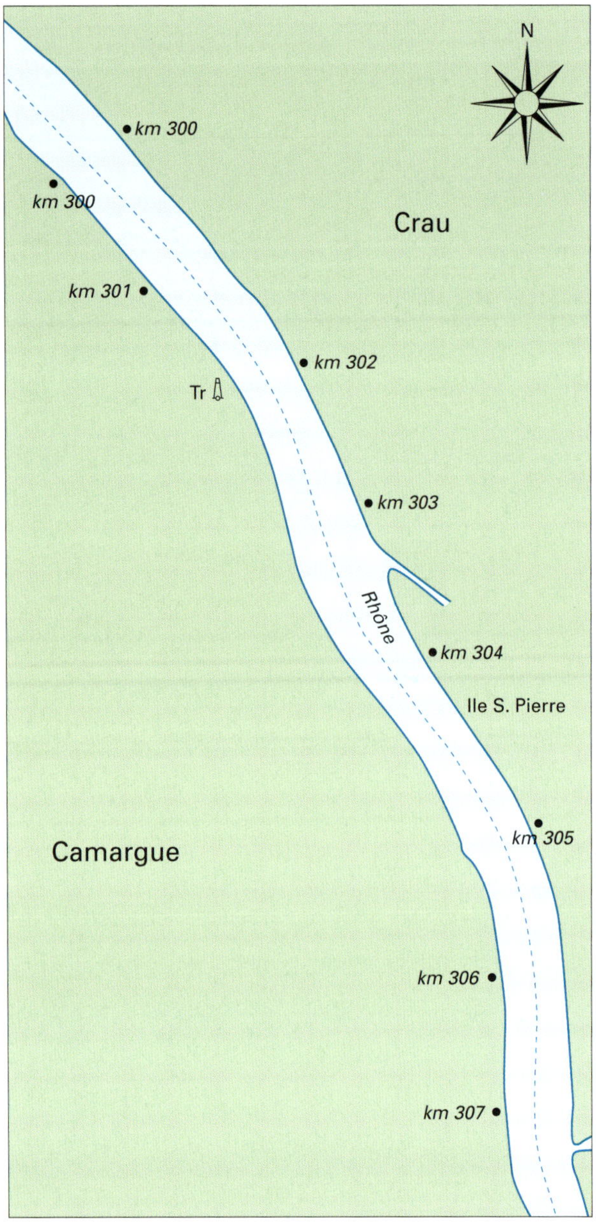

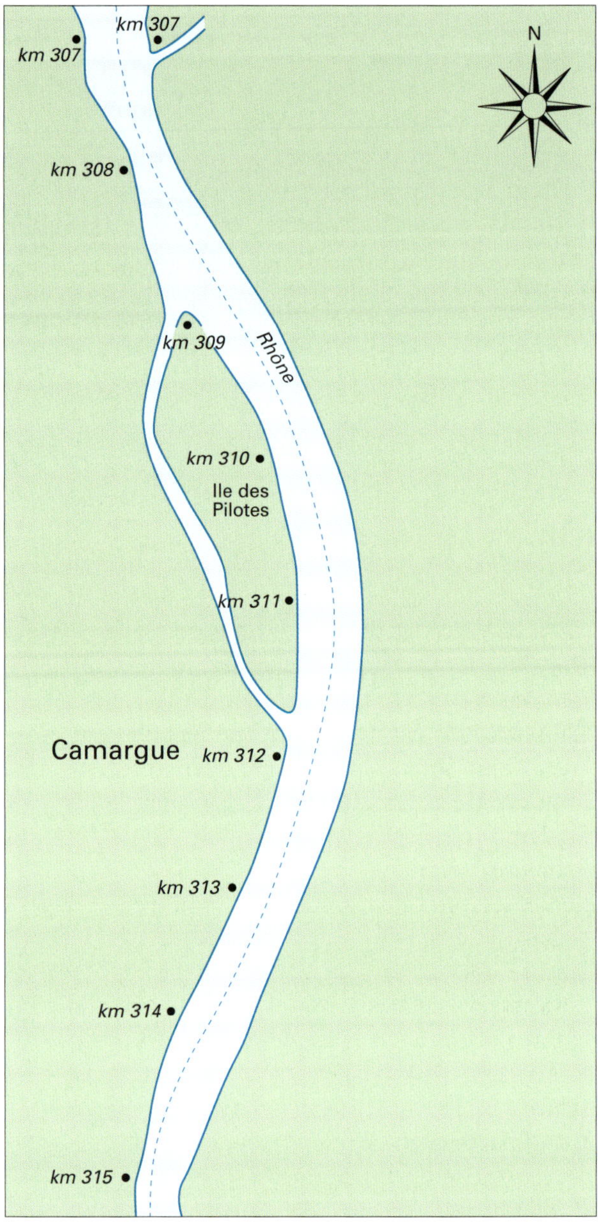

km 322,0 Port Abri du Rhône. Am linken Ufer. Wassertiefen liegen bei 1–1,5 m; meist sind alle Liegeplätze besetzt.

km 323,0 Tour de St-Louis. Auffälliger, viereckiger Turm am linken Ufer.

km 332,5 Einfahrt in die Ecluse Maritime und Ortschaft Port St-Louis-du-Rhône. Am linken Ufer. Runden Sie die Landspitze an Backbord mit großem Abstand.
Die Wassertiefen am Kai der Bayles-Werft betragen nur 1,5 m und weniger, der Grund besteht zum Glück aber aus weichem Schlick, sodass es kein Malheur ist, wenn man Grundberührung hat. Wasser, Strom und Treibstoff sind hier zu bekommen. Die Werft hat einen Mastkran und legt oder stellt Ihren Mast im Handumdrehen. Ein Yachtausrüster ist am Ort.

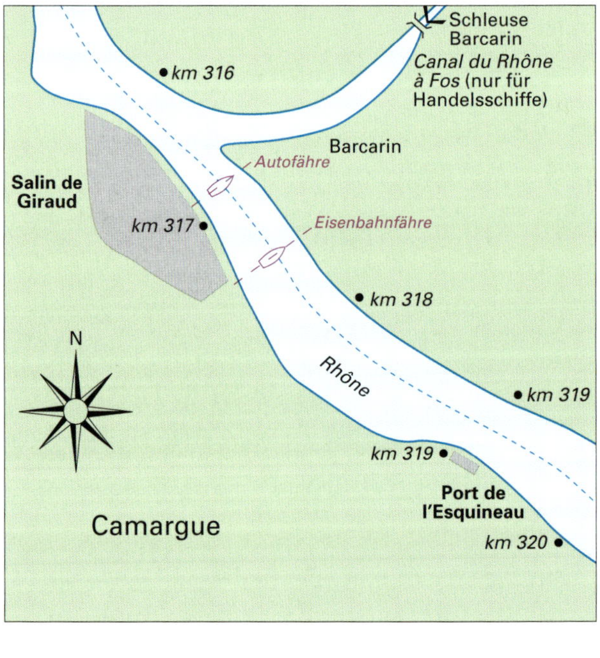

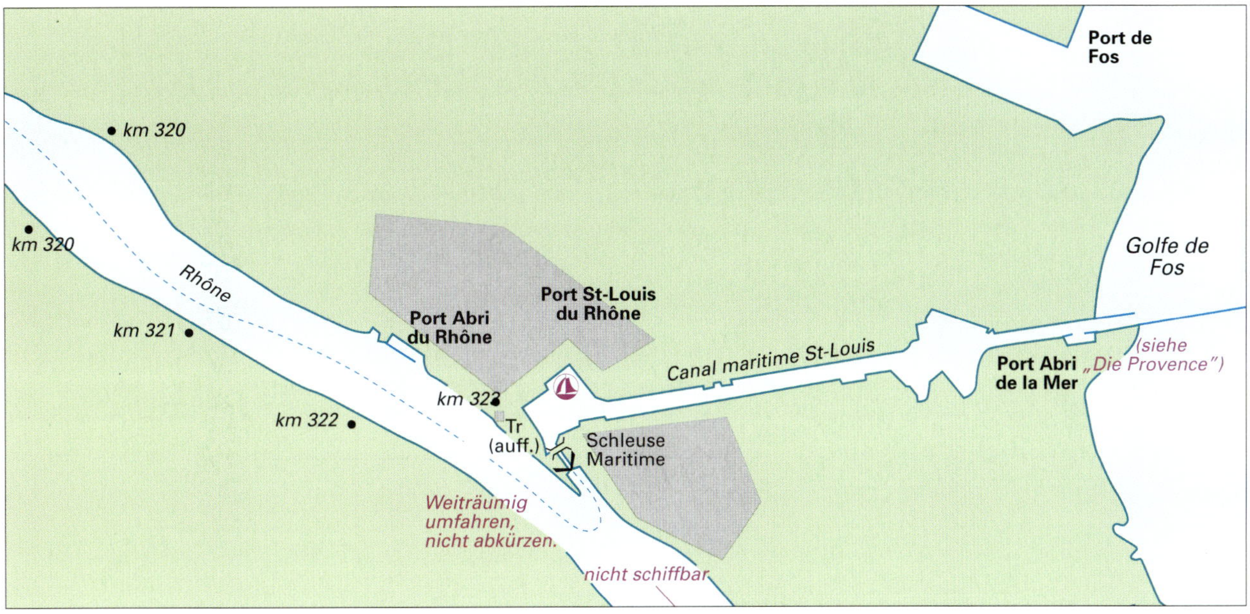

Die Ecluse Maritime ist auf UKW-Kanal 12 zu erreichen, sie wird um 0530, 0845, 1100, 1415, 1615, 1800 und 1915 Uhr bedient. Die Berufsschifffahrt hat auch beim Schleusen Vorrang. Das Schleusenbüro fragt nach Einzelheiten der Yacht, bevor man in die Schleuse einlaufen darf. Die Brücke hinter der Schleuse wird automatisch geöffnet, wenn die Schleusentore zum Bassin St-Louis aufgehen. In dem sich anschließenden großen Hafenbecken können Sie längsseits an den Kai gehen. Der Hafen und der Canal maritime St-Louis sind 7–8 m tief. Im Ort finden Sie einige Lebensmittelgeschäfte und Restaurants.
Die Rhône unterhalb von Port St-Louis ist nicht schiffbar. Ins Mittelmeer gelangen Sie durch den Canal maritime St-Louis.

Port St-Louis-du-Rhône

Allgemeines

St-Louis-du-Rhône ist ein windiger Ort mit seltsamer Atmosphäre, der heute irgendwie verlassen wirkt. Die Fracht-Pénichen früherer Tage gibt es nicht mehr, und die modernen Tankschiffe, Pétroliers, fahren über den Canal du Rhône à Fos an St-Louis vorbei, das im Schatten von Port de Fos an Bedeutung verloren hat.

Ansteuerung

Der Hafen befindet sich in der N-Ecke des Bassin Port St-Louis-du-Rhône. Nachts ist der Tour St-Louis auf dem linken Rhôneufer mit DirQ.15m19M (262°–265°) befeuert. Die SE-Ecke des Hafenbeckens ist mit Oc.R.4s8m6M bezeichnet.
Der Port de Plaisance ist auf UKW-Kanal 09 (0800–1200 und 1400–1900 Uhr) zu erreichen.

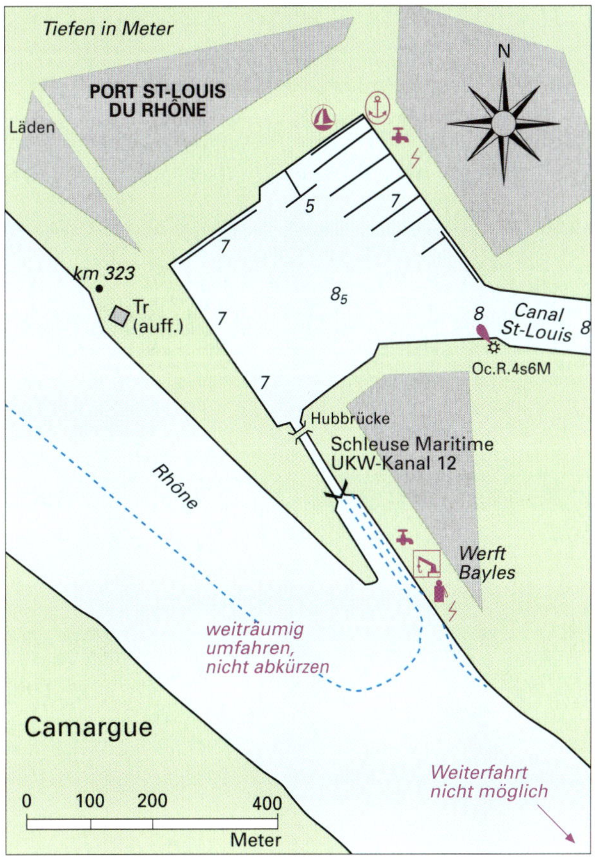

Liegeplätze

Von insgesamt 325 Liegeplätzen stehen 25 für Gastyachten bis maximal 25 m Lüa zur Verfügung. Die Wassertiefe beträgt 6–7 m. Die Liegeplätze werden zugewiesen; Schwimmstege sowie Mooringtonnen für große Schiffe an der W-Seite. Der Schutz im Hafen ist bei allen Wetterlagen gut. Im Hafen findet man Zoll und Hafenmeister sowie Marinapersonal. Liegegebühren: Kategorie 3.
Infos unter Tel. 04 42 86 39 11 und Fax 04 42 86 39 21.

Versorgung

Wasser und Strom (220 V) an oder nahe bei jedem Liegeplatz. Duschen und Toiletten. In der Stadt hat man gute Einkaufsmöglichkeiten. Gleich hinter der Marina befindet sich ein Supermarkt. Außerdem im Ort: Post, Banken, Taxis, Busverbindung nach Port-de-Bouc.

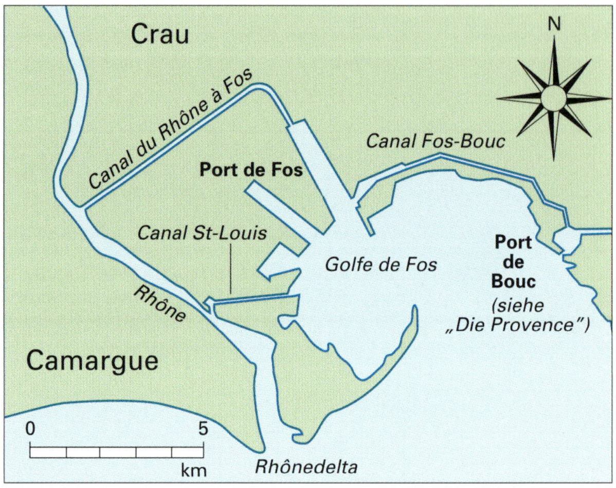

Canal du Rhône à Fos und Verbindungskanal Port-de-Bouc

Dieser Kanal zweigt bei km 316,5 von der Rhône ab und führt nach Port de Fos. Der gesamte Kanal wie auch der Verbindungskanal Fos–Port-de-Bouc nach Port-de-Bouc sind der Berufsschifffahrt vorbehalten.

Languedoc-Roussillon

In diesem Kapitel werden die Côte Vermeille (die felsige Küste der Pyrenäenausläufer nahe der spanischen Grenze), die Küste der Plaine du Roussillon im N der Pyrenäen und die Küste des Languedoc bis zum W-Ende des Rhônedeltas beschrieben.

Die Küste des Languedoc-Roussillon ist, im Gegensatz zur Provence oder der Côte d'Azur, weitgehend unbekannt. Selbst Frankophile kennen meist nur die Städte im Landesinneren wie z. B. Perpignan, Narbonne oder Montpellier. Bis zum Bau der neuen Urlaubsorte gab es nur wenige, noch von den Römern oder Griechen gegründete Hafenstädte wie Port Vendres, Port-La-Nouvelle, Agde und Sète, denn die lange, flache Sandküste bot weder bei auflandigen S-Winden noch bei dem sehr häufigen Tramontane sicheren Schutz. So blieb die Küste bis zum 20. Jahrhundert größtenteils unbesiedelt.

Vor ein paar Jahrzehnten entschloss sich die französische Regierung, das Languedoc-Roussillon als Urlaubsregion auszubauen und plante eine Reihe neuer Urlaubsorte mit Marinas. Zunächst musste eine Straße entlang der Küste gebaut werden, dann die Region mit Trinkwasser versorgt und das Mückenproblem der vielen Seen in Angriff genommen werden. Die fünf neuen Urlaubszentren sind:

- St-Cyprien (mit St-Cyprien-Plage, Argelès-Plage und Canet-en-Roussillon),
- Leucate-Barcarès (mit Leucate-Plage und Port Barcarès),
- Gruissan (mit Gruissan-Neuf, Narbonne-Plage und Valras-Plage),
- Cap d'Agde (mit Cap d'Agde, Ambonne und Marseillan-Plage) und
- La Grande-Motte (mit Frontignan, Carnon-Plage, La Grande-Motte und Port Camargue).

Das Projekt an der Audemündung wurde zunächst verschoben, der Ausbau der anderen wird aber weiter verfolgt.

Natürlich gibt es viele Argumente gegen die künstlichen Orte des Massentourismus. Nicht allein die Architektur war und ist umstritten. Doch den Yachtsportlern ist dieser Küstenstreifen erst durch den Bau der neuen Marinas erschlossen worden, die in geringen Abständen guten Schutz an der sonst einsamen und gefährlichen Küste bieten.

Das Wetter in Languedoc-Roussillon

Der vorherrschende NW-liche Wind, der Tramontane, weht zu 60 % mit Bft 6–8, zu 11 % mit Bft 8–11 und manchmal sogar mit Sturmstärke (bis Bft 12). Er entsteht, wenn Zentralfrankreich von einem Tiefdruckgebiet erreicht wird und die Luftmassen zum Mittelmeer abziehen, wobei sich die Strömung in der Enge zwischen den Pyrenäen und dem Zentralmassiv verstärkt. Doch die Gefahr des Tramontane liegt weder in der Häufigkeit noch in der Stärke, sondern in dem plötzlichen Auftreten des Windes. So kann der Wind nach einer totalen Flaute in weniger als einer Stunde eine Stärke von Bft 6–7 erreichen. Die dabei entstehende kurze, hohe See behindert das Aufkreuzen, sodass nur unter Schwierigkeiten ein gewisser Schutz unter Land ersegelt werden kann.

Der Tramontane tritt an der Küste des Languedoc-Roussillon in unterschiedlicher Häufigkeit und Stärke auf. W-lich des Golfe du Lion weht der NW-liche Wind mit 50 % Sicherheit im Sommer, im Winter mit 60 %. Zu 13 % erreicht er Sturmstärke, aber nur 3 % der Stürme ereignen sich in den Sommermonaten Juli und August. Im SE des Golfe du Lion, etwa in der Gegend um Sète, weht der Tramontane im Sommer meist mit Bft 4, im Winter herrschen dagegen Stürme aus S-lichen Richtungen vor. Andere Windrichtungen sind der NE und der SE. Auflandige Winde stellen eine weitaus größere Gefahr dar als der Tramontane, da der gesamten Küste Untiefen vorgelagert sind und die Seen innerhalb der 20-m-Tiefenlinie brechen.

Fahrtenyachten im Küstenbereich des Languedoc-Roussillon und im Golfe du Lion sollten stets die über Rundfunk oder Küstenfunkstellen gesendeten Sturmwarnungen beachten. Im Golfe du Lion ist die Sturmhäufigkeit mit durchschnittlich 6,8 % im Jahr die höchste des gesamten Mittelmeerraumes: Im Sommer beträgt diese 1,3 %, im Winter 13,2 %. Wie alle Statistiken scheint auch diese nicht mit der Wirklichkeit übereinzustimmen. Allerdings wird jeder Mittelmeerkenner zugeben müssen, dass der Golfe du Lion auch im Sommer eine sehr windige Ecke ist. Bei Tramontane-Warnung sollten Sie schnellstmöglich einen sicheren Hafen ansteuern und notfalls nach Spanien oder zu den Balearen ablaufen.

S-liche Stürme treten nicht so plötzlich auf. Sie werden meist von einer langen Dünung aus S-licher Richtung angekündigt. Man sollte jedoch beachten, dass 80 % der hier beschriebenen Häfen bei auflandigen Stürmen nur schwer oder unter Gefahr anzulaufen sind.

Der Golfe du Lion (Angaben zu den Wegpunkten siehe Seite 69)

Wichtige Angaben

Die wichtigsten Leuchtfeuer

Cap Cerbère: Fl.4s55m15M
Cerbère: Fl(2)WR.6s12m9/6M (202°-W-237°-R-202°)
Banyuls (Île Petite): Fl.WG.4s10m10/7M (193°-W-247°-G-193°)
Cap Béar: Fl(3)15s80m30M
Port Vendres (Richtfeuerlinie 197,5°): Unterfeuer Q.12m10M, Oberfeuer DirQ.23m18M
Port Vendres (Mole Abri): Oc(3)R.12s20m11M

Collioure (Molenkopf): Iso.G.4s14m8M
St-Cyprien: Fl(4)R.15s12m9M
Perpignan-Rivesaltes: AeroMo(X)8,5s58m33M
Canet-Plage: Fl(4)12s27m15M
Canet-Plage (Hafeneinfahrt): Fl(3)R.12s9m9M
Grau St-Ange: Fl(2)R.10s10m5M
Cap Leucate: Fl(2)10s66m20M
La Nouvelle (Richtfeuerlinie 292,4°): Unterfeuer Q.23m14M, Oberfeuer Q.53m17M
Narbonne-Plage (Exals): Fl(3)12s24m15M
Audemündung: Fl(2)G.6s10m8M
Valras-Plage: Fl(4)15s9m9M
Îlot Brescou: Fl(2)WR.6s22m13/10M (113°-R-190°-W-133°)
Cap d'Agde (Hafeneinfahrt): Iso.G.4s8m9M
Marseillan-Plage (Hafeneinfahrt): Fl.R.4s7m8M
Mont St-Clair: Fl.5s93m29M
Sète (Mole St-Louis): Fl(4)WR.12s34m15/11M
Sète (Epi Dellon): Oc.R.4s21m10M
Rocher de Roquérols: Fl(2)WR.6s6m11/8M (137°-W-078°-R-137°)
Le Grau-du-Roi (Hafeneinfahrt): Fl(3)G.15s10m10M
Port Camargue (Digue d'arrêt): VQ(9)10s9m9M

Wegpunkte für die Törnplanung

WP 1	42°26,4'N 003°12,0'E	1 sm E-lich des Cap Cerbère
WP 2	42°30,9'N 003°09,6'E	1 sm E-lich des Cap Béar
WP 3	42°42,5'N 003°03,6'E	1 sm E-lich des Leuchtturms Canet-Plage
WP 4	42°54,5'N 003°04,6'E	1 sm E-lich des Cap Leucate
WP 5	43°00,8'N 003°05,6'E	1 sm E-lich von Port-La-Nouvelle
WP 6	43°10,4'N 003°12,4'E	1 sm E-lich von Narbonne-Plage
WP 7	43°14,8'N 003°30,1'E	1 sm S-lich der Île de Brescou
WP 8	43°22,6'N 003°42,1'E	0,5 sm S-lich von Sète (W-licher Kopf des freistehenden Wellenbrechers)
WP 9	43°30,5'N 003°56,3'E	1 sm S-lich von Palavas-les-Flots
WP 10	43°30,6'N 004°05,4'E	1 sm W-lich der Pte de L'Espiguette

Kurzübersicht

	Schutz	*Liegeplatz*	*Treibstoff*	*Wasser*	*Lebensmittel*	*Restaurants*	*Hafenplan*	*Liegegebühren*
Cerbère	O	C	B	B	C	C	•	1
Banyuls-sur-Mer	B	A	B	A	B	A	•	3
Port Vendres	A	A	A	A	B	A	•	3
Collioure	C	C	B	B	B	A	•	1
Argelès-Plage	A	A	A	A	B	B	•	3
St-Cyprien-Plage	A	A	A	A	B	B	•	3
Canet-en-Roussillon	A	A	A	A	A	A	•	3
Ste-Marie	A	AB	B	A	C	C	•	2
Port Barcarès	A	A	A	A	C	C	•	3
Port Leucate	AB	A	A	A	B	B	•	3
Port-La-Nouvelle	AB	AB	A	A	A	B	•	1/2
Gruissan-Vieux	A	A	B	A	B	B	•	2
Gruissan-Neuf	A	A	A	A	B	B	•	3
Narbonne-Plage	A	A	B	A	C	C	•	3
Aude-mündung	A	AB	O	A	C	C	•	2/3
Valras-Plage	A	AB	A	A	A	B	•	3
Grau d'Agde	AB	B	B	B	B	C	•	1
Cap d'Agde	A	A	A	A	B	B	•	3
Marseillan-Plage	A	A	B	A	C	C	•	2
Sète	A	AB	A	A	A	A	•	3
Frontignan	A	A	A	A	C	C	•	3
Palavas-les-Flots	A	A	A	A	A	A	•	3
Carnon-Plage	A	A	A	A	B	B	•	3
La Grande-Motte	A	A	A	A	B	B	•	3
Le Grau-du-Roi	AB	AB	B	A	B	A	•	2
Port Camargue	A	A	A	A	B	B	•	3

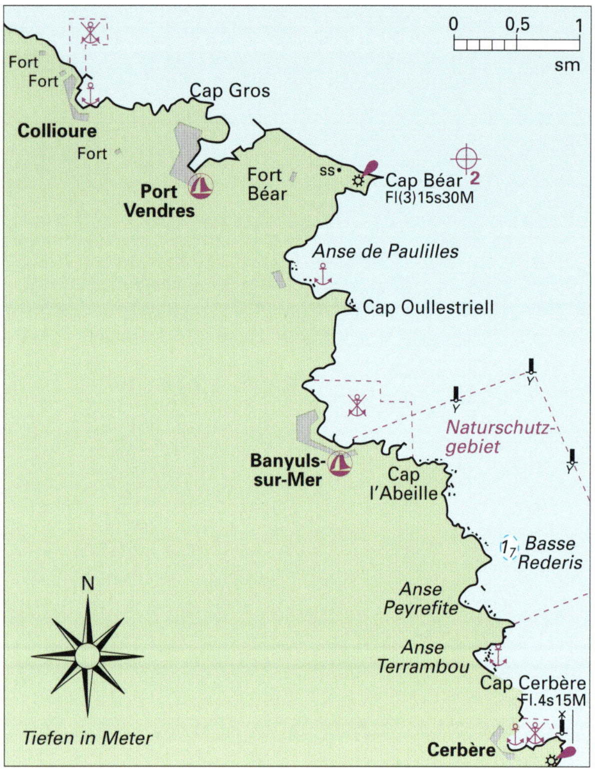

Cerbère bis Collioure (Angaben zum Wegpunkt siehe Seite 69)

Cerbère

WP 42°26,5'N 003°10,2'E/Karten: D 593, F 6843

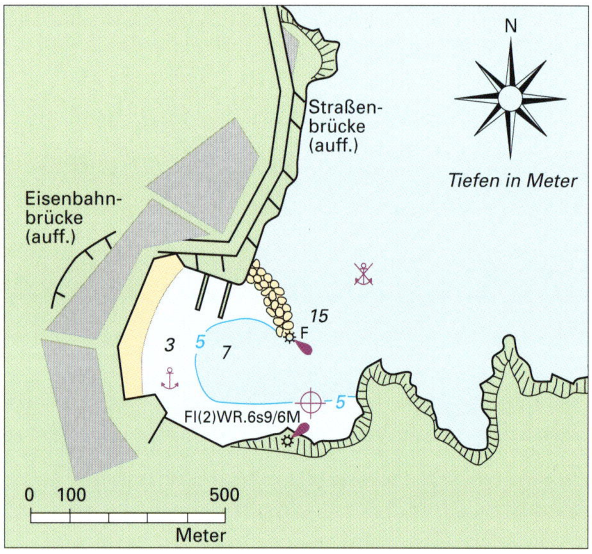

Der kleine Hafen liegt an der N-Seite des Cap Cerbère direkt vor der Grenze zu Spanien. Bei ruhigem Wetter kann man im Schutz der Mole ankern oder sich auf einen freien Liegeplatz an den Schwimmstegen legen. Es gibt keine Möglichkeit, ein- und auszuklarieren. Dafür geht man nach Port Vendres. Cerbère ist die Grenzstation der Eisenbahn.

Hinweis 1 sm N-lich von Cerbère beginnt ein Naturschutzgebiet, das sich bis Banyuls-sur-Mer erstreckt und mit vier gelben Tonnen bezeichnet ist, die bis zu 1 sm vor der Küste liegen. Die beiden E-lichen Tonnen sind mit Fl.Y.4s befeuert. Vor Cerbère liegt eine weitere gelbe Leuchttonne mit der Kennung Fl(3)Y.6s.

Banyuls-sur-Mer

WP 42°28,9'N 003°08'E
Karten: D 593, F 7002

Allgemeines

Das ehemalige Fischerdorf ist heute ein belebter Urlaubsort. Vom Hafen aus hat man einen wundervollen Blick auf das palmenbestandene Ufer und die alten Häuser am Hang. Zu den Sehenswürdigkeiten gehört eine Plastik des Bildhauers Aristide Maillol auf der Île Grosse; die bewegende Szene zeigt einen Sterbenden, der von Trauernden umgeben ist. Der Künstler wurde in Banyuls geboren und lebte hier bis zu seinem Tod, nachdem er Paris den Rücken gekehrt hatte. Ebenfalls sehenswert ist das Laboratoire Arago, ein Institut, das vornehmlich mit der Erforschung der Meere beschäftigt ist, außerdem hier ein großes Aquarium unterhält, das sich ebenfalls in Hafennähe befindet und der Öffentlichkeit zugänglich ist.

Bekannt ist Banyuls hauptsächlich wegen der schweren Rotweine und des fruchtigen Rosé, die in der Umgebung angebaut werden. Der süße Apéritif der Region ähnelt im Geschmack einem roten Portwein.

Die „Ansichtskartenszenerie" des Ortes zieht natürlich insbesondere im Sommer zahlreiche Besucher an. Im Hafen am Rande der Stadt entgeht man aber dem ärgsten Trubel.

Ansteuerung

Auffällig: Beste Landmarke ist das Cap Béar mit seinem hohen Leuchtturm und einer alten Signalstation. Banyuls-sur-Mer liegt 2 sm S-lich davon.

Von S kommend, muss zunächst Cap l'Abeille gerundet werden, bevor Stadt und Hafen sichtbar werden. Später kommen der Viadukt N-lich der Bucht sowie das große weiße Gebäude des Ozeanographischen Instituts hinter dem Hafen in Sicht.

Nachts steuert man nach dem Feuer auf Cap Béar (Fl(3)15s30M).

Die Hafeneinfahrt ist mit Oc(2)R.6s und Fl.WG.4s 10/7M befeuert, wobei der weiße Sektor mit 193°–247° die sichere Ansteuerung bezeichnet. Das Feuer der inneren Hafenmole hat die Kennung Iso.4s.

Die Marina ist auf UKW-Kanal 09 zu erreichen.

Gefahren: Starke NE- bis E-liche Winde erzeugen eine schwere Dünung, die in die Bucht steht und das

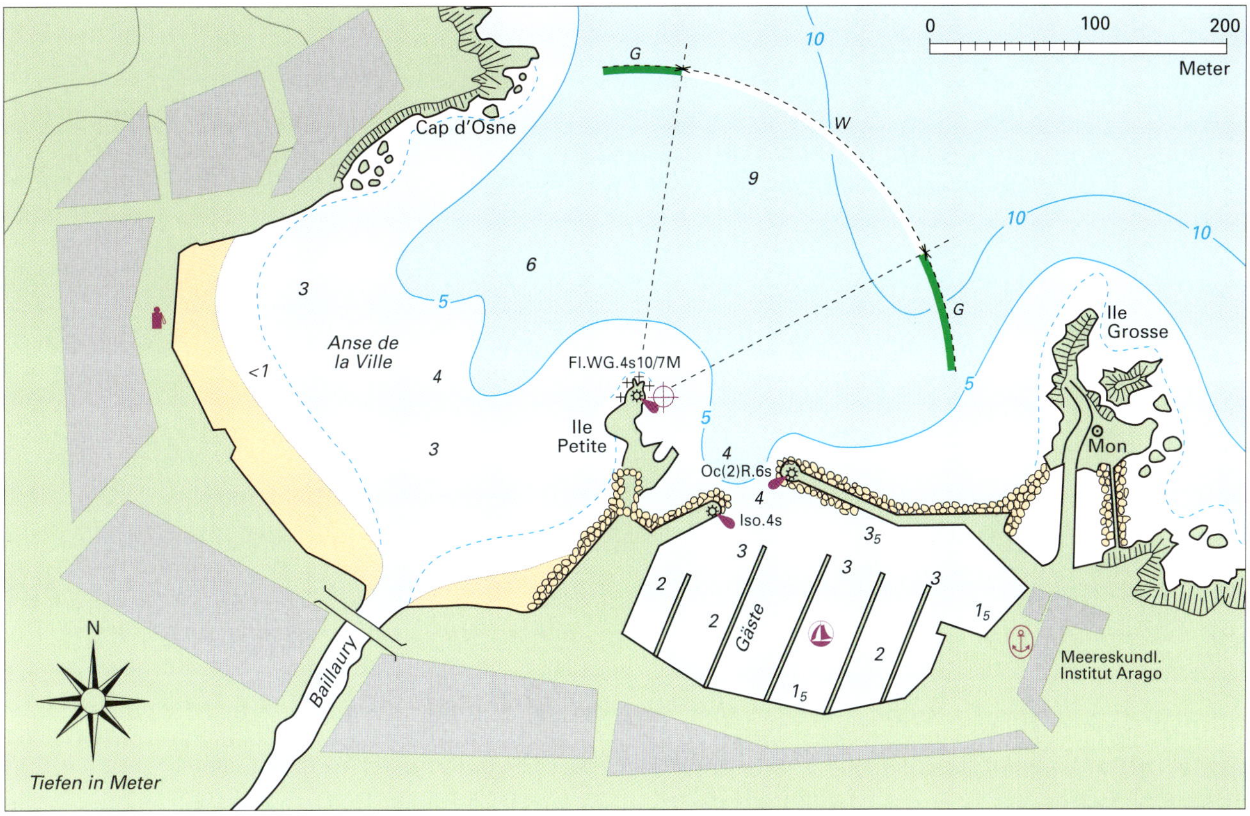

Blick auf die Hafeneinfahrt von Banyuls-sur-Mer aus NW

Einlaufen in den Hafen erschwert oder gar gefährlich werden lässt. Auch ein starker NW-licher Tramontane kann beim Einlaufen Schwierigkeiten bereiten. Bei der Ansteuerung aus S sollte die Île Grosse wegen der vorgelagerten Riffs und Felsen mit gutem Abstand umfahren werden.

Liegeplätze

50 der insgesamt 380 Plätze sind für Gastyachten bis 13 m Länge reserviert. Der Hafen ist 1,5–4 m tief. Man macht zunächst am Empfangskai hinter der Einfahrt fest und lässt sich im Hafenbüro einen Platz zuweisen. Man liegt römisch-katholisch und ist bei jedem Wind geschützt. Mooringbojen. Bei starken N-lichen Winden kann es jedoch, zumindest an den vorderen Liegeplätzen, äußerst ungemütlich werden.

Behörden: Banyuls ist Zollhafen und beschäftigt einen Hafenkapitän. Liegegebühren: Kategorie 3.

Der Port de Plaisance ist unter Tel. 04 68 88 30 32 und Fax 04 68 88 17 46 zu erreichen.

Bei ruhigem Wetter kann man in der Anse de la Ville außerhalb der Tonnen, die die Badezone markieren, ankern.

Versorgung

An jedem Liegeplatz sind Wasser und Strom anzuschließen. Duschen und Toiletten sind vorhanden.

Treibstoff bekommt man im Ort (200 m).

Ein 12-t-Kran steht zur Verfügung, aber es gibt nur wenige Stellplätze. Reparaturen an der Mechanik

sowie an GFK-Rümpfen können ausgeführt werden. Ein Yachtausrüster ist vor Ort.
Die Einkaufsmöglichkeiten sind gut; auch Stangeneis ist erhältlich. An der Hafenzeile und im Ort gibt es zahlreiche Restaurants. Weitere Einrichtungen sind Post und Banken. Die an der Küste verkehrenden Züge und Busse halten in Banyuls.

Port Vendres

WP 42°31,4'N 003°07,1'E
Karten: D 593, F 7002

Allgemeines

Port Vendres („Hafen der Venus") wurde zunächst von den Griechen, später von den Römern als Hafen genutzt. Danach gehörte der Ort abwechselnd zu Spanien oder Frankreich, bis Vauban ihn 1679 ausbaute und mit Festungsanlagen versah. Ende des 19. und Anfang des 20. Jahrhunderts gewann der Hafen von Port Vendres im Handel zwischen Nordafrika und Spanien an Bedeutung. Im Zweiten Weltkrieg schwer zerstört, bauten die Franzosen ihn für den Handel mit Algerien wieder auf. Heute wird er von einer großen Fischereiflotte genutzt. Gerade weil das Leben hier auf den Handels- und Fischereihafen ausgerichtet ist und die Bedeutung des Tourismus hintangestellt scheint, wirkt Port Vendres liebenswert.

Ansteuerung

Auffällig: Als Landmarken dienen der hohe Leuchtturm, die ehemalige Signalstation und das Fort Béar oben auf dem Cap Béar sowie das Fort St-Elme im W.

Cap Oullestriel mit Cap Béar im Hintergrund aus S

Die Hafeneinfahrt von Port Vendres ist leicht an einem weißen Leuchtturm zu erkennen, der auf der W-Seite der Einfahrt steht, sowie an dem hohen Leuchtturm auf der Außenmole.
Nachts navigiert man nach dem Feuer auf Cap Béar (Fl(3)15s30M). Die Hafeneinfahrt ist bezeichnet mit Oc(3)R.12s11M, Oc.G.4s8M sowie einer Bake mit der Kennung Iso.G.4s6M. Die Pointe des Pilotes ist mit Fl.G.4s7M und Nouvelle Darse mit Fl.R.4s6M befeuert. Ein Richtfeuer führt in Linie 197,5° mit Unterfeuer Q.10M und Oberfeuer DirQ.18M in den Hafen.
Die Hafenbehörde ist auf UKW-Kanal 12, der Yachthafen auf UKW-Kanal 09 zu erreichen (im Sommer von 0800–2100, im Winter von 0800–1200 und von 1400–1800 Uhr).

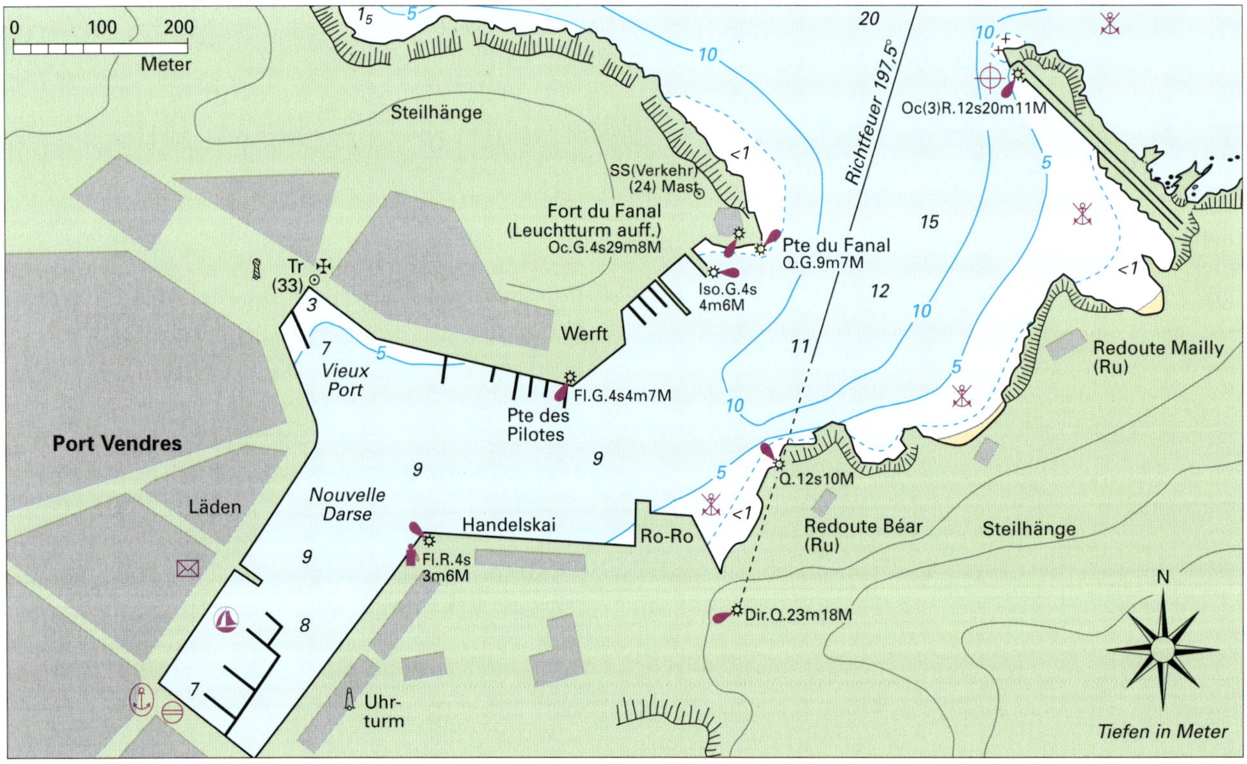

Blick zum Zollkai in Port Vendres Nouvelle Darse aus N

Gefahren: Bei starken N- und E-lichen Winden ist mit einer groben See um Cap Béar und in der Ansteuerung von Port Vendres zu rechnen. Die steile Felsküste wirft die See zurück und sollte mit ausreichendem Abstand passiert werden.
Tramontane erzeugt schwere Böen und Brandung in den Ansteuerungen. Selbst im Hafen ist man nicht ganz vor Fallböen geschützt. Dem W-Ufer der Einfahrt in den Vorhafen sind Untiefen vorgelagert.

Liegeplätze

30 der insgesamt 260 Plätze für Yachten bis 40 m Länge sind für Gäste reserviert; Wassertiefe 7–10 m. Man macht zunächst an der E-Seite der Nouvelle Darse fest und lässt sich dann im Hafenbüro einen Platz zuweisen. Man liegt römisch-katholisch oder macht an Querschlengeln fest. Gastlieger machen meist am Kopf des Schlengels fest. Mooringbojen. Die Liegeplätze sind bei jedem Wind geschützt; nur bei N-lichen Stürmen macht Schwell den Hafen ungemütlich.
Port Vendres ist der W-lichste Mittelmeerhafen Frankreichs, in dem ein- und ausklariert werden kann. Den Hafenmeister findet man am Fuß des Schwimmstegs, der vor dem SW-Kai ausgelegt ist. Es werden Liegegebühren verlangt: Kategorie 3.
Infos: Port de Plaisance, Tel./Fax 04 68 82 08 84.

Versorgung

An jedem Liegeplatz gibt es Wasser und Strom. Duschen und Toiletten sind vorhanden. Waschsalon in der Nähe.

Die Hafeneinfahrt von Port Vendres aus SE

Treibstoff bekommt man am E-Kai. Ein 150-t-Bootslift und ein 60-t-Kran stehen zur Verfügung; Stellplätze gibt es nur, wenn die Fischerboote im Wasser sind. Reparaturen an Mechanik und Maschine sowie an Holz- bzw. GFK-Rümpfen werden ausgeführt. Ein Yachtausrüster ist am Ort.
In der Nähe gibt es gute Einkaufsmöglichkeiten; auch Stangeneis ist erhältlich. Zahlreiche Restaurants stehen zur Auswahl, darunter einige gute Fischlokale. Weitere Einrichtungen sind Post und Banken. Im Ort halten die Züge und Busse des Küstenverkehrs.

Collioure aus SE

Collioure

WP 42°31,7'N 003°05,3'E/Karten: D 593, F 6843

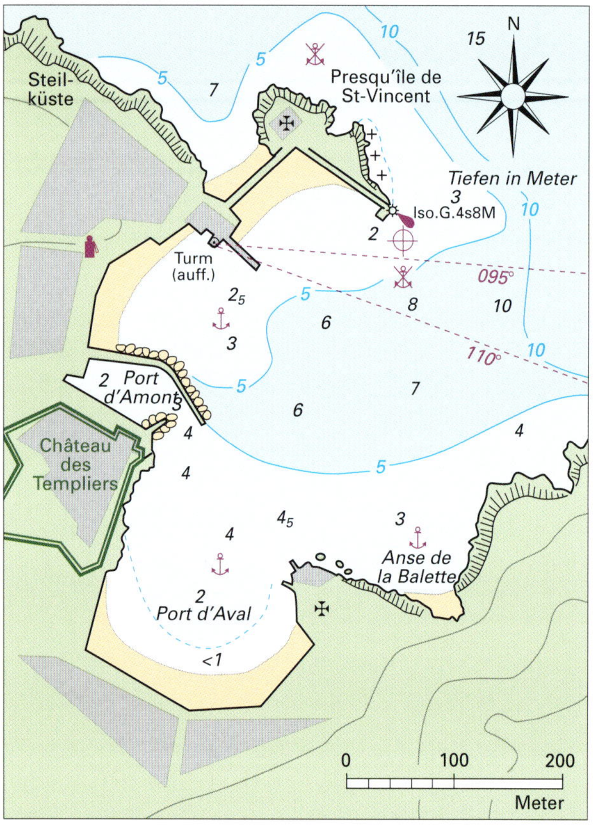

Allgemeines

Collioure gilt seit langen Zeiten als Perle des Languedoc-Roussillon. Anfang des 20. Jahrhunderts zog eine Reihe heute sehr berühmter Künstler in die Stadt. Es waren die Gründer des Modernismus wie Matisse, Dufy, Braque, Gris usw. Auch der Fauvismus des van Gogh soll hier seine Geburtsstätte gehabt haben. Jedenfalls akzeptierte der Besitzer des Hôtel les Templiers damals die Werke der Künstler als Zahlungsmittel, und so kam eine stattliche Sammlung zusammen, die das ganze Jahr über zu besichtigen ist.

Einst Handelshafen der alten Griechen, gehörte Collioure später zum Römischen Reich und zum Königreich Mallorca. Im 15. Jahrhundert wurde es unter Ludwig XI. zum Streitpunkt zwischen Frankreich und Spanien. Die späte Blüte begann erst wieder mit der Entdeckung durch die Künstler um Matisse.

Man kann dieser alten Stadt am Fuße steiler Berghänge ihre Schönheit nicht absprechen, doch ist sie im Sommer von Touristen einfach überlaufen. Dazu kommt eine gewisse snobistische Atmosphäre, vielleicht ein Erbe der egozentrischen Künstler von damals.

Ansteuerung

Auffällig: Collioure ist der E-lichste Hafen der Côte Vermeille, bevor dann die lang gestreckte und flache Küste des Languedoc-Roussillon beginnt.

Von N kommend, sind die steil abfallenden Pyrenäenausläufer eine gute Landmarke. Collioure liegt etwa 2 sm S-lich.

Bei der Ansteuerung aus S ist das Cap Béar mit dem hohen Leuchtturm und der ehemaligen Signalstation leicht auszumachen. Später kommen dann das Château des Templiers und der Turm am Fuß der Innenmole in Sicht.

Collioure – Hafen mit dem Château des Templiers

Nachts ist der äußere Molenkopf mit Iso.G.4s8M befeuert. Dennoch sollte man lieber bei Tageslicht einlaufen, da dann leichter ein Ankerplatz zu finden ist. Außerdem bringen die wenigsten Ankerlieger ein Ankerlicht aus.
Gefahren: Bei Tramontane fallen schwere Böen in den Hafen ein.
Hinweis: Im N von Collioure liegt ein militärisches Schießgebiet. Wenn Übungen stattfinden, wird am Fort Carré an der Küste eine rote Flagge gesetzt.

Liegeplätze

In dem kleinen Hafenbecken stehen 90 Plätze für Yachten bis 6,5 m Lüa zur Verfügung. Wassertiefe 1-3 m. Die meisten Yachten müssen in einer der vielen kleinen Buchten der kleeblattförmigen Hauptbucht ankern. Zu beachten sind die ausgetonnten Badezonen.
Ankerverbot besteht in Peilung 095°–110° vom Turm am Fuß der Innenmole. Der Ankergrund ist teils sandig, teils felsig und grasbewachsen; er hält gut. 100 m E-lich des Château des Templiers liegen sechs Mooringbojen aus. Der Hafen ist recht gut geschützt. Bei N-lichem Wind steht Schwell in die Bucht; bei stärkerem N-Wind sollten Sie nach Port Vendres ausweichen. Bei Tramontane sind die Ankerplätze unhaltbar.

Versorgung

Trinkwasser ist nur von den Restaurants zu bekommen. Die Tankstelle liegt direkt an der Uferpromenade. Es gibt keine Möglichkeit zu kranen. Ein Yachtausrüster und ein Eisenwarenladen sind am Ort. Am Hafen und im Ort stehen zahlreiche Restaurants zur Auswahl. Post und Banken sind vorhanden.

Argelès-sur-Mer

WP 42°32,7'N 003°03,4'E/Karten: D 593, F 6843

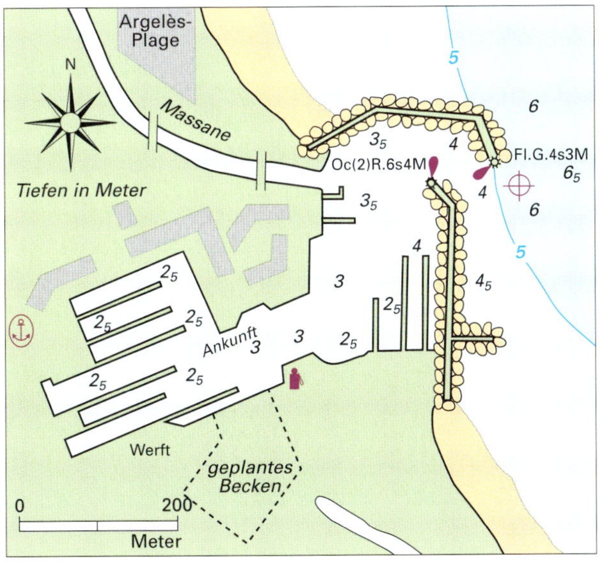

Argelès-sur-Mer aus SE

Allgemeines

Nach langer Bauzeit ist die Marina endlich fertig gestellt.

Ansteuerung

Auffällig: Der Hafen befindet sich genau an der Grenze der Pyrenäenausläufer zur flachen Küste des Languedoc. Er liegt im S der auffälligen Appartementhäuser von Argelès-Plage.
Nachts: Obwohl die Hafeneinfahrt mit Fl.G.4s.3M und Oc(2)R.6s4M befeuert ist, ist von einem Einlaufen bei Nacht abzuraten. Die Marina ist von 0830–1200 und 1400–1830 Uhr (im Winter) bzw. 1400–2000 Uhr (im Sommer) auf UKW-Kanal 09 zu erreichen.
Gefahren: Bei starken auflandigen Winden ist beim Einlaufen Vorsicht geboten, da dann gefährliche Kreuzseen vor der Einfahrt stehen. Bei starkem Tramontane treten in der Ansteuerung heftige Böen auf.

Liegeplätze

30 der 777 Liegeplätze stehen für Gastyachten bis max. 24 m Lüa zur Verfügung. Wassertiefe 2–4 m. Man macht am Empfangskai im Außenhafen fest und lässt sich in der Capitainerie einen Platz anweisen. Man liegt römisch-katholisch und außer bei Tramontane ruhig und sicher. Mooringleinen. Es gibt einen Hafenkapitän. Liegegebühren: Kategorie 3.
Tel. 04 68 81 63 27 bzw. Fax 04 68 81 69 14.

Versorgung

Jeder Liegeplatz hat Strom und Wasseranschluss. Duschen und Toiletten sowie Waschmaschinen sind vorhanden.
Treibstoff bekommen Sie am Kai im Innenhafen.
Es können kleinere Reparaturen ausgeführt werden. Ein 26-t-Travellift und Landstellplätze sind vorhanden, Yachtausrüster am Ort.

St-Cyprien-Plage (WP 42°37,18'N 003°02,3'E)

St-Cyprien-Plage

Die Einkaufsmöglichkeiten sind am Hafen eher bescheiden, in Argelès-Plage und Le Racou finden Sie eine bessere Auswahl.
Die Cafés und Restaurants öffnen nur in der Hochsaison.
Verkehrsanbindung zum Flughafen Perpignan.

St-Cyprien-Plage

WP 42°37,18'N 003°02,3'E
Karten: D 593, F 6843

Allgemeines

Auf der Fahrt nach N ist dies der erste jener langweiligen und unpersönlichen Urlaubsorte in 08/15-Bauweise, die an der gesamten Küste zu finden sind. Die Marina allerdings ist tadellos, die Werft bestens ausgerüstet, Yachten jeder Größe können aus dem Wasser gehoben werden. Des Weiteren gibt es zwei Golfplätze, Tennisplätze sowie einen Reitclub und natürlich den Strand. mit einen Statue von Maillol.
Hinweis: Die Bauarbeiten im Port des Capellans am Etang S-lich von St-Cyprien gehen weiter. Hier sind 600 Liegeplätze mit Strom- und Wasseranschluss geplant, die von St-Cyprien aus durch eine Drehbrücke zu erreichen sind. Die Wassertiefen liegen dort zwischen 2,5 und 3 m.

Ansteuerung

Auffällig: Der Hafen liegt S-lich der Appartementhäuser. Beste Landmarke ist ein Wasserturm im Hinterland. Aus der Nähe sind die Wellenbrecher mit ihren Leuchtfeuern gut auszumachen.
Nachts ist die Hafeneinfahrt mit Fl(4)R.15s9M und Fl.G.2,5s4M befeuert.
Im Sommer ist der Hafen von 0800–2000, im Winter von 0800–1200 und von 1400–1800 Uhr auf UKW-Kanal 09 zu erreichen.
Gefahren: Bei starken Winden aus E und S steht in der Einfahrt ein unangenehmer Schwell. Gefährlich ist die Einfahrt aber nur bei E-lichen Stürmen.
Hinweis: Etwa 1,5 sm ENE-lich des Hafens liegt eine gelbe Leuchttonne mit Toppzeichen liegendes Kreuz (Fl(3)Y). Sie bezeichnet die W-liche Grenze einer Ankerverbotszone.

Liegeplätze

Es stehen 2200 Plätze für Yachten bis 20 m Länge zur Verfügung, davon 440 für Gastlieger. Wassertiefe 2–4 m.
Man macht zunächst am Empfangskai im Avant Port fest und lässt sich einen Liegeplatz zuweisen. Die Yachten liegen hier an Querschlengeln oder ausgelegten Mooringbojen.
Der Hafen ist bei jedem Wetter gut geschützt.
Dem Hafenkapitän oder Marinapersonal ist ein Liegegeld der Kategorie 3 zu entrichten.
Infos: Tel. 04 68 21 07 98 oder Fax 04 68 21 90 11.

Versorgung

Jeder Liegeplatz hat Wasser und Strom. Toiletten und Duschen sowie Waschmaschine sind vorhanden.
Treibstoff ist am Kai im Vorhafen zu bekommen. Es stehen ein 27- und ein 50-t-Travellift sowie ein Slip für Schiffe bis 100 t zur Verfügung. Auf der Werft werden Arbeiten an Motoren, Elektrik und Elektronik sowie an GFK- bzw. Holzrümpfen ausgeführt. Segelmacher und Yachtausrüster befinden sich am Ort.
Direkt im N der Marina gibt es eine große Auswahl an Lebensmitteln sowie Stangeneis zu kaufen. Im

Sommer stehen verschiedene Restaurants zur Auswahl. Weitere Einrichtungen sind die Post, einige Banken, eine Autovermietung und Taxen. Vom Flughafen in Perpignan gehen In- und Auslandsflüge ab.

Canet-en-Roussillon (Canet-Plage, Port Père Noël)

WP 1 42°42,2'N 003°02,6'E
WP 2 42°42,1'N 003°02,26' E (WGS 84)
Karten: D 593, F 6843

Allgemeines

Atmosphärisch ist der Ort mit St-Cyprien-Plage vergleichbar. Doch diese Marina hat nicht die unangenehme Anonymität; hier ist man herzlicher eingestellt. Gastyachten bekommen für die Stunde nach der Ankunft gratis Fahrräder zur Verfügung gestellt. In Marinanähe gibt es auch ein sehr interessantes Aquarium.

Ansteuerung

Auffällig: Als Landmarken dienen die Appartementhäuser und der Wasserturm S-lich des Hafens. Beim Näherkommen ist der moderne, auf zwei Pfeilern stehende Leuchtturm unmittelbar N-lich der Marina auszumachen. Auch die Hafenmolen und das Leuchtfeuer auf dem Kopf des äußeren Wellenbrechers sind dann gut zu erkennen.

Nachts navigiert man nach dem Feuer des Leuchtturms Canet-Plage Fl(4)12s15M und den Feuern der Hafeneinfahrt (Fl(3)R.12s9M und Fl(3)G.12s5M).

Die Marina ist rund um die Uhr auf den UKW-Kanälen 09 und 16 zu erreichen.

Gefahren: In der Einfahrt steht bei NE- bis SE-lichen Winden ein äußerst unangenehmer Schwell. Bei auflandigem Sturm ist das Einlaufen gefährlich.

Liegeplätze

Es stehen 977 Liegeplätze für Yachten bis 24 m Lüa zur Verfügung, darunter 20 für Gastyachten. Wassertiefe 2–4 m.

Man macht zunächst am Empfangskai (Schwimmsteg) im Bassin Le Gouffre fest und erkundigt sich im Hafenbüro nach einem freien Platz.

Der Hafen ist gut geschützt, wenn es auch auf einigen Plätzen bei starkem Tramontane etwas ungemütlich wird.

Behörden: Im Hafen findet man Zoll, Hafenkapitän und Marinapersonal. Es wird ein Liegegeld der Kategorie 3 erhoben.

Der Port de Plaisance ist über Tel. 04 68 73 58 73 und Fax 04 68 73 80 78 zu erreichen.

Versorgung

Jeder Liegeplatz hat Wasser- und Stromanschluss. Toiletten und Duschen sind vorhanden.

Überwachung des gesamten Geländes durch Kameras. Gratis-Fahrradverleih für 1 Stunde.

Treibstoff bekommt man in der Einfahrt zum Hafenbecken.

Ein 15- und ein 27-t-Travellift sowie ein 80-t-Slip stehen zur Verfügung. Es können Reparaturen an Maschinen und Motoren, an GFK- und Holzrümpfen sowie an Elektrik und Elektronik ausgeführt werden. Segelmacher und Yachtausrüster sind am Ort.

Lebensmittel und Stangeneis sind in Marinanähe er-

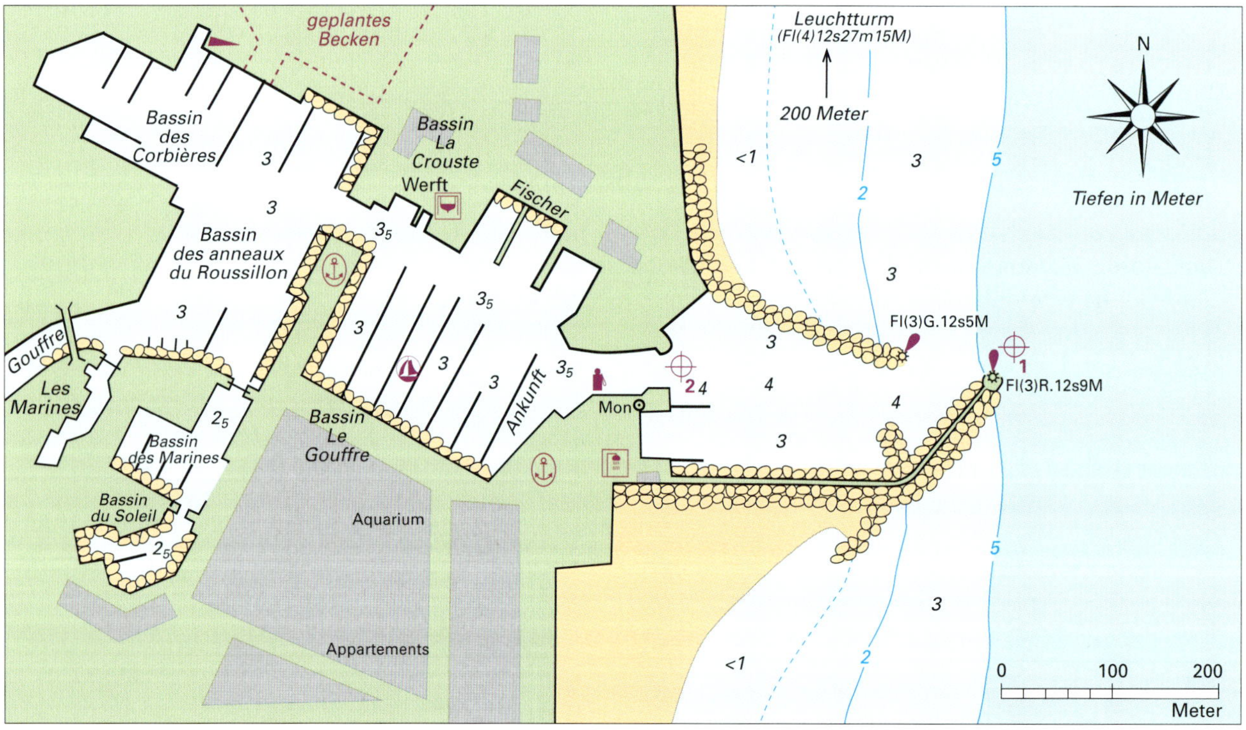

Canet-en-Roussillon

Occitanie (Okzitanien)

In der Region des Languedoc-Roussillon haben die Autos häufig anstelle des Nationalzeichens „F“ einen Aufkleber „OC“ für Occitanie. Die Okzitanische Bewegung ist im Vergleich zu dem bretonischen oder korsischen Streben nach kultureller und politischer Unabhängigkeit weitgehend unbekannt, doch in Südfrankreich hat sie eine beträchtliche Anhängerschaft.
Der Begriff Occitanie kommt von dem Wort „oc“ (ja), das auch in „Languedoc“ enthalten ist. Die „Langue d’Oc” war im Mittelalter die Sprache der Minnesänger in Liedern, Gedichten und Literatur. Sie war weit über die Region hinaus anzutreffen, so auch in Deutschland. Ein aus ihr entstandener Dialekt ist das Katalanisch der Region um Barcelona.
Ziel der Bewegung ist nicht eine politische Unabhängigkeit, wie sie von den Katalanen angestrebt wird. Dafür entstand die Idee einer Art „landwirtschaftlicher Utopie“, die sich vom rücksichtslosen ökonomischen Wettstreit der nordeuropäischen Produktionsweise distanziert. Des Weiteren setzt man sich für den Erhalt der alten Sprache und ihrer Literatur sowie der gesamten okzitanischen Kultur ein, in der die Musik und besonders die Tanzmusik eine große Rolle spielt. So wird denn auch nicht die politische Revolution in den Vordergrund gestellt, sondern ein sanfter Wandel der gesamten Lebenseinstellung, der eher von Herzen kommt. Musik und Sprache als Ausdruck typisch südlicher Kultur bedingen so die Grundauffassung, dass das Leben nur neu entdeckt zu werden braucht.

hältlich. Zahlreiche Restaurants stehen zur Auswahl. Neben einer Post und Banken gibt es eine Autovermietung und Taxen sowie eine Busverbindung nach Perpignan. Von dort aus gehen Flüge ins In- und Ausland.

Port de Sainte-Marie

WP 42°43,45’N 003°02,6’E/Karten: D 593, F 6843

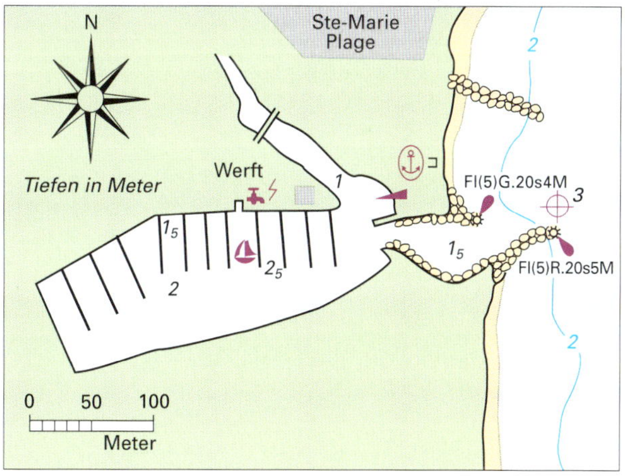

Allgemeines

Sainte-Marie ist ein schlichter, von Einheimischen betriebener Hafen, der am Südufer der Mündung des Flüsschens Achau Nobe gebaggert wurde. Die Ortschaft Sainte-Marie-Plage N-lich des Hafens ist im Sommer ein belebter Urlaubsort.

Ansteuerung

Auffällig: Das Hafenbecken liegt im Flachland N-lich von Canet-en-Roussillon.
Nachts ist die Einfahrt zwar mit Fl(5)G.20s5m4M und Fl(5)R.20s6m5M befeuert, ein Einlaufen bei Nacht ist jedoch nicht zu empfehlen.

Port de Sainte-Marie

Hinweis: Die Einfahrt neigt zur Versandung und sollte im Zweifelsfall vor dem Einlaufen mit dem Beiboot erkundet werden.

Liegeplätze

Von den insgesamt 510 Liegeplätzen für Yachten bis 12 m Lüa sind ein paar für Gastlieger reserviert. Wassertiefe 1–2,5 m.

Liegeplätze werden angewiesen. Man macht an Schwimmstegen und Mooringleinen fest. Es gibt kaum Platz zum Manövrieren. Im Hafen liegt man gut geschützt. Der Hafenkapitän verlangt Liegegeld: Kategorie 2.

Infos unter Tel. 04 68 80 51 02 oder im Internet unter www.sainte-marie-la-mer.com

Versorgung

Wasser gibt es an oder in der Nähe der meisten Liegeplätze, Stromanschlüsse nur an einigen. Duschen und Toiletten.

Ein kleiner Slip und ein 8-t-Kran stehen zur Verfügung. Lebensmittelgeschäfte und Restaurants finden Sie in Canet-en-Roussillon und in Ste-Marie-Plage N-lich des Hafens.

Etang de Leucate (Etang de Salses)

Der große See, an dessen E-Seite der Ferienort Leucate-Barcarès errichtet wurde, ist durch zwei Häfen mit dem Meer verbunden: Yachten mit max. 3 m Höhe können in Port Barcarès einlaufen, Port Leucate im N ist für Yachten bis max. 18 m Höhe zugänglich. Der weitgehend 2–3 m tiefe See ist ein ideales Segelrevier für flachgehende Schiffe, doch sollte nicht vergessen werden, dass bei Tramontane eine tückische See entsteht.

Port Barcarès (Grau St-Ange)

WP 42°47,9'N 003°02,4'E
Karten: D 593, F 6844

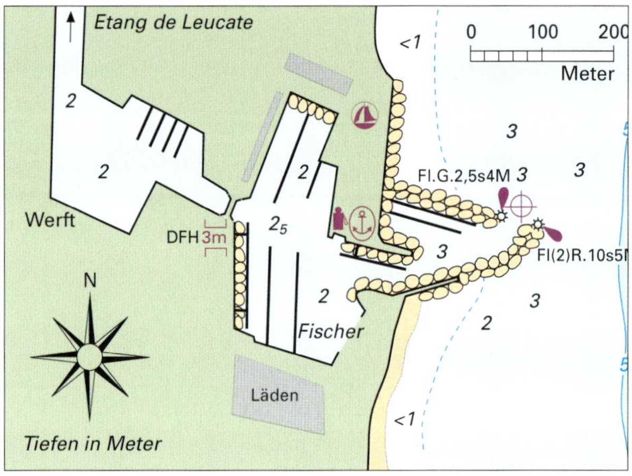

Allgemeines

Port Barcarès liegt am ursprünglichen Canal Grau St-Ange, der den Etang de Leucate mit dem Meer verbindet. Unter dem Namen Grau St-Ange war es schon früher als Fischerhafen bekannt, und auch heute noch ist das S-liche Hafenbecken für Fischer reserviert.

Vor dem Strand im N liegt die auf Grund gelaufene „Lydia", die heute als Kasino und Diskothek dient.

Ansteuerung

Auffällig ist das gestrandete Passagierschiff „Lydia", das etwa 2 sm N-lich des Hafens liegt.

Nicht zu übersehen sind die Appartementhäuser und beim Näherkommen das Leuchtfeuer auf dem Wellenbrecher sowie das braune, turmähnliche Gebäude des Hafenbüros.

Nachts ist die Einfahrt mit Fl(2)R.10s5M und Fl.G.2,5s4M befeuert. Der Yachthafen ist im Sommer von 0700–2000 und im Winter von 0800–1200 und von 1400–1800 Uhr auf UKW-Kanal 09 zu erreichen.

Gefahren: Bei starken S-lichen und E-lichen Winden entsteht in der Einfahrt ein unangenehmer Schwell. Auflandiger Wind ab Bft 6–7 erzeugt eine äußerst gefährliche See, sodass man dann lieber in Port Leucate einlaufen sollte.

Liegeplätze

Von den insgesamt 518 Plätzen für Yachten bis 13 m Lüa stehen 68 für Gastyachten zur Verfügung. Die Wassertiefe beträgt 2–3 m.

Man macht zunächst am Empfangskai unmittelbar hinter der Einfahrt fest und lässt sich im Hafenbüro einen Liegeplatz zuweisen. Die Mooringleinen sind an Bojen oder Pfählen festgemacht. Der Hafen bietet guten Schutz. Vom Hafenkapitän wird ein Liegegeld der Kategorie 3 erhoben.

Infos: Tel. 04 68 86 07 35 oder Fax 04 68 80 94 26.

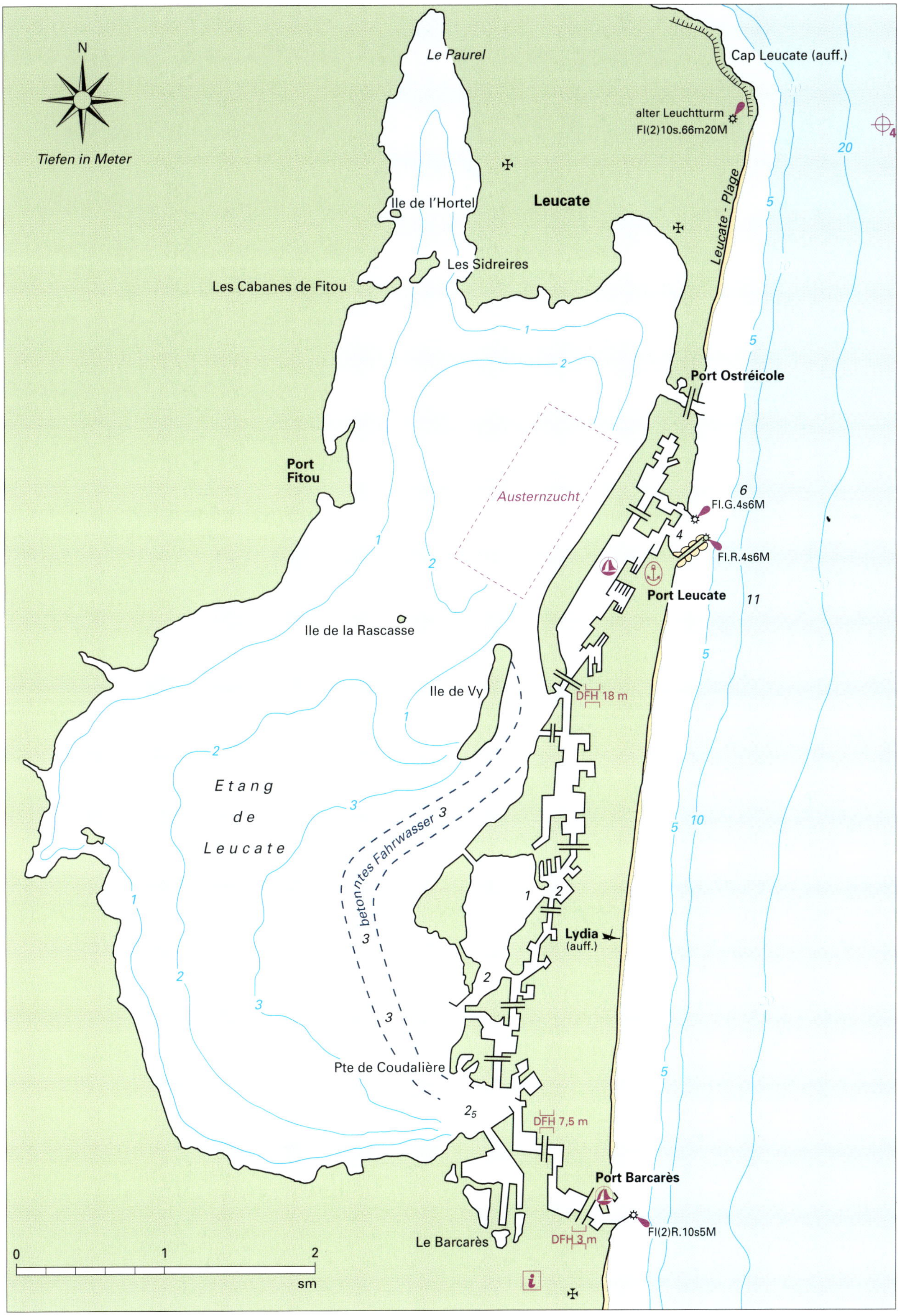

Etang de Leucate (Angaben zum Wegpunkt siehe Seite 69)

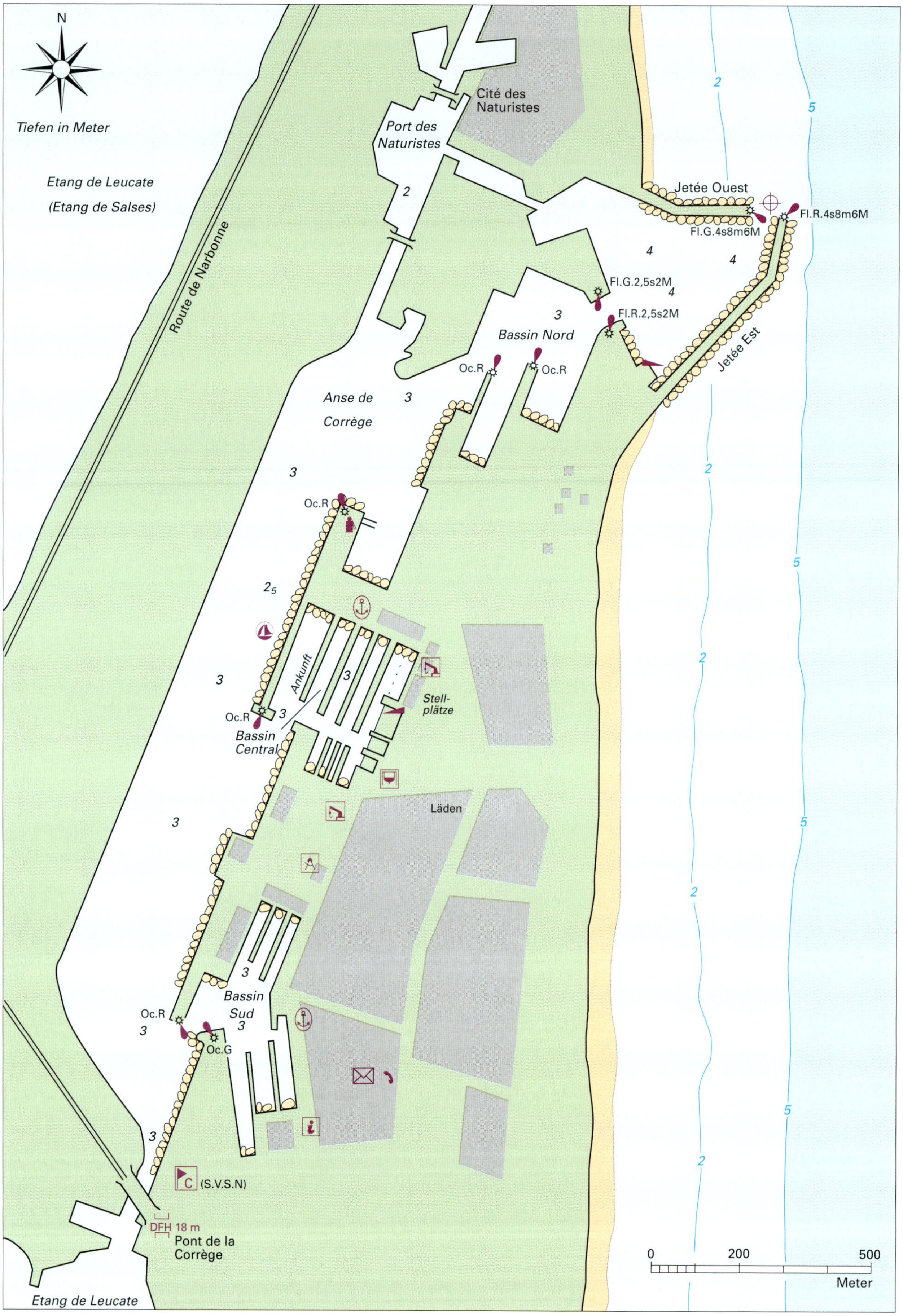

Port Leucate (WP 42°52,4'N 003°03,3'E)

Versorgung

Jeder Liegeplatz hat Wasser- und Stromanschluss. Toiletten und Duschen sind vorhanden.

Treibstoff ist am Kai an der Einfahrt erhältlich. Ein 9-t-Kran sowie ein Slip stehen zur Verfügung. Aluminiumarbeiten können in der Nähe ausgeführt werden. Motorfachkräfte und Yachtausrüster im Ort.

Im Sommer gibt es eine akzeptable Auswahl an Lebensmitteln sowie Stangeneis zu kaufen. Beiderseits des Hafens sind im Sommer verschiedene Restaurants geöffnet.

Weiterhin stehen eine Post, eine Bank, eine Autovermietung und einige Taxis zur Verfügung.

Port Leucate

WP 42°52,4'N 003°03,3' E
Karten: D 593, F 6844

Allgemeines

Port Leucate ist der größte Urlaubsort des Languedoc-Roussillon, besitzt aber nicht die größte Marina. Der Ort erstreckt sich von der Siedlung der Nudisten im N über den Hafen bis Barcarès de St-Laurent auf etwa 11 km Länge. Port Leucate ist durch ein Binnenfahrwasser mit den Häfen von Cité Lacustre Nautica, Marina des Brigantines, La Coudalère und Port Barcarès verbunden. Wenn die Bauarbeiten abgeschlossen sind, werden hier etwa 3000 Liegeplätze inmitten ausgedehnter Appartementanlagen zur Verfügung stehen. Dann bleibt abzuwarten, ob sich die Retortenstadt mit Leben füllt.

Ansteuerung

Auffällig: Direkt N-lich der Hafeneinfahrt liegt die einzige Erhebung in Küstennähe, das Cap Leucate mit einem Leucht- und einem Radarturm. Unübersehbar ist auch die „Lydia", ein gestrandetes Passagierschiff, das etwa 3 sm S-lich der Einfahrt liegt.

Nachts steuert man mithilfe des Leuchtfeuers auf Cap Leucate (Fl(2)10s20M) und den Feuern der äußeren Hafeneinfahrt (Fl.R.4s6M und Fl.G.4s6M). Die innere Einfahrt ist mit Fl.R.2,5s2M und Fl.G.2,5s2M befeuert. Auch die Einfahrten der verschiedenen Hafenbecken sind mit Oc.R oder Oc.G befeuert.

Die Marina ist im Sommer von 0800–2100 und im Winter von 0800–1200 und von 1400–1800 Uhr auf UKW-Kanal 09 zu erreichen.

Gefahren: Bei starken E-lichen und S-lichen Winden steht ein unangenehmer Schwell in die Einfahrt, der bei auflandigem Sturm gefährlich wird. Bei starkem Tramontane entsteht eine äußerst kabbelige See im Vorhafen und im Zufahrtskanal.

Hinweis: Von der Einfahrt bis zum Hafenbecken beträgt die Entfernung mehr als 1 Seemeile. Bei starkem Tramontane kann einem die Strecke länger vorkommen. In einem Bereich von 300 m von der Küste sowie im Zufahrtskanal beträgt die Höchstgeschwindigkeit 5 Knoten.

Liegeplätze

Insgesamt 1100 Plätze für Yachten bis 20 m Länge, davon 100 Gastplätze, Wassertiefe 2–3 m.

Man macht zunächst am Empfangskai beim Hafenbüro fest und fragt nach einem Liegeplatz. Man liegt hier an Querschlengeln oder römisch-katholisch an Pfählen, Besucher gehen meist an die W-Seite der Schlengel.

Die Liegeplätze sind recht gut geschützt, auch wenn einige dem Tramontane ausgesetzt sind.

Behörden: Im Hafen gibt es eine Zolldienststelle,

Port Leucate aus NE

einen Hafenkapitän und Marinapersonal. Es werden Liegegebühren der Kategorie 3 erhoben.
Infos: Tel. 04 68 40 91 24 oder Fax 04 68 40 72 27.

Versorgung

Jeder Liegeplatz hat Wasser- und Stromanschluss. Toiletten und Duschen befinden sich in mehreren kleinen Häusern rund um die Hafenbecken. Waschsalon in der Nähe.
Treibstoff ist am Kai N-lich des Bassin Central erhältlich.
Ein 6-, 12- und 45-t-Travellift sowie überdachte Landstellplätze stehen zur Verfügung. Es besteht die Möglichkeit, Motoren, GFK- und Holzrümpfe sowie Elektrik und Elektronik reparieren zu lassen. Ebenfalls am Ort sind ein Segelmacher und ein Yachtausrüster.
Im Sommer gibt es gute Einkaufsmöglichkeiten, ein Supermarkt befindet sich in nächster Nähe. Die zahlreichen Bars und Restaurants an den Kais rund um die Marina sind nur im Sommer geöffnet.
Außer der Post und einer Bank stehen im Ort eine Autovermietung sowie Taxis zu Diensten.

Port-La-Nouvelle

WP 43°00,8'N 003°04,2'E
Karten: D 594, F 7002

Allgemeines

Meist wird Port-La-Nouvelle als unsauberer kleiner Ort beschrieben, der unbedingt zu meiden ist. Doch bietet er zu den rein touristischen Nachbarorten eine willkommene Abwechslung. Es gibt ein Zementwerk, es riecht nach Fischabfällen und Lösungsmitteln. Der Hafen hat keine Versorgungseinrichtungen für Yachten, aber in den Restaurants bekommt man frischen Fisch, und in den Straßencafés sitzen Pastis trinkende Fischer. Und die Seen in der Umgebung sind wirklich wunderschön.
Die wenigen Yachtliegeplätze im Verbindungskanal zwischen dem Meer und dem Canal de la Robine (Zufahrt zum Canal du Midi) liegen am E-lichen Ende.

Ansteuerung

Auffällig: Der Hafen liegt etwa 6 sm N-lich des Cap Leucate. Ein hoher weißer Schornstein mit roten Bändern und die Gebäude der Zementfabrik im Hinterland sind gute Landmarken. Ebenfalls gut zu erkennen sind die beiden hohen Leuchttürme an der Einfahrt sowie die großen Öltanks im N des Hafens.
Nachts navigiert man mithilfe des Leuchtfeuers auf Cap Leucate Fl(2)10s20M und der Kardinaltonne E mit Q(3)10s, die E-Lich der äußeren Einfahrt liegt und auf die vier Mooringtonnen hinweist.
Die Hafeneinfahrt ist mit VQ.3M, Iso.G.4s6M und Fl.G.4s3M befeuert. Das Richtfeuer (Unterfeuer Q.14M, Oberfeuer Q.17M) führt in Linie 292,4° in die Einfahrt. Der hohe Schornstein dahinter ist mit einem weit sichtbaren F.R gekennzeichnet.
Die Hafenbehörde erreicht man auf UKW-Kanal 12 oder 16.

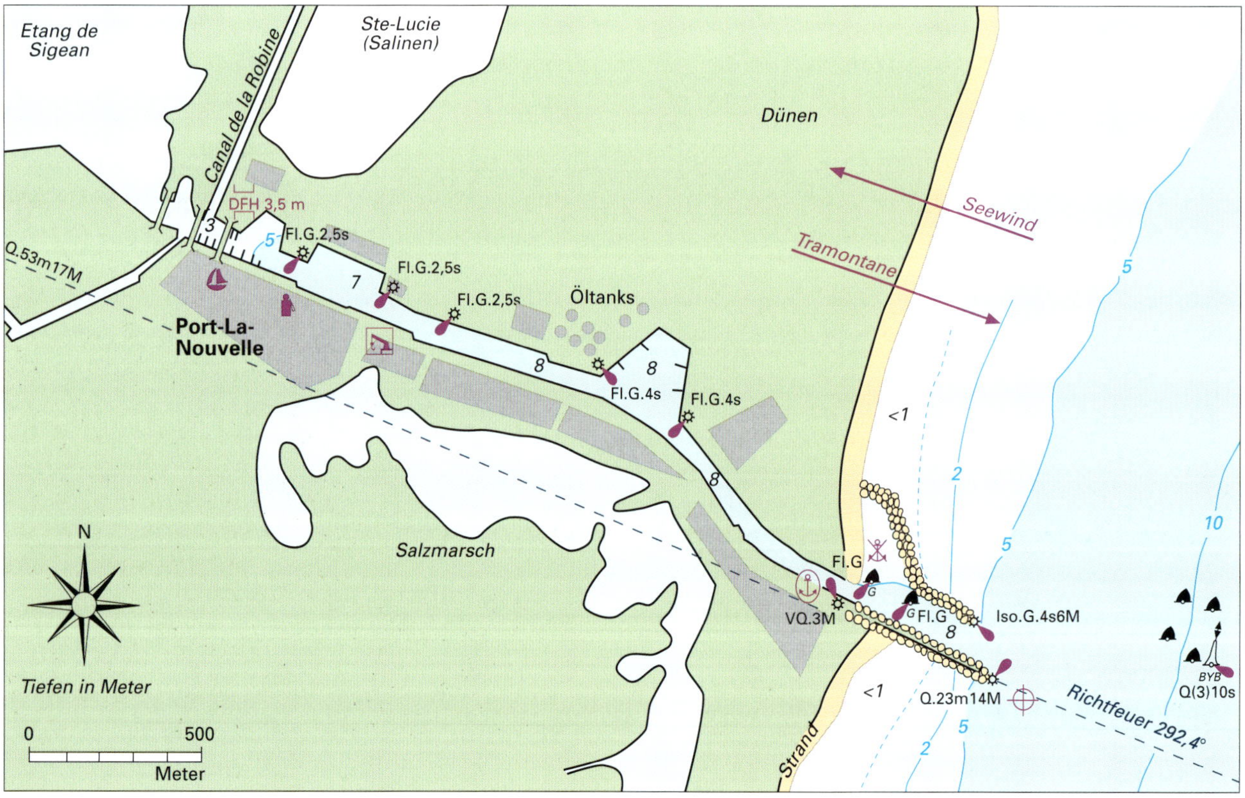

Port-La-Nouvelle aus ESE

Gefahren: Bei E- und S-lichen Winden ab Bft 6 brechen sich die Wellen in der Einfahrt und machen das Einlaufen gefährlich.
Handelsschiffe haben sowohl im Hafen als auch in den Ansteuerungen stets Vorfahrt.
Je nach Windrichtung kann im Hafenkanal ein Strom mit bis zu 3 kn in Richtung Meer setzen.

Liegeplätze

Der 4–9 m tiefe Hafen bietet 130 Liegeplätze für Boote bis 9 m Lüa, darunter 4 für Gastlieger. Yachten unter 8–9 m Lüa können an einem der Schwimmstege bei der Brücke am Hafenende festmachen; zum Kai hin wird es immer flacher. Größere Yachten liegen meist längsseits des S-Kais, aber auch hier sind nur geringe Tiefen zu erwarten. Seewärtig der Brücke in der Einfahrt in den Canal de la Robine gibt es nur eine begrenzte Zahl an Liegeplätzen, und die aus dem Kanal laufenden Yachten sollten Port-La-Nouvelle verlasssen, sobald sie den Mast gestellt haben.
Im Allgemeinen bietet der Hafen guten Schutz. Der Tramontane erzeugt sehr kabbeliges Wasser, und auch E-liche Winde, die gegen den Strom stehen, verursachen unruhiges Wasser im Hafen.
Behörden: Port-La-Nouvelle ist Zollhafen, ein Hafenmeister ist im Dienst. Das Liegegeld entspricht Kategorie 1–2.
Infos: Tel. 04 68 48 17 64 oder Fax 04 68 40 31 42.

Versorgung

Einige Liegeplätze sind mit Wasser und Strom versorgt. Treibstoff ist am S-Kai zu bekommen.
Zwar steht ein 6-t-Kran zur Verfügung, doch es gibt am Kai nur wenige Landstellplätze. Außerdem sind ein Mastkran, eine Mechanikerwerkstatt und ein Yachtausrüster vorhanden. Eine große Auswahl an Lebensmitteln sowie Stangeneis gibt es in Hafennähe zu kaufen.
Im Ort befinden sich zahlreiche Restaurants.
Außer der Post, einigen Banken und Taxis gibt es Zugverbindungen nach Perpignan und Narbonne.

Gruissan-Vieux (Port Barberousse)

WP 1 43°06,7'N 003°07,9E
WP 2 43°05,7'N 003°06,7'E
Karten: D 594, F 6844

Ansteuerung

Auffällig: Gut 1 sm SW-lich der Einfahrt nach Gruissan-Neuf liegt die Einfahrt in den 2,4 km langen Canal du Grazel, der zum Port Barberousse in Gruissan-Vieux führt. Bei einer Tiefe von 1,2 m können Kanal und Hafen nur von flachgehenden Booten genutzt werden. Bei mittleren bis starken auflandigen Winden brechen sich die Wellen an der Barre, und die Kanaleinfahrt wird gefährlich.
Nachts ist die Einfahrt in den Canal du Grazel mit Fl.R.4s4M, Oc(2)G.6s3M und Fl.G.2s1M befeuert. E-lich der Einfahrt in den Kanal liegt ein Naturschutzgebiet, das im SE mit einer Kardinaltonne S (Q(6)+LFl.15s4M) sowie im NE mit einer Kardinaltonne E (Q(3)10s4M) bezeichnet ist.
Der Hafen ist im Sommer von 0800–1200 und von 1400–1800 Uhr auf UKW-Kanal 09 zu erreichen.
Gefahren: Die Einfahrt in den Kanal kann bei starkem auflandigen Wind, wenn sich die Seen über der Barre brechen, gefährlich werden.

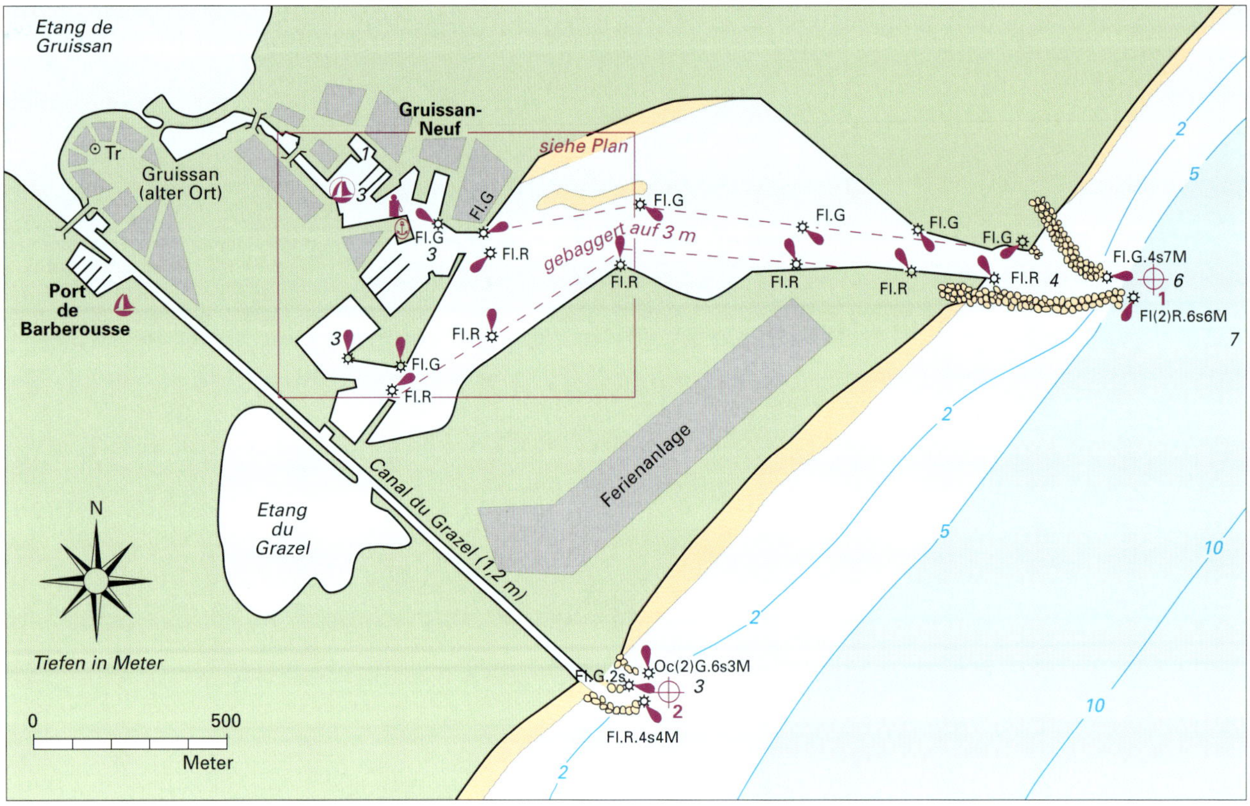

Gruissan (WP 1 43°06,7'N 003°07,9E, WP 2 43°05,7'N 003°06,7'E)

Hinweis: Es ist geplant, den Kanal, der in letzter Zeit immer mehr versandete, auszubaggern. Die kürzlich gelotete Tiefe betrug 1,5 m.

Liegeplätze

16 der 316 Liegeplätze sind für Gastyachten bis zu 13 m Lüa bestimmt. Die Tiefen betragen 1,2 m im Kanal sowie 1,5–2 m im Hafenbecken. Die Liegeplätze werden zugewiesen. Man ist bei jedem Wetter gut geschützt. Es gibt einen Hafenmeister; Liegegebühren: Kategorie 2.

Gruissan-Vieux (Port Barberousse) aus W

Versorgung

Alle Liegeplätze verfügen über einen Wasser- und Stromanschluss. Duschen und Toiletten sind vorhanden. Weitere Versorgungseinrichtungen siehe „Gruissan-Neuf".

Gruissan-Neuf

WP siehe Gruissan-Vieux
Karten: D 594, F 6844

Allgemeines

Von der Turmruine auf dem Hügel, auf und um den sich das alte Gruissan erstreckt, hat man einen wunderbaren Blick über die weite, von Seen, Dünen und dem Meer geprägte Landschaft, aus der einzig der Montagne de la Clape herausragt.
Aber leider hat auch hier der Massentourismus Einzug gehalten. Der alte Ort mit seinen engen, kopfsteingepflasterten Straßen blieb allerdings weitgehend erhalten.
In den Salzwiesen nahe Gruissan-Neuf entstand eine riesige neue Marina.

Ansteuerung

Gastyachten sollten in die neue Marina in Gruissan-Neuf einlaufen; sie befindet sich im NE der Durchfahrt in den Canal du Grazel.
Auffällig: Die alte Ortschaft auf einem kleinen Hügel, auf dem die Turmruine thront, ist eine gute

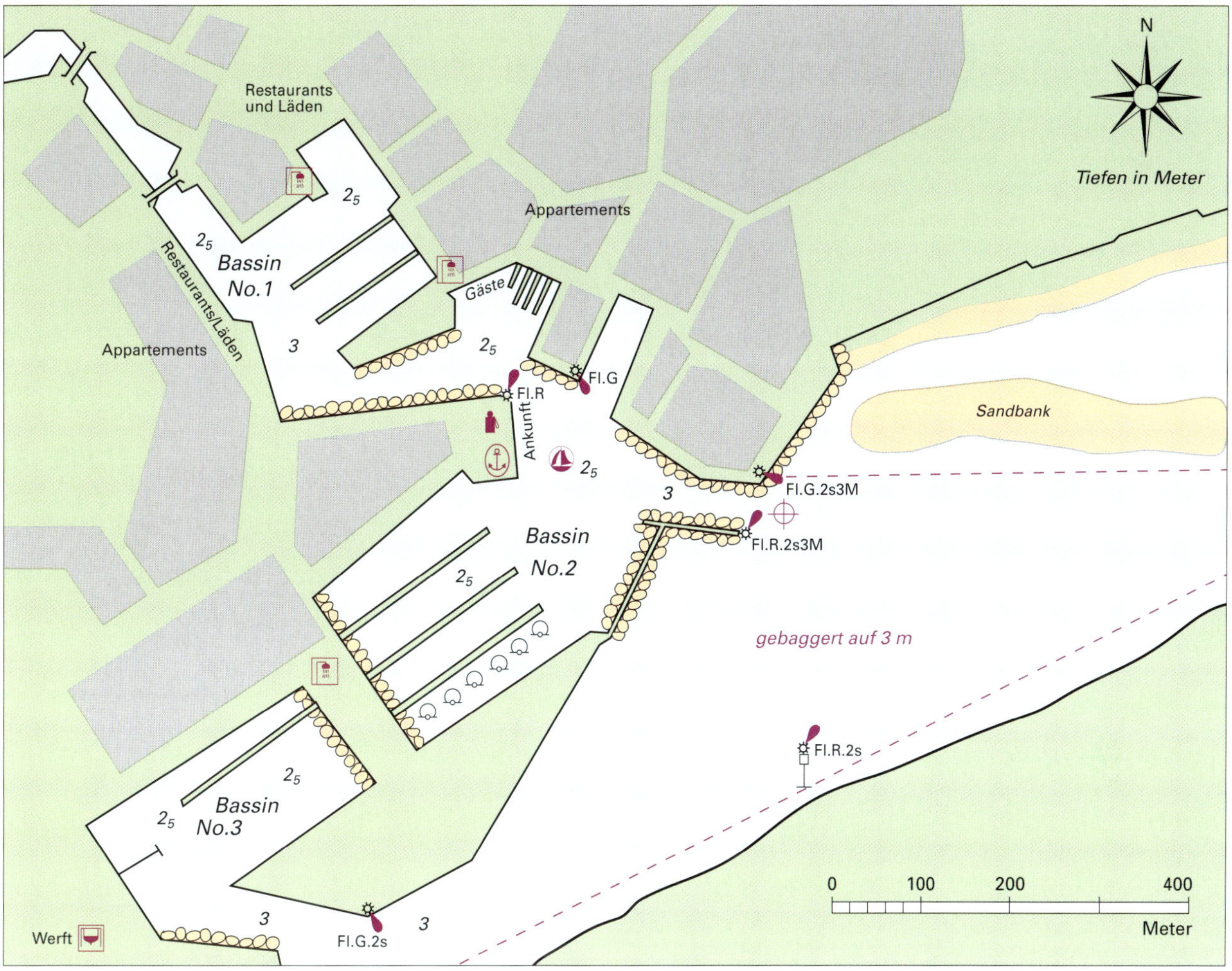

Landmarke. Beim Näherkommen werden die Appartementhäuser im neuen Ortsteil sichtbar. Die Leuchttürme auf den Köpfen der beiden Wellenbrecher der Einfahrt nach Gruissan-Neuf sind leicht zu erkennen.

Nachts ist das Naturschutzgebiet im NE der Einfahrt zu umfahren, das im SE mit einer Kardinaltonne S (Q(6)+LFl.154M) und im NE mit einer Kardinaltonne E (Q(3)10s4M) markiert ist. Die Einfahrt in den Hafen ist mit Fl(2)R.6s6M und Fl.G.4s7M befeuert. Die innere Einfahrt sowie die Baken und Tonnen, die das Fahrwasser bezeichnen, sind mit Fl.R.2s3M, Fl.G.2s3M bzw. Fl.R.2s1M befeuert. Die Marinaeinfahrt ist mit Fl.G.2s4M und Fl.R.2s2M bezeichnet.

Der Hafen ist im Sommer von 0700–2300 und im Winter von 0700–1200 und von 1400–2100 Uhr auf UKW-Kanal 09 zu erreichen.

Gefahren: Bei starken auflandigen Winden entsteht in der Einfahrt ein unangenehmer Schwell. Gefährlich wird die Einfahrt bei stürmischen Winden aus S und E. In dem ausgebaggerten Fahrwasser zum Yachthafen ist die See besonders bei stärkerem Tramontane sehr kabbelig.

Hinweis: Von der Einfahrt bis in den Yachthafen beträgt die Entfernung 1,5 sm. Die Geschwindigkeit im Hafen und im Zufahrtskanal ist auf 3 kn begrenzt, die allerdings von den einheimischen Booten kaum eingehalten wird.

Liegeplätze

40 der 900 Liegeplätze für Yachten bis 30 m Lüa und max. 2,5 m Tiefgang sind für Gäste reserviert.

Man macht zunächst am Empfangskai in der Hafenmitte fest und erkundigt sich im Hafenbüro nach einem freien Platz. Die Capitainerie mit ihrem kuppelförmigen Turm ist markant. Die Liegeplätze befinden sich an Schwimmstegen und am Kai. Mooringleinen. Der Hafen bietet bei jedem Wetter guten Schutz, auch wenn einige Liegeplätze bei starkem Tramontane ungemütlich sind.

Behörden: In Gruissan findet man Zoll, einen Hafenmeister und Marinapersonal. Die Liegegebühren entsprechen der Kategorie 3.

Infos: Tel. 04 68 75 21 60 oder Fax 04 68 75 21 61.

Versorgung

Jeder Liegeplatz hat Wasser- und Stromanschluss. Toiletten und Duschen sind in verschiedenen Sanitärblöcken rund um die Hafenbecken untergebracht.

Die Tankstelle befindet sich am mittleren Kai. Ein

Gruissan-Neuf aus SW – die Sandbank N-lich des Fahrwassers ist deutlich zu erkennen

12- und ein 45-t-Travellift sowie ein 50-t-Kran stehen zur Verfügung. Es können sowohl Reparaturen an Maschine und Mechanik als auch an Elektrik und Elektronik sowie an GFK-Rümpfen ausgeführt werden. Segelmacher und Yachtausrüster sind im Ort. Lebensmittel sind in der Marina und im alten Ort zu bekommen; auch Stangeneis.
In Marinanähe und in Gruissan-Vieux stehen zahlreiche Restaurants zur Auswahl. Im Ort gibt es eine Post, Banken und eine Autovermietung sowie Taxis.

Narbonne-Plage

WP 43°10,4'N 003°11'E
Karten: D 594, F 6844

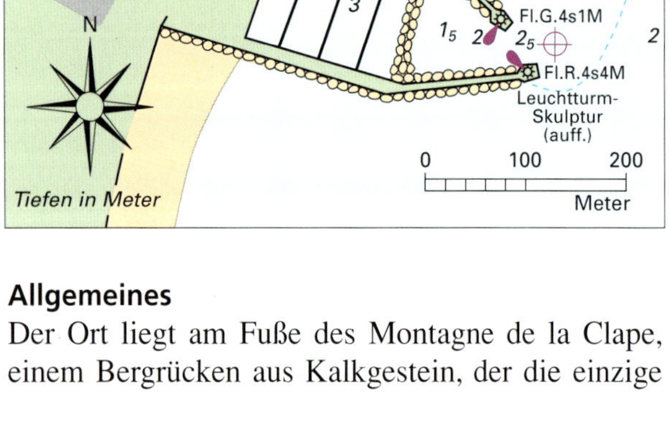

Allgemeines

Der Ort liegt am Fuße des Montagne de la Clape, einem Bergrücken aus Kalkgestein, der die einzige nennenswerte Erhebung des gesamten Küstenabschnitts bildet. Einst ein verlassenes Plätzchen, haben sich hier nun die begüterten Städter aus Narbonne angesiedelt. Oberhalb des inneren Hafenbeckens steht das Denkmal für Pierre Brossolette, einen Führer des französischen Widerstandes.

Ansteuerung

Gute Landmarken sind eine weiße Radarkuppel im hügeligen Hinterland und ein Wasserturm am Hafen. Beim Näherkommen werden die Appartements des kleinen Urlaubsortes sowie die Wellenbrecher des Hafens sichtbar. Auf dem Kopf des S-lichen Wellenbrechers steht ein in Stein gehauener Leuchtturm.
Nachts navigiert man nach dem Feuer am Bassin des Exals Fl(3)12s15M neben dem Wasserturm, und den Einfahrtsfeuern Fl.G.4s1M und Fl.R.4s4M/Oc.R.4s. Das Einlaufen bei Nacht ist eigentlich nicht zu empfehlen.
Die Marina ist im Sommer rund um die Uhr, im Winter von 0930–1200 und von 1530–1800 Uhr auf den UKW-Kanälen 09 und 16 zu erreichen.
Achtung: Die Einfahrt wird von Untiefen gesäumt, und bei auflandigen Winden ab Bft 6 wird das Anlaufen gefährlich. Vor der Einfahrt erstreckt sich eine Sandbank, die ihre Lage ständig ändert. Um dieses Hindernis zu umgehen, sollte die Einfahrt mit einem Kurs von etwa 320° angesteuert werden. Auf UKW sollte man sich über die aktuelle Lage der Sandbank und den korrekten Ansteuerungskurs erkundigen. Bei auflandigen Winden ab Bft 5 brechen sich die Seen in der Einfahrt. Yachten von 10–12 m Lüa sollten den Hafen mit erhöhter Vorsicht an-

Narbonne-Plage aus SE, die Untiefe ist gut zu sehen

laufen, da eine enge Kurve gefahren werden muss, um in das Hafenbecken zu gelangen. Zum Manövrieren steht aber kaum Platz zur Verfügung.
Das Hafenbecken soll auf eine Tiefe von 3 m gebaggert worden sein, auch wenn die Wassertiefe im Vorhafen nur 2,0 m beträgt.

Liegeplätze

Insgesamt 600 Plätze für Yachten bis 12 m Lüa. Gastliegeplätze sind verfügbar. Wassertiefe 1–2,5 m. Viele der Liegeplätze befinden sich im Bassin Brossolette und im Kanal oberhalb der Brücke (DFH 2,4 m); sie eignen sich nur für Yachten mit weniger als 0,8 m Tiefgang.
Man macht am W-Kai oder an einem zugewiesenen Platz fest und meldet sich dann im Hafenbüro. Man liegt größtenteils an Querschlengeln. Im Allgemeinen ist der Hafen gut geschützt; das Bassin Brossolette bietet perfekten Schutz. Bei stärkeren S-lichen bzw. E-lichen Winden steht Brandung vor und in der Einfahrt. Es gibt einen Hafenmeister. Das Liegegeld entspricht der Kategorie 3.
Der Chenal des Exals ist nur von Yachten mit weniger als 0,8 m Tiefgang und max. 2,4 m Höhe zu befahren; auch hier stehen Liegeplätze zur Verfügung.

Versorgung

Jeder Liegeplatz hat einen Wasser- und Stromanschluss. Duschen und Toiletten findet man in einem Sanitärblock.
Treibstoff ist nahe des Bassin Brossolette zu bekommen. Es gibt einen 5-t-Kran, aber nur wenige Landstellplätze. Reparaturen an der Mechanik können in beschränktem Maße ausgeführt werden. Ein Yachtausrüster ist am Ort.
Die Einkaufsmöglichkeiten sind auch im Sommer begrenzt; die Restaurants haben nur im Sommer geöffnet.

Les Cabanes de Fleury/Port Chichoulet

WP 43°12,7'N 003°14,6'E
Karten: D 594, F 6844

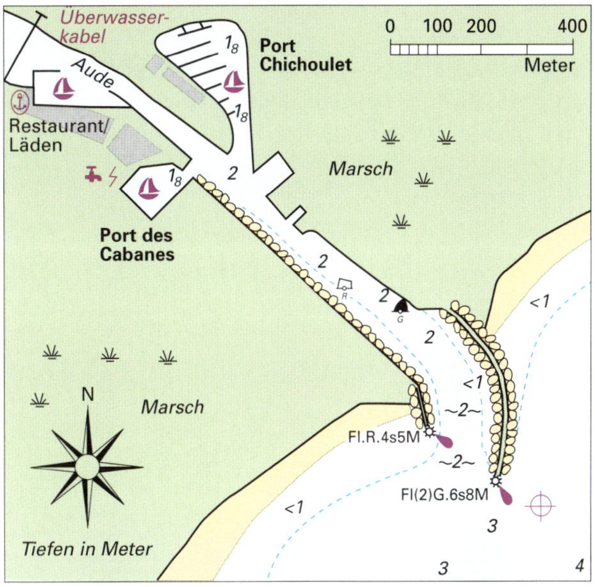

Allgemeines

Das Gebiet an der Audemündung sollte eigentlich mit einem großen Yachthafen mit 1500 Plätzen und einem angrenzenden Appartementkomplex zu einem der neuen Touristenzentren des Languedoc-Roussillon werden. Dieses Projekt wurde zwar vorerst zu den Akten gelegt, könnte allerdings noch einmal neu belebt werden. Zurzeit liegen an den grob zusammengezimmerten Holzanlegern vornehmlich einheimische Boote, und man findet außer einigen Appartements und Hütten vor allem die unberührte Landschaft der Cabanes (Salzmarschen) vor.

Ansteuerung

Die Audemündung befindet sich etwa 5 sm NE-lich von Narbonne-Plage. Nur flachgehende Boote können die Barre in der Einfahrt passieren, über der die Tiefen zwischen 1,5 und 2,5 m variieren. Aber schon bei mäßigen auflandigen Winden brechen sich die Seen über der Barre, und das Einlaufen wird gefährlich. Die NE-Seite der Einfahrt wird von Untiefen und Felsen gesäumt; Yachten sollten den Fluss mit einem Kurs von etwa 300° ansteuern. Richtzeichen – zwei weiße Pfähle –, die hinter dem kurzen Wellenbrecher auf dem SW-Ufer stehen, weisen den Weg. In der Einfahrt hält man sich dichter zur E-Mole, wo das Fahrwasser meist 2 m Tiefe aufweist.
Nachts ist die Einfahrt mit Fl(2)G.6s8M und Fl.R.4s5M befeuert; von einem nächtlichen Einlaufen ist abzuraten. Les Cabanes de Fleurry ist im Sommer von 0700–1200 und von 1400–1700 Uhr, im Winter von 0800–1200 und von 1400–1700 Uhr auf UKW-Kanal 09 zu erreichen.

Gefahren: Selbst bei mäßigen auflandigen Winden brechen sich die Seen in der Einfahrt; bei auflandigen Stürmen wird die Ansteuerung lebensgefährlich.
Aus dem Fluss Aude setzt ständig ein Strom seewärts. Im Sommer ist der Strom schlimmstenfalls störend; im Winter und nach schweren Regenfällen im Frühjahr und Herbst kann der Strom eine Stärke von 3–4 kn erreichen.

Liegeplätze
Der Fluss weist Wassertiefen von 1,5–4 m im Fahrwasser auf. Am W-Ufer gibt es das Hafenbecken Port des Cabanes bei der kleinen Ortschaft Cabanes de Fleury, am E-Ufer den Port Chichoulet. Dort gibt es 97 Liegeplätze einschließlich 4 für Gäste. Der Hafen ist 1–1,8 m tief und eignet sich für Einheiten bis 13 m. Der Port des Cabanes weist 240 Plätze für Yachten bis 12 m Lüa, auf Wassertiefen von 1,5–2,5 m auf.
In beiden Häfen liegt man ruhig und sicher; beide werden bewacht.
Liegegebühren im Port des Cabanes Kategorie 2, Port Chichoulet Kategorie 3.
Infos zum Port des Cabanes unter Tel. 04 68 33 93 32, zum Port Chichoulet unter Tel. 04 67 28 28 49 oder Fax 04 67 28 59 36.

Versorgung
In beiden Häfen gibt es Wasser- und Stromanschlüsse. Duschen und Toiletten sind ebenfalls vorhanden.
Im Notfall kann ein Kran besorgt werden, um Yachten an Land zu holen.
Ein kleiner Laden sowie verschiedene Bars und Restaurants in Cabanes de Fleury sind nur im Sommer geöffnet.

Valras-Plage
WP 43°14,7'N 003°18,5'E
Karten: D 594, F 7054

Allgemeines
Valras-Plage gehört nicht zu den Urbanisationen des Languedoc-Roussillon-Plans: Zwar sind auch hier die Wohnblöcke nicht besonders attraktiv, doch herrscht schon wegen der vielen Boote, die auf dem Fluss auf Reede dümpeln, eine gewisse heimelige Atmosphäre.
Das Bassin Jean-Gau etwas flussaufwärts ist nach dem französischen Segelpionier benannt, der mit seiner 11-m-Ketsch ATOM jahrelang über die Weltmeere kreuzte. Er überlebte 1957 jenen Hurrikan, in dem die PAMIR sank, lesend, zeichnend und schlafend in seiner abgeschotteten Kajüte. Dafür liebten ihn auch die Amerikaner, in deren Land Jean Gau, wenn er knapp bei Kasse war, als Küchenchef jobbte.

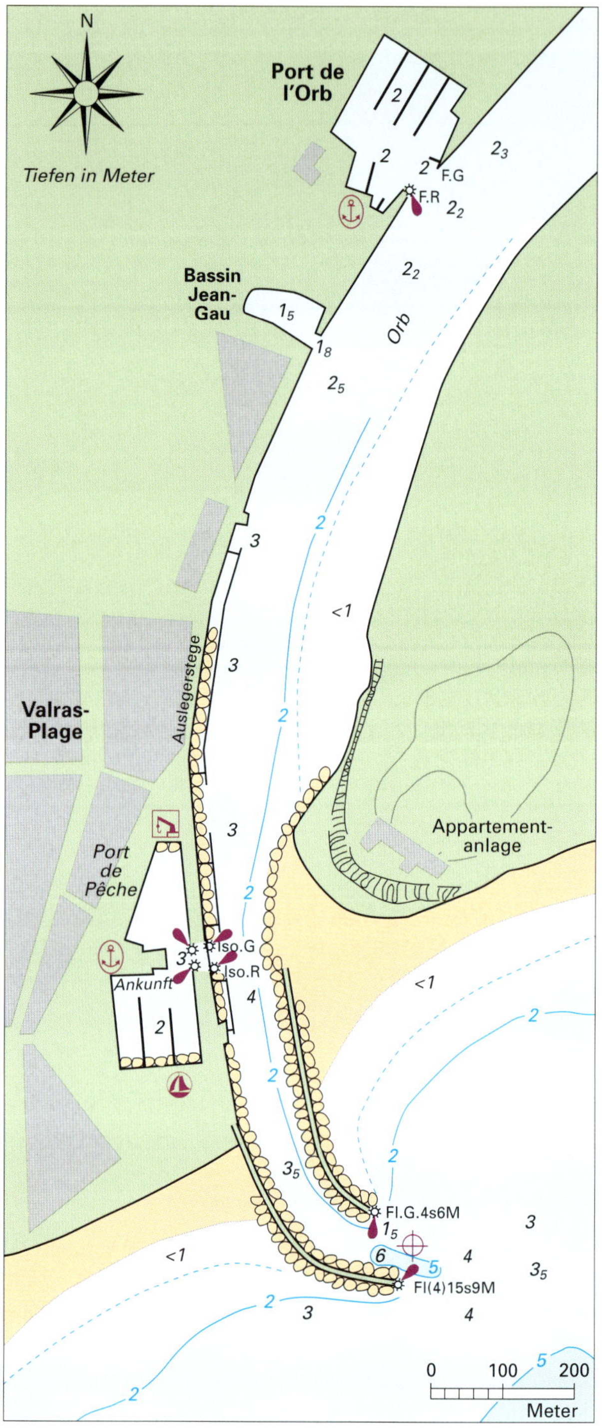

Seinen Lebensabend verbrachte er, total verarmt und auf die Almosen einiger Freunde angewiesen, in Valras-Plage: ein trauriges Ende für einen großen alten Mann des Segelsports.

Ansteuerung
Der Yachthafen befindet sich unmittelbar hinter der Mündung des Flusses Orb, der Port de l'Orb liegt etwa 1 km flussaufwärts.
Auffällig: Von See her ist der Hafen nur schwer auszumachen. Bei der Ansteuerung orientiert man sich an den Appartementhäusern von Valras-Plage

Valras-Plage aus SSE

und einem Wasserturm W-lich der Mündung. Die Leuchttürme auf den Köpfen der Wellenbrecher sind erst spät zu erkennen.

Nachts ist die Flussmündung mit Fl.G.4s6M und Fl(4)15s9M und die Einfahrt zum Yachtbecken mit Iso.G.4s2M und Iso.R.4s2M befeuert.

Die Marina ist Tag und Nacht über die UKW-Kanäle 09 bzw. 16 zu erreichen.

Gefahren: Da der Küste Untiefen vorgelagert sind, muss mit einem entsprechenden Landabstand navigiert werden.

Bei stärkeren S-lichen bzw. E-lichen Winden steht ein unangenehmer Schwell in die Einfahrt, und bei auflandigen Stürmen wird das Einlaufen hier gefährlich.

Das Wrack der MIMOSA liegt 2,5 sm SW-lich der Orb-Mündung und ist mit einer Kardinaltonne E und Q(3)10s4M bezeichnet.

Hinweis: Beim Ansteuern der Mündung hält man sich dichter am W-lichen Wellenbrecher im tieferen Teil der Einfahrt.

Liegeplätze

Insgesamt 285 Liegeplätze für Yachten bis 12 m Lüa, darunter von Mai bis September 60 für Gäste. Wassertiefe 2–3 m.

Man macht zunächst am „Quai d'Accueil" (Ankunftskai) an der Mittelpier fest, bis ein Liegeplatz an Schwimmstegen gefunden ist. Mooringbojen. Das Hafenbecken ist bei jedem Wetter gut geschützt.

Behörden: Zoll und Hafenmeister. Liegegebühren der Kategorie 3.

Infos rund um die Uhr unter Tel. 04 67 32 33 64.

Versorgung

Jeder Liegeplatz hat Strom- und Wasseranschluss. Toiletten und Duschen sind vorhanden. Treibstoff gibt es an der Mittelpier. Es stehen zwar ein 30-t-Mobilkran und ein Slip zur Verfügung, die Landstellplätze sind aber begrenzt. Weiter flussaufwärts findet man eine Werft, die gut ausgerüstet ist. Mechanische Reparaturen und Arbeiten an GFK-Rümpfen können ausgeführt werden. Yachtausrüster sind vor Ort.

In der Nähe findet man gute Versorgungsmöglichkeiten, auch Stangeneis ist erhältlich. Zahlreiche Restaurants sind in Hafennähe. Außerdem sind Post, Bank und Taxis vorhanden.

Bassin Jean-Gau

Liegemöglichkeiten für Gastyachten bis max. 11,5 m Lüa stehen je nach vorhandenem Platz zur Verfügung. Wassertiefe 1,4 m. Die Einfahrt ist 1,8 m tief. Wasser und Strom sowie Duschen und Toiletten sind vorhanden. Es gibt eine Sliprampe und einen 7-t-Kran. Liegegebühren: Kategorie 2.

Port de l'Orb (Serignan)

Dieser Hafen befindet sich nur gut 1 Kilometer flussaufwärts des Yachthafens in Valras-Plage. Von

den insgesamt 305 Liegeplätzen stehen 25 für Gastyachten bis 11 m Lüa zur Verfügung. Die Wassertiefe beträgt 2 m. An jedem Liegeplatz gibt es Wasser- und Stromanschlüsse. Duschen und Toiletten sind vorhanden. Der Hafen bietet eine Sliprampe und Landstellplätze. Liegegebühr der Kategorie 3.
Hinweis: Es ist geplant, den Hafen durch das Ausbaggern eines neuen Beckens zu erweitern. Bei Drucklegung dieses Buches hatten die Arbeiten aber noch nicht begonnen.

Grau d'Agde

WP 43°16,8'N 003°26,6'E
Karten: D 594, F 7054, F 7008

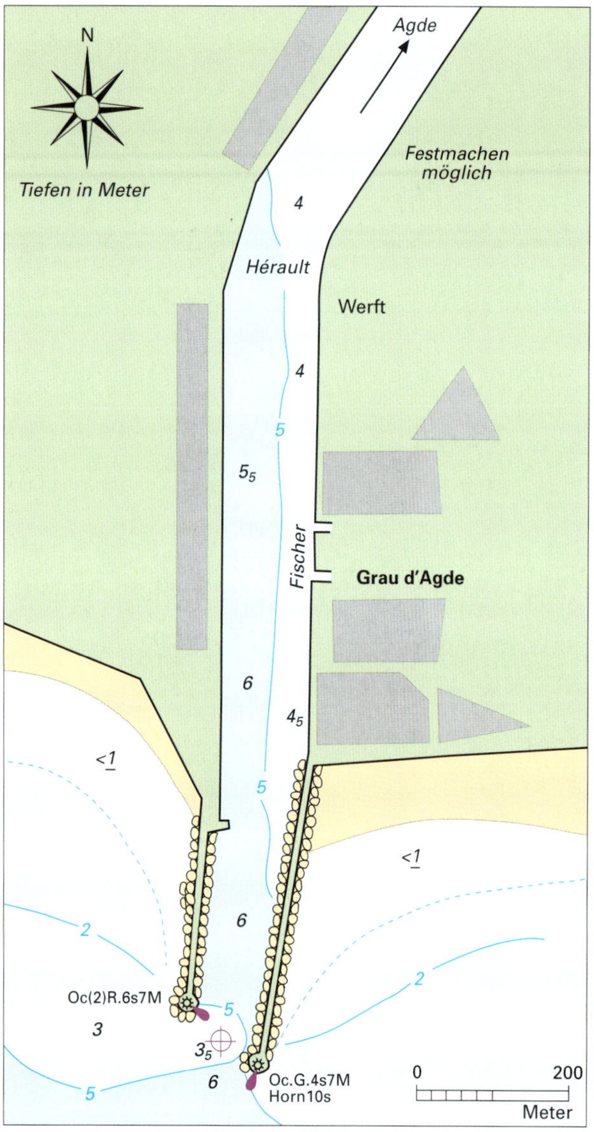

Grau d'Agde aus S

Allgemeines

Dieser Ort an der Héraultmündung hat keinen eigentlichen Hafen. Die wenigen Liegeplätze befinden sich am N-Ufer des Flusses. Meist wird Grau d'Agde nur auf der Fahrt nach Agde und zum Canal du Midi passiert.

Cassoulet

Das Cassoulet ist eines der bekanntesten Gerichte Südfrankreichs. Mehrere Ortschaften im Roussillon, darunter Toulouse, Carcassonne und Castelnaudary, beanspruchen die Urheberschaft. Dieses ursprünglich einfache Bauerngericht beinhaltet nur Zutaten, die gerade zur Hand sind. Wie alle Eintöpfe, eignet es sich hervorragend für die Bordküche und kann gut wieder aufgewärmt werden. Das folgende Rezept ist für vier Personen berechnet; alle Zutaten lassen sich nach Geschmack variieren.

500 g	Hammelfleisch aus der Keule, in Würfel geschnitten
200 g	Salami, in dicke Scheiben geschnitten
100 g	Speck
50 g	Gänseschmalz bzw. Gänsebeize
250 g	weiße Bohnen, über Nacht einweichen lassen, oder zwei kleine Dosen
2	Knoblauchzehen
2	Karotten
1	große Zwiebel, gehackt
1	Dose Tomaten, mittelgroß
	Thymian
2	Lorbeerblätter
1	kleines Glas Cognac (nach Geschmack)
	Salz und Pfeffer
	Öl zum Anbraten

Fleisch, Speck und Zwiebeln werden in Öl und Schmalz in einem großen Topf angebraten. Dann fügt man die restlichen Zutaten bis auf die Salami und den Cognac zu, löscht mit 1 l Wasser ab und lässt das Cassolet 2 Stunden schmoren. Nun werden die Salami und der Cognac zugegeben und das Ganze weitere 15 Minuten gekocht.

Ansteuerung

Auffällig: Die Leuchttürme auf den Köpfen der Wellenbrecher, die die Flussmündung schützen, sind gut auszumachen.

Nachts ist die Hafeneinfahrt mit Oc(2)R.6s7M und Oc.G.4s7M Horn10s bezeichnet.

Gefahren: Bei starken auflandigen Winden brechen sich die Seen in der Einfahrt und machen das Einlaufen schwierig, eventuell sogar gefährlich.

Liegeplätze

Wo immer man einen freien Platz findet, kann man unmittelbar hinter der Flussbiegung N-lich der Ortschaft an den Ufern festmachen. Bei Hochwasser setzt im Fluss eine starke Strömung, die besonders beim Festmachen zu berücksichtigen ist.

Hinweis: Die Liegeplätze an den Stegen vor dem Ort sind den einheimischen Fischerbooten vorbehalten.

Versorgung

Restaurants und Lebensmittelgeschäfte sind im Ort.

Cap d'Agde

WP 43°16'N 003°30,5'E (Leuchtbake La Lauze)
Karten: D 594, F 7054, F 7008, F 7003

Allgemeines

Dieser künstlich angelegte Badeort am Fuße des Mont d'Agde (Mont St-Loup) bietet Ferienunterkünfte für Zehntausende von Urlaubern. Allein das Quartier Nudiste bei Ambonne hat Platz für 20 000 Sonnenanbeter. Cap d'Agde ist eine der ersten Urbanisationen des Languedoc-Roussillon-Plans und profitiert sowohl von der wunderschönen zerklüfteten Vulkanlandschaft als auch von einer Architektur im provenzalischen Stil, sodass man sich im Ort recht wohlfühlen kann.

Schon Richelieu hatte vor, hier einen Hafen zu bauen, starb aber vor der Fertigstellung und hinterließ lediglich die Festung auf der Île de Brescou und die Festung auf dem Mont d'Agde, die zum Schutz der einzigen Siedlung, dem Ort Agde, und der Mündung des Hérault diente.

Die große Marina wurde in einem ausgebaggerten See angelegt.

Ansteuerung

Die ausgedehnte Siedlung mit der Marina erstreckt sich am Fuße des Mont d'Agde, der einzigen Erhebung an diesem Küstenstrich.

Auffällig: Der Berg ist schon aus großer Entfernung auszumachen und wirkt zunächst wie eine Insel. Weitere Landmarken sind ein Funkturm sowie die Burg auf der Bergkuppe. Die Île de Brescou mit einer Festung und einem weißen Leuchtturm mit roter Spitze liegt etwa 600 m SSW-lich der Hafeneinfahrt. Später sind die Molen des Vorhafens mit ihren Leuchttürmen zu erkennen. Auch die Leuchtbake La

Cap d'Agde aus S

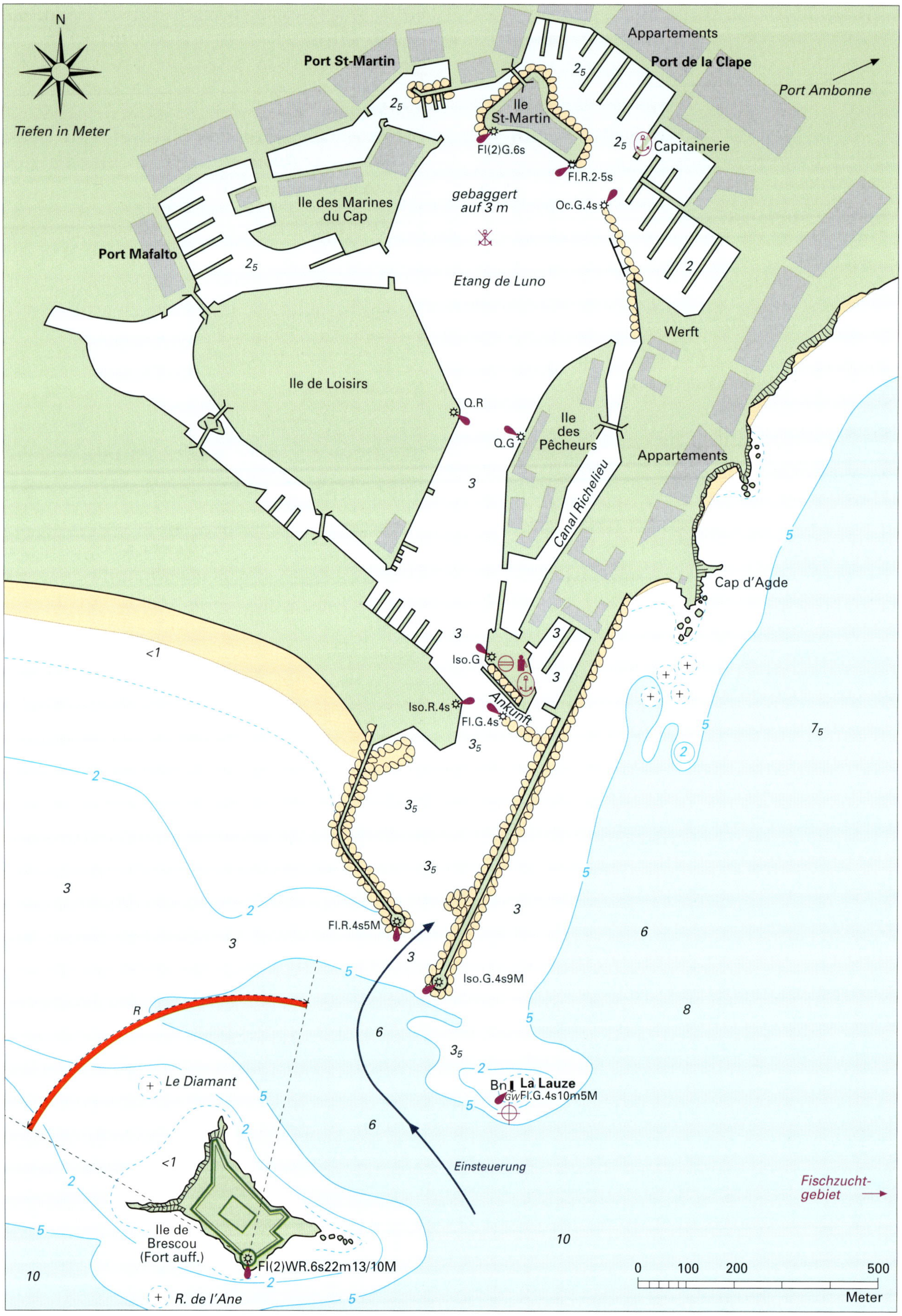

Cap d'Agde – WP 43°16'N 003°30,5'E (Leuchtbake La Lauze)

Lauze, die die Untiefe vor der Einfahrt bezeichnet, ist gut zu sehen.
Hinweis: Man sollte den Hafen durch das Fahrwasser zwischen der Île de Brescou und der Leuchtbake La Lauze anlaufen, indem man sich in etwa 50 m Abstand zur Bake hält. Ortsunkundige sollten die anderen Durchfahrten meiden.
Nachts navigiert man nach dem Feuer auf der Île de Brescou: Fl(2)WR.6s13/10M. Der rote Sektor des Feuers (113°–R–190°) deckt die Untiefe Rocher le Diamant im NW der kleinen Insel ab. Die Kardinaltonne S Q(6)+LFl.15s4M bezeichnet die Gefahren S-lich der Insel. Die Leuchtbake La Lauze (Fl.G.4s5M) und die Einfahrtsfeuer des Avant Port mit Iso.G.4s9M und Fl.R.4s5M führen in den Hafen. Die Einfahrt in den Etang de Luno ist mit Iso.R und Iso.G, die Engstelle im See mit Q.R. und Q.G. befeuert. Die Einfahrt des Port de la Clape ist mit Oc.G.4s und Fl.R.2,5s, die in den Port St-Martin mit Fl(2)G.6s bezeichnet.
Das Fischzuchtgebiet NE-lich vor der Küste ist im W durch VQ(9)10s4M, im S durch VQ(6)+LFl.10s markiert.
Der Yachthafen ist im Sommer von 0800–2100 Uhr, im Winter von 0800–1200 und von 1400–1800 Uhr auf UKW-Kanal 09 zu erreichen.
Gefahren: Die Île de Brescou ist von Untiefen und Riffen umgeben. 200 m NW-lich liegt ein Felsen, über dem nur 0,5 m Wassertiefe stehen, 150 m S-lich der Insel liegt der Roche de l'Ane mit 0,4 m Wassertiefe darüber.
Die Kardinaltonne S (Q(6)+LFl.15s4M) bezeichnet die 10-m-Linie und ist etwa 350 m S-lich von Brescou ausgelegt. Sie sollte seewärtig passiert werden.
Die grün-weiße Bake La Lauze bezeichnet die Untiefe vor der Einfahrt und ist mit Fl.G.4s5M befeuert. Sie sollte beim Einlaufen an Stb. gelassen werden.
Zur Küste NE-lich von Cap d'Agde sollte ein Abstand von mindestens 500 m gehalten werden, da diverse Felsen und Riffe vorgelagert sind.
Bei starken E-lichen bzw. S-lichen Winden steht ein unangenehmer Schwell in die Einfahrt, ab Sturmstärke brechen sich die Seen, und das Einlaufen wird gefährlich.
Bei stärkerem Tramontane ist Vorsicht geboten, da im großen Vorhafen ein beachtlicher Schwell entsteht.
Hinweis: Im Hafen ist die Geschwindigkeit auf max. 3 kn begrenzt.

Liegeplätze

Insgesamt stehen 2450 Plätze für Yachten bis 25 m Lüa, darunter 30 Gastplätze, zur Verfügung; die Hafentiefe beträgt 2–3 m. In der Praxis können aber meist mehr Besucher untergebracht werden, da die freien Dauerliegeplätze benutzt werden können.
Man macht zunächst am langen Empfangskai fest, der sich NW-lich der Capitainerie erstreckt, und erkundigt sich im Hafenbüro nach einem freien Platz. Der Hafen ist bei jedem Wetter gut geschützt, einige Liegeplätze können bei starkem Tramontane aber sehr ungemütlich werden.
Behörden: Cap d'Agde ist Zollhafen. Ein Hafenmeister und Marinapersonal versehen hier ihren Dienst. Die erhobenen Liegegebühren entsprechen der Kategorie 3.
Die Capitainerie des Außenhafens ist unter Tel. 04 67 26 00 20, Fax 04 67 26 66 20 oder
E-Mail: port@capagde.com zu erreichen.

Versorgung

An jedem Liegeplatz gibt es Wasser und Strom. Toiletten und Duschen sind in kleinen Häusern untergebracht. Die Tankstelle befindet sich am Kai im Vorhafen.
Ein 13- und ein 45-t-Travellift sowie ein Slip und überdachte Stellplätze sind vorhanden. Es können Arbeiten an Mechanik und Maschine, Elektrik und Elektronik sowie an Holz- und GFK-Rümpfen ausgeführt werden. Segelmacher und Schiffsausrüster sind am Ort.
Eine große Auswahl an Lebensmitteln ist erhältlich. Stangeneis kann bestellt werden. In Marinanähe gibt es zahlreiche Restaurants aller Preisklassen.
Im Ort findet man die Post, Banken, eine Autovermietung und Busse bzw. Taxis nach Agde.

Port Ambonne

WP 43°17,5'N 003°31,8'E
Karten: D 594, F 7054

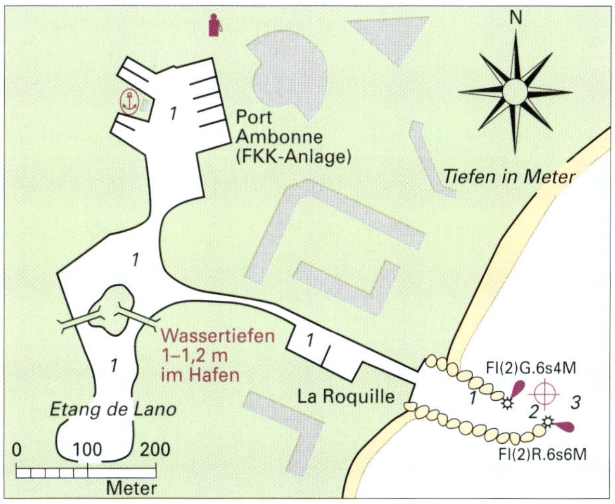

Der große, aber sehr flache Hafen gehört zur Urlaubssiedlung der Nudisten. Er kann nur von Yachten mit weniger als 1 m Tiefgang genutzt werden.

Port Ambonne aus SE

Die Einfahrt ist mit Fl(2)R.6s6M und Fl(2)G.6s4M befeuert.
Die 265 Liegeplätze eignen sich für Yachten bis 8 m Lüa. Wassertiefe 1–1,2 m.

Marseillan-Plage

WP 43°19,5'N 003°33,65'E
Karten: D 594, F 6839, F 7054

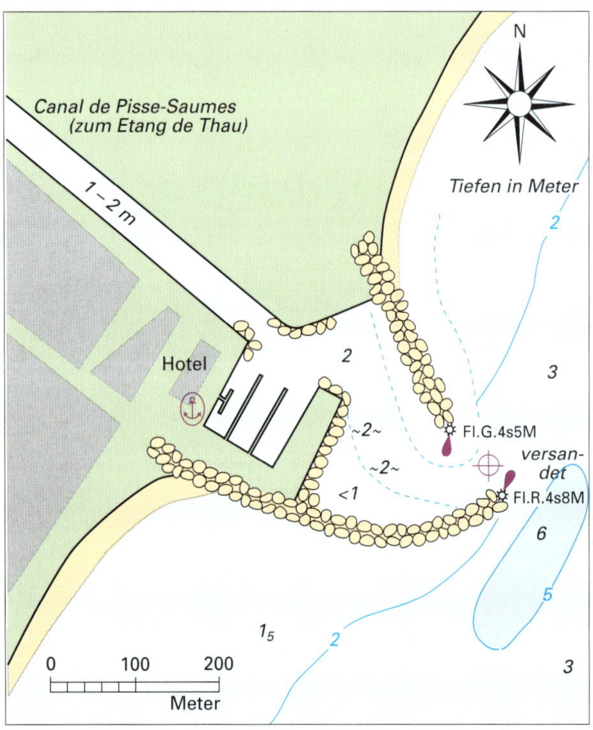

Ein kleiner Hafen, etwa 2 sm NE-lich von Port Ambonne, der durch den Canal de Pisse-Saumes mit dem Etang de Thau verbunden ist.

Allgemeines

Der Ort ist kleiner und wirkt etwas schlichter als die exklusiven Nachbarn Port Ambonne und Cap d'Agde, bietet dafür aber mehr Atmosphäre. Er ist durch den etwa 1–2 m tiefen Canal de Pisse-Saumes mit dem Etang de Thau verbunden. Diese Zufahrt ist allerdings nur für Yachten mit weniger als 2,4 m Höhe passierbar (Einzelheiten siehe „Binnenwasserstraßen des Südens").

Ansteuerung

Auffällig: Der Hafen liegt im NE der Siedlung Marseillan-Plage, die sich am Ufer erstreckt und deren Appartementhäuser von See her gut auszumachen sind. Die Leuchtfeuer auf den Köpfen der Wellenbrecher sind erst beim Näherkommen zu erkennen.
Nachts ist die Hafeneinfahrt mit Fl.R.4s8M und Fl.G.4s5M befeuert; die Einfahrt in den Innenhafen ist nicht befeuert. Im Sommer ist die Marina rund um die Uhr auf UKW-Kanal 09 zu erreichen, im Winter ist das Büro geschlossen.
Gefahren: Die Einfahrt neigt zum Versanden, und manchmal beträgt die Wassertiefe nur noch 1 m. Im Sommer ist das Einfahrtsfahrwasser ausgebaggert und bezeichnet. Man kann sich auf den UKW-Kanälen 09 bzw. 16 beim Hafenmeister über die aktuellen Wassertiefen informieren.
Bei E- bzw. S-lichen Winden steht in der Einfahrt ein unangenehmer Schwell; bei stürmischen Winden dieser Richtungen wird das Einlaufen gefährlich.
Bei der Einsteuerung muss man sich dicht unter der S-Mole halten, da die Tiefen vor der N-Mole schnell abnehmen.

Liegeplätze

Von den 165 Plätzen für Yachten bis 8,5 m Lüa sind 5 Gastplätze. Die Tiefen im Hafen variieren zwischen 1 und 2 m. Liegeplätze werden vom Hafenbüro zugewiesen. Man liegt römisch-katholisch mit Heckleinen an Pfählen (Leinen bereithalten) und ist bei jedem Wetter gut geschützt. Ein Hafenmeister ist vor Ort. Die Liegegebühren entsprechen der Kategorie 2. Infos im Sommer unter Tel. 04 67 21 99 30.

Versorgung

Zu den meisten Liegeplätzen können Stromanschlüsse gelegt werden. Trinkwasser gibt es am Kai. Toiletten und Duschen sind vorhanden.
Etwas außerhalb des Ortes befindet sich eine Tankstelle. Im Hafen gibt es einen 8-t-Kran und beschränkte Reparaturmöglichkeiten für mechanische Teile.
Lebensmittel sind in 1 km Entfernung erhältlich. Die Restaurants im Urlaubsort haben nur im Sommer geöffnet. Eine Post und eine Bank sind am Ort.

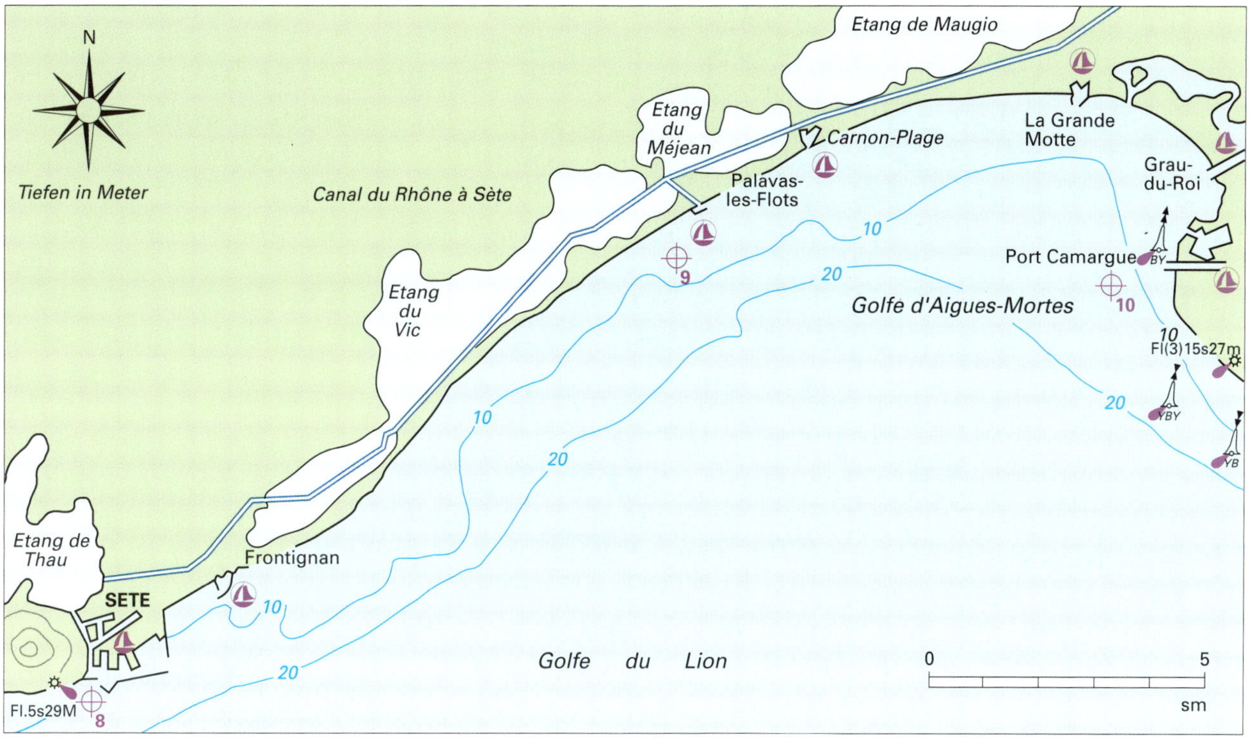

Sète bis Port Camargue (Angaben zu den Wegpunkten siehe Seite 69)

Sète

WP 43°23,6'N 003°42,1'E
Karten: D 594, F 7053, F 7054, F 7072, F 7008, F 6839

Allgemeines

Sète war zur Zeit der Griechen und später bei den Römern sehr viel unbedeutender als beispielsweise Agde. Erst mit dem Bau des Canal du Midi durch Paul Riquet entwickelte sich der kleine Fischerort zu einer Stadt, deren Bild auch heute noch von diesem Kanal geprägt ist. Wo man geht und steht, blickt man auf den Kanal, den alten Hafen oder den Etang de Thau. Die farbenfrohen Fischerboote an den Kanalufern kontrastieren mit dem geschäftigen Gewirr der Straßen. Dennoch bietet sich ein Vergleich mit Venedig nicht an: Sète ist weniger zeremoniell.

Als Handelshafen mit Tradition unterscheidet sich Sète erheblich von den künstlich angelegten Marinas im W und E. Hier wird ein Großteil des in der Region gefangenen Fisches angelandet, und es riecht überall nach den trocknenden Netzen, Seetang und Fischabfällen. Außerdem läuft der Export von jährlich 60 Millionen Litern Wein aus dem Anbaugebiet Hérault über den Hafen von Sète. Das Standbein dieses nach Marseille zweitgrößten französischen Mittelmeerhafens ist allerdings das Öl. Glücklicherweise konnten die petrochemischen Anlagen nach Frontignan im E des Etang de Thau ausgelagert werden, sodass sie der Stadt nicht zur Last fallen.

Bekannte Söhne der Stadt sind der Dichter Paul Valéry und Georges Brassens, Sänger und Gitarrist der 1960er- und 1970er-Jahre. Die Grabstätte von Paul Valéry trägt dann auch die Zeilen seines berühmten „Le Cimetière Marin". Im Musée Valéry oberhalb des Cimetière Marin sind das Werk und Zeugnisse des Dichters ausgestellt. Ein Raum ist Georges Brassens gewidmet, und in einem weiteren werden Gemälde und Zeichnungen aus dem 19. und 20. Jahrhundert gezeigt. Im Sommer ist das Museum ein angenehm kühler Platz mit einem wundervollen Blick auf das Meer.

Ansteuerung

Auffällig: An der langen, flachen Sandküste ist der Mont St-Clair (oder Mont de Sète) eine der wenigen Erhebungen. Von weitem gleicht er einer Insel und ist leicht auszumachen. Der weiße achteckige Leuchtturm am S-Hang des Berges bildet eine gute Landmarke. Von E kommend, sind die Raffinerien von Frontignan unverkennbar. Später sind dann der Leuchtturm in der Mitte auf dem freistehenden Wellenbrecher und der Leuchtturm auf dem Kopf der Mole St-Louis an der Einfahrt zum Vieux Bassin zu sehen. Die Hafeneinfahrt ist gut zu erkennen.

Nachts navigiert man nach dem Leuchtturm auf dem Mont St-Clair Fl.5s93m29M. Die W-liche Hafeneinfahrt ist mit Fl(2)R.6s7M und Iso.G.4s6M befeuert, die E-liche Einfahrt mit Iso.R.4s11M und Fl(2)G.6s. Die E-liche Durchfahrt innerhalb des freistehenden Wellenbrechers ist mit Oc.R.4s10M, Fl(3)G.12s4M, Oc(2)R.6s7M und Iso.G.4s6M bezeichnet.

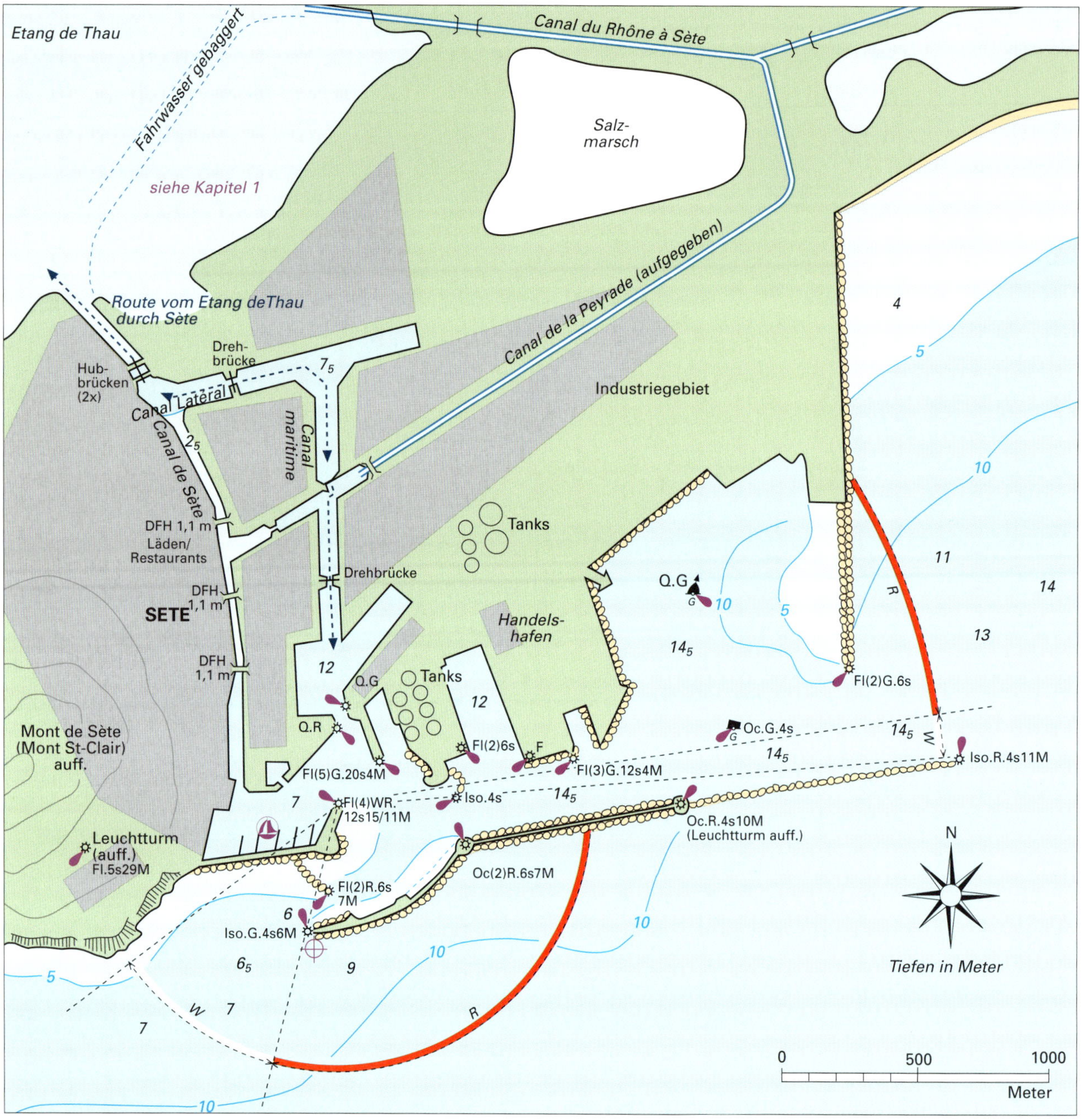

Der Leuchtturm auf dem Kopf der Mole St-Louis an der Einfahrt zum Vieux Port zeigt ein Sektorenfeuer Fl(4)WR.12s15/11M, der weiße Sektor 014°–W–054° bezeichnet die sichere Ansteuerung aus W bzw. mit 260°–W–264° aus E. Die Schornsteine der Raffinerie in Frontignan sind mit F.R befeuert. Dieses Gewirr von Feuern muss einen aber nicht beunruhigen. Ein Blick in die Karte zeigt, dass die nächtliche Ansteuerung von Sète einfach und problemlos ist.

Offiziell müssen sich einlaufende Yachten auf UKW-Kanal 16 bzw. 12 beim Hafenbüro melden, um eine Erlaubnis für die Passage der E-lichen Einfahrt zu bekommen, in der Praxis kümmert das aber kaum jemanden. Im Sommer ist der Yachthafen von 0700–2100 Uhr und im Winter von 0800–1800 Uhr auf UKW-Kanal 09 zu erreichen.

Gefahren: Bei starken S-lichen Winden entstehen vor beiden Hafeneinfahrten unangenehme Kreuzseen. Starke SE-liche Winde erschweren die Einsteuerung in die W-Einfahrt. Bei Stürmen aus S ist die E-Einfahrt vorzuziehen. Sie ist breiter, und das Einsteuerungsfahrwasser ist auf 14 m gebaggert.

Vor der E-Seite in den Handelshafen sind eine Anzahl unbefeuerter Festmachetonnen ausgelegt.

Warnung: Handelsschiffe haben stets Vorfahrt, und man sollte darauf achten, dass man ihre Fahrt unter keinen Umständen behindert. Dies ist besonders im Handelshafen zu beachten, denn hier steht nur wenig Platz zum Manövrieren zur Verfügung. Die Fischerboote laufen meist mit voller Geschwindigkeit ein – Vorsicht und ein wachsamer Ausguck sind vonnöten!

Hinweis: Nach heftigen Regenfällen ist mit einer

Sète aus S – Blick über das Vieux Bassin; im Hintergrund ist der Etang de Thau zu erkennen

starken auslaufenden Strömung zu rechnen, die entsteht, wenn Wasser aus dem Etang de Thau über den Canal Maritime durch den Hafen abfließt. Normalerweise setzt weniger als 1 kn Strom, nach starkem Regen können es aber 2–4 kn sein.

Liegeplätze

Das ***Vieux Bassin*** bietet 220 Plätze für Yachten bis 30 m Lüa, davon 20 für Gastlieger. Die Wassertiefe beträgt 2–7 m.

Im Vieux Bassin macht man an einem freien oder zugewiesenen Platz fest und meldet sich im Clubbüro. Der erste Schwimmsteg hinter der Einfahrt ist für Besucher reserviert. Mooringbojen, deren Leinen sind allerdings recht knapp bemessen, und für große Yachten reichen sie kaum aus. Der Schutz im Hafen ist zwar gut, der Schwell der ein- und auslaufenden Fischerboote macht das Liegen aber recht ungemütlich. Im Sommer ist das Vieux Bassin meist belegt, und man muss in das Nouveau Bassin ausweichen.

Im ***Nouveau Bassin*** macht man am W-Kai fest und hält zum S-Kai, an dem die Marokko- bzw. Balearenfähren festmachen, guten Abstand. Im Sommer geht alles problemlos, im Winter sollte man die Erlaubnis zum Festmachen vom Hafenbüro einholen. Mittlerweile wird dieses Hafenbecken meist von Trawlern belegt, sodass für Yachten kaum Platz bleibt.

Behörden: Zoll und Einwanderungsbehörden sind am Ort. Es gibt einen Hafenmeister. Das Personal des Club Nautique weist Plätze im Vieux Port zu. Das Liegegeld entspricht der Kategorie 3. Infos unter Tel. 04 67 74 98 97 oder Fax 04 67 74 15 57.

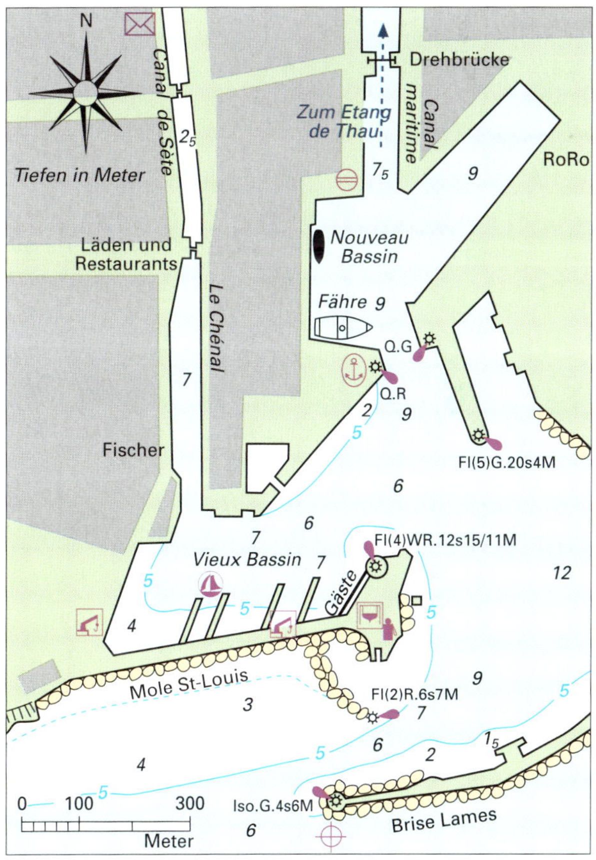

Hinweis: Weitere Yachtliegeplätze findet man in der Einfahrt zum Canal de la Peyrade, doch die meisten sind von einheimischen Booten besetzt, freie Plätze sind nur selten zu finden.

Die Brücken zwischen dem Nouveau Bassin und dem Etang de Thau, über den Canal Maritime und den Canal Latéral, werden zweimal täglich geöffnet, und zwar gegen 0800 und 1800 Uhr. Das Hafenbüro gibt die exakten Zeiten bekannt. Man sollte sich bereithalten, sodass man sofort durchfahren kann, wenn eine Brücke geöffnet wird; es wird nicht lange gewartet (Einzelheiten siehe „Binnenwasserstraßen des Südens“).

Versorgung

Im Vieux Bassin hat jeder Liegeplatz einen Wasseranschluss, im Nouveau Bassin gibt es mehrere Hähne, Strom nur im Vieux Bassin. Duschen und Toiletten sind vorhanden.

Die Tankstelle befindet sich auf dem Kopf der Mole St-Louis an der Einfahrt in den Vorhafen. Hier steht auch ein 8-t-Kran, aber es gibt nur wenige Landstellplätze. Die beiden Mastkräne (1,5 bzw. 2,5 t) werden von erfahrenen Leuten bedient. Es können Reparaturen an Mechanik und Motor sowie an Elektrik und Elektronik ausgeführt werden. Segelmacher und Yachtausrüster sind am Ort. Dank der französischen America's Cup-Teilnahme entstand am Ende der Mole St-Louis eine Werft mit ausgeklügelten Dock- und Reparaturmöglichkeiten. Es gibt einen 200-t-Travellift; die Landstellplätze sind aber begrenzt.

In der Stadt gibt es gute Versorgungsmöglichkeiten. Hervorragenden Frischfisch jeder Art und Sorte bekommt man auf dem Markt nahe des Vieux Bassin. Stangeneis ist auf dem Fischmarkt erhältlich. Die meisten Restaurants befinden sich am W-Ufer des Canal du Sète. In der W-Ecke des Vieux Bassin befinden sich die besten „Coquillage“-Restaurants, wo exzellente Muscheln und Schaltiere serviert werden.

Post, Banken, eine Autovermietung sowie Busse und Bahnen für den Küstenverkehr sind vorhanden. Fähren verkehren nach Marokko und zu den Balearen.

Frontignan

WP 43°25,8'N 003°46,6'E
Karten: D 594, F 7053, F 7004

Allgemeines

Der Hafen ist sehr gut geschützt und bietet beste Reparaturmöglichkeiten. Davon abgesehen gibt es hier aber kaum etwas zu sehen; die Ortschaft Frontignan ist rund 2,5 km, die Innenstadt von Sète rund 7 km entfernt. Und die Abgase der petrochemischen Industrie erfüllen die Luft im Hafen besonders bei W-lichen Winden mit üblem Geruch bis zur Unerträglichkeit.

Ansteuerung

Auffällig: Die Marina wurde, etwa 3 sm NE-lich von Sète, in eine schmale, sandige Landspitze zwischen dem Etang d'Ingril und dem Meer gebaggert.

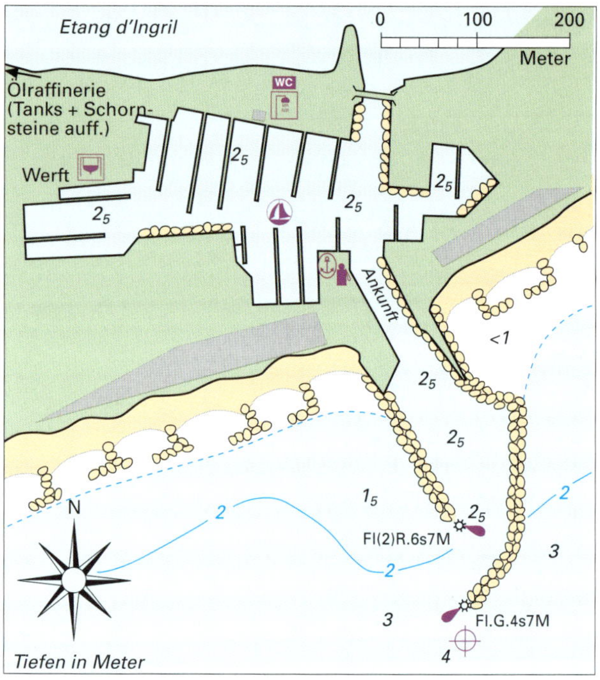

W-lich von Frontignan steht eine große Raffinerie mit zwei sehr hohen und zahlreichen niedrigeren Schornsteinen. Ebenfalls auffällig sind die großen Öltanks und weitere Gebäude. Später kommen die Wellenbrecher des Vorhafens mit den Hafenfeuern auf ihren Köpfen in Sicht.

Nachts sind die Fackeln der Raffinerie gut zu erkennen. Die Hafeneinfahrt ist mit Fl(2)R.6s7M und Fl.G.4s7M befeuert. Der Yachthafen ist im Winter von 0800–1200 und von 1400–1700 Uhr, im Sommer von 0800–2000 Uhr auf den UKW-Kanälen 09 und 16 zu erreichen.

Gefahren: Bei starken S-lichen Winden steht Schwell in die Einfahrt; bei S-lichen Stürmen wird das Einlaufen gefährlich.

Liegeplätze

600 Plätze für Yachten bis 18 m Lüa, darunter 60 Gastplätze, stehen zur Verfügung; die Wassertiefe beträgt 2–2,5 m.

Man macht zunächst an oder bei der Tankstelle fest und fragt im Hafenbüro nach einem freien Platz. Die meisten Pontons haben Querschlengel; man liegt gut geschützt.

Hafenkapitän und Marinapersonal. Liegegebühren: Kategorie 3.

Infos: Tel. 04 67 18 44 90 oder Fax 04 67 18 44 93.

Versorgung

Jeder Liegeplatz hat Wasser- und Stromanschluss. Toiletten und Duschen sind vorhanden.

Treibstoff ist an der Einfahrt zum Hafenbecken zu bekommen. Es gibt einen 4- und einen 16-t-Travellift; Reparaturen an der Mechanik, an GFK-Rümpfen sowie an Elektronik und Elektrik können ausgeführt werden. Segelmacher und Yachtausrüster sind am Ort. Stangeneis und Lebensmittel sind in beschränktem Umfang erhältlich. Die Restaurants haben nur im Sommer geöffnet. Nach Sète nimmt man ein Taxi.

Palavas-les-Flots

WP 43°31,5'N 003°56,25'E
Karten: D 594, F 7053, F 7004, F 7008

Allgemeines

Früher war Palavas-les-Flots ein bedeutender Tunfischhafen, jetzt wird der Ort aber weitgehend vom Tourismus beherrscht. Schon im 19. Jahrhundert kamen die Begüterten aus Montpellier zur Sommerfrische, und ein wenig der Atmosphäre von damals ist mit den roten Balkons, den grünen Fensterläden und den vielen Cafés noch erhalten geblieben. Dazu kommen Attraktionen wie die Drahtseilbahn über den Fluss Lez, der den Ort teilt, und eine Stierkampfarena etwas außerhalb der Stadt.

Ansteuerung

Auffällig: Die Gebäude der Stadt und der große runde Wasserturm im Ort sind nicht zu verfehlen. Später kommen die äußeren Molen und die Leuchttürme auf deren Köpfen in Sicht.

Nachts ist die Einfahrt zur Marina mit Fl.R.4s3M und Fl(2)G.6s3M, die Einfahrt in den Fluss Lez mit Fl.R.2,5s3M und Fl.G.2,5s3M befeuert.

Der Hafen ist Tag und Nacht auf den UKW-Kanälen 09 bzw. 16 zu erreichen.

Gefahren: Bei S-lichen Winden steht Schwell in die Einfahrt; bei Stürmen aus S wird das Einlaufen gefährlich.

Liegeplätze

Im 3–4 m tiefen Hafen gibt es 1030 Liegeplätze für Yachten bis 20 m Lüa, davon 50 für Gäste; weitere 200 Liegeplätze findet man im Kanal. Man macht zunächst am Empfangskai fest und erkundigt sich dann im Hafenbüro nach einem freien Platz. Heckpfähle. Der Hafen ist gut geschützt, auch wenn es bei Winden aus SW ungemütlich weden kann.

Vom Hafenmeister oder dem Marinapersonal wird Liegegeld erhoben: Kategorie 3.

Infos: Tel. 04 67 07 73 50 oder Fax 04 67 50 61 04.

Versorgung

Jeder Liegeplatz hat Wasser- und Stromanschluss.

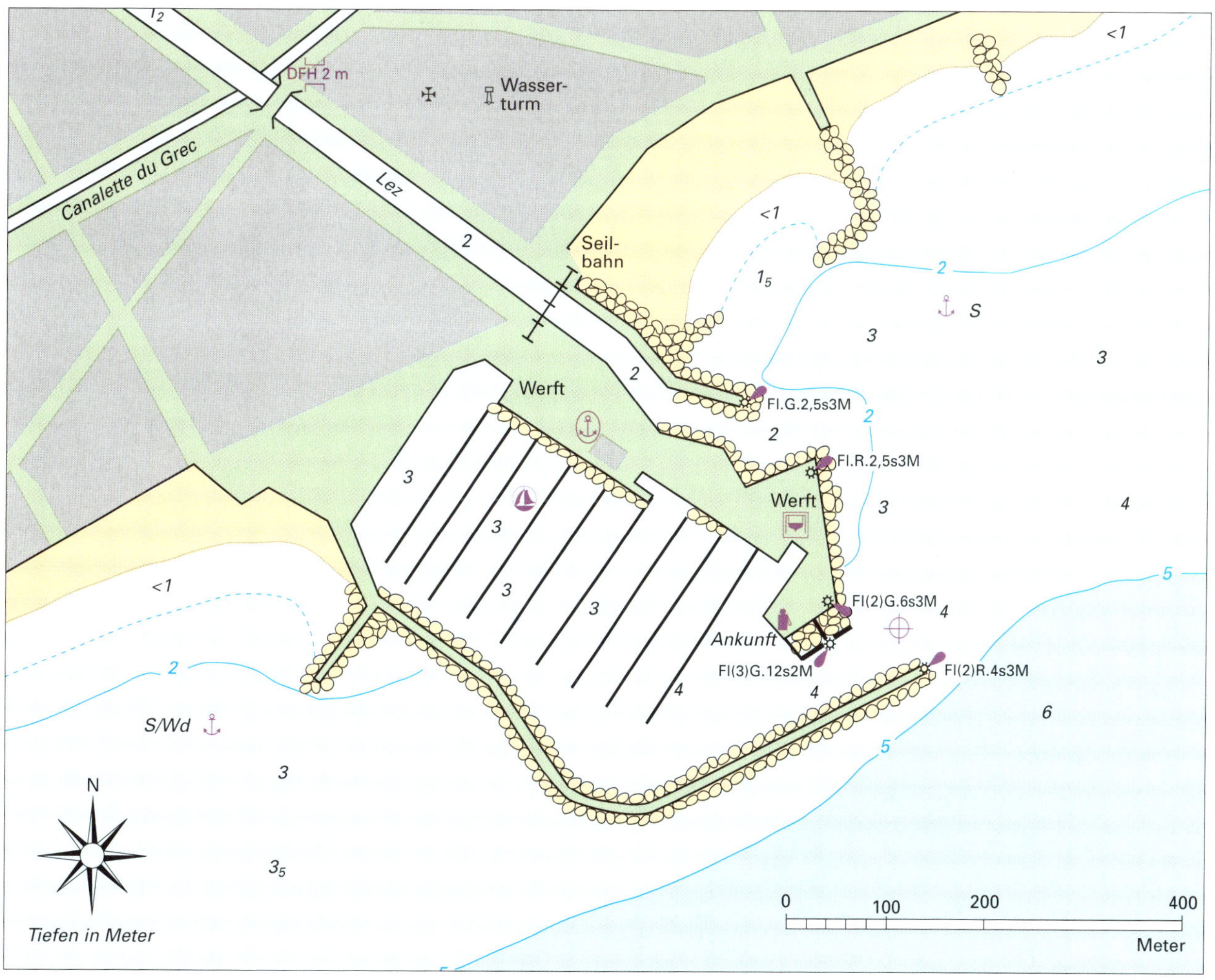

Palavas-les-Flots aus NE – auf dem Foto sind die Bauarbeiten noch nicht ganz abgeschlossen

Der Fluss Lez führt von Palavas-les-Flots zum Bassin Paul Riquet und dem Canal du Rhône à Sète

Duschen und Toiletten sind vorhanden. Waschsalon. Treibstoff bekommt man am Kai. Es gibt einen 12- und einen 45-t-Travellift und einen Slip. Reparaturen an der Mechanik können ausgeführt werden. Ein Yachtausrüster ist am Ort.

Im Ort findet man gute Versorgungsmöglichkeiten; auch Stangeneis ist erhältlich. Entlang des Kanals und der Hafenpromenade gibt es zahlreiche Restaurants. Post, Bank und Autovermietung sind vorhanden. Busse verkehren nach Sète und Montpellier. In- und Auslandsflüge sind vom Flughafen Montpellier möglich.

Der Fluss Lez

Im NE des Hafens fließt die Lez zwischen den Wellenbrechern ins Meer. Einheimische Boote liegen vor beiden Flussufern auf Reede oder machen in einem kleinen Hafenbecken des Port Fluvial Paul Riquet mit 250 Liegeplätzen und 20 Gastplätzen etwa 1 km flussaufwärts fest. Die Lez wird auf etwas mehr als 1 m Tiefe gebaggert, sodass flachgehende Yachten mit weniger als 2,4 m Höhe zu dem Hafen bzw. bis nach Palavas-les-Quatre-Canaux und nach Sète auf dem Canal du Rhône à Sète weiterfahren können.

Carnon-Plage (Grau de Pérols)

WP 43°32,4'N 003°58,6'E
Karten: D 594, F 7053, F 7008

Allgemeines

Einst ein kleines Fischerdorf, gehört Carnon-Plage jetzt zu den Touristenzentren des Languedoc-Rous-

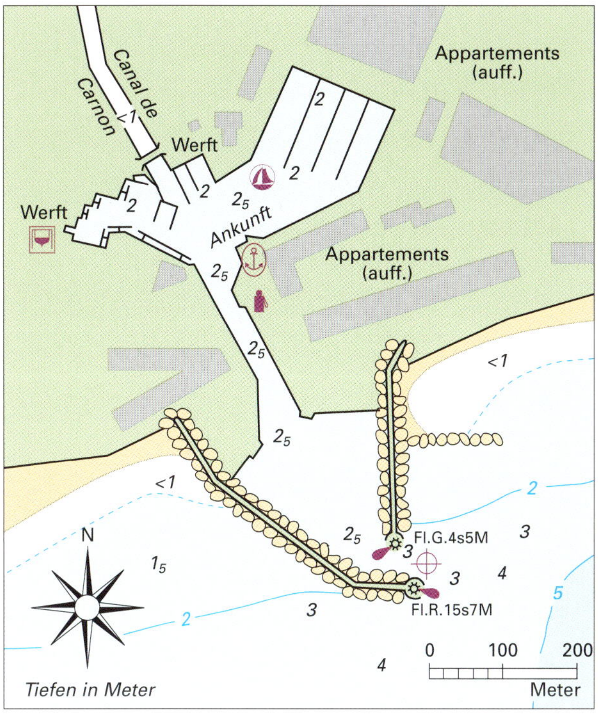

sillon. Yachten mit weniger als 1 m Tiefgang und 1,2 m Höhe können von hier über den Canal de Carnon in den Canal du Rhône à Sète fahren.

Ansteuerung

Auffällig: Der Appartementkomplex etwa 2 sm E-lich von Palavas-les-Flots ist leicht zu erkennen. Die Wellenbrecher und die Hafeneinfahrt im W des Appartementblocks sind erst auszumachen, wenn man näher herangekommen ist.

Nachts ist die Hafeneinfahrt mit Fl(4)R.15s7M und Fl.G.4s5M befeuert. Der Hafen ist von 0800–1200 und von 1400–1800 Uhr auf den UKW-Kanälen 09 bzw. 16 zu erreichen.

Gefahren: Bei starken S-lichen Winden entstehen in der Einfahrt Kreuzseen, bei Stürmen aus S wird das Einlaufen gefährlich.

Liegeplätze

Die Marina bietet 700 Liegeplätze, davon 50 für Gäste. Wassertiefe 2–2,5 m.

Man macht zunächst am Empfangskai fest und erkundigt sich im Hafenbüro nach einem freien Platz. Man liegt mit Bug oder Heck an Pfählen (Leine ist bereitzuhalten). Guter Rundumschutz, bei N-lichen Winden ist der Hafen durch die Gebäude geschützt.

Hafenmeister und Marinapersonal sind vor Ort.

Liegegeld: Kategorie 3.

Infos rund um die Uhr unter Tel. 04 67 68 10 78 oder Fax 04 67 68 14 13.

Versorgung

Jeder Liegeplatz hat Wasser- und Stromanschluss. Toiletten und Duschen findet man in verschiedenen Sanitärblocks rund um den Hafen. Ein Waschsalon ist vor Ort.

Treibstoff gibt es am Kai beim Hafenbüro. Es stehen ein 13-t-Bootslift, ein Slip und überdachte Stellplätze an Land zur Verfügung. Reparaturen an Motor und Mechanik, Elektronik und Elektrik sowie an GFK- und Holzrümpfen können ausgeführt werden. Segelmacher und Yachtausrüster sind am Ort.

Im Sommer hat man eine gute Auswahl an Lebensmitteln; Stangeneis ist erhältlich. Zahlreiche Bars und Restaurants haben nur im Sommer geöffnet.

Post, Bank und Autovermietung sind im Ort. Außerdem gibt es Taxis und den Flughafen von Montpellier.

La Grande-Motte

WP 43°33,1'N 004°04,9'E

Karten: D 594, D 595, F 7053, F 7004, F 7008

Allgemeines

La Grande-Motte war eine der ersten reinen Feriensiedlungen des Languedoc-Roussillon und ist bis heute auch eine der bekanntesten. Die pyramidenförmig gebauten Appartementhäuser sind unverwechselbar und finden sich auf vielen Postkarten und in Reiseführern über die Region wieder; La Grande-Motte ist zu einer „Attraktion“ geworden, ganz gleich, ob einem diese Architektur gefällt oder nicht. Das Liegen in diesem Hafen ist übrigens sehr viel angenehmer, als man es aus der Ferne erwarten würde.

Inzwischen hat die Marina einen guten Ruf zum Überwintern: Die hohen Gebäude sind ein guter Windschutz, die Preis sind gemessen an anderen Häfen als akzeptabel zu bezeichnen, und viele Geschäfte und Einrichtungen sind das ganze Jahr über geöffnet.

La Grande-Motte – die außergewöhnliche moderne Architektur ist zum Markenzeichen geworden

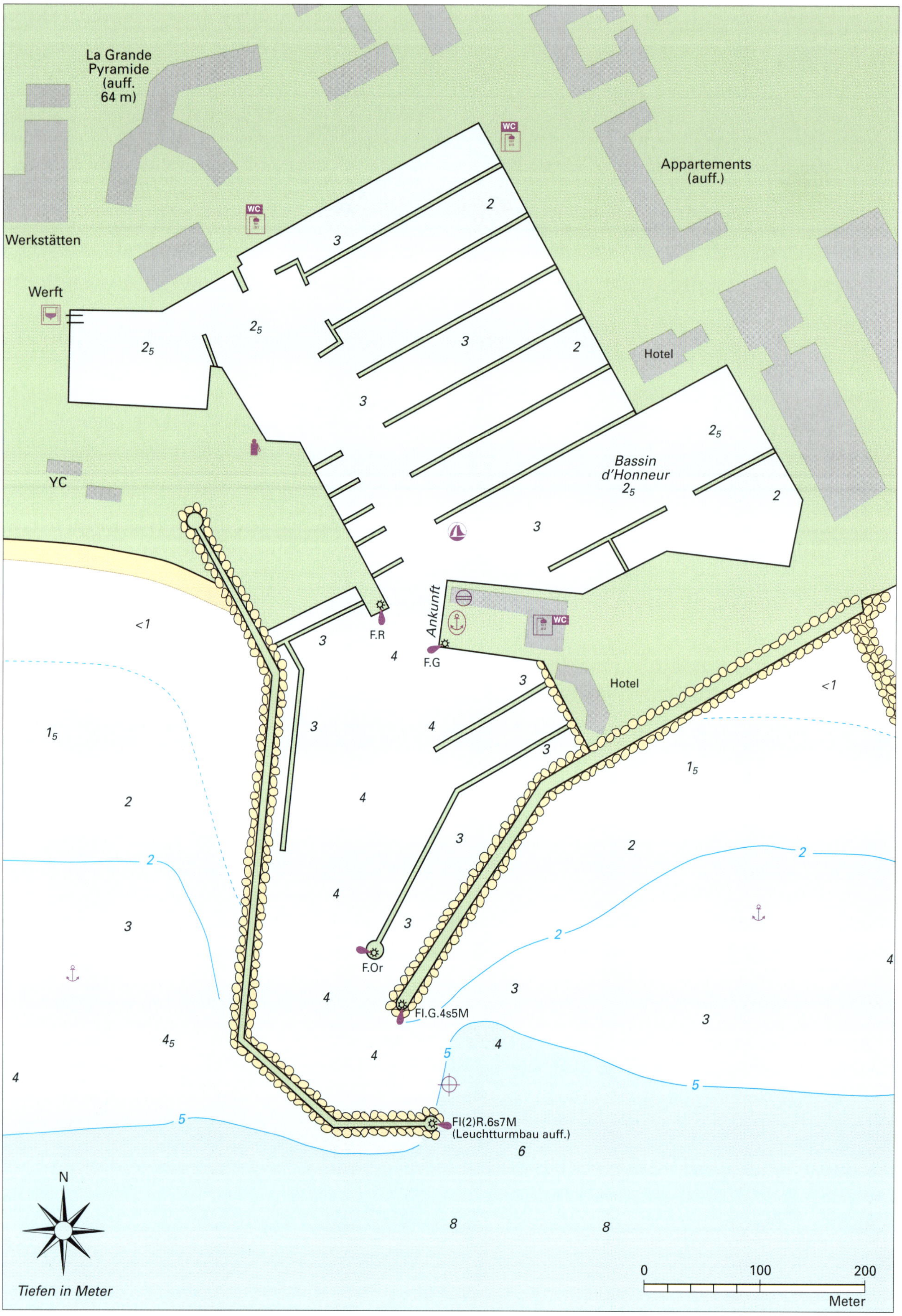

La Grande-Motte (WP 43°33,1'N 004°04,9'E)

Ansteuerung

Die pyramidenförmig gebauten Appartementhäuser sind schon von weitem zu erkennen, sie sind höher und stehen dichter beieinander als die Häuser in Port Camargue.

Auffällig: „La Pyramide", der besagte Appartementblock, ist markant. Später werden die Wellenbrecher sowie die Masten der Yachten im Vorhafen sichtbar. Auch die auffällige Skulptur des Leuchtturms auf der Außenmole ist gut zu erkennen.

Nachts sind die Einfahrt mit Fl(2)R.6s7M und Fl.G.4s5M, der Ponton parallel zur E-Mole mit F.Or und die innere Einfahrt mit F.G bzw. F.R befeuert. Das Hafenbüro ist Tag und Nacht auf UKW-Kanal 09 zu erreichen.

Gefahren: Bei starken S- und E-lichen Winden entsteht in der Hafeneinfahrt Schwell.

Liegeplätze

Die 1370 Plätze eignen sich für Yachten bis 30 m Lüa und 3,5 m; Tiefgang max. 3,50 m. 30 Gastliegeplätze. Normalerweise können freie Dauerliegeplätze genutzt werden, sodass mehr Gastplätze zur Verfügung stehen.

Man macht zunächst am Empfangskai fest und erkundigt sich nach einem freien Liegeplatz. Je nach Hafenteil liegt man an Pfählen, an Querschlengeln oder an Mooringleinen. Der SE-Schwimmsteg wurde parallel zur E-Mole erweitert. Der Hafen ist bei jedem Wetter gut geschützt. La Grande-Motte ist Zollhafen; Hafenmeister und Marinapersonal sind vor Ort. Liegegeld: Kategorie 3.

Infos: Tel. 04 67 56 50 06, Fax 04 67 29 74 63 oder E-Mail: port.lgm@free.fr

Versorgung

Jeder Liegeplatz bietet einen Wasser- und Stromanschluss. Toiletten und Duschen befinden sich in Sanitärblocks rund um die Marina; ein Waschsalon ist vorhanden. Treibstoff bekommt man an der W-Seite der Marina. Es gibt einen 6- und einen 50-t-Travellift sowie einen Slip und überdachte Stellplätze. Reparaturen an Mechanik und Motor, Elektrik und Elektronik und an GFK- bzw. Holzrümpfen können durchgeführt werden. Segelmacher und Yachtausrüster.

Im Sommer sind die Einkaufsmöglichkeiten gut; Stangeneis ist erhältlich. An der Hafenpromenade stehen zahlreiche Bars und Restaurants zur Auswahl. Post, Bank, Autovermietung und Taxis sind vorhanden.

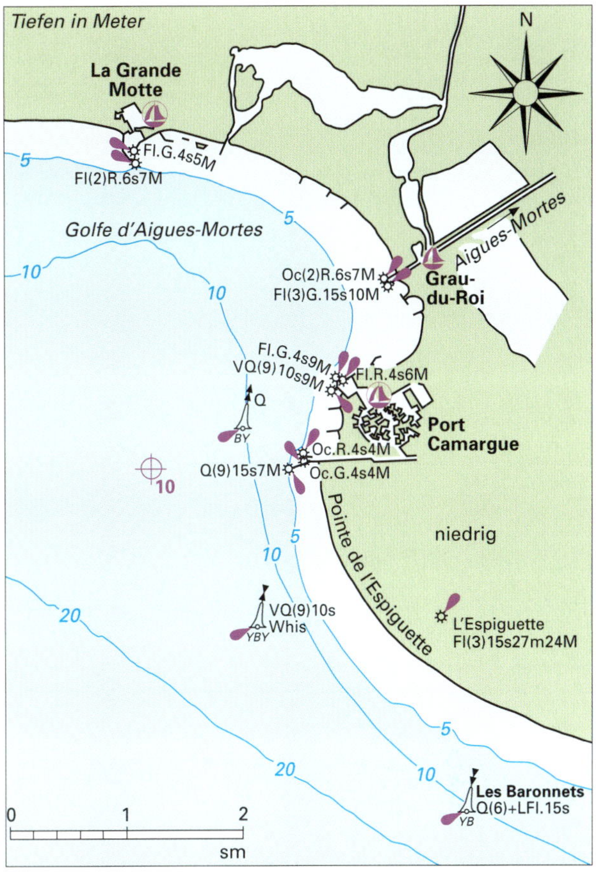

Der Golfe d'Aigues-Mortes – von La Grande-Motte bis zur Pte de l'Espiguette (Angaben zum Wegpunkt siehe Seite 69)

Le Grau-du-Roi

WP 43°32,1'N 004°07,9'E (WGS 84)
Karten: D 594, D 595, F 7053, F 7004

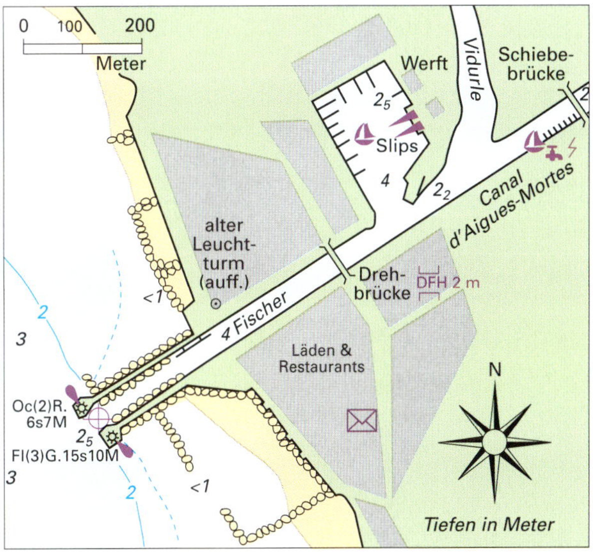

Allgemeines

Zwischen den exklusiven Nachbarorten La Grande-Motte und Port Camargue nimmt sich Le Grau-du-Roi beinahe ärmlich aus. Zwar hat sich auch dieser

Grau-du-Roi aus NW

Fischerort sehr gewandelt, um den Touristenströmen Herr zu werden, aber die lokalen Fischer wurden dabei nicht vergessen, deren Boote jetzt im Kanal und im Port de Pêche liegen. Einst die Einfahrt zum Hafen von Aigues-Mortes, bedeutet Grau-du-Roi soviel wie Kanal des Königs – zu Ehren König Ludwig IX., der diesen Kanal graben ließ, als Aigues-Mortes zum Ausgangshafen für zwei Kreuzzüge wurde. Ursprünglich wurden Hafen und Kanal auch als Le Grau Louis bezeichnet. Es lohnt sich auf jeden Fall, hier einen Stopp zu machen, wenn auch die wenigen Liegeplätze im Port de Pêche durch die Drehbrücke (geschlossen DFH 2 m) nur schwer zu erreichen sind. Und nach einem Spaziergang von knapp 2 km am Strand entlang können Sie schon La Grande-Motte erreichen (Einzelheiten siehe „Binnenwasserstraßen des Südens").

Ansteuerung

Auffällig: Der alte Leuchtturm und die Hafenmolen mit ihren Leuchtfeuern sind N-lich von Port Camargue leicht zu erkennen.

Nachts ist die Hafeneinfahrt mit Fl(3)G.15s10M und Oc(2)R.6s7M befeuert. Der Hafen ist Mo–Fr von 0830–1200 und von 1330–1730 Uhr auf UKW-Kanal 73 zu erreichen.

Gefahren: Bei S–SW-lichen Starkwinden entsteht grober Schwell in der Einfahrt, der das Einlaufen gefährlich macht, da sich dann die Seen auch in der Ansteuerung brechen. Yachten sollten dann nicht einlaufen.

Hinweis: Die Einfahrt ist sehr schmal, sodass Vorsicht bei ein- und auslaufenden Booten angebracht ist. Insbesondere einheimische Fischer- und Ausflugsboote laufen meist mit hoher Geschwindigkeit ein und aus.

Der Chenal Maritime aus NE – der Kanal führt von Aigues-Mortes nach Grau-du-Roi

Liegeplätze

Es gibt 120 Liegeplätze, 30 sind davon für Gastyachten bis 9 m Lüa; Wassertiefe 2–4 m.

Wenn man in den Kanal eingelaufen ist, bittet man umgehend um Erlaubnis, an einem Fischerboot längsseits gehen zu dürfen, bis die Drehbrücke (geschlossen DFH 2 m) geöffnet wird. Im Kanal gibt es keine Liegeplätze, und Yachten dürfen nicht unbeaufsichtigt bleiben, für den Fall, dass das Fischerboot, an dem sie festgemacht sind, auslaufen möchte. Die erste Brücke, eine Drehbrücke, öffnet im Sommer wochentags um 0800, 1300 und 1800 Uhr, sonnabends um 0800, 1145, 1915 Uhr und sonn- und feiertags um 0800 und 1915 Uhr; im Winter wochentags um 0800, 1145 und 1800 Uhr, sonnabends um 0800, 1145 und 1700 Uhr und sonn- und feiertags gar nicht.

Die Schiebebrücke öffnet im Sommer wochentags um 0745, 0815, 1130, 1600, 1745 und 1815 Uhr, sonnabends und sonntags um 0745, 0815, 1130, 1200, 1600, 1930 Uhr und an Feiertagen nur für Ausflugsschiffe um 1130, 1600 und 1930 Uhr; im Winter wochentags sowie sonnabends um 0745, 0815, 1130 und 1600 Uhr, an Sonn- und Feiertagen gar nicht.

Der Port de Pêche hinter der Brücke ist meistens voll. Dagegen findet der Besucher oft am Ponton an der S-Seite des Kanals vor der Schiebebrücke einen freien Platz und geht längsseits. Der Hafen ist gut geschützt.

Behörden: Le Grau-du-Roi ist Zollhafen. Der Hafenkapitän verlangt ein Liegegeld der Kategorie 2.

Versorgung

Trinkwasser und Strom sowie Toiletten gibt es am Kai, Treibstoff im Ort.

Es stehen ein 18-t-Kran sowie Slips zur Verfügung. Reparaturen an Mechanik und Motor, Elektronik und Elektrik sowie an GFK- bzw. Holzrümpfen können ausgeführt werden. Ein Yachtausrüster ist am Ort.

Es gibt gute Einkaufsmöglichkeiten; auch Stangeneis ist zu bekommen. In den zahlreichen Restaurants am Kanal und in der Stadt wird guter Fisch serviert.

Weiteren Service bieten die Post, Banken, eine Autovermietung, Taxis und die Busse nach Montpellier.

Port Camargue

WP 43°31,3'N 004°07,3'E

Karten: D 594, D 595, F 7053, F 7008

Allgemeines

Mit 2100 Liegeplätzen im Port Public und weiteren 2200 Privatliegeplätzen, die zu den Appartements auf den „Inseln" gehören, ist Port Camargue einer der größten Yachthäfen der Welt. In den Salzmarschen im W des Rhônedeltas künstlich angelegt, umschließt er eine Wasserfläche von etwa 70 ha. Diese Größe ist wirklich beeindruckend. Ohne Plan kann man sich zu Land wie zu Wasser gründlich verirren. Der architektonische Stil wirkt schon etwas in die Jahre gekommen, und an den zuerst erbauten

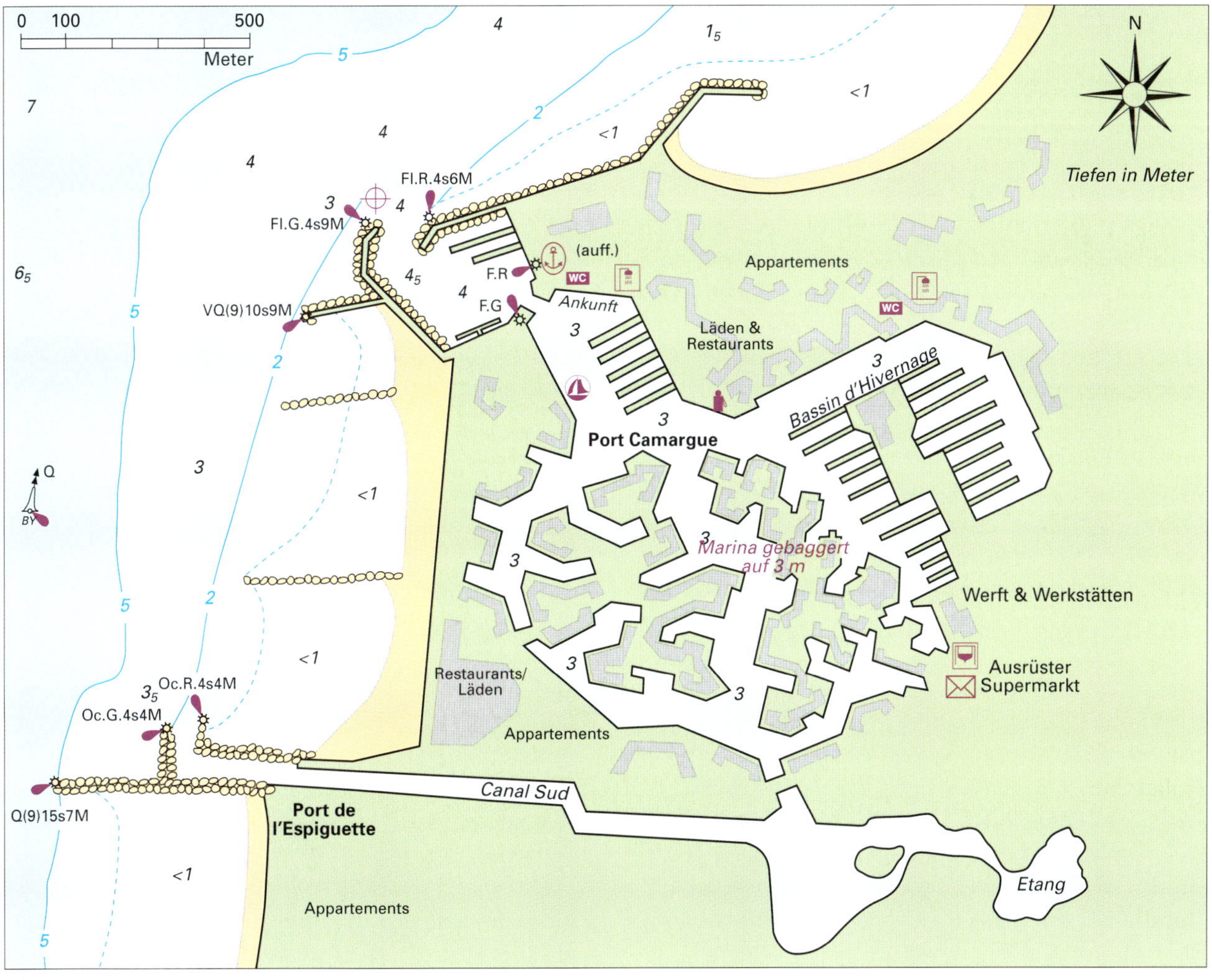

Port Camargue aus WSW – Blick über den Vorhafen

Appartements blättert bereits die Farbe ab. Port Camargue wird zu Recht die „Stadt der Menschen vom Meer" genannt; gleichwohl stellt sie nur eine Anlage zur Unterbringung von Yachten und Urlaubern dar.

Ansteuerung

Die Ansammlung der Appartementhäuser und Sommerresidenzen im NE des Golfe d'Aigues-Mortes sind leicht auszumachen, die Hafeneinfahrt ist aber erst spät zu erkennen.

Auffällig: Aus W kommend, kann man sich an den pyramidenförmigen Bauten von La Grande-Motte und dem alten Leuchtturm von Le Grau-du-Roi orientieren.

Von S her bieten der Leuchtturm und die Tonnen vor Pointe de l'Espiguette gute Navigationshilfen. Die weißen Leuchttürme von Port Camargue an der Einfahrt in den Vorhafen und der Turm des Hafenbüros sind nur aus der Nähe zu identifizieren.

Nachts navigiert man nach dem Feuer des Leuchtturms L'Espiguette Fl(3)15s24M und dem Feuer von Port de l'Espiguette Q(9)15s7M, der unmittelbar S-lich von Port Camargue liegt.

Die Hafeneinfahrt von Port de l'Espiguette ist mit Oc.G.4s4M und Oc.R.4s4M befeuert. Später wird das Molenfeuer S-lich von Port Camargue sichtbar VQ(9)10s9M. Die Hafeneinfahrt ist mit Fl.G.4s9M und Fl.R.4s6M befeuert.

Im Sommer ist der Hafenmeister von 0800–2000 Uhr, im Winter von 0800–1800 Uhr auf den UKW-Kanälen 09 bzw. 16 zu erreichen.

Gefahren: Bleiben Sie unbedingt außerhalb der Kardinaltonnen S, W und N, die die Sandbänke vor Pointe de l'Espiguette bezeichnen.

Man sollte Port Camargue mit SE-lichem Kurs ansteuern und den Wellenbrechern nicht zu nahe kommen, um die Untiefen im Einfahrtsbereich zu umfahren.

Bei starken S-lichen Winden erschwert eine kurze steile See in der Einfahrt das Einlaufen; Gefahr besteht nur bei S-Sturm.

Hinweis: Besonders im Sommer herrscht in der relativ engen Einfahrt viel Verkehr – es ist größte Vorsicht geboten.

Liegeplätze

Im Port Public stehen 2100 Liegeplätze für Yachten

bis max. 3 m Tiefgang zur Verfügung, darunter 200 für Gäste.
Man macht zunächst am Empfangskai fest und fragt im Hafenbüro nach einem freien Platz. Mooringleinen sind entweder am Kai oder an Pfählen festgemacht. Der Schutz im Hafen ist bei jedem Wetter gut. Nur bei Mistral sind einige Liegeplätze, insbesondere im Vorhafen, etwas unruhig.
Es gibt einen Hafenmeister sowie Hafenpersonal. Liegegeld der Kategorie 3.
Infos: Tel. 04 66 51 10 10, Fax 04 66 51 10 05 oder E-Mail: portcamargue@nimes.cci.fr

Versorgung
Jeder Liegeplatz hat Wasser und Strom (220 V und 380 V). Duschen und Toiletten sind in verschiedenen Sanitärblocks rund um den Hafen zu finden. Treibstoff ist an der Durchfahrt zwischen dem ersten und dem zweiten Hafenbecken erhältlich.
Ein 5-, 16- und 50-t-Travellift, ein 130-t-Kran, Slips sowie überdachte Landstellplätze stehen zur Verfügung. Es können Reparaturen an Motoren und Mechanik, Elektrik und Elektronik sowie an GFK- bzw. Holzrümpfen ausgeführt werden. Segelmacher und Yachtausrüster sind am Ort.
Im Sommer findet man gute Versorgungsmöglichkeiten; zahlreiche Bars und Restaurants stehen im Hafenbereich zur Auswahl.
Weitere Einrichtungen: Post, Bank, eine Autovermietung und Taxis.

Die Provence

Die Provence ist ebenso wie die Côte d'Azur oder die Riviera vielen bekannt, und allein der Name erweckt mehr oder weniger konkrete Vorstellungen und Bilder. Niemand kann jedoch die exakte Lage der Region angeben. Der Name taucht einzig in der Benennung des französischen Départements Alpes-de-Haute-Provence auf, wobei dieses eher am Rande der Region liegt, die im Allgemeinen Provence genannt wird. Auf Landkarten erstreckt sich diese meist von Béziers oder Marseille im W bis nach Nizza oder Grasse im E; in Reiseführern wird diese Region oft nicht genau eingegrenzt.
Der Name stammt von dem lateinischen „Provincia" (der römischen Provinz Gallien), die zur Blütezeit des Römischen Reichs in etwa das Gebiet des heutigen Frankreichs umfasste. Der Einfall der Ostgoten, Burgunder, Westgoten und Franken drängte die „Provincia" auf das Gebiet zwischen der Rhône, den Alpen und dem Mittelmeer zurück. Mit dem späteren „Provenza" war der gesamte Süden Frankreichs gemeint, in dem die provenzalische Sprache, die „Langue d'Oc", gesprochen wurde. Arles war ab dem 9. Jahrhundert die Hauptstadt der Provence, die 1481 an das Königreich Frankreich angeschlossen wurde.
Es sind insbesondere die Bilder van Goghs, der bis wenige Monate vor seinem Tod in der Gegend von Arles lebte und arbeitete, die unsere Vorstellungen über die Provence prägen. Für viele bedeutet „Provence" der weiße Kalkstein der Calanqueufer, der kobaltblaue Himmel, das Grün der Oliven, die Offenherzigkeit der Provenzalen und die Geißel aller Segler, der Mistral.
Aber die nach Thymian und Rosmarin duftende Küche und die schattigen Cafés, in denen man sich bei Pastis oder Weißwein und dem Pétanquespiel die Zeit vertreibt, gibt es in ganz Südfrankreich. So kann man denn auch die Provence eher als Lebensart denn als feste geografische Region sehen.

Das Wetter in der Provence

Der Mistral ist das wetterbeherrschende Element der Provence. Dieser NW-liche Wind weht hier mit 50–60-prozentiger Wahrscheinlichkeit. Im Bereich des Rhônetals und -deltas kommt er eher aus N, E-lich der Flussmündung weht er aus NW. Der normale Mistral weht mit Bft 9–10, manchmal werden sogar Bft 11–12 gemessen. Wind dieser Stärke ist im Sommer glücklicherweise selten, in der Hochsaison erreicht der Mistral meist nur Bft 5–6, teilweise aber auch Bft 7. Die Mistralregion erstreckt sich vom Rhônedelta bis nach Marseille und La Ciotat. Vor den Mistralböen sei man besonders im Golfe de Fos, auf der Rade de Marseille und in der Baie de La Ciotat gewarnt.
Häufig weht ab dem späten Vormittag der Marin. Dieser S- bis SE-liche Seewind, der lokal erhebliche Ablenkung erfahren kann, weht mit Bft 3–4 und erreicht bis zu Bft 6. Nachts flaut er ab. Bei S-lichen, also auflandigen Winden, setzt Dünung auf die Küste. Besonders im Rhônedelta muss dann mit äußerster Vorsicht navigiert werden.

Wichtige Angaben

Die wichtigsten Leuchtfeuer

Pointe de l'Espiguette: Fl(3)15s27m24M
La Gacholle: Fl.WRG.4s17m12/9M (300°-G-019°-W-065°-R-085°)
Beauduc: Fl(2)R.10s26m18M
Faraman: Fl(2)10s41m23M
Canal St-Louis: Q.WR.14m11/8M
Tour St-Louis: DirQ.15m19M
Port de Fos (Richtfeuer in Linie 287°): Unterfeuer Oc(2)6s11m20M, Oberfeuer Oc(2)6s29m23M
Fos Darse No 1: DirOc.WRG.4s25m15/12M (333°-G-339°-W-341°-R-344°)
Istres Le Tube: AeroMo(F)4s59m23M
Pointe de St-Gervais: IQ(7)WRG.12s45m25/21M (323°-G-340°-W-348°-R-007°)
Port de Bouc: Oc(2)WRG.6s30m12/9M
Pointe St-Antoine: Fl.Vi.5s8m17M
Port de Bouc (Richtfeuer in Linie 037°): Unterfeuer DirQ.R.11m11M, Oberfeuer DirQ.R.16m15M
Port de Bouc (Richtfeuer in Linie 030°): Unterfeuer DirF.R.11m11M, Oberfeuer DirF.R.17m15M
Pointe de Berre: Fl(4)WR.15s12m9/6M
Anse de Laurons: Fl(3)WR.12s7m9/6M
Carro: Oc(2)WR.6s8m9/6M (322°-W-355°-R-322°)
Cap Couronne: Fl.R.3s34m20M
Île de l'Erévine: Q(6)+LFl.15s28m10M
Point Esquilladou: Fl(4)WR.15s44m10/7M (233°-R-263°-W-041°)
Digue de Saumaty (Molenkopf): UQ(2)1s20m14M
Digue Ste-Marie: UQ(2)R.1s20m11M
Pointe de la Désirade: Fl.G.4s13m9M
Île d'If: Fl(2)6s27m11M
Îlot Tiboulen: Fl(3)G.12s34m7M
Îlot de Planier: Fl.5s68m23M

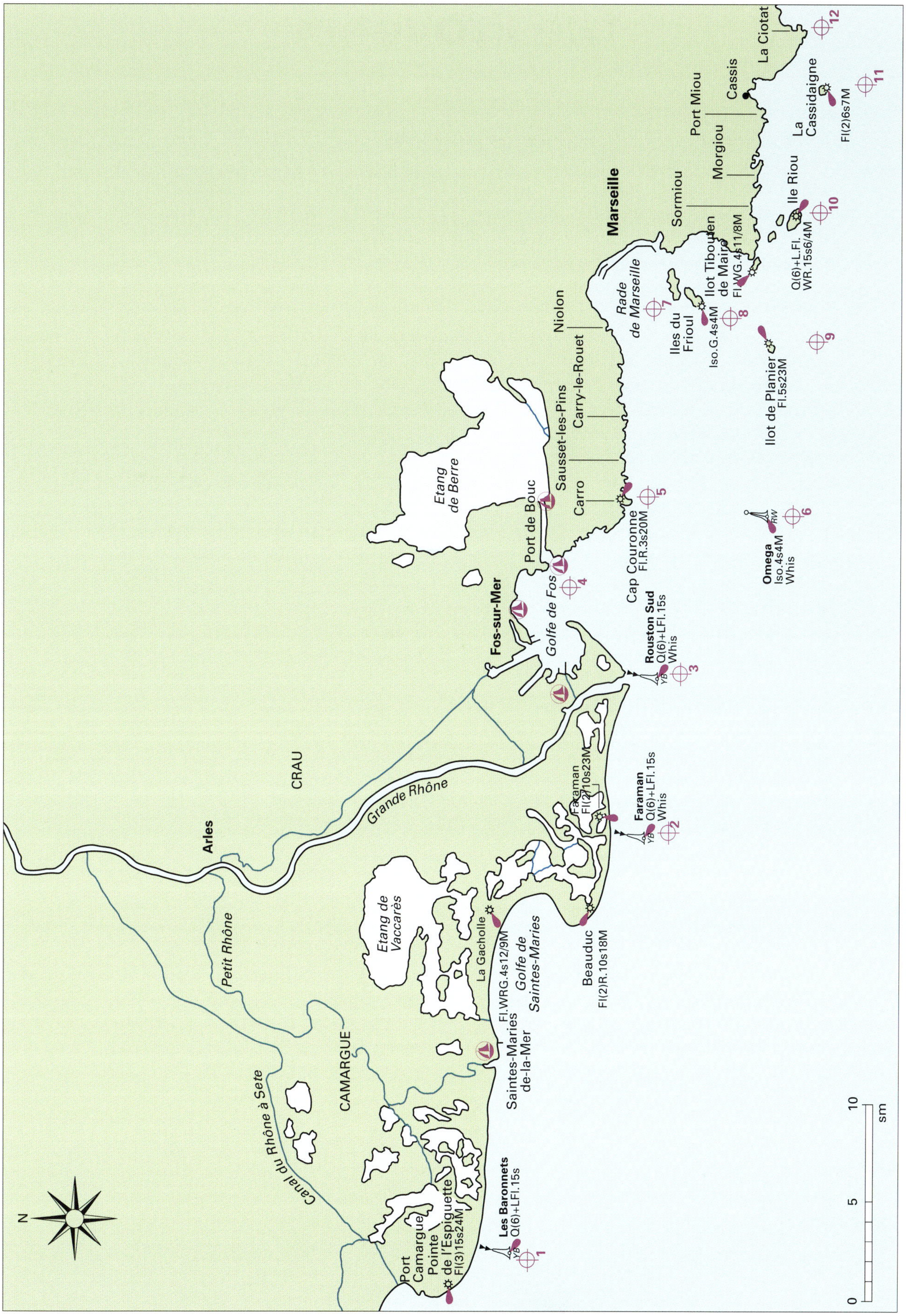

Die Küste der Provence (Angaben zu den Wegpunkten siehe Seite 112)

Île Tiboulen-de-Maire: Fl.WG.4s58m11/8M (142°-G-327°-W-142°)
Banc de la Cassidaigne: Fl(2)6s23m7M
La Ciotat: Oc(2)R.6s21m12M
Môle Bérouard: Iso.G.4s15m11M

Wegpunkte für die Törnplanung

WP 1	43°27,2'N 004°08,9'E	0,5 sm S-lich der Kardinaltonne S Les Baronnets
WP 2	43°18,1'N 004°38,6'E	0,5 sm S-lich der Kardinaltonne S Faraman
WP 3	43°18,3'N 004°50,8'E (WGS 72)	0,5 sm S-lich der Kardinaltonne S Roustan Sud
WP 4	43°22,8'N 004°57,3'E	Leuchtbake Nr. 2 – Golfe de Fos
WP 5	43°18,6'N 005°03,3'E	1 sm S-lich von Cap Couronne
WP 6	43°12,0'N 005°01,8'E	Mitte-Schifffahrtswegtonne Omega
WP 7	43°18,3'N 005°15,7'E	Einfahrt zur Rade de Marseille
WP 8	43°14,7'N 005°17,4'E	1 sm S-lich von Cap Caveaux
WP 9	43°10,0'N 005°13,9'E	2 sm S-lich der Îlot de Planier
WP 10	43°09,2'N 005°23,7'E	1 sm S-lich von Les Empereurs
WP 11	43°06,7'N 005°32,8'E	2 sm S-lich von Banc de la Cassidaigne
WP 12	43°09,12'N 005°36,39'E (WGS 72)	0,5 sm S-lich von Cap de l'Aigle

Kurzübersicht

	Schutz	*Liegeplatz*	*Treibstoff*	*Wasser*	*Lebensmittel*	*Restaurants*	*Hafenplan*	*Liegegebühren*
Port Gardian	A	A	A	A	A	B	•	3
Port Napoléon	A	AB	B	A	O	O	•	2/3
St-Gervais	A	A	A	A	B	C	•	2/3
Port de Bouc	A	A	A	A	A	B	•	2
Martigues	A	A	A	A	A	B	•	3
Port de Jonquières	B	A	A	A	A	B		2/3
Port des Heures-Claires	A	A	B	A	B	C	•	2
St-Chamas	B	AB	B	A	C	C	•	2
Port de Carro	A	A	A	A	C	C	•	3
Sausset-les-Pins	AB	A	A	A	C	C	•	3
Carry-le-Rouet	B	A	A	A	C	C	•	3
La Redonne	C	ABC	O	B	O	C	•	
Port de la Lave	B	AB	B	A	O	O	•	2
L'Estaque	A	A	A	A	B	C	•	2
Marseille	A	A	A	A	A	A	•	2/3
Port de Frioul	AB	AB	A	A	C	C	•	2
Port de la Pointe-Rouge	A	A	A	A	B	B	•	2
Madrague	C	AB	O	B	O	C	•	
Les Goudes	C	AB	O	B	O	C	•	
Cal. de Marseille-veyre	C	C	O	O	O	C		
Calanque de Sormiou	C	C	O	O	O	C	•	
Calanque de Morgiou	C	C	C	O	O	C	•	1
Cal. d'En Vau/ Port Pin	C	C	O	O	O	O	•	1
Port Miou	B	C	O	O	O	C	•	1/3
Cassis	A	A	A	A	B	A	•	3
Calanque de Figuerolles	C	C	O	O	O	C	•	1
La Ciotat	A	A	A	A	A	B	•	2

Bouches du Rhône

Der etwa 40 sm lange Küstenabschnitt des Rhônedeltas zwischen Port Camargue und dem Golfe de Fos ist flach und wirkt aus der Ferne eintönig. Vor über tausend Jahren entstand hier eine etwa 300 km^2 große Landschaft aus Salzseen, Sandbänken und flachen Landstrichen – die Camargue.
Wassertiefen und Verlauf der Küstenlinie sind stark veränderlich, da einerseits viel Land bei Winterstürmen weggerissen wird und andererseits die Rhône als Frankreichs zweitgrößter Fluss Unmengen an Sand und Geschiebe transportiert, die sich im Mündungsbereich ablagern. So wandert die Küstenlinie jährlich etwa 10–15 m in Richtung S zum Meer. Die in Richtung E fließende Strömung nimmt aber auch Sand und Ablagerungen mit und verteilt diese je nach Windrichtung und -stärke vor der Küste.
Ein gutes Beispiel für diese Veränderungen stellt der Ort Stes-Maries-de-la-Mer dar: Er wurde auf dem

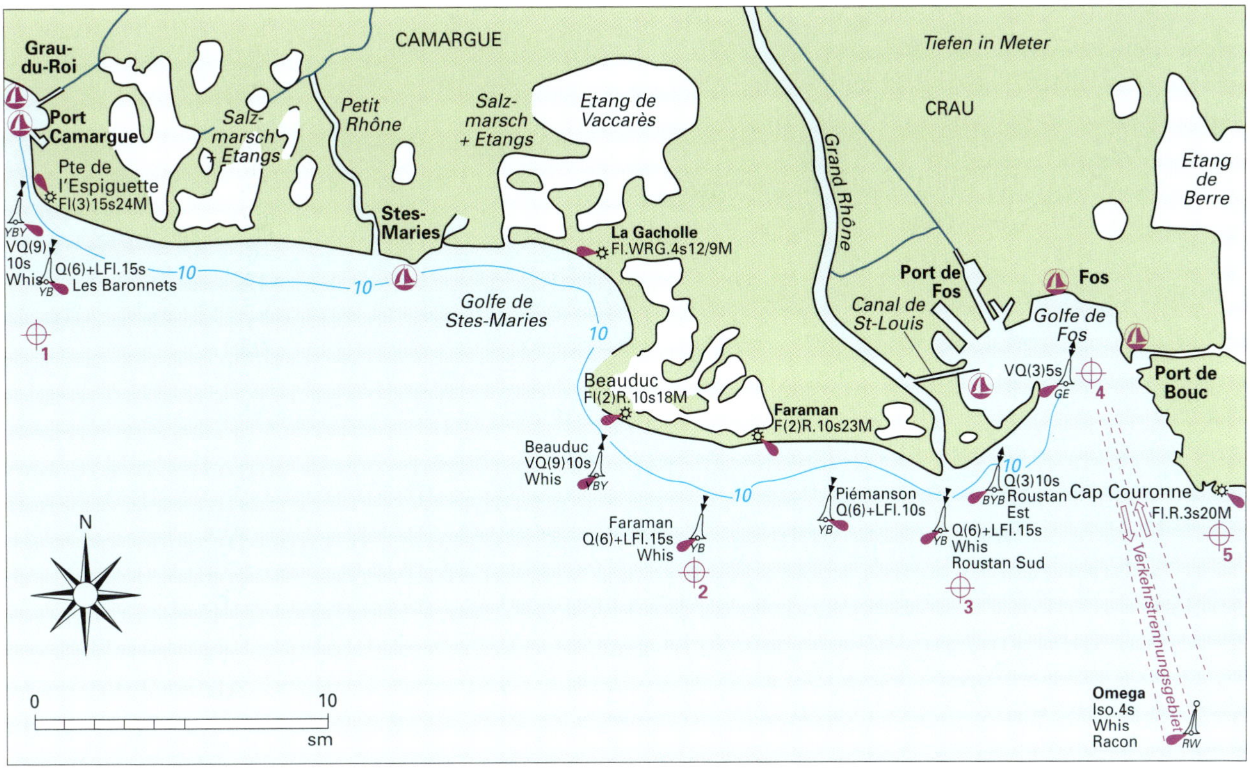

Das Delta der Rhône – von Port Camargue bis Cap Couronne (Angaben zu den Wegpunkten siehe Seite 112)

alten Rhôneschwemmland angesiedelt und war laut einer Chronik von 1696 vier bis fünf Wegstunden, also etwa 18–22 km von der Küste entfernt. Im Jahre 1811 betrug der Abstand zum Meer nur noch 1200 m und heute – Stes-Maries-de-la-Mer liegt nun direkt an der Küste – muss mithilfe von Dämmen und Wellenbrechern ein weiteres Wegschwemmen des Küstenlandes verhindert werden. Dagegen liegt der Hafen von Port St-Louis heute im Landesinneren, obwohl er einst an der Küste gegründet wurde. Die Küstenlinie E-lich von Stes-Maries-de-la-Mer ist erst in jüngerer Zeit entstanden und wird sich weiterhin verändern.

Navigatorisch bietet die Camargueküste keine Gefahren. Mit ein wenig Sorgfalt kann eine Fahrtenyacht das Revier problemlos befahren. Schwierigkeiten bereitet hier nur das Wetter. Im Rhônedelta weht der Mistral mit voller Heftigkeit, und selbst wenn er im Bereich von Sète oder E-lich von Marseille gar nicht zu spüren ist, kann er hier mit Bft 5–6 blasen. Und bei starken S-lichen Winden bricht sich die See auf den vorgelagerten Untiefen, wobei die Brandungszone bis zur 20-m-Linie reicht. Vor einer Küstenfahrt sollte also unbedingt ein verlässlicher Wetterbericht gehört werden. Port Gardian, der einzige Hafen an der Deltaküste, ist bei Mistral schwer anzulaufen, und bei starken S-lichen Winden wird die Ansteuerung äußerst gefährlich.

Die Untiefen im Deltabereich sind mit Tonnen gut bezeichnet, und es gibt zahlreiche auffällige Landmarken zur weiteren Orientierung. Bei schlechter Sicht nützt das alles wenig, und so sollte man seinen Kurs stets mit Sorgfalt koppeln und möglichst häufig mithilfe von wahren Orten und GPS überprüfen sowie das Echolot mitlaufen lassen.

Tonnen und Landmarken in der Reihenfolge von W nach E

– Leuchtturm Pte de l'Espiguette: ein viereckiger weißer Turm mit schwarzer Spitze. Fl(3)15s27m24M.
– zwei Leuchttonnen S-lich vor Pte de l'Espiguette: eine Kardinaltonne W/Heultonne mit hohem Ton (VQ(9)10s), die zweite ist eine Kardinaltonne S Les Baronnets, (Q(6)+LFl.15s). Ortskundige können die Tonnen eben landseitig passieren.
– Stes-Maries-de-la-Mer, Ortschaft mit festungsähnlicher Kirche.
– Leuchtturm Beauduc, kleiner weißer Turm an der Seite eines großen weißen Gebäudes an der Pte de Beauduc. Fl(2)R.10s26m18M.
– Kardinaltonne W Beauduc (VQ(9)10s).
– Leuchtturm Faraman, 41 m hoher weißer Turm mit schwarzen Bändern, sehr gut sichtbar, in der Nähe einer weißen Siedlung, Fl(2)10s23M.
Hinweis: Der erste Leuchtturm wurde 1917 bei einem Sturm zerstört, als die See einen ganzen Küstenstreifen wegriss.
– Kardinaltonne S Faraman (Q(6)+LFl.15s/Whis), ca. 3 sm SW-lich des Leuchtturms Faraman.

– Kardinaltonne S Piémanson (VQ(6)+LFl.10s), ca. 3 sm SE-lich des Leuchtturms Faraman.
– Baken Grand Rhône, verschiedene Baken beiderseits der Rhônemündung. Die Bake am E-Ufer ist eine Radarantwortbake.
– S-lich bzw. SE-lich der Rhônemündung liegen zwei Kardinaltonnen: Kardinaltonne S Roustan Sud (Q(6)+LFl.15s/Whis) und Kardinaltonne E Roustan Est (Q(3)10s).
– eine lange flache Sandbank, beginnend am E-Ufer der Rhônemündung als They de Roustan, nach NE verlaufend als Plage de Napoléon, im NE auslaufend im Golfe de Fos als They de la Gracieuse. Einlaufend in den Golf de Fos orientiert man sich dazu an drei Tonnen: Kardinalschwimmbake E Balancelle (VQ(3)5s), Kardinaltonne E Annibal Est (Q(3)10s) und Kardinaltonne N GE (VQ(3)5s/Racon(G)).
– Mitte-Schifffahrtswegtonne Omega im Golfe de Fos, (Iso.4s4M/Wis) und Tonne No. 2 (Fl(2)R.6s2M).
– Elektrizitätswerk Les Cléments, im E des Golfe de Fos, großes Gebäude mit vier Schornsteinen, sehr auffällig.

Hinweis: Ortskundige können die Tonnen meist landseitig passieren. Das ist besonders im Bereich des Golfe de Stes-Maries-de-la-Mer möglich. Man sollte jedoch außerhalb der 10-m-Linie bleiben und nicht in jedem Fall den Angaben vermeintlich Ortskundiger trauen.
Bei leichten ablandigen Winden und ruhigem Wetter kann überall an der Küste geankert werden. Im Golfe de Stes-Maries-de-la-Mer liegt man vor E-lichen Winden geschützt. Die Tiefen nehmen zum Ufer hin gleichmäßig ab, und der sandige Grund hält gut. Bei stärkeren Winden sollte ein sicherer Hafen angelaufen werden. So kann man das Meer bei Mistral am besten von der Hafenmole von Port Gardian beobachten, während die Yacht hier einen sicheren Liegeplatz hat.

Petit Rhône
WP 43°26,8'N 004°25,5'E

Kleinere Yachten können in die Petit Rhône laufen und an den Ufern bzw. in Port de l'Amarée liegen. Die Einfahrt wird durch Baken markiert, doch das Einlaufen ist Ortsunkundigen nicht zu empfehlen. Die Sandbank vor der Mündung ist stark veränderlich. Zudem wird von einer Barre mit 1,2 m Tiefe berichtet, die die Zufahrt behindert. Yachten sollten sich zuvor in Port Gardian informieren.
Gefahren: Yachten, die einen Törn entlang der Küste machen, sollten sich von der Mündung der Petit Rhône gut freihalten, da sich eine gute halbe See-

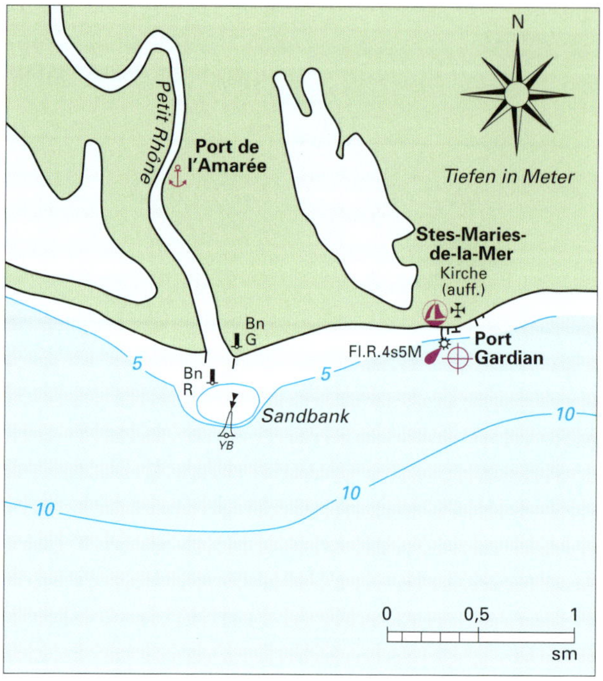

meile vor der Mündung eine Sandbank erstreckt, deren Position und Wassertiefen stark veränderlich sind; auch auf die Angaben in den Seekarten ist nicht immer Verlass.

Port Gardian (Stes-Maries-de-la-Mer)
WP 43°26,8'N 004°25,5'E
Karten: D 595, F 7053, F 7004, F 7008

Allgemeines
Die Bedeutung des Ortes gründet sich größtenteils auf seine weithin sichtbare, im 12. Jahrhundert erbaute Wehrkirche. Die zinnenbewährten Mauern, die Spitzbogenfenster und der Wachtturm weisen auf die Doppelrolle hin, die die Kirche als Zufluchtsstätte vor den Überfällen der Korsaren spielte. Im dunklen Kirchenraum befinden sich die Reliquien der beiden Heiligen Marien, nach denen die Kirche und der Ort benannt sind.
Der Legende nach landete an dieser Stelle 40 n. Chr. ein kleines Boot, das weder Segel noch Ruder hatte. Diese Nussschale soll an der Küste des Heiligen Landes von Juden aus Jerusalem ausgesetzt worden und dann hier angetrieben sein. An Bord befanden sich: Maria Magdalena; Maria Jakoba, Schwester der Jungfrau Maria; Maria Salome, Mutter der Jünger Jakob und Johannes; Lazarus, der von den Toten auferweckte; Martha, Schwester des Lazarus; Maximin; Sidonius, ein Blinder der wieder sehen konnte; und Sara, Dienerin der Marien. Irgendwann begannen Gläubige, Pilgerfahrten zu dieser Kirche in den einsamen Weiten der Camargue zu unternehmen. Warum die Zigeuner Sara zu ihrer Schutzpatronin erkoren, bleibt Spekulation. Das jährliche Zigeuner-

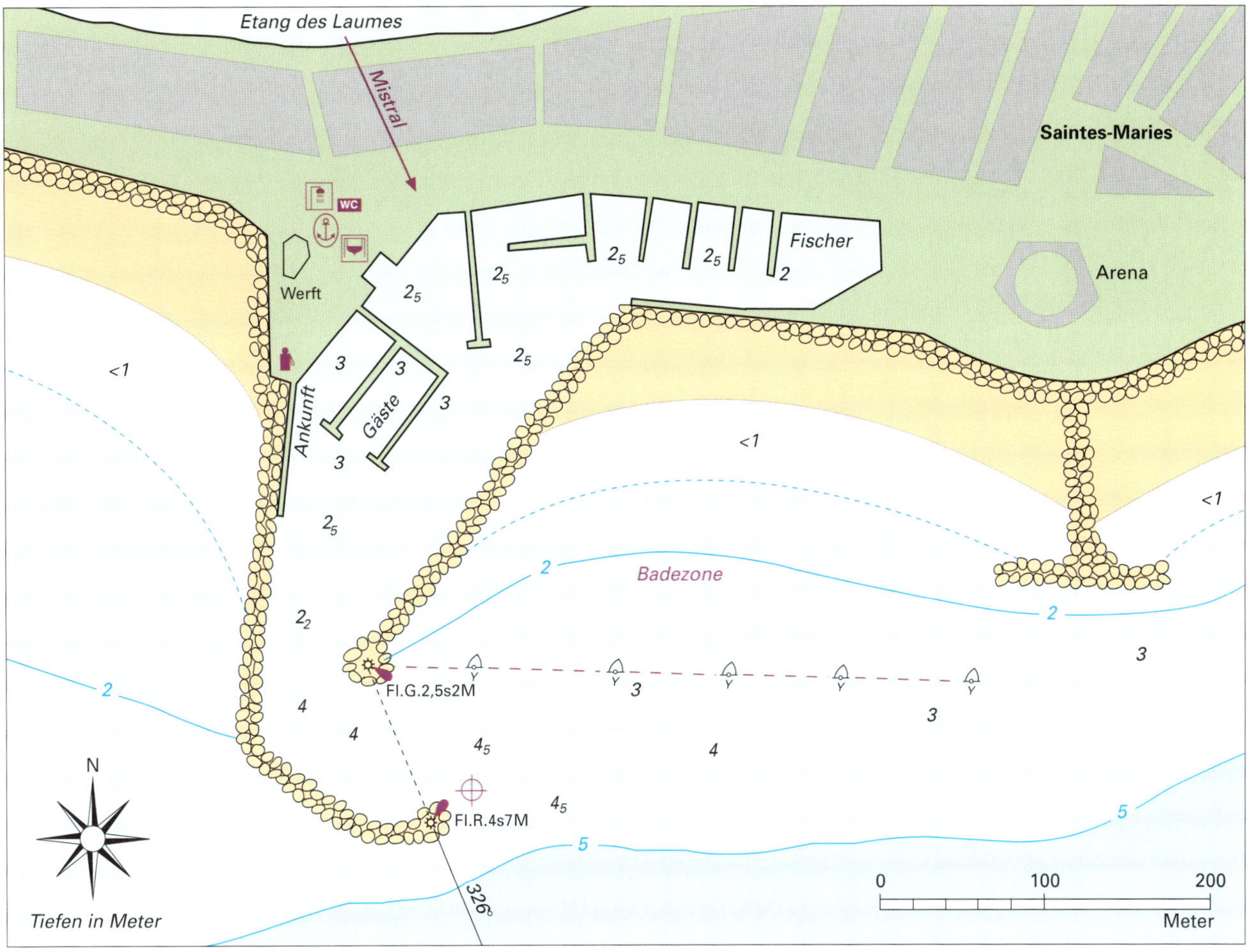

fest „Romanichel", das zu Ehren der beiden Marien und ihrer Dienerin Sara abgehalten wird, hat jedoch eine lange Tradition.
Von Stes-Maries aus können interessante Touren durch die Camargue unternommen werden. Detaillierte Informationen bietet das Touristenbüro, das an der Straße vom Hafen zur Stadt liegt.

Ansteuerung

Auffällig: Beste Landmarke ist die hoch aus der Ortschaft emporragende Kirche, auf die man den Kurs absetzt, bis die Wellenbrecher zum Schutz der Küste von den Hafenmolen mit Leuchtturm unterschieden werden können.
Nachts ist die Hafeneinfahrt mit Fl.R.4s7M und Fl.G.2,5s2M befeuert.
Der Hafen ist im Sommer rund um die Uhr, im Winter von 0800–1200 und von 1400–1800 Uhr auf UKW-Kanal 09 zu erreichen.
Gefahren: Vor der Mündung der Petit Rhône erstreckt sich eine Sandbank (siehe oben). Von W kommend, sollte man den Mündungsbereich meiden und die Kardinaltonne S vor der Petit-Rhône-Mündung seewärtig umfahren. Etwa 50 m W-lich des äußeren Wellenbrechers befinden sich die überspülten Reste eines alten Wellenbrechers.
Bei S-lichen Stürmen bricht sich die See in der Einfahrt, und das Einlaufen wird gefährlich. Bei Mistral entsteht im Golfe de Stes-Maries ein unangenehmer Schwell, der die Ansteuerung erschwert und teilweise gefährlich macht.
Hinweis: Eine Reihe gelber Tonnen N-lich der Einfahrt bezeichnet die Badezone vor dem Strand. Ein wachsamer Ausguck nach Schwimmern und Surfern ist zu empfehlen. Die Hafeneinfahrt ist recht schmal. Daher ist erhöhte Aufmerksamkeit bei ein- und auslaufendem Verkehr nötig.

Liegeplätze

Insgesamt gibt es 370 Liegeplätze für Yachten bis 14 m Lüa, davon 70 für Gäste. Wassertiefe 2,5–4 m. Man macht an einem zugewiesenen Gastliegeplatz im äußeren Hafenbereich fest oder geht an den Empfangskai, um sich im Hafenbüro nach einem freien Platz zu erkundigen. An manchen Liegeplätzen können die Mooringleinen am Kai aufgenommen werden, an anderen stehen Heckpfähle. Der Grund besteht aus schwarzem, klebrigem Schlamm, der sich bald überall an Bord verteilt.
Hinweis: Zwischen den Gastschlengeln steht nur wenig Platz zum Manövrieren zur Verfügung. Besonders bei Mistral ist das Anlegen sehr schwierig.

Port Gardian aus SW

Das Zigeunerfestival

Bereits eine Woche vor dem alljährlich am 24. und 25. Mai stattfindenden Festival in Stes-Maries-de-la-Mer kommen die „Gitans" aus allen Teilen des Landes angereist. Auf den Straßen stauen sich die Wohnwagen von Teilnehmern und Schaulustigen. Überall sieht man leuchtend bunte Kleidung, und man kann sich an jeder Ecke die Zukunft aus der Hand lesen lassen.
Das Fest beginnt am Nachmittag des 24. Mai, wenn der Marienschrein zum Choraltar gebracht wird. Dort wartet eine Nachtwache, bis das Heiligtum am nächsten Tag in einem Boot zum Meer geleitet wird. „Gardians" begleiten diese ungewöhnliche Prozession zum Strand. Dann reiten die „Gardians" ins Meer, das vom Bischof gesegnet wird, und alle kehren zur Kirche zurück.
Man kennt weder den genauen Grund, aus dem die Zigeuner zunächst nach Stes-Maries-de-la-Mer kamen, noch weiß man, weshalb man begann, auch die Nicht-Heilige Sara so sehr zu verehren. Mal wird diese als Dienerin der beiden Marien, mal als Ehefrau von Pontius Pilatus gesehen, und nach der Zigeunerlegende war sie die Königin der Camargue, die das Boot der Heiligen willkommen hieß.

Der Hafen ist gut geschützt; trotzdem kann es bei starkem Mistral Probleme geben. Die Liegeplätze, die dem Mistral ausgesetzt sind, sind mit Pfählen ausgestattet.
Ein Hafenkapitän und Marinapersonal sind vor Ort; Liegegeld der Kategorie 3.
Infos: Tel. 04 90 97 88 77 oder Fax 04 90 97 97 82.

Versorgung

Jeder Liegeplatz hat Wasser und Strom. Beim Hafenbüro gibt es Toiletten und Duschen.
Treibstoff bekommt man am Kai bei der Werft. Es steht ein 14-t-Bootslift zur Verfügung, und es können Reparaturen an der Mechanik durchgeführt werden. Ein Yachtausrüster ist vorhanden.
Lebensmittel und Stangeneis sind im Ort erhältlich, wo es auch zahlreiche Restaurants und Bars gibt. Weitere Einrichtungen sind die Post, eine Bank und eine Autovermietung sowie eine Busverbindung nach Arles.

Golfe de Fos

Karten: D 595, D 336, F 6693, F 6684, F 6767

Der Golfe de Fos öffnet sich nach S zwischen der Rhônemündung und dem Cap Couronne. An seinen Ufern haben sich große petrochemische Betriebe

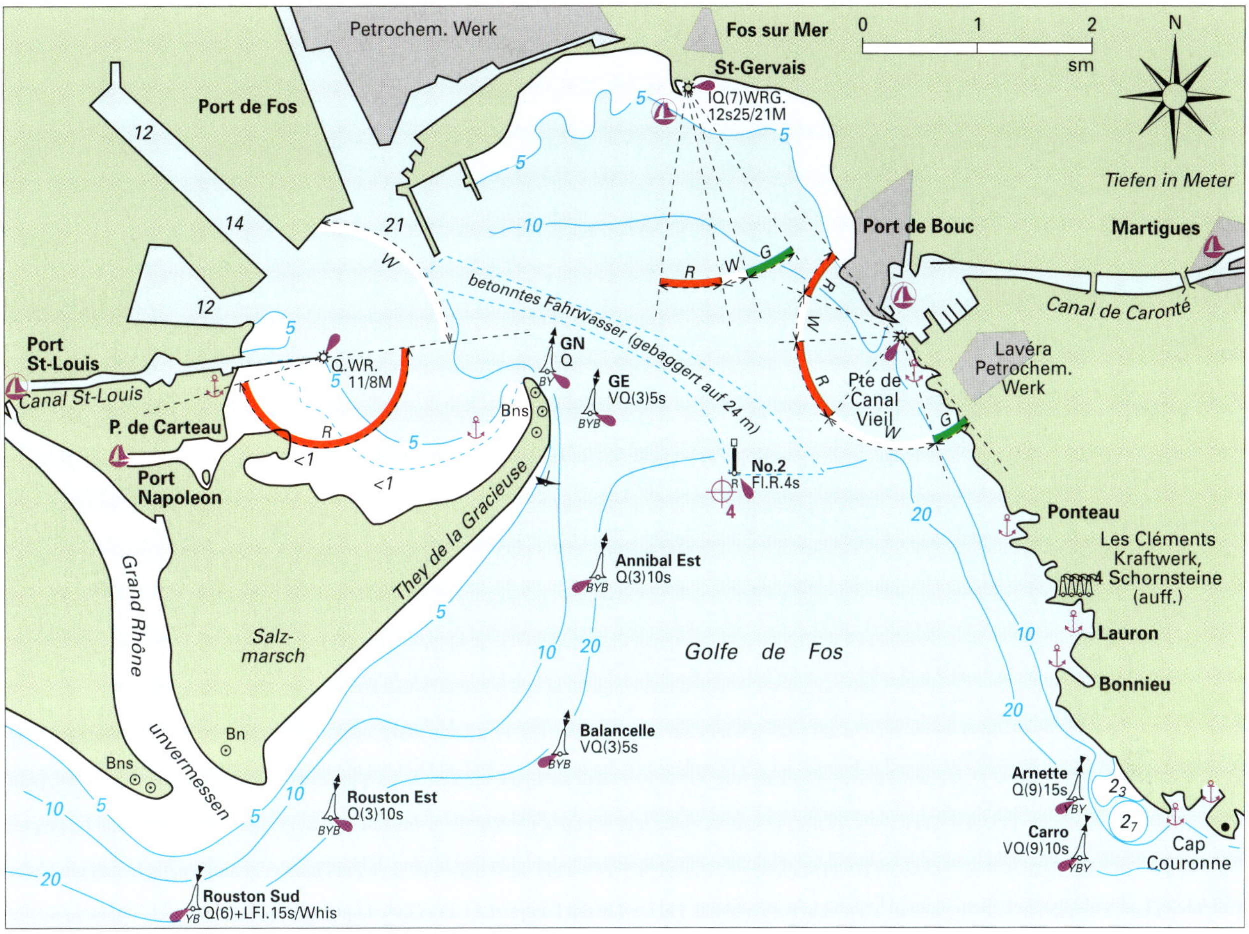

Golfe de Fos (Angaben zum Wegpunkt siehe Seite 112)

angesiedelt, und zu den beiden Häfen Port-de-Bouc und Port-de-Fos führen von großen Tankern befahrene, ausgetonnte Tiefwasserwege. Von Port-de-Bouc kann man durch den Canal de Caroute nach Martigues und zum Etang de Berre gelangen.
Trotz der vielen Fabrikanlagen gibt es im Golfe de Fos zahlreiche attraktive Yachthäfen und Ankerplätze. Am Liegeplatz angelangt, ist die Atmosphäre sehr viel angenehmer, als es der Blick von See her vermuten lässt.
Hinweis: Bei Flaute können der Rauch und die Abgase der petrochemischen Industrie die Sicht erheblich einschränken.
Bei Mistral und starken S-lichen Winden entsteht im Golfe de Fos eine unangenehme, steile See, die in keinem Verhältnis zur Windstärke steht.
Die Berufsschifffahrt hat im Golf stets Vorfahrt.

They de la Gracieuse

Die Kardinaltonne N GN (Q) bezeichnet die Untiefen im N von They de la Gracieuse.
Die flache Sandbank, die sich von W in den Golf erstreckt, bietet einen exzellenten, vor S-lichen Winden geschützten Ankerplatz. Die Wassertiefen nehmen recht abrupt von 4–5 m auf weniger als 1 m ab, sodass Vorsicht geboten ist. Ankern Sie auf 5–8 m Tiefe über schlammigem Grund.

Port de Carteau

WP 43°22'N 004°51'E
Beginn des Fahrwassers WP 43°23,25'N 004°52,5'E
Karten: D 595, D 336, F 6684

Ansteuerung

Das große Hafenbecken am W-Ufer des Golfs ist über ein ausgetonntes, mindestens 4 m tiefes Fahrwasser zu erreichen.
Auffällig: Über They de la Gracieuse ist der weiße Leuchtturm mit roter Spitze an der Einfahrt in den Seekanal von Port St-Louis auszumachen. Später sind Fahrwassertonnen unmittelbar S-lich des Wellenbrechers zu erkennen.
Nachts sollte man trotz der Richtfeuerlinie 243° und der Leuchttonnen nicht einlaufen. Macht man es dennoch, sind das Einfahrtsfeuer zum Canal St-Louis Q.WR.11/8M sowie die beiden äußeren Leuchttonnen Fl.R.4s und Fl.G.4s zu nutzen. Die Richtfeuer mit jeweils Q.7M führen in Linie 243° in den Hafen.
Hinweis: Das Fahrwasser wurde auf 4 m Tiefe ausgebaggert, versandet aber immer wieder.

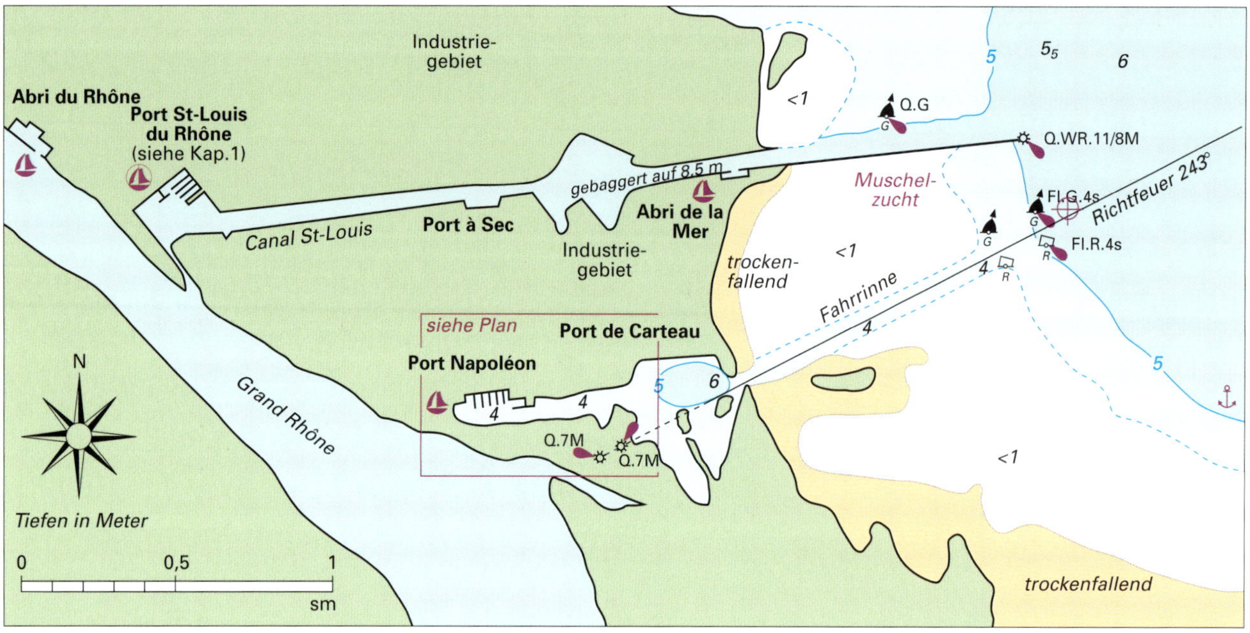

Canal St-Louis und Port de Carteau (WP 43°22'N 004°51'E)

Port Napoléon

WP 43°22,64'N 004°49,88'E

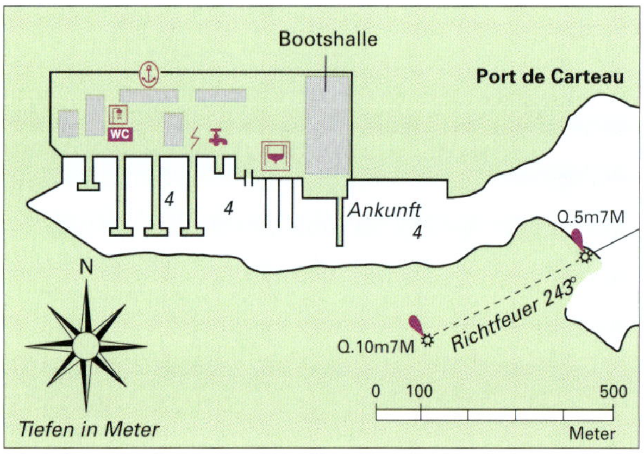

Allgemeines

Außer Deutsch und Französisch wird hier Englisch, Italienisch und Spanisch gesprochen. Der Hafen bietet sich zum Slippen an, denn das Personal ist sehr hilfsbereit und sympathisch. Außerdem gibt es gute Voraussetzungen zum Stellen und Legen des Mastes. Andererseits liegt der Hafen fern jeglichen touristischen Amüsements.

Ansteuerung

Der Hafen schließt sich im W an den Port de Carteau an.

Liegeplätze

Es gibt 350 bei jedem Wetter geschützte Liegeplätze für Yachten bis 25 m Lüa und max. 4 m Tiefgang, außerdem 2000 Landstellplätze.

Fragen Sie am Empfang nach einem freien Platz. Man liegt an Querschlengeln oder mit Mooringleinen. Guter Rundumschutz. Der Hafenmeister verlangt ein Liegegeld der Kategorie 2–3 und ist von 0800–1800 Uhr auf UKW-Kanal 74 zu erreichen.

Infos: Tel. 04 42 48 41 21, Fax 04 42 86 06 63 oder E-Mail: sales@port-napoleon.com

Versorgung

Wasser- und Stromanschlüsse sowie Duschen und Toiletten sind vorhanden, zudem ein Waschsalon. Treibstoff wird bei Bedarf geliefert.

Es stehen ein 65-t-Travellift sowie Landstellplätze für etwa 2000 Yachten, darunter etwa 100 überdachte Platze für Yachten bis 40 m zur Verfügung. Reparaturen an der Mechanik sowie Arbeiten mit GFK und Holz können ausgeführt werden. Yachtausrüster sind am Ort. Lebensmittel und Restaurants findet man in Port St-Louis-du-Rhône.

Auf dem Hafengelände gibt es eine Cafeteria. Das Hafenbüro bietet Telefon-, Fax- und E-Mail-Benutzung sowie einen Transfer nach Port St-Louis an.

Port Abri de la Mer

43°23,5'N 004°52,3'E (Einfahrt in den Canal de St-Louis)/Karten: D 595, D 336, F 6693, F 6684, F 6767

Dieses Yachtbecken befindet sich am E-Ende des Canal de St-Louis. Der Yachthafen ist meistens mit örtlichen Yachten gefüllt, und man wird Sie nach Port St-Louis weiterschicken. Der 1,5–2 m tiefe Hafen verfügt über 40 Liegeplätze für Yachten bis 10 m Lüa.

Port St-Louis-du-Rhône

43°23,1'N 004°48,3'E (Leuchtfeuer Tour St-Louis)

Das Hafenbecken im W des Canal de St-Louis ist durch eine Schleuse mit der Rhône verbunden (Einzelheiten siehe „Binnenwasserstraßen des Südens").

Port-de-Fos

Dieser riesige Handelshafen für petrochemische Produkte und Schwerindustrie befindet sich im Nordwesten des Golfe de Fos. Yachten sollten nicht versuchen, in diesen Hafen einzulaufen, der ausschließlich der Handelsschifffahrt vorbehalten ist. Hier werden jährlich 60 Millionen Tonnen Ladung umgeschlagen, sodass Port-de-Fos zusammen mit dem Partnerhafen Marseille, der 30 Millionen Tonnen umschlägt, nach Rotterdam der zweitgrößte Hafen Europas ist.

Fos-sur-Mer (St-Gervais)

WP 43°25,6'N 004°56,4'E
Karten: D 595, D 336, F 6684, F 6767

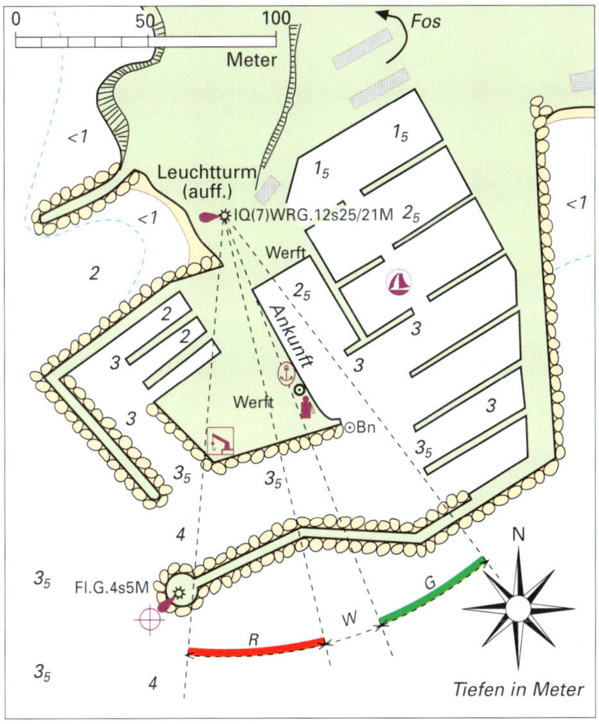

Allgemeines

Der Hafen im Schatten der Schwerindustrie, deren ätzende Abgase die Luft unerträglich machen, fristet sein Dasein als „Naherholungsgebiet". Die alte Ortschaft Fos-sur-Mer auf einem felsigen Hügel im Inland wirkt wie eine Perle inmitten eines albtraumhaften Industriekomplexes mit Schornsteinen, Rohren und Tanks.

Die Namen der Häfen Fos bzw. Fos-sur-Mer leiten sich ab aus Fossés Mariennes; fossé bedeuetet so viel

Fos-sur-Mer – der ungewöhnliche Leuchtturm bildet eine gute Landmarke

wie Öffnung oder Kanal. Römische Legionäre des Marius gruben 102 v. Chr. vom heutigen Golfe de Fos bis zur Rhône bei Arles einen Kanal, damit Galeeren die römischen Garnisonen an der Rhône erreichen konnten. An die Zeit der Römer erinnert eigentlich wenig in Fos-sur-Mer, aber es gibt zahlreiche mittelalterliche Gebäude, und im Gegensatz zu der rein industriellen Umgebung ist es hier erstaunlich ruhig und grün.

Ansteuerung

Auffällig: Die alte Ortschaft Fos-sur-Mer, die von einer Stadtmauer umgeben auf einem kleinen Felshügel thront, ist leicht zu erkennen. Die Kirche auf der Hügelspitze bildet eine gute Landmarke. Später kann man den schlanken, 45 m hohen grauen Leuchtturm mit grüner Spitze von St-Gervais ausmachen, und die ungewöhnliche Architektur des Hafenbüros wird sichtbar. Auch die Hafenmolen und der Leuchtturm sind leicht zu erkennen.

Nachts bleibt man im weißen Sektor 340°–348° des Leuchtturms St-Gervais IQ(7)WRG.12s25/21M. Die Hafeneinfahrt ist mit Fl.G.4s7m5M befeuert. Das Hafenbüro ist Tag und Nacht auf UKW-Kanal 09 zu erreichen.

Gefahren: Bei Mistral oder stärkeren S-lichen Winden entsteht in der Ansteuerung und der Einfahrt eine unangenehme See.

Liegeplätze

Von den 840 Liegeplätzen stehen 35 für Gäste zur Verfügung. Der Hafen ist 1,5–3 m tief und eignet sich für Yachten bis 13 m Lüa. Man macht am Empfangskai an der kleinen Hafenmole fest und erkundigt sich nach einem freien Platz. Im äußeren Becken gibt es Mooringleinen.

Nur bei starken S-lichen Winden steht Schwell in die Hafeneinfahrt, ansonsten bietet der Hafen guten Schutz.

Es gibt einen Hafenmeister und Marinapersonal; Liegegeld der Kategorie 2/3.
Infos: Tel. 04 42 47 70 57 oder Fax 04 42 05 34 58.

Versorgung

Jeder Liegeplatz hat Wasser- und Stromanschluss. Toiletten und Duschen sind vorhanden.
Treibstoff bekommt man am Kai beim Hafenbüro. Ein 20-t-Kran steht zur Verfügung, und es können Reparaturen an Mechanik, Elektrik und Elektronik ausgeführt werden. Ein Yachtausrüster ist am Ort.
In Hafennähe gibt es nur beschränkt Lebensmittel zu kaufen, bessere Auswahl findet man in der Ortschaft, die zu Fuß 30 Minuten entfernt ist; Bars und Restaurants sind am Hafen.
Die Post und eine Bank befinden sich im Ort; es verkehren Busse nach Port-de-Bouc und Martigues.

Port-de-Bouc

WP 43°23,8'N 004°59,1'E
Karten: D 595, D 336, F 6684, F 6767, F 6907

Allgemeines

Port-de-Bouc ist die Schlafstadt der zahlreichen Beschäftigten aus der nahen Petrochemie.
Zwischen der roten Leuchtbake Tasques vor der Hafeneinfahrt zum Port-de-Bouc bis zur roten Leuchttonne 4 im Etang de Berre, einschließlich Canal de Caronte, ist das Fahren nur unter Segeln verboten.

Ansteuerung

Die beiden Yachtbecken liegen W-lich bzw. NW-lich des großen Ölhafens Lavéra. E-lich davon liegt die Einfahrt in den Canal de Caronte, der nach Martigues und zum Etang de Berre führt.

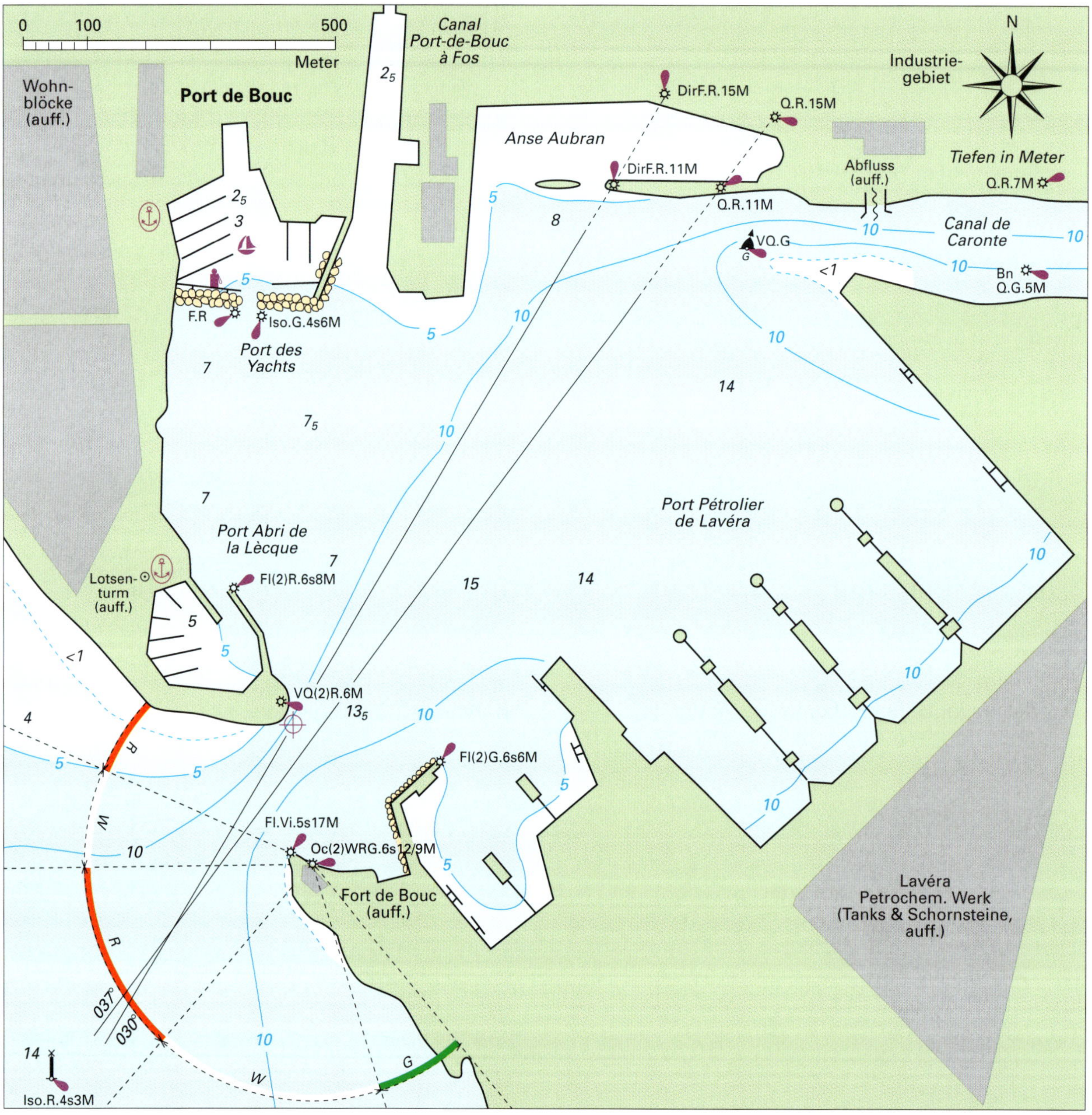

Auffällig: Gute Landmarken bilden die großen Gebäude und die vier Schornsteine des Elektrizitätswerks Les Cléments sowie unzählige Öltanks und Schornsteine der Raffinerie im SE von Port-de-Bouc. Wohnhäuser und das Fort de Bouc an der S-Seite der Hafeneinfahrt sind erst später zu erkennen. Die Lotsenstation, ein hoher Turm mit „Golfball"-Spitze steht im N der Einfahrt.
Nachts steuert man nach dem Leuchtturm St-Gervais IQ(7)WRG.12s25/21M, bis die Feuer von Port-de-Bouc in Sicht kommen. Man nutzt das Feuer auf dem Fort de Bouc Oc(2)WRG.6s12/9M und der Hafeneinfahrt (VQ(2)R.14m6M und Fl.Vi.5s8m17M). Zwei Richtfeuerlinien führen in den Hafen:
- 030°: Unterfeuer DirF.R.11m11M, Oberfeuer DirF.R.17m15M.
- 037°: Unterfeuer DirQ.R.11m11M, Oberfeuer DirQ.R.16m15M.

Die Hafenbehörde ist auf den UKW-Kanälen 12 oder 16, der Yachthafen auf 09 zu erreichen.
Hinweis: Die Berufsschifffahrt hat in den Ansteuerungen und im Hafen stets Vorfahrt. Lotsenversetzboote und Schlepper laufen meist mit voller Geschwindigkeit ein und aus – Vorsicht!

Liegeplätze
Die beiden Yachthäfen, Port Abri de la Lècque und Port des Yachts, liegen im W-Teil von Port-de-Bouc. Das Ankern im Hafenbereich ist verboten.
Port Abri de la Lècque: Dieses Yachtbecken im N der Hafeneinfahrt wird auch von den Lotsenversetzern und lokalen Fischern genutzt. Wegen des Schwells der ständig ein- und auslaufenden Lotsen liegt man sehr unruhig.
Port des Yachts heißt das 2–5 m tiefe Yachtbecken im NW des Port-de-Bouc. Hier stehen insgesamt 450 Liegeplätze einschließlich der 20 Gastplätze für Yachten bis 16 m Lüa zur Verfügung.
Man macht an einem zugewiesenen Platz oder am ersten Schwimmsteg fest und meldet sich im Hafenbüro. Mooringleinen am Kai oder an Bojen. Der Schutz im Hafen ist bei jedem Wetter gut.
Behörden: Zoll und Einwanderungsbehörden sind am Ort. Es gibt einen Hafenmeister und Marinapersonal. Liegegeld der Kategorie 2.
Infos: Tel. 04 42 06 38 50 oder Fax 04 42 06 42 11.

Versorgung (Port des Yachts)
Strom und Wasser an jedem Liegeplatz. Toiletten und Duschen befinden sich in einem Sanitärblock. Treibstoff ist am Kai hinter der Einfahrt erhältlich. Möglichkeiten zum Slippen für Yachten bis 16 t und einfache Reparaturen vorhanden, Yachtausrüster.
Im Ort gibt es eine gute Auswahl an Lebensmitteln sowie Bars und Restaurants. Die Post, eine Bank und Bus- bzw. Bahnverbindungen nach Marseille stehen zur Verfügung.

Canal Port-de-Bouc à Fos
Dieser Kanal verbindet Port-de-Bouc mit Port-de-Fos und verläuft parallel zur Küstenlinie. Sportbooten ist die Benutzung untersagt.

Canal de Caronte
Der Kanal führt von der NE-Ecke des Port-de-Bouc nach Martigues und zum Etang de Berre. Die Kanaleinfahrt, nur schwer zu erkennen, liegt E-lich der grünen Leuchttonne Aubran (VQ.G). Hält man sich bei der Einfahrt in den Kanal N-lich dieser Tonne, bleibt man frei vom untiefen Bereich innerhalb des Kanals vor dem S-lichen Kanalufer. Die Unmengen Abwasser stammen von der Fabrik am N-lichen Hafenrand.
Die ständige W-liche Strömung im Kanal beträgt meist weniger als 1 kn, kann aber 2–3 kn erreichen. Das Fahrwasser ist mit Leuchttonnen und -baken bezeichnet, sodass der Kanal auch nachts befahren werden kann.
Auf halber Länge wird der Kanal von einer Eisenbahndrehbrücke überquert. Die Durchfahrtshöhe unter dem N-lichen und höchsten Bogen beträgt 21 m; unter den anderen Bögen befinden sich Hindernisse. Kurz vor Martigues führt eine moderne Autobahnbrücke mit einer Durchfahrtshöhe von 44,5 m über den Kanal. Eine Klappbrücke führt über die Zufahrt zum Etang de Berre. Der Kanal wird von kleinen Frachtern und Schuten genutzt, die zum Handelshafen im E des Etang de Berre fahren. Die Berufsschifffahrt hat im Kanal stets Vorfahrt.
Nachts ist Le Calens am N-Ufer mit Q.R.3M, am S-Ufer mit Q.G.4M befeuert; La Gafette ist am N-Ufer mit Fl.R.4s7M, am S-Ufer mit Fl.G.4s4M, im SW mit Q.6M und im SE mit Q(9)15s6M befeuert.

Martigues
WP 43°24,3'N 005°03,1'E
Karten: D 595, D 336, F 6907, F 6684

Allgemeines
Abgesehen von der industriellen Umgebung und den modernen Wohnblocks, die das architektonische Thema des Rathauses wiederholen, kann man auch heute noch nachvollziehen, warum Martigues im 19. Jahrhundert als das „Venedig der Provence" bezeichnet wurde. Erste Siedlungen wurden in grauer Vorzeit gegründet, doch erst 1581 schlossen sich die drei Fischerorte Ferrières, L'Île und Jonquières zu der Stadt Martigues zusammen. Die lange Geschichte als Fischerei- und Handelshafen ist bis heute präsent geblieben.

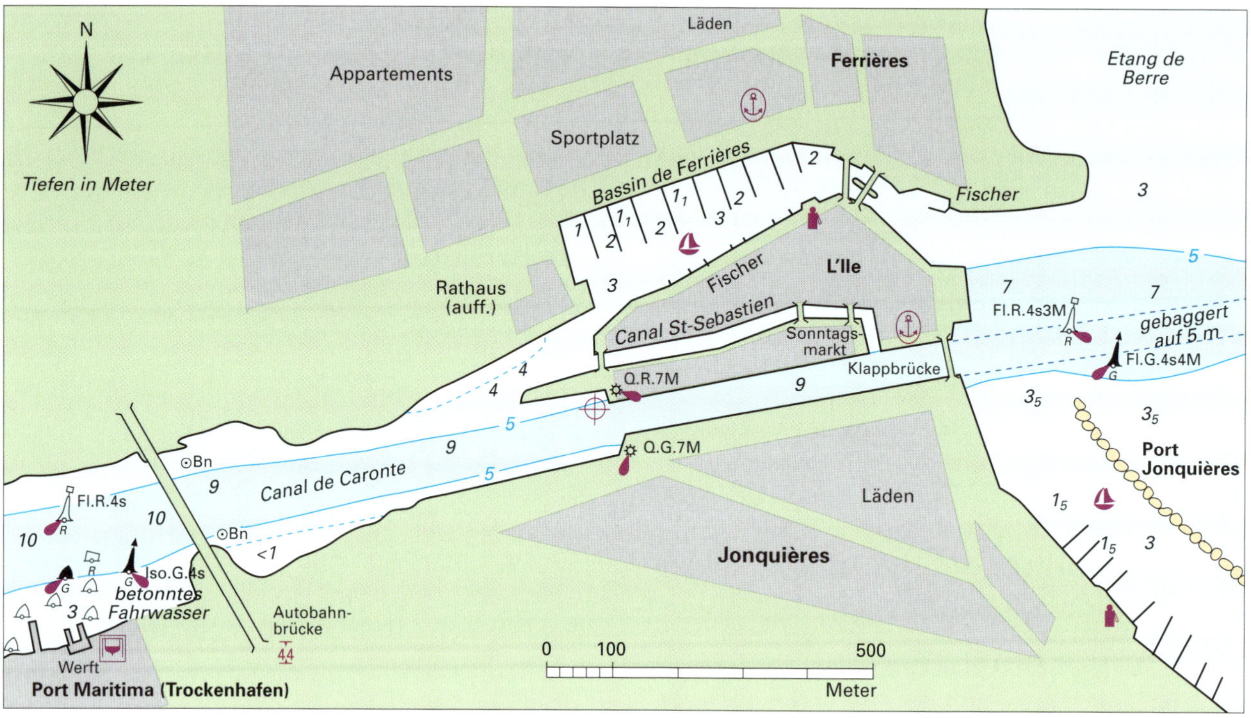

Alexandre Dumas beschrieb anlässlich eines Besuchs die besondere Bedeutung der Fischerei für die Stadt, in der Straßen und Kanäle gleichermaßen am lebhaften Alltag beteiligt waren. Auf Schritt und Tritt traf er auf fischende oder angelnde Frauen, Männer und Kinder, sah Boote wie Kutschen durch die Kanäle fahren und nahm stets den Geruch trocknender Netze wahr. Besonders beeindruckte ihn die Tatsache, dass der Fisch für die Bevölkerung seit 2000 Jahren Lebensgrundlage war und ist. Dumas erfuhr, dass man sich in der Provence auf Kosten der Leute aus Martigues lustig machte, etwa wie bei uns zulande über die Ostfriesen. Und man kann feststellen, dass die Marseillaiser noch heute so über sie denken.

Allgemein bekannt wurde Martigues im späten 19. Jahrhundert durch eine Reihe von Künstlern, deren bedeutendster der Maler Felix Ziem war. Es waren besonders Motive des Stadtteils L'Île, die in seine Werke eingingen und heute im Ziem Museum zu besichtigen, aber auch noch in L'Île wiederzufinden sind. So beispielsweise der Blick von der Brücke über den Canal St-Sebastien, „Miroir aux Oiseaux", grob übersetzt mit „Spiegel der Vögel". Beliebt ist auch ein Besuch des sonntäglichen Marktes mit einem abschließenden Pastis oder Bier im Café Le Flash in Ferrières.

Ansteuerung

Martigues liegt an der Mündung des Canal de Caronte in den Etang de Berre. Etwa 500 m E-lich der hohen Autobahnbrücke befindet sich die Einfahrt ins Bassin de Ferrières mit dem Yachthafen am N-lichen Kanalufer. Dort steht auch das hässliche, ultramoderne Rathaus.

Nachts Die Kanaldurchfahrt, die Traversée de Martigues, ist mit Q.R.3M am N-Ufer und am S-Ufer von Jonquières mit Q.G.3M befeuert.

Liegeplätze

320 Plätze für Yachten bis 12 m Lüa, darunter 15 für Gäste, stehen im 1–3 m tiefen Hafen zur Verfügung. Manchmal finden auch größere Yachten einen Platz. Man macht an einem freien Platz fest und meldet sich im Clubbüro im N des Hafenbeckens. Mooringleinen an den Schwimmstegen oder an Bojen. Der Hafen ist bei jedem Wetter gut geschützt. Vom Hafenmeister wird ein Hafengeld der Kategorie 3 erhoben.

Infos: Tel. 04 42 44 34 00 oder Fax 04 42 44 32 98.

Hinweis: Die Liegeplätze an der S-Seite des Bassin de Ferrières, dem N-Ufer von L'Île, sind den Fischern vorbehalten.

Weitere Yachtliegeplätze sind am N-Ufer vor dem Canal de Marseille au Rhône zu finden, doch hier ist es wegen des Schwells der vorbeifahrenden Schiffe sehr unruhig. Im Canal de St-Sebastien gibt es nur Privatliegeplätze.

Versorgung

Jeder Liegeplatz hat einen Strom- und Wasseranschluss. Treibstoff ist im SE des Hafenbeckens zu bekommen.

Geslippt werden kann nur im Port Maritima, wo auch Yachtausrüster und Segelmacher zu finden sind.

Die Stadt bietet eine große Lebensmittelauswahl, am

Sonntagvormittag findet ein Markt statt. Stangeneis ist erhältlich. In den Stadtteilen L'Île, Ferrières und Jonquières findet man verschiedene Restaurants.
Es gibt eine Post und Banken. Busse und Züge verkehren nach Marseille. Vom nahen Flughafen Marignane starten Flüge ins In- und Ausland.

Port Maritima/Martigues

Der Port Maritima, der Trockenhafen von Martigues, liegt am S-Ufer des Canal de Caronte, W-lich der Autobahnbrücke. Hier gibt es über 1000 Landstellplätze. Die Ansteuerung ist ausgetonnt und mindestens 3 m tief. Man kann am Schlengel beim 16-t-Bootslift festmachen.
Wasser und Strom sowie Duschen und Toiletten auf der Werft stehen zur Verfügung.
Am Ort sind ein Segelmacher, ein Yachtausrüster, mehrere Eisenwaren- und Werkzeugläden sowie ein Heimwerkersupermarkt. Es werden Reparaturen an Mechanik und Maschine, Elektrik und Elektronik und an GFK- bzw. Holzrümpfen ausgeführt. Der einzige Nachteil der Werftliegeplätze ist die Entfernung zur Stadt.
Informationen erhalten Sie beim Port Maritima, Rue Frédéric-Sauvage, ZI Sud, 13500 Martigues, Tel. 04 42 07 00 00, Fax 04 42 07 29 54 bzw. während der Geschäftszeiten auf UKW-Kanal 09.

Brücke Martigues

Die Hubbrücke führt über das E-liche Ende des Canal de Caronte am Etang de Berre. Sie öffnet morgens und abends sowie zusätzlich auf Verlangen der Berufsschifffahrt. Die exakten Öffnungszeiten sind im Büro bei der Brücke zu erfahren.
Die an beiden Seiten der Brücke gezeigten Verkehrssignale haben die folgenden Bedeutungen:
F.R: Die Brücke ist geschlossen.
F.Y: Die Brücke wird geöffnet.
Fl.G/F.G: Die Brücke ist geöffnet und die Durchfahrt erlaubt.
E-lich der Brücke bezeichnen rote und grüne Tonnen den auf 9 m gebaggerten Tiefwasserweg in den Etang de Berre.

Etang de Berre

WP 43°24,4'N 005°03,9'E

Der Salzwassersee von etwa 16 km Länge und 14 km Breite mit Wassertiefen von 5–9 m bietet eine Reihe kleinerer Yachthäfen. Im E des Sees hat sich ein großer Industriekomplex angesiedelt; hier befindet sich auch der Marseiller Flughafen Marignane. Am S-Ufer liegt ein weiteres Industriegebiet. Das W-Ufer

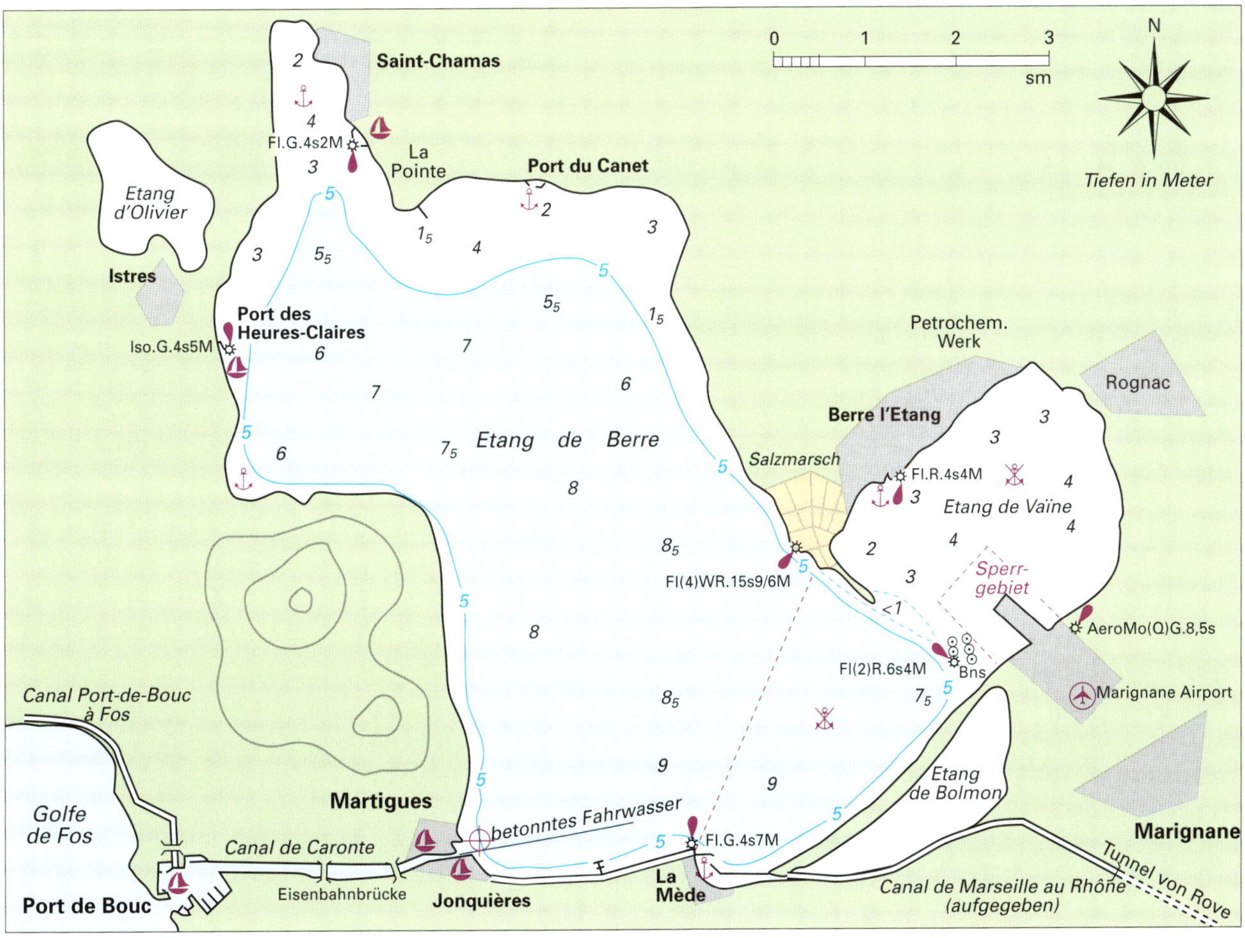

und die Baie de St-Chamas in N des Sees sind für Yachtsportler attraktiv.
Da die Wassertiefen vergleichsweise gering sind, entsteht bei stärkeren Winden eine tückische, kurze See. Der Mistral wird durch die Berge abgelenkt und verstärkt, sodass er aus N bis NNE den Etang de Berre erreicht und jeden Segler vertreibt. Bei S-lichen Winden liegt der See durch die hohe Küste einigermaßen geschützt, aber im ungeschützten N-Teil ist es dann sehr unruhig.

Port de Jonquières

WP 43°24,4'N 005°03,7E
Karten: D 595, D 396, F 6907, F 6684

Allgemeines

Port de Jonquières ist eigentlich nicht für Gastyachten eingerichtet, sodass fast alle Besucher im Bassin de Ferrières festmachen.

Ansteuerung

Die kleine Marina liegt am Ende des heute gesperrten Canal de Marseille au Rhône bei Martigues. Bis zum Jahre 1963, als ein Teil des langen Tunnels von Rove zusammenstürzte, benutzten die Penichen den Kanal von der Rhône nach Marseille. Seitdem ist er außer Betrieb.
Nachts ist die Einfahrt nicht befeuert, aber das Fahrwasser durch den Etang de Berre, das genau davor endet, ist mit Fl.R.4s und Fl.G.4s bezeichnet.

Liegeplätze

220 Liegeplätze für Yachten bis 12 m Lüa, davon 10 Gastplätze. Wassertiefen 1–3 m.
Man macht an einem freien Platz zum Ende eines Schlengels hin fest (die Wassertiefen nehmen zum Land hin schnell ab) und meldet sich im Club, um sich einen Platz zuweisen zu lassen. Der äußere Teil des ehemaligen Kanals ist 3,5 m tief, zum Ufer hin nimmt die Wassertiefe aber auf 1 m und weniger ab. Der Schutz im Hafen ist besser, als es zunächst den Anschein hat; bei starkem Mistral werden die äußeren Liegeplätze aber recht ungemütlich. Es gibt einen Hafenmeister. Liegegeld: Kategorie 2–3.
Infos über CNM Jonquières: Tel. 04 42 81 17 46 oder Fax 04 42 07 33 44.

Versorgung

Wasser an jedem Liegeplatz, Stromanschlüsse können gelegt werden.
Es gibt eine Kranmöglichkeit, aber nur wenige Landstellplätze. Gute Versorgungsmöglichkeiten sowie Bars und Restaurants befinden sich in der Nähe.

Port des Heures-Claires

WP 43°29,9'N 005°00,0'E
Karten: D 596, F 6907

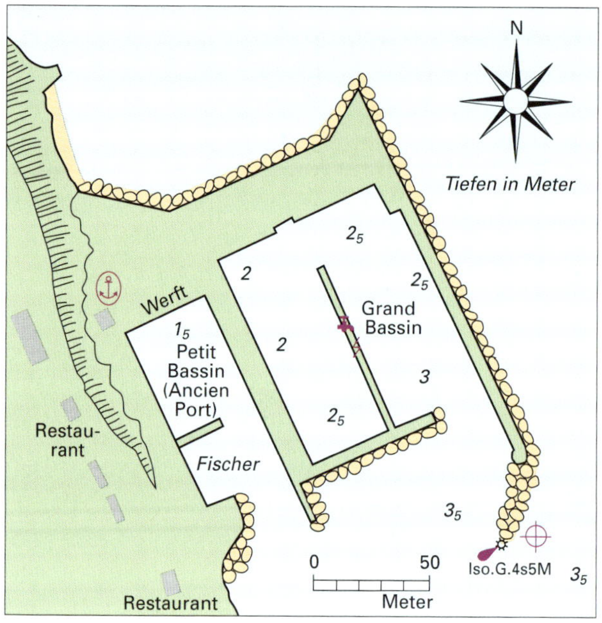

Allgemeines

Der Hafen am Fuß von steilen, mit Pinien bewachsenen Berghängen ist ein unerwartet ruhiger Platz.

Ansteuerung

Der Hafen liegt am NW-Ufer des Etang de Berre. Unterhalb der steilen Hänge sind die Hafenmolen und die Masten der Yachten im Hafen leicht zu erkennen. Der Molenkopf ist mit Iso.G.4s5M befeuert. Im Sommer ist die Marina von 0800–1200 und von 1400–1800 Uhr auf den UKW-Kanälen 09 oder 16 zu erreichen.

Liegeplätze

Es stehen 255 Liegeplätze zur Verfügung, davon 30 für Gastyachten. Sie eignen sich für Yachten bis 12 m Lüa. Wassertiefe 1,5–3 m. Man macht an einem zugewiesenen oder freien Platz fest und meldet sich im Büro. Der Hafen bietet guten Schutz; Liegegeld: Kategorie 2.
Infos: Tel. 04 42 55 51 73 oder Fax 04 42 56 11 00.

Versorgung

Jeder Liegeplatz hat Wasser und Strom. Der Hafen selbst bietet wenige Versorgungsmöglichkeiten, nur eine Bar und ein paar Restaurants sind in der Nähe. Lebensmittel und Treibstoff bekommt man nur im 4 km entfernten Istres.

St-Chamas

WP 43°32,6'N 005°02'E
Karten: D 596, F 6907

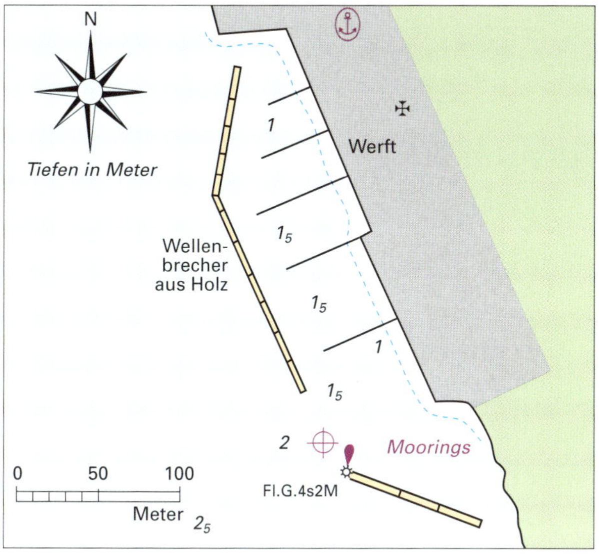

St-Chamas ist ein kleiner Ort an der N-Spitze des Sees. Beste Landmarke ist die mittelalterliche Siedlung Miramas auf einem Felshügel im W des Ortes. Der auffällige Kirchturm ist vor den Kalksteinfelsen gut auszumachen.

Der ***Vieux Port*** ist ein winziges Hafenbecken in der Altstadt. Die Zufahrt ist wegen Versandung nur Fahrzeugen mit weniger als 1 m Tiefgang möglich. N-lich der Einfahrt liegen zwei aufgegebene Ferrozementyachten.

Der ***Nouveau Port*** liegt im SE der Stadt. Der Wellenbrecher in Holzbauweise und die Yachtmasten sind gut erkennbar, der Kopf der S-Mole ist mit Fl.G.4s2M befeuert. Die Hafenansteuerung ist 1,5–2 m tief; die Tiefen im Hafen nehmen von 2 m im äußeren Bereich bis auf 1 m in Ufernähe ab. Es gibt 280 Liegeplätze für Yachten bis 12 m, darunter etwa 30 für Gäste; die Tiefen betragen 1–1,8 m. Man macht an einem zugewiesenen oder freien Platz fest.

Infos: Tel. 04 90 44 52 00 oder Fax 04 90 44 52 52.

Versorgung

In St-Chamas findet man eine gute Auswahl an Lebensmitteln und Restaurants.

Port du Canet (Port de Beau-Rivage)

WP 43°31,6'N 005°04,8'E

Der kleine Hafen liegt im E des Wasserkraftwerks, wo der Fluss Durance in den See mündet. Der hohe Turm des Kraftwerks ist eine gute Landmarke.

Die 60 Liegeplätze eignen sich für Yachten bis 12 m Lüa und 1–2 m Tiefgang. Die Wassertiefen nehmen von 2 m in der Hafeneinfahrt auf 1–1,8 m im Inneren

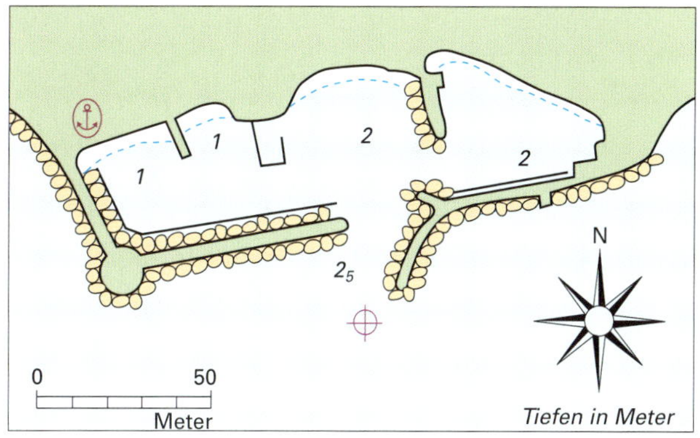

ab. Im Hafen gibt es Wasser und Strom; eine Tankstelle und Restaurants liegen an der Küstenstraße in Hafennähe.

Etang de Vaïne

Der Etang de Vaïne ist der E-liche Teil des Etang de Berre, von dem er durch eine lang gestreckte Untiefe, die von La Pointe fast bis zum S-Ufer (dem Flughafen Marignane) verläuft, abgetrennt ist. Die 3–5 m tiefe Durchfahrt, Passe de Marignane, wird von Baken markiert, die W-liche Seite wird von einem Leuchtpfahl (Fl(2)R.6s6m4M) bezeichnet, die W-liche Seite wird von einem Leuchtpfahl (Fl(2)R.6s6m 4M) bezeichnet.

In diesem See besteht wegen der Pipelines Ankerverbot, außerdem existiert ein Sperrgebiet im Bereich des Flughafens Marignane. Die beiden kleinen Häfen Berre l'Etang und Rognac können nur von Booten mit weniger als 1 m Tiefgang angelaufen werden.

Berre l'Etang

43°28,3'N 005°10,2'E

Der kleine Hafen am NW-Ufer des Etang de Vaïne ist 1–1,5 m tief; die Ansteuerung wird ständig ausgebaggert. Trotz der unmittelbaren Nähe zur petrochemischen Industrie sind der Hafen und die Ortschaft durchaus einladend.

Rognac

Dieser kleine Hafen ist größtenteils flacher als 1 m. Das nahe gelegene riesige Industriegebiet und der ohrenbetäubende Lärm der startenden und landenden Maschinen von Marignane stören doch gewaltig. Trotzdem kann – man glaubt es kaum – in Rognac ein kleines Wassersportzentrum anscheinend irgendwie überleben.

La Mède

43°24,3'N 005°07,1'E (Leuchtturm Port de la Mède)

Der ehemalige Hafen des Canal de Marseille au Rhône liegt im E der Felsen Les Trois Frères

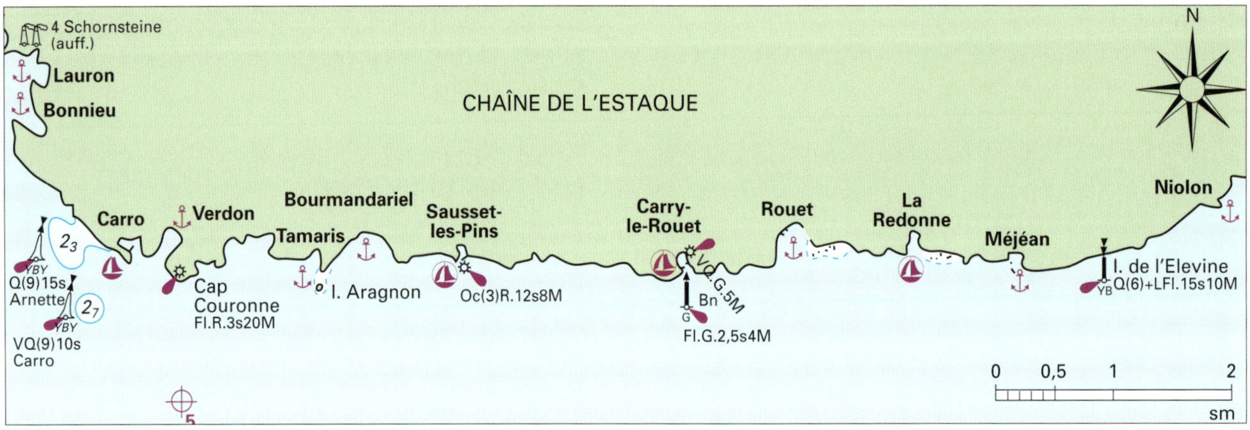

La Côte Bleue – von Port Carro bis Niolon (Angaben zum Wegpunkt siehe Seite 112)

(Fl.G.4s20m7M) am S-Ufer des Etang de Berre. Er ist Liegeplatz einiger einheimischer Yachten, und die ansässige kleine Werft hat einen Slip. Die Umgebung macht einen etwas heruntergekommenen und deprimierenden Eindruck.

La Côte Bleue

Der Küstenabschnitt zwischen Martigues und Marseille, die Côte Bleue, wird durch die parallel zur Küste verlaufende Chaîne de l'Estaque, einer Kette von schroffen Kalksteinhügeln, und die zahlreichen Naturhäfen, den „Calanques", geprägt. Diese fjordähnlichen Küsteneinschnitte entstanden im harten Kalkstein über Jahrtausende durch das stetig anbrandende Meer und bieten einen spektakulären Anblick. Die teilweise direkt am Ufer geführte Bahnlinie ist für jeden Fan des Schienenverkehrs ein Muss.

Ankerplätze zwischen Port-de-Bouc und Port de Carro

Die meisten der Ankerplätze im E des Golfe de Fos sind vor E-lichen Winden gut geschützt, dem Mistral und W-lichen Winden dagegen voll ausgesetzt.

Anse de Canal-Vieil (43°23,31'N 004°59,35'E, WGS 72). Diese Bucht etwas S-lich vom Fort de Bouc liegt genau zwischen dem Industriegebiet von Lavéra und der Pointe de Canal-Vieil.

Port de Ponteau (43°22,21'N 005°00,45'E, WGS 72). Die größtenteils sehr flache Bucht liegt etwa 1,5 sm S-lich von Canal-Vieil. Auch hier ist die Umgebung stark industriell geprägt.

Anse de Lauron (43°21,4N 005°01,1'E). Die Bucht im S des Elektrizitätswerkes Les Cléments, zu erkennen an vier hohen Schornsteinen, bietet im N einen kleinen Hafen zur Versorgung des Werkes. Im SE-Teil der Bucht liegen einheimische Yachten an Mooringbojen. Man ankert auf 2–6 m Tiefe. Die Gaststätte hat nur im Sommer geöffnet.

Der Molenkopf ist mit Fl(3)WR.12s9/6M befeuert, im Inneren liegt eine grüne Leuchttonne (Fl(3)G.12s).

Anse de Bonnieu (43°20,89'N 005°01,07'E, WGS 72). Die kleine Bucht im S von Lauron ist ein Revier der FKK-Freunde.

Ragues d'Arnette und Ragues de Carro

Die beiden flachen Abschnitte mit 2,5 bzw. 2,7 m Tiefe vor der Küste von Carro sind mit zwei Kardinaltonnen W markiert: Arnette (Q(9)15s) und Carro (VQ(9)10s).

Bei ruhigem Wetter kann man die Tonnen landseitig passieren, aber schon bei wenig Dünung sollte man die Tonnen mit sicherem Abstand seeseitig runden.

Port de Carro

WP 43°19,8'N 005°02,6'E

Karten: D 595, D 336, F 6684, F 6767

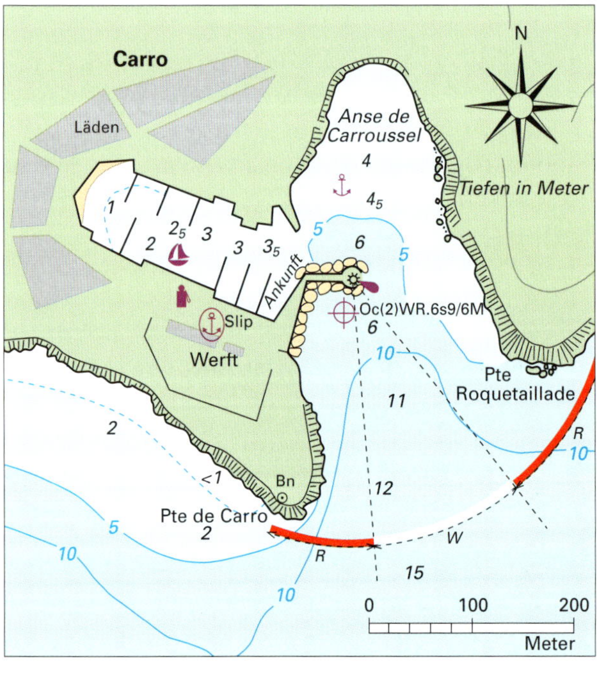

Allgemeines

Carro ist ein schmuckloser Fischereihafen, dessen Fischgeruch nicht gerade einladend wirkt.
Die Einrichtungen des großen Trockenhafens auf dem S-lichen Vorland wird von vielen Skippern und auch von Fischern genutzt, um das Boot zu Wasser zu lassen oder wieder aufzuslippen.
Damit gibt es eine Alternative zum Port Maritima am Canal de Caronte.

Ansteuerung

Auffällig: Eine gute Landmarke bei der Ansteuerung aus E und W bildet der weiße Leuchtturm mit roter Spitze, der auf Cap Couronne steht. Auch die beiden Tonnen, die die Untiefe im SW der Pte de Carro bezeichnen, sind gut auszumachen. Später kommt die weiße Signalstation auf Cap Couronne in Sicht. Die kleine Bake auf der Pte de Carro und die Hafenmole sind dagegen nur aus der Nähe zu erkennen.
Nachts navigiert man nach dem Feuer auf Cap Couronne Fl.R.3s34m20M. Die Hafeneinfahrt ist mit Oc(2)WR.6s9/6M befeuert. Eine sichere Ansteuerung im weißen Sektor ist mit einem Kurs von 322°–355° möglich.
Gefahren: Von den oben genannten Untiefen Ragues d'Arnette und Ragues de Carro muss man sich gut freihalten. Bei starken S-lichen Winden wird das Einlaufen durch eine kabbelige See in der Einfahrt erschwert.

Liegeplätze

In dem 1–5 m tiefen Hafen gibt es 200 Plätze für Yachten bis 11 m Lüa, darunter 20 für Gäste.
Man macht an einem freien oder zugewiesenen Platz fest und erkundigt sich im Hafenbüro nach einem endgültigen Liegeplatz; alle Plätze sind gut geschützt.
Der Hafenkapitän verlangt ein Liegegeld der Kategorie 3. Infos: Capitainerie Carro, Tel. 04 42 80 76 28.
Ankerplatz: In der Anse de Carroussel sind mehrere Mooringbojen ausgelegt; sonst kann man auf 3–6 m Tiefe ankern.

Versorgung

Am Kai gibt es mehrere Wasseranschlüsse; Strom (220 V / 380 V) kann im S-lichen Hafenteil gelegt werden. Duschen und Toiletten sind vorhanden. Treibstoff bekommt man nahe des Kais an der S-Seite. Im S des Hafens befindet sich ein großes Werftgelände. Hier gibt es einen 50-t-Slip und einen 6-t-Kran. Die meisten mechanischen Teile sowie Motoren und GFK- bzw. Holzrümpfe können repariert werden. Ein Yachtausrüster ist am Ort.
Die meisten Lebensmittel sind erhältlich. Die Restaurants und Bars haben nur im Sommer geöffnet.
Es gibt eine Post. Eine Bahnverbindung nach Marseille und Martigues besteht vom 1 km entfernten La Couronne aus.

Ankerplätze zwischen Carro und Sausset-les-Pins

Anse du Verdon (43°19,66'N 005°02,82'E, WGS 72). Die Bucht im E von Carro, W-lich von Cap Couronne, ist vor N-lichen Winden gut geschützt, aber SW- bis W-Winden voll ausgesetzt. Bei Mistral steht Dünung in die Bucht. Man ankert auf 4–8 m über sandigem, gut haltendem Grund. Im Sommer hat hier ein Bar/Restaurent geöffnet.
Port de Ste-Croix (43°19,81'N 005°04,06'E, WGS 72). Die offene Bucht liegt 0,75 sm NE-lich von Cap Couronne und ist zum Ankern nur bei ruhigem Wetter geeignet. Man ankert auf 2–5 m über sandigem oder felsigem Grund.
Die Kapelle von Ste-Croix ist den beiden Marien von Stes-Maries geweiht. Der Legende nach sind sie hier an Land gegangen, bevor sie zur Rhônemündung weiterfuhren. Am Strand sollen sie von einem stummen Kind empfangen worden sein, das daraufhin wunderbarerweise wieder sprechen konnte.
Anse de Tamaris (43°19,62'N 005°03,69'E, WGS 72). In der winzigen Bucht liegen im Sommer diverse einheimische Boote an Moorings. Vorsicht bei der Navigation: Die Île Aragnon, die im E vor der Buchteinfahrt liegt, ist durch ein Riff mit dem Festland verbunden.
Man ankert auf 3–5 m in der Einfahrt.
Anse de Bourmandariel (43°19,8'N 005°05,36'E, WGS 72) In der Bucht E-lich der Île Aragnon kann man nur bei Windstille oder leichten N-lichen Winden auf 4–6 m über sandigem Grund ankern.

Sausset-les-Pins

WP 43°19,7'N 005°06,5'E
Karten: D 595, F 6767, F 7392

Allgemeines

Sausset-les-Pins hat sich zu einem beliebten Vorort von Martigues und Marseille entwickelt. An der Küste und auf den umliegenden Hügeln stehen zahlreiche Villen neueren Datums.

Ansteuerung

Auffällig: Beste Landmarke ist W-lich vom Hafen ein „Château" auf der Spitze eines bewaldeten Hügels, das sich deutlich von den anderen Bauwerken unterscheidet. Die Hafenmolen und der Leuchtturm an der Einfahrt sind erst aus der Nähe zu erkennen.
Nachts ist die Einfahrt mit Oc(3)R.12s8M befeuert.
Die Marina ist im Sommer von 0800–1200 und von

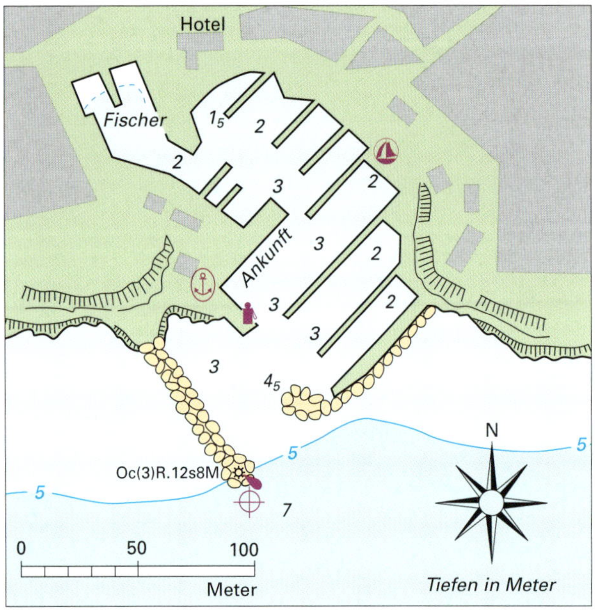

1400–1900 Uhr, im Winter von 0800–1200 und von 1400–1700 Uhr auf den UKW-Kanälen 09 oder 16 zu erreichen.

Liegeplätze

495 Liegeplätze für Yachten bis 16 m Lüa stehen zur Verfügung, darunter 15 für Gastlieger. Die Tiefen im Hafen betragen zwischen 1 und 5 m. Man macht zunächst an einem zugewiesenen Platz oder am Bunkerkai fest und meldet sich dann in der Capitainerie. Der Hafen ist gut geschützt, auch wenn einige Plätze bei starken S-lichen Winden etwas unruhig sind.
Die Mooringleinen können am Kai aufgenommen werden.
Es gibt einen Hafenmeister. Liegegebühren der Kategorie 3.
Infos: Tel. 04 42 44 55 01 oder Fax 04 42 45 27 07.

Versorgung

Jeder Liegeplatz hat einen Strom- und Wasseranschluss. Es gibt einen kleinen Sanitärblock mit Toiletten und Duschen.
Treibstoff bekommt man am Kai. Es stehen ein 16-t-Travellift, aber nur wenige Landstellplätze zur Verfügung. Kleinere Reparaturen an der Mechanik können ausgeführt werden; ein Yachtausrüster ist am Ort. In der Nähe findet man eine gute Auswahl an Lebensmitteln.
An der Hafenzeile findet man zahlreiche Bars und Restaurants. Im Ort gibt es eine Post, und es besteht eine Zugverbindung nach Martigues und Marseille.

Carry-le-Rouet

WP 43°19,6'N 005°09,2'E
Karten: D 595, F 6767, F 7392

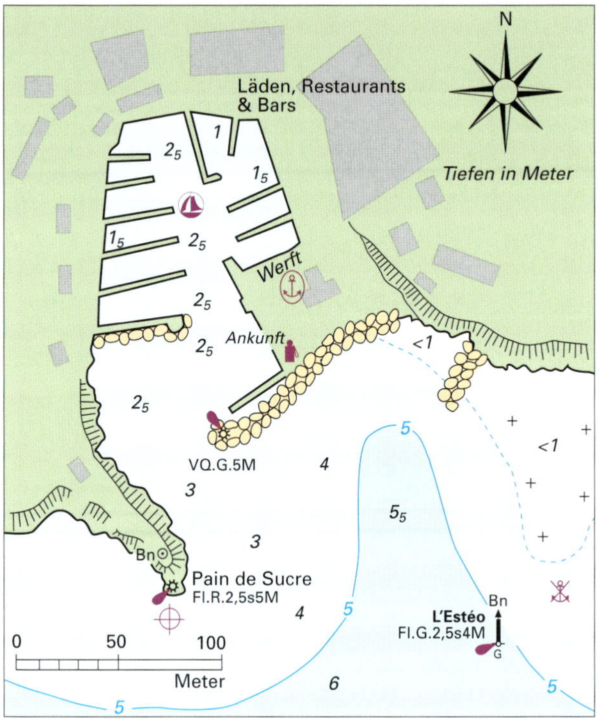

Allgemeines

Carry ist ein „gehobener" Badeort der Côte Bleue mit Neubauten im Hafenbereich und zahlreichen luxuriösen Villen an der Küste. Wie Sausset-les-Pins wurde auch Carry zu einem Vorort der Begüterten von Martigues und Marseille. Der bekannte Komiker Fernandel lebte hier bis zu seinem Tode vor einigen Jahren.

Ansteuerung

Auffällig: Ein 16-stöckiges Wohnhaus hinter dem Hafen ist schon von weitem zu sehen. Später sind die Hafenmolen und der Leuchtturm auf Pain de Sucre sowie die grüne Leuchtbake L'Estéo in der Ansteuerung zu erkennen. Die Hafeneinfahrt ist schwer auszumachen, obwohl der Leuchtturm gut zu sehen ist.
Nachts steuert man nach dem Feuer auf Pain de Sucre Fl.R.2,5s5M und dem Kopf der W-Mole (VQ.G.5M). Die Bake L'Estéo ist mit Fl.G.2,5s4M befeuert.
Der Hafen ist im Sommer von 0700–1900 Uhr, im Winter von 0830–1200 und von 1400–1700 Uhr auf UKW-Kanal 09 erreichbar.
Gefahren: Die grüne Bake L'Estéo mit Kegeltoppzeichen bezeichnet das Riff und die Untiefe, die sich E-lich von ihr erstrecken.
Bei starken S-lichen Winden steht eine unangenehme See in der Einfahrt.

Liegeplätze

Im 1–2,5 m tiefen Hafen gibt es 550 Plätze für Yachten bis 16 m Lüa, davon 20 für Gäste. Man macht zunächst am Empfangskai direkt hinter der Mole fest und lässt sich im Hafenbüro einen Liegeplatz zuweisen. Die Mooringleinen können am Kai aufgenommen werden. Der Hafen ist gut geschützt, obwohl bei starken S-lichen Winden Dünung in den Hafen steht.

Hafenkapitän und Marinapersonal sind vor Ort. Liegegeld der Kategorie 3.

Infos: Tel. 04 42 45 25 13 oder Fax 04 42 44 99 33.

Versorgung

Jeder Liegeplatz hat einen Wasser- und Stromanschluss. Toiletten und Duschen sind vorhanden.

Treibstoff bekommt man am Kai hinter der Einfahrt. Es gibt einen 10-t-Kran, aber nur wenige Landstellplätze. Kleine Reparaturen an der Mechanik können ausgeführt werden. Yachtausrüster sind am Ort.

Gute Versorgungsmöglichkeiten sind in der Nähe. Im Sommer haben zahlreiche Bars und Restaurants geöffnet.

Post und Bank sind im Ort; Züge verkehren nach Martigues und Marseille.

Port du Rouet

43°18,40'N 005°10,48'E (WGS 72)

Diese Ankerbucht liegt etwa 1 sm E-lich von Carry-le-Rouet. Bei der Navigation sind die Untiefen vor der Küste sowie die Felsen und Riffe im E von Rouet zu beachten. Der kleine Hafen im NW der Bucht ist 0,5–1,5 m tief und meist mit einheimischen Yachten belegt. Man ankert auf 3–6 m Tiefe in der Buchtmitte. Die Bucht ist nach S und E ungeschützt.

La Redonne und Port Madrague

WP 43°19,82'N 005°11,92'E (WGS 72)

Karten: D 595, F 6767, F 7392

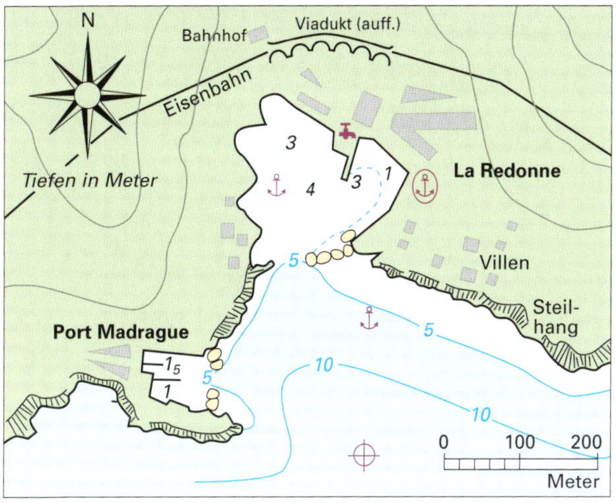

Allgemeines

Der kleine Ort hat eine wunderschöne Lage am Fuß von pinienbestandenen Hängen. Im Sommer wird es hier ziemlich voll, aber auf einen touristischen Ausbau wurde bisher verzichtet.

Im Hafen liegen viele einheimische Yachten, und es ist gar nicht so einfach, einen freien Liegeplatz zu finden.

La Redonne aus N

Ansteuerung
Die beiden kleinen Häfen liegen etwa 1 sm E-lich von Rouet. Beste Landmarke ist das Eisenbahnviadukt oberhalb von La Redonne.
Port Madrague liegt direkt hinter der Landspitze an der W-Seite der Einfahrt; La Redonne befindet sich im Scheitel der Bucht. Die Häfen sind nicht befeuert.

Liegeplätze
Im Sommer sind beide Häfen sehr voll; es gibt keine Gastplätze. Kleinere Yachten bis 9 m Lüa können versuchen, einen Platz im Port Madrague zu finden. Die Kai- und Mooringplätze im Hafen von La Redonne sind meist mit einheimischen Yachten belegt. Festmachen kann man im Prinzip überall, dabei sind jedoch unterschiedliche Wassertiefen und unreiner Grund vor dem Kai zu beachten. Größere Yachten können zwischen den beiden Häfen ankern.
Port Madrague ist gut geschützt, bei SE- bis E-lichen Winden aber ungemütlich; La Redonne ist ebenfalls gut geschützt; stärkere S-liche Winde verursachen jedoch Schwell.

Versorgung
Lebensmittel sind nur in begrenztem Maße erhältlich. Im Sommer haben einige Bars und Restaurants geöffnet.

Port de Méjean
43°19,9'N 005°13,1'E/Karten: D 595, F 6767, F 7392

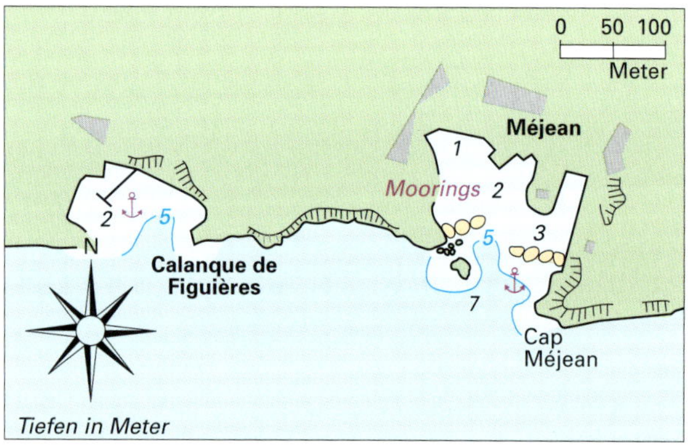

Der kleine, 1,5–3 m tiefe Hafen liegt 1 sm E-lich von La Redonne und bietet nur wenige Gastplätze. Im Sommer haben verschiedene Bars und Restaurants geöffnet.
Die ***Calanque de Figuières***, eine kleine Bucht unmittelbar W-lich von Méjean, hat einen Slip und einen Anlegesteg, ist im Sommer aber häufig überfüllt, sodass nur ganz kleine Boote eine Chance haben, einen Platz zu finden.

Île de l'Elevine
WP 43°19,8'N 005°14,2'E (Kardinalbake S)

Die kleine Insel liegt 0,75 sm E-lich des Cap Méjean und ist mit einer Kardinalbake S (Q(6)+LFl.15s28m 10M) bezeichnet.

Niolon
43°20,33'N 005°15,56'E (WGS 72)
Karten: D 595, F 6767, F 7392

Der hübsche kleine Hafen liegt etwa 2 sm NE-lich der Île de l'Elevine. Die Tiefen nehmen von 3 m in der Einfahrt auf 1–2 m im Hafenbecken ab. Im Sommer ist der Hafen meist überfüllt, und selbst kleinere Yachten finden dann kaum einen Platz. Das ist besonders schade, weil der Hafen und die Ortschaft wirklich bezaubernd sind. Die Restaurants haben nur im Sommer geöffnet.

Rade de Marseille
Karte: D 437

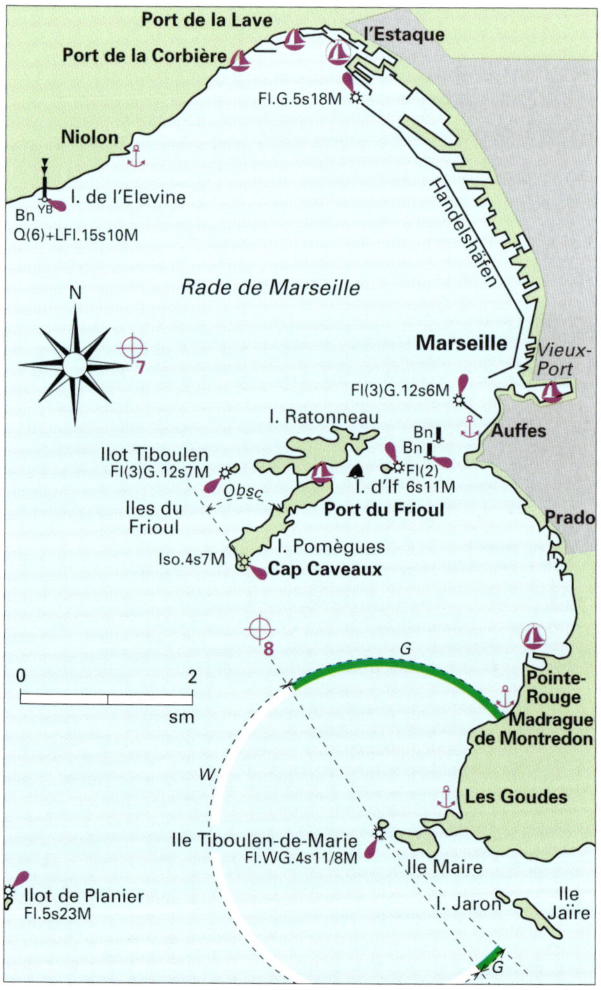

Rade de Marseille (Angaben zu den Wegpunkten siehe Seite 112)

Die Rade de Marseille erstreckt sich zwischen dem Cap Méjean im NW und dem Cap Croisette im SE. Im E-Teil liegt das Archipel Îles du Frioul. Die Stadt Marseille befindet sich an der NE-Küste der Rade, wobei die Industriegebiete und der Handelshafen N-lich des Vieux-Port angesiedelt sind.
Zahlreiche Landmarken und Seezeichen erleichtern die Navigation in den Ansteuerungen der Rade de Marseille:

Îlot de Planier
WP 9 43°10'N 005°13,9'E (2 sm S-lich der Insel)

Planier ist eine kleine, flache Insel 4,5 sm WSW-lich der Île le Maïre. Der weiße, 68 m hohe Leuchtturm (Fl.5s23M) ist schon von weitem auszumachen. SW-lich der Insel lauern eine Untiefe und der überspülte Felsen La Pierre-à-la-Bague. 1 sm weiter im NE befindet sich die Sandbank Le Veyron, über der mindestens 13,2 m Wasser stehen.

Îles du Frioul
43°16,8'N 005°17,3'E (Leuchtturm Îlot Tiboulen)

Die Inseln sind an ihrer zerklüfteten Gestalt leicht zu erkennen. Von W kommend, bildet der weiße Leuchtturm auf Îlot Tiboulen Fl(3)G.12s34m7M die beste Landmarke; die ehemalige Signalstation im S von Pomègues ist aus W und SE zu sehen.

Île Riou
WP 10 43°09,2'N 005°23,7'E (1 sm S-lich von Îlot Les Empereurs)

Die zerklüftete, 190 m hohe Insel ist bei der Ansteuerung der Rade aus E-lichen Richtungen leicht zu erkennen.

Port de la Corbière

WP 43°21,6'N 005°17,8'E

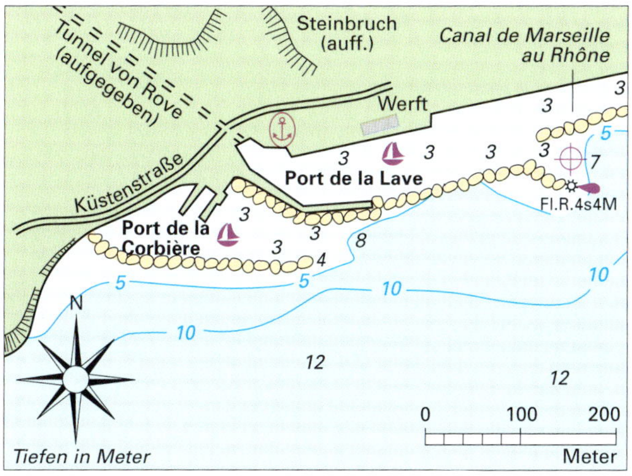

Port de la Corbière aus W – Blick hinüber zu den Ports de l'Estaque

Der nicht mehr genutzte Handelshafen eben W-lich des Port de la Lave ist in der Einfahrt 5–8 m tief, im Inneren aber stark versandet. Man ankert vor dem Kai oder macht nur mit dem Bug zum Land fest. Der Grund ist unrein. Bei N-lichen Winden ist der Hafen gut geschützt, bei SE-lichen Winden dagegen äußerst unruhig.

Liegeplätze
Von den 100 Liegeplätzen bis 35 m Lüa sind 25 für Gäste reserviert. Die Tiefen liegen bei 1,5–3 m.
Liegeplätze werden angewiesen; Mooringleinen. Bei starken S-lichen Winden ist das Liegen recht ungemütlich.

Versorgung
Wasser und Strom bekommt man am Kai. Treibstoff wird bei Bedarf geliefert.
Ein 20-t-Kran und 200 Landstellplätze stehen zur Verfügung; Reparaturen aller Art lassen sich organisieren.

Port de la Lave

WP 43°21,6'N 005°18,3'E (Leuchtfeuer Molenkopf)

Der Hafen bildete die Einfahrt zum heute gesperrten Tunnel von Rove des Canal de Marseille au Rhône. Es gibt Landstellplätze für einheimische Yachten sowie einen Kran und eine Werft. Der Hafen ist teilweise als Marina ausgebaut. Der Grund ist unrein. *Nachts* ist der Molenkopf mit Fl.R.4s4M befeuert.

Liegeplätze
Der 1–3,5 m tiefe Hafen bietet 40 Liegeplätze für Yachten bis 16 m Lüa; 5 Gastplätze. Das Hafengeld entspricht Kategorie 2.

Versorgung

Es gibt Wasser- und Stromanschlüsse. Duschen und Toiletten sind vorhanden.
Ein 20-t-Kran sowie ein 200-t-Slip stehen zur Verfügung; Landstellplätze sind vorhanden; Reparaturen praktisch jeder Art können organisiert werden.

Ports de l'Estaque

WP 43°21,5'N 005°18,8'E
Karten: D 437, D 595, D 596, F 7390, F 7392, F 6767

Allgemeines

Trotz der Nähe zum Handelshafen ist der Marinakomplex ein überraschend angenehmes Fleckchen.

Ansteuerung

Die vier Hafenbecken liegen im NW des Handelshafens von Marseille, der sich von Marseille Vieux-Port 4 sm weit bis zum Yachthafen L'Estaque erstreckt.
Auffällig: Die Schiffe und Hafenanlagen des Handelshafens sind schon von weitem auszumachen. Oberhalb des Port de la Lave erkennt man einen riesigen Steinbruch. Beim Näherkommen werden die vielen Yachtmasten in der Marina L'Estaque sichtbar. Es gibt zwei Einfahrten: die Passe de l'Estaque (Passe Plaisance) sowie die Passe des Chalutiers, die beide benutzt werden können.
Nachts sind Ansteuerung und Einfahrten zu den Hafenbecken befeuert: Man navigiert nach dem Feuer am NW-Ende der Digue de Saumaty UQ(2)1s20m 14M. Die Passe de l'Estaque ist mit Q.R.3M, die Passe des Chalutiers mit Fl(3)R.12s4M und Fl.G.4s6M befeuert. Der innere, freistehende Wellenbrecher der Passe des Chalutiers ist im W mit einer Kardinalbake W (Q(9)15s3M) und im E mit einem roten Feuerträger (Fl(2)R.6s2M) bezeichnet.
Gefahren: Bei starken S-lichen Winden wird die Dünung von den Wellenbrechern reflektiert, sodass die See äußerst kabbelig wird. Bei SE- bis E-Winden sollte man die Passe des Chalutiers benutzen.

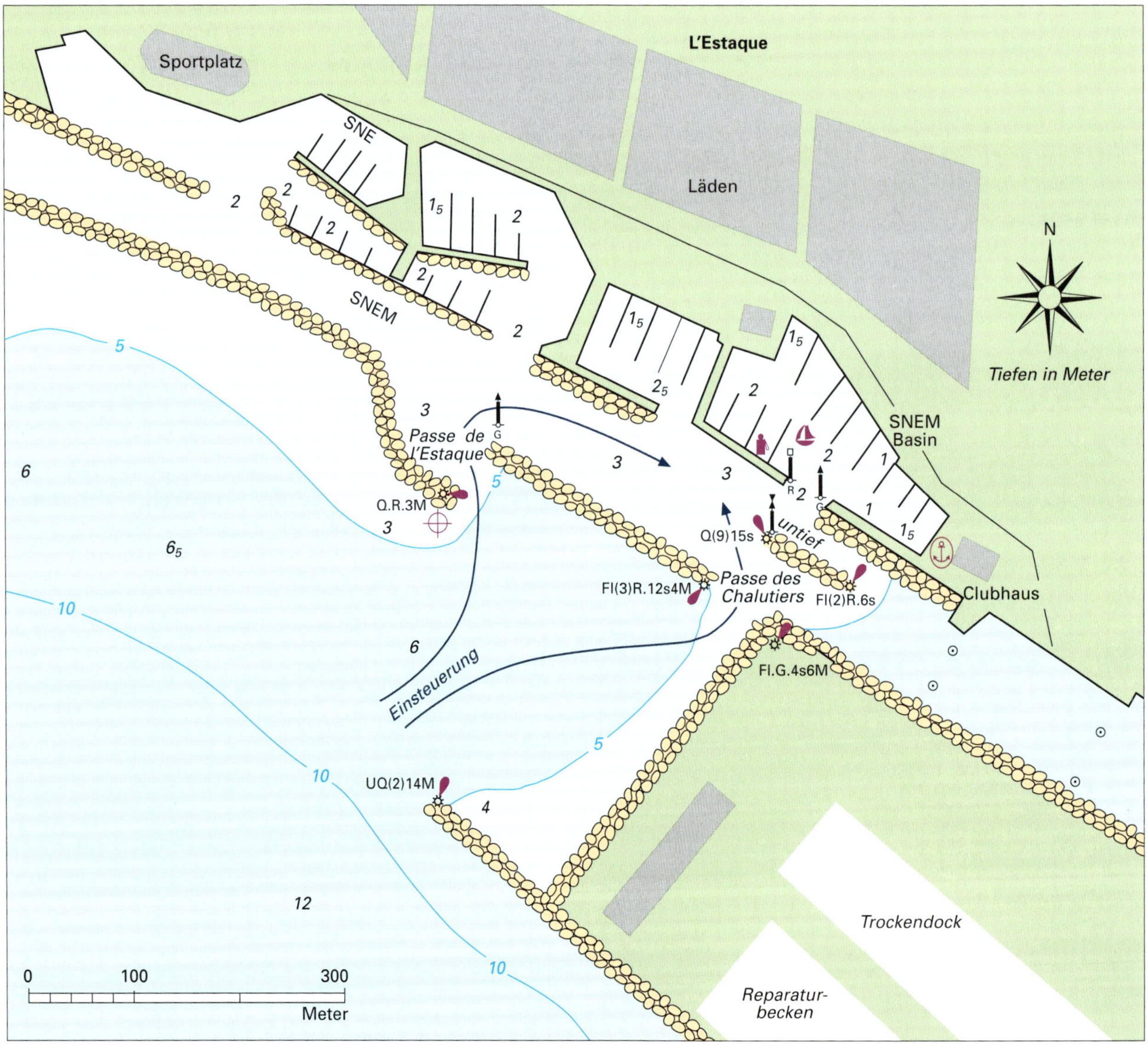

Liegeplätze

Die insgesamt 1540 Liegeplätze in den verschiedenen Hafenbecken werden von den fünf ansässigen Yachtclubs verwaltet. Die 50 Gastplätze für Yachten bis 14 m Lüa befinden sich im 1–2,5 m tiefen SE-Becken bei der Société Nautique de Mourepiane (SNEM).
Man läuft in das SE-Becken ein und macht zunächst an einem zugewiesenen Platz oder dem Bunkerkai fest und lässt sich im Clubbüro einen Platz zuweisen. Mooringleinen am Kai oder an Bojen. Der Hafen ist bei jedem Wetter gut geschützt. Von den Clubangestellten bzw. deren Helfern wird ein Liegegeld der Kategorie 2 verlangt.
Infos bei der SNEM: Tel. 04 91 46 01 40.

Versorgung (bei der SNEM)

Jeder Liegeplatz hat Wasser und Strom. Toiletten und Duschen befinden sich im Club. Treibstoff bekommt man nahe der Einfahrt zum SW-Becken. Es stehen zwei Slips für Yachten bis 12 Tonnen sowie ein 6-t-Kran zur Verfügung. Reparaturen an Mechanik und Motor werden ausgeführt, weitere kann man in Marseille machen lassen. Eine recht große Auswahl an Lebensmitteln und Stangeneis gibt es in der Nähe. An der Hafenpromenade haben zahlreiche Restaurants geöffnet. Eine Post ist vorhanden. Nach Marseille verkehren Busse und Bahnen.

Marseille, Vieux-Port

WP 43°17,75'N 005°21,25'E
Karten: D 437, D 595, D 596, F 7390, F 6767, F 7392

Allgemeines

Mehr als jede andere Stadt an der Küste ist Marseille die Stadt der Reisenden und nicht der Urlauber. Es ist laut, hektisch, dreckig, voll und geschäftig. Verkehr verstopft die Straßen, Yachten und Fischerboote drängeln sich im alten Hafen, überall brodelt das Leben der temperamentvollen Marseiller.
Die Stadt wurde etwa 600 vor Christus von den Phokäern, die aus Kleinasien kamen, gegründet. Die Griechen, nicht mit den Phöniziern zu verwechseln, unterhielten eine Reihe von Kolonien an den Küsten von Frankreich, Korsika und Italien. „Massalia“ hieß die erste, um den heutigen Vieux-Port angelegte Siedlung, die später zur bedeutendsten Hafen- und Handelsstadt der Küste wurde. Ständig von den heimischen Ligurern angegriffen, wurde Schutz von Rom angefordert. Im Jahre 122 vor Christus riefen die Römer Massalia dann als selbstständige Provinz römischen Rechts aus. Die Blüte der Stadt dauerte bis zum Kampf gegen Cäsar an der Seite Pompejus'. Nach dem Sieg Cäsars folgten Invasionen der Ostgoten, Burgunder, Westgoten und Franken sowie die Zeit der Sarazenenüberfälle. Erst im 12. Jahrhundert nach Christus ging es mit der Einschiffung der Kreuzfahrer wieder bergauf. Ende des 18. Jahrhunderts entschlossen sich die launenhaften Marseiller, gegen die von ihnen selbst initiierte Revolution zu kämpfen; die Köpfe rollten, und Marseille hieß danach „die Stadt ohne Namen“.
Erfolg stellte sich erst wieder mit dem Bau der Eisenbahn und der Eröffnung des Sueskanals ein. Der Vieux-Port konnte dem Ansturm der Handelsschiffe nicht mehr standhalten, und man begann mit der Hafenerweiterung in Richtung Norden. Im Zweiten Weltkrieg wurde ein Großteil der Stadt und des Hafens von den Bomben der Alliierten zerstört, den Rest besorgten die Deutschen kurz vor ihrem Abmarsch. Als in der Nachkriegszeit das nordafrikanische Öl entdeckt wurde, gewann der Hafen erneut an Bedeutung und ist heute der zweitgrößte Frankreichs.
Für viele Leute ist Marseille die Heimat der französischen Mafia und Zentrum des Drogenhandels. So sah man es in dem Film „French Connection“, und sicherlich gibt es diese Mafia heute noch, wenn auch mit sichtlich eingeschränktem Handlungsspielraum, wozu die Renovierung alter Stadtteile beigetragen hat. Das aufgefrischte und wiedererstarkte Marseille entwickelte sich zum kulturellen Mittelpunkt des Südens und konnte selbst die alte Rivalin Aix-en-

Ansteuerung von Marseille Vieux-Port; die Kathedrale de la Major bildet eine unverwechselbare Landmarke

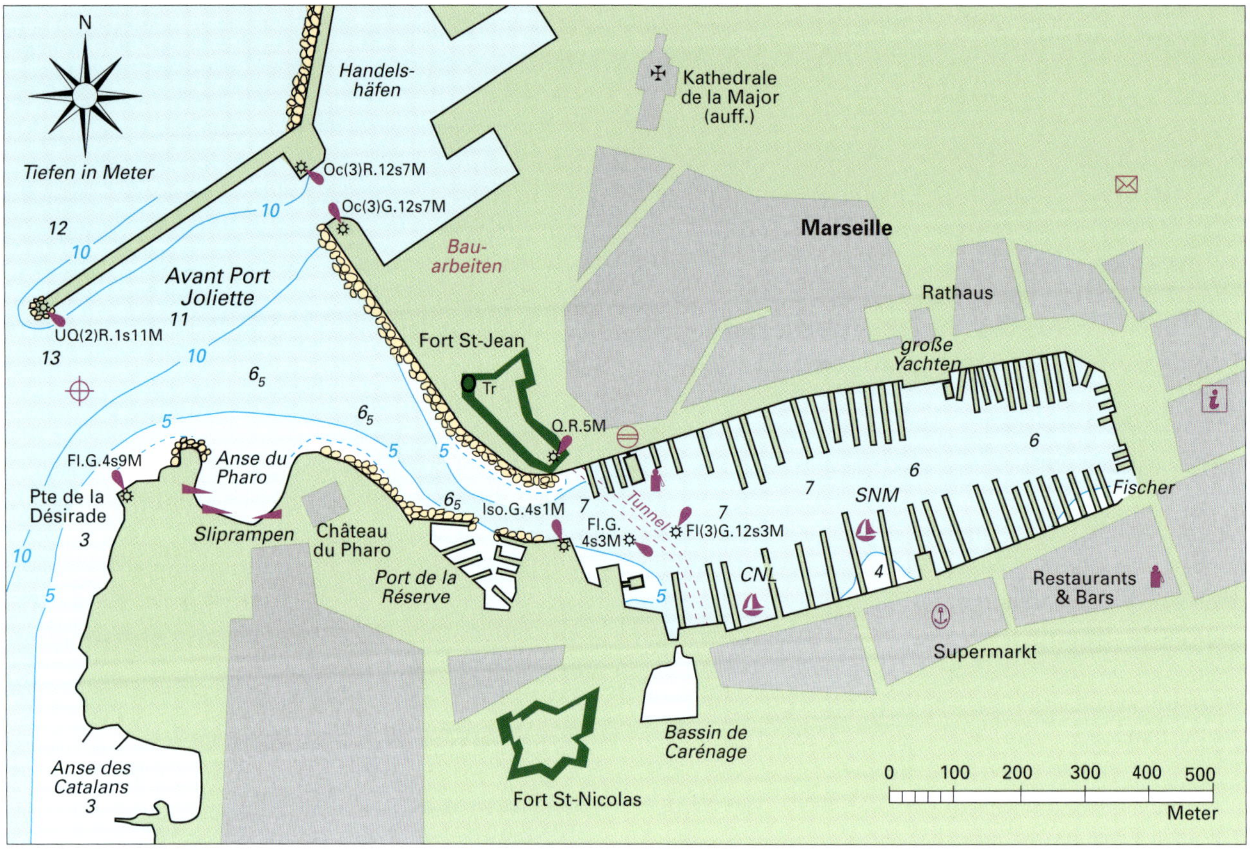

Die Schwimmstege des CNL und das Clubhaus; im Hintergrund das Fort St-Jean

Provence ausstechen. Wenn man auch den Rotlichtbezirk zu später Stunde meiden sollte, ist es doch in Marseille so sicher wie überall, und der Reisende kann sich hier unbeschwert umsehen.

Der Vieux-Port liegt im Herzen der Marseiller Altstadt. Es ist hier etwas ruhiger, aber immer noch sehr geschäftig. In Marseille muss man nicht ins Museum gehen (obwohl es davon viele sehenswerte gibt), um etwas von der Geschichte dieser Hafenstadt des 19. Jahrhunderts zu erfahren. Viel aufschlussreicher ist ein Spaziergang durch die Straßen, bei dem Stimmung und Temperament von Marseille und seinen Bewohnern wirken können.

Ansteuerung

Auffällig: Schon von den Îles du Frioul aus ist die Basilika der Stadt, Notre Dame de la Garde mit der weithin sichtbaren Marienstatue, auf einem Hügel S-lich des Vieux-Port zu erkennen. Später macht man das Schloss auf Île d'If sowie die beiden Kardinalbaken W Sourdaras und Canoubier SW-lich des Hafens aus. Die Hafeneinfahrt ist schwer zu identifizieren; so hält man auf die Kathedrale de la Major mit ihren großen Kuppeln NE-lich der Einfahrt zu, bis die Einfahrt sichtbar wird. Leicht zu erkennen sind die Leuchtfeuer auf der Pte de la Désirade und der Digue Ste-Marie.

Nachts zeigen verschiedene Feuer den Weg: das Feuer an der E-Seite der Île d'If Fl(2)6s27m11M; die Leuchtbake Sourdaras Q(9)15s8M. Der W-Kopf der Digue des Catalans ist mit Fl(3)G.12s6M und die Pte de la Désirade mit Fl.G.4s13m9M befeuert. Der Kopf der Digue Ste-Marie ist mit UQ(2)R.1s11M und die Einfahrt in den Vieux-Port mit Iso.G.4s1M, Fl(3)G.12s3M, Fl.G.4s2M und Q.R.5M befeuert.

Die Hafenbehörden sind auf den UKW-Kanälen 12 und 16, der Hafenmeister auf Kanal 09 rund um die Uhr zu erreichen.

Hinweis: Bei der Navigation ist Vorsicht vor den

zahlreichen ein- und auslaufenden Schiffen geboten, insbesondere die Fähren zu den Îles du Frioul laufen mit hoher Geschwindigkeit ein und aus.

Liegeplätze

Von den insgesamt 3200 Liegeplätzen sind 40 für Gastyachten bis maximal 100 m Lüa reserviert. Die Wassertiefe beträgt 4–7 m.
Die Schwimmstege, die im Vieux-Port ausgelegt sind, werden von verschiedenen einheimischen Clubs verwaltet. Gastplätze gibt es beim Centre Nautique du Lacidon (CNL) auf der S-Seite direkt hinter der Einfahrt und bei der Société Nautique de Marseille (SNM) ein Stück weiter in der Mitte des Hafens. Die meisten Yachten machen zunächst am schwimmenden Clubhaus der SNM fest und lassen sich einen Platz zuweisen. Yachten liegen hier bei jedem Wetter gut geschützt.
Behörden: In Marseille gibt es Zoll, Einwanderungsbehörde und einen Hafenmeister. Das erhobene Liegegeld entspricht Kategorie 2/3.
Hinweis: Große Yachten sollten sich vor dem Ein-

Die Bouillabaisse

Wenn die Fischer ihren Fang anlanden, gibt es am Kai im Vieux-Port kein Durchkommen mehr. Ganz Marseille scheint auf den Beinen zu sein. Alte Frauen mit Einkaufsnetzen prüfen den Fisch per Fingerdruck, Autos parken mitten auf der Straße, Marktschreier preisen ihre Ware an: „Achetez mon poisson ... Poissons de roche pour la soupe ... Bouillabaisse, bouillabaisse ... Attendez Monsieur, Madame, achetez mon bon poisson. Tout frais de ce matin ...“, und schon müssen Sie unbedingt einen Beutel voll glitzernder Fische erwerben. In allen Restaurants wird die „Original Marseiller Bouillabaisse“ angeboten, eine Fischsuppe, zu der die Fischstücke als Beilage serviert werden.
Die Geschichte der Bouillabaisse ist lang. So soll Aphrodite ihrem Gatten Hephaestus eine Safran-Bouillabaisse zubereitet haben, deren einschläfernde Wirkung ihr bei den Seitensprüngen mit Ares behilflich war. Die Suppe griechischen Ursprungs hat sich zumindest in verschiedenen Varianten im gesamten Mittelmeerraum verbreitet, wobei die Bouillabaisse das bekannteste Rezept ist. Der Name stammt von dem provenzalischen „bui-abaisso“ und bedeutet, dass die Suppe zunächst aufkochen (bui) sollte, um dann auf niedriger Flamme (abaisso) weiterzukochen, damit sich das Wasser und das Olivenöl verbinden können.
Doch seien Sie auf der Hut: Nur in wenigen Marseiller Restaurants wird die echte Bouillabaisse serviert. Die Beste aß ich bei der Tante von Odile, doch da nicht jeder eine Tante in Marseille hat, sei darauf hingewiesen, dass man auch selbst versuchen kann, eine „vraie bouillabaisse“ zu kochen. Für meine Version habe ich verschiedene Rezepte berücksichtigt und vereinfacht, wobei ich hoffentlich keine wesentliche Zutat vergessen habe.

Rezept für 4 Personen
500 g Fisch (Lippfisch, Seebarbe, Brasse, Meeraal, Hering und Seebarsch)
Lassen Sie sich von den Fischern am Hafen beraten, die häufig schon ein Sortiment besonders kleiner Exemplare für die Bouillabaisse bereithalten.
Auch der Drachenfisch gehört normalerweise dazu, ist aber wegen seiner giftigen Rückenstacheln für die Bordküche schlecht geeignet. Gekocht ist er ungefährlich!

1	mittelgroße Zwiebel, gehackt
250 g	Tomaten, enthäutet und gehackt
250 g	Kartoffeln, geschält und in Scheiben geschnitten
2	Knoblauchzehen, gehackt
	Petersilie
1–2	Lorbeerblätter
	Thymian und Fenchel
	Salz und Pfeffer
100 ml	Olivenöl
1	gehäufter Teelöffel Safranfasern
	„Rouille“ (Knoblauchmayonnaise, gibt es fertig zu kaufen)
1	altes Baguette

Man erhitzt das Öl in einem großen Topf und fügt die Zwiebeln, Tomaten und Gewürze (außer dem Safran) sowie zwei kleine gesäuberte und ausgenommene Fische hinzu, die dann mit etwas Wasser in einer Stunde (im Dampftopf nur eine halbe Stunde) zu einer Art Püree zusammenkochen. Dieses wird durchgesiebt und die so gewonnene Brühe mit einem Teelöffel Rouille, dem Safran, den Kartoffeln und dem restlichen Fisch aufgesetzt. Wenn die Kartoffeln und der Fisch gar sind (nach ca. 10–15 Minuten), nimmt man diese heraus und serviert sie getrennt, sodass man keine Gräten in der Suppe hat.
Serviert wird die Bouillabaisse mit gerösteten Baguettescheiben und Rouille. Je nach Geschmack wird das geröstete Brot mit Knoblauch eingerieben und in den Suppenteller gelegt. Auf jede Scheibe kommt ein Klecks Rouille und eventuell etwas geriebener Käse. Erst dann wird die Suppe aufgefüllt, während Kartoffeln und Fischstücke auf einem Extrateller serviert werden.

laufen auf UKW-Sprechfunk erkundigen, ob ein entsprechender Liegeplatz frei ist. Yachten über 25 m Lüa liegen an der Hafen-N-Seite.
Infos über die Capitainerie im Vieux-Port: Tel. 04 91 33 25 44 oder Fax 04 91 55 66 64, bei der SNM unter Tel. 04 91 54 32 03 oder Fax 04 91 33 41 03, oder E-Mail secretariat@lanautique.com
Hinweis: Es gibt Pläne, eine weitere Marina im Avant Port Joliette unmittelbar vor der Einfahrt zum Vieux-Port zu bauen. Bisher liegen aber noch keine Baugenehmigungen vor – es kann also noch etwas Zeit ins Land gehen.

Versorgung

Jeder Liegeplatz hat Wasser und Strom. Toiletten und Duschen findet man im SNM-Clubhaus. Treibstoff ist am Kai an der N-Seite nahe der Einfahrt zu bekommen.
Im Bereich des Vieux-Port gibt es verschiedene kleinere Kräne und Slips, die allerdings größtenteils kleinen einheimischen Yachten vorbehalten sind, da die Anzahl der Landstellplätze sehr begrenzt ist. Der Slip in der Anse du Pharo am S-Ufer der Einfahrt ist auch für größere Schiffe geeignet, und die Servicemöglichkeiten von Port de la Lave oder Port de la Pointe-Rouge sind ganz in der Nähe. In den Werkstätten der Stadt können alle Reparaturen ausgeführt werden, und man bekommt fast jedes Ersatzteil. Segelmacher und Yachtausrüster sind am Ort.
Beste Versorgungsmöglichkeiten findet man in unmittelbarer Nähe; in der Altstadt hinter dem Hafen wird ein Wochenmarkt abgehalten. Auch Stangeneis ist erhältlich.
Im Hafenviertel gibt es unzählige Restaurants aller Preisklassen. Empfehlenswert sind die in den Straßen unmittelbar hinter den Schlengeln der SNM; hier kann man nicht nur exzellent speisen, auch die Entfernung ist zu Fuß bequem zu meistern.
Post, Banken, Autovermietungen, Busse und Bahnen zu den Küstenorten sowie nationale und internationale Flugverbindungen vom nahen Flughafen Marignane stehen zur Verfügung.

Îles du Frioul

WP 43°15,7'N 005°17,4'E (Feuer Cap Caveaux/Île de Pomègues)
Karten: D 437, D 595, D 596, F 6767, F 7391, F 7392

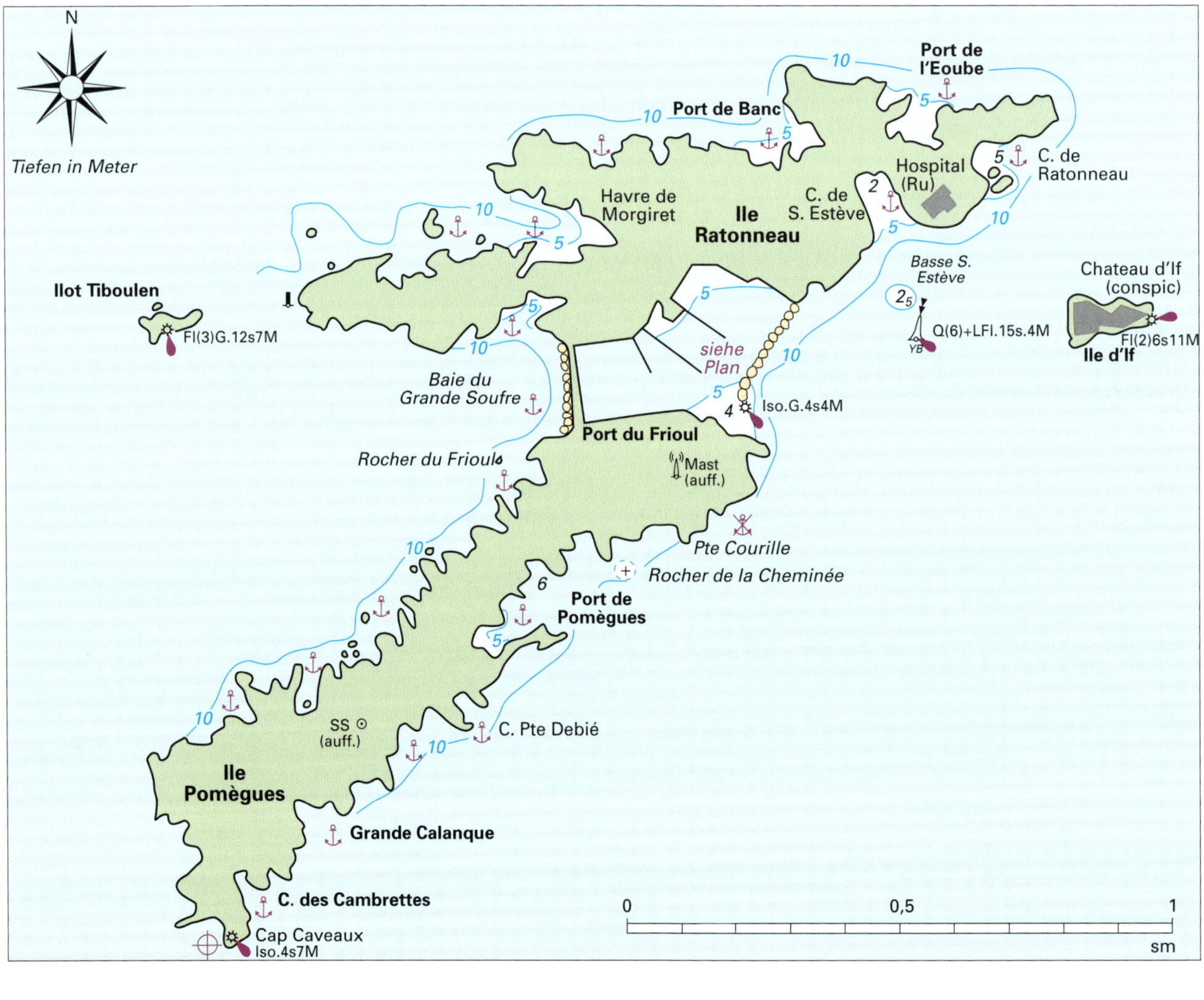

Îles du Frioul – Blick hinüber zum Port du Frioul

Das Archipel besteht aus den beiden großen, durch einen Damm verbundenen Inseln Ratonneau und Pomègues und der kleinen Insel Tiboulen im W von Ratonneau. Die zerklüfteten Küsten der beiden großen Inseln bilden unzählige größere und kleinere Buchten, die beliebte Ziele einheimischer Yachten sind. In dem ehemaligen Marinehafen an der E-Seite zwischen den beiden Inseln besteht heute eine große Marina. Die Versorgungsmöglichkeiten im Hafen und allgemein auf den Inseln sind im Ausbau.

Île Ratonneau

Auf der N-lichen Insel bildet die alte Quarantänestation im E eine gute Landmarke. Um die Insel herum gibt es folgende Ankerplätze:

Calanque de St-Estève ist ein schmaler Naturhafen im W der Île d'If. SE-lich der Einfahrt liegt das mit einer Kardinaltonne S (Q(6)+LFl.15s4M) markierte Riff Basse de St-Estève mit mindestens 2,5 m Tiefe. Die ehemalige Quarantänestation steht an den N-Hängen des Hafens. Der Ankerplatz ist nach SE offen und schon bei mittleren S-lichen Winden sehr ungemütlich.

Calanque de Ratonneau ist eine Bucht unmittelbar NE-lich von St-Estève. Man ankert auf 3–6 m Tiefe. Bei S-lichen Winden wird es hier ebenfalls recht unruhig.

Port de Banc ist eine Bucht an der N-Küste auf der Höhe von St-Estève. Man ankert auf 5–10 m Tiefe über sandigem bzw. grasbewachsenem Grund. Die Bucht bietet guten Schutz vor S-lichen und SE-lichen Winden, ist aber dem Mistral voll ausgesetzt.

Havre de Morgiret ist die Bucht im SW von Port de Banc. Vor dem S-Teil der Einfahrt liegt die kleine Insel, Île des Eyglaudes. Man ankert auf 5–10 m über sandigem bzw. grasbewachsenem Grund und ist vor S-lichen und E-lichen Winden gut geschützt, dem Mistral aber voll ausgesetzt.

Baie du Grand Soufre ist die Bucht W-lich des Verbindungsdamms. Zum Ankern ist die große Bucht selbst für die meisten Yachten zu tief, die kleinere Einbuchtung im N aber bietet einen guten Ankerplatz auf 3–10 m Tiefe über sandigem bzw. grasbewachsenem Grund. Bis auf W-liche bis SW-liche Winde ist der Platz gut geschützt.

Îlot Tiboulen ist das Inselchen vor der W-Spitze von Ratonneau. Der Leuchtturm mit Fl(3)G.12s34m7M ist eine gute Landmarke.

Port du Frioul

WP 43°16,7'N 005°18,7'E

Karten: D 437, D 595, D 596, F 6767, F 7391, F 7392

Allgemeines

Die Errichtung der Marina im alten Marinehafen markierte einst den Beginn für den Bau eines umfangreichen Freizeitkomplexes auf den Îles du Frioul.

Ansteuerung

Auffällig: Die neue Marina befindet sich E-lich des Damms, der die beiden Inseln verbindet. Eine gute Navigationshilfe ist die Île d'If mit ihrem Schloss. Eine weitere Landmarke ist der Funkturm im N der Île de Pomègues.

Nachts steuert man nach dem Feuer des Leuchtturms auf der Île d'If Fl(2)6s27m11M. Die Hafeneinfahrt ist mit Iso.G.4s4M befeuert. Die Marina ist von 0700–1930 Uhr auf den UKW-Kanälen 09 bzw. 16 zu erreichen.

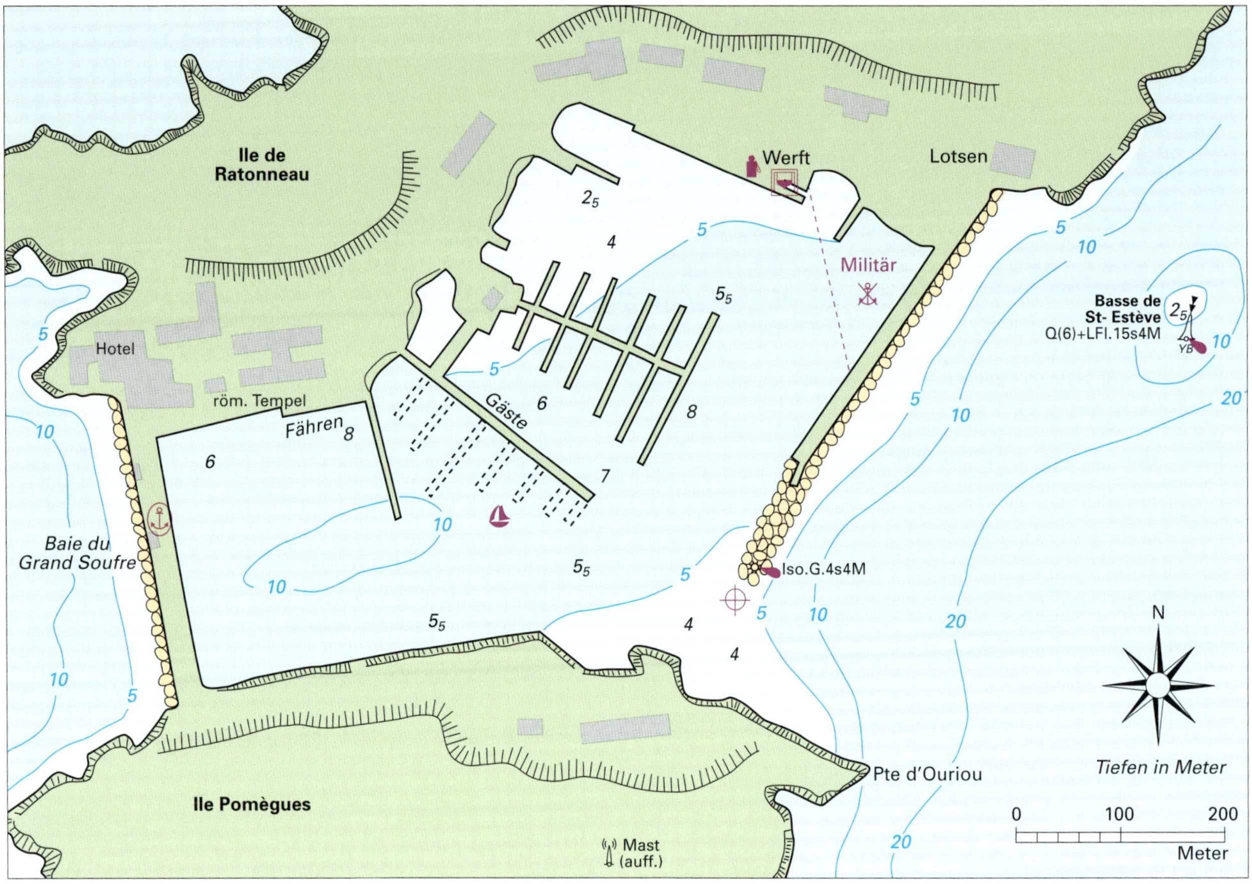

Gefahren: Ein Felsen unter Wasser, Basse de St-Estève, über dem nur 2,5 m Wasser stehen, liegt NE-lich der Hafeneinfahrt und ist mit einer Kardinalleuchttonne S (Q(6)+LFl.15s4M) markiert.

Bei starken SE-lichen Winden steht Dünung in die Hafeneinfahrt.

Hinweis: Fähren und Marseiller Ausflugsboote laufen mit unverminderter Geschwindigkeit ein und aus, Vorsicht!

Liegeplätze

Die Tiefe in der Einfahrt variiert zwischen 4 und 5 m. Von den 600 Plätzen sind 100 für Gastyachten vorgesehen. Man macht zunächst an einem zugewiesenen Platz am Empfangskai fest und fragt in der Capitainerie nach einem Liegeplatz. Man liegt an Schwimmstegen; viele Plätze haben Mooringleinen am Kai oder an Bojen. Der Schutz ist im Sommer recht ordentlich. Bei starken SE-lichen Winden im Winter ist der Hafen absolut ungemütlich.

Port du Frioul – die Gastliegeplätze befinden sich am langen Kai in der Mitte

Île d'If aus NE; im Vordergrund die beiden Kardinalbaken Canoubier und Sourdaras, im Hintergrund sind das Schloss und der Port du Frioul zu erkennen

Es gibt einen Hafenkapitän und Marinapersonal. Liegegeld der Kategorie 2.
Infos: Tel. 04 91 59 01 82 oder Fax 04 91 59 04 79.

Versorgung

An oder nahe bei jedem Liegeplatz sind Strom- und Wasseranschlüsse. Sanitäranlagen mit Duschen und Toiletten sind vorhanden.
Treibstoff bekommt man in der NE-Ecke des Hafens. Es gibt einen 30-t-Bootslift und einen 12-t-Kran. Ein Yachtausrüster ist am Ort. Reparaturen können nur in Marseille ausgeführt werden.
Lebensmittel sind in begrenztem Maße zu bekommen; Stangeneis ist erhältlich. Restaurants und Bars befinden sich in Hafennähe.
Fähren verkehren regelmäßig nach Marseille.

Île Pomègues

Die besten Landmarken auf der S-lichen Insel des Frioul-Archipels bilden die Signalstation auf halber Höhe der E-Küste sowie der Leuchtturm auf Cap Caveaux, der S-Huk (Iso.4s28m7M). Um die Insel herum gibt es die folgenden Ankerplätze:

Port de Pomègues ist eine rundum geschützte Bucht an der E-Küste. Man ankert auf 5–8 m Tiefe über teils sandigem, teils grasbewachsenem Grund. Diese Bucht sowie alle Plätze in Richtung NE bis zur Pointe Courille sind im Sommer sehr beliebt. Bei der Navigation ist Vorsicht vor einem unbezeichneten Unterwasserfelsen, dem Roc de la Cheminée, geboten, über dem nur 1,8 m Wasser stehen und der etwa 200 m SW-lich der Pte Courille liegt.

Calanque Pointe Debie ist eine winzige Bucht unmittelbar N-lich der Pointe Debie. Man ankert auf 5–8 m Tiefe; der Platz ist S- bis SE-lichen Winden ausgesetzt.

Grande Calanque liegt etwa 500 m NE-lich von Cap Caveaux und ist eine nach S bis E offene Bucht. Man ankert auf 5–10 m Wassertiefe.
An der NW-Küste der Île Pomègues befinden sich zahlreiche kleinere Buchten, die sich nur bei leichten S-lichen oder E-lichen Winden zum Ankern eignen und dem Mistral voll ausgesetzt sind.

Île d'If

Die Insel im E des Archipels wird wegen des Schlosses häufig von Marseiller Ausflugsbooten angelaufen.
Das mittelalterliche Schloss diente jahrhundertelang als Gefängnis. Hugenotten und andere „Ketzer" warteten hier auf ihr Ende als Galeerensklaven. Aber auch Prominente wie etwa Mirabeau oder Napoléon III. saßen in diesem Gefängnis ein. Am bekanntesten ist wohl Edmond Dantès, Protagonist des „Grafen von Monte Christo" von Alexandre Dumas.

Von Marseille bis zum Cap Croisette

An der Küste zwischen Marseille und dem Cap Croisette gibt es zahlreiche kleine Fischerhäfen und Ankerbuchten, die aber im Sommer stets mit lokalen Dauerliegern gefüllt sind, sodass es sich kaum lohnt, nach einem freien Platz Ausschau zu halten. Der einzige Hafen, bei dem man sich darauf verlassen kann, einen Liegeplatz zu bekommen, ist die große Marina in Pointe-Rouge.

Port des Auffes (43°17,2N 005°21,05'E) ist ein kleiner Fischerhafen etwa 0,5 sm S-lich der Pte de la Désirade. Über die Einfahrt führt eine Straßenbrücke mit 10–12 m Durchfahrtshöhe. Einheimische Fischerboote liegen hier dicht an dicht, und man findet nur schwer einen Platz zum Bleiben.

Port d'Endoume (43°17,0'N 005°21'E) ist ein kleiner, flacher Hafen N-lich der Pte d'Endoume. Die Einfahrt ist felsig, und die Wassertiefen betragen meist weniger als 1 m.

Port du Prado (43°16'N 005°22,15'E) heißt der Hafen unterhalb der Pte du Roucas-Blanc. Yachten sollten hier nicht einlaufen, der Hafen ist Surfern und Jollenseglern vorbehalten.

Port de la Pointe-Rouge

WP 43°14,8'N 005°21,9'E
Karten: D 437, D 595, D 596, F 6767, F 7391, F 7392

Allgemeines

Wer der Hektik und dem Lärm Marseilles entkommen will, findet hier einen Ausweichhafen mit exzellentem Service und mehreren Werften. Zwischen Marseille und Cap Croisette ist dieses der einzig sichere Hafen, der auch Platz für Gastyachten bietet.

Ansteuerung

Auffällig: Beste Landmarken sind die ehemalige Fabrik bei L'Escalette und der Funkturm auf dem Mont Rose. In Pointe-Rouge fällt ein weißer Appartementkomplex vor einem flacheren, bewaldeten Hügel ins Auge. Die Hafeneinfahrt ist nur aus der Nähe zu erkennen.
Nachts ist die Einfahrt mit Fl(2)G.6sM befeuert. Die Marina ist rund um die Uhr auf UKW-Kanal 09 zu erreichen.
Gefahren: Guter Schutz, nur bei Mistral entsteht in der Hafeneinfahrt eine grobe See, die das Einlaufen schwierig macht.
Hinweis: Unmittelbar N-lich der Hafeneinfahrt begegnet man zahlreichen Surfern. Hier muss besonders vorsichtig navigiert werden.

Liegeplätze

Es stehen insgesamt 1200 Plätze für Yachten bis 15 m Lüa zur Verfügung, darunter offiziell nur 10 für Gäste. In der Praxis sind im Sommer jedoch mehr Liegeplätze für Gastyachten verfügbar. Wassertiefe 2–7 m.
Man macht zunächst am Bunker- oder am Empfangskai im SE fest und lässt sich im Hafenbüro einen Liegeplatz zuweisen. Mooringleinen. Die Liegeplätze sind bei jedem Wind ruhig und geschützt, und obwohl man bei Mistral nur unter Schwierigkeiten in den Hafen laufen kann, ist man im Inneren doch gut geschützt.
Hafenmeister und Marinapersonal sind vor Ort. Liegegeld der Kategorie 2.

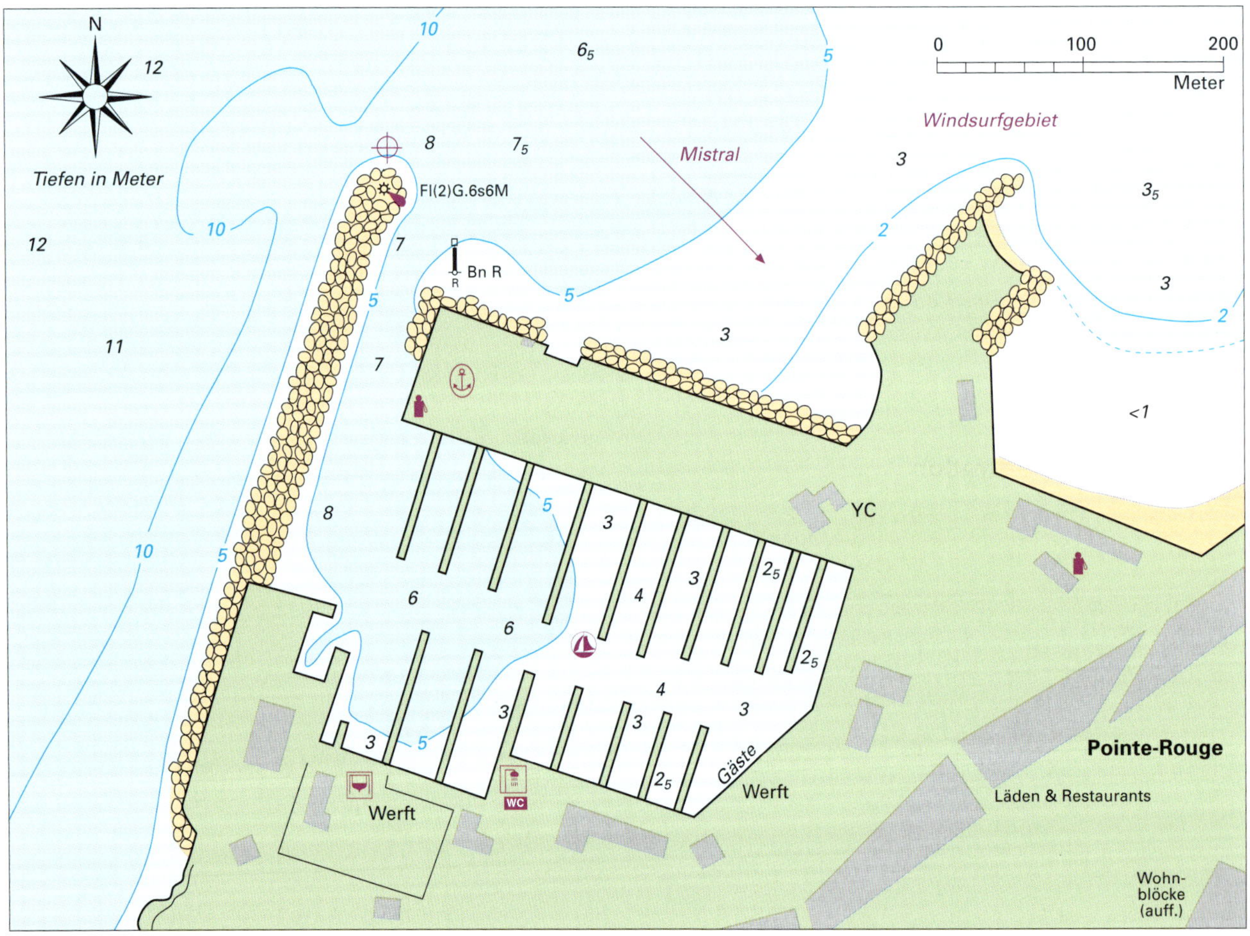

Port de la Pointe-Rouge aus NW

Infos: Tel. 04 91 73 13 21 oder Fax 04 91 73 33 09. *Hinweis*: Es gibt Pläne für den Bau eines weiteren Beckens W-lich des Hafens mit 800 Liegeplätzen.

Versorgung

Jeder Liegeplatz hat Wasser und Strom. Duschen und Toiletten sind vorhanden.
Treibstoff bekommt man am Kai bei der Einfahrt. Ein 30-t-Bootslift und Slips sowie ein 1,5-t-Kran stehen zur Verfügung. Bei den Werften werden Reparaturen an Mechanik und Motor, Elektrik und Elektronik sowie an Holz- bzw. GFK-Rümpfen ausgeführt. Segelmacher und Yachtausrüster sind am Ort.
Lebensmittel und Stangeneis sind in der Nähe erhältlich. Zahlreiche Restaurants, auch mit Fischspezialitäten, stehen zur Auswahl. Es gibt eine Post und eine Busverbindung nach Marseille.

Madrague de Montredon

WP 43°14,1'N 005°21,2'E
Karten: D 595, D 596, F 6767, F 7391, F 7392

Die Wellenbrecher des kleinen Fischerhafens am Fuß des Mont Rose sind gut zu erkennen. Meist gibt es nur für kleinere Yachten Platz, denn die Liegeplätze werden von Fischern und einheimischen Yachten besetzt. An den zwei Stegen betragen die Wassertiefen 1–2,2 m. Lebensmittelgeschäfte und Restaurants sind in der Nähe.
An der Küste zwischen Madrague de Montredon und Port des Goudes liegen zahlreiche kleine Buchten, in denen bei gutem Wetter geankert werden kann.

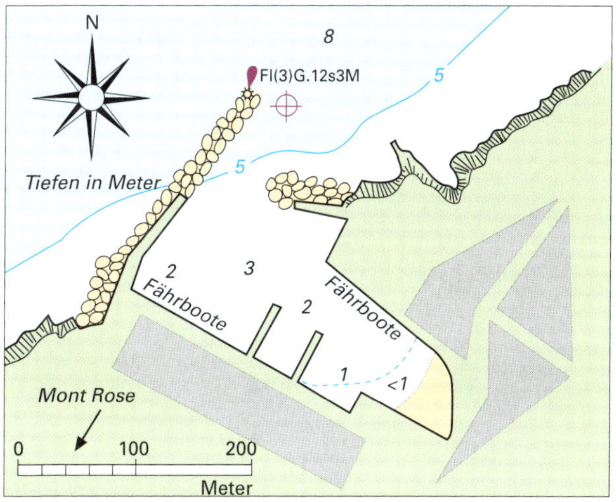

Port des Goudes

WP 43°13,1'N 005°20,7'E
Karten: D 595, D 596, F 6767, F 7391, F 7392

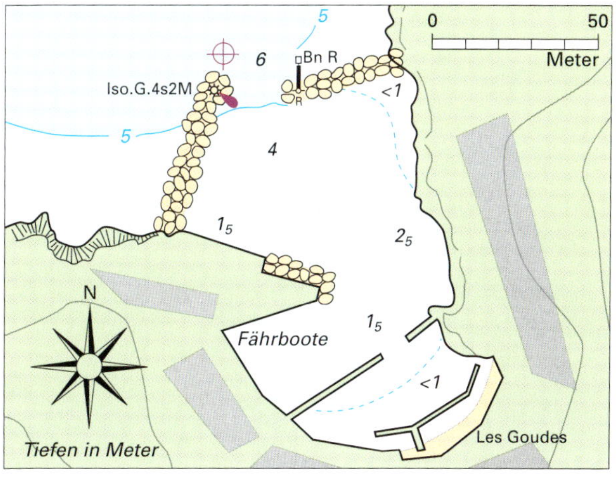

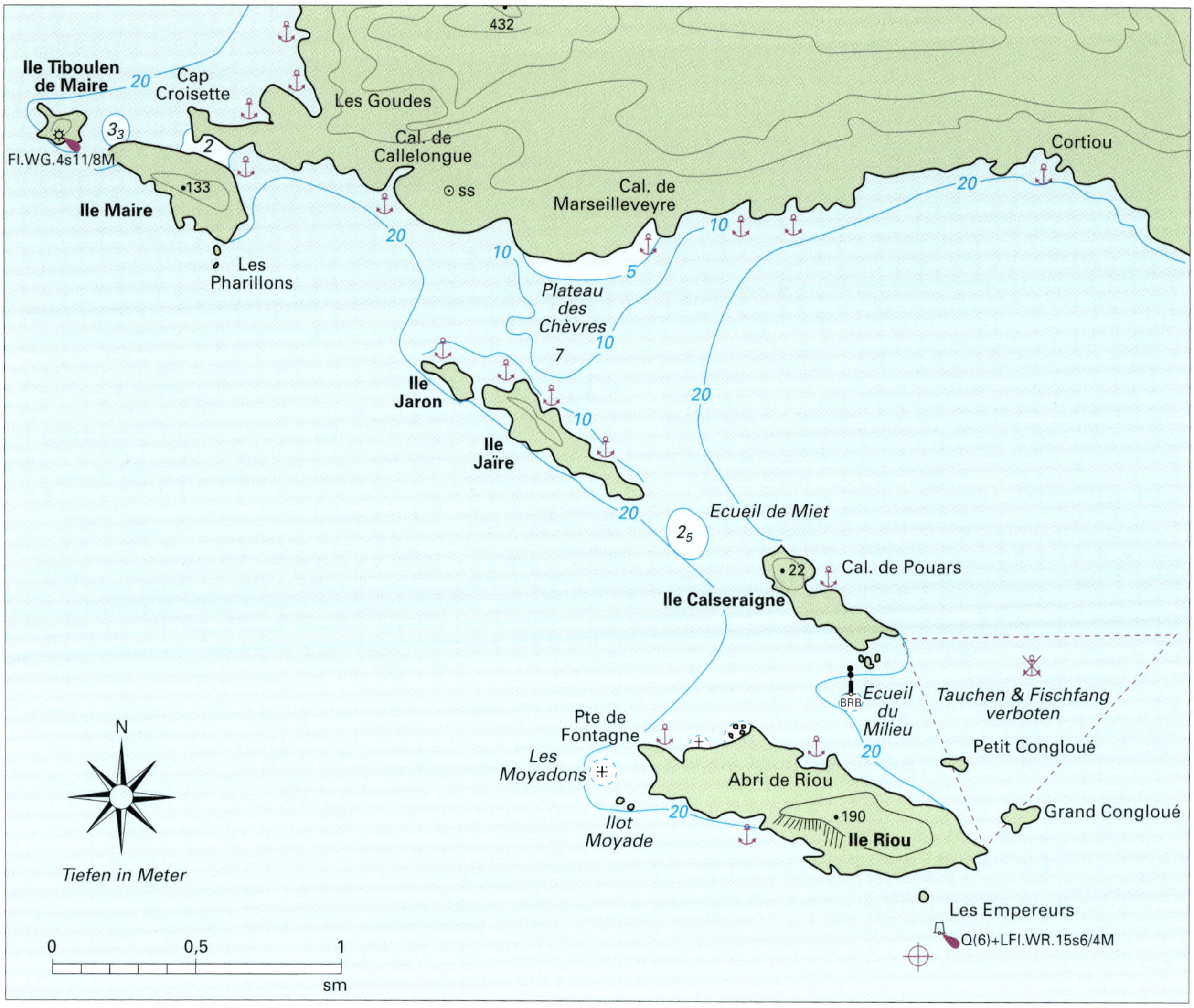

Der kleine Hafen liegt an der N-Seite des Cap Croisette. Vor dem kahlen Felskap sind die ausdruckslosen Betonbauten der Ortschaft Les Goudes deutlich zu erkennen. Die Hafeneinfahrt ist mit Iso.G.4s2M befeuert. Da der Hafen stets mit einheimischen Booten überfüllt ist, finden hier nur kleinere Yachten Platz. Die Tiefen nehmen sehr schnell von 5 m auf 0,5 m ab. Das Einlaufen und Liegen im Vorhafen kann bei Mistral gefährlich werden. An Land gibt es Bars und Restaurants.

Île Maire

43°12,9'N 005°19,7'E (Leuchtturm Île Tiboulen de Maire)

Die zerklüftete Felsinsel ist dem Cap Croisette vorgelagert. Vor ihrer W-Spitze liegt die Île Tiboulen de Maire mit einem Leuchtturm (Fl.WG.4s58m 11/8M). Die Durchfahrt zwischen den beiden Inseln ist tief; die einzige flache Stelle mit 3,3 m liegt N-lich der W-Spitze der Île Maire. Die Durchfahrt zwischen der Ile Maire und Cap Croisette ist 2 m tief und wird nur von Ortskundigen genutzt. Der SE-Spitze der Île Maire sind die beiden gut sichtbaren Felsen Les Pharillons vorgelagert.

Bei ruhigem Wetter ist die Durchfahrt zwischen Cap Croisette und der Île Maire ein guter Ankerplatz. Sobald etwas Wind aufkommt, wird der Platz unruhig.

Calanque de Callelongue

43°12,64'N 005°21,17'E (WGS 72)

Die kleine Bucht liegt 0,5 sm E-lich der Île Maire an der Festlandsküste. Ihre Einfahrt ist von See her schwer zu erkennen. Da der Ankerplatz stets mit einheimischen Booten überfüllt ist, finden hier nur sehr kleine Yachten Platz.

Île Jaron, Île Jaïre, Île Calseraigne und Île Riou

Die Inselgruppe liegt 1–2 sm SE-lich von Cap Croisette. Zwischen der Île Jaïre und dem Festland liegt das Plateau des Chèvres; es gibt nur eine schmale Durchfahrt von 7–10 m Tiefe unter der Inselküste. Die zahlreichen Ankerplätze eignen sich je nach Wind und Seegang.

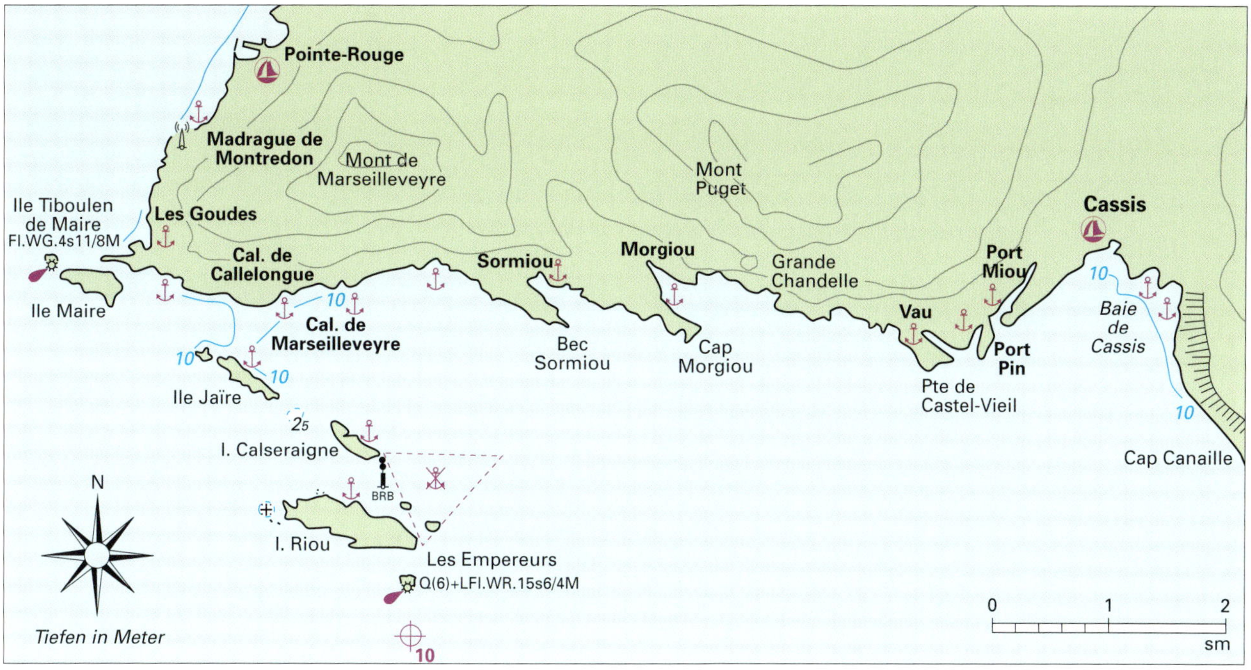

Les Calanques – von Port de la Pointe-Rouge bis Cassis (Angaben zum Wegpunkt siehe Seite 112)

Im dreieckigen Sperrgebiet E-lich der Île Calseraigne und der Île Riou ist sowohl Ankern und Tauchen als auch Fischfang untersagt.

Île Jaron. Die kleine Insel liegt NW-lich der Île Jaïre und ist von ihr durch eine schmale Durchfahrt getrennt. Bei ruhigem Wetter ankert man vor dem N- bzw. NE-Ufer.

Île Jaïre. Die große Insel liegt SE-lich der Île Jaron und wird durch ein Flachwassergebiet, das Plateau des Chèvres, vom Festland getrennt. Bei ruhigem Wetter können Yachten vor der N- und NE-Küste ankern.

Plateau des Chèvres. Die 7–8 m tiefe Durchfahrt liegt etwa 200–300 m vor der NE-Küste der Île Jaïre und bietet sich als sichere Abkürzung gerade bei frischeren Winden an. Je nach Windrichtung setzt in der Durchfahrt bis zu 2 kn Strom.

Île Calseraigne. Die Insel im SE von Île Jaïre ist von dieser durch eine Durchfahrt mit einem 2,5 m tiefen Riff namens Ecueil de Miet getrennt. S-lich der SE-Spitze der Insel liegt der Ecueil du Milieu, ein Felsen, der mit einem Einzelgefahrzeichen bezeichnet ist.
Die Bucht an der NE-Küste, Calanque de Pouars, eignet sich zum Ankern bei W- bis S-Wind.

Île Riou (WP 43°10,2'N 005°23,7'E/Leuchtbake Îlot les Empereurs). Der größten und südlichsten Insel der Gruppe sind im NE die Inseln Grand und Petit Congloué und im SE die beiden kleinen Inseln Les Empereurs vorgelagert. Auf deren S-Spitze steht eine Leuchtbake (Q(6)+LFl.WR.15s18m6/4M).
Vor der W-Spitze der Insel liegen die eben vom Wasser überspülten Felsen Les Moyadons sowie eine Felsgruppe namens I. Moyade. Der einzige Ankerplatz an der N-Küste, Abri de Riou, ist vor S-lichen Winden geschützt. Im NW der Insel kann nur bei ruhigem Wetter geankert werden.

Les Calanques

Der Küstenstrich zwischen Cap Croisette und Cassis ist geprägt von den „Calanques". Die Kalkfelsen der Gebirgsketten Marseilleveyre und Puget fallen hier steil ins Meer. „Calanque" ist eine allgemeine Bezeichnung für eine fjordähnliche Küstenformation. Solche „Calanques" gibt es auch an der Côte Bleue und an der korsischen Küste, doch nicht in dieser spektakulären Form, wie sie Les Calanques bilden. Diese werden teilweise von bis zu 100 m hohen Klippen gesäumt, auf deren bizarren Kalkfelsen kleine Pinien wachsen.

Calanque de Marseilleveyre (43°12,5'N 005°22,29'E, WGS 72) liegt am E-Rand des Plateau des Chèvres. In der Einfahrt erstrecken sich vor der E-Huk Untiefen, und nur flachgehende Schiffe sollten hier einlaufen. Im Sommer hat ein Restaurant geöffnet.
Zwischen Marseilleveyre und dem 2,5 sm weiter E-lich liegenden Calanque de Sormiou befinden sich mehrere kleine Ankerbuchten, die bei ruhigem Wetter genutzt werden können.

Calanque de Sormiou aus SSE

Calanque de Sormiou (WP 43°12,5'N 005°25,5'E) ist ein tiefer, von steilen Felswänden gesäumter Fjord im Schutz der zerklüfteten Landzunge Bec Sormiou. Er bietet vor N- und W-Winden geschützte Ankerplätze, ist aber nach S und E offen. Man ankert auf 10–20 m Tiefe. Bei Mistral ist mit starken Fallböen zu rechnen. Im grasbewachsenen Sandgrund hält der Anker nicht überall gleich gut.

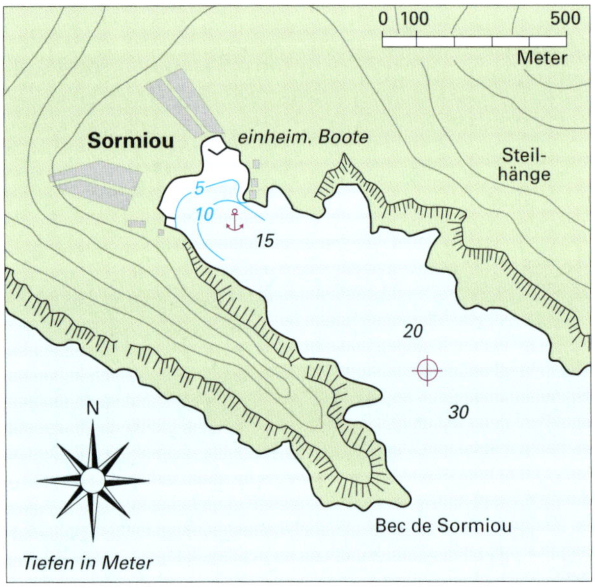

In der Bucht am N-Ufer des Bec Sormiou liegen einheimische Boote an Bojen. An Land finden Sie mehrere Bars und Restaurants.

Calanque de Morgiou (WP 43°12,5'N 005°27'E) liegt im Schutz der langen, flachen Landspitze Cap Morgiou. Beste Landmarke ist die burgähnliche Spitze des Berges La Grande Chandelle (464 m) im E des Cap Morgiou. Ist das Kap gerundet, sind mehrere Häuser vor den zerklüfteten Felsen am Ende der Calanque zu erkennen.

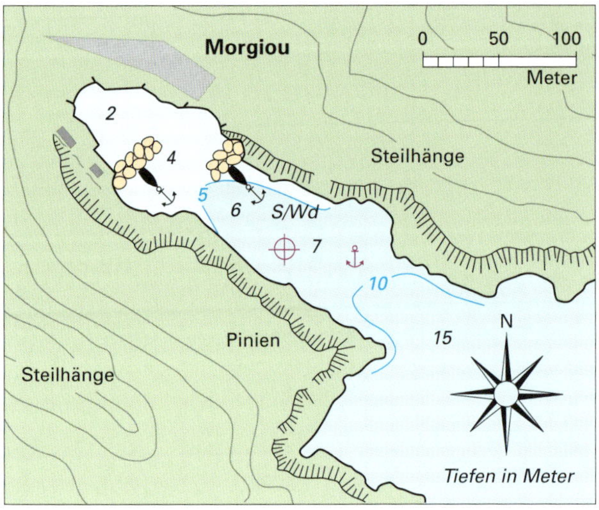

Innerhalb der Wellenbrecher ist der Platz meist von einheimischen Booten belegt, sodass Gastyachten davor ankern. Man bleibt auf 5–10 m über grasbewachsenem Sandgrund. Nicht überall hält der Grund gut; so sollte der Ankerhalt auch wegen der Fallböen bei Mistral überprüft werden. Wenn Platz vorhanden ist, können Sie auch mit dem Bug an einer der Molen festmachen. Obwohl nach S offen, bleibt es bei leichten SW- bis S-Winden ruhig.
Die Restaurants an Land haben im Sommer geöffnet. Die Umgebung mit den pinienbewachsenen Kalkfelsen ist äußerst reizvoll. Im E der Calanque de Morgiou schließen sich einige sehr idyllische Schönwetterbuchten an.

Calanque de Morgiou aus SE

Calanque d'En Vau und ***Port Pin*** (WP 43°12'N 005°30,5'E) heißen die beiden tiefen und engen Schluchten E-lich der Pte de Castel-Vieil. Die schlecht zu erkennende Einfahrt liegt dort, wo Steintreppen zum Wasser herunterführen. Je nach Windrichtung und See gehen Sie in eine der beiden Calanques, die besonders im Sommer sehr beliebt sind.

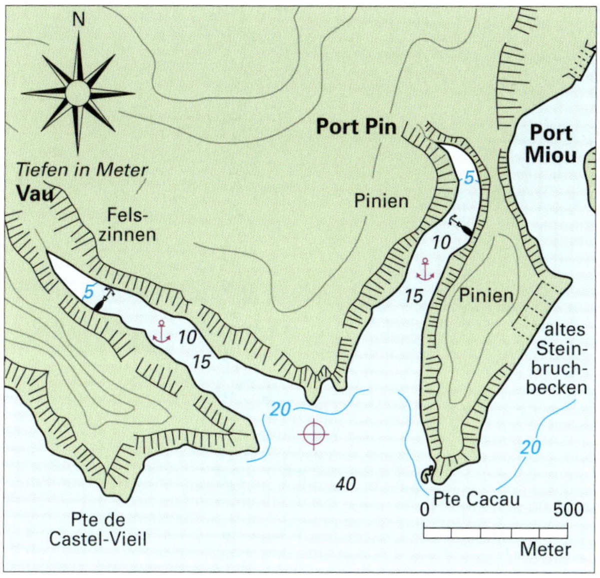

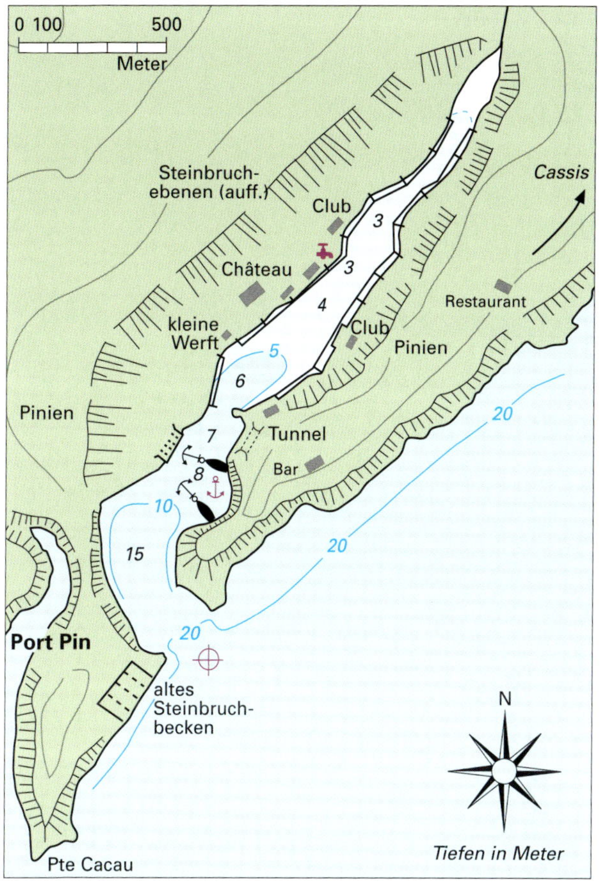

In der Calanque d'En Vau muss zusätzlich zum Anker eine Leine zum S-Ufer ausgebracht werden, in Port Pin benötigt man eine Leine zur E-Seite. Zum Schwojen steht kein Platz zur Verfügung. Beide Schluchten sind nach S hin offen, doch bei leichten S-lichen Winden kann man hier durchaus liegen. Die ungewöhnlichen Felsformationen der Calanque d'En Vau und die vollkommen mit Pinien bewachsene Küste des Port Pin ziehen leider auch viele Ausflugsbarkassen aus dem nahen Cassis an.

Port Miou

WP 43°12,14'N 005°30,87'E (WGS 72)
Karten: D 596, F 7406, F 7393

Allgemeines

Diese lange schmale Calanque unmittelbar E-lich von Port Pin bietet bei jedem Wetter guten Schutz in wundervoller Umgebung. Obwohl im Sommer sehr voll, ist in diesem beliebten Naturhafen stets ein freier Platz zum Ankern zu finden. Die vielen Ausflugsboote kommen erst am späten Vormittag und sind früh am Abend wieder weg.

Da eine Süßwasserquelle in den Port Miou mündet, ist das Wasser selbst in den heißesten Sommermonaten angenehm kühl.

Nach Cassis mit seinen Versorgungsmöglichkeiten benötigt man zu Fuß 25 heiße und schweißtreibende Minuten, man kann aber auch den Nahverkehrs-„Zug" auf der Straße oberhalb der Calanque anhalten und damit weiterfahren. Ist die Rückkehr erst für den späten Abend geplant, sollte man seine Taschenlampe nicht vergessen, denn der Weg ist etwas uneben.

Im Steinbruch von Port Miou wird zumindest in den Sommermonaten nicht mehr gearbeitet. Der von hier stammende harte, weiße Stein wurde in alle Länder

Port Miou

des Mittelmeerraumes exportiert und auch beim Bau des Sueskanals und vieler Gebäude in Marseille verwendet.

Ansteuerung

Von E kommend, ist der weiße Abbaubereich des ehemaligen Steinbruchs gut zu sehen, aber die Einfahrt ist von E wie W nur aus nächster Nähe zu erkennen. Im Sommer kann man sich an den ständig ein- und auslaufenden Ausflugsbooten orientieren.

Liegeplätze

Es gibt die Möglichkeit, an den Laufstegen am NW-Ufer beim Yachting-Club des Calanques oder am SE-Ufer beim Club Nautique de Port Miou festzumachen. Die meisten Yachten ankern allerdings in der äußeren Hälfte. Hier sollte man eine lange Leine zum E-Ufer ausbringen, wo zahlreiche Mooringringe an den Felsen angebracht sind. Die Anker halten im stark mit Gras bewachsenen Grund nicht besonders gut; man sollte den Halt überprüfen und notfalls mit dem Beiboot einen zweiten Anker ausbringen.

Im Sommer liegt man hier recht geschützt, doch bei starken E- bis SSE-lichen Winden entsteht im äußeren Teil der Calanque eine beachtliche Dünung, sodass der Ankerplatz unhaltbar werden kann. Bei Stürmen aus S-lichen Richtungen sollten Yachten lieber in die Baie de La Ciotat oder nach Port de la Pointe-Rouge ablaufen, da die Einsteuerung von Cassis dann ziemlich kniffelig werden kann. Im Sommer aber ist der Schwell der Ausflugsboote, die in Port Miou ihre Runden machen, sehr viel unangenehmer als jegliche Dünung, die in die Calanque stehen kann.

Versorgung

Man bekommt Trinkwasser, und eine kleine Sliprampe befindet sich im Scheitel der Calanque. Am Hang oberhalb des SE-Ufers gibt es eine Bar und etwas weiter davon entfernt ein Restaurant.

Cassis

WP 43°12,8'N 005°32,1'E
Karten: D 596, F 6612, F 7406, F 7393

Allgemeines

Cassis ist eine wahre Perle an der Küste: Ocker- und rosafarbene Häuser scheinen an den Hängen um den Hafen zu kleben, und über der Stadt auf einer schroffen Klippe thront eine restaurierte Burg aus dem 14. Jahrhundert. Licht und Atmosphäre in Cassis zogen Ende des 19. Jahrhunderts u. a. die Maler André Derain, Maurice de Vlaminck, Henri Matisse und Raoul Dufy an. Selbst die von Zweifeln und Erinnerungen geplagte Erzählerin Virginia Woolf vermerkt in ihren Tagebüchern, dass sie während ihrer Reisen in Cassis einige ihrer glücklichsten Zeiten erlebt habe.

Im Sommer sind die Straßen mit Touristen, Straßensängern und allerlei Verkaufsständen gefüllt. Unter das Stimmengewirr der Flaneure mischt sich Musik und Gesang, und jeder scheint sich zu amüsieren. Tagsüber ist jeder Quadratzentimeter des winzigen Stadtstrandes mit Badetüchern und den eingeölten Körpern der Urlauber bedeckt.

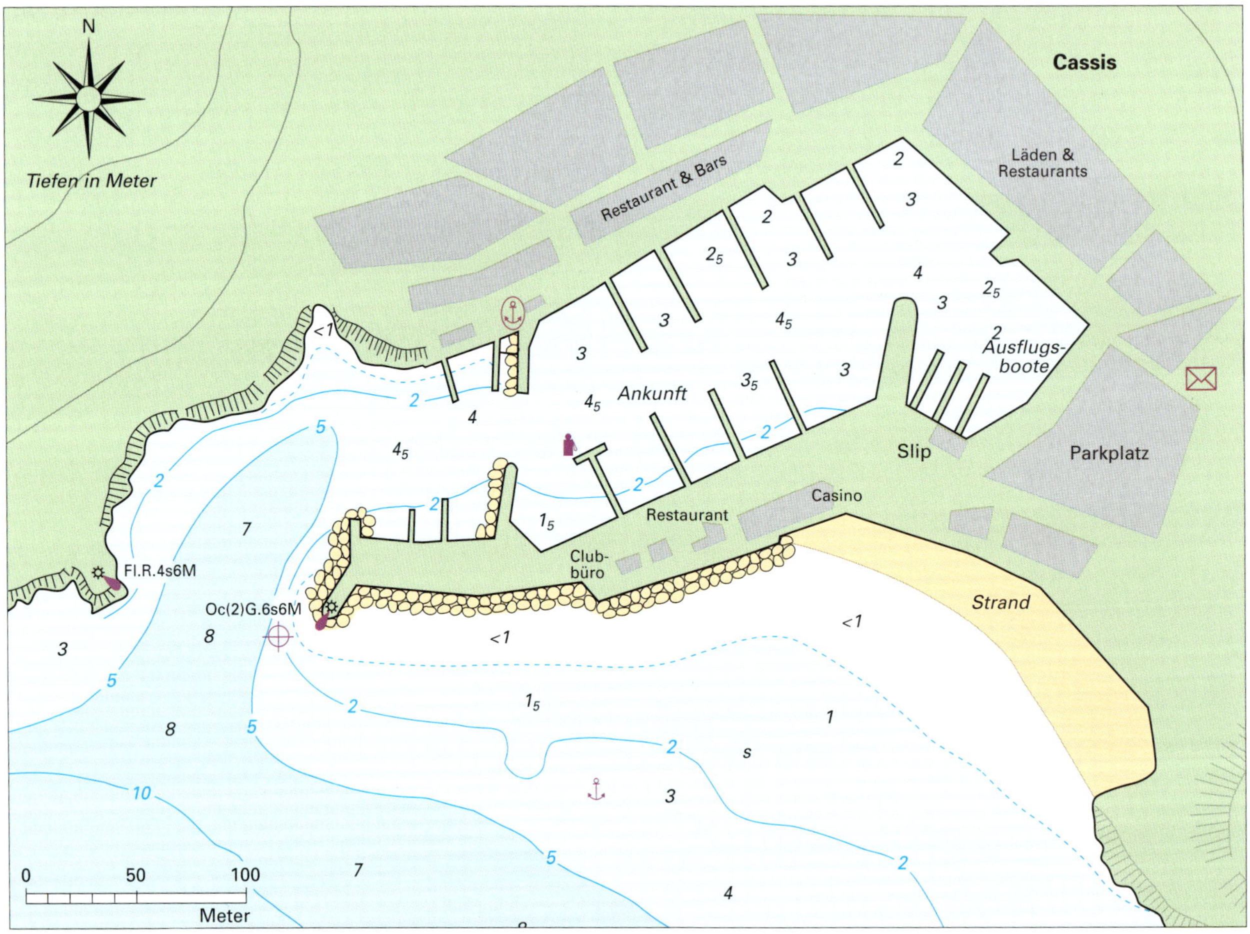

Cassis aus S

Ansteuerung

Auffällig: Von E und W aus ist Pointe Cacau unverkennbar, und die 399 m hohen roten Klippen des Cap Canaille E-lich von Cassis sind ebenfalls nicht zu verwechseln. Die Stadt Cassis liegt im NW der Baie de Cassis und ist an ihren vielen Häusern zu erkennen. Die Hafenmolen und der mächtige Leuchtturm sind erst spät auszumachen.

Nachts ist die Hafeneinfahrt mit Oc(2)G.6s17m6M und Fl.R.4s11m6M befeuert.

Die Association Nautique Cassidaine (ANC) und der Cercle Nautique de Cassis (CNC) sind auf UKW-Kanal 09 zu erreichen: der ANC im Sommer von 0800–1200 und von 1400–2030 Uhr, im Winter von 0900–1200 und von 1430–1800 Uhr; der CNC im Sommer von 0900–1200 und von 1500–1930 Uhr, im Winter von 0900–1200 und von 1500–1800 Uhr.

Gefahren: Bei starken S-lichen Winden erschwert eine äußerst kabbelige See das Einlaufen; bei S-Sturm wird es in der Einfahrt zu gefährlich.

Hinweis: Die innere und äußere Einfahrt sind sehr schmal. Wegen des regen Verkehrs der Ausflugsboote ist äußerste Vorsicht geboten.

Liegeplätze

Es gibt insgesamt 500 Liegeplätze für Yachten bis zu 20 m Lüa, im ANC 20 Gastliegeplätze, im CNC stehen Plätze an mehreren Schwimmstegen für Yachten bis 15 m Lüa zur Verfügung. Die Wassertiefen betragen 2–5 m.

Man macht zunächst am Empfangs- oder Bunkerkai fest und lässt sich im Clubbüro einen Liegeplatz zuweisen. Auslegerstege oder Mooringleinen. Im Sommer ist der Hafen stets voll, und manchmal ist kein Platz mehr zu bekommen. Der Hafen ist bei jedem Wetter gut geschützt, auch wenn Stürme aus S-lichen Richtungen Schwell verursachen können.

Behörden: Cassis ist Zollhafen und hat einen Hafenmeister sowie Marinapersonal. Liegegeld der Kategorie 3.

Infos beim ANC: Tel./Fax 04 42 01 24 95, beim CNC: Tel. 04 42 01 79 04 oder Fax 04 42 01 05 96.

Versorgung

Bei jedem Liegeplatz sind Wasser und Strom zu bekommen. Toiletten und Duschen sind vorhanden.

Treibstoff gibt es am Kai hinter der Einfahrt. Zwar gibt es einen 6-t-Kran und einen 30-t-Slip, aber nur wenige Landstellplätze. Die meisten mechanischen Reparaturen können ausgeführt werden. Yachtausrüster sind am Ort.

Die Lebensmittelauswahl in den Geschäften des Orts ist gut, es gibt auch Stangeneis. An der Hafenpromenade und in der Stadt findet man Restaurants jeglicher Art. Eine Post, Banken und Autovermietungen sowie eine Busverbindung nach Marseille sind vorhanden.

Baie de Cassis. In den beiden kleineren Buchten im NE der Baie de Cassis kann man ankern. Bei SW- bis SE-Wind oder Mistral steht Schwell in die Bucht.

Banc de la Cassidaigne. WP 11 43°06,7'N 005°32,8'E (2 sm S-lich von Cassidaigne). Dieses Riff erstreckt sich 3 sm WSW-lich des Bec de l'Aigle. Es ist mit einem schwarz-rot-schwarzen, 24 m hohen Leuchtturm mit Doppelball-Toppzeichen (Fl(2)6s7M) bezeichnet, der aus der Entfernung gut zu erkennen ist.

Calanque de Figuerolles

WP 43°09,84'N 005°35,76'E (WGS 72)

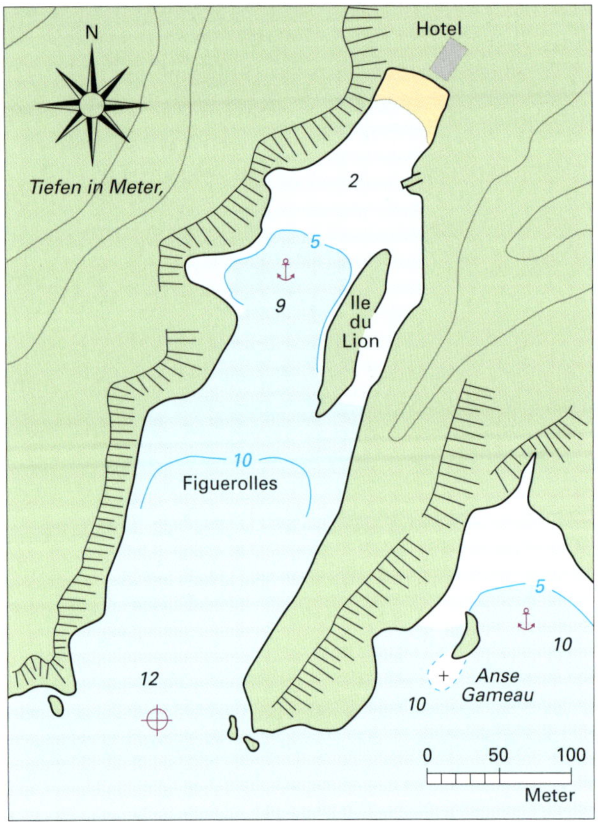

Dieser grandiose Ankerplatz liegt 0,5 sm NW-lich des Bec de l'Aigle. Die Signalstation auf den Klippen im NW der Calanque bildet eine gute Landmarke. Nach S hin offen, steht selbst bei leichten S-lichen Winden Schwell in die Calanque; schon bei etwas stärkeren S-Winden wird der Ankerplatz unhaltbar. Man ankert auf 5–12 m Tiefe. An der N-Spitze der kleinen Île du Lion vor dem E-Ufer der Calanque ist ein Ring zum Festmachen angebracht. An Land findet man ein Hotel, ein Restaurant und eine Bar. La Ciotat ist einen Spaziergang von 20 Minuten entfernt. Die stark zerklüfteten und ausgehöhlten Felsen rund um die Calanque wirken äußerst bizarr. Der knorrige, menschenähnliche Fels am W-Ufer wird „Capucin Friar" (Kapuzinermönch) genannt.

Bec de l'Aigle

WP 12 43°09,12'N 005°39,39'E (WGS 72 – 0,5 sm S-lich von Cap Bec de l'Aigle)

Das auffällige, 155 m hohe zerklüftete Kap ist schon aus großer Entfernung auszumachen. Es ist jedoch nicht seine Größe, sondern die sonderbare Form – seine Umrisse ähneln einem Adlerkopf mit Schnabel –, die das Kap schon von weitem erkennbar macht.

Île Verte

Die Insel liegt etwa 0,25 sm E-lich des Cap de l'Aigle. Die Durchfahrt zwischen Insel und Kap ist eine ebenso außergewöhnliche wie brauchbare Abkürzung. Der Unterwasserfelsen, Canonnier du Sud, ist mit einer grünen Bake mit Kegeltoppzeichen bezeichnet. Ein weiterer Felsen im N, über dem 3,6 m Wasser stehen, ist unbezeichnet und heißt Canonnier du Nord. Im Fahrwasser der Passage W-lich der Bake gibt es keine Hindernisse, und es ist tief.
Am N-Ufer der Île Verte befindet sich die Calanque St-Pierre, eine nach N und E offene Bucht, die das Ziel vieler Ausflugsboote aus La Ciotat ist.

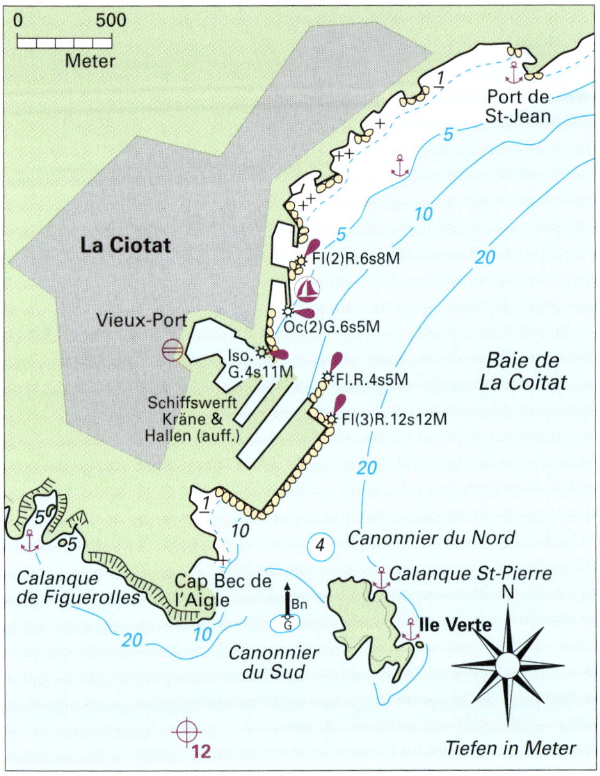

Ansteuerung von La Ciotat (Angaben zum Wegpunkt siehe Seite 112)

La Ciotat

WP 43°10,5'N 005°36,8'E
Karten: D 596, F 6612, F 7406

Allgemeines

Auf den ersten Blick wird man sich vielleicht wundern, warum La Ciotat so beliebt ist: Riesige Werftanlagen dominieren die Küstenansicht, aber im Hafen der Altstadt scheint man meilenweit von ihnen entfernt. Die Häuser sind auf den terrassierten Hängen rund um den Hafen erbaut, und die Straßen sind winkelig und eng.

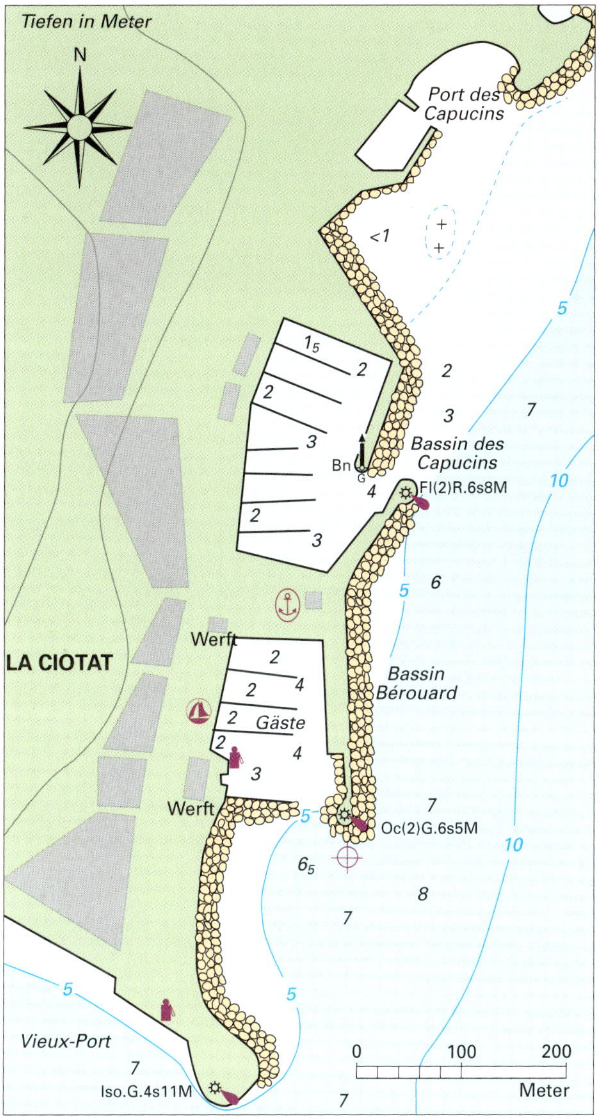

Ansteuerung

Auffällig: Das unverwechselbare Kap, Bec de l'Aigle, ist die beste Orientierungshilfe. Hat man dieses gerundet und ist in die Baie de La Ciotat eingelaufen, so sind schon die Werftanlagen im S des Yachthafens zu erkennen.

Nachts steuert man nach den Feuern des Handelshafens: Oc(2)R.6s12M und Fl.R.4s5M; der Vieux-Port ist mit Iso.G.4s11M befeuert. Befeuerung des Yachthafens: der N-liche Kopf der Mole mit Fl(2)R.6s8M und der S-liche mit Oc(2)G.6s5M.

Die Hafenbehörden sind auf UKW-Kanal 12 bzw. 16 zu erreichen. Die Marina ist im Sommer von 0700–2000 Uhr und im Winter von 0800–1230 und von 1500–1930 Uhr auf Kanal 09 hörbereit.

Liegeplätze

Insgesamt stehen in dem 2–4 m tiefen Hafen 640 Plätze für Yachten bis 18 m Lüa zur Verfügung, davon 25 für Gäste.

Man läuft in das S-liche der beiden Hafenbecken, das Bassin Bérouard, ein und macht zunächst an einem freien Platz am äußeren Schwimmsteg fest, bevor man sich im Hafenbüro einen Liegeplatz zuweisen lässt. Mooringleinen am Kai oder an Bojen. Der Hafen ist bei jedem Wetter gut geschützt.

Behörden: La Ciotat ist Zollhafen und hat einen Hafenkapitän sowie Marinapersonal. Liegegeld der Kategorie 2.

Infos zum Port de Plaisance: Tel. 04 42 08 62 90 oder Fax 04 42 71 46 01.

Hinweis: Der Vieux-Port ist den Fischern vorbehalten.

Versorgung

Wasser und Strom sind an oder bei jedem Liegeplatz vorhanden. Es gibt Sanitäranlagen mit Toiletten und Duschen. Am Kai im Bassin Bérouard ist Treibstoff zu bekommen. Ein 10-t-Kran, ein 36-t-Travellift und ein 1,5-t-Gabelstapler für die Motoryachten, die an Land in den Gestellen stehen, sind vorhanden. Reparaturen an Mechanik und Motoren werden ausgeführt. Ein Yachtausrüster ist am Ort.

Lebensmittel in guter Auswahl und Stangeneis sind erhältlich. Am Hafen und in der Stadt gibt es zahlreiche Restaurants. Post und Banken sind vorhanden. Busverbindungen nach Marseille und Toulon.

Port de St-Jean

Der kleine Bootshafen liegt 1 sm NE-lich von La Ciotat. Er ist nur 1 m tief und im Sommer mit einheimischen Booten belegt.

Port Liouquet

1 km E-lich von Port de St-Jean soll in der Baie de la Vierge eine neue Marina mit 800 Liegeplätzen entstehen. Die Bauarbeiten haben aber noch nicht begonnen.

Die Côte d'Azur

Stephen Liégard, ein in Deutschland kaum bekannter Dichter des 19. Jahrhunderts, verwendete einen Ausdruck in seinem Werk, der uns noch heute präsent ist: die „azur(blaue) Küste" – Côte d'Azur. Gemeint ist das Wechselspiel des Lichtes zwischen dem blauen Himmel und dem Meer, das besonders Maler und Dichter aus dem grauen Norden in die Küstenstädte zog. Ginge es nach der Touristikbranche, würde sich die Côte d'Azur vom Rhônedelta bis zur italienischen Grenze erstrecken, doch ganz so lang ist sie nicht.
Die Côte d'Azur ist die Küste der französischen Departements Var und Alpes-Maritimes.
In diesem Buch wird der Küstenstrich von Les Lecques im W bis zum Fluss Var W-lich von Nizza als Côte d'Azur beschrieben.
Den meisten Leuten fallen nur bekannte Orte wie Hyères, St-Tropez, Cannes oder Antibes ein, wenn sie an die Côte d'Azur denken. Dass auch Toulon hier liegt, passt nicht recht ins allgemeine Bild. Doch da denkt die Touloner Tourismuszentrale ganz anders und beschreibt die Rade de Toulon als die schönste Bucht der Côte d'Azur.

Dieses Kapitel teilt sich in die folgenden beiden Abschnitte:
– westliche Côte d'Azur von Les Lecques bis Cavalaire-sur-Mer und der südlichen Ansteuerung des Golfe de St-Tropez,
– östliche Côte d'Azur von St-Tropez bis St-Laurent-du-Var am Ufer des Flusses Var.

Das Wetter an der Côte d'Azur

Der im Sommer vorherrschende Wind ist ein Seewind aus SE bis E. Er weht meist ab dem späten Vormittag, erreicht Bft 3–4 und flaut zum Abend wieder ab.
Stürmische Winde kommen aus NW bis W (Mistral), NE oder S. Davon ist der Mistral der stärkste Wind, während bei S-lichen Winden schwerer Seegang entsteht, der größere Probleme bereiten kann. E-lich von Cannes weht der Mistral viel schwächer als etwa in der Gegend um Toulon.

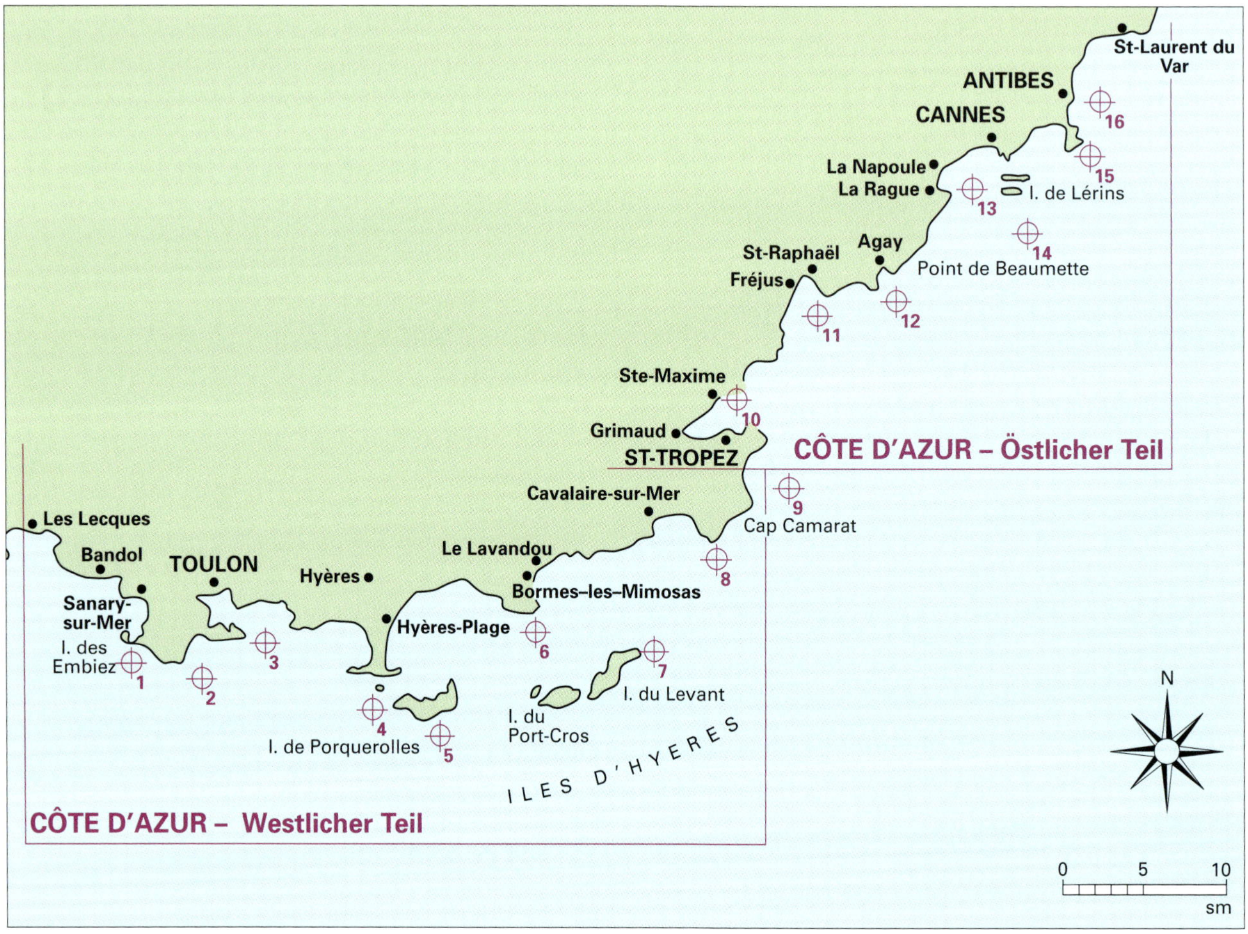

Wichtige Angaben

Sperrgebiete

1. Im Hafen von Toulon ist die Schifffahrt nur in den Gebieten erlaubt, die im Text und auf dem Plan bezeichnet sind. Yachten ist es untersagt, in den Marinehafen einzulaufen, und in einigen Teilen des Hafens ist das Fotografieren verboten.
2. S-lich von Port Fréjus, wo sich ein Luftwaffenstützpunkt befindet, ist ein weiteres Sperrgebiet eingerichtet.

Die wichtigsten Leuchtfeuer

Port des Lecques: Iso.G.4s10m9M
Bandol: Oc(4)WR.12s9m13/10M (351°-W-003°-R-351°)
Sanary-sur-Mer: Fl.R.4s9m10M
Le Brusc: Oc(3)WR.12s10m9/6M (156°-W-166°-R-156°)
Port des Embiez: DirOc.WRG.4s3m9/7M (198,5°-G-207°-W-213°-R-221,5°)
Île du Grand-Rouveau: Oc(2)6s45m15M
Cap Cépet: Fl(3)15s76m20M
Saint-Mandrier: Fl(2)R.10s17m9M
Toulon, Grande Jetée: Fl.G.2,5s13m11M
Toulon, Petite Passe: Iso.RG.4s21m10/10M
La Seyne-sur-Mer: Fl.G.4s6m10M
Les Salettes: Oc(4)WR.12s13m10/7M (356°-W-005°-R-356°)
Le Grand Ribaud (Île du Grand Ribaud: Fl(4)15s35m15M
Île de Porquerolles, Cap d'Armes: Fl(2)10s80m29M
Port de Porquerolles: Oc(2)WR.6s8m13/10M (150°-W-230°-R-150°)
Hyères: Fl.G.4s9m10M
Hyères, Bassin 3: Iso.G.4s8m10M
Port Pothau: Oc(3)WG.12s9m13/10M (260°-G-285°-W-012°-G-060°)
Cap Bénat: Fl.R.5s60m21M
Bormes-les-Mimosas: Fl(2)R.6s10m10M
Le Lavandou: Iso.WG.4s8m13/10M (266°-W-317°-G-332°-W-358°-G-266°)
Le Titan (Île du Levant): Fl.5s70m28M
Cavalaire: Fl.R.6s9m10M
Cap Camarat: Fl(4)15s130m26M
La Moutte: Q(3)WR.10s11m9/6M (009°-R-121°-W-009°)
St-Tropez: Oc(2)WR.6s15m14/11M (228°-W-245°-R-228°)
Marines de Cogolin: Fl(2)R.6s7m10M
Port Grimaud: Fl.G.4s7m10M
Ste-Maxime: Q(3)G.4s8m14M
Sèche à l'Huile: Q(6)+LFl.WR.15s9m9/6M (075°-R-216°-W-075°)
Les Issambres: Fl(2)WG.6s8m11/8M (289°-W-356°-G-289°)
St-Raphaël, Vieux Port: Fl(3)G.12s13m10M
Santa Lucia, Bassin Sud: Oc(2)WR.6s10m10/7M (040°-W-057°-R-082°-W-130°-R-040°)
Îlot Lion de Mer: Iso.WR.4s16m13/10M (275°-W-249°-R-275°)
Pte de la Beaumette: Oc.WR.4s28m15/12M (260°-R-294°-W-032°)
Port de La Miramar: Fl(3)WG.12s12m13/10M (275°-W-348°-G-275°)
La Rague: Iso.G.4s9m10M
Mandelieu-La Napoule: Fl(3)G.12s9m10M
Port Pierre-Canto: Fl.G.4s11m11M
Les Moines: Q(6)+LFl.15s12m9M
Vallauris: Oc(2)WRG.6s167m16/12/11M (265°-G 305°-W-309°-R-336°-W-342°-G-009°)
Port de Golfe Juan: Fl(2)G.6s10m10M
Pte de l'Ilette: Oc(3)WRG.12s18m13/9M
La Garoupe: Fl(2)10s104m31M
Antibes, Digue de Large: Fl(4)WR.15s15m15/11M (160°-W-328°-R-160°)
St-Laurent-du-Var: Fl(3)WG.12s10m11/8M (310°-W-055°-G-310°)

Wegpunkte für die Törnplanung

WP 1	43°03,9'N 005°46,1'E	1 sm S-lich des Leuchtturms Grand-Rouveau
WP 2	43°01,9'N 005°51,6'E	1 sm S-lich von Cap Sicié
WP 3	43°04,2'N 005°58,2'E	1 sm E-lich von Cap Cépet
WP 4	43°00,7'N 006°09,2'E	Petite Passe, Mitte-Fahrwasser zwischen Sèche de Ribaud und der Leuchtbake Jeaune Garde
WP 5	42°58,0'N 006°12,4'E	1 sm S-lich von Cap d'Armes
WP 6	43°04,3'N 006°21,8'E	1 sm S-lich von Leuchtturm Cap Bénat
WP 7	43°02,8'N 006°33,4'E	2 sm E-lich von Le Titan (Île du Levant)/ 1 sm E-lich der Einzelgefahrbake L'Esquillade
WP 8	43°08,48'N 006°37,24'E (WGS 72)	1 sm S-lich von Cap Lardier
WP 9	43°13,27'N 006°47,21'E (WGS 72)	Bank La Nioulargue
WP 10	43°17,9'N 006°42,7'E	Golfe de St-Tropez 1,5 sm N-lich der Kardinalbake E La Moutte
WP 11	43°23,4'N 006°46,5'E	1 sm S-lich von Îlot Lion de Mer
WP 12	43°24,3'N 006°53,8'E	1 sm S-lich von Kardinalbake S La Chrétienne

WP 13 43°30,0'N 007°00,3'E
Einfahrt in den Golfe de Napoule (Mitte-Fahrwasser zwischen Pointe St-Marc und Kardinalbake S Les Moines)

WP 14 43°29,0'N 007°03,1'E
1 sm S-lich von Kardinalbake S Les Moines

WP 15 43°31,6'N 007°07,3'E
1 sm S-lich der Pointe de l'Ilette

WP 16 43°35,4'N 007°08,7'E
0,5 sm E-lich von Vauban-Antibes

Kurzübersicht

	Schutz	*Liegeplatz*	*Treibstoff*	*Wasser*	*Lebensmittel*	*Restaurants*	*Hafenplan*	*Liegegebühren*
Les Lecques	A	A	A	A	C	C	•	3
La Madrague	BC	A	O	A	O	C	•	
Port d'Alon	C	C	O	O	O	C	•	
Bandol	A	A	A	A	A	A	•	3
Sanary-sur-Mer	B	A	A	A	A	A	•	2
La Coudoulière	B	AC	O	B	O	C	•	3
Port du Brusc	B	A	A	A	C	B	•	
St-Pierre-des-Embiez	A	A	A	A	C	C	•	3
St-Mandrier	AB	A	A	A	B	B	•	3
Port Pin Rolland	B	AB	B	A	O	C	•	2
Port de la Seyne	A	A	B	A	C	C	•	2
Toulon (Vieille et Mourillon)	A	A	A	A	A	A	•	2/3
Carqueiranne	AB	A	A	A	C	C	•	2
Port du Niel	B	A	O	A	O	C	•	4
Port de Porquerolles	AB	A	A	A	C	B	•	4
Port Cros	C	C	O	B	C	C	•	2/3
Port Man	C	C	O	O	O	O	•	
Hyères-Plage	A	A	A	A	B	B	•	3
Port Miramar	AB	A	A	A	C	C	•	4
Bormes-les-Mimosas	A	A	A	A	C	B	•	3
Le Lavandou	AB	A	A	A	B	A	•	4
Cavalaire-sur-Mer	AB	A	A	A	B	B	•	3
Baie de Canoubiers	C	C	O	O	B	C	•	
St-Tropez	A	A	A	A	B	A	•	4/5
Marines de Cogolin	A	A	A	A	C	C	•	4
Port Grimaud	AB	A	A	A	C	B	•	4
Ste-Maxime	A	A	A	A	A	A	•	3
Les Issambres	A	A	A	A	C	C	•	3
Port de Ferréol	B	A	O	A	C	C	•	3
St-Aygulf	B	A	B	A	C	C	•	3
Fréjus	A	A	A	A	C	B	•	3
St-Raphaël (Vieux Port)	A	A	A	A	A	A	•	3
St-Raphaël (Santa Lucia)	A	A	A	A	B	B	•	3
Rade d'Agay	C	C	B	B	B	B	•	
Figueirette-Miramar	A	A	A	A	O	C	•	3
La Galère	A	A	A	A	O	C	•	3/4
Théoule-sur-Mer	B	A	A	A	C	B	•	3
La Rague	A	A	A	A	C	C	•	2/3
Mandelieu/La Napoule	A	A	A	A	B	B	•	3
Cannes-Marina	A	A	B	A	C	C	•	
Marco Polo	A	A	B	A	C	C	•	
Port de Cannes	A	A	A	A	A	A	•	3
Pierre-Canto	AB	A	A	A	A	B	•	3
Port de Golfe-Juan	A	A	A	A	C	C	•	3
Camille Rayon	A	A	A	A	C	C	•	3/4
Gallice-Juan-les-Pins	A	A	A	A	C	C	•	3/4
Vauban-Antibes	A	A	A	A	A	A	•	3/5
Baie des Anges	A	A	A	A	B	B	•	3/4
St-Laurent-du-Var	A	A	A	A	C	C	•	4

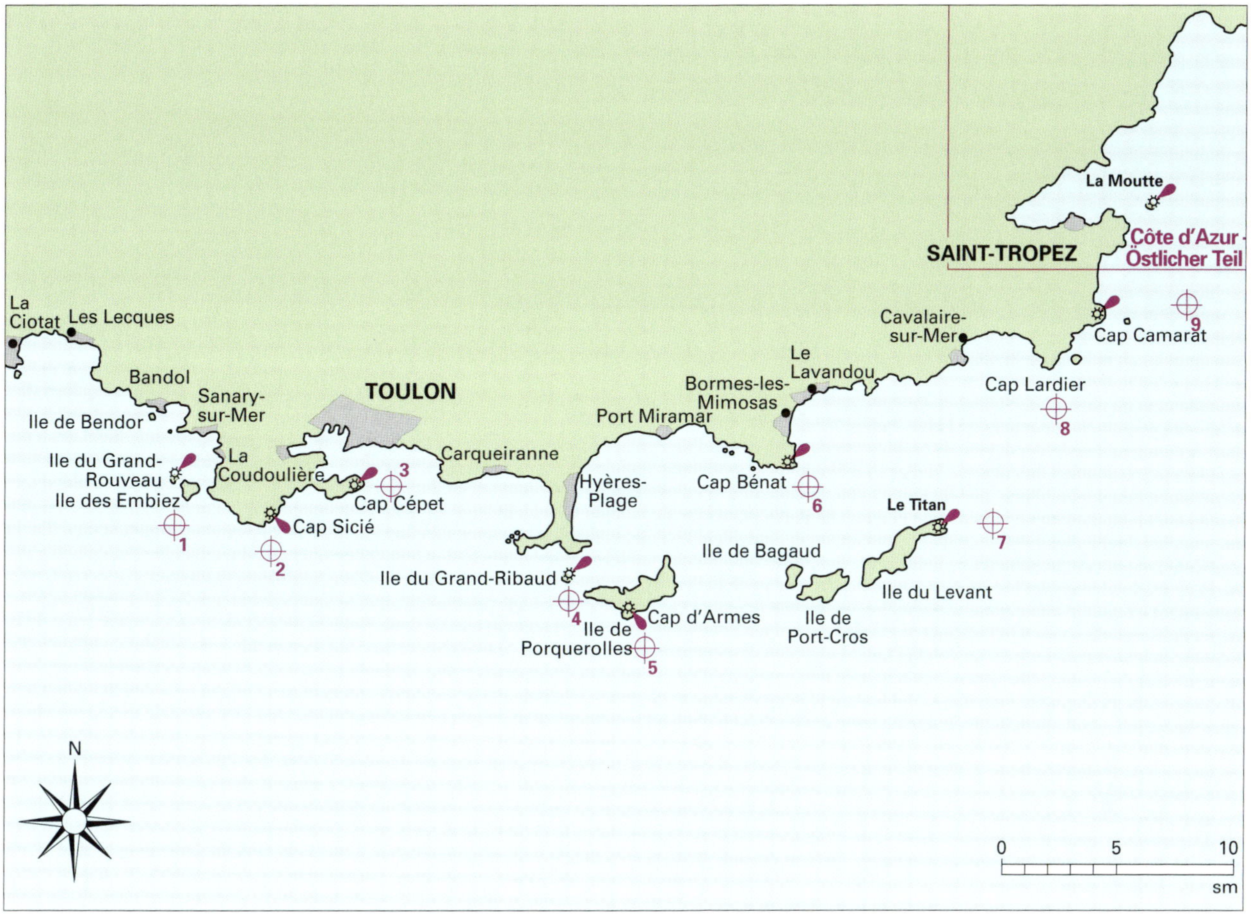

Côte d'Azur – Westlicher Teil

Von Les Lecques bis Cavalaire-sur-Mer

Les Lecques (St-Cyr-Les-Lecques)

WP 43°10,7'N 005°40,8'E
Karten: D 596, F 6612, F 7406

Allgemeines

Die Marina liegt am Fuß bewaldeter Berghänge, die zu den zerklüfteten Kalksteinufern im W einen starken Kontrast bilden. Die Anwohner kommen gerne zu einem Abendspaziergang an diesen ruhigen Ort.

Der griechische Historiker Apollodorus weiß von einem phokäischen Schiff auf dem Weg nach Marseille zu berichten, das vor Les Lecques sank. Die Mannschaft konnte sich an Land retten und gründete hier einen Handelsstützpunkt, den sie nach der Galionsfigur ihres Schiffes, einem Stierkopf, Tauroëis nannte. Unter den Römern hieß die Siedlung Tauroentum. Überreste aus dieser Zeit gibt es keine, da die Stadt wie Atlantis im Meer versank. Gefunden wurde allerdings eine ganze Menge kleiner Stierskulpturen, und es gibt heute in Richtung La Madrague das Tauroentummuseum, das auf den Grundmauern einer römischen Villa erbaut ist und regionale Werkzeugfunde aus der Zeit der Griechen und Römer ausstellt.

Ansteuerung

Die Marina liegt in einer Einbuchtung im NE der Baie de la Ciotat, der Baie des Lecques.

Auffällig: Die W-liche Huk der Baie de la Ciotat, Bec de l'Aigle, ist von W und E gut zu erkennen. Beim Einlaufen in die Bucht werden die Häuser der Ortschaft Les Lecques E-lich der Marina sofort sichtbar; bevor die Hafenmolen und die Masten der Yachten im Hafen erkennbar werden, gibt es keine weiteren Orientierungshilfen.

Nachts ist die Hafeneinfahrt mit Iso.G.4s9M und Q.R.6M befeuert. Der flache alte Hafen im N ist mit Fl(2)R.6s7M befeuert.

Die Marina ist von 0700–2030 Uhr auf dem UKW-Kanal 09 erreichbar.

Gefahren: Bei starken S-lichen Winden können gefährliche, brechende Seen in der Einfahrt entstehen.

Hinweis: Vor Les Lecques in der Baie de la Ciotat liegt ein mit gelben Tonnen bezeichnetes Sperrgebiet, in dem Fischen und Ankern verboten ist.

Liegeplätze

Die 2–4 m tiefe Marina hat 430 Plätze für Yachten bis 15 m Lüa. Man macht zunächst an einem freien oder zugewiesenen Platz fest und meldet sich im Hafenbüro. Mooringleinen am Kai oder an Bojen. Der Hafen ist gut geschützt; bei starken S-lichen Winden

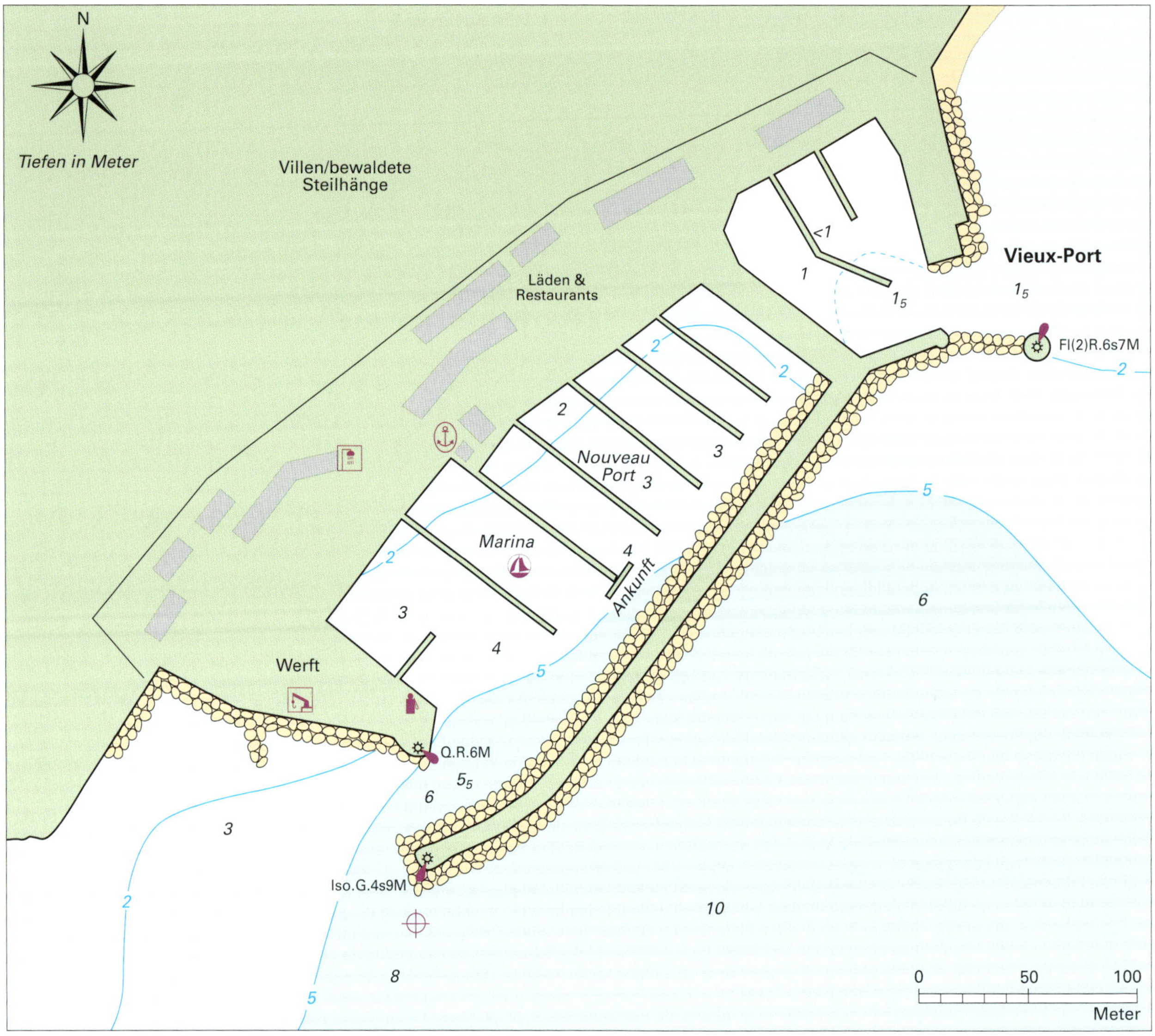

St-Cyr-Les-Lecques aus SE

kann Brandung in die Einfahrt stehen. Hafenkapitän und Marinapersonal sind vor Ort. Liegegeld der Kategorie 3.
Infos: Tel. 04 94 26 21 98 oder Fax 04 94 88 71 92.

Versorgung

Jeder Liegeplatz hat Wasser und Strom. Toiletten und Duschen sind vorhanden. Treibstoff bekommt man am Kai an der Einfahrt. Es gibt einen 10- und einen 15-t-Kran, und die meisten Reparaturen an Mechanik und Motor können ausgeführt werden. Yachtausrüster sind am Ort. Für größere Reparaturen fährt man nach La Ciotat. Die Marina bietet eine kleine Auswahl an Lebensmitteln; auch Stangeneis kann bestellt werden. Verschiedene Bars und Restaurants haben im Marinabereich geöffnet.

Vieux-Port

Der alte Fischerhafen von Les Lecques, der jetzt größtenteils von Sportbooten benutzt wird, grenzt in E an die Marina an. Die Einfahrt ist 2,5 m tief, im Inneren betragen die Tiefen aber nur 0,5–1,5 m. Bei Stürmen aus S-lichen Richtungen versandet der Hafen im Winter immer wieder – er wird allerdings von Zeit zu Zeit ausgebaggert. Flachgehende Boote mit 1 m Tiefgang oder weniger können mit Vorsicht in den Vieux-Port einlaufen.

Les Lecques bis Île des Embiez (Angaben zum Wegpunkt siehe Seite 151)

La Madrague

WP 43°10,1'N 005°41,6'E
Karten: D 596, F 6612, F 7406

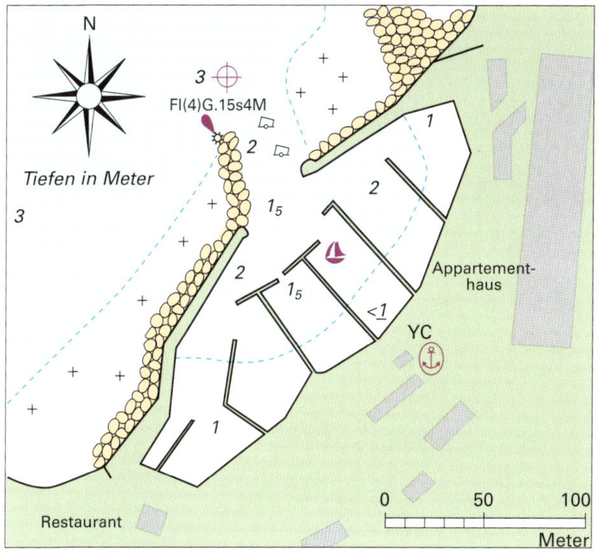

Port de la Madrague aus NW

Der kleine, großenteils untiefe Hafen liegt am E-Ufer der Baie des Lecques und bietet 420 Liegeplätze, 30 davon für Gäste, für Yachten bis maximal 8 m Lüa. Der S-liche Molenkopf ist mit Fl(4)G.15s4M befeuert. Die Tiefen nehmen von 3 m in der Einfahrt auf 1–2 m im Hafenbecken ab. Vor dem N-lichen Wellenbrecher erstreckt sich eine felsige Untiefe. Kleinere Yachten können vorsichtig einlaufen und am Kopf der S-Mole festmachen, wo etwa 2 m Tiefe vorhanden sind. Der Grund ist unrein. Außer bei Mistral ist der Hafen recht gut geschützt. An Land findet man Bars und Restaurants.

Ankerplatz: Bei ruhigem Wetter oder leichten E-lichen Winden kann man im N des Hafens auf 3–5 m Wassertiefe ankern; der Grund besteht aus Sand und Bewuchs und hält gut, wenn der Anker erst mal durch das Gras gedrungen ist. Bei leichten SE-Winden rollt Dünung in die Bucht, die aber eher unangenehm als gefährlich ist. Nach W hin ist der Ankerplatz ungeschützt.

Von La Madrague bis Bandol

Dieser Küstenabschnitt ist geprägt von einer bewaldeten Felsküste mit einer Reihe von Ankerbuchten, die abhängig von Windrichtung und Seegang genutzt werden können.

Pte des Trois Fours ist eine zerklüftete, felsige Landspitze im SE der Pte Fauconnière. Bei ruhigem Wetter kann man vor der N- bzw. S-Küste ankern, wobei die vorgelagerten Felsen zu beachten sind. Nach S sind die Ankerplätze ungeschützt und werden selbst bei anscheinend ruhiger See von einer unangenehmen Dünung erreicht.

Port d'Alon

WP 43°08,7'N 005°42,6'E

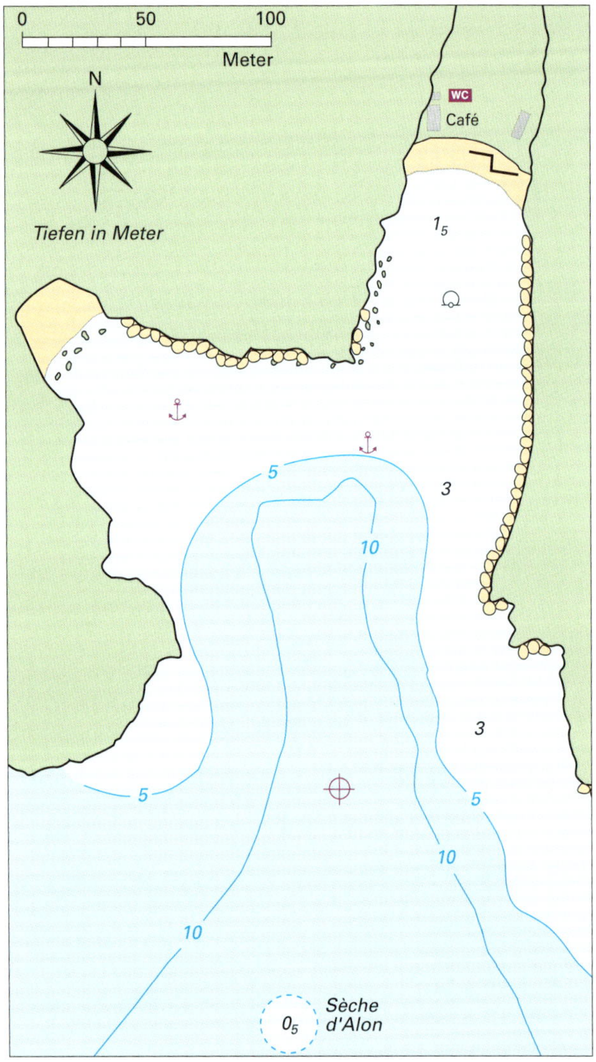

Diese Bucht öffnet sich etwa 0,5 sm E-lich der Klippe Pte du Défens. Am Ufer stehen einige Villen. Bei der Navigation ist das Riff Sèche d'Alon zu beachten, das in der Buchteinfahrt liegt und über dem nur 0,6 m Wasser stehen. Die Gefahrenstelle ist schlecht

Port d'Alon aus S

zu sehen, auch wenn sich selbst bei ruhigem Wetter Schwell darüber bricht.
Die Bucht bietet bei N-lichen Winden guten Schutz, ist aber nach S hin offen, sodass es hier bei dem vorherrschenden SE-Seewind nicht besonders gemütlich ist. Bei beständigem Wetter ist die Bucht mit einheimischen Booten überfüllt. Die pinienbestandene Felsküste ist äußerst attraktiv, und im Sommer haben am Ufer ein Restaurant und eine Bar geöffnet.

Baie de la Moutte

43°08,8'N 005°43,1'E

Diese Bucht öffnet sich E-lich von Port d'Alon. Von W kommend, ist zwar die Sèche d'Alon zu runden, ansonsten aber bietet die Ansteuerung keine Gefahrenstellen. Man ankert in einer der beiden Ausbuchtungen, wobei in der E-lichen vor dem kleinen Strand mehr Betrieb herrscht. Gegen N-liche Winde liegt man geschützt, ist S-lichen Winden aber voll ausgesetzt.

Île Rousse

WP 43°08,0'N 005°43,8'E

Diese kleine, rötliche Felsinsel liegt vor der Küste in einem Flachwassergebiet. Die Durchfahrt zwischen Insel und Küste mit angeblich 2,5 m Wassertiefe verläuft etwa 80–100 m vor der Festlandküste, sollte aber nur bei ruhigem Wetter genutzt werden.
Bei gutem Wetter ankern die einheimischen Fischer im untiefen Bereich zwischen der Insel und dem Festland, der sich auch zum Angeln eignet. Im N der Île Rousse liegt die Pte des Engraviers mit einer winzigen, nach N geschützten Ankerbucht, die bei S-lichen Winden unruhig wird.

Port d'Athéna

Dieser kleine Privathafen gehört zu einer Ferien-

Port d'Athéna

siedlung an Land. Der fantasielose rechteckige Wohnblock ist aus S und E gut zu sehen, von W her aber nur aus der Nähe zu erkennen.

Creux de Bandol

43°08,0'N 005°44,8'E

Diese Bucht öffnet sich nach SW unmittelbar W-lich des Hafens Bandol. Im Sommer bleibt wegen der ausgetonnten Badezone nur wenig Platz zum Ankern. Bei ruhigem Wetter kann man vor der Einfahrt in die Bucht im Schutz der Île de Bendor ankern.

Île de Bendor - Port de Bendor

43°07,8'N 005°45,2'E (Feuer Kopf E-Mole)
Karten: D 483, D 596, F 6610, F 7406

Der kleine Hafen im NE der Insel dient hauptsächlich zum Anlegen für die Ausflugsboote aus Bandol. Gastyachten steht nur wenig Platz zur Verfügung, und es herrscht eine enorme Unruhe durch den Schwell der ständig ein- und auslaufenden Ausflugsschiffe. Wer die Insel besuchen möchte, sollte seine Yacht nach Bandol legen und mit einem der Ausflugsboote hinüberfahren.
Nachts ist die Hafeneinfahrt zum Port de Bendor mit Oc.R.4s7M und Fl(2)G.6s6M befeuert.

Durchfahrt zwischen der Île de Bendor und der Küste

Nur wenige einheimische Yachten nutzen diese Durchfahrt, die etwa 1,8 m tief sein soll. Die meisten Yachten nehmen wegen des unreinen Grundes Abstand von der Passage und umrunden die Île de Bendor seeseitig.
Da zwischen der Insel und dem Festland Unterwasserkabel verlegt sind, besteht in der Durchfahrt Ankerverbot.

Bandol

WP 43°08,0'N 005°45,5'E

Allgemeines

Bandol ist ein belebter Urlaubsort für die überwiegend französischen Touristen. Hinter der palmengesäumten Hafenpromenade erstreckt sich die Altstadt mit Häusern aus verschiedenen Jahrhunderten. Die neueren Appartementsiedlungen an den Hängen oberhalb der Altstadt sind zum Glück vom Hafen aus

Île de Bendor

Die kleine Insel vor Bandol ist von der Festlandküste durch eine flache Durchfahrt getrennt. Sie gehört Paul Ricard, dessen Name überall in Frankreich auf den Pastisflaschen zu finden ist. Die Ortschaft im provenzalischen Stil wurde zu einer Art Konferenzzentrum ausgebaut und ist zum Ziel vieler Ausflugsboote aus Bandol geworden.
Es finden auch Ausstellungen auf der Insel statt – zum Beispiel eine nicht ganz uneigennützige über Weine und Spirituosen, denn Ricard wurde durch die Leidenschaft der Franzosen für Anisschnaps sehr wohlhabend. Die Vorliebe für Hochprozentiges mit Anisgeschmack ist im ganzen Mittelmeerraum verbreitet: In der Türkei trinkt man Raki, in Griechenland Ouzo, in Italien Sambuca und in Frankreich eben Pastis.
Zu Beginn des 20. Jahrhunderts war Absinth der beliebeste Anisschnaps in Frankreich. Da man 1915 sowohl dem Anis wie auch dem Alkohol eine toxische Wirkung zuschrieb wurde dieses Getränk verboten, um nicht ein Volk von Alkoholikern zu schaffen. Erst 1932, der 23-jährige Paul Ricard übte sich gerade als Kunstmaler in Marseille, wurde das Verbot aufgehoben, und Vater Ricard, der noch etwas Anständiges aus seinem Sohn machen wollte, riet ihm zu werden, was er selbst auch war: Weinhändler. Paul Ricard begann dann, aus provenzalischem Anis und Alkohol den heute beliebtesten Apéritif Frankreichs herzustellen.
Aber Ricard hegt auch eine große Liebe zu seiner Heimat. Außer der Île de Bendor befindet sich auch ein Teil der Île des Embiez in seinem Besitz, und er finanziert dort ein ozeanografisches Forschungsprojekt. Außerdem gehört ihm eine große Farm in der Camargue, wo er Kampfstiere zum Einsatz in den provenzalischen Arenen züchtet. Und er initiierte auch den Anbau von Fenchel als Ersatz für den bisher aus China importierten Sternanis.

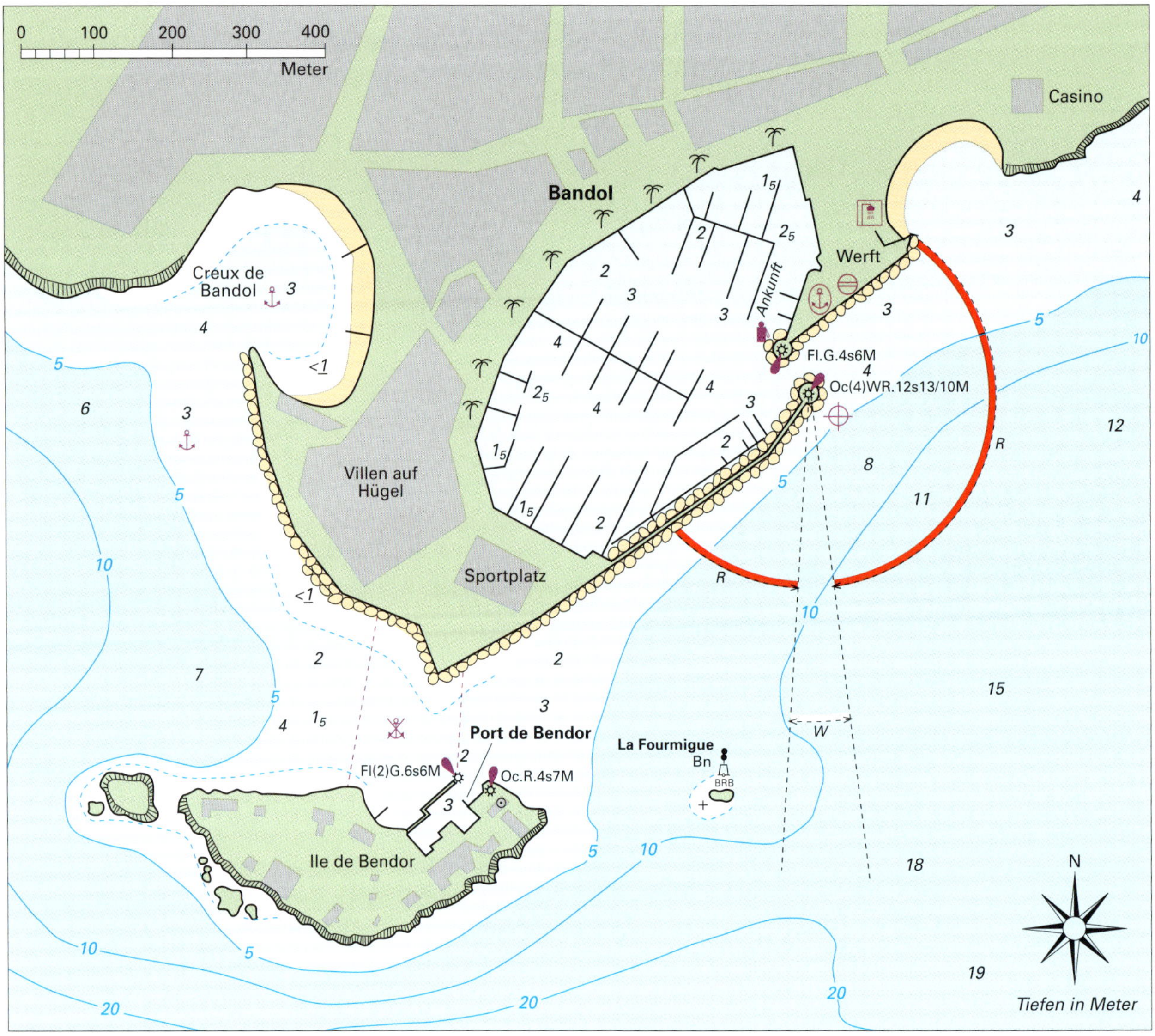

nicht zu sehen. An den Hängen des Hinterlandes werden einige der bekanntesten Rot- und Roséweine der Côtes de Provence angebaut.

Ansteuerung

Auffällig: Von W kommend, ist die Île de Bendor die beste Orientierungshilfe. Von S und E sind die ausgedehnten Appartementsiedlungen oberhalb von Bandol nicht zu übersehen. Eine weitere Landmarke ist der Viadukt im N der Baie de Bandol. Die Kardinalbake W auf La Cride und die Einzelgefahrbake La Fourmigue sowie die Hafenmolen und die Einfahrt sind erst aus der Nähe zu erkennen.

Nachts ist die Hafeneinfahrt mit Oc(4)WR.12s13/10M und Fl.G.4s6M befeuert. Der weiße Sektor auf 351°–003° bezeichnet die sichere Ansteuerung zwischen La Cride und La Fourmigue.

Die Marina ist im Sommer von 0800–2000 Uhr, im Winter von 0800–1200 und von 1330–1700 Uhr auf UKW-Kanal 09 zu erreichen.

Gefahren: Die Kardinalbake W La Cride markiert

Das Einzelgefahrzeichen La Fourmigue

einen Felsen und die Untiefen vor der Pte de la Cride. Im Fahrwasser zwischen der Bake und der Landzunge ist es mindestens 3,5 m tief.

Das Einzelgefahrzeichen La Fourmigue bezeichnet einen Felsen sowie Untiefen im E der Île de Bendor. Sie sollte bei der Ansteuerung von Bandol an Backbord bleiben.

Starke S-liche Winde erzeugen eine kabbelige See in der Hafeneinfahrt und erschweren das Einlaufen.

Bandol aus SE

Liegeplätze

Insgesamt stehen 1500 Plätze – 110 für Gastyachten – für Boote bis 30 m Lüa zur Verfügung. Wassertiefe 1–3 m. Man legt sich direkt hinter der Einfahrt an den N-Kai und fragt im Hafenbüro nach einem freien Platz. Mooringleinen am Kai oder an Bojen. Gastyachten machen meist an den Schwimmstegen gegenüber dem Ankunftskai fest. Der Hafen ist rundum geschützt.

Behörden: Bandol ist Zollhafen und hat einen Hafenmeister sowie Marinapersonal. Liegegeld der Kategorie 3.

Infos: Tel. 04 94 29 42 64 oder Fax 04 94 29 93 20.

Versorgung

Jeder Liegeplatz hat Wasser und Strom. Duschen und Toiletten sind vorhanden. Am N-Kai hinter der Einfahrt bekommt man Treibstoff.

Es stehen ein 10-t-Kran sowie ein 30-t-Slip zur Verfügung. Reparaturen an Mechanik und Motoren, Elektrik und Elektronik und an GFK- bzw. Holzrümpfen können ausgeführt werden. Segelmacher und Yachtausrüster sind am Ort.

Lebensmittel in großer Auswahl sowie Stangeneis sind erhältlich. Am Hafen und im Ort finden Sie die verschiedensten Restaurants. Des Weiteren gibt es eine Post, Banken, Autovermietungen und Bus- bzw. Bahnverbindungen entlang der Küste.

Baie de Bandol

Im E der Baie de Bandol kann man beiderseits der Pte de la Tourette ankern. Vor dem N-Ufer ist auf 2–5 m Tiefe sandiger bzw. grasbewachsener Grund, vor dem S-Ufer auf 2–4 m ist der Grund teils felsig. Der Halt ist in jedem Fall gut. Bei S- bis SE-lichen Winden erreicht Dünung die Ankerplätze.

Sanary-sur-Mer

WP 43°06,9'N 005°48,1'E
Karten: D 483, D 596, F 6610, F 7406

Allgemeines

Der Ort mit seinen rosaroten und weißen Häusern, den vielen Palmen sowie einem Hafen, in dem die unterschiedlichsten Boote und Yachten liegen, ist äußerst attraktiv. Obwohl Sanary im Sommer wahre Touristenscharen anzieht, ist der Charakter des alten Seebades erhalten geblieben. Es scheint so, als hätte der Schutzpatron St. Nazaire (im Provencialischen wurde daraus Sanary) noch immer einen gewissen Einfluss.

Ansteuerung

Auffällig: Die rötlich-braune Pte de Bau Rouge ist gut im E der spitzen Pte de la Cride zu erkennen. Weitere Landmarken sind ein Appartementhaus auf der W-Seite des Hafens und ein Glockenturm im Ort. Beim Näherkommen werden die Hafenmolen und der Leuchtturm am Wellenbrecherkopf sichtbar.

Nachts ist die Hafeneinfahrt mit Fl.R.4s10M befeuert. Die grüne Leuchttonne (Fl.G.) vor der Einfahrt liegt nur zeitweise aus.

Im Sommer ist die Marina von 0800–1200 und von 1400–1900 Uhr, im Winter von 0800–1200 und von

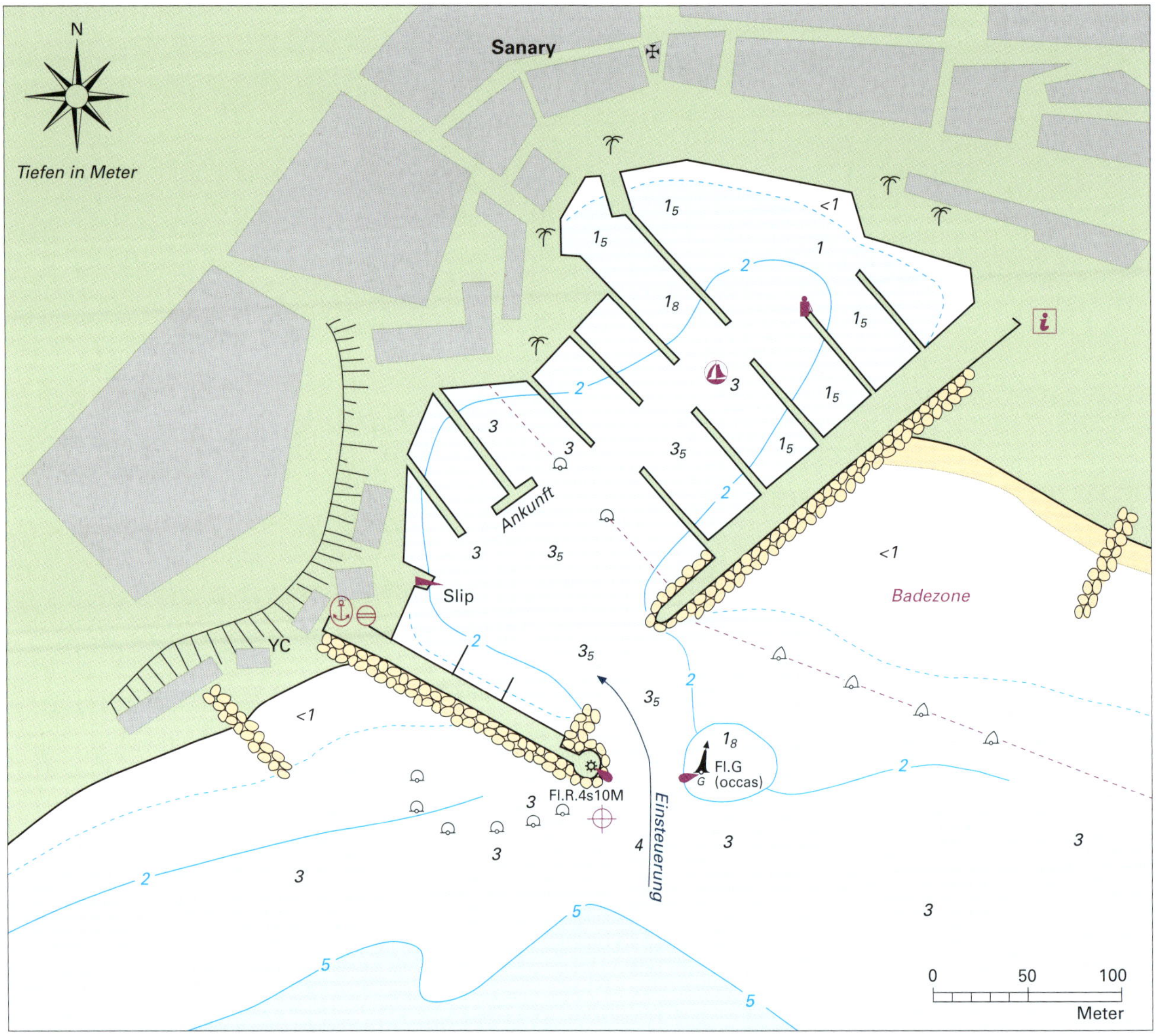

Sanary-sur-Mer aus S

1330–1730 Uhr auf UKW-Kanal 09 zu erreichen. *Gefahren*: Die grüne Leuchttonne, die das Fahrwasser in den Hafen bezeichnet, sollte mit 045°–090° angesteuert werden und dann an Steuerbord bleiben. Bei starken S-lichen Winden erfordert das Einlaufen wegen der kabbeligen See äußerste Vorsicht.

Liegeplätze

Der 1–3 m tiefe Hafen bietet 650 Liegeplätze für Yachten bis 20 m Lüa, darunter einige Gastplätze. Man macht zunächst an einem freien oder zugewiesenen Platz fest und meldet sich im Hafenbüro. Mooringleinen am Kai. Der Hafen ist bei jedem Wetter gut geschützt.
Behörden: Sanary ist Zollhafen und hat einen Hafenkapitän sowie Marinapersonal. Liegegeld der Kategorie 2.
Infos: Tel. 04 94 74 20 95 oder Fax 04 94 32 97 00.

Versorgung

Wasser und Strom sind an oder bei den meisten Liegeplätzen zu bekommen. Die Tankstelle befindet sich am Kopf eines Steges im inneren Hafenteil. Ein 6-t-Kran sowie Slips für Schiffe bis 100 Tonnen stehen zur Verfügung. Reparaturen an Mechanik und Motoren, Elektrik und Elektronik und an Holz- bzw. GFK-Rümpfen können ausgeführt werden. Segelmacher und Yachtausrüster sind am Ort. Lebensmittel gibt es in guter Auswahl; auch Stangeneis ist erhältlich.
Sie finden eine Post, Banken und Busverbindungen zu den Küstenorten vor.

Rade du Brusc

Port de la Coudoulière

WP 43°05,8'N 005°48,7'E

Dieser kleine Hafen liegt S-lich der Pte Nègre am E-Ufer der Rade du Brusc. Er ist meist mit einheimischen Booten belegt und bietet Gastyachten kaum Platz. Insgesamt zählt der Hafen 445 Liegeplätze für Boote bis 11 m Lüa. Die Wassertiefen nehmen von 2,5 m in der Einfahrt auf 1–2 m im Hafenbecken ab. Bei E-lichen Winden können Sie im SW des Hafens auf 2–5 m auf teils sandigem, teils schlickigem oder mit dichtem Gras bewachsenen Grund ankern, der Halt ist gut.
Der Molenkopf ist mit Fl(3)R.12s6M befeuert. Im Sommer ist der Hafen von 0730–1200 und von 1330–1730 Uhr, im Winter 0800–1200 und von 1330–1700 Uhr auf UKW-Kanal 09 zu erreichen. Liegegebühren der Kategorie 3.

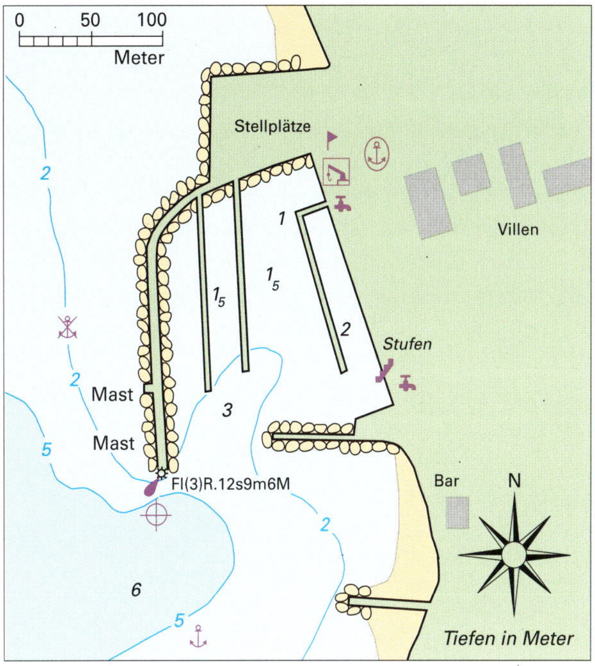

Port de la Coudoulière

Port du Brusc (WP 43°04,6'N 005°48,2'E) ist eigentlich kaum mehr als eine von Wellenbrechern geschützte Bucht im SE der Rade du Brusc. Der vorgelagerte Wellenbrecher ist mit Iso.G.4s6M, der Molenkopf mit Oc(3)WR.12s10m9/6M befeuert. Die NE-Einfahrt ist 2 m tief, aber im Inneren bleiben nur 0,5–1 m, geeignet für Yachten bis 12 m Lüa. An der Zentralpier dürfen ausschließlich die Fähren zu der Île des Embiez anlegen.

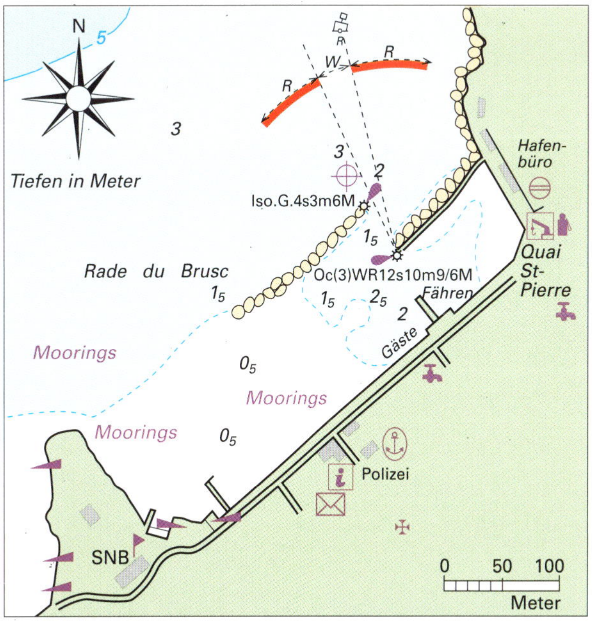

Weitere Ankerplätze in der Rade du Brusc bieten alle guten Schutz gegen S- bis E-liche Winde, also auch gegen den im Sommer vorherrschenden SE. Die Wassertiefen vor dem Ufer nehmen relativ plötzlich von 2,5 m auf weniger als 1 m ab. So auch in der Durchfahrt zwischen der Île des Embiez und dem Festland, die allerdings von einheimischen Yachten stark frequentiert wird. Der beste Ankerplatz liegt NE-lich der Pte du Canouvié (Île des Embiez), die an dem weißen Leuchtturm Île de la Tour Fondue (Fl(4)WR.15s8/6M) zu erkennen ist. Man ankert auf 2,5–3,5 m über schlickigem, mit dichtem Gras bewachsenem Grund; ist der Anker erst durch den Bewuchs gedrungen, ist der Halt gut. Meist gräbt sich der Anker aber nicht auf Anhieb ein. Tagsüber herrscht hier ein reger Betrieb einheimischer Boote, die den Ankerplatz aber vor Dunkelheit verlassen.

Île des Embiez

WP 43°04,9'N 005°46,1'E (Feuer Île du Grand Rouveau)/Karten: D 483, D 596, F 6610, F 7406

Der relativ flachen Insel, die wie ein Riegel die Rade du Brusc im Süden abschließt, sind zahlreiche Inselchen, Felsen, Riffe und Untiefen vorgelagert, sodass sie nur mit besonderer Vorsicht anzusteuern ist. Von W kommend, sind der Leuchtturm auf der Île du Grand-Rouveau (Oc(2)6s15M), der Turm auf der Île des Embiez und die Kardinalbake N La Casserlane die besten Orientierungshilfen. Aus SE sieht man ebenfalls die beiden Türme sowie einen Wasserturm nahe des Turmes auf der Île des Embiez.
Später kommt die gedrungene Kardinalbake W auf der Sèche des Magnons in Sicht. Diese Bake markiert im SW die Riffe und Felsen. Im N wird das Gebiet von der Kardinalbake N La Casserlane markiert.

Durchfahrt zwischen der Île du Grand-Rouveau und der Île des Embiez

Bei ruhigem Wetter nutzen einheimische Yachten diese Durchfahrt als Abkürzung. Das Fahrwasser ist mindestens 3–5 m tief, aber die erste Passage sollte man besser nur mit einem Ausguck am Bug oder im Kielwasser einer ebenso tiefgehenden, ortskundigen Yacht wagen. Man hält, aus S kommend, mit Kurs 020° auf La Casserlane zu und lässt die Bake dann an Steuerbord liegen; von N aus steuert man mit Kurs 200° von La Casserlane aus weiter und nimmt dabei Peilungen achteraus, um den Kurs zu überprüfen. Das Fahrwasser verläuft näher an den Überwasserfelsen vor der Île du Grand-Rouveau als dem Inselchen La Cauvelle.
Bei ruhigem Wetter oder leichten SE-lichen Winden kann man im Schutz der Île du Petit-Rouveau auf

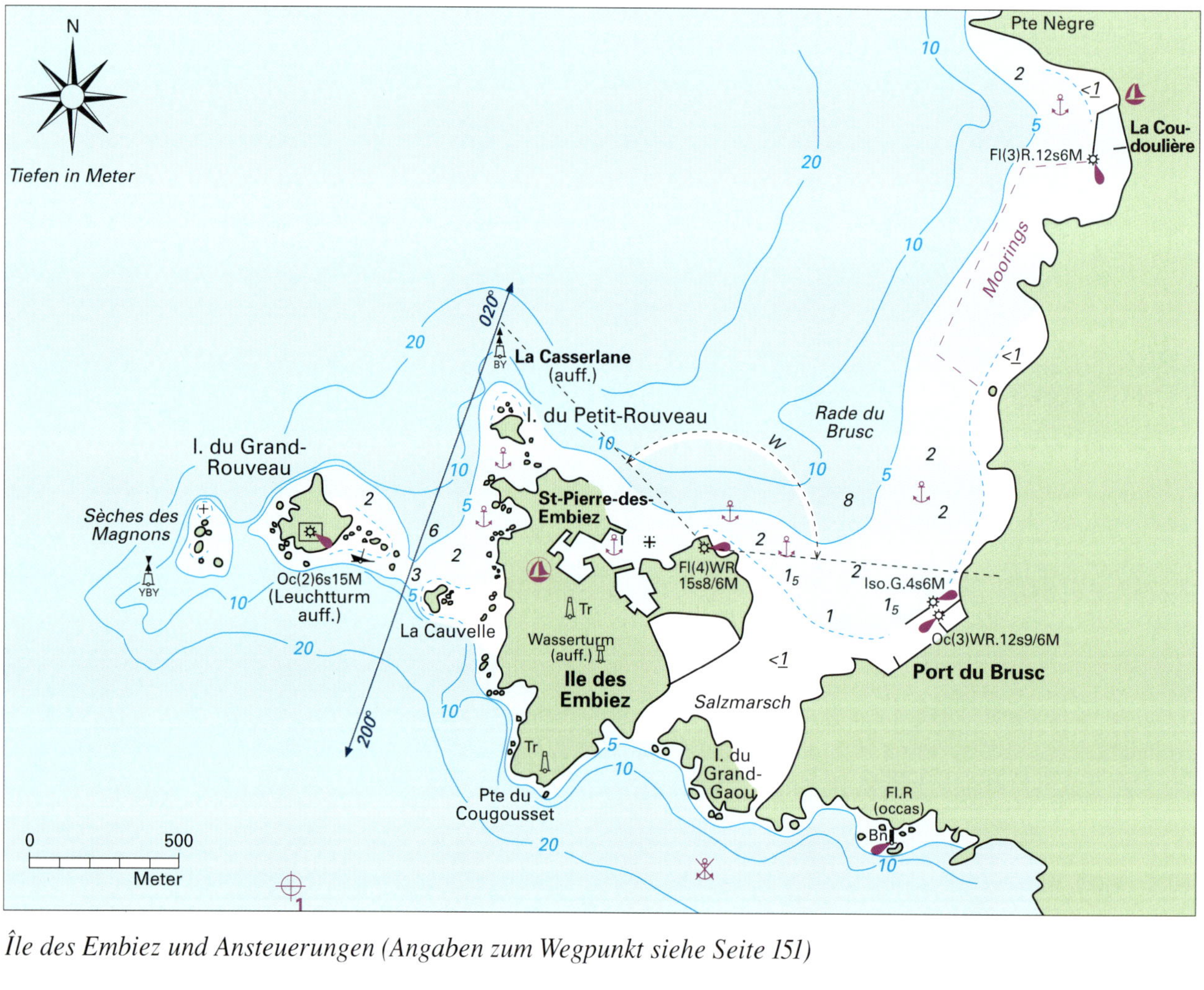

Île des Embiez und Ansteuerungen (Angaben zum Wegpunkt siehe Seite 151)

4–10 m Tiefe über teils sandigem, teils felsigem und grasbewachsenen Grund ankern. Ortskundige übernachten hier auch, doch dabei ist besondere Vorsicht geboten, falls der Wind plötzlich dreht.

St-Pierre-des-Embiez

WP 43°04,9'N 005°47,1'E
Karten: D 483, D 596, F 6610, F 7406

Allgemeines

Schon zur Zeit der Griechen und Römer war die Bucht im N der Île des Embiez vermutlich ein viel genutzter Naturhafen, doch es fehlen Zeugnisse, die das belegen könnten. In der Nähe von Six-Fours gibt es allerdings die Überreste eines Aquäduktes. Die Burg auf der Île des Embiez jedenfalls wurde im Mittelalter zum Schutz der Ansteuerung von Toulon erbaut.
Den heutigen Wohlstand hat die Insel dem Mäzenatentum von Paul Ricard zu verdanken, der nicht nur die Marina und die Appartementsiedlung baute, sondern auch einen Teil der Insel zum Naturschutzgebiet erklärte und ein Meeresforschungszentrum errichtete. Die Ricard-Stiftung für Ozeanografie im N der Insel beherbergt ein Museum, ein Aquarium sowie Forschungslabore. In der flachen Lagune E-lich von Port des Jeunes liegen Zuchtbecken, und an zahlreichen Stellen rund um die Inseln wird die Verschmutzung der Gewässer überwacht. Das Museum und das Aquarium sind der Öffentlichkeit zugänglich.

Ansteuerung

Die Marina im N der Île des Embiez ist durch ein betonntes Fahrwasser anzusteuern.
Auffällig: Gute Navigationshilfen sind der Leuchtturm auf der Île du Grand-Rouveau sowie die Kardinalbake N La Casserlane. Später sind die Gebäude rund um die Marina, die Wellenbrecher und die Masten der Yachten zu erkennen. Die Fahrwassertonnen sind sehr klein und erst aus der Nähe auszumachen.
Nachts navigiert man nach dem Leuchtturm auf der Île du Grand-Rouveau Oc(2)6s15M und dem

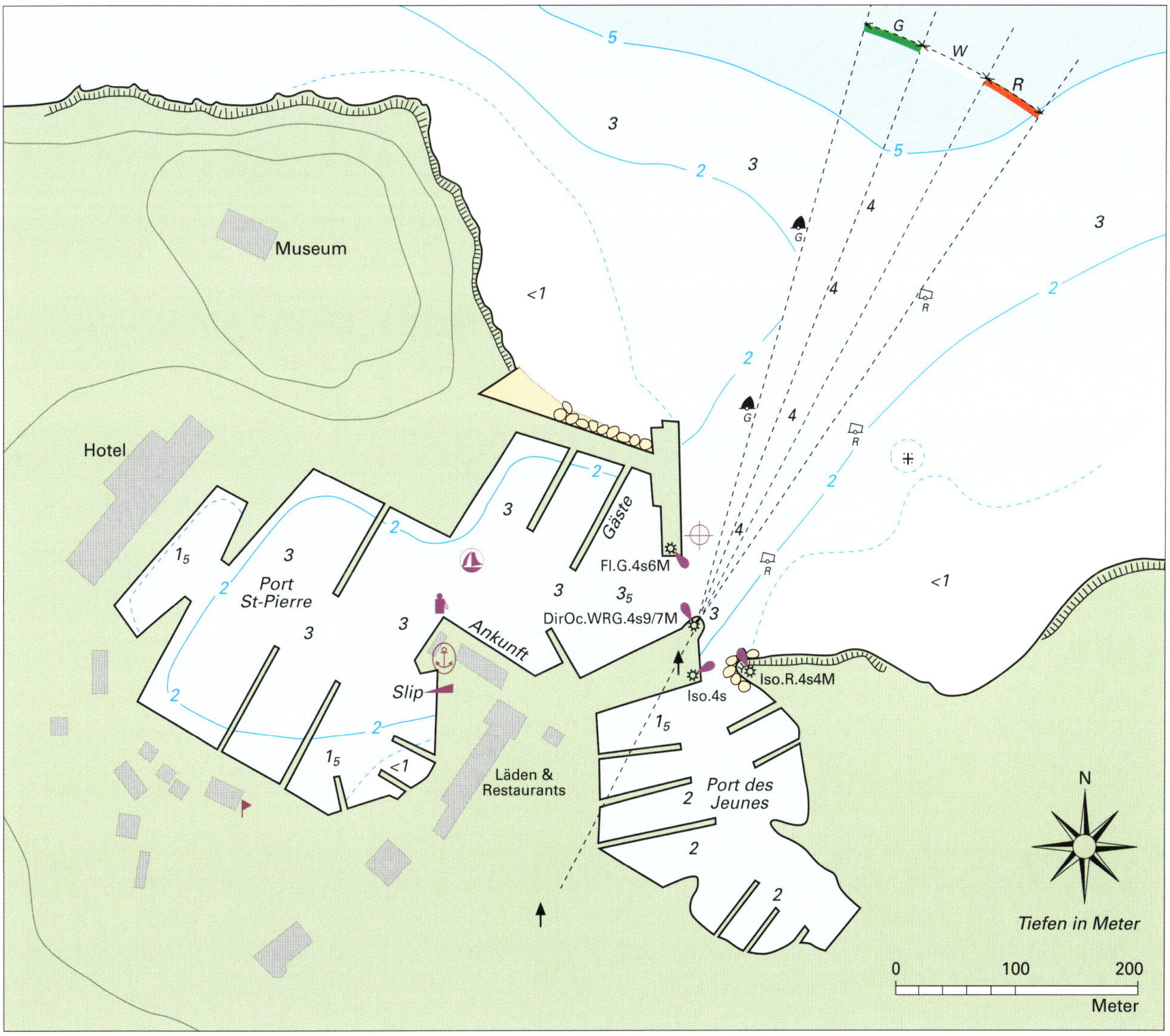

Feuer auf der Pte du Canouvié (Île de la Tour Fondue) Fl(4)WR.15s8/6M. Die Hafeneinfahrt ist mit Fl.G.4s6M befeuert. Der weiße Sektor von DirOc.WRG.4s9/7M deckt den Bereich 207°–213° ab und führt durch das Fahrwasser in den Hafen; Iso.4s wird an Backbord gelassen. Die Einfahrt in den Port des Jeunes ist mit Iso.R.4s4M, der Rocher Gueyrouard mit Fl.R. bezeichnet. Der Hafen ist Tag und Nacht auf UKW-Kanal 09 zu erreichen.
Gefahren: Der Mistral weht direkt in die Einfahrt, die bei starkem Wind gefährlich werden kann.
Hinweis: Im Sommer verkehren ständig Fähren zwischen Port du Brusc und St-Pierre, nach ihnen muss beim Ein- und Auslaufen Ausschau gehalten werden.

Liegeplätze
Es gibt 650 Liegeplätze für Yachten bis 35 m Lüa, 20 davon sind Gastplätze. Wassertiefe 1,5–3,5 m. Man macht zunächst am Empfangskai direkt hinter der Einfahrt fest und erkundigt sich dann im Hafenbüro nach einem Platz zum Bleiben. Mooringeinen am Kai. Der Hafen ist bei jedem Wetter gut geschützt. Vom Hafenmeister oder dem Marinapersonal wird ein Liegegeld der Kategorie 3 erhoben.
Infos: Tel. 04 94 10 65 21 oder Fax 04 94 74 92 96.
Hinweis: Auf der Insel, die als Naturreservat ausgewiesen ist, sind weder Hunde noch Katzen erlaubt.

Versorgung
Jeder Liegeplatz hat einen Wasser- und Stromanschluss. Toiletten und Duschen sind vorhanden, ebenso ein Waschsalon.
Treibstoff bekommt man am Kai beim Hafenbüro. Ein 30-t-Kran und ein Slip stehen zur Verfügung. Es können verschiedene Reparaturen an der Mechanik, an Elektrik und Elektronik sowie an Holz- bzw. GFK-Rümpfen ausgeführt werden. Yachtausrüster sind am Ort.
Im Sommer sind die meisten Lebensmittel in der Marina zu bekommen, auch Stangeneis ist erhältlich. Im Umkreis der Marina befinden sich verschiedene Bars und Restaurants. Im Sommer regelmäßige Fährverbindung nach Port du Brusc auf dem Festland.

Cap Sicié
WP 2 43°01,9'N 005°51,6'E

Das etwa 360 m hohe Kap fällt steil ins Meer ab und ist von tiefem Wasser umgeben. Auf der Kapspitze steht ein unauffälliger Leuchtturm, aber der Funkmast, eine alte Signalstation und die Kapelle Notre Dame du Mai sind recht gut zu erkennen. Die beiden im E des Kaps vorgelagerten, 36 m hohen Felsen Les Deux Frères sind leicht auszumachen.

Cap Sicié aus S

Dem Kap ist in SSE ein 4,5 m tiefes Riff vorgelagert. Bei ruhigem Wetter kann eine Yacht dicht unter der Küste fahren, aber bei stärkeren Winden steht vor dem Kap eine äußerst unangenehme Kreuzsee. Bei mehr als Bft 6 sollte ein Landabstand von 1 sm eingehalten werden.

Baie de St-Elme
43°04,5'N 005°53,9'E (Feuer W-Mole, N-Kopf)

Die Bucht im S der Landenge, die die Presqu'île de St-Mandrier mit dem Festland verbindet, ist als Liegeplatz bei ruhigem Wetter oder leichten N-lichen Winden geeignet. Man ankert auf 3–8 m Tiefe. Der kleine Hafen Port de St-Elme (mit Fl.G.4s7M befeuert) im E der Bucht ist max. 1 m tief und mit einheimischen Yachten und Fischerbooten belegt.

Rade de Toulon

Karten: D 483, D 596, F 7093, F 7091, F 7406, F 7407
Der große Naturhafen von Toulon ist seit langem Frankreichs zweitgrößte Marinebasis, zu der eine weite Reede und ausgedehnte Werftanlagen an Land gehören.
Die Rade de Toulon teilt sich in die Grande Rade zwischen der Presqu'île de St-Mandrier und Cap de Carqueiranne im E sowie die Petite Rade, das eigentliche Hafengebiet, das W-lich der Grande Rade liegt und von einem langen Wellenbrecher geschützt wird.
Auffällig: Aus S und vom Cap Sicié kommend, sind die zerfurchten Klippen am S-Ufer der Presqu'île de St-Mandrier eine gute Landmarke. Im E der Halbinsel stehen zahlreiche mehrstöckige Häuser, und auf dem Cap Cépet sind der Leuchtturm und einige Funkmasten besonders auffällig. Auf der NE-Spitze der Halbinsel ist eine Zementfabrik zu erkennen.
Bei der Ansteuerung aus E ist auf die Felsgruppe Les

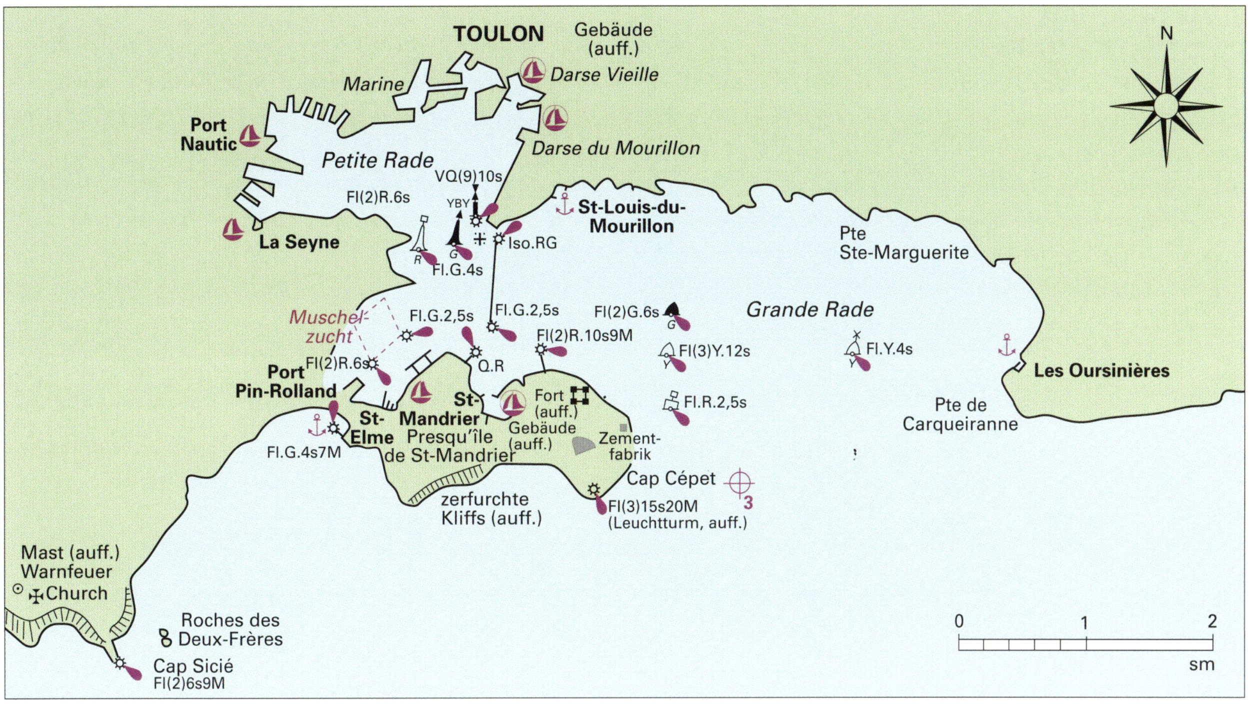

Toulon und Ansteuerungen (Angaben zum Wegpunkt siehe Seite 151)

Fourmigues zu achten. Als Landmarken dienen das Fort mit Signalstation auf dem Gipfel von St-Mandrier sowie die dichte Bebauung der Stadt Toulon.
Von der Grande Rade aus ist der Wellenbrecher vor der Petite Rade nicht zu verkennen. Die N-Durchfahrt (Petite Passe, unterhalb Pte de Pipady) markiert ein gut sichtbares weißes Gebäude. Auch die Leuchttürme am S-Kopf des langen Wellenbrechers und am Kopf der Mole von St-Mandrier sind leicht zu identifizieren.
Nachts richtet man sich nach dem Feuer auf Cap Cépet Fl(3)15s20M. Der Tiefwasserweg zur Petite Rade ist mit den beiden Leuchttonnen Fl.R.2,5s und Fl(2)G.6s bezeichnet, wobei die Mitte des Fahrwassers mit der gelben Tonne Fl(3)Y.12s markiert wird. Die Grande Passe ist mit Fl(2)R.10s9M, Q.R.5M und Fl.G.2,5s11M befeuert.
Die Petite Passe ist mit Iso.RG.4s10/10M (266°-G-275°-R-294°-G-145°) markiert.
Hinweis: In der Grande Rade liegen zahlreiche unbefeuerte Reedetonnen. Die meisten befinden sich vor der Zementfabrik im E der Presqu'île de St-Mandrier bzw. N-lich des Tiefwasserweges.

Einfahrt zur Petite Rade

Die Grande Passe im S des Wellenbrechers führt ohne Probleme in den Hafen und bietet überall tiefes Wasser. Die Petite Passe ist mindestens 4,5 m tief und sollte mit Kurs W oder E genommen werden. Bei starken SE-lichen Winden entsteht in der Petite Passe Schwell, und Yachten sollten besser durch die Grande Passe laufen.

Häfen an der Grande und Petite Rade

St-Mandrier-sur-Mer liegt S-lich der Grande Passe auf der Presqu'île de St-Mandrier und bietet 600 Liegeplätze, darunter mindestens 20 für Gäste.
Port Pin Rolland ist ein Hafen mit 350 Liegeplätzen im S der Petite Rade.
Port de la Seyne liegt im W der Petite Rade. Der Hafen hat 320 Liegeplätze, davon 7 für Gastyachten.
Port Nautic ist ein Hafen mit 10 Liegeplätzen in der NW-Ecke der Petite Rade.
Toulon: *Darse Vieille* und *Darse du Mourillon* sind die beiden Hafenbecken im N der Petite Rade mit 1300 Liegeplätzen, darunter 60 für Gastyachten.
St-Louis-du-Mourillon ist ein kleiner, größtenteils privater Hafen NE-lich der Petite Passe.
Les Oursinières ist ein winziger Privathafen im E der Grande Rade, N-lich von Cap de Carqueiranne.

St-Mandrier-sur-Mer

WP 43°04,8'N 005°55,5'E
Karten: D 483, D 596, F 7093, F 7091, F 7406, F 7407

Allgemeines

Der ehemalige Fischerort entwickelte sich im 19. Jahrhundert zu einem beliebten Badeort mit einem schönen Hafenviertel. Die Marinewerften im E der Ortschaft wirken sich nicht störend aus.

Ansteuerung

Auffällig: Der große weiße Leuchtturm am S-Ende des Wellenbrechers der Petite Rade und ein weiterer

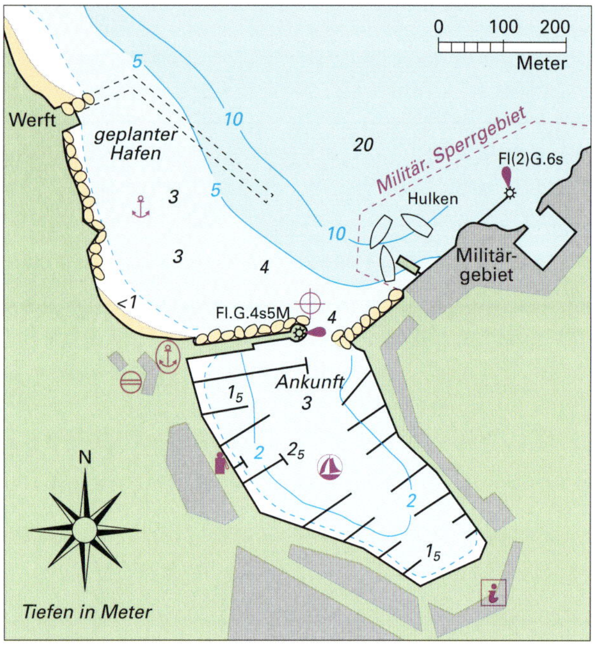

Presqu'île St-Mandrier mit Leuchtturm

Leuchtturm auf der Mole von St-Mandrier sind nicht zu übersehen. Im E des Hafens fallen die vielen Kräne der Marinewerft und die davor auf Reede liegenden Hulken alter Kriegsschiffe auf. Der Yachthafen ist an dem W-Wellenbrecher und den Yachtmasten zu erkennen.

Nachts ist die Hafeneinfahrt mit Fl.G.4s5M befeuert; die Werft ist mit Fl(2)G.6s5M, der Wellenbrecher von der Pointe de la Vieille mit Q.R.5M bezeichnet. Die Marina ist im Sommer von 0730–2000 Uhr, im Winter von 0800–1200 und von 1400–1800 Uhr auf UKW-Kanal 09 zu erreichen.

Liegeplätze

Es gibt 600 Liegeplätze für Yachten bis 16 m Lüa, darunter 20 Gastplätze. Wassertiefe 1,5–3,5 m.
Man macht zunächst am Empfangskai fest und fragt im Hafenbüro nach einem freien Platz. Mooringleinen am Kai oder an Bojen. Der Hafen ist gut geschützt. Nur bei Mistral wird das Wasser im Hafen sehr kabbelig.
Behörden: St-Mandrier ist Zollhafen und hat einen Hafenmeister sowie Marinapersonal. Liegegeld der Kategorie 3.
Infos: Tel. 04 94 63 97 39 oder Fax 04 94 63 59 74.

Ankerplatz: In der Hauptsaison kann man N-lich des Wellenbrechers auf 3–6 m ankern. Der schlickige Grund ist grasbewachsen. Da der Ankerplatz nach N ungeschützt ist, muss man ihn bei Mistral verlassen.

Versorgung

Wasser und Strom sind an oder bei jedem Liegeplatz zu bekommen. Toiletten und Duschen sind vorhanden.
Treibstoff bekommt man an einer Pier an der W-Seite des Hafens. Es stehen ein 8-t-Kran sowie ein 15-t-Slip zur Verfügung. Reparaturen an Mechanik und Maschine, Elektrik und Elektronik werden ausgeführt. Segelmacher und Yachtausrüster sind am Ort. Es gibt gute Einkaufsmöglichkeiten; auch Stangeneis ist erhältlich. Entlang der Hafenpromenade stehen zahlreiche Bars und Restaurants zur Auswahl.
Außerdem gibt es hier eine Post, eine Bank sowie im Sommer eine Fährverbindung nach Toulon.

Presqu'île St-Mandrier aus S; Blick in die Grande Rade und die Petite Rade

Port Pin Rolland

WP 43°05,2'N 005°54,4'E
Karten: D 483, D 596, F 7093, F 7091, F 7406, F 7407

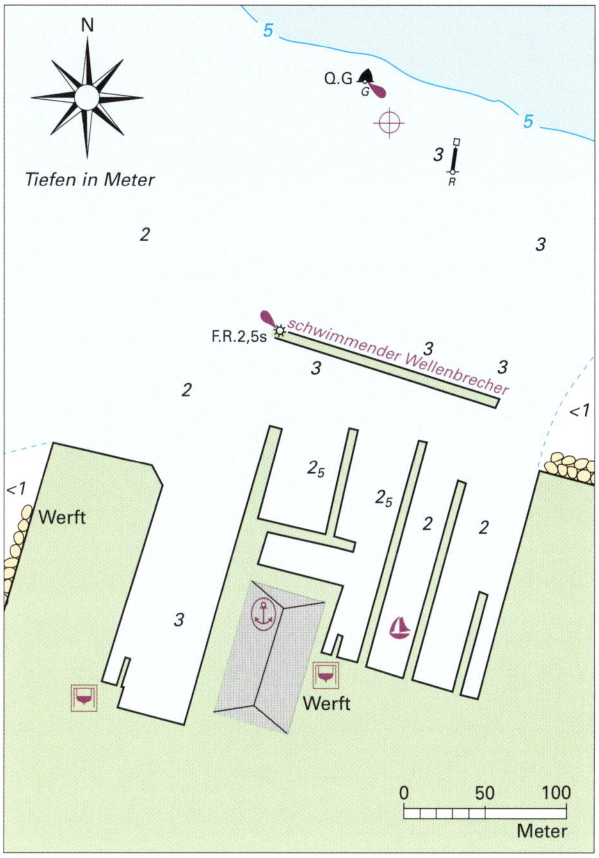

Allgemeines

Als Marina ist Port Pin Rolland zwar nicht sehr attraktiv, aber man kann seine Yacht hier gut stationieren oder überwintern lassen. Der neue schwimmende Wellenbrecher vor der Einfahrt und die doch immer wieder frei werdenden Gastplätze machen diesen Hafen abseits der großen Stadt Toulon zu einem Ausgangspunkt für Ausflüge in die Gegend. An Land gibt es gute Reparatur- und Servicemöglichkeiten.

Ansteuerung

Man läuft durch die Grande Passe und steuert dann mit Kurs SW in die Baie du Lazaret entlang der Mole vor dem Öllager, bis man die Yachtmasten im Hafen sehen kann. Im NW des Hafens erstreckt sich ein Muschelzuchtgebiet.

Nachts sind die S- und E-Ecke des Muschelzuchtgebietes mit Fl.G. bzw. Fl.R.4s befeuert. N-lich vor der Hafeneinfahrt liegt ein Tonnenpaar, von dem die Steuerbordtonne Q.G. zeigt. Der Wellenbrecher ist an seinem W-Ende mit Fl.R.2,5s2M befeuert.

Im Sommer ist die Marina von 0800–1900 Uhr, im Winter von 0800–1830 Uhr über UKW-Kanal 09 zu erreichen.

Liegeplätze

Es stehen 350 Liegeplätze auf 2–3 m Wassertiefe für Yachten bis 20 m Lüa zur Verfügung, davon 20 für Gäste. Man macht an einem zugewiesenen Platz fest. Mooringleinen am Kai oder an Bojen. Außer bei starken N-lichen Winden bietet der Hafen guten Schutz. Bei Mistral werden die Liegeplätze ungemütlich, obwohl der meiste Schwell von den Muschelzuchtanlagen und dem schwimmenden Wellenbrecher abgefangen wird.

Es gibt einen Hafenmeister. Liegegebühr der Kategorie 2.

Infos: Tel. 04 94 94 61 24 oder Fax 04 94 06 13 27.

Versorgung

Wasser und Strom sind an oder bei jedem Liegeplatz. Duschen und Toiletten stehen zur Verfügung.

Es stehen jeweils ein 20-, 80- und 320-t-Kran sowie überdachte Landstellplätze zur Verfügung. Reparaturen an Mechanik und Maschine, Elektrik und Elektronik sowie an Holz- und GFK-Rümpfen können ausgeführt werden. Segelmacher und Yachtausrüster sind am Ort.

Port de la Seyne

WP 43°06,2'N 005°53,0'E (Leuchtfeuer Klappbrücke)
Karten: D 483, D 596, F 7093, F 7091, F 7406, F 7407

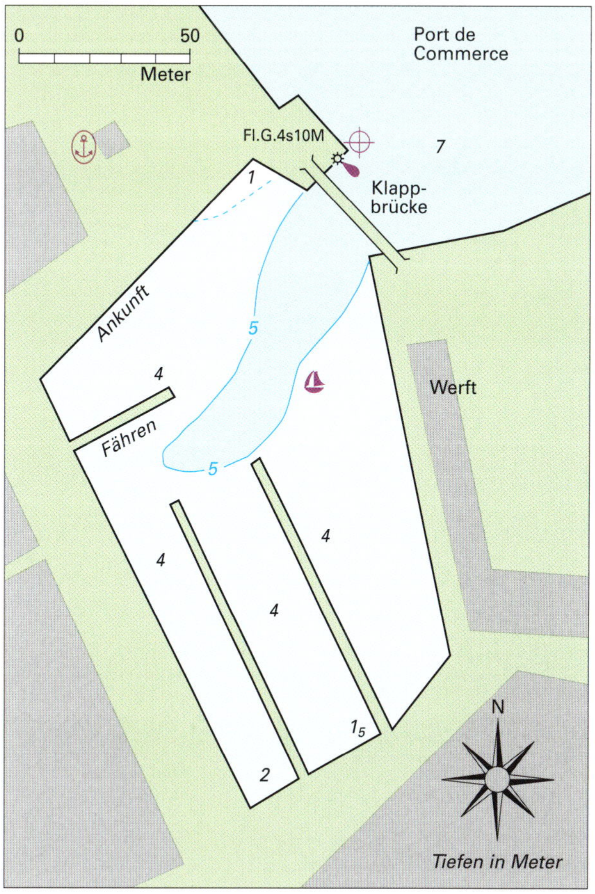

Der kleine, 1,5–5 m tiefe Yachthafen liegt im äußersten W der Petite Rade. Über die Einfahrt führt eine Klappbrücke. 15 der 300 Liegeplätze für Yachten bis 10 m Lüa sind Besuchern vorbehalten. Auf der Werft können auch sehr große Yachten geslippt werden.

Port de Commerce

In den Docks in unmittelbarer Nähe des Port de la Seyne gibt es eine ganze Reihe von Werften, die große Yachten slippen, und einige Betriebe, die sich auf Wartung und Reparatur solcher Schiffe spezialisiert haben.

Port Nautic

Dieser Yachthafen mit Werft im NW des Port de Commerce ist hauptsächlich auf Dauerlieger eingestellt; der Platz auf dem Kai wird nur als Warteplatz für Yachten, die gekrant werden, genutzt.

Liegeplätze

Der 2–4 m tiefe Hafen bietet 10 Liegeplätze für Yachten bis 16 m Lüa. Man macht am äußeren Teil des Ankunftsschlengels fest und erkundigt sich im Hafenbüro nach einem freien Platz. Die Liegeplätze sind gut geschützt. Ein Hafenkapitän ist vor Ort.

Versorgung

Wasser- und Stromanschlüsse sowie Duschen und Toiletten sind vorhanden. Ein 60-t-Kran und ein 20-t-Bootslift stehen zur Verfügung. Die meisten Reparaturen an Yachten können ausgeführt werden.
Weitere Versorgungsmöglichkeiten findet man in Toulon.

Die französische Marine

Der rundum geschützte Naturhafen von Toulon war schon zur Zeit der Griechen und Römer eine Marinebasis, aber heute erinnert nur noch sehr wenig daran. Bedeutung für Frankreich bekam der Hafen erst 1589, als der Gouverneur die Darse Vieille bauen ließ. Finanziert wurde der Hafen mit einer 25-prozentigen Steuer auf Olivenöl. Das 1610 fertig gestellte Becken war zunächst mit einer Kette zum Schutz gegen Angreifer verschlossen und beherbergte noch keine königliche Flotte. Schiffe und Söldner wurden erst im Kriegsfall vom König geheuert.

Unter Richelieu und Ludwig XIV. legte man 1680 ein Arsenal an und musste schon bald den Hafen erweitern, um alle Schiffe der neuen Marine unterzubringen. So wurde die Darse Neuve zum Marinehafen, während in der Darse Vieille die Handelsflotte lag. Eine besondere Attraktion für damalige Reisende waren die Galeeren der Marine, die von Sträflingen gerudert wurden. Reisetagebücher aus jenen Zeiten geben Aufschluss über die Verhältnisse an Bord: Hunderte von nackten Rudersklaven saßen in einer Galeere. Sie hatten geschorene Köpfe, trugen eine rote Mütze, waren an Hals und Bauch an die Sitzbänke gekettet und wurden von einem grausamen Antreiber geschunden. Die Geräusche der ins Wasser tauchenden Riemen, das Rasseln der Ketten bei jeder Bewegung waren für Fremde beinahe angsterregend. Kamen die Ruderer aus dem Takt oder machten eine falsche Bewegung, erhielten sie Schläge mit dem Ochsenziemer auf den Rücken und die Fußsohlen. Es fehlte an jeglicher Menschlichkeit.

Es ist nicht weiter verwunderlich, dass Toulon wie andere Galeerenhäfen als besonders gefährlich angesehen wurde. So gab es Presstrupps, die auch unschuldige Reisende zum Dienst in den Galeeren zwangen. Doch die Galeeren wurden nach und nach durch Segelschiffe ersetzt und 1748 ganz abgeschafft. Sträflinge kamen nun ins Gefängnis oder wurden nach Übersee verschifft.

Napoléon Bonaparte erhielt seine ersten Auszeichnungen 1793 in Toulon, das damals auf Seiten der Königstreuen kämpfte und unter anglo-hispanischem Schutz stand. Es wurde später von den Republikanern besiegt, die sich in der als uneinnehmbar geltenden Festung zwischen La Seyne und Tamaris verschanzten. Napoléon besetzte eine Batterie, konnte die Republikaner unter eigenen schweren Verlusten besiegen und wurde für seine Verdienste zum Brigadegeneral befördert.

Im 19. Jahrhundert wuchs die Kriegsflotte, und mit ihr wurde der Hafen Stück für Stück erweitert. 1836 entstand die Darse du Mourillon und 1862 unter Napoléon III. die Darse de Missièssy.

Im Zweiten Weltkrieg versenkte der Vichy-Admiral Laborde 60 französische Kriegsschiffe im Hafen von Toulon, um sie dem Zugriff der Deutschen zu entziehen.

Nach Brest ist Toulon heute der zweitgrößte Marinehafen Frankreichs. Es gibt einige Marinewerften, und die grauen Schiffsrümpfe bestimmen das Hafenbild; alle Hafenbecken W-lich der Darse Vieille gehören ausschließlich der Marine. Doch in der Stadt drängt sich die Anwesenheit der Soldaten glücklicherweise nicht auf.

Dagegen waren die damaligen Galeerensklaven, die paarweise zusammengekettet durch die Straßen liefen, ein gewohntes Bild, und man engagierte sie als Musiker bei Hochzeiten und anderen Festen.

Navy Surf

Ähnlich wie im Port Nautic besteht auch hier die Möglichkeit, Yachten aus dem Wasser zu holen. Wer an Bord bleiben will, benötigt ein Transportmittel für den Landgang, denn die Versorgungsmöglichkeiten sind äußerst beschränkt.

Toulon

Darse Vieille **und** ***Darse du Mourillon***

WP 43°07,0'N 005°55,8'E (Feuer Kopf Quai Fournel)
Karten: D 483, D 596, F 7093, F 7091, F 7406, F 7407

Allgemeines

Toulons größter Vorteil ist die weiträumige Ansteuerung von See. Die Grande Rade kann ein bezauberndes Segelrevier sein, aber sobald man in die Petite Rade fährt, bekommt das Meer den hier typischen regenbogenfarbenen Ölschleier, und die Umgebung an Land ist wirklich nicht schön. Mehrstöckige Wohnhäuser und riesige Kräne säumen die innere Ansteuerung. 1944 ist die Stadt durch alliierte Luftangriffe fast vollständig zerstört worden; den Rest besorgten dann die Deutschen bei ihrem Abzug.

Toulon – Ansteuerung der Darse Vieille aus S

Nach dem Zweiten Weltkrieg musste die Stadt völlig neu aufgebaut werden.
Sie werden jetzt sicher denken, dass Toulon nicht besonders sympathisch ist, doch Sie irren sich. Die schäbige Atmosphäre vieler Marinestädte ist meist mit einer ungeheuren Lebensfreude und der Hingabe zum Meer und allen maritimen Dingen verbunden, die anderen, ansehnlicheren Küstenstädten abgehen. Am Quai Stalingrad haben sich zahlreiche Yachtausrüster und maritime Werkstätten niedergelassen. Einige der riesigen Mehrrumpfboote der internationalen Regattaszene liegen immer in Toulon, und es gibt auch eine bescheidene IOR-Flotte. In der Darse Vieille und der Darse du Mourillon werden alte Holzyachten liebevoll restauriert, und GFK-Yachten bekommen neue Unterwasserschiffe. Überhaupt ist Toulon der richtige Hafen für eine Bootsüberholung. Je weiter man sich vom Hafen entfernt, desto gepflegter erscheinen die Straßen mit ihren Geschäften und Cafés. Es gibt ein Marinemuseum, ein Kunst- und Archäologiemuseum sowie eine recht unscheinbare Kathedrale zu besichtigen, aber in Toulon schlendert man besser durch die Straßen, guckt in Schaufenster und sitzt in einem der Hafencafés mit Blick auf das rege Treiben in der Darse Vieille. 1929 wurde Toulon von D. H. Lawrence als Stadt der Seeleute, Katzen und sonderbaren Typen mit einem stets strahlenden Himmel über dem blauen Meer und einem kalten, aber nicht zu starken Wind beschrieben.

Ansteuerung

Auffällig: In der Petite Rade steuert man auf die gedrängten, mehrstöckigen Gebäude hinter der Darse Vieille zu. Der Tiefwasserweg der Petite Rade ist mit roten und grünen Tonnen bezeichnet, die leicht zu erkennen sind. In Höhe der Petite Passe liegen in der Petite Rade zwei Leuchttonnen aus: eine rote Leuchttonne (Fl(2)R.6s) W-lich Roches du Chameau und die grüne Leuchttonne BA (Fl.G.4s). N-lich der Petite Passe markiert eine Kardinalbake W (VQ(9)10s3M) die Untiefe Banc de l'Ane. Später sind die beiden Hafenbecken, Darse du Mourillon und Darse Vieille, zu unterscheiden.
Nachts sind die Fahrwassertonnen der Tiefwasserrinne durch die Petit Rade befeuert: Fl(2)R.6s und Fl.G.4s; die Kardinaltonne W zeigt VQ(9)10s. Die Einfahrt der Darse du Mourillon ist mit Iso.G.4s7M und Oc(2)R.6s6M, die Einfahrt in die Darse Vieille mit Q.G.7M und Q.R.7M befeuert.
Die Hafenbehörden sind auf den UKW-Kanälen 12 bzw. 16, die Marina (im Sommer von 0800–1300 und von 1400–1900 Uhr, im Winter von 0800–1200 und von 1400–1800 Uhr) auf Kanal 09 zu erreichen.
Hinweis: Trotz einer vorgeschriebenen Höchstgeschwindigkeit von max. 3 kn laufen die Fähren meist mit voller Fahrt ein und aus. Besonders in der schmalen Einfahrt muss sehr umsichtig gesteuert werden. Segelyachten haben in der Petite Rade nicht in jedem Fall vor motorisierten Fahrzeugen Vorfahrt. Die Hafenbecken der Marine im W der Darse Vieille sind für alle anderen Fahrzeuge gesperrt.

Liegeplätze

Es gibt 1300 Plätze für Yachten bis 40 m Lüa, darunter 60 für Gastlieger. Die Wassertiefe beträgt 3–8 m. In der Darse Vieille macht man zunächst am Empfangskai fest und meldet sich dann im Hafenbüro. In der Darse du Mourillon macht man nahe der „Péniche" an der E-Seite des Hafenbeckens fest und meldet sich in der Capitainerie. Die meisten Yachten steuern allerdings die Darse Vieille an, die über zahlreiche Gastplätze verfügt und näher an der Innenstadt liegt. In beiden Hafenbecken gibt es Mooringleinen am Kai oder an Bojen. Beide Häfen sind bei jedem Wetter gut geschützt. Der Schwell der Fähren, die ständig in der Darse Vieille ein- und auslaufen, kann allerdings recht störend wirken.
In Toulon gibt es Zoll- und Einwanderungsbehörden. Der Hafenmeister bzw. das Marinapersonal verlangen ein Liegegeld der Kategorie 2/3.
Infos zur Darse Vieille: Tel. 04 94 42 27 65 oder Fax 04 94 42 27 68; zur Darse du Mourillon: Tel. 04 94 41 23 39.

Versorgung

Wasser und Strom an oder bei jedem Platz. Duschen und Toiletten stehen zur Verfügung.
Die Tankstelle befindet sich unmittelbar E-lich hinter der Einfahrt der Darse Vieille. Hier gibt es einen 10-t-Kran, in der Darse du Mourillon einen 27-t-Bootslift. Die wenigen Landstellplätze befinden sich bei der Darse Vieille. Größere Yachten sollten in den Port Pin Rolland bzw. in den Port de Commerce gehen. Reparaturen an Mechanik und Maschine,

Elektrik und Elektronik sowie an Holz- bzw. GFK-Rümpfen werden ausgeführt. Segelmacher sind am Ort. Die Yachtausrüster haben sich alle um die Darse Vieille herum niedergelassen.
Die Stadt bietet beste Einkaufsmöglichkeiten. Im NE der Darse Vieille findet täglich ein Straßenmarkt statt. Stangeneis ist erhältlich. An der Hafenpromenade und in der Stadt gibt es zahlreiche Bars und Restaurants.
Weitere Einrichtungen sind die Post, Banken, Autovermietungen sowie Bus- und Zugverbindungen entlang der Küste und Fährverbindungen nach Korsika.

St-Louis-du-Mourillon

43°06,4'N 005°56,2'E

Der kleine Hafen liegt unmittelbar NE-lich der Petite Passe am Fort St-Louis. Die Wassertiefen nehmen von 1,5 m in der Einfahrt auf 0,5–1 m im Hafenbecken ab. Es gibt keine Gastplätze.
Hinweis: Es gibt ehrgeizige Pläne zum Bau einer großen Marina mit 400 Liegeplätzen und Appartementgebäuden. Zunächst soll ein Wellenbrecher gebaut werden, die Arbeiten sollten eigentlich schon begonnen haben.

Les Oursinières

WP 43°05,2'N 006°01,2'E
Karten: D 596, F 7093, F 7091, F 7406, F 7407

Der kleine Hafen NE-lich von Cap de Carqueiranne ist meist mit einheimischen Booten belegt und bietet nur wenig Platz für Gastyachten. Die Einfahrt ist 2 m tief, im Becken sind es nur 0,5–1,5 m.
Ankerplatz: Bei ruhigem Wetter können Yachten gleich N-lich des Hafens auf 4–10 m Tiefe ankern. Obwohl dieser Platz vor dem Seewind aus SE geschützt ist, wird er doch von der Dünung erreicht, die um die Landspitze herumläuft. N-lichen und W-lichen Winden ist der Ankerplatz voll ausgesetzt.
Hinweis: SE-lich der Pte Ste-Marguerite im W der Baie de la Garonne erstreckt sich ein bezeichnetes Ankerverbotsgebiet.

Golfe de Giens

Der Golf liegt zwischen der Grande Rade im W und der Halbinsel Giens bzw. der Landenge bei Hyères im E. Im Bereich vor der W-Küste der Landzunge und N-lich der Presqu'île de Giens gibt es mehrere Gebiete, in denen Ankern und Fischen untersagt ist. Im NW des Golfe de Giens liegt der Port de Carqueiranne.

Port de Carqueiranne (Les Salettes)

WP 43°05,2'N 006°04,8'E
Karten: D 596, F 7091, F 7407

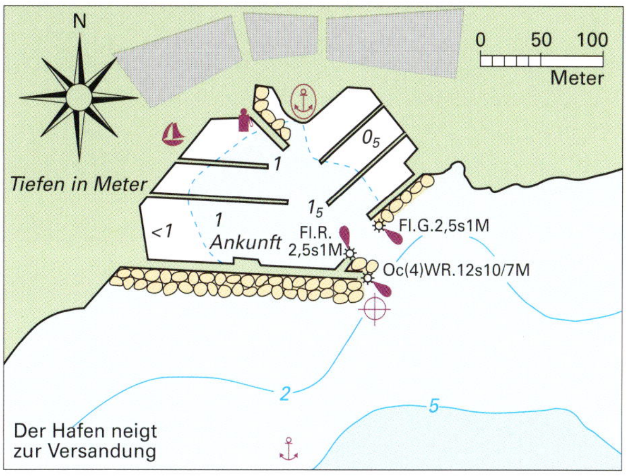

Allgemeines

Die Wohngebiete um Hyères und den Mont des Oiseaux dehnen sich fast bis nach Carqueiranne aus. Der Sandstrand dieses angenehmen Urlaubsortes ist von bewaldeten Ufern umgeben.

Ansteuerung

Auffällig: Die Felsgruppe Les Fourmigues W-lich der Presqu'île de Giens ist sehr auffällig. Später kann man die Gebäude um Les Salettes sowie die Hafenmolen und das Feuer erkennen.
Nachts ist die Hafeneinfahrt mit Oc(4)WR.12s10/7M befeuert. Der weiße Sektor auf 356°–005° führt sicher zwischen Les Fourmigues und der Île de la Ratonnière hindurch. Die Einfahrt selbst ist mit Fl.R.2,5s1M und Fl.G.2,5s1M befeuert.
Der Yachthafen ist im Sommer von 0800–1200 und von 1500–1800 Uhr, im Winter von 0900–1200 und von 1400–1730 Uhr auf UKW-Kanal 09 zu erreichen.
Gefahren: Bei starken S-lichen Winden entsteht in der Einfahrt eine sehr kabbelige See.
Hinweis: Der Hafen ist größtenteils nur 1 m tief.

Liegeplätze

Es gibt 360 Liegeplätze für Yachten bis 10 m Lüa; die Wassertiefe liegt zwischen weniger als 1 m bis max. 1,5 m. Man macht zunächst am Empfangskai unmittelbar hinter der Einfahrt fest, um sich im Hafenbüro einen Liegeplatz zuweisen zu lassen. Mooringleinen am Kai oder an Bojen. Der Hafenmeister verlangt ein Liegegeld der Kategorie 2.

Versorgung

Wasser und Strom sind an oder bei jedem Liegeplatz zu bekommen. Duschen und Toiletten stehen zur Verfügung.
Treibstoff gibt es am Kai beim Hafenbüro. Ein 8-t-

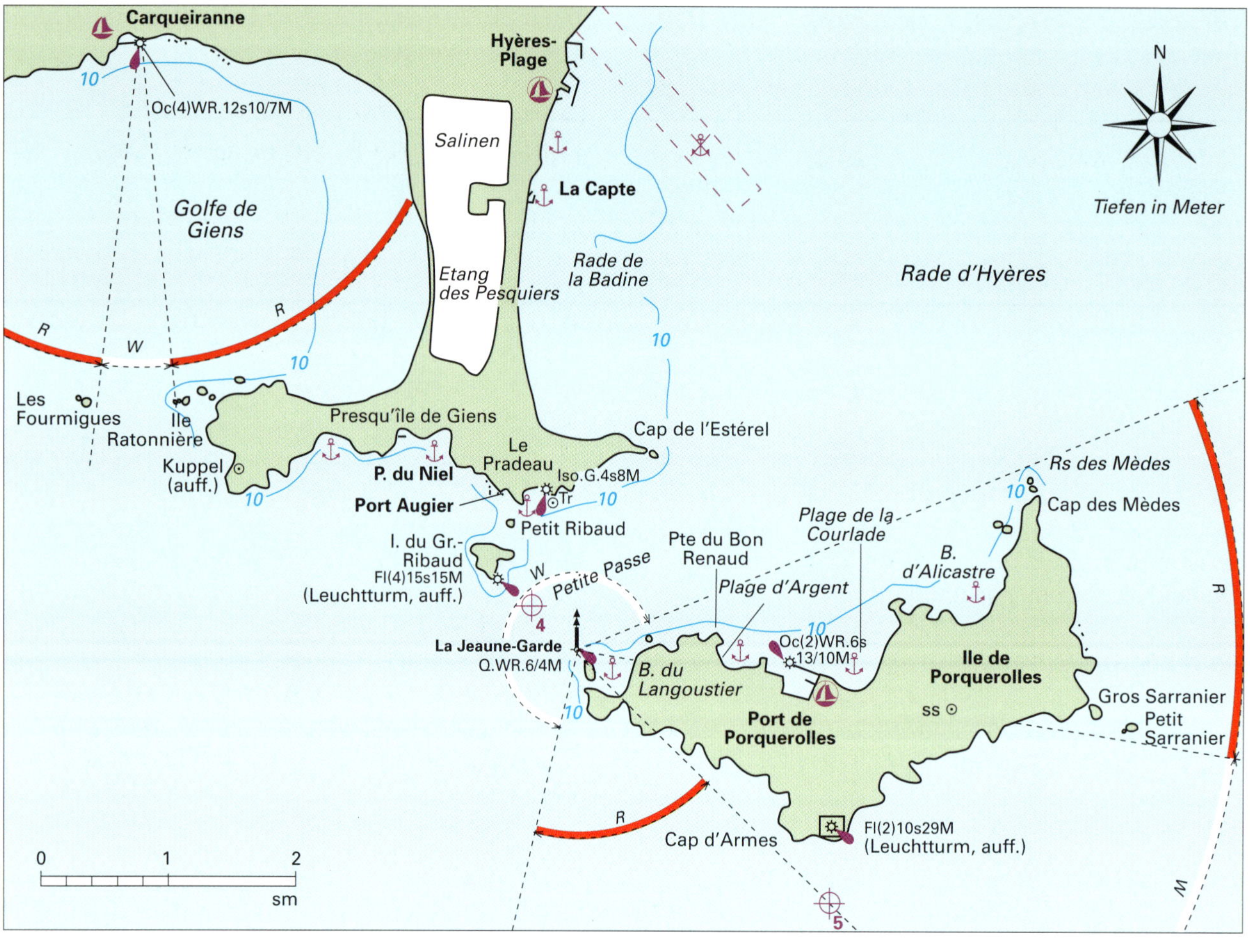

Presqu'île de Giens und die Île de Porquerolles (Angaben zu den Wegpunkten siehe Seite 151)

Kran und ein Slip sind vorhanden, und die meisten mechanischen Reparaturen können ausgeführt werden. Yachtausrüster sind am Ort. Lebensmittel und Stangeneis sind erhältlich; Bars und Restaurants findet man in Hafennähe. Außerdem gibt es eine Post, eine Bank sowie eine Busverbindung nach Hyères.

Presqu'île de Giens

Diese Halbinsel ist der felsige Ausläufer einer flachen Landzunge zwischen der Rade d'Hyères und dem Golfe de Giens. Aus der Ferne wirkt sie wie die fünfte Insel der Îles d'Hyères, die sie tatsächlich einmal war. Die flache Sandzunge, die die Halbinsel heute mit dem Festland verbindet, ist durch einen See geteilt, der zur Salzgewinnung genutzt wird. An ihrer E-Küste liegt Hyères-Plage, ein Urlaubsort mit einer großen Marina. Auf der Presqu'île de Giens gibt es diverse kleine Ortschaften und winzige Häfen.

Presqu'île de Giens

Port du Niel

WP 43°02,1'N 006°07,7'E
Karten: D 596, F 7282, F 7407

Ansteuerung

Der kleine Hafen im NW der Baie du Niel liegt NNW-lich der Île du Grand Ribaud. Die Einfahrt ist mit Fl.R.4s7M befeuert.

Liegeplätze

Von den insgesamt 125 Liegeplätzen für Yachten bis max. 10 m Lüa sind 2 für Gastyachten reserviert. Wassertiefe 1–4 m. Man macht an einem zugewiesenen Platz fest. Der Hafen ist nach S ungeschützt. Liegegebühr: Kategorie 4.

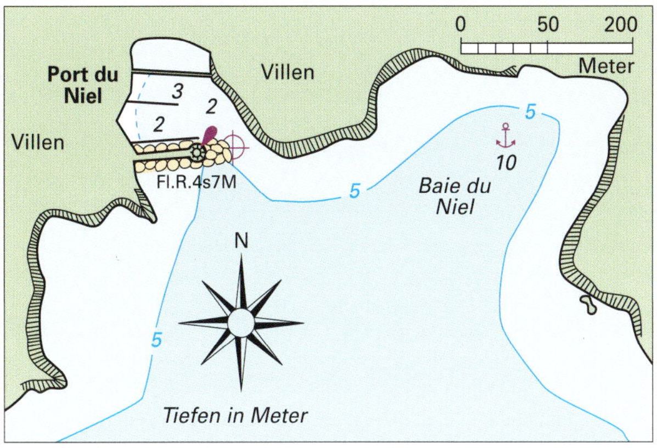

Ankerplatz: Bei ruhigem Wetter kann man in der Baie du Niel E-lich des Hafens auf 10–15 m Tiefe ankern. Die Umgebung der Bucht unterhalb der steilen Hänge ist wunderschön, leider jedoch macht eine stetige Dünung das Liegen ungemütlich.

Île du Grand Ribaud

WP 43°01,0'N 06°08,7'E (Leuchtturm)
WP 4 43°00,7'N 006°09,2'E (Fahrwasser Petite Passe)
Karten: D 483, D 596, F 7282, F 7407

Zwischen dieser Felsinsel und der Presqu'île de Giens liegen Untiefen und Felsen. Eine gute Landmarke ist der Leuchtturm auf der S-Spitze der Insel, dessen weißer Turm neben einem Wohngebäude steht (Fl(4)15s35m15M). Rund 100 m vor der S-Spitze erstreckt sich ein Riff, Sèche de Ribaud, über dem mindestens 1,1 m Wasser stehen. Yachten können die Durchfahrt zwischen Grand und Petit Ribaud nutzen, die 5,5–10 m tief und bei jedem Wetter sicher ist.

Port Auguier

43°01,7'N 006°08,8'E

Der kleine Hafen an der W-Seite der Pte de Terre Rouge, an der S-Küste der Halbinsel Giens, bietet

Port Auguier aus S

Wassertiefen von 1,5 m in der Einfahrt und 0,5–1,5 m in seinem Inneren.

Le Pradeau (La Tour Fondue)

43°01,7'N 006°09,3'E (Feuer Kopf W-Mole)

Dieser kleine Hafen liegt an der W-Seite der Pte de la Tour Fondue, die dank des von Richelieu gebauten Forts leicht zu erkennen ist. Der Kopf der S-Mole ist mit Iso.G.4s8M befeuert. Der Hafen bietet einen Anleger für die Fähren zu den Îles d'Hyères, aber keine Liegeplätze für Gastyachten. Yachten können aber W-lich des Hafens ankern. Das ist zwar wegen des Schwells der Fähren nicht sonderlich gemütlich, bei beständigem Wetter aber möglich.

Rade de la Badine

Bei ruhigem Wetter und/oder W-lichen Winden lässt es sich im W der Rade d'Hyères zwischen dem Cap de l'Esterel und Hyères-Plage vor dem Strand ankern. Die Tiefen von 5 m nehmen gleichmäßig bis zum Ufer ab, der grasbewachsene, sandige Grund hält gut, wenn der Anker erst einmal durch das Gras gekommen ist.

La Capte

43°04,0'N 006°09,2'E (Feuer Kopf E-Pier)

Der kleine Hafen an der Einfahrt in den Canal des Pesquières und den Canal du Gras (1 sm S-lich von Hyères-Plage) ist durch eine sehr schmale und nur 0,8 m tiefe Zufahrt zu erreichen. Die 140 Liegeplätze, darunter 15 für Gäste, eignen sich für Boote bis 6,5 m Lüa.
Nachts Am Kopf der E-Pier steht ein grüner Feuerträger mit Fl.G.2s1M.

Îles d'Hyères

Karten: D 483, D 596, F 7282, F 6615, F 7407
Die Inselgruppe umfasst vier kleine, relativ hohe Inseln, die wegen ihrer Steilküsten von E und W gut zu erkennen sind. Mit 7 km Länge und knapp 2 km Breite ist Porquerolles die größte Insel; die kleineren heißen Île de Bagaud, Île de Port-Cros und Île du Levant. Im Sommer sind die Inseln ein beliebtes Ziel für Fahrtenyachten, aber auch für Wochenendausflügler vom Festland.
Die Inseln wurden zunächst von den Griechen und dann von den Römern besiedelt, kamen im 5. Jahrhundert aber in den Herrschaftsbereich des Abtes von Lérins, einer kleinen Insel vor dem heutigen Cannes. Im Mittelalter fielen sie immer wieder in die Hände von Piraten, da sie äußerst schwer zu verteidigen waren. Im 16. Jahrhundert unter Franz I. wurden sie

zur Markgrafschaft, mussten dann aber vor Piratenüberfällen geschützt werden.
Trotz der Versuche, landwirtschaftlichen Anbau zu fördern und eine spezielle Steuer zu erheben, blieben die Inseln unterentwickelt. Damit überhaupt Menschen auf den Inseln siedelten, wurde ein Asylrecht für Kriminelle geschaffen, die hier nun ohne Verfolgung leben konnten. Einige von ihnen schafften den Absprung zum friedlichen Bauerndasein, doch andere organisierten erneut die Piraterie, und das Asylrecht musste im 17. Jahrhundert aufgehoben werden.
Heute sind die Inseln ein beliebtes Ziel von Fähren und Ausflugsbarkassen vom Festland und zum Naturschutzgebiet erklärt. Deshalb besteht auf den Inseln ein Camping-, Jagd- und Feuerverbot; auf Port-Cros darf nicht einmal geraucht werden. Auch die Gewässer stehen unter Schutz – Fischen und Unterwasserjagd sind untersagt. Im Umkreis von 600 m um die Île de Bagaud und die Île de Port-Cros ist Ankern verboten, obwohl sich einheimische Yachten im Sommer kaum danach richten. Der E-Teil der Île du Levant ist militärisches Sperrgebiet.
Besondere Attraktionen der Inseln sind die wunderbaren, bezeichneten Wanderwege durch die Natur und das glasklare, türkisfarbene Wasser. Es gibt große Wälder mit verschiedenen Pinienarten sowie Myrten, Kork- und Steineichen, Kastanien und Eukalyptusbäume, und man kann sich die Natur auf speziellen Führungen erklären lassen. Im Sommer, besonders an den Wochenenden, kommen die Besucher zu Tausenden an Land. Dann sollten Sie die Inseln meiden und vorzugsweise in der Woche oder im Frühjahr bzw. Herbst hinfahren.

Île de Porquerolles

Die S-Küste der größten Insel besteht aus steilen Klippen, die auf die S-Spitze der Insel, das Cap d'Armes, zulaufen. Hier steht ein viereckiger, weißer Leuchtturm mit Wohngebäude Fl(2)10s80m29M. Aus W kommend, navigiert man nach dem Leuchtturm auf der Île du Grand Ribaud, der Kardinalbake N Jeaune-Garde und dem Fort auf der Île du Petit Langoustier. Das 1,25 sm breite Fahrwasser zwischen der Île du Grand Ribaud und der Kardinalbake N Jeaune-Garde ist mindestens 12 m tief und gefahrlos zu passieren. Im NE der Insel ist das zerklüftete Cap des Mèdes mit dem ihm vorgelagerten Roches des Mèdes gut zu erkennen.
Die N-Küste der Île de Porquerolles ist weniger schroff und offeriert zahlreiche Ankerplätze sowie den einzigen Hafen der Insel, Port de Porquerolles.

Port de Porquerolles

WP 43°00,3'N 006°12'E
Karten: D 483, D 596, F 7282, F 7407

Allgemeines

Der kleine, angenehme Ort wurde vor etwa 100 Jahren erbaut, als zunächst das Militär auf der Insel stationiert wurde. Er gab der Insel ihren Namen.
Das Fort Ste-Agathe wurde 1793 auf eine besonders hinterhältige Art und Weise von den Briten eingenommen: Nachdem die spanische und britische Flotte nach der Einnahme der Stadt Toulon durch die Republikaner geflohen war, ankerte sie auf der Rade de Porquerolles. Der französische Kommandeur des Fort Ste-Agathe, den man vergessen hatte, über die turbulenten Ereignisse auf dem Festland zu

Port de Porquerolles aus N

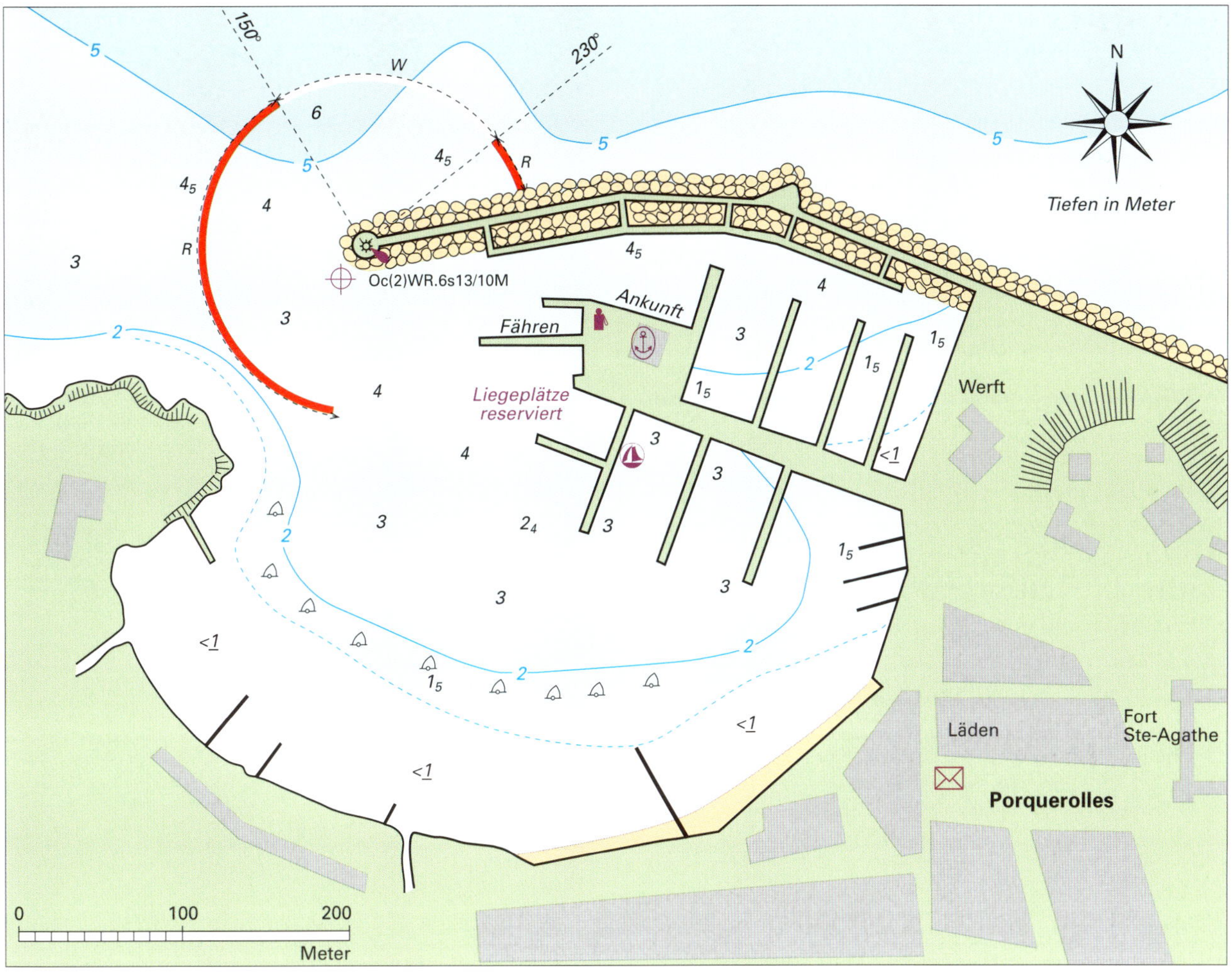

informieren, wurde vom britischen Admiral der Flotte, zu einer Whiskyprobe an Bord eingeladen. Währenddessen konnten britische Seeleute ungehindert das Fort einnehmen und in die Luft sprengen. Anschließend segelte die britische Flotte, um einen unfreiwilligen Passagier verstärkt, von dannen.

Ansteuerung

Auffällig: Ist man in der Rade de Porquerolles eingelaufen, bilden die ehemalige Signalstation mit Turm und einem Gebäude auf dem Gipfel der Insel und das Fort Ste-Agathe an einem Hang E-lich oberhalb des Hafens gute Landmarken. Später sind der Glockenturm in der Ortschaft und ein großer Hotelbau unmittelbar E-lich daneben nicht zu übersehen. Auch die Hafenmolen und der Leuchtturm sind klar zu sehen.

Nachts ist die Hafeneinfahrt mit Oc(2)WR.6s13/10M befeuert. Die sichere Ansteuerung liegt im weißen Sektor 150°–230°.

Der Hafen ist im Sommer von 0800–2100 Uhr, im Winter nur von 0800–1200 und von 1400-1800 Uhr auf UKW-Kanal 09 zu erreichen.

Gefahren: Bei Mistral entstehen vor der Einfahrt Kreuzseen.

Liegeplätze

Von den 500 Plätzen für Yachten bis 30 m Lüa sind 200 für Gäste reserviert. Der Hafen ist 1–4 m tief, die Einfahrt nur 3 m.

Man macht zunächst am Empfangskai am Ende der Mittelmole fest und lässt sich im Hafenbüro einen Liegeplatz zuweisen. Mooringleinen am Kai oder an Bojen. Der Hafen ist gut geschützt. Nur bei Mistral sind einige Liegeplätze etwas unruhig. Man sollte versuchen, einen Liegeplatz N-lich der Mittelmole zu ergattern.

Vom Hafenmeister oder dem Marinapersonal wird ein Liegegeld der Kategorie 4 verlangt.

Infos: Tel. 04 94 58 30 72 oder Fax 04 94 58 35 48.

Versorgung

Jeder Liegeplatz hat einen Wasser- und Stromanschluss. Die Tankstelle befindet sich am Kopf der Mittelmole. Im Bedarfsfall steht ein 10-t-Kran zur Verfügung. Yachtausrüster sind am Ort.

Die meisten Lebensmittel sind in der Ortschaft erhältlich, ebenso Stangeneis. Außerdem stehen zahlreiche Restaurants und Bars zur Auswahl.

Es gibt eine Post, ein Wechselbüro sowie Fährverbindungen nach Le Pradeau und Hyères-Plage.

Ankerplätze

Im Sommer können Yachten nahezu überall unter der N-Küste der Insel ankern. Aus größerer Entfernung ist der Mastenwald der Yachten vor Anker dann von dem in der Marina kaum zu unterscheiden.

Baie du Langoustier (43°00,3'N 006°10,0'E) liegt E-lich der Île du Petit Langoustier. Man ankert auf 4–10 m über sandigem oder felsigem Grund mit Seegrasbewuchs. Die Bucht ist vor S-lichen Winden geschützt, N-lichen Winden voll ausgesetzt.

Baie du Langoustier (Île de Porquerolles) aus NE

Plage d'Argent (43°00,5'N 006°11,4'E) ist eine Bucht E-lich der Pte du Bon-Renaud, auf deren Spitze eine Bake steht. Man ankert nach N ungeschützt auf 2,5–5 m Tiefe über grasbewachsenem Sandgrund.

Plage de la Courtade (43°00,3'N 006°12,6'E) ist die Bucht E-lich von Port de Porquerolles. Yachten ankern vor dem Strand auf 2–5 m Tiefe und sind W- und N-lichen Winden ausgesetzt.

Baie d'Alicastre (43°00,9'N 006°13,9'E) heißt die Bucht zwischen der Pte du Lequin und dem Cap des Mèdes. In der NE-Ecke unterhalb des Kaps ist Vorsicht vor zwei Dalben geboten, die vor einem Wrack stehen, über dem die Wassertiefe mindestens 3,7 m beträgt. Um das Wrack herum besteht ein Ankerverbotsgebiet. Man ankert vor N- und W-lichen Winden ungeschützt auf 2–8 m über grasbewachsenem Sandgrund.

Île de Bagaud

Die kleine Insel unmittelbar W-lich der Île de Port-Cros darf nicht betreten werden. Vor der Küste besteht Ankerverbot, das im Sommer allerdings von zahlreichen einheimischen Yachten missachtet wird, die vor der E-Küste liegen.

Die Insel ist felsig und bis auf ein oder zwei Stellen mit Macchia unbewachsen.

Île de Port-Cros

Mit 207 m ist die Insel die höchste der Îles d'Hyères, wirkt aber wegen der felsigen Steilküste erheblich

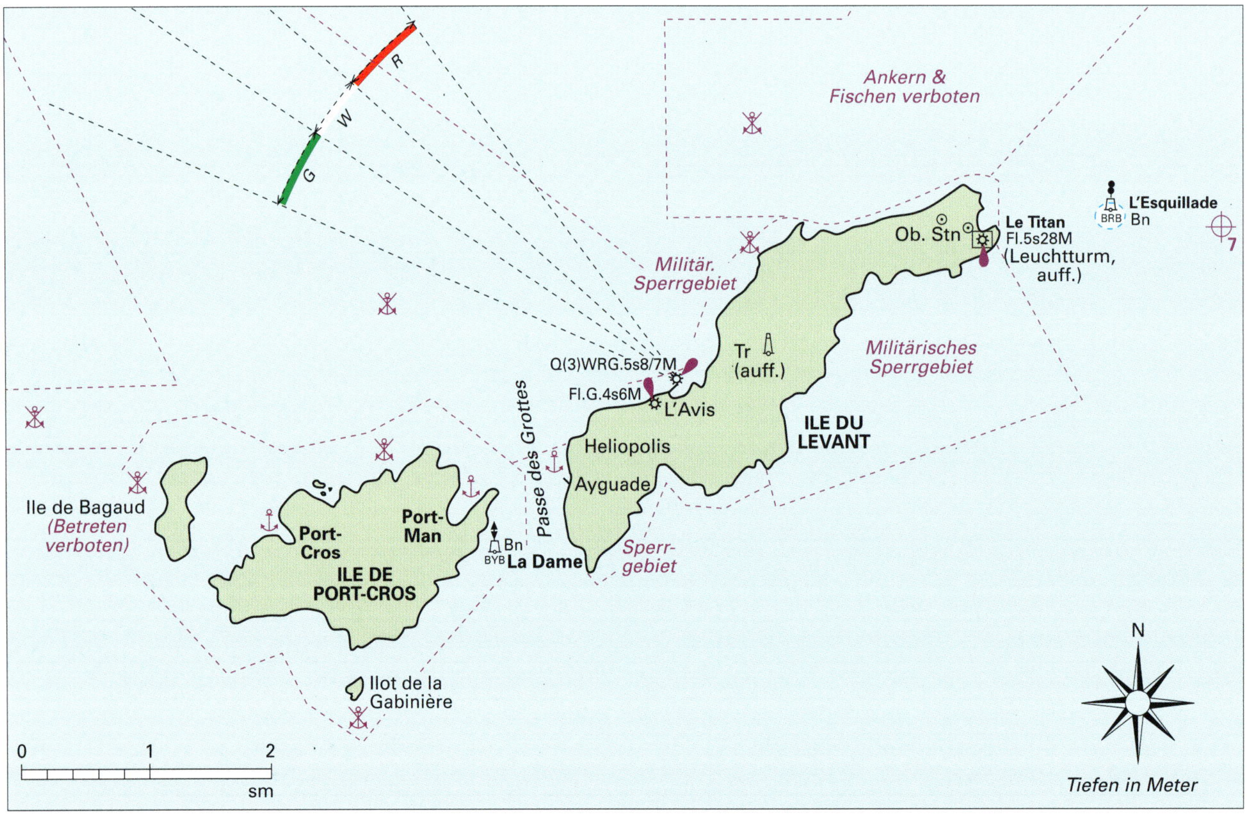

Île de Port-Cros und Île du Levant (Angaben zum Wegpunkt siehe Seite 151)

höher. Île de Port-Cros, die vorgelagerten Eilande und die sie umgebenden Gewässer sind Nationalparkgebiet. Vor den Küsten besteht Ankerverbot. Nur in den Buchten von Port-Cros und Port-Man darf man ankern; allerdings gibt es im Sommer zahlreiche Ankerlieger vor der N-Küste. Unterwasserjagd sowie Fischfang sind im Umkreis von 600 m untersagt. Wassermotorräder bzw. Jetskis sind im Gebiet des Nationalparks verboten. Geschwindigkeitsbeschränkungen bestehen im Gewässerabschnitt zwischen den Inseln Port-Cros und Bagaud, begrenzt in N durch die Linie Pte du Bau – Pte du Miladou, in S durch die Linie Pte de Guérétion – Pte de la Malalongue, wie folgt: Im Gewässerstreifen mit 300 m Breite vor den Ufern auf max. 5 kn; in der restlichen Fläche des o. a. Gewässerabschnitts auf max. 12 kn. Die Fahrgeschwindigkeit darf 3 kn nicht überschreiten in unmittelbarer Nähe ankernder Fahrzeuge vor Pte du Bau, Pte de Montrémian, Pte du Vaisseau, Pte de la Croix und um Îlot de la Gabinière.

Auf Île de Port-Cros ist untersagt: offenes Feuer, Rauchen, Zelten, Lagern, Biwakieren, Radfahren, das Fahren mit motorgetriebenen Fahrzeugen, das Hinterlassen von Abfall bzw. Müll, Lärm bzw. Ruhestörung, Explosivwaffen, Hunde, das Sammeln bzw. Mitnehmen von Gegenständen jeglicher Art. Rocher du Rascas und Îlot de la Gabinière dürfen nicht betreten werden.

Die Durchfahrten zwischen der Insel und der Île de Bagaud bzw. der Île du Levant sind tief und gefahrenfrei. In der Letzteren, der Passe des Grottes, liegt dicht unter der Küste der Île de Port-Cros ein einzelner Felsen, Tile de la Dame, der mit einer Kardinalbake E markiert ist.

Auf der dicht bewaldeten Insel sprudeln zahlreiche Süßwasserquellen.

Port-Cros

WP 43°00,5'N 006°23'E
Karten: D 483, D 596, F 6615, F 7407, F 7282

Allgemeines

Das kleine Dorf liegt unterhalb der Festungsmauern, die im N der Bucht auf einem Felsrücken verlaufen. Im Scheitel der Bucht steht das Landhaus Manoir d'Helene, genannt nach der Heldin in der Novelle Jean d'Agrève von Eugene Melchoir de Vogüé, die hier auf der Insel spielt.

Ansteuerung

Die kleine Bucht ist der einzige „Hafen" der Insel und liegt an der W-Küste gegenüber der Île de Bagaud.

Auffällig: Die Île de Bagaud ist leicht auszumachen. Später kann man das Fort oberhalb der Bucht und die

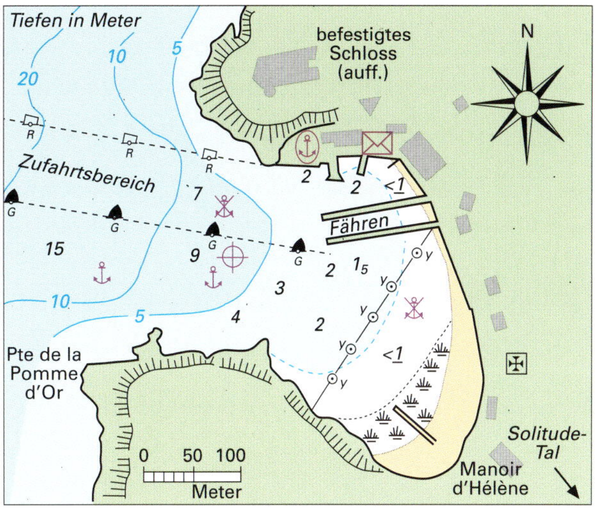

Festungsmauern im NE erkennen. Im Sommer bieten auch die Masten der zahlreichen Ankerlieger eine Orientierungshilfe.

Nachts ist die Bucht nicht befeuert.

Hinweis: Das Fahrwasser zu den Anlegern ist mit roten und grünen Tonnen bezeichnet. Yachten können S-lich des Fahrwassers ankern.

Die mit hoher Geschwindigkeit ein- und auslaufenden Fähren sind zu beachten.

Liegeplätze

Der Hafen bietet 75 Liegeplätze für Yachten bis 15 m Lüa sowie 25 Moorings. Liegeplätze werden zugewiesen. Wenn man nicht gerade am frühen Morgen kommt, ist es im Sommer nahezu unmöglich, hier einen Platz zu finden. Liegegebühr der Kategorie 2/3.

Ankerplatz: Die meisten Yachten müssen S-lich des Fahrwassers auf 2–15 m Wassertiefe ankern. Im Sommer ist aber auch der Ankerplatz häufig überfüllt, sodass man mit dem vorlieb nehmen muss, was frei ist. Der Ankerplatz ist nach W bis NW ungeschützt und bei Mistral nicht zu nutzen.

Versorgung

Im Sommer haben verschiedene Bars und Restaurants geöffnet. Es gibt eine Post. Fähren verkehren nach Hyères-Plage, Le Lavandou und Cavalaire-sur-Mer.

Port-Man

WP 43°00,8'N 006°25'E
Karten: D 483, D 596, F 6615, F 7407, F 7282

Allgemeines

Dass diese kleine Bucht an der NE-Huk der Insel ein beliebter Ankerplatz ist, kann man an den vielen Yachten sehen, die an den Sommerwochenenden hier liegen. Es gibt gut bezeichnete Wanderwege, die über die ganze Insel führen.

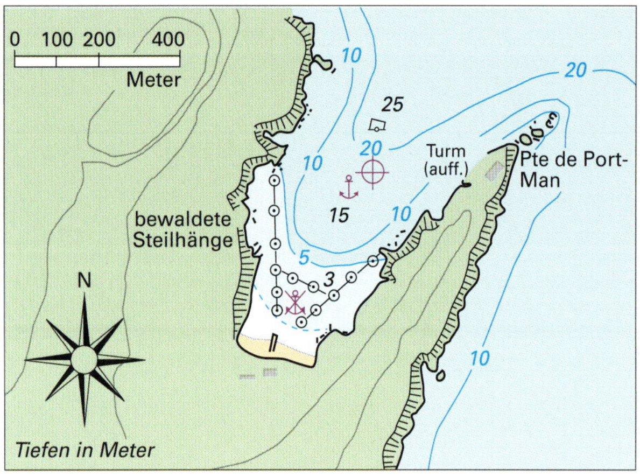

Ansteuerung

Auffällig sind die Villen von Heliopolis auf der Île du Levant und später der Turm auf der Landspitze im E der Bucht von Port-Man.

Liegeplätze

Da die Bucht im Sommer stets stark belegt ist, ankert man eben dort, wo ein Platz zu finden ist, muss aber außerhalb der Tonnen am Buchtende bleiben. Die Bucht ist sehr tief: zwischen 25 m in der Einfahrt und 15–18 m in der Buchtmitte. Der Grund ist teils sandig, teils felsig und mit dichtem Gras bewachsen. Viele Yachten bringen eine Leine zum Land aus. Man ist vor S-lichen Winden geschützt, bei N-lichen Winden aber steht Schwell in die Bucht.
Es gibt keine Versorgungsmöglichkeiten.

Île du Levant

WP 7 43°02,8'N 006°33,4'E
Karten: D 596, D 597, F 6615, F 7407

Die östlichste der Îles d'Hyères liegt 0,5 sm von der Île de Port-Cros entfernt und ist dank der zahlreichen Landmarken gut zu erkennen. Dies sind im W die Gebäude von Heliopolis, ein Turm auf der Inselmitte, eine alte Sternwarte im NE sowie der viereckige, weiße Leuchtturm mit Wohnhaus auf der Pte du Titan (Fl.5s70m28M). Der NE-Spitze der Insel ist das Riff L'Esquillade mit 1,4 m Tiefe vorgelagert, das mit einem Einzelgefahrzeichen bezeichnet ist. Vor der gesamten Küste liegen zahlreiche unbefeuerte Reedetonnen.
Es darf nur vor dem W-lichen Ende der Insel geankert werden. Das Sperrgebiet im S erstreckt sich bis 1,5 sm vor die Küste (siehe Karte). Wenn Schießübungen der Marine stattfinden, sollten Sie sich klar außerhalb dieser Zone aufhalten. Die Insel ist im E vom Militär, im W von den Nudisten besiedelt. Letztere sind sehr ernsthafte Sonnenanbeter und nicht mit den einfachen FKK-Freunden auf dem Festland zu vergleichen.

Es gibt zwei winzige Häfen auf der Insel, den Port de l'Ayguade an der W-Küste und den Port de l'Avis an der N-Küste.

Port de l'Ayguade

43°01,0'N 006°26,1'E
Karten: D 483, D 596, D 597, F 6615, F 7407

Der kleine Hafen an der W-Küste liegt gegenüber von Port-Man. Vor N-lichen Winden ist er durch das Wrack eines kleinen Frachters, das mit einer roten Tonne mit Zylindertoppzeichen bezeichnet ist, teilweise geschützt.
Man ankert auf 3–12 m Tiefe außerhalb der Ansteuerung der Fähren, die an der Mole festmachen.

Port de l'Avis

43°01,8'N 006°27,5'E

Auch dieser Hafen an der N-Küste der Île du Levant ist durch ein mit einer gelb-schwarzen Tonne bezeichnetes kleines Wrack geschützt. An den kurzen Molen ist kaum ein Liegeplatz zu bekommen, und davor besteht Ankerverbot. Die Einfahrt ist mit Fl.G.4s6M und Q(3)WRG.5s8/7M befeuert.

Hyères-Plage

WP 1 43°04,7'N 006°09,6'E
WP 2 43°05,1'N 006°09,7'E
Karten: D 483, D 596, F 7282, F 7407

Allgemeines

Während das alte Hyères an den Hängen des Hinterlandes im 18. und 19. Jahrhundert ein bekannter Badeort für Engländer war, ist Hyères-Plage im NE der Halbinsel Giens für die Sonnenanbeter des 20. Jahrhunderts gebaut worden.
Zunächst von den griechischen Phokäern aus Marseille bei L'Almanarre am Golfe de Giens besiedelt und Olbia genannt, wurde die Gegend dann von den Römern erobert und bekam den Namen Pomponiana. Im Mittelalter flohen die Bewohner vor den Piraten ins Hinterland und gründeten das heutige Hyères. Der Hafen L'Ayguade im NE von Hyères-Plage diente zur Einschiffung der Kreuzfahrer ins Heilige Land, und die Stadt Hyères prosperierte mit dem daraus erfolgenden Handel. Heute fast versandet, wird der Hafen nur noch von flachgehenden lokalen Booten genutzt. Die Bedeutung Hyères schwand mit dem Ausbau von Toulon als Marinehafen unter Ludwig XIV. Erst die Anfänge des Tourismus im 18. Jahrhundert brachten einen gewissen Aufschwung. Hyères hatte, wahrscheinlich wegen des sauberen Trinkwassers, für das ein Rohrnetz gelegt wurde, den Ruf, eine der wenigen „gesunden" Städte der

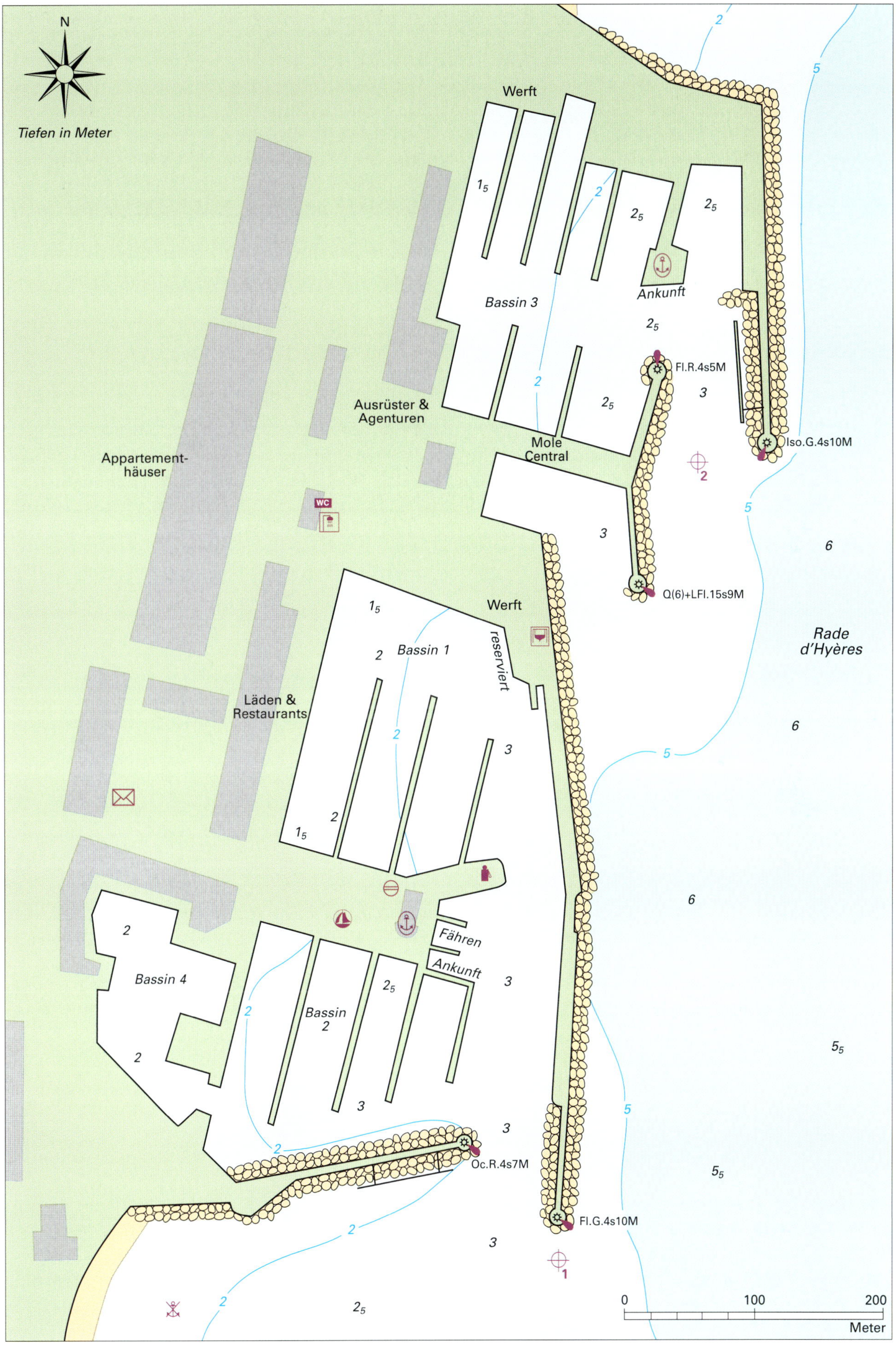
N
Tiefen in Meter
Werft
Bassin 3
Ankunft
Fl.R.4s5M
Iso.G.4s10M
Ausrüster &
Agenturen
Mole
Central
Appartement-
häuser
Q(6)+LFl.15s9M
Werft
Bassin 1
reserviert
Rade
d'Hyères
Läden &
Restaurants
Fähren
Ankunft
Bassin 4
Bassin
2
Oc.R.4s7M
Fl.G.4s10M
0
100
200
Meter

Mittelmeerküste zu sein, und so kamen Tausende von Kranken in das milde Winterklima Südfrankreichs.

Ansteuerung

Auffällig: Die vielen Appartementhäuser heben sich gut vom flachen Umland ab. Die Wellenbrecher und die Leuchttürme der Hafeneinfahrt sind erst später zu erkennen.
Nachts sind die S-lichen Hafenbecken 1, 2 und 4 mit Fl.G.4s10M und Oc.R.4s7M, das N-liche Bassin 3 mit Iso.G.4s10M und Q(6)+LFl.15s9M befeuert. Die innere Einfahrt ist mit Fl.R.4s5M bezeichnet.
Die Marina ist im Sommer von 0600–2300 Uhr, im Winter von 0800–1200 und von 1400–1700 Uhr auf UKW-Kanal 09 zu erreichen.

Liegeplätze

Von den 1350 Plätzen für Yachten bis 16 m Lüa. stehen 120 für Gastlieger zur Verfügung. Wassertiefe 1,5–3 m. Gäste sollten durch die S-Einfahrt in den S-Teil einlaufen.
Man macht zunächst am Empfangskai fest und lässt sich im Hafenbüro einen Platz zuweisen. Mooringleinen am Kai oder an Bojen. Der Hafen ist bei jedem Wetter gut geschützt, auch wenn S-liche Winde das Liegen im S-Hafen ungemütlich machen.
Hyères ist Zollhafen. Der Hafenmeister oder das Marinapersonal verlangen ein Liegegeld der Kategorie 3.
Infos zum Port St-Pierre, Hyères: Tel. 04 94 12 54 40 oder Fax 04 94 12 54 50.

Ankerplatz: S-lich der Hafenbecken kann man vor Hyères-Plage über sandigem, grasbewachsenem Grund ankern. N-lich des Hafens besteht in der Einflugschneise des Flughafens Toulon-Hyères Ankerverbot.

Versorgung

Jeder Liegeplatz hat Wasser und Strom. Toiletten und Duschen sind vorhanden.
Die Tankstelle befindet sich auf dem N-Kopf der Mittelmole zwischen Bassin 1 und 2. Ein 30-t-Bootslift sowie ein 10-t-Kran und Slips stehen zur Verfügung. Es können Reparaturen an Mechanik und Maschine, Elektrik und Elektronik und an GFK- und Holzrümpfen in verschiedenen Werften ausgeführt werden. Segelmacher und Yachtausrüster am Ort.
Lebensmittel gibt es in der Nähe, auch Stangeneis ist erhältlich. Am Wochenende wird hinter dem N-Becken ein Markt abgehalten. Um die Marina herum und an der Hafenpromenade haben zahlreiche Bars und Restaurants geöffnet.
Außerdem gibt es eine Post, eine Bank, eine Autovermietung sowie eine Busverbindung nach Hyères.

L'Ayguade-Ceinturon

43°06,1'N 006°10,5'E

Der kleine Hafen in der Mündung des Flüsschens Lone ist etwa 1 sm N-lich von Hyères gelegen und bietet 480 Liegeplätze für Yachten bis 8 m Lüa, darunter 130 für Gäste. Er ist höchstens 1 m tief und neigt zur Versandung. Die Strom- und Wasserversorgung ist gewährleistet. Zu erreichen über UKW-Kanal 09.
Nachts wird auf dem Kopf des E-Wellenbrechers ein Leuchtfeuer gezeigt mit Fl(2)G.6s6M.

Port Pothuau

43°06,9'N 006°12,1'E

Der kleine Fischerhafen vor Les Salins ist zwar 2–3 m tief, bietet aber keine Gastliegeplätze. Im S und NW liegen ausschließlich Fischer, und der E-Kai ist für die Marine reserviert.
Nachts ist die Hafeneinfahrt mit Oc(3)WG.12s13/10M und Fl(2)R.6s6M befeuert.

Port Miramar

WP 43°06,9'N 006°14,8'E
Karten: D 483, D 596, F 7282, F 7407

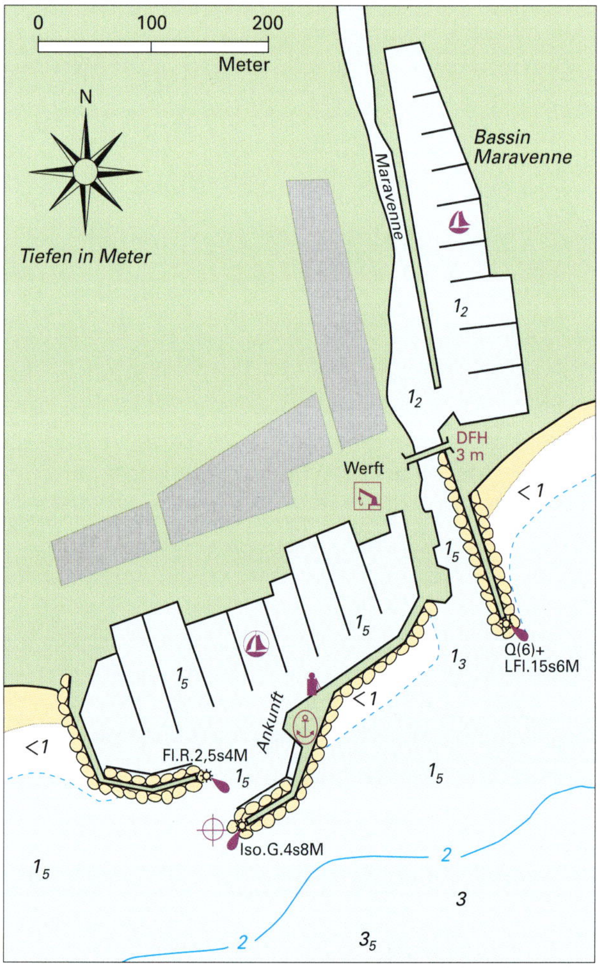

Ansteuerung

Der Hafen befindet sich unmittelbar W-lich der Mündung des Flusses Maravanne. Das in den Hafen führende Fahrwasser ist ausgetonnt. Da die Einfahrt immer wieder versandet, muss sie in regelmäßigen Abständen ausgebaggert werden. Nur flachgehende Schiffe bis 1,3 m Tiefgang sollten in den Haupthafen einlaufen; Fluss und Bassin Maravanne sind nur mit Booten bis 0,5 m Tiefgang befahrbar. Die Brücke über den Fluss hat eine Durchfahrtshöhe von 3 m.
Nachts ist die Einfahrt in den Hafen mit Iso.G.4s8M und Fl.R.2,5s4M und der Kopf der E-Mole vor dem Fluss mit Q(6)+LFl.15s6M befeuert.
Die Marina ist im Sommer von 0800–2000 Uhr, im Winter von 0830–1230 und von 1330–1730 Uhr auf UKW-Kanal 09 erreichbar.

Liegeplätze

Der 1–1,5 m tiefe Hafen verfügt über 1150 Liegeplätze für Yachten bis 12 m Lüa, darunter 50 für Gastlieger. Man macht an einem zugewiesenen Platz fest und ist bei jedem Wetter gut geschützt. Mooringleinen am Kai. Es gibt einen Hafenmeister und Marinapersonal. Liegegeld der Kategorie 4.

Versorgung

Alle Liegeplätze verfügen über Wasser- und Stromanschlüsse. Duschen und Toiletten sind vorhanden. Treibstoff bekommt man am Kai an der Einfahrt. Zum Slippen stehen ein 15-t-Bootslift sowie ein 5-t-Hydrauliktrailer und ein 5-t-Kran zur Verfügung. Reparaturen an Mechanik, Elektrik und Elektronik können am Hafen ausgeführt werden. Yachtausrüster sind am Ort. Die meisten Lebensmitteln sind erhältlich; Restaurants ganz in der Nähe.

Îlot de Léoube

43°06,9'N 006°17,0'E

Die kleine Insel dicht unter der Küste liegt etwa 1,75 sm E-lich von Port Miramar. Die Bucht im E der Insel bietet Schutz vor N-lichen Winden. Man ankert auf 2–5 m über grasbewachsenem Sandgrund.

Batterie des Maures

43°06,6'N 006°17,1'E

Auf der künstlichen Insel, etwa 200 m SSE-lich der Îlot de Léoube, steht eine Kardinalbake W (Q(9)10s8m5M).

Îlots de l'Estagnol

43°06,5'N 006°17,7'E

Das Inselchen und verschiedene Felsen liegen dicht unter der Küste im SE der Pte de Léoube. Die Bucht im NW der Îlots de l'Estagnol ist vor N-lichen Winden geschützt, und man ankert auf 4–6 m über grasbewachsenem, sandigem Grund.

Cap de Brégançon

43°05,6'N 006°19,3'E

Das kantige, deutlich hervortretende Kap ist durch eine flache Landzunge mit dem Festland verbunden. Auf dem Kap steht ein Fort, das ebenso deutlich zu erkennen ist. Im N des Kaps können Yachten auf 2–5 m über sandigem, grasbewachsenem Grund vor E- bis SE-Winden geschützt ankern. Die Umgebung ist äußerst attraktiv.
Port de la Reine-Jeanne. Dieser winzige Privathafen liegt ESE-lich des Cap de Brégançon.

Cap Blanc und Cap Bénat

WP 6 43°04,3'N 006°21,8'E

Die beiden Kaps in SW der Rade de Bormes sind leicht zu erkennen. Von W kommend, wird die Küste immer höher und zerklüfteter, denn die Ausläufer des Massif des Maures stoßen hier ans Meer. Das Cap Blanc ist, wie der Name sagt, aus hellem Gestein. Auf der Bergspitze oberhalb des Kaps ist eine Signalstation mit weißem Turm und Wohngebäuden zu erkennen. Auf Cap Bénat steht ein auffälliger weißer Leuchtturm mit Fl.R.5s60m21M. Ihm vorgelagert ist die zerklüftete, 5,6 m hohe Îlot Christaou, die mit einer Bake markiert ist.

Port du Pradet

43°05,5'N 006°22,0'E

Der kleine Privathafen liegt an der N-Seite von Cap Bénat. Yachten ankern hier auf 5–10 m über Grund aus hartem Sand, Fels oder festem Schlick. Während man vor W-lichen Winden gut geschützt liegt, rollt bei den vorherrschenden SE-lichen Winden eine unangenehme, aber ungefährliche Dünung. Die Hänge rund um die Bucht gehören zu einer Besitzung mit zahlreichen Villen, die zwischen den Bäumen kaum zu erkennen sind.

Anse du Gau

43°06,5'N 006°21,9'E

Diese Bucht öffnet sich N-lich der Pte de l'Esquillette und ist vor W-lichen Winden geschützt. Man ankert auf 3–6 m über grasbewachsenem Sandgrund. Bei dem vorherrschenden Seewind aus SE rollt Dünung in die Bucht.

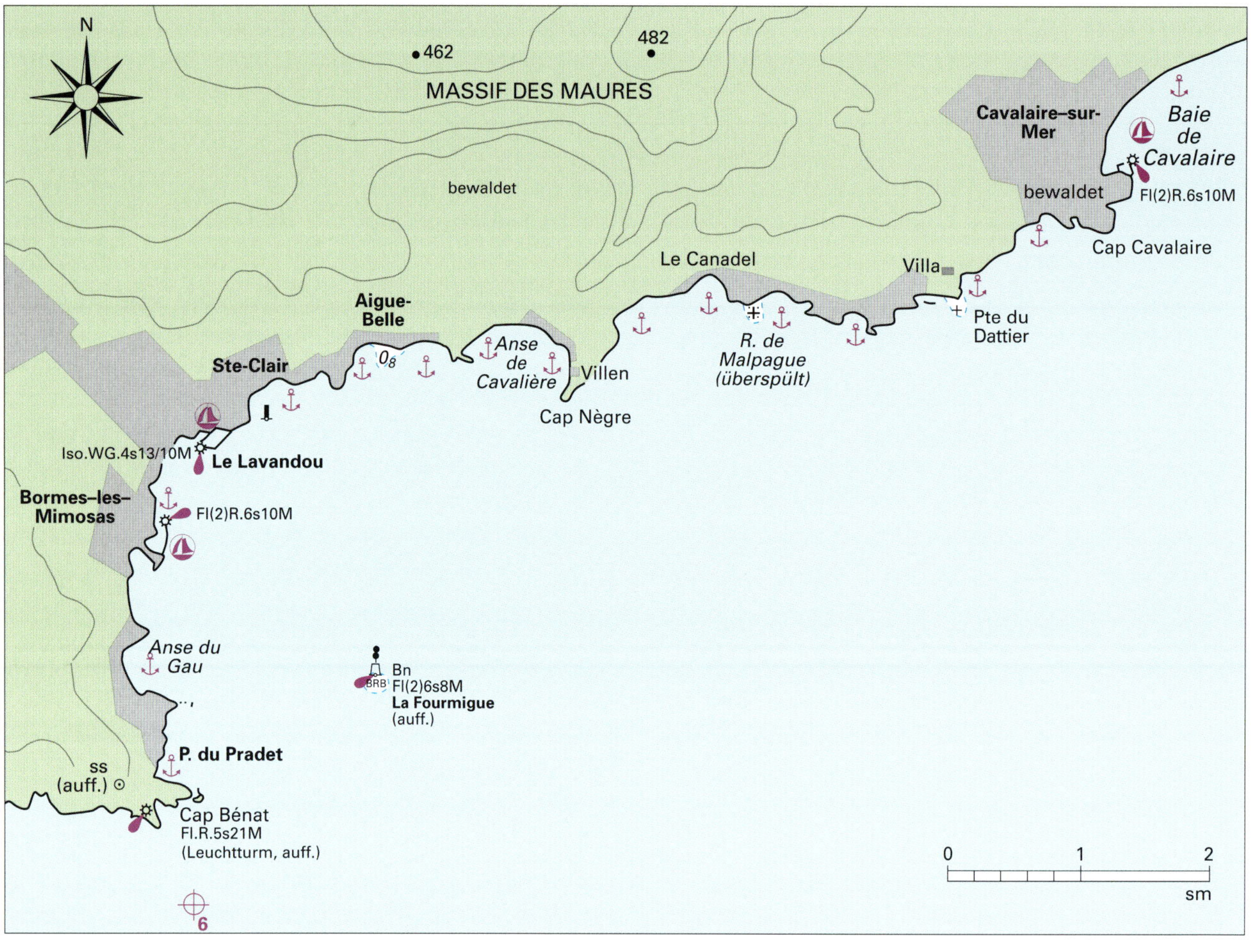

Cap Blanc bis Baie de Cavalaire (Angaben zum Wegpunkt siehe Seite 151)

La Fourmigue

Die kleine Felsinsel in der Rade de Bormes liegt etwa 1,5 sm NE-lich des Cap Bénat und ist mit einer befeuerten Einzelgefahrbake mit Fl(2)6s8M bezeichnet. Bei ruhigem Wetter ankern einheimische Fischer im vorgelagerten Flachwassergebiet.

Bormes-les-Mimosas

WP 43°07,5'N 006°22,0'E
Karten: D 483, D 596, F 7282, F 7407

Allgemeines

Hier gibt es alles, was man sich nur wünscht: Sand-

Bormes-les-Mimosas aus NE

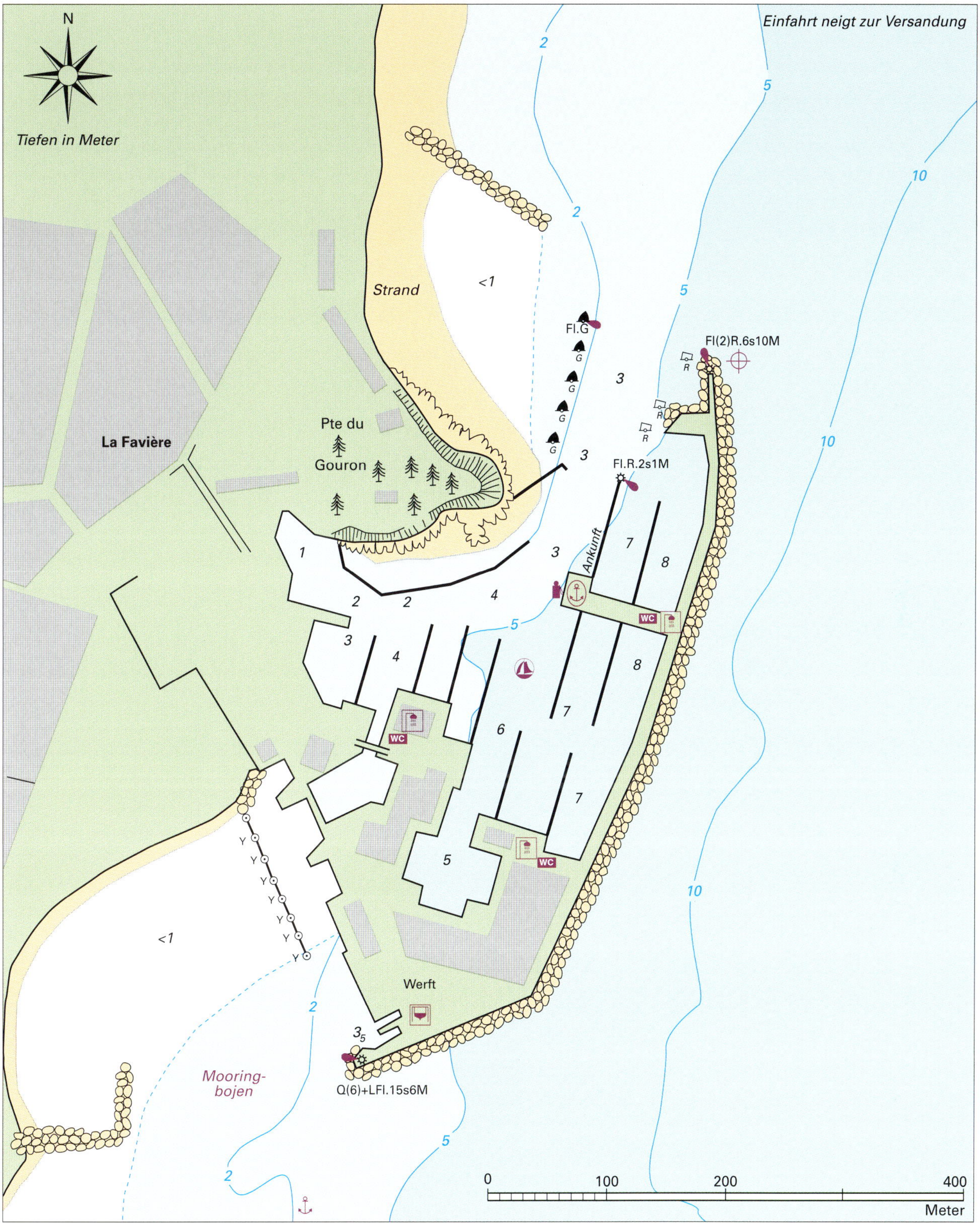

strände beiderseits des Hafens, eine Superlage nahe den Îles d'Hyères und beste Versorgungsmöglichkeiten für Segler. Doch was fehlt, ist das gewisse Etwas. Die alte Ortschaft Bormes-les-Mimosas dagegen, wunderschön an den Hängen oberhalb Le Lavandou gelegen, ist wegen ihres provenzalischen Charakters durchaus einen Besuch wert.

Ansteuerung

Die große Marina liegt im W der Rade de Bormes. *Auffällig* sind die Einzelgefahrbake auf La Fourmigue und die gedrängt stehenden Appartementhäuser von Bormes-les-Mimosas, die sich bis Le Lavandou an der Küste entlangziehen. Erst später sind die Hafenmolen mit Leuchtturm zu erkennen. *Nachts* navigiert man nach dem Feuer der Einzelge-

fahrbake auf La Fourmigue Fl(2)6s8M. Der N-Kopf des Wellenbrechers ist mit Fl(2)R.6s10M befeuert, der N-Kopf der Hafenmeister-Pier mit Fl.R.2s1M und der Beginn des Einfahrtsfahrwassers an der Steuerbordseite mit Fl.G.
Der S-Kopf des Wellenbrechers trägt eine Kardinalbake S mit Q(6)+LFl.15s6M.
Die Marina ist Tag und Nacht auf UKW-Kanal 09 zu erreichen.
Hinweis: Das Fahrwasser in den Hafen ist an Stb. mit grünen Spitztonnen, an Bb. mit roten Spitztonnen bezeichnet.

Liegeplätze

Der 1–8 m tiefe Hafen bietet 950 Liegeplätze für Yachten bis 20 m Lüa; Gastplätze sind vorhanden. Die Einfahrt wird durch Baggern auf 3 m Tiefe gehalten. Man macht zunächst am Empfangskai fest und lässt sich im Hafenbüro einen Platz zuweisen. Mooringleinen am Kai. Der Hafen ist bei jedem Wetter gut geschützt.
Hafenmeister oder Marinapersonal verlangen ein Liegegeld der Kategorie 3.
Infos: Tel. 04 94 01 55 81 oder Fax 04 94 01 55 90.

Versorgung

Jeder Liegeplatz hat Wasser- und Stromanschluss. Verschiedene Sanitärblocks mit Duschen und Toiletten stehen rund um die Marina zur Verfügung. Die Tankstelle befindet sich am Kai nahe der Einfahrt. Es stehen ein 50-t-Bootslift, ein 20-t-Kran und ein Slip zur Verfügung. Reparaturen an der Mechanik, an Elektrik und Elektronik sowie teilweise an GFK- und Holzrümpfen können ausgeführt werden. Yachtausrüster sind am Ort.
Lebensmittel und Stangeneis sind erhältlich. Restaurants und Bars öffnen im Sommer.

Le Lavandou

WP 43°08,2'N 006°22,5'E
Karten: D 596, F 6616, F 7407

Allgemeines

Le Lavandou ist etwas ursprünglicher geblieben als Bormes-les-Mimosas. Im alten Hafen neben der Marina liegen noch die Fischer, obwohl ein Teil des Hafens von den Fähren zu den Îles d'Hyères genutzt wird. Der Name rührt von dem Lavendel her, der auf den Feldern an den Hängen des Massif des Maures angebaut wird. Auch das alte Bormes nahm

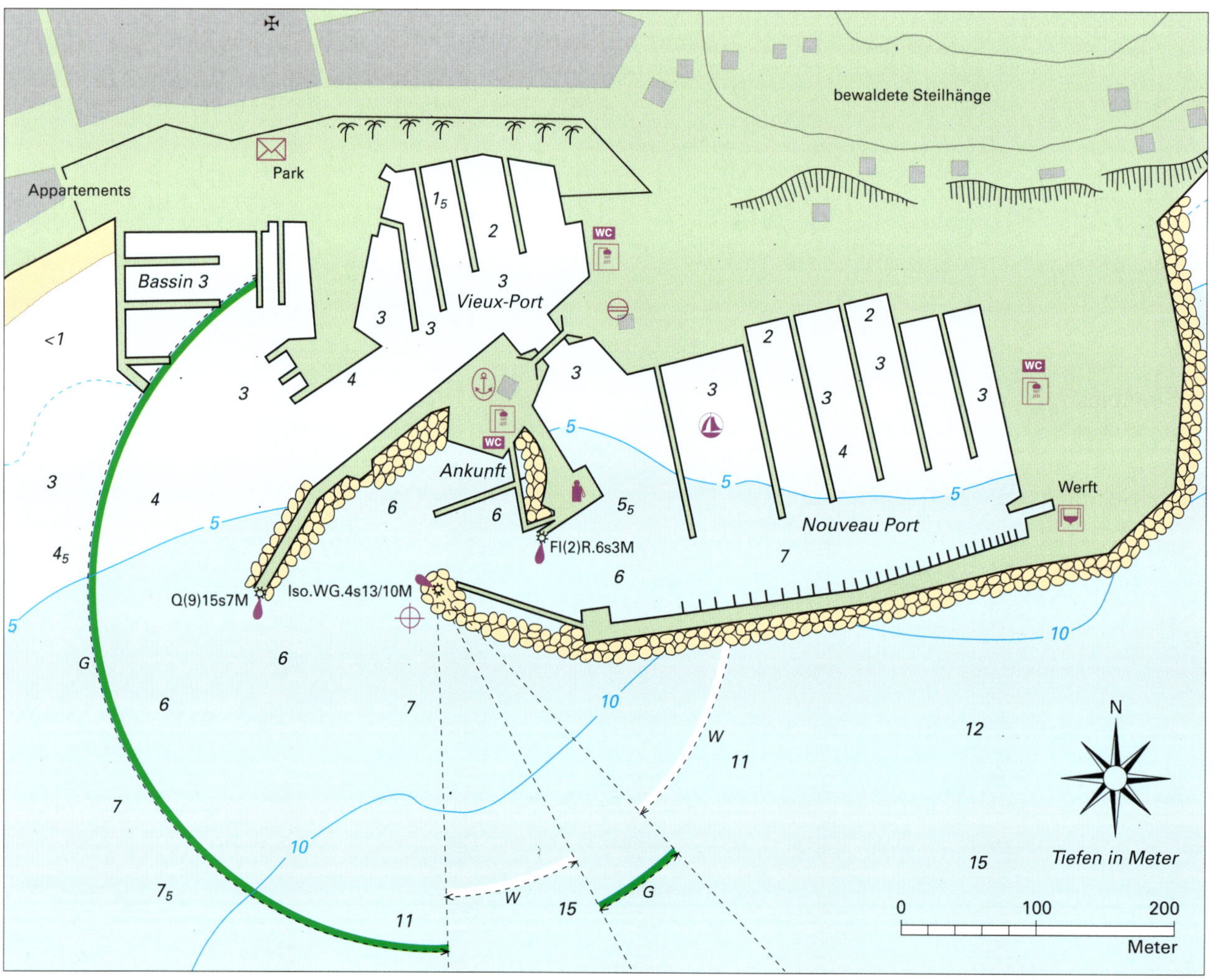

Le Lavandou aus SSE

eine Blume in seinem Namen auf und heißt nach den Mimosen, die in seiner Umgebung wachsen, Bormes-les-Mimosas. Diese gefällige provenzalische Stadt Le Lavandou hat wunderschöne alte Häuser in allen Pastelltönen, und ihre engen, steilen Gassen winden sich an den Berghängen empor.

Ansteuerung

Die Marina liegt ein wenig N-lich von Bormes-les-Mimosas. Die beiden Orte sind jedoch durch die Appartementhäuser miteinander verbunden, die sich an der Küste entlangziehen.

Auffällig: Man orientiert sich an der Ansammlung von Häusern der beiden Ortschaften. Hafenmolen und der Leuchtturm sind erst später zu erkennen. Die Hafeneinfahrt ist erst zu identifizieren, wenn man unmittelbar vor ihr steht.

Nachts navigiert man nach den Feuern der Einfahrt: Fl(2)R.6s3M und Iso.WG.4s13/10M, wobei die weißen Sektoren auf 266°–317° und 332°–358° die sicheren Ansteuerungen beidseits von La Fourmigue bezeichnen. Die Einfahrt in den alten Hafen ist mit Q(9)15s7M befeuert.

Die Marina ist im Sommer von 0730–2030 Uhr, im Winter von 0800–1200 und von 1400–1900 Uhr auf UKW-Kanal 09 zu erreichen.

Liegeplätze

Von den 1100 Plätzen für Yachten bis 24 m Lüa sind 100 für Gastlieger reserviert. Wassertiefe 2–5,5 m.

Man macht zunächst am Empfangskai fest und lässt sich dann im Hafenbüro einen Platz zuweisen. Man liegt an Auslegerstegen oder macht römisch-katholisch mit Mooringleinen fest und ist bei jedem Wind geschützt, auch wenn die Gastplätze am Empfangskai bei S-lichen Winden nicht sehr ruhig sind.

Le Lavandou ist Zollhafen und hat einen Hafenmeister sowie Marinapersonal, Liegegeld der Kategorie 4.

Infos: Tel. 04 94 00 41 10 oder Fax 04 94 15 24 51.

Versorgung

Jeder Liegeplatz hat einen Wasser- und Stromanschluss. Duschen und Toiletten sind vorhanden.

Die Tankstelle befindet sich am Kai an der Einfahrt zum Nouveau Port. Ein 9-t-Bootslift und ein 30-t-Kran stehen zur Verfügung. Es können Reparaturen an der Mechanik und Maschine, Elektrik und Elektronik sowie an Holz- bzw. GFK-Rümpfen ausgeführt werden. Segelmacher und Yachtausrüster sind am Ort.

Es gibt gute Einkaufsmöglichkeiten; auch Stangeneis ist erhältlich. An der Hafenpromenade und in der Stadt stehen verschiedene Restaurants zur Auswahl. Außer einer Post, Banken und einer Autovermietung gibt es Busverbindungen zu den Küstenorten sowie den Fährverkehr zu den Îles d'Hyères.

Ankerplätze zwischen Le Lavandou und Cavalaire-sur-Mer

An der Küste zwischen Le Lavandou und der Baie de Cavalaire fällt das bewaldete Massif des Maures steil ins Meer ab. An den kleinen Buchten, in denen Yachten je nach Wind und Wetter ankern können, haben sich Urlaubsorte angesiedelt.

Ste-Clair (43°08,5'N 006°23,4'E) heißt die Bucht im NE von Le Lavandou. Vor der Landspitze im SW, Pte du Nard-Viou, liegen mehrere Felsen, deren äußerster mit einer Bake bezeichnet ist. Ankern Sie auf 3–6 m und grasbewachsenem Sandgrund. Nach S und E ist die Bucht ungeschützt. An Land finden Sie Bars und Restaurants.

Aigue-Belle ist eine Bucht E-lich von Ste-Clair. Ein Riff mit nur 0,8 m erstreckt sich vom Ufer in Richtung See. Hier kann nur bei absolut ruhigem Wetter geankert werden.

Anse de Cavalière (43°08,8'N 006°26,0'E) wird im E vom Cap Nègre begrenzt, das an einer kleinen Bake sowie einer Villa mit zwei Türmchen zu erkennen ist. Man ankert vor N- und E-lichen Winden geschützt auf 5–12 m im E der Bucht; S-lichen Winden ist man ausgesetzt. An Land gibt es Bars und Restaurants.

Le Canadel ist eine große Bucht, in der verschiedene kleinere Einbuchtungen Ankerplätze für ruhiges Wetter bieten. Die Küste nach E hin ist bewaldet und fällt steil ins Meer.

Hinweis: Der Rocher de Malpague vor der Küste E-lich von Le Canadel, der nur eben vom Wasser überspült wird, ist bei der Navigation zu beachten. Ein weiteres Riff erstreckt sich vor der Pte du Dattier, die an einer auffälligen, rot-weißen Villa zu erkennen ist.

Cavalaire-sur-Mer

WP 43°10,4'N 006°32,3'E
Karten: D 596, D 597, F 6616, F 7408

Allgemeines

Cavalaire ist aufgrund des beinahe 6 km langen Sandstrands im Sommer ein äußerst beliebter Badeort, während hier im Winter absolute Ruhe herrscht. Auf den Weinbergen im Hinterland, die sich bis La Croix-Valmer erstrecken, wächst einer der bekanntesten Weine der Côtes de Provence.

Ansteuerung

Die Marina liegt eben NNE-lich des Cap de Cavalaire und ist bei der Ansteuerung aus W nicht zu sehen.

Auffällig: Von W kommend, ist die auffällige rot-

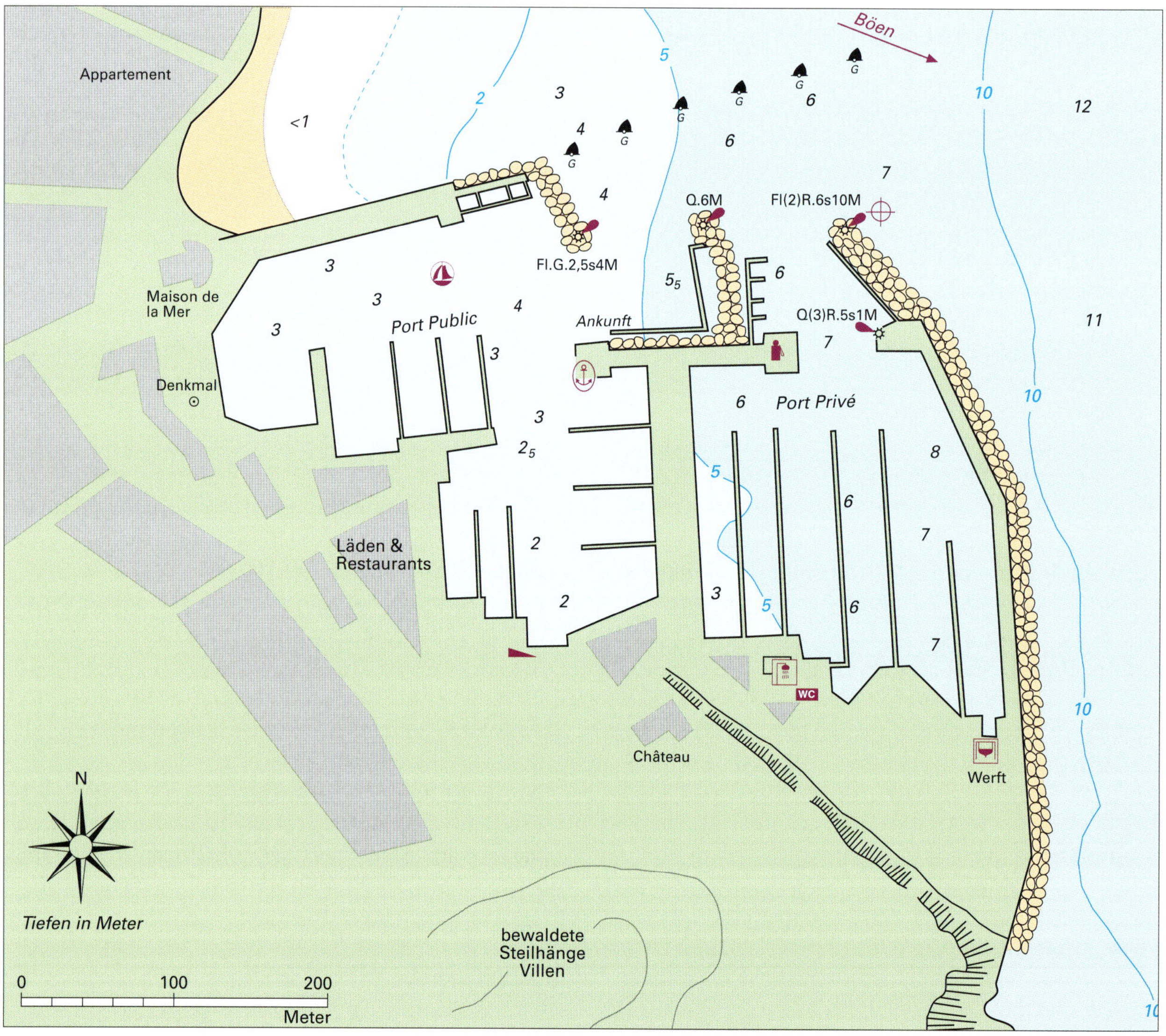

Cavalaire-sur-Mer aus NW

weiße Villa auf der Pte du Dattier eine gute Landmarke. Auf dem bewaldeten Cap de Cavalaire steht ein gut sichtbarer Mast. Die Hafenmolen sind erst von der Baie de Cavalaire aus zu sehen.
Von E her sind die Appartementhäuser der Ortschaft die beste Orientierungshilfe.
Nachts ist die Hafeneinfahrt zwar befeuert, doch die vier Kennungen können sehr verwirrend erscheinen. Das Feuer am Kopf der Außenmole zeigt Fl(2)R.6s 10M, der Sporn 70 m S-lich Q(3)R.5s1M. Die Mittelmole zeigt Q.6M, der Kopf der Westmole ist mit Fl.G.2,5s4M befeuert.
Die Marina und der Port Public sind im Sommer von 0700–2200 Uhr, im Winter von 0800–1200 und von 1400–1700 Uhr auf UKW-Kanal 09 zu erreichen.
Gefahren: Mistral wird in der Bucht abgelenkt und erschwert die Ansteuerung sowie das Einlaufen. Bei S-lichen Winden ist die See in der Einfahrt sehr kabbelig.
Hinweis: Gastyachten sollten in den Port Public im W laufen.

Liegeplätze

Der 2–5 m tiefe Port Public verfügt über 560 Liegeplätze für Yachten bis 21 m Lüa, 40 davon sind Gastliegeplätze.
Man macht zunächst am Kopf der Mittelmole fest und fragt im Hafenbüro nach einem freien Platz. Mooringleinen am Kai oder an Bojen. Alle Liegeplätze sind gut geschützt, auch wenn es bei Mistral an einigen etwas ungemütlich wird. Hafenmeister und Marinapersonal sind vor Ort. Liegegeld der Kategorie 3. Infos: Tel. 04 94 64 17 81 oder 04 94 64 67 06.

Ankerplatz: Bei ruhigem Wetter können Yachten vom 15.05. bis 30.09. N-lich des Hafens außerhalb des Ankerverbotsgebietes auf 5–10 m über grasbewachsenem Sandgrund ankern.

Versorgung

Jeder Liegeplatz hat einen Wasser- und Stromanschluss. Duschen und Toiletten sind vorhanden.
Treibstoff bekommt man am E-Sporn der Mittelmole bei der Einfahrt in den Port Privé. Ein 30-t-Bootslift steht zur Verfügung und Reparaturen an der Mechanik sowie teilweise an Holz- und GFK-Rümpfen können ausgeführt werden. Ein Yachtausrüster ist am Ort.
Die Lebensmittelläden im Ort sind einen 10-minütigen Fußweg entfernt; mittwochs findet ein Wochenmarkt statt. Stangeneis ist erhältlich. Restaurants gibt es im Hafenviertel und im Ort. Weitere Einrichtungen sind die Post, eine Bank, eine Autovermietung sowie Busverbindungen nach St-Tropez und Le Lavandou.

Baie de Cavalaire bis St-Tropez (Angabe zum Wegpunkt siehe Seite 151)

Cap Lardier
WP 8 43°08,48'N 006°37,24'E (WGS 72)

Dieses zerklüftete Kap ist, von W kommend, das erste an der Küste zwischen Cap de Cavalaire und dem Golfe de St-Tropez. Je nach Windrichtung und See kann auf beiden Seiten des Kaps geankert werden.
Vorsicht ist bei einem dem Kap vorgelagerten Riff mit nur 1,1 m Tiefe geboten.

Baie de Briande
WP 43°10,05'N 006°39,0'E

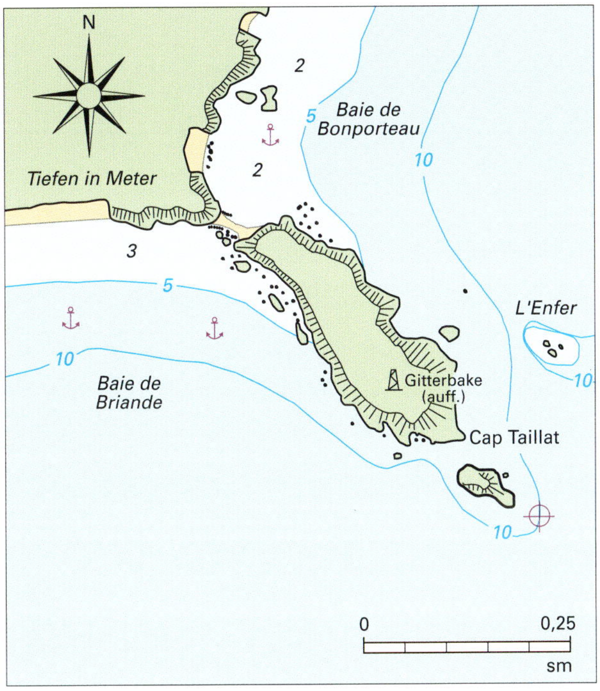

Die große Bucht erstreckt sich zwischen Cap Lardier und Cap Taillat, das an einem auffälligen Gitterturm zu erkennen ist. Bevorzugter Ankerplatz ist der N-Teil der Bucht. Der Grund ist grasbewachsener Felsen oder Sand.

Baie de Bonporteau
WP 43°10,05'N 006°39,0'E

Beim Einlaufen in diese große Bucht im N des Cap Taillat ist die Felsgruppe L'Enfer vor dem Kap zu beachten. Vor dem Buchtufer liegen zahlreiche Felsen und Riffs, sodass äußerste Vorsicht geboten ist. Beliebte Ankerplätze sind die kleine Einbuchtung N-lich der Pte Canadel und der NW der Bucht. Der Grund besteht aus grasbewachsenem Sand.

Cap Camarat
Das hohe, bewaldete Felskap ist an dem weißen, viereckigen Leuchtturm mit schwarzer Spitze und

Cap Camarat mit dem markanten Leuchtturm aus SE

Wohngebäude sowie einer alten Signalstation leicht zu erkennen (Fl(4)15s130m26M). E-lich davor liegen einige Felsen, die gut zu sehen sind. Der große Felsen direkt vor dem Kap heißt Roche des Portes, die äußerste Felsgruppe Roches Fouras. Ortskundige nutzen die Durchfahrt außerhalb des Roche des Portes, aber sicherer ist es, alle Felsen zu runden. Im N des Cap Camarat erstreckt sich die weite Baie de Pampelonne, die von einem langen Sandstrand gesäumt wird.

Baie de Pampelonne
WP 9 43°13,27'N 006°47,21'E (Bank La Nioulargue)

Einzige Gefahrenstelle in der großen Bucht ist die Sèche Salagru mit nur 0,4 m, die etwa 1,5 sm N-lich der Pte de Bonne-Terrasse liegt. Bei ruhigem Wetter ankern zahlreiche Yachten aus St-Tropez vor den Ufern, bis die nachmittägliche Seebrise auffrischt.
Der lange Sandstrand teilt sich in kürzere Abschnitte, deren Namen an tropische Cocktails erinnern: Tropezina, Tahiti-Plage, Bora-Bora, Lagon Bleu, Cabane Bambou, Sun 77 – ob diese Namen halten, was sie versprechen, prüfen Sie es selbst.

Côte d'Azur – Östlicher Teil
Von St-Tropez bis St-Laurent-du-Var

Am E-lichen Küstenabschnitt der Côte d'Azur reihen sich so berühmte Namen wie St-Tropez, St-Raphaël, Antibes, Cannes usw. wie an einer Perlenkette auf. Dementsprechend belegt bzw. überfüllt sind diese Orte und Häfen im Sommer.
Doch man kann auch in ruhigeren Häfen liegen, und außerhalb der Hauptsaison (Juli und August) sind schon erheblich weniger Yachten anzutreffen.
Das Klima ist milder als im Westteil. So weht der Mistral weniger stark und auch seltener, und der vorherrschende Sommerwind ist der Seewind aus SE- bis E-lichen Richtungen.

Côte d'Azur – Östlicher Teil: Von St-Tropez bis St.-Laurent-du-Var (Angaben zu den Wegpunkten siehe Seite 151/152)

Golfe de St-Tropez

Karten: D 597, F 7267, F 7408
Der tief in das Massif des Maures schneidende Golfe de St-Tropez bietet nach der Rundung des Cap Camarat den ersten sicheren Schutz.

Südliche Einfahrt

Dem S-lichen Teil der Einfahrt in den Golf sind zahlreiche Felsen und Riffe vorgelagert, die sich bis zu einem Landabstand von 1 sm erstrecken. Die Sandbank Basses de Can mit Tiefen unter 17 m dehnt sich über 2,5 sm im E der Pte de Capon aus und ist nur bei stürmischen Winden zu beachten, wenn dort eine gefährliche See mit Kreuzseen und Brandung steht. Die küstennahen Flachwassergebiete mit Felsen und Riffen zwischen Cap de St-Tropez und Pt de Rabiou sind mit drei Baken bezeichnet und außerdem an einer auffälligen Felsgruppe zu erkennen.

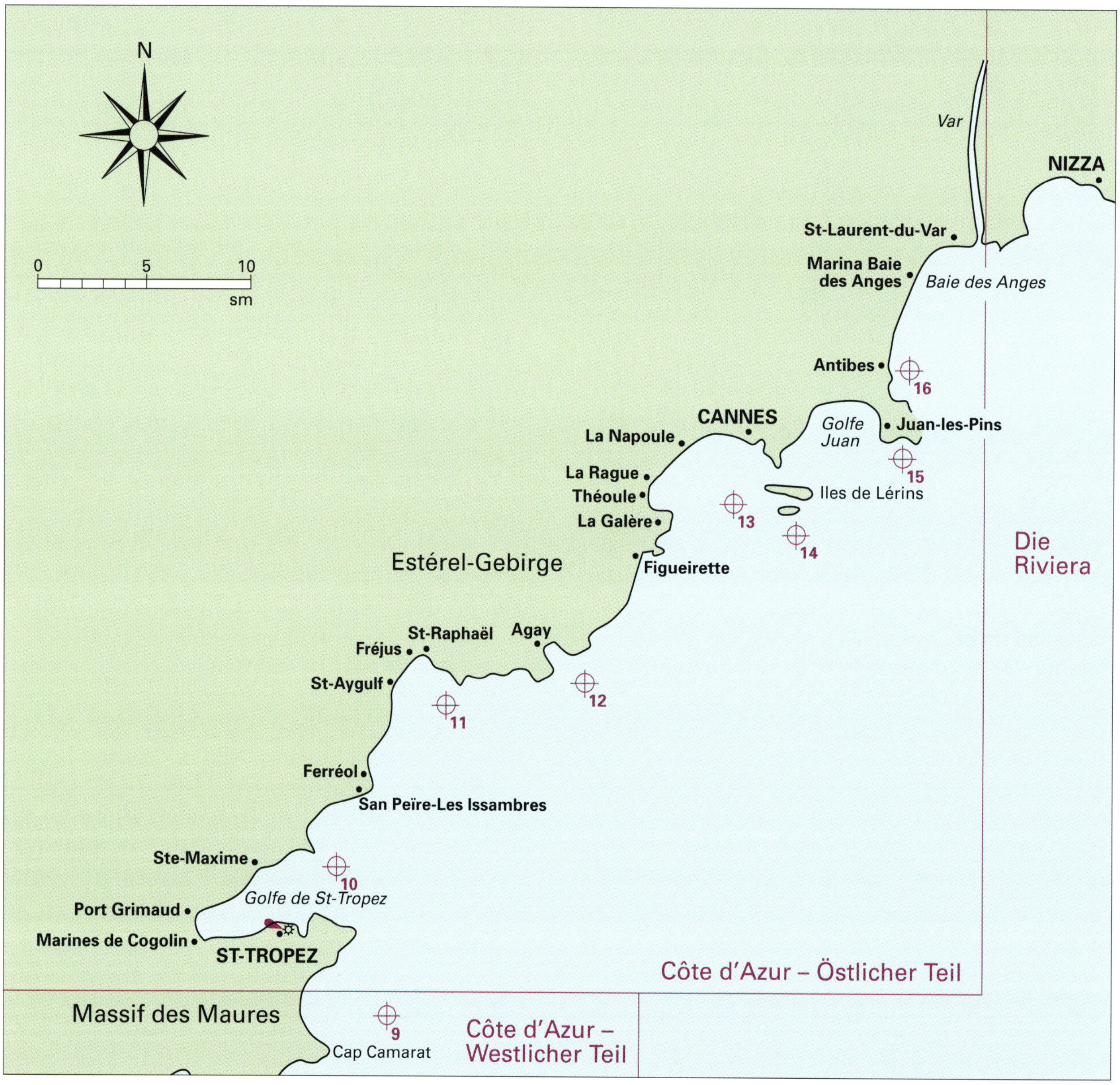

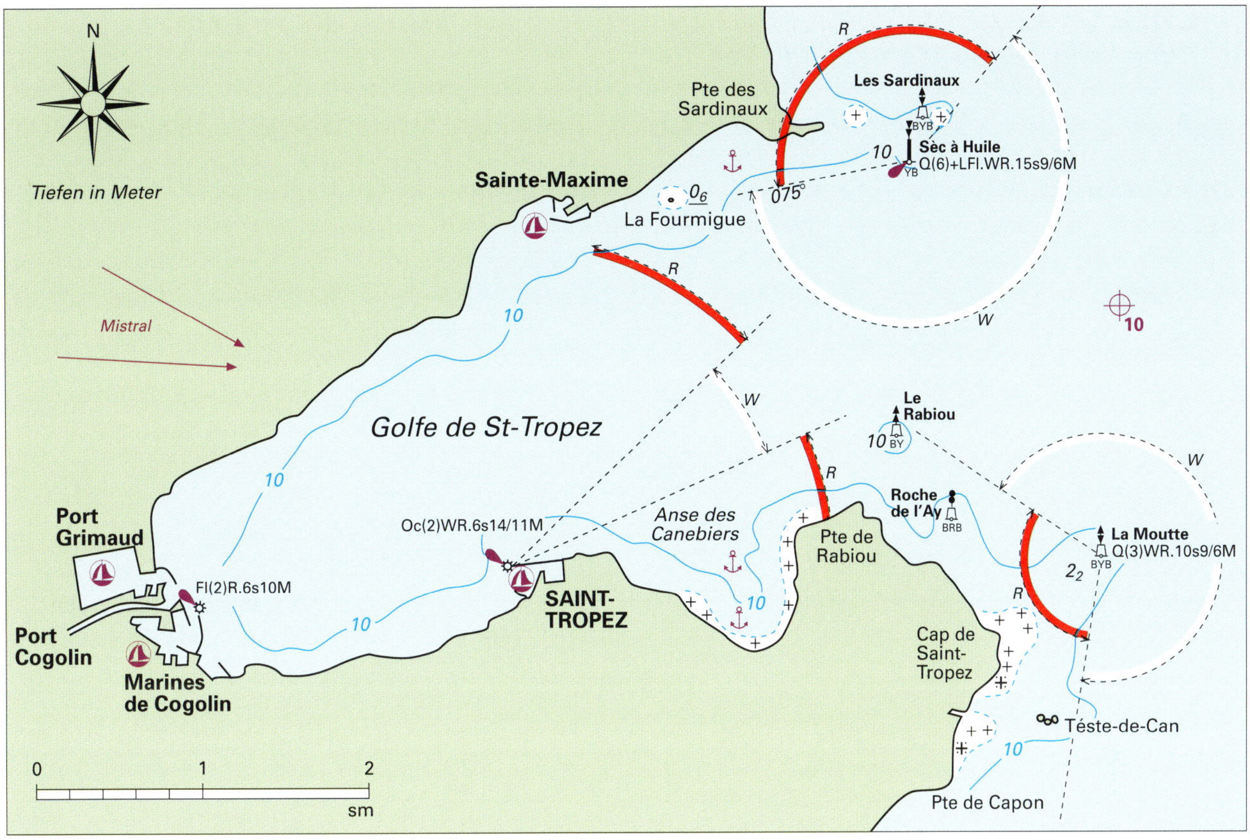

Golfe de St-Tropez (Angaben zum Wegpunkt siehe Seite 151)

Téste-de-Can heißen die zerklüfteten Felsen im NE der Pte de Capon, die gut zu erkennen sind. Das Fahrwasser zwischen diesen Felsen und dem Riff, das sich vom Ufer ins Meer zieht, ist 5 m und tiefer. Téste-de-Can sollte besser seeseitig passiert werden. Vor ***La Moutte*** steht eine 12 m hohe Kardinalbake E (Q(3)WR.10s9/6M). Auch sie ist aus einiger Entfernung auszumachen und bezeichnet die ausgedehnte Felsbank Basses de la Moutte im NE des Cap de St-Tropez. Die landseitige Durchfahrt mit Tiefen von 2,2–2,8 m wird nur von Ortskundigen benutzt. Bei der sicheren, seeseitigen Rundung der Bake ist einzig eine 4-m-Untiefe im E zu beachten, ansonsten ist es 10 m und tiefer.

Rocher de l'Ay ist ein eben überspülter Felsen, der an eine Einzelgefahrbake zu erkennen ist, die am Ende eines 5 m tiefen Riffs steht. Nur Ortskundige fahren hier landseitig.

Basse Rabiou heißt das isolierte Riff mit 5,5 m Wassertiefe. Es ist mit einer Kardinalbake N markiert. Ortskundige Yachten benutzen das 10–15 m tiefe Fahrwasser zwischen ihr und der Pte de Rabiou, das gerade verläuft und keine Gefahren bietet.

Nördliche Einfahrt

Vor der Pte des Sardinaux erstreckt sich ein Riff über 0,75 sm in Richtung E. Beide Ausläufer sind mit Kardinalbaken bezeichnet.

Les Sardinaux ist ein Felsen NE-lich des Riffs, der mit einer Kardinalbake E markiert ist. Sie ist schon aus einiger Entfernung auszumachen. Da das Riff sich noch weiter seewärts erstreckt, sollte die Bake mit einem reichlichen Abstand genommen werden.

Rocher de la Garde ist eine Felsgruppe zwischen Les Sardinaux und der Sèche à l'Huile; Letztere ist ein Riff mit Tiefen von 2 m und weniger, das mit einer Kardinalbake S (Q(6)+LFl.WR.15s9/6M) bezeichnet ist.

Hinweis: Obwohl bei einigen der angesprochenen Baken der Anstrich häufiger erneuert werden müsste, sind sie doch leicht zu finden und zu identifizieren.

Anse des Canebiers

43°16,5'N 006°39,7'E

Die große Bucht im S der Einfahrt in den Golf ist die einzige Ankermöglichkeit mit gutem Schutz. Nach N offen, bietet sie selbst bei NE-lichen Winden, die hier meist mehr aus E kommen, und NW-lichen, die abgelenkt aus W wehen, einen sicheren Platz. Bei stürmischen N-lichen Winden sollte allerdings einer der Häfen in der Nähe angelaufen werden.

Zeitweilig werden gelbe Tonnen quer über die Einfahrt ausgelegt. Man ankert auf 3–12 m Tiefe über schlickigem, grasbewachsenem Grund mit gutem Halt. Bei S-Wind ist es hier absolut geschützt; bei NE

steht Dünung in die Bucht, die aber ungefährlich ist. Die sommerliche Fülle der Yachten lichtet sich meist gegen Abend.
Am Ufer finden Sie einige Restaurants, und im Sommer nimmt ein Boot Bestellungen für Brot, Croissants und Eis zu geringfügig erhöhten Preisen entgegen.

St-Tropez

WP 43°16,3'N 006°38'E
Karten: D 597, F 7267, F 7408

Allgemeines

St-Tropez ist der wohl bekannteste Ort an der Côte d'Azur. Es heißt, hier seien die Frauen schöner und freizügiger als anderswo und die Männer braun gebrannt und äußerst großzügig. Man spricht vom Treff der Reichen, der Berühmten, der Berüchtigten und der Gammler sowie von dumpfen, schwülen Tagen und ausschweifenden Nächten. Vielleicht war das einmal so, vielleicht haben das auch nur Medien oder die „Paparazzi" erfunden. Heute ist davon jedenfalls nicht mehr viel zu sehen, denn St-Tropez ist „out", und die Reichen haben sich längst ins Hinterland zurückgezogen und meiden den Rummel am Hafen.
St-Tropez ist eine enge, kleine Stadt am Fuße des bewaldeten Vorgebirges, die ihren ursprünglichen Charakter mit noch ruhigen, schmalen Gassen und alten Häusern bewahrt hat. Viele der Gebäude an der Hafenzeile wurden allerdings erst nach dem Krieg und der Zerstörung durch die Deutschen gebaut, obschon man den alten Stil adaptierte. Wenn sich am Hafen Tag und Nacht die Massen tummeln, ist ein ruhiger Spaziergang zur Zitadelle oberhalb der Stadt zu empfehlen.
Als Urlaubsort wurde St-Tropez wegen des starken Mistrals im Winter erst relativ spät entdeckt. Ende des 19. Jahrhunderts kam Guy de Maupassant mit seiner Yawl „Le Bel-Ami". Auch der Postimpressionist Paul Signac kam per Yacht, und es folgten später die Maler Henri Matisse, Pierre Bonnard, Albert Marquet und André Dunoyer de Segonzac. Ihre Werke sind in einer ausgezeichneten Sammlung von Georges Grammont in der ehemaligen Kapelle L' Annonciade zu sehen und unbedingt einen Besuch wert.
Nach dem Ersten Weltkrieg kam Colette und machte St-Tropez aus ihrer hedonistischen Weltsicht bekannt. Wenn auch nur wenig davon geblieben ist, so kommen hier dennoch alle Sonnenanbeter, die Sand, Meer und das gute Leben lieben, auf ihre Kosten.

Ansteuerung

Auffällig: Nach dem Runden der Kardinalbake N Basse Rabiou sind die Zitadelle und die dicht gedrängten Häuser der Stadt gut zu erkennen. Weitere Landmarken sind der Kirchturm in der Stadt, ein

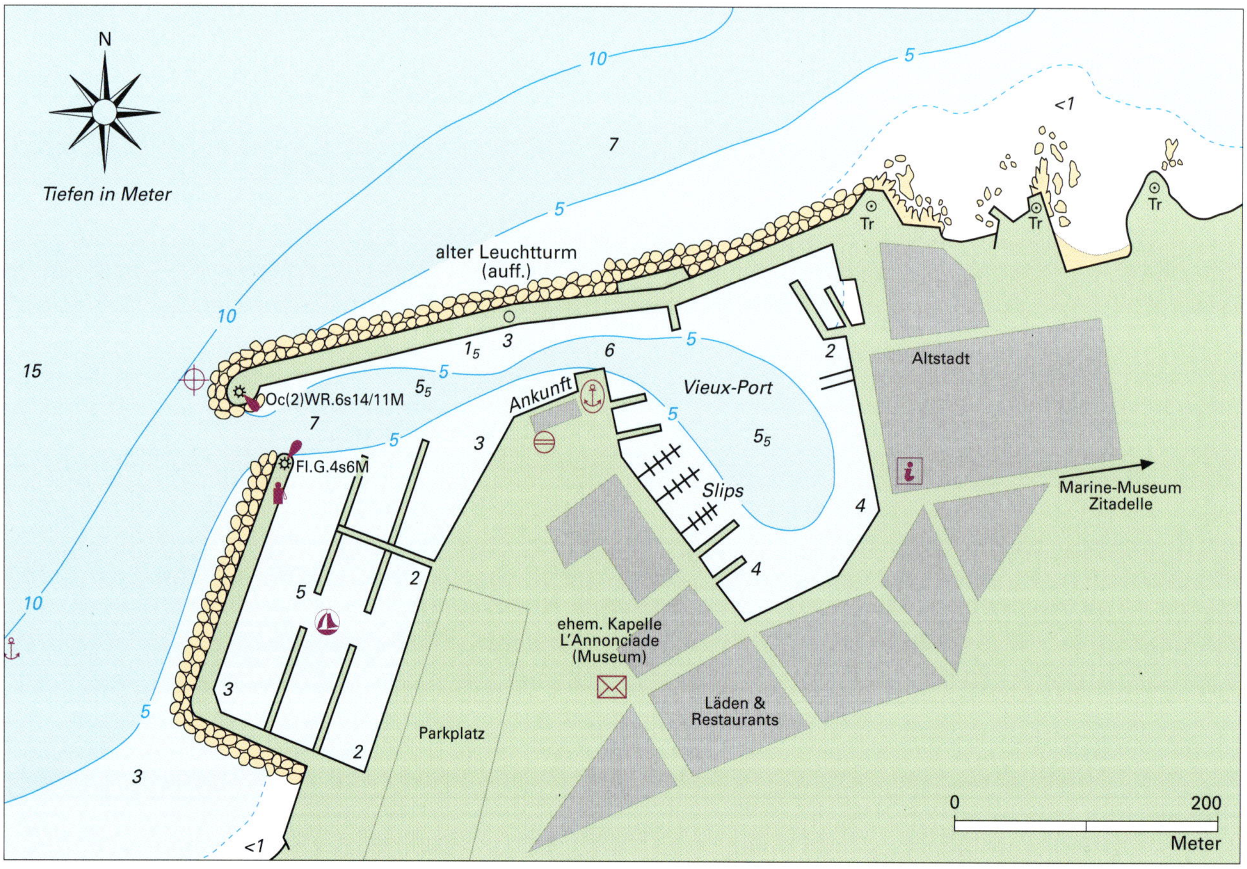

St-Tropez aus NW

runder Turm am Molenfuß sowie der alte Leuchtturm am Molenknie.

Nachts ist die Einfahrt mit Oc(2)WR.6s14/11M und Fl.G.4s6M befeuert. Die sichere Ansteuerung liegt im weißen Sektor zwischen 228°–245°.

Der Hafenmeister ist im Sommer rund um die Uhr, im Winter von 0800–1200 und von 1400–1800 Uhr auf UKW-Kanal 09 zu erreichen.

Gefahren: Bei starkem Mistral kann das Einlaufen schwierig werden. Etwa 450 m W-lich vor der Hafeneinfahrt liegt ein Wrack mit 3 m Wassertiefe darüber.

Hinweis: Die Hafeneinfahrt ist schmal und der Verkehr in der Einfahrt recht erheblich.

Liegeplätze

Es stehen 800 Liegeplätze für Yachten bis 20 m Lüa zur Verfügung, darunter 100 für Gäste. Yachten über 20 m Lüa können nur nach Voranmeldung untergebracht werden. Wassertiefe 2–6 m.

Man macht am Empfangskai bei der Einfahrt des Vieux-Port fest und lässt sich im Hafenbüro einen Platz zuweisen. Mooringleinen am Kai. Der Hafen ist gut geschützt. Bei Mistral sind einige Liegeplätze im Port Nouveau etwas unruhig. Ein Hafenmeister und Marinapersonal stehen zur Verfügung; es wird ein Liegegeld der Kategorie 4/5 verlangt.

Behörden: St-Tropez ist Zollhafen.

Infos: Tel. 04 94 56 68 70 oder Fax 04 94 97 31 02.

Ankerplätze: W-lich Pt de la Piwede, vor dem Wohnviertel La Bouillabaisse, kann man bei ruhigem Wetter ankern, wenn man weder die Ansteuerung noch das Einlaufen anderer Yachten behindert. Es ist dort 5–15 m tief; der Grund ist schlammig und grasbewachsen und hält gut.

Wegen des regen Bootsverkehrs entsteht fast immer ein leichter Schwell.

Versorgung

Jeder Liegeplatz hat einen Wasser- und Stromanschluss. Auch Telefon- und Fernsehanschlüsse gibt es fast überall.

St-Tropez ist auch bei Künstlern sehr beliebt

Duschen und Toiletten sind vorhanden. Eine Tankstelle befindet sich am Kai bei der Einfahrt.
Ein 15-t-Bootslift, ein 20-t-Kran sowie ein Slip für Yachten bis 40 t stehen zur Verfügung, aber es gibt nur wenige, wenn auch überdachte Landstellplätze. Reparaturen an Maschine und Mechanik, Elektrik und Elektronik sowie an Holz- und GFK-Rümpfen können ausgeführt werden. Segelmacher und Yachtausrüster sind am Ort.
Es bestehen gute Einkaufsmöglichkeiten, und auch Stangeneis ist zu bekommen. An der Hafenzeile sowie im Ort gibt es die verschiedensten Restaurants. Zudem findet man Post, Banken, eine Autovermietung sowie Busverbindungen entlang der Küste.

Marines de Cogolin

WP 1 43°16,1'N 006°35,5'E
WP 2 43°16,3'N 006°35,3'E
Karten: D 597, F 7267, F 7408

Allgemeines

Die große Marina ist ein wesentlicher Teil der Appartementanlage von der diese umsäumt ist. Anlage und Stil spiegeln die Zeiten des Booms im Yachttourismus vergangener Jahre wieder, und Port Grimaud nebenan ist dazu noch eine Nummer größer. Wer stattdessen etwa 1 km das Flüsschen Giscle stromauf fährt, findet am S-Ufer den kleinen Port Cogolin. Hier geht es etwas unverkrampfter zu, und

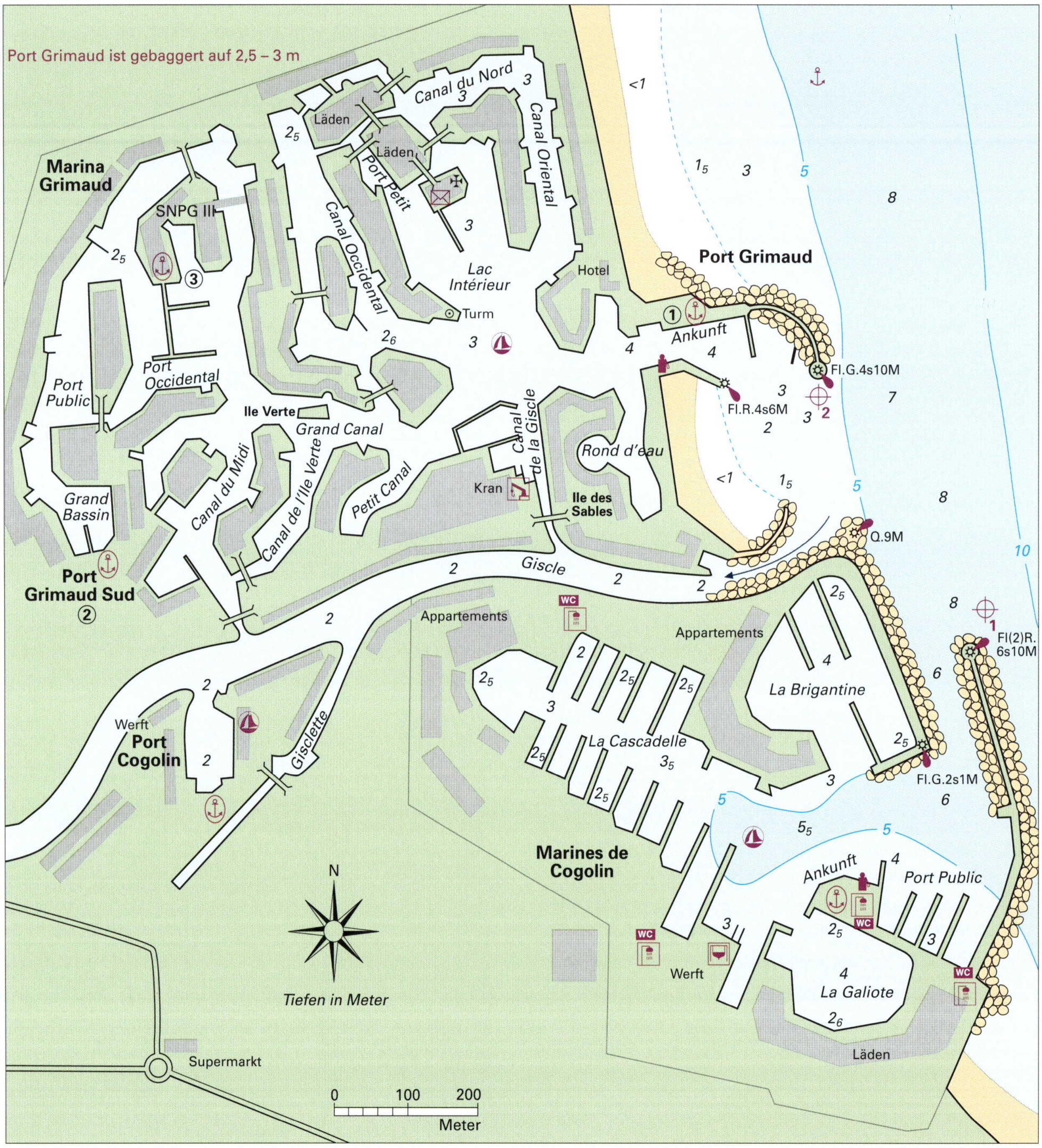

man kann sich in sein Dingi schwingen und Port Grimaud besuchen.
Sowohl die Marina Cogolin wie Port Grimaud sind nach kleinen Städten an den Hängen der nahen Berge benannt. Cogolin, Stadt der Teppichweber, und Grimaud, mit vielen restaurierten mittelalterlichen Bauten, sind einen Besuch wert.

Ansteuerung

Die große Marina ist von Appartementhäusern umgeben und liegt im SW des Golfe de St-Tropez.
Auffällig: Die Appartementhäuser sind sehr auffällig, und eine weitere Landmarke ist das gelbe Gebäude am Molenkopf vor der Pte de Bertaud. Die Hafeneinfahrt kann erst sehr spät ausgemacht werden, aber die Wellenbrecher und der weiße Leuchtturm sind schon früher zu erkennen.
Nachts ist die Hafeneinfahrt mit Fl(2)R.6s10M befeuert, die Einfahrt in das Bassin La Brigantine mit Fl.G.2s1M.
Die Marina ist im Sommer rund um die Uhr, im Winter von 0800–2000 Uhr auf UKW-Kanal 09 zu erreichen.
Gefahren: Bei starken E-lichen Winden entsteht in der Einfahrt starke Dünung, die Probleme machen kann, wenn man quer dazukommt.

Liegeplätze

In dem 2,5–6 m tiefen Hafen sind von den 1550 Plätzen für Yachten bis 35 m Lüa 270 für Gäste reserviert.

Les Voiles de Saint Tropez

Nioulargue ist der Name einer Bank mit 52 m Wassertiefe, die etwa 5 sm SE-lich von Cap de St-Tropez liegt. Bedeutung gewinnt diese Bank alljährlich in der letzten Septemberwoche, wenn viele Yachten zu den Regatten der Voiles de Saint-Tropez um die besagte Bahnmarke nach St-Tropez kommen. Seit der ersten Wettfahrt 1980 hat sich diese Veranstaltung (damals noch unter der Bezeichnung Nioulargue) zu einem europäischen Pendant der Antigua Race Week entwickelt, und St-Tropez konnte seinen etwas verblichenen Glanz aufpolieren. Es finden Regatten in verschiedenen Klassen statt: Teilnehmer sind sowohl hypermoderne Mehrrumpfboote als auch klassische Yachten aus den Anfangszeiten des Segelsports. Aber neben dem sportlichen Aspekt sind auch die Veranstaltungen an Land nicht zu verachten. Wer einem solch interessanten Ereignis beiwohnen möchte, sollte rechtzeitig kommen: Liegeplätze sind rar!

Man macht zunächst am Empfangskai fest und fragt im Hafenbüro nach einem freien Platz. Mooringleinen am Kai.
Der Hafen ist bei jedem Wetter sicher. Bei starkem Mistral werden einige Plätze im Port Public ungemütlich.
Vom Hafenmeister oder dem Marinapersonal wird ein Liegegeld der Kategorie 4 erhoben.
Infos: Tel. 04 94 56 07 31 oder Fax 04 94 56 26 75.

Versorgung

Jeder Liegeplatz hat einen Strom- und Wasseranschluss. Duschen und Toiletten befinden sich in verschiedenen Sanitärblocks rund um die Marina.
Treibstoff ist am Kai beim Hafenbüro zu bekommen.
Ein 150- und ein 100-t-Bootslift sowie mehrere Slips sind vorhanden; überdachte Stellplätze ebenfalls. Reparaturen an Maschine und Mechanik, Elektrik und Elektronik sowie an GFK- bzw. Holzrümpfen werden ausgeführt, und Segelmacher wie Yachtausrüster sind am Ort. Im Marina-Supermarkt gibt es einige Lebensmittel; eine bessere Auswahl findet man außerhalb in gut 1 km Entfernung. Stangeneis ist erhältlich. Die zahlreichen Bars und Restaurants in der Marina sind nur im Sommer geöffnet.
Die Post, eine Bank, eine Autovermietung und eine Busverbindung nach St-Tropez sind vorhanden.

Port Cogolin

Das neue Hafenbecken an der Giscle liegt 1 km flussaufwärts am S-Ufer. Das Fahrwasser ist auf 2 m Tiefe gebaggert.

Ansteuerung

Auffällig: Die Appartementhäuser von Marines de Cogolin und Port Grimaud sind leicht zu erkennen. Die Flussmündung grenzt im S an die Einfahrt von Port Grimaud.
Nachts ist die S-Seite der Mündung mit Q.9s befeuert.
Die Marina ist im Sommer von 0900–1200 und von 1400–1830 Uhr über UKW-Kanal 09 zu erreichen.
Gefahren: Bei starken E-lichen Winden entsteht in der Einfahrt heftiger Schwell, und das Einlaufen kann gefährlich werden.

Liegeplätze

Von den 150 Liegeplätzen für Yachten bis 15 m Lüa und 2 m Tiefgang sind einige für Gäste gedacht.
Melden Sie sich am Empfangskai und fragen in der Capitainerie nach einem freien Platz. Mooringleinen am Kai. Alle Liegeplätze sind gut geschützt.
Der Hafenmeister erhebt eine Liegegebühr der Kategorie 3.
Infos: Tel./Fax 04 94 56 30 39.

Port Grimaud aus E, links im Foto ist der Fluss Giscle zu erkennen

Versorgung

An allen Liegeplätzen gibt es Wasser und Strom. Toiletten und Duschen sind vorhanden.

Port Grimaud

WP 43°16,3'N 006°35,3'E
Karten: D 597, F 7267, F 7408

Allgemeines

Für die vor 35 Jahren noch unbebaute, sumpfige Landschaft im Scheitel des Golfe de St-Tropez entwarfen die Architekten eine gelungene Anlage, in der unzählige Yachtliegeplätze und flache Appartementhäuser miteinander harmonieren. Der bewusst nachgeahmte provenzalische Stil, bei dem auch die Kirche nicht fehlt, und die von zahlreichen Brücken überspannten Kanäle schaffen eine sehr angenehme Atmosphäre. Glücklicherweise wurden die Autos hier einmal ausgesperrt, und man kann eine herrliche Ruhe genießen.

Ansteuerung

Die Marina liegt unmittelbar N-lich der Marines de Cogolin.
Auffällig: Die „Ortschaft" ist aus der Ferne kaum auszumachen, aber beim Näherkommen ist die von Wellenbrechern geschützte Einfahrt gut zu erkennen.
Nachts ist diese mit Fl.G.4s10M und Fl.R.4s6M befeuert.
Port Grimaud (1) ist im Sommer von 0800–2100 Uhr und im Winter von 0800–1200 und von 1400–1900 Uhr auf UKW-Kanal 09, Marina Grimaud (3) im Sommer von 0800–1200 und von 1500–2100 Uhr, im Winter von 0900–1200 und von 1430–1900 Uhr auf Kanal 12 zu erreichen.
Gefahren: Bei starken E-lichen Winden steht die Dünung des Golfes bis in die Einfahrt, aber erst bei stürmischen Winden wird das Einlaufen gefährlich.

Liegeplätze

Der Port Grimaud bietet insgesamt drei verschiedene Hafenbecken:
Port Grimaud (1) bietet 850 Liegeplätze für Yachten bis 55 m Lüa, darunter 300 für Gäste. Wassertiefe 3 m. Plätze lässt man sich im Hafenbüro zuweisen. Man liegt an Auslegerstegen oder römisch-katholisch. Mooringleinen an Bojen. Innerhalb der Bebauung ist es geschützt, aber außerhalb wird es bei E-lichen Winden unruhig. Bei E-Sturm kann man hier nicht liegen.
Infos: Tel. 04 94 56 29 88 oder Fax 04 94 56 50 31.
Grimaud Sud (2) hat 780 Liegeplätze bis 20 m Lüa, davon sind 60 für Gastlieger reserviert. Wassertiefe 2–2,5 m. Der Empfangskai liegt im SW der Siedlung (siehe Plan Seite 194), und im Büro bekommt man einen Platz zugewiesen. Mooringleinen am Kai. Dieser Hafenteil bietet sehr guten Schutz.
Infos: Tel. 04 94 56 73 65 oder Fax 04 94 56 73 63.

Marina Grimaud (3) bietet 60 seiner 500 Plätze für Gastlieger an. Wassertiefe 2–2,5 m. Die maximale Größe der Yacht beträgt 20 m Lüa. Alle Plätze sind sehr gut geschützt.
Marinapersonal und Hafenmeister sind vor Ort. Liegegeld der Kategorie 4.
Infos: Tel. 04 94 56 02 45 oder Fax 04 94 56 56 72.

Versorgung

Wasser und Strom (Port Grimaud (1): 220 und 380 V) gibt es an jedem Liegeplatz. Toiletten und Duschen sind überall zu finden.
Treibstoff ist nahe der Einfahrt zu bekommen.
Zum Slippen stehen ein 10-t-Kran, ein 27-t-Bootslift und ein Slip für Yachten bis 60 t zur Verfügung. Reparaturen an Maschine und Mechanik, Elektrik und Elektronik sowie an Holz- und GFK-Rümpfen werden durchgeführt. Segelmacher und Yachtausrüster sind am Ort. Die Einkaufsmöglichkeiten sind gut; im Sommer findet sogar ein kleiner Markt statt. Es gibt auch Stangeneis. Die zahlreichen Restaurants sind nur in der Saison geöffnet.
Weitere Einrichtungen sind die Post, eine Bank und eine Autovermietung.

Sainte-Maxime

WP 43°18,3'N 006°38,3'E
Karten: D 597, F 7267, F 7408

Allgemeines

Ste-Maxime an der N-Seite des Golfs ist die ruhigere Schwester von St-Tropez. Im Sommer wird das Stadtzentrum zur Fußgängerzone erklärt, sodass man in Ruhe flanieren kann. Ältestes Bauwerk ist eine Kirche aus dem späten 19. Jahrhundert, da es bis zu dieser Zeit gefährlich war, in Strandnähe zu bauen – Piratenüberfälle waren noch durchaus üblich. Wie auch bei Grimaud und Cogolin liegt der eigentliche Ort im Hinterland.
Hinweis: Der Architekt von Port Grimaud, François Spiery, plant etwa 400 m oberhalb der Préconil-Mündung eine Motorbootmarina. Motorbootfahrer können sich also auf ein außergewöhnliches Ziel freuen. Der Zugang ist allerdings, durch die Durchfahrtshöhe einer Brücke bedingt, nur für Motorboote mit einer Höhe von maximal 4 m erreichbar. Zum Zeitpunkt der Drucklegung dieses Buches hatten die Bauarbeiten aber noch nicht begonnen.

Ansteuerung

Auffällig: Ste-Maxime ist dank der vielen Appartementhäuser gut auszumachen. Auffällige Bauten sind ein Kirchturm im Ort sowie die einbogige Brücke über den Fluss Préconil. Hafenmolen und den Leuchtturm kann man gut erkennen.
Nachts ist die Hafeneinfahrt mit Q(3)G.4s14M und Fl.R.2s1M befeuert.
Die Marina ist im Sommer von 0800–2000 Uhr, im Winter von 0800–1230 und von 1400–1800 Uhr auf UKW-Kanal 09 zu erreichen.

Liegeplätze

Der Port Public bietet 389 Plätze für Yachten bis 15 m Lüa, darunter 30 für Besucher; der Port Privé hat

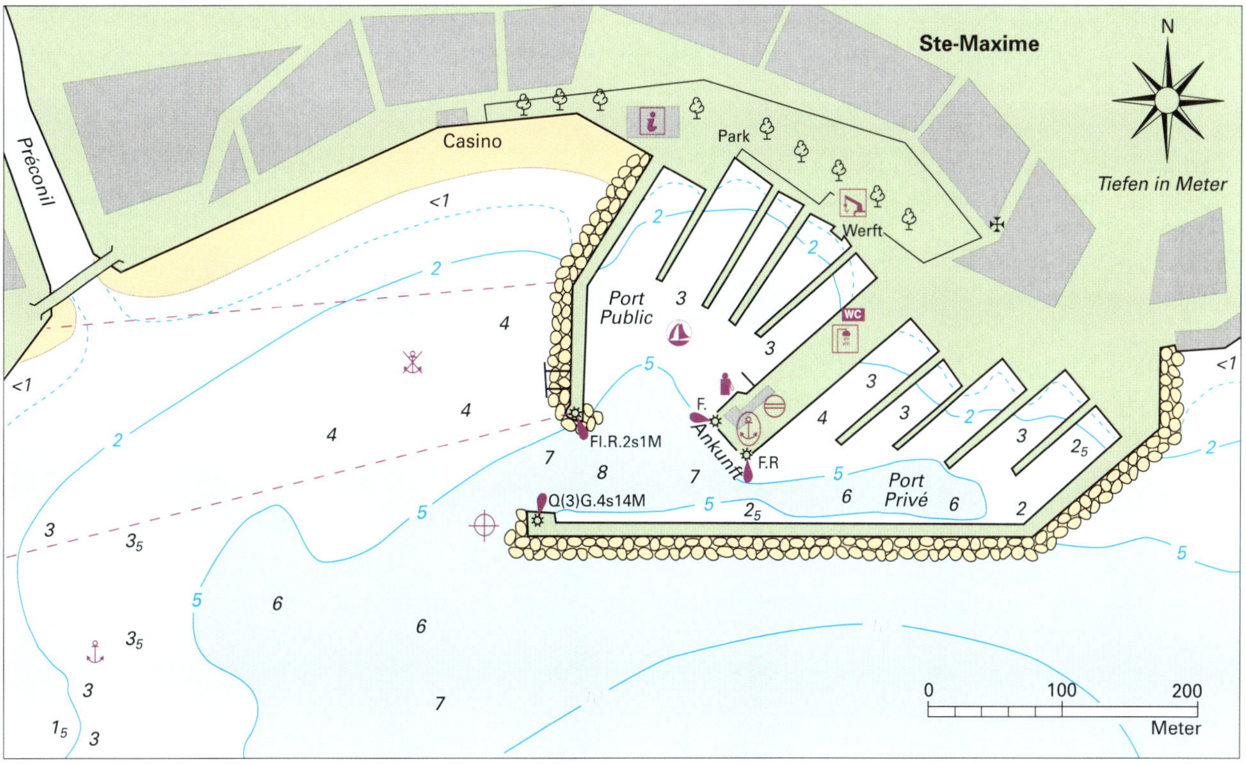

Ste-Maxime aus SSE

375 Liegeplätze. Die Tiefen betragen 1–7 m. Man macht zunächst am Empfangskai am Kopf der Mittelmole fest und erkundigt sich im Hafenbüro nach einem freien Platz. Mooringleinen am Kai.
Der Hafen ist rundum gut geschützt. Nur bei heftigen SW-Winden können manche Liegeplätze etwas ungemütlich werden.
Behörden: Zoll. Es gibt einen Hafenmeister und Marinapersonal. Es ist ein Liegegeld der Kategorie 3 zu entrichten.
Infos: Tel. 04 94 96 74 25 und Fax 04 94 43 82 03.

Ankerplatz: W-lich der Marina kann auf 3–5 m Tiefe über sandigem, grasbewachsenem Grund geankert werden.

Versorgung

Jeder Liegeplatz hat einen Wasser- und Stromanschluss. Toiletten und Duschen befinden sich in einem Sanitärblock. Die Tankstelle ist an der Mittelmole.
Es stehen ein 10-t-Kran sowie ein Slip zur Verfügung. Beschränkte Reparaturmöglichkeiten für Motor und Mechanik sowie an Holz- bzw. GFK-Rümpfen sind vorhanden, Schiffselektriker, Segelmacher und Yachtausrüster sind am Ort.
Das Lebensmittelangebot im Ort ist gut; es gibt auch Stangeneis. Zahlreiche Restaurants stehen zur Auswahl.
Weitere Einrichtungen sind die Post, Banken, eine Autovermietung sowie Busverbindungen entlang der Küste.

Calanque de la Madrague

Bei ruhigem Wetter können Sie in der großen Bucht E-lich von Ste-Maxime ankern.
Vorsicht ist beim Umfahren des eben aus dem Wasser ragenden Felsens La Fourmigue im W der Bucht geboten. Der Ankerplatz auf 2–5 m Tiefe über gut haltendem, grasbewachsenem Sandgrund ist nach S gänzlich ungeschützt.

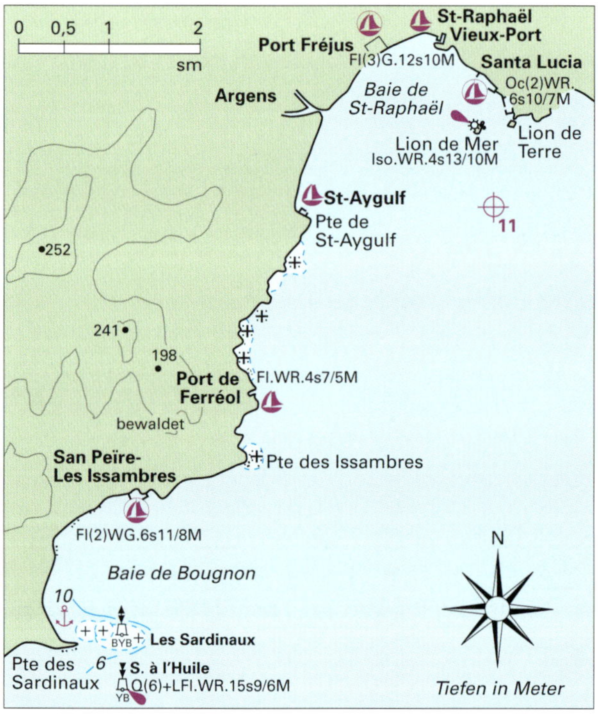

Pte des Sardinaux bis St-Raphaël (Angaben zum Wegpunkt siehe Seite 151)

Pointe des Sardinaux

Die E-liche Huk der Calanque de la Madrague, die in den N-lichen Ansteuerungen mit Riffen und Untiefen gespickt ist. Die genaue Beschreibung der vorgelagerten Untiefen und Riffe finden Sie in der Einleitung zum Golfe de St-Tropez, N-liche Einfahrt.

San Peïre-Les Issambres

WP 43°20,4'N 006°41,2'E
Karten: D 597, F 6838, F 7408

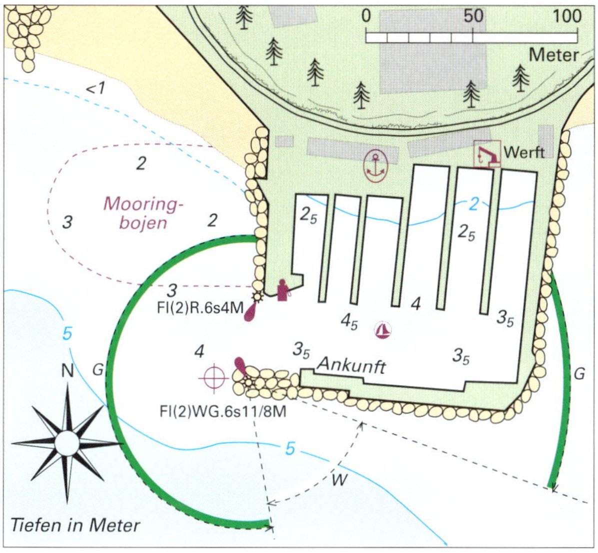

San Peïre-Les Issambres aus S

Allgemeines

Die Marina nahe dem Urlaubsort San Peïre-sur-Mer-Les Issambres wurde in einer kleinen Bucht mit bewaldeten Ufern angelegt. Große Pinien spenden im Sommer angenehmen Schatten, und man findet auch einen Sandstrand vor. Die ruhige und entspannte Atmosphäre wird leider durch den noch zunehmenden Autoverkehr auf der Hauptstraße hinter der Marina gestört.

Ansteuerung

Die Marina liegt 1,5 sm N-lich der Kardinalbake E Les Sardinaux, im N der Baie de Bougnon.
Auffällig: Von S ist die Marina an den Wellenbrechern und dem Feuer auf dem Molenkopf zu erkennen. Auffällig ist das große weiße Hotel im W der Marina. Aus N kommend, ist die Anlage erst nach Rundung der Pte de la Garonne auszumachen.
Nachts ist die Hafeneinfahrt mit Fl(2)WG.6s11/8M und Fl(2)R.6s4M befeuert. Die sichere Ansteuerung liegt im weißen Sektor zwischen 289°–349°.
Die Marina ist Tag und Nacht auf UKW-Kanal 09 zu erreichen.
Gefahren: Bei der Navigation ist Vorsicht vor den Untiefen Sèche à l'Huile und Les Sardinaux vor der Pointe des Sardinaux geboten.
Vor der Pointe des Issambres erstreckt sich ein Riff mit Über- und Unterwasserfelsen bis zu 300 m seewärts nach E. Vor der Pte de la Garonne erstreckt sich nach S ein Riff, man hält sich davon frei, indem man im weißen Sektor des Feuers der Hafeneinfahrt bleibt. Bei starkem SE steht in der Hafeneinfahrt eine unangenehme Dünung und erschwert das Einlaufen. Auch bei Mistral muss in der Ansteuerung und in der Einfahrt mit besonderer Vorsicht navigiert werden.

Liegeplätze

Von den 446 Plätzen für Yachten bis 15 m Lüa sind 110 für Gäste reserviert. Wassertiefe 2-4,5 m. Man macht zunächst am Empfangskai fest und lässt sich im Hafenbüro einen Platz zuweisen. Mooringleinen am Kai. Der Hafen ist rundum gut geschützt; nur bei starken SE-lichen Winden wird das Liegen an einigen Plätzen etwas unruhig.
Ein Hafenmeister und Marinapersonal stehen zur Verfügung; es ist ein Liegegeld der Kategorie 3 zu zahlen.
Infos: Tel. 04 94 49 40 29 oder Fax 04 94 96 90 58.

Ankerplatz: Bei ruhigem Wetter kann im W der Marina auf 2–5 m über grasbewachsenem Sandgrund geankert werden. Die ständige Dünung macht diesen Platz, der bei auflandigem Wind verlassen werden muss, sehr unruhig.

Versorgung

Jeder Liegeplatz hat einen Wasser- und Stromanschluss. Duschen und Toiletten sind vorhanden.
Treibstoff bekommt man am Kai bei der Einfahrt. Es gibt einen 25-t-Kran und einige überdachte Liegeplätze (an Land und im Wasser). Begrenzte Reparaturmöglichkeiten und Yachtausrüster stehen zur Verfügung.
Im Sommer bietet die Marina eine kleine Auswahl an Lebensmitteln sowie Stangeneis. Bars und Restaurants sind nur in der Saison geöffnet.

Port de Ferréol

WP 43°21,6'N 006°43,1'E/Karten: D 597, F 7408

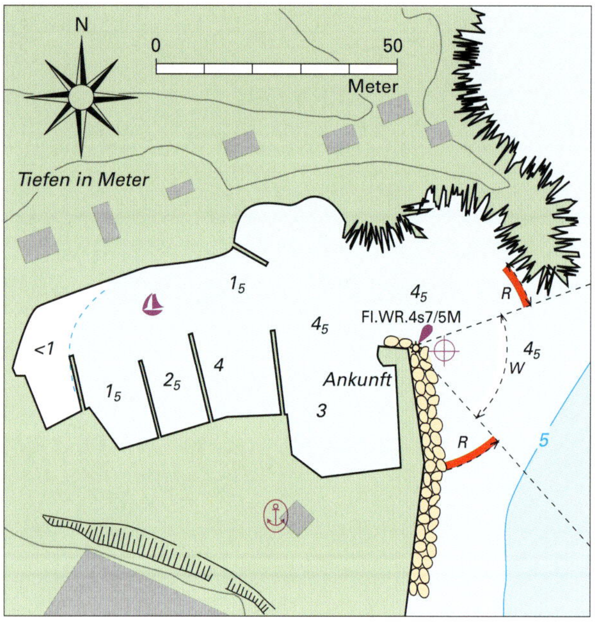

Allgemeines

Der kleine Naturhafen ist von steilen Ufern umgeben und äußerst attraktiv. Man sollte ihn allerdings nur bei ruhigem Wetter anlaufen, da die Einfahrt sowie das Manövrieren im Hafen nicht ganz einfach sind.

Ansteuerung

Der Hafen liegt 0,75 sm N-lich der Pte des Issambres. Beim Einlaufen sind das Riff vor der Pte de la Calle sowie das im N der Einfahrt zu beachten. Bei mittleren bis starken E-lichen Winden verstärkt sich die Dünung in der schmalen Einfahrt, und man sollte nicht einlaufen. Der Kopf der Mole ist mit Fl.WR.4s7/5M befeuert, wobei der weiße Sektor 250°–310° die sichere Ansteuerung um die Pointe de la Calle herum bezeichnet. Der Hafen ist von 0800–1200 und von 1600–1930 Uhr auf UKW-Kanal 09 zu erreichen.

Liegeplätze

8 der 130 Liegeplätze für Yachten bis 10 m Länge sind Gästen vorbehalten. Die Tiefen liegen teilweise unter 1 m, gehen an anderen Stellen aber bis 4,5 m. Man macht zunächst am Schwimmsteg bei der Einfahrt fest, bis man einen Platz zugewiesen bekommt. Die Liegegebühr entspricht Kategorie 3.

Versorgung

Wasser und Strom sind an jedem Liegeplatz zu bekommen. Restaurants sowie Lebensmittelgeschäfte findet man in der Nähe.

Port Tonic

Das sehr kleine Hafenbecken mit Kai befindet sich unmittelbar N-lich von Ferréol und ist über ein 2–3 m tiefes, ausgetonntes Fahrwasser anzusteuern. Im Hafen maximale Wassertiefe 1,60 m. An Land werden kleinere Motorboote gelagert. Es bestehen Kran- und Reparaturmöglichkeiten.
Infos: Tel. 04 94 49 47 47 oder Fax 04 94 49 45 82.

Port de St-Aygulf

WP 43°23,6'N 006°43,9'E
Karten: D 484, D 597, F 6838, F 7408

Allgemeines

Der alte Fischereihafen wurde zu einer Marina umgebaut; ein weiterer Wellenbrecher bietet zusätzlichen Schutz. Die Neubauten der Hafenumgebung sind vergleichsweise dezent ausgefallen.

Port de Ferréol aus E

Port de St-Aygulf aus E

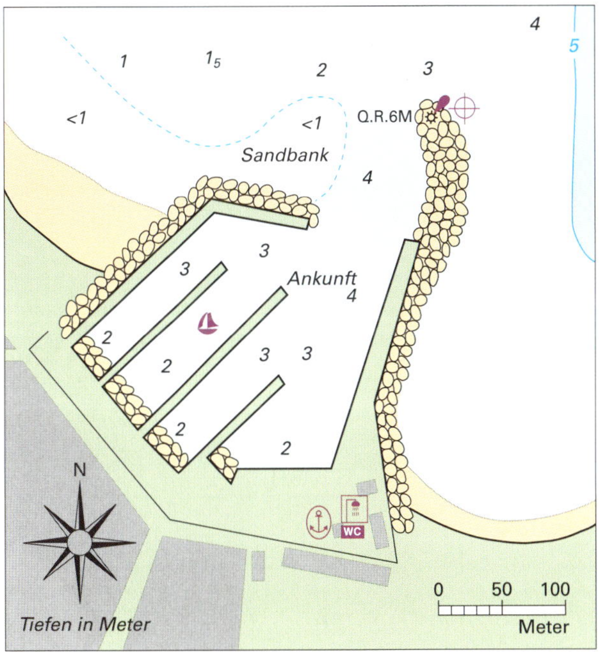

Ansteuerung

Der kleine Hafen liegt an der N-Seite der Pte de St-Aygulf. Die dicht gedrängten Gebäude in bewaldeter Umgebung sind gut zu erkennen. N-lich davon beginnt die flache Sandküste der Baie de St-Raphaël.
Auffällig: Bei der Ansteuerung aus S sind die Wellenbrecher des Hafens erst zu sehen, wenn man die Pointe de St-Aygulf gerundet hat.
Nachts ist der äußere Wellenbrecher mit Q.R.6M befeuert.
Der Hafenmeister ist Tag und Nacht auf UKW-Kanal 09 zu erreichen.
Gefahren: Vor Pte des Louvans, etwa 0,5 sm S-lich der Pte de St-Aygulf, erstreckt sich das Riff Roche Portanier bis 300 m seewärts.

Vor dem NW-lichen Wellenbrecher hat sich eine Sandbank gebildet. Yachten sollten sich dicht unter dem äußeren Wellenbrecher halten, da dort die besten Wassertiefen zu finden sind. Die Sandbank erstreckt sich quer von der Mitte der Hafeneinfahrt zum inneren Wellenbrecher (siehe Plan).
Bei mittleren bis starken E-lichen Winden entseht in der Einfahrt eine unruhige See, die das Einlaufen erschwert.

Liegeplätze

Es stehen 240 Plätze für Yachten bis 15 m Lüa zur Verfügung. Der 2–4 m tiefe Hafen hat nur 2 Gastplätze. Man macht zunächst am Empfangskai, am Kopf des mittleren Pontons, fest und lässt sich im Hafenbüro einen Platz zuweisen. Mooringleinen am Kai. Der Hafen ist gut geschützt; nur bei starken E-lichen Winden liegt man teilweise unruhig. Der Hafenmeister verlangt Liegegeld der Kategorie 3.

Ankerplatz: Bei ruhigem Wetter kann N-lich des Hafens auf 2–5 m Tiefe über grasbewachsenem Sand oder Schlick geankert werden. Der Ankerplatz ist nach E und S offen.

Versorgung

Jeder Liegeplatz hat Wasser- und Stromanschluss. Duschen und Toiletten sind vorhanden.
Treibstoff bekommt man an der Tankstelle, die sich an der Küstenstraße hinter dem Hafen befindet.
Es steht ein 15-t-Kran zur Verfügung, doch es gibt nur wenige Stellplätze. Begrenzte Reparaturmöglichkeiten (Mechanik) sowie Yachtausrüster sind am Ort. Lebensmittel findet man im Ort, Bars und Restaurants sind in der Nähe.

Port de Fréjus

WP 43°25,2'N 006°45,1'E
Karten: D 484, D 597, F 6838, F 7408

Allgemeines

Die neue Marina, die nur knapp eine Seemeile SW-lich von St-Raphaël liegt, wurde in die flache Ebene gebaut, die sich in unmittelbarer Nachbarschaft der Stadt Fréjus erstreckt. Inzwischen haben sich hier im Schatten der allgegenwärtigen Palmen Läden, Boutiquen und Bars angesiedelt, und Urbanisation wie Marina wurden von den Urlaubern an Land und auf See angenommen.

Ansteuerung

Auffällig: Die Kuppel der Kathedrale ist leicht hinter dem alten Hafen von St-Raphaël auszumachen. Die neue Marina befindet sich am SW-lichen Ende der Bebauung, die sich an der Küste entlangzieht. Die Einfahrt ist nur aus der Nähe zu erkennen.
Nachts ist die Einfahrt mit Fl(4)R.15s3M und Fl.G.2,5s2M befeuert.

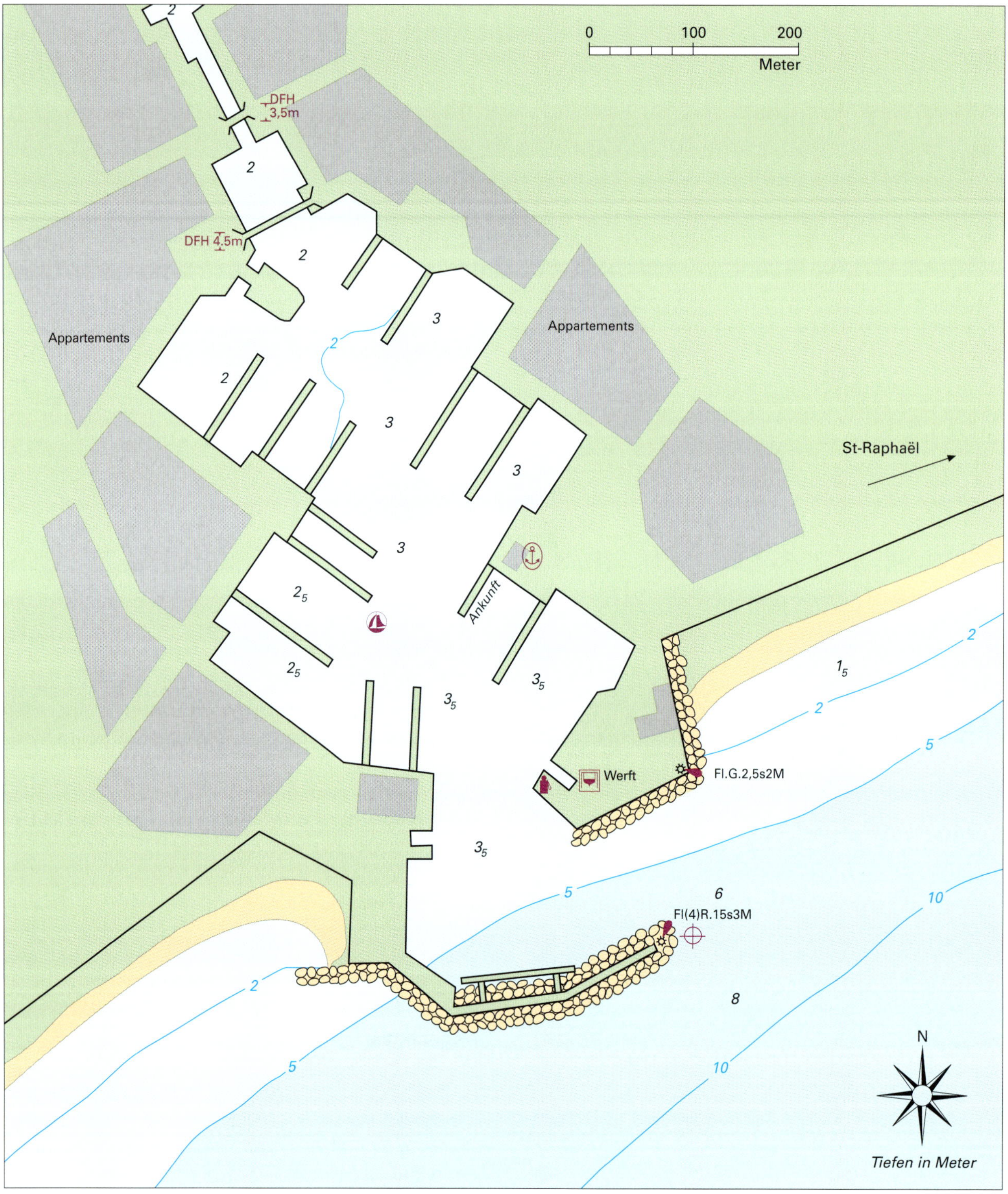

Der Hafen ist rund um die Uhr auf UKW-Kanal 09 zu erreichen.
Gefahren: Bei auflandigen Winden entsteht im Einfahrtsbereich ein sehr unangenehmer Schwell.

Liegeplätze

Der 2–3,5 m tiefe Hafen bietet 710 Liegeplätze für Yachten bis 30 m Lüa, darunter 40 für Gäste. Der Empfangskai befindet sich direkt hinter der Einfahrt. Beim Hafenmeister erkundigt man sich nach einem freien Platz. Mooringleinen am Kai. Die Marina ist gut geschützt, auch wenn es bei auflandigen Winden etwas ungemütlich wird.
Dem Hafenmeister oder dem Marinapersonal ist ein Liegegeld der Kategorie 3 zu entrichten.
Infos: Tel. 04 94 82 63 00 oder Fax 04 94 51 48 52.

Versorgung

Wasser und Strom (220 und 380 V) sind an allen Liegeplätzen zu bekommen, Telefon- und TV-Anschlüsse sind möglich. Das Sanitärhäuschen mit Toiletten und Duschen befindet sich in der Nähe der Capitainerie; ein Waschsalon ist vorhanden.
Treibstoff ist am Kai bei der Einfahrt erhältlich.
Es stehen ein 10-t-Kran sowie ein 50-t-Bootslift zur Verfügung. Reparaturen an Mechanik, Elektrik und Elektronik können ausgeführt werden. Segelmacher und Yachtausrüster sind am Ort.
Die meisten Lebensmittel kann man in der Nähe kaufen. Stangeneis bekommt man in der Marina. An der Hafenpromenade haben zahlreiche Restaurants eröffnet.

St-Raphaël, Vieux-Port

WP 43°25,4'N 006°45,9'E
Karten: D 484, D 597, F 6838, F 7408

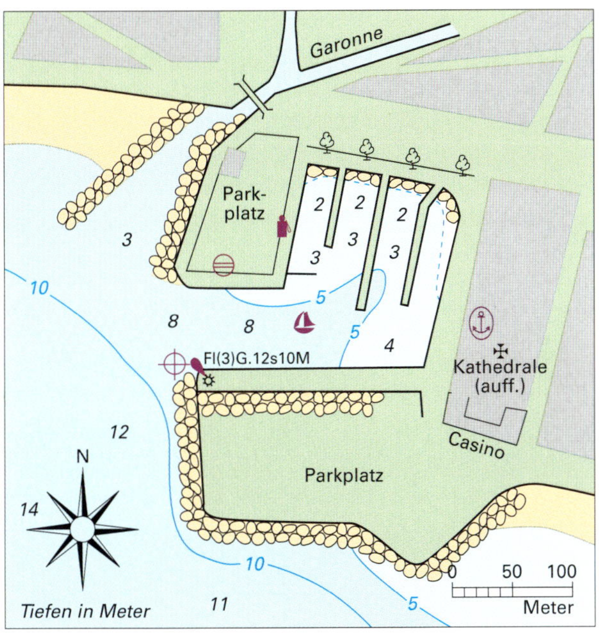

Allgemeines

Der Vieux-Port im Herzen von St-Raphaël ist allen anderen Marinas der Umgebung vorzuziehen, leider bietet er nur wenige Gastliegeplätze. Obwohl es kaum Sehenswürdigkeiten gibt, ist die lebhafte Stadt immer einen Besuch wert. Vielleicht wirft man einen Blick in die Kathedrale und besucht das sehr interessante Museum für Unterwasserarchäologie. Die ausgestellten Funde stammen aus der Zeit zwischen dem 5. Jahrhundert v. Chr. und dem 5. Jahrhundert danach.
Die Stadt Fréjus, die 49 v. Chr. von Julius Cäsar gegründet wurde, hatte zur Zeit Augustus' 25 000 Einwohner, und ihr Hafen fasste etwa 100 Galeeren, denn damals lag die Stadt noch am Meer. Der Fluss schwemmte Unmengen an Schlick im Mündungsbereich auf, sodass immer mehr Land hinzukam, auf dem St-Raphaël erbaut wurde. Überreste aus der Zeit der Römer sind nicht mehr zu finden.
Im 19. Jahrhundert machte der exzentrische Verleger und Schriftsteller Alphonse Karr St-Raphaël als Sommerdomizil bekannt, und es folgten Persönlichkeiten wie Alexandre Dumas, Victor Hugo, Théopile Gautier, Guy de Maupassant und Hector Berlioz. Karr erkannte die Fruchtbarkeit des Bodens und begann, Blumen zu züchten, die er an Kunden in ganz Europa verkaufte. Der schon damals recht lukrative Erwerbszweig ist bis heute erfolgreich geblieben und hat viele Nachahmer an der Côte d'Azur gefunden.

Ansteuerung

Der Vieux-Port von St-Raphaël liegt fast im Stadtzentrum.
Auffällig: Die beiden zerklüfteten Felsen Lion de Mer und Lion de Terre im E der Baie de St-Raphaël sind gut zu erkennen. Die Stadt ist an der Kathedrale mit Kuppel und Turm (Notre Dame de la Victoire) hinter am Ufer stehenden Hochhäusern zu identifizieren. An der Hafeneinfahrt steht ein weißer Leuchtturm mit grüner Spitze.
Nachts steuert man im weißen Sektor des Feuers auf Îlot Lion de Mer, Iso.WR.4s13/10M. Im roten Sektor auf 249°–275° liegt Lion de Terre. Die Einfahrt des Vieux-Port ist mit Fl(3)G.12s10M befeuert.
Der Hafenmeister ist im Sommer von 0730–1200 und von 1400–1900 Uhr, im Winter von 0800–1200 und von 1400–1700 Uhr auf UKW-Kanal 12 zu erreichen.
Gefahren: Mistral kann das Einlaufen erschweren.

Liegeplätze

Einige der 250 Liegeplätze für Yachten bis 60 m Lüa sind für Gäste reserviert. Da der 1–8 m tiefe Hafen im Sommer sehr voll ist, muss man damit rechnen, nach Santa Lucia in die Marina auszuweichen. Man liegt bei jedem Wetter gut geschützt.

St-Raphaël, Vieux-Port aus S

Behörden: Zoll und Hafenmeister sind vor Ort. Das Hafengeld entspricht Kategorie 2/3.

Versorgung

Fast alle Liegeplätze haben Wasser- und Stromanschlüsse (220 und 380 V). Ein WC ist vorhanden. Die Tankstelle befindet sich am W-Kai. Es gibt einen 10-t-Kran, aber nur wenige Landstellplätze. Lebensmittel sind in großer Auswahl zu bekommen. Ebenfalls beachtlich ist die Auswahl an Restaurants. Post, Banken, eine Autovermietung und Bus- und Bahnverbindungen im Küstenverkehr sind vorhanden.

St-Raphaël, Port de Santa Lucia

WP 1 43°24,5'N 006°46,9'E
WP 2 43°25,0'N 006°46,5'E
Karten: D 484, D 597, F 6838, F 7408

Allgemeines

Die Marina liegt am Rande von St-Raphaël zwischen Appartementhäusern, die das Ufer säumen. Sie bietet Ruhe und gute Versorgungsmöglichkeiten. Zu Fuß benötigt man etwa 15 Minuten in die Stadt.

Ansteuerung

Die große Marina im E der Baie de St-Raphaël hat zwei separate Hafenbecken und Einfahrten.

St-Raphaël, Port de Santa Lucia aus SE

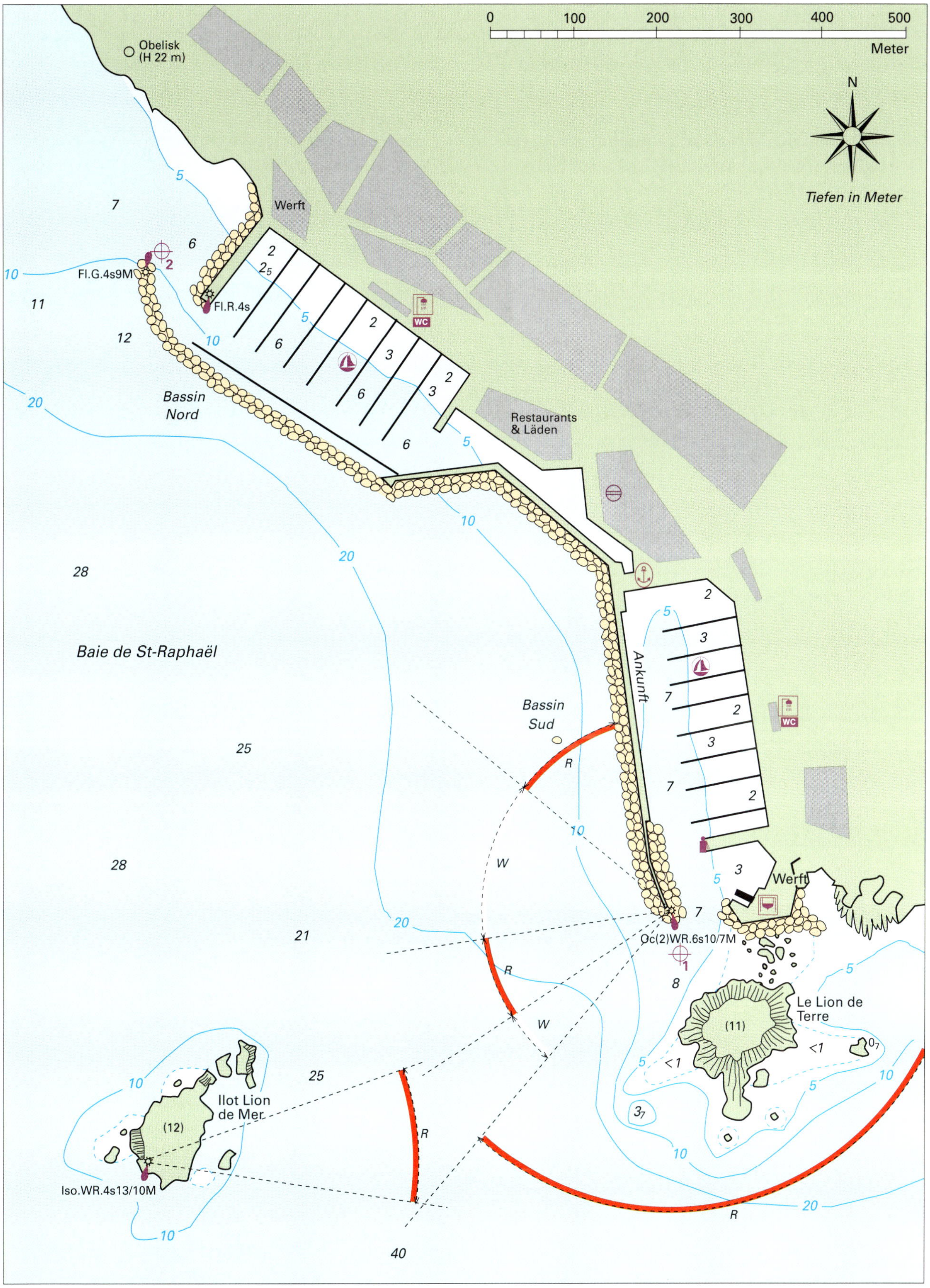

Auffällig: In Höhe der beiden Felsen Lion de Mer und Lion de Terre ist die äußere Hafenmole zu sehen. Die Leuchttürme der Einfahrten sind leicht zu erkennen.

Nachts ist das S-Becken mit Oc(2)WR.6s10/7M befeuert; der rote Sektor deckt im Bereich 057°–082° Lion de Mer und auf 130°–040° Lion de Terre ab.

Die Einfahrt des N-Beckens ist mit Fl.G.4s9M und Fl.R.4s befeuert.

Die Marina ist rund um die Uhr auf UKW-Kanal 09 zu erreichen.

Hinweis: Die Durchfahrt zwischen den beiden Felsen, Lion de Mer und Lion de Terre, ist tief. Auf Lion de Mer steht auf der SW-Spitze ein Leuchtfeuer mit Iso.WR.4s13/10M.

Liegeplätze

Insgesamt gibt es 1600 Liegeplätze auf 2–10 m Wassertiefe; für Gastyachten sind zwei Kais reserviert.

Man macht am Ankunftskai gleich hinter der Einfahrt (gilt für beide Hafenbecken) oder an einem zugewiesenen Platz fest. Mooringleinen am Kai. Alle Plätze sind hervorragend geschützt.

Behörden: Zoll, Hafenmeister und Marinapersonal sind vorhanden. Liegegeld: Kategorie 3.

Infos: Tel. 04 94 95 34 30 oder Fax 04 94 95 22 13.

Versorgung

Jeder Liegeplatz hat Strom- und Wasseranschluss. An beiden Becken gibt es Toiletten und Duschen. Treibstoff bekommt man am Kai an der Einfahrt zum Bassin Sud.

Ein 50-t-Travellift und ein 10-t-Kran sowie einige überdachte Stellplätze sind vorhanden. Es werden Reparaturen an Maschine und Mechanik, Elektrik und Elektronik sowie an Holz- bzw. GFK-Rümpfen ausgeführt. Yachtausrüster und Segelmacher (Hood Sails in Fréjus) sind am Ort.

Einige Lebensmittel gibt es in der Marina zu kaufen; bessere Auswahl bieten die Geschäfte in der Stadt. Auch Stangeneis ist zu haben. Zahlreiche Restaurants und Bars befinden sich in der Nähe. Weitere Einrichtungen sind ein Wechselbüro und eine Autovermietung. Busse und Züge verkehren von St-Raphaël.

Das Estérel-Gebirge

Zusammen mit dem Massif des Maures gehört das Estérel-Gebirge zu den ältesten geologischen Formationen Frankreichs. Der rote Porphyr vulkanischen Ursprungs entstand vor den Alpen. Aufgrund der ständigen Erosion durch Wind und Wasser ist das Gebirge flacher als die Alpen und bietet mit seinen tiefen, steilen Schluchten und mit dem sich stark von dem blauen Himmel abhebenden roten Gestein einen herrlichen Anblick.

Bis 1964 gab es hier noch viel Wald, aber ein verheerender Brand vernichtete nahezu den gesamten Bestand. Die Wiederaufforstung gestaltete sich schwierig, was zum einen an der riesigen Fläche, zum anderen an der Krankheit lag, von der viele der gepflanzten Bäume heimgesucht wurden. So sind die Felsen heute nur mit dichtem, im Sommer kräftig duftendem Maquisgestrüpp bewachsen. Die vielen Buchten sind je nach Windverhältnissen zum Ankern geeignet. Ein rundum geschützter Hafen ist allerdings erst im Golfe de la Napoule zu finden.

Boulouris In der Bucht unmittelbar E-lich der Pte des Cadéous gibt es einen kleinen, 1–2 m tiefen Privathafen, der aber meist keine Gastliegeplätze zu vergeben hat.

Le Poussail Ein kleiner Hafen an der Küste gegenüber der Île d'Or. Auch hier gibt es für Gastyachten selten freie Plätze. Bei ruhigem Wetter oder leichten E-lichen Winden kann man jedoch vor

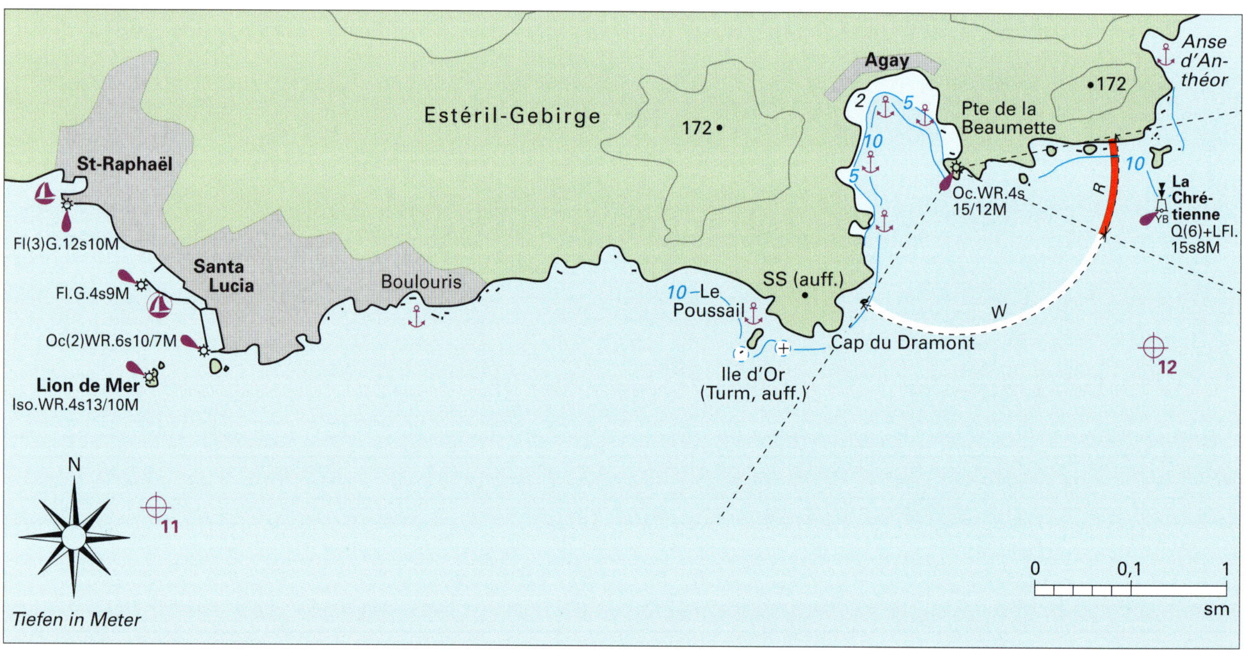

St-Raphaël bis zur Rade d'Agay (Angaben zu den Wegpunkten siehe Seite 151)

dem Hafen auf 5–8 m Tiefe über grasbewachsenem Schlick ankern.

Île d'Or Eine rötliche, zerklüftete Felsinsel, die an einem auffälligen weißen, viereckigen Turm auf ihrer Spitze zu erkennen ist. Sie ist dem Cap du Dramont vorgelagert, dessen ehemalige Signalstation nicht zu verkennen ist.

Rade d'Agay

43°25,5'N 006°52,3'E (Feuer Pte de la Baumette)
Karten: D 484, D 597, F 6838, F 7409

Allgemeines

Die Bucht wird seit ewigen Zeiten als Ankerplatz genutzt, was zahlreiche Amphorenfunde römischer Herkunft belegen. Im Zweiten Weltkrieg landeten hier 20 000 Soldaten der 36. Division der Amerikaner, um an der Befreiung Frankreichs durch die Alliierten teilzunehmen. Ein Denkmal am Cap du Dramont erinnert heute an dieses Ereignis.

Heutzutage wird die Bucht von den Bewohnern der Villen sowie zahlreichen FKK-Freunden und ankernden Yachten genutzt.

Zu den Plänen, eine 350 Liegeplätze umfassende Marina zu bauen, gibt es noch keine endgültigen Beschlüsse.

Ansteuerung

Die tiefe, weite Bucht wird im W vom Cap du Dramont, im E von der Pte de la Baumette begrenzt.

Auffällig: Aus W kommend, stellen der viereckige Turm der Île d'Or und die Signalstation auf Cap du Dramont die besten Landmarken dar. Von E her sind

Die Kardinalbake S La Chrétienne in der Ansteuerung der Rade d'Agay

die Kardinalbake S La Chrétienne, die Signalstation auf dem Cap du Dramont sowie der weiße Leuchtturm mit roter Spitze auf der Pte de la Baumette sichtbar.

Nachts ist die Kardinalbake S La Chrétienne mit Q(6)+LFl.15s8M befeuert, der Leuchtturm auf Pte de la Baumette zeigt Oc.WR.4s15/12M. Der rote Sektor deckt zwischen 260°–294° das Riff Ecueil des Vieilles ab.

Ankerplätze: Man ankert im Scheitel der Bucht auf 5–10 m Tiefe; der gut haltende Schlickgrund ist grasbewachsen. Bei SE-lichen Winden geht man in den E-Teil, bei SW-lichen in den W-Teil der Bucht, um Schutz zu finden. Bei starken S-lichen, insbesondere SE-lichen Winden sollte man den Ankerplatz verlassen.

Hinweis: Im NW der Bucht gibt es einen kleinen Hafen, der jedoch meist schon mit einheimischen Yachten und Booten belegt ist.

Rade d'Agay aus SE

Versorgung

An Land findet man Bars und Restaurants; auch einige Lebensmittel sind zu bekommen.

Ecueil des Vieilles (WP 12 43°24,3'N 006°53,8'E) Dieses Felsinselchen mit Riff liegt 1 sm E-lich der Pte de la Baumette. SSE-lich vor der Untiefe steht die Kardinalbake S La Chrétienne.
Nachts ist diese mit Q(6)+LFl.15s8M befeuert. Ortsunkundige sollten die Bake seeseitig umfahren.
Anse d'Anthéor Die Bucht N-lich von Ecueil des Vieilles bietet vor leichten W-lichen Winden Schutz, ist aber nach S und E völlig offen.
Cap Roux Das zerklüftete rote Vorgebirge verläuft vom Pic du Cap Roux im Hinterland in Richtung E. Bei ruhigem Wetter kann N-lich oder S-lich des Kaps geankert werden, doch schon leichte auflandige Winde zwingen die Yachten zum Verlassen des Ankerplatzes.

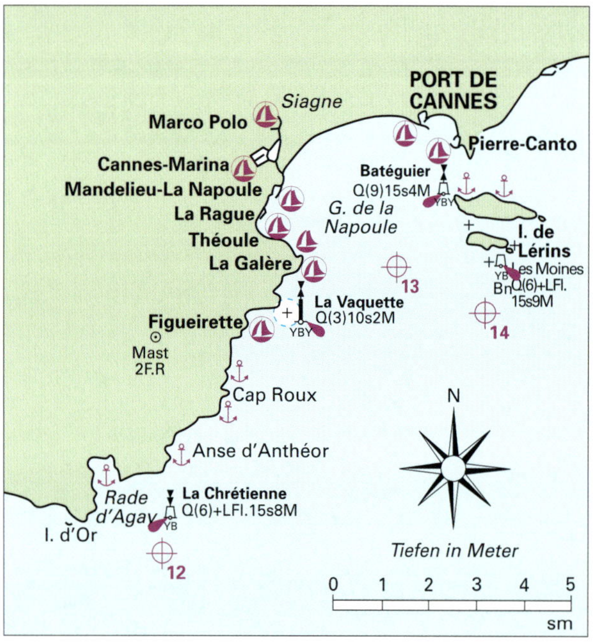

Rade d'Agay bis Îles Lerins (Angaben zu den Wegpunkten siehe Seite 151/152)

Figueirette-Miramar

WP 43°29,0'N 006°56,0'E
Karten: D 484, D 597, F 7205, F 7409

Allgemeines

Die Marina ist Teil einer Ferienanlage, deren Häuser relativ diskret an den Hängen oberhalb der Küstenstraße erbaut wurden.

Ansteuerung

Die kleine Marina liegt W-lich der steilen Pt de l'Esquillon.
Auffällig: Von W kommend, ist die Anlage erst nach

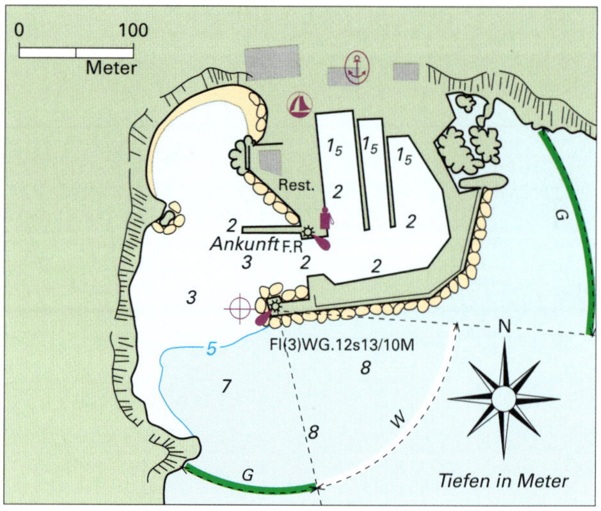

Rundung von Cap Roux zu sehen. Beste Landmarke ist ein Sendemast auf dem Pic de l'Ours im Hinterland.
Von N her ist die Kardinalbake E La Vaquette zu umfahren. Die Hafenmolen und der Einfahrtsleuchtturm sind erst später auszumachen.
Nachts umfährt man die Kardinalbake E La Vaquette Q(3)10s2M und steuert mit 275°–348° im weißen Sektor des Feuers Fl(3)WG.12s13/10M auf die Hafeneinfahrt. Die N-Mole ist mit F.R befeuert.
Der Yachthafen ist im Sommer von 0730–1930 Uhr und im Winter von 0830–1200 und von 1400–1730 Uhr auf UKW-Kanal 09 zu erreichen.
Gefahren: Der eben überspülte Felsen La Vaquette liegt etwa 500 m vor der Pt de l' Esquillon. Er ist mit einer Kardinalbake E (Q(3)10s2M) bezeichnet. Zwischen La Vaquette und der Küste erstreckt sich ein Unterwasserriff, über dem nur 1,6 m Wasser stehen. Bei E-lichen Winden entsteht in der Hafeneinfahrt Schwell, der das Einlaufen erschwert.

Liegeplätze

20 der insgesamt 250 Liegeplätze für Yachten bis 17 m Lüa sind für Gastlieger reserviert. Wassertiefe 1,4–2 m. Man lässt sich einen Platz zuweisen oder macht am Bunkerkai fest und meldet sich in der Capitainerie. Mooringleinen am Kai. Der Hafen ist gut geschützt, auch wenn starke SE-liche Winde das Liegen etwas unruhig gestalten.
Hafenmeister und Marinapersonal; Liegegeld der Kategorie 3.
Infos: Tel. 04 93 75 08 00 oder Fax 04 93 75 08 02.

Versorgung

Jeder Liegeplatz hat Strom- und Wasseranschluss. Duschen und Toiletten sind vorhanden. Die Tankstelle befindet sich am Kai an der Einfahrt. Es gibt einen 12-t-Kran, aber nur wenige Stellplätze, einige sind überdacht.

Figueirette-Miramar aus SE

In der Marina gibt es ein Restaurant; entlang der Küste stehen verschiedene Restaurants zur Auswahl.

Port de la Galère

WP 43°30,0'N 006°57,4'E
Karten: D 484, D 597, F 7205, F 7409

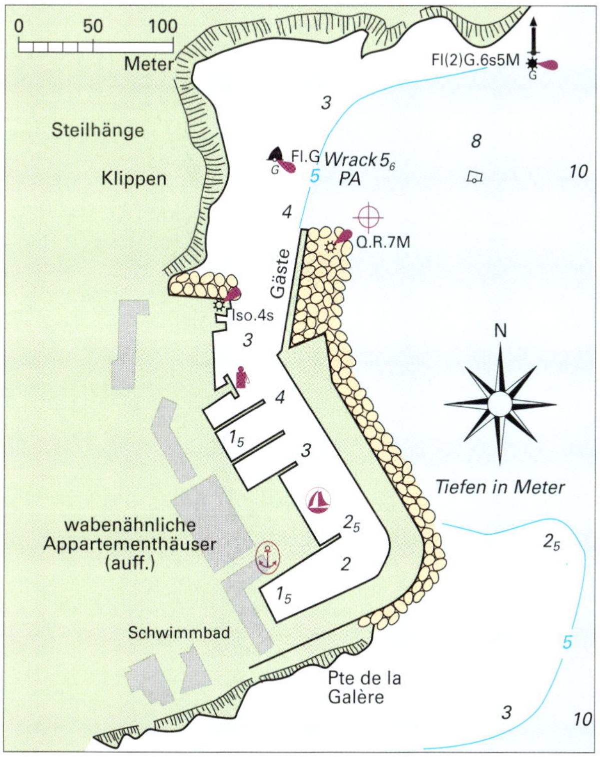

Allgemeines

Auch hier ist der Hafen Teil einer luxuriösen und architektonisch ambitioniert erbauten Ferienanlage.

Ansteuerung

Die Marina mit den dahinter stehenden Appartementhäusern, die an Bienenwaben erinnern, ist oberhalb der Pte de la Galère gut zu erkennen.
Auffällig ist auch der weiße Leuchtturm mit roter Spitze an der Hafeneinfahrt.
Nachts sollte man nicht einlaufen, obwohl die Einfahrt befeuert ist. Die Pte St-Marc ist mit einer grünen Leuchtbake Fl(2)G.6s5M bezeichnet, die Hafeneinfahrt ist mit Q.R.7M, der grünen Leuchttonne (Q.G.1M) und Iso.4s befeuert.
Der Yachthafen ist im Sommer Tag und Nacht, im Winter nur von 0830–1230 und von 1400–1800 Uhr auf UKW-Kanal 09 zu erreichen.
Gefahren: Bei der Navigation ist Vorsicht vor dem Felsen La Vaquette geboten.
Der Roche de Tromperte ist ein unbezeichnetes Riff auf 0,8 m Tiefe und liegt 300 m ESE-lich der Pte de l'Aiguille.
Das Fahrwasser in den Hafen wird von zwei grünen Spitztonnen bezeichnet. Die grüne Leuchtbake vor der Pte St-Marc ist mit Fl(2)G.6s befeuert.
Bei starken E-lichen Winden wird das Einlaufen schwierig, teilweise sogar gefährlich.

Liegeplätze

20 der insgesamt 185 Plätze für Yachten bis 12 m Lüa sind für Gäste reserviert. Die Tiefe im Hafen beträgt 1,5–4 m.
Man kann zunächst an der Tankstelle nahe der Einfahrt festmachen und sich im Hafenbüro einen Platz zuweisen lassen.
Gastyachten machen normalerweise am Schwimmsteg an der Einfahrt fest. Mooringleinen am Kai. Der Hafen bietet guten Rundumschutz. Es gibt einen Hafenmeister und Marinapersonal. Liegegeld der Kategorie 3/4.
Infos: Tel. 04 93 75 41 74 oder Fax 04 93 75 08 74.

La Galère aus SSE

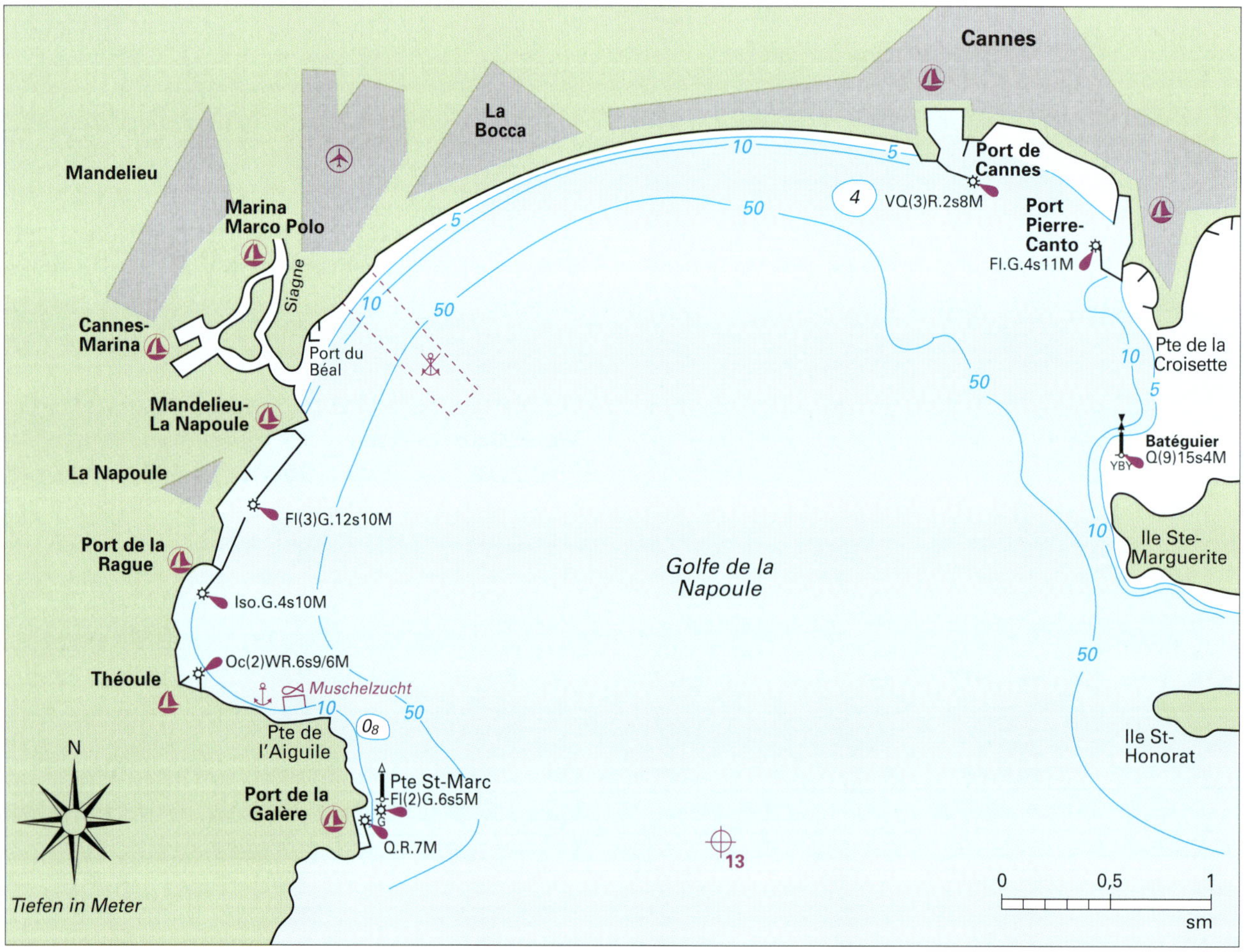

Golfe de La Napoule (Angaben zum Wegpunkt siehe Seite 152)

Versorgung
Jeder Liegeplatz hat Strom und Wasser. Duschen und Toiletten sind vorhanden.
Die Tankstelle ist nahe der Einfahrt. Es gibt einen 10-t-Kran, aber nur wenige Landstellplätze. Yachtausrüster sind am Ort.
Stangeneis und eine kleine Auswahl an Lebensmitteln sind erhältlich; in der Marina stehen verschiedene Restaurants zur Auswahl.

Golfe de la Napoule

Der Golfe de la Napoule mit der bekannten Stadt Cannes im NE liegt zwischen den Îles de Lérins im E und dem Estérel-Gebirge im W.
Das Ufer ist von La Napoule bis zur Pte de la Croisette dicht bebaut und von See kommend, gut von den bewaldeten Hängen des Estérel und den Inseln zu unterscheiden. An dem nur 5 sm langen Küstenstrich gibt es nicht weniger als fünf große Marinas sowie eine Reihe kleinerer Häfen.
Im Golf haben über 6000 Yachten ihren festen Liegeplatz.

Pointe de l'Aiguille
Das zerklüftete Kap im SW des Golfe de la Napoule fällt steil ins Meer und bildet die S-liche Begrenzung einer im Sommer äußerst beliebten Ankerbucht.
Da die Wassertiefen ab der 10-m-Linie schnell abnehmen, bleiben die Yachten möglichst vor dem Strand auf 5–10 m Tiefe. Der mit dichtem Gras bewachsene Schlick bietet schlechten Halt, wenn der Anker nicht durch das Gras dringt.
Vor S-lichen Winden ist man einigermaßen geschützt, obwohl meist etwas Dünung ums Kap läuft. Lebensmittelläden und Restaurants findet man in Théoule-sur-Mer.

Théoule-sur-Mer
WP 43°30,6'N 006°56,4'E
Karten: D 484, D 597, F 7205, F 7409

Allgemeines
Das ehemalige Fischerdorf hat sich zu einem heute recht luxuriösen Ferienort mit ansprechenden Villen an den Steilhängen der Umgebung entwickelt. Falls man in dem kleinen Hafen einen Platz bekommt, liegt man in einem der schönsten im Golf – eine ruhige Oase, weit weg vom Getümmel der größeren und lebhafteren Ferienorte.

Ansteuerung
Die Marina liegt im SW des Golfe de la Napoule.
Auffällig: Die Marina und das Eisenbahnviadukt von

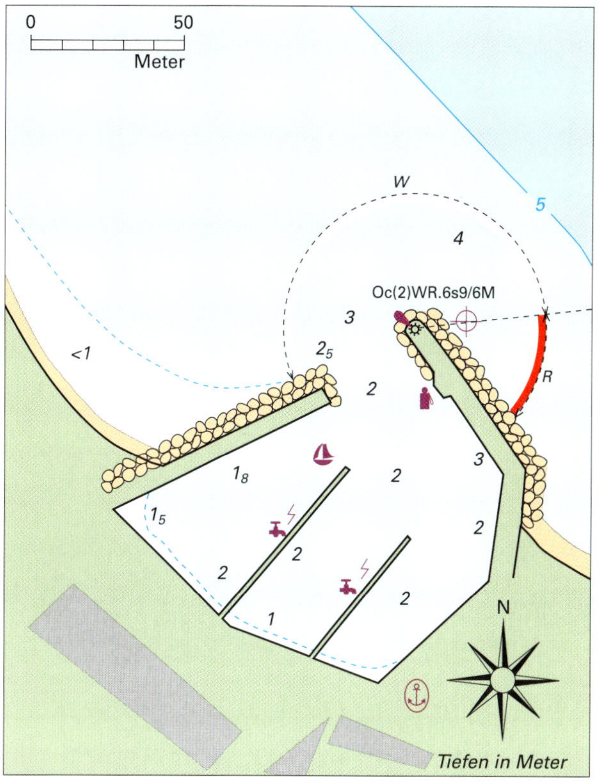

La Rague sind leicht zu erkennen. Erst später sind S-lich davon der Wellenbrecher und die Hafenanlagen von Théoule auszumachen.
Nachts ist die Hafeneinfahrt mit Oc(2)WR.6s9/6M befeuert. Die sichere Hafenansteuerung liegt im weißen Sektor zwischen 335°–265°.
Der Hafenmeister ist im Sommer von 0800–1230 und von 1330–1830 Uhr, im Winter von 0900–1200 und von 1400–1730 Uhr auf UKW-Kanal 09 zu erreichen.

Liegeplätze
Die Marina hat 183 Plätze für Yachten bis 13 m Lüa. Wassertiefe 1,5–3 m.
Man kann zunächst am Bunkerkai festmachen und sich dann im Hafenbüro einen Liegeplatz zuweisen lassen. Mooringleinen am Kai. Man liegt überall gut geschützt; einige Plätze sind bei starkem NE-Wind etwas unruhig.
Ein Hafenmeister ist vor Ort. Liegegeld der Kategorie 3.
Infos: Tel. 04 93 49 97 38 oder Fax 04 93 49 41 30.

Versorgung
Jeder Liegeplatz hat Wasser- und Stromanschluss. Duschen und Toiletten sind vorhanden.
Treibstoff bekommt man nahe der Einfahrt. Es gibt einen 3-t-Kran sowie einen Slip, aber nur wenige Landstellplätze. Yachtausrüster sind am Ort.
Die Einkaufsmöglichkeiten sind gut. An der Hafenzeile finden Sie zahlreiche Restaurants.

Théoule-sur-Mer aus NE

Weitere Einrichtungen wie die Post, eine Bank und Busverbindungen entlang der Küste stehen zur Verfügung.

Port de la Rague

WP 43°30,8'N 006°56,4'E
Karten: D 484, D 597, F 7205, F 7409

Allgemeines

Außerhalb des Marinabetriebs hat La Rague nicht viel zu bieten. Nach La Napoule und zum Henry-Clews-Museum, das in einem restaurierten Château am Meer untergebracht ist, geht man etwa 15 Minuten zu Fuß.

Ansteuerung

Auffällig: Beste Landmarke ist der Eisenbahnviadukt (mit sechs Bögen), der hinter dem S-Teil des Hafens verläuft. Auch ein schlossähnliches Gebäude im N ist gut zu erkennen.

Bei der Ansteuerung ist auch die Marina Mandelieu-La Napoule zu sehen, die mit La Rague aber kaum verwechselt werden kann.

Nachts ist die Hafeneinfahrt mit Iso.G.4s10M und Fl.R.2,5s2M befeuert.

Der Hafenmeister ist von 0600–2200 Uhr auf UKW-Kanal 09 zu erreichen.

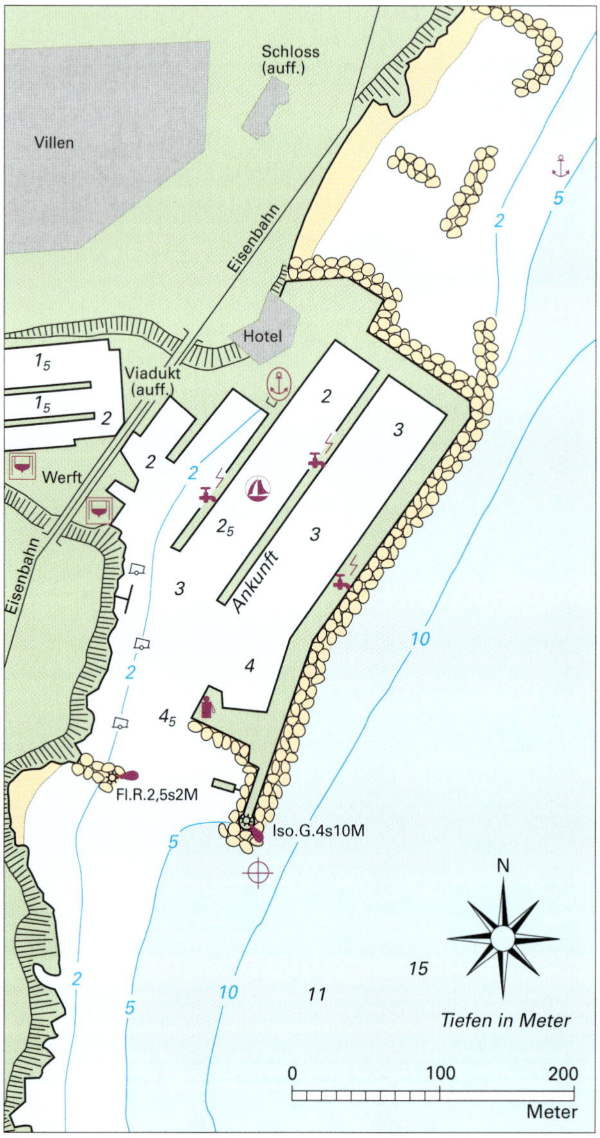

Liegeplätze

Von den insgesamt 520 Plätzen für Yachten bis 30 m Lüa stehen Gastliegern 130 zur Verfügung. Wassertiefe 1,5–4 m.

Man macht zunächst am Empfangskai am Kopf der

La Rague aus E

Zentralpier fest und lässt sich im Hafenbüro einen Platz zuweisen. Mooringleinen am Kai. Man liegt überall hervorragend geschützt.
Ein Hafenmeister und Marinapersonal sind im Dienst; Liegegebühren der Kategorie 2/3.
Infos: Tel. 04 93 49 81 55 oder Fax 04 93 49 83 99.

Versorgung
Jeder Liegeplatz hat Wasser- und Stromanschluss. Duschen und Toiletten sind vorhanden.
Die Tankstelle befindet sich am Kai bei der Einfahrt. Ein 70-t-Travellift und einige überdachte Landstellplätze stehen zur Verfügung. Reparaturen an Maschine und Mechanik sowie an Holz- und GFK-Rümpfen werden ausgeführt. Yachtausrüster sind am Ort.
In der Marina gibt es ein paar Lebensmittel, aber die bessere Auswahl findet man im nahen La Napoule. Stangeneis ist erhältlich.
Des Weiteren werden Restaurants, eine Autovermietung und eine Busverbindung nach Cannes geboten; eine Post und Banken bietet nur La Napoule.

Mandelieu-La Napoule
WP 43°31,3'N 006°56,7'E
Karten: D 484, D 597, F 7205, F 7409

Allgemeines
Die Stadt teilt sich in das Gebiet im NW der Marina, Mandelieu, wo man lebt und arbeitet, und die Feriensiedlung La Napoule. Hauptanziehungspunkt für Touristen ist das Château de La Napoule, im 14. Jahrhundert als Kastell erbaut. Henry Clews, reicher New Yorker Bankierssohn, restaurierte die Ruinen nach seinen Interpretationen des französischen Mittelalters von 1919 bis 1937 . Der Baustil erinnert ein wenig an Disneyland und verbindet Ideen der Romantik und Gotik mit denen des Herrn Clews.
Die Skulpturen des zu seiner Zeit bekanntesten amerikanischen Bildhauers sind in allen Räumen des Château ausgestellt, und man sollte den Besuch nicht versäumen, obwohl die zwar technisch perfekten, doch leblos wirkenden Stücke nicht unbedingt nach jedermanns Geschmack sind. Doch bilde sich jeder sein eigenes Urteil. Der wundervoll angelegte Garten ist auf jeden Fall sehenswert.

Ansteuerung
Die Marina liegt unmittelbar N-lich von La Rague.
Auffällig: Beste Landmarke ist der kegelförmige Gipfel des Piton de San Peyré oberhalb des Hafens. *Auffällig* sind auch die weißen und cremefarbenen Appartementhäuser, die sich vom NE der Marina bis nach Cannes hinziehen. Aus der Nähe ist das Château de La Napoule bei der Einfahrt zu erkennen. Eine Reihe von Bojen begrenzt die Einfahrt nach Backbord.
Nachts ist die Hafeneinfahrt mit Fl(3)G.12s10M und Oc(2)R.6s2M befeuert. Der Sporn der inneren Mole ist mit Fl.G.2s2M bezeichnet. Das Château wird angestrahlt und ist weithin zu sehen.
Von 0600–2100 Uhr ist die Marina auf UKW-Kanal 09 zu erreichen.

Liegeplätze
180 der insgesamt 960 Liegeplätze für Yachten bis

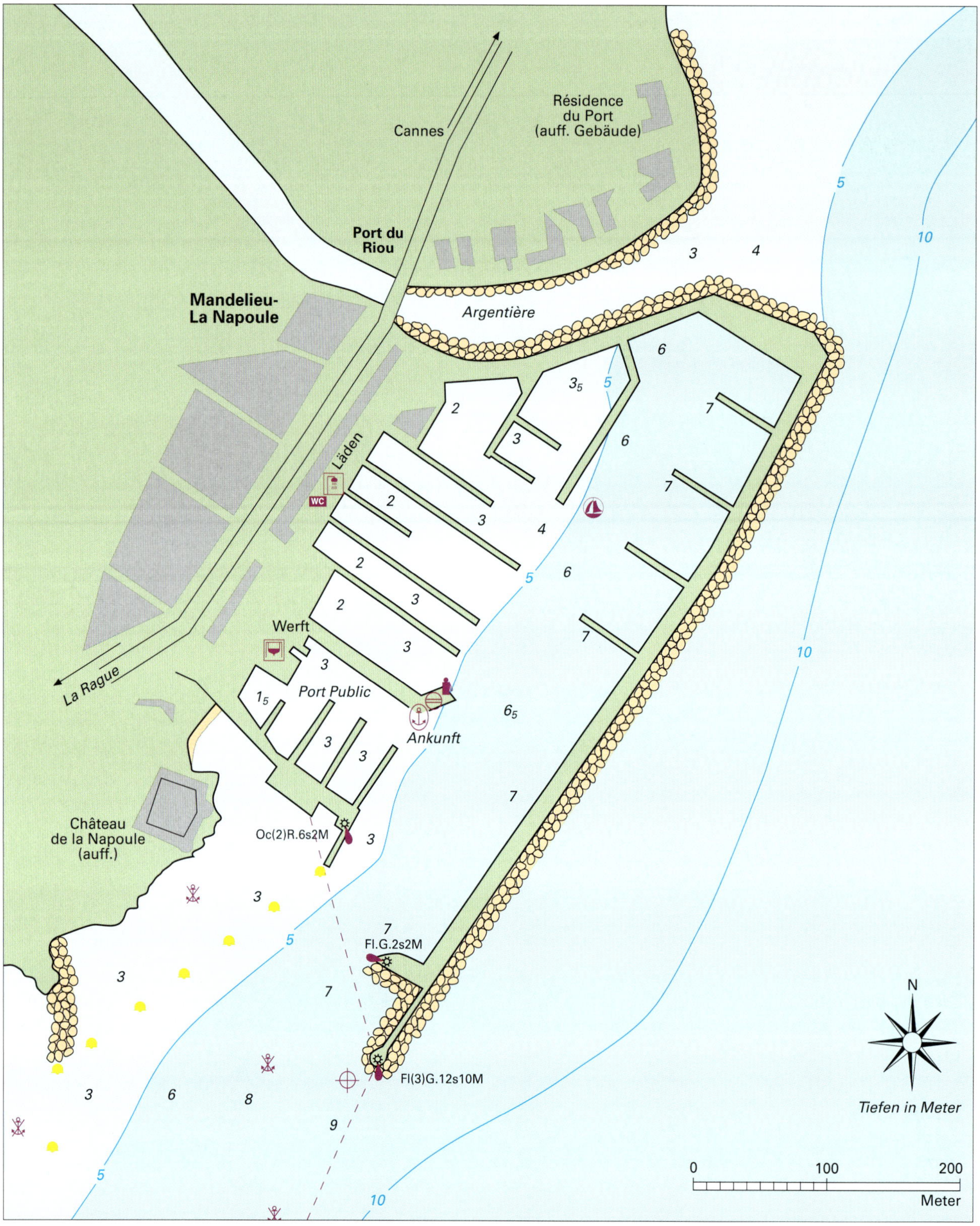

35 m Lüa im 1,5–6 m tiefen Port Public sind für Gäste reserviert.

Man macht zunächst am Empfangskai direkt hinter der Einfahrt fest und lässt sich im Hafenbüro einen Platz zuweisen. Mooringleinen am Kai. Der Schutz ist bei allen Windrichtungen exzellent. Ein Hafenmeister und Marinapersonal sind im Dienst; das Liegegeld entspricht Kategorie 3.

Infos: Tel. 04 92 97 77 77, Fax 04 92 97 78 78, E-Mail: portlanapoule@aws.fr oder www.port-la-napoule.com

Versorgung

Jeder Liegeplatz hat Wasser und Strom (220 V und 380 V). Duschen und Toiletten sind vorhanden.

Die Tankstelle ist am Kai beim Hafenbüro. Es steht ein 8-t-Kran zur Verfügung. Reparaturen an Maschi-

Mandelieu-La Napoule aus SE

ne und Mechanik, an Elektrik und Elektronik sowie an Holz- und GFK-Rümpfen können ausgeführt werden. Segelmacher und Yachtausrüster sind am Ort.
In der Marina sind einige Lebensmittel zu bekommen, aber die Auswahl in La Napoule ist besser. Restaurants finden Sie an der Hafenzeile.
Weitere Einrichtungen sind die Post, Banken, eine Autovermietung sowie Bus- und Bahnlinien entlang der Küste.

Cannes-Marina

43°32,1'N 006°56,3'E
Karten: D 484, D 597, F 7025, F 7409

Allgemeines

Die Marina ist nicht mit Port de Cannes zu verwechseln. Vielmehr handelt es sich hierbei um einen reinen Motorboothafen flussaufwärts der Siagne. Die Ansteuerung bleibt auf Yachten bis 1,5 m Tiefgang und 3,7 m Höhe beschränkt.
Die Marina gehört zu einem Hochhauskomplex, der für sich genommen nur wenig Charme versprüht. Allein die Nachbarschaft von Wasser und Grün der Flusslandschaft verleihen der Anlage ihren Reiz.

Ansteuerung

Die Mündung des Flusses Siagne liegt etwa 300 m N-lich der Marina Mandelieu-La Napoule. Über den

Fluss führt eine Straßenbrücke mit einer Durchfahrtshöhe von 5 m. Weiter flussaufwärts folgt eine Eisenbahnbrücke mit einer Durchfahrtshöhe von 4 m, unter deren E-lichem Teil hindurchgefahren werden kann. Danach folgt eine Kabelfähre mit einer Durchfahrtshöhe von 3,7m. Bis zur Brücke liegen die Tiefen bei 1,8 m; danach nehmen sie auf 1,5 m ab. An der Flussgabelung wählen Sie den W-Arm zur Marina.

Die beiden Marinas – Cannes-Marina sowie zur Marina Marco Polo – in der Mündung des La Siagne aus SE; vorn im Bild die auffälligen Appartementblöcke von Résidence du Port

Zu erreichen ist die Marina von 0800–1200 und von 1400–1800 Uhr auf UKW-Kanal 09.
Gefahren: Die Flussmündung ist zwar 3 m tief, aber gleich hinter der Brücke sind es nur noch 2 m. Schon bei leichten auflandigen Winden bricht sich die See in der Einfahrt, und man sollte nicht mehr einlaufen.
Hinweis: Die Höchstgeschwindigkeit auf dem Fluss und in der Marina beträgt 3 Knoten.

Liegeplätze

Es gibt 1700 Plätze für Yachten (auch Gastlieger) bis 12 m Lüa und max. 1,5 m Tiefgang. Man macht am Empfangskai an der W-Seite der Mittelpier fest und meldet sich im Hafenbüro. Mooringleinen am Kai. Marinapersonal und ein Hafenmeister sind im Dienst.
Infos: Tel. 04 93 49 51 27 oder Fax 04 93 49 16 50.

Versorgung

Jeder Liegeplatz hat Wasser- und Stromanschluss. Duschen und Toiletten sind vorhanden.
Es gibt keine Tankstelle am Hafen, sodass man zum Bunkern nach La Napoule fahren muss. Ein 5-t-Kran und einige Slips stehen zur Verfügung. In beschränktem Umfang können Reparaturen im Bereich der Mechanik ausgeführt werden.
Arbeiten an Holz- und GFK-Rümpfen erledigt eine Werft in der Nähe. Yachtausrüster sind am Ort. Einige Lebensmittel sind zu bekommen, und es gibt ein paar Restaurants in der Nähe.

Marina Marco Polo

Die kleine Marina ist ebenfalls Teil einer Appartementsiedlung und liegt etwa 0,5 sm flussaufwärts der Cannes-Marina. Die Einfahrt am W-Ufer kann durch ein Fluttor verschlossen werden.

Port Inland

Das große Yachtbecken oberhalb der Marina Marco Polo im alten Kanal hat einschließlich der Plätze für Besucher 800 Liegeplätze bis 11,5 m Lüa. Die Hafentiefe beträgt 1–2 m; die Brücke über die Siagne begrenzt die Höhe der Yachten auf 3,7 m. Alle Liegeplätze haben Wasser- und Stromanschlüsse. Duschen und Toiletten sind vorhanden. Der Hafen bietet Slip- und Reparaturmöglichkeiten mit einem 12- bzw. 16-t-Bootslift. Lebensmittelgeschäfte und Restaurants befinden sich in unmittelbarer Nähe.
Weitere Infos unter Tel. 04 93 47 50 68, Fax 04 93 47 96 44 oder E-Mail info@port-inland.com

Port du Béal

WP 43°32,2'N 006°57,3'E

Ansteuerung

Der kleine Hafen liegt E-lich der Siagnemündung in der Mündung des kleinen Flüsschens Béal. Über die Mündung führt eine Straßenbrücke.

Liegeplätze

Zusammen mit dem Port Maritime und dem Port

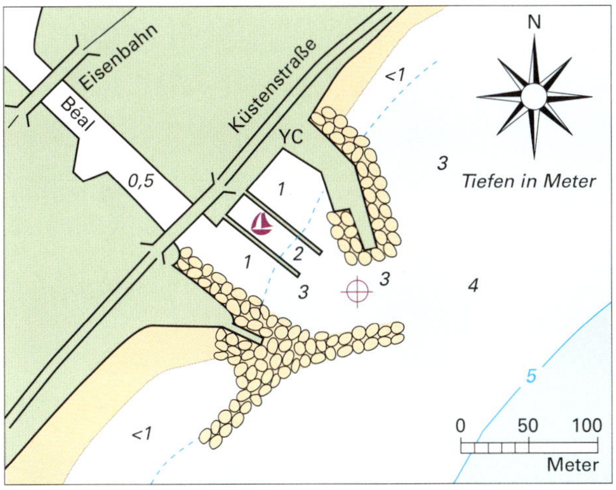

Fluvial, der nur mit einer Durchfahrtshöhe von 3 m zugänglich ist, weil eine Straßenbrücke passiert werden muss, gibt es 400 Liegeplätze für Yachten bis 10 m Lüa; 40 davon sind Gastplätze. Wassertiefe 0,5–2 m. Liegeplätze werden zugewiesen. Auf einigen Liegeplätzen, insbesondere denen an den Köpfen der Auslegerstege, kann es recht ungemütlich werden.

Ein Hafenmeister versieht seinen Dienst. Liegegeld der Kategorie 2.

Infos: Tel. 04 93 90 40 44, Fax: 04 93 90 40 45.

Versorgung

An allen Liegeplätzen gibt es Wasser und Strom. Toiletten sind vorhanden. Ein Slip sowie Landstellplätze können genutzt werden. Lebensmittelgeschäfte und Restaurants befinden sich in der Nähe.

Port de Cannes

WP 43°32,83'N 007°00,85'E (WGS 84)
Karten: D 484, D 597, F 7205, F 7409

Allgemeines

Die Ligurer und die Römer haben hier gesiedelt, die Äbte der Îles de Lérins bauten eine Festung zum Schutz der Bewohner, die von Tempelrittern erweitert wurde, aber die eigentliche Blüte von Cannes begann erst zu Beginn des 19. Jahrhunderts. 1834 befand sich Lord Brougham, der Lordkanzler Englands, mit seiner kranken Tochter auf der Reise nach Italien zu einem Kuraufenthalt. Um die Verbreitung einer seinerzeit ausgebrochenen Choleraepidemie von Frankreich nach Italien zu verhindern, wurden alle Reisenden von den Behörden am Fluss Var zur Umkehr gezwungen. Darunter waren auch die Reisenden aus England, die nun in einem kleinen Gasthof in Cannes Quartier beziehen mussten. Wider Erwarten fanden sie Gefallen an dem reizvollen kleinen Fischerdorf und der Lord beschloss, hier eine Villa zu errichten, genannt nach seiner Tochter Eleonore Louise, die leider vor der Fertigstellung verstarb. Cannes wurde zur zweiten Heimat des Lords, und er überzeugte viele seiner Freunde in England von den Vorzügen des Lebens am Mittelmeer. Lord Brougham war mit dem französischen Bürgerkönig Louis Philippe gut befreundet, und er konnte ihn 1840 dazu bewegen, dass in Cannes ein Hafen gebaut wurde. Ab 1860 veranstaltete hier der kurz zuvor gegründete Yachtclub Regatten, und Cannes wurde zum „Cowes des Mittelmeers“. Viele Engländer verlebten die

Port de Cannes-Marina aus SW

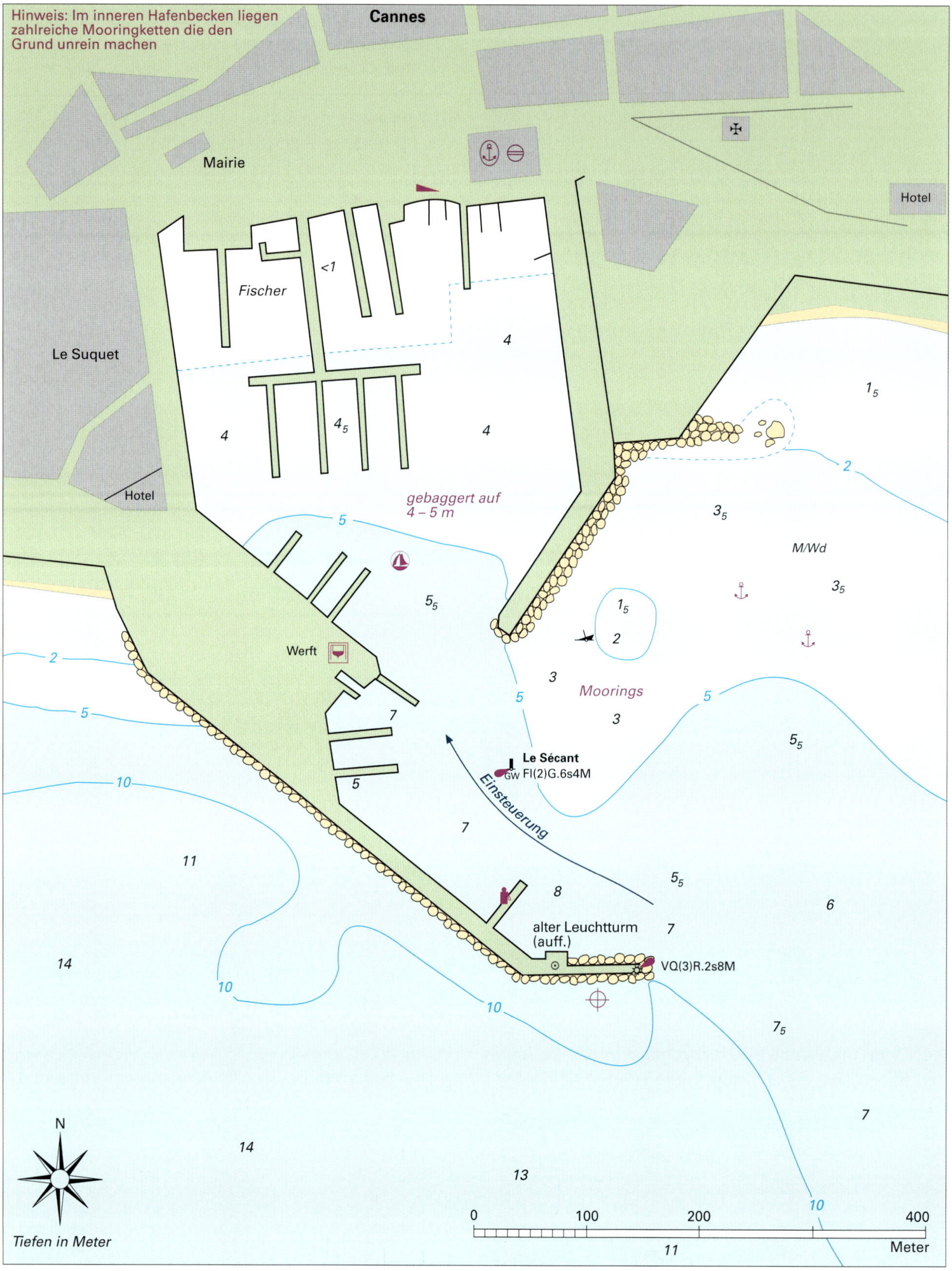

Wintermonate hier und genossen Sonne, Licht und Landschaft. Bis 1868, dem Jahr in dem Lord Brougham verstarb, wuchs die Einwohnerzahl Cannes' von 3000 auf 10 000. Patrick Howarth hat in „When the Riviera Was Ours" die Epoche der Entwicklung dieser Küste zum Reiseziel für viele Briten beschrieben.

Der Hafen teilte den Ort in einen W-Teil, in dem die Einheimischen wohnten, und einen E-Teil, in dem die Engländer mit ihren großen Villen und breiten

Boulevards herrschten. Gegen den Widerstand des örtlichen Klerus wurden 1863 bzw. 1881 Casinos und Theater erbaut. Doch bereits das neuere Sommercasino „Palm Beach" an der Croisette, 1929 erbaut, war eher auf die reichen Amerikaner ausgerichtet. Das 1939 gegründete Filmfestival wurde bald zum bedeutendsten Filmereignis in Europa.
Heute ist Cannes kaum mehr als ein aus allen Nähten platzender Urlaubsort: In den Straßen staut sich der Verkehr, die Hotels sind stets ausgebucht. Am Hafen ist das Gewimmel noch erträglich, aber wenn man sich zu weit entfernt, läuft man Gefahr, an Autoabgasen zu ersticken und von Touristenmassen genervt zu werden.

Ansteuerung

Der Hafen liegt in der NE-Ecke des Golfs. Auffällig sind die SE-lich vorgelagerten, unbebauten Îles de Lérins.
Auffällig: Gute Landmarken sind die weiße Kuppel der Sternwarte auf dem Hang oberhalb der Stadt sowie ein Wasserturm, der NNE-lich davon auf einem Gipfel steht. Die Hafenmolen mit dem alten Leuchtturm und einem sechseckigen, weißen Leuchtturm mit roter Spitze sind erst aus der Nähe zu erkennen. Die runde weiße Turmbake mit grüner Spitze La Sécant kommt erst nach Rundung der Außenmole in Sicht.
Nachts ist die Turmbake mit Fl(2)G.6s4M, der Kopf des Wellenbrechers mit VQ(3)R.2s8M befeuert.
Die Hafenbehörden sind auf den UKW-Kanälen 12 und 16, der Hafenmeister auf Kanal 12, Ruf: „Cannes Port" zu erreichen (jeweils rund um die Uhr).
Hinweis: In der Einfahrt ist das Wegerecht für Segelyachten aufgehoben. Insbesondere die Ausflugsbarkassen zu den Îles de Lérins halten sich kaum an die Höchstgeschwindigkeit von 3 Knoten. Besondere Vorsicht ist geboten.

Liegeplätze

245 von insgesamt 800 Liegeplätzen für Yachten bis 65 m Lüa sind Gästen vorbehalten. Die Tiefen im äußeren Hafenbecken werden auf 4–5 m gehalten. Man macht zunächst am Empfangskai hinter der Einfahrt fest und lässt sich im Hafenbüro einen Platz zuweisen. Mooringleinen am Kai oder an Bojen. Der Schutz im Hafen ist gut, auch wenn bei starken SE-Winden manche Plätze etwas ungemütlich werden.
Behörden: Zoll, Marinapersonal und ein Hafenmeister sind im Dienst. Es wird ein Liegegeld der Kategorie 3 verlangt.
Infos: Tel. 04 92 98 70 00, Fax 04 92 98 70 01 oder E-Mail: port.cannes@cote-azur.cci.fr
www.riviera-ports.com

Ankerplatz: Yachten können NE-lich der Hafeneinfahrt auf 2,5–5 m Tiefe ankern. Dabei ist eine Untiefe von 1,5 m zu beachten, die etwa 100 m E-lich des N-lichen Molenkopfes liegt. Der schlickige Grund ist grasbewachsen und hält einigermaßen gut. Bei S-lichen Winden läuft Dünung in die Bucht.

Versorgung

Jeder Liegeplatz hat Wasser- und Stromanschluss (220 und 380 V), Telefonanschlüsse sind möglich. Duschen und Toiletten sind vorhanden.
Die Tankstelle befindet sich am Kai bei der Einfahrt. Ein 65-t-Bootslift, ein 12-t-Kran und ein Slip für Yachten bis 70 Tonnen stehen zur Verfügung. Es können Reparaturen an Mechanik und Maschine, Elektrik und Elektronik sowie an Holz- und GFK-Rümpfen ausgeführt werden. Yachtausrüster und Segelmacher sind am Ort.

Grasse

Grasse ist die Parfümstadt Frankreichs. Die Ortschaft in den Bergen ist von wild wachsenden Mimosen umgeben, die alljährlich neben Jasmin-, Rosen- und Orangenblüten gepflückt werden, um daraus das „Neroli", die Grundlage aller Duftwasser, zu gewinnen. Für ein Kilogramm Neroli benötigt man eine Tonne Blütenblätter: So erklären sich zum Teil die horrenden Preise der Parfüms. Ein weiterer Preisanstieg ergab sich aus neueren, wirklich exotischen Ingredienzen wie etwa Moschus tibetanischer Hirsche, Ambra, ostindisches Patschuli, indischer Ingwer, Vanilleschoten und Sandelholz von den Pazifikinseln.
Die Stadt war zunächst für erstklassige Lederwaren und Handschuhe bekannt. Die Parfümherstellung begann im 16. Jahrhundert, als duftende Handschuhe in Mode kamen. Anfangs kochte man die Wildblüten, um den Wasserdampf abzufangen und das Öl zurückzuhalten. In einem anderen, „Enfleurage" genannten Verfahren wurde Fett mithilfe der Blütenblätter aromatisiert und das Aroma später mit Alkohol ausgewaschen. Heutzutage werden zur Extraktion der Duft- und Aromastoffe organische Lösungsmittel benutzt.
Die bekannten Häuser wie Fragonard am Boulevard Fragonard, Galimard in der Route de Cannes oder am Place de Gaule in Eze Village sowie Moulinard am Boulevard Victor Hugo etablierten sich bereits im 18. und 19. Jahrhundert. Sie veranstalten Führungen, bei denen das Publikum die neuen, aber auch die alten Produktionsweisen kennen lernen kann.

Eine gute Auswahl an Lebensmitteln ist in den Geschäften und auf dem Markt erhältlich; es gibt auch Stangeneis. Die Palette der Restaurants reicht von schlicht und günstig bis zu elegant und sehr teuer. In Cannes gibt es eine Post, Banken, Autovermietungen und Bus- und Bahnverbindungen entlang der Küste. Zu den Îles de Lérins fahren Ausflugsboote.

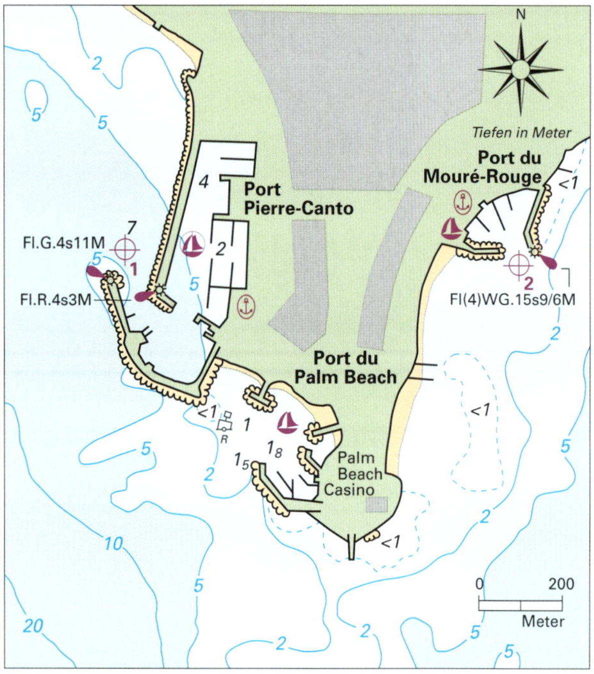

Pointe de la Croisette (WP 1 43°32,5'N 007°01,8'E, WP 2 43°32,6'N 007°02,6'E)

Port Pierre-Canto

WP 43°32,5'N 007°01,8'E
Karten: D 484, D 597, F 7205, F 7409

Allgemeines

Nur rund 0,5 sm E-lich des alten Hafens von Cannes gelegen, nimmt diese Marina vor allen Dingen Yachten auf, die in Cannes keinen Liegeplatz gefunden haben. Verglichen mit dem geschäftigen Hafen von Cannes ist Port Pierre-Canto weitaus luxuriöser. In dem ruhigen Vorort scheint man Meilen vom Zentrum entfernt, obwohl dieses mit einem angenehmen, viertelstündigen Spaziergang am Wasser entlang zu erreichen ist. Und wen es interessiert: Das Casino Palm Beach liegt gleich um die Ecke.

Ansteuerung

Die Marina liegt etwa 1 sm E-lich des alten Hafens von Cannes.
Auffällig: Das große weiße Gebäude des Palm Beach Casinos auf der Pte de la Croisette ist eine hervorragende Landmarke. Die Hafenmolen und der Leuchtturm an der Einfahrt sind aus der Nähe zu erkennen.

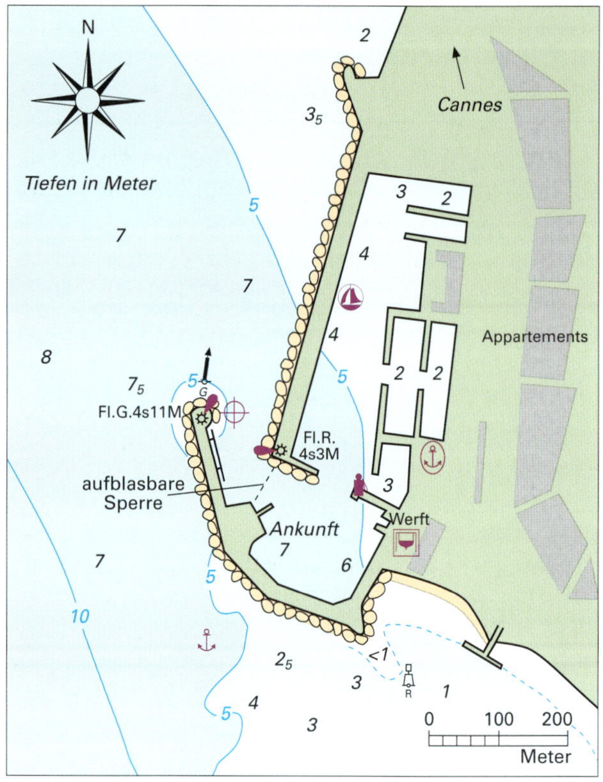

Nachts ist die Einfahrt mit Fl.G.4s11M und Fl.R.4s3M befeuert. Die Marina ist rund um die Uhr auf UKW-Kanal 09 zu erreichen.
Gefahren: Bei Mistral kann das Einlaufen gefährlich werden, wenn die See direkt in die Einfahrt steht. Manchmal wird dann eine aufblasbare Sperre vor die Einfahrt gelegt, sodass kaum Dünung in den Vorhafen gelangen kann, Yachten aber die Öffnung abwarten müssen.

Liegeplätze

100 der insgesamt 650 Liegeplätze für Yachten bis 70 m Lüa sind Gastliegern reserviert. Wassertiefe 2–7 m.
Man macht zunächst am Empfangskai bei der Ein-

Port Pierre-Canto aus WSW

fahrt fest und lässt sich im Hafenbüro einen Platz zuweisen. Mooringleinen am Kai. Nur die sehr großen Yachten ankern im Vorhafen. Die Plätze sind gut geschützt. Nur im Vorhafen kann es bei heftigem Mistral ziemlich ungemütlich werden. Als zusätzlicher Schutz wird häufig eine aufblasbare Sperre quer vor die Einfahrt gelegt.
Behörden: Port Pierre-Canto ist Zollhafen und beschäftigt einen Hafenmeister und Marinapersonal. Es wird ein Liegegeld der Kategorie 3 erhoben.
Infos: Tel. 04 92 18 84 84, Fax 04 92 43 17 03 oder E-Mail: port.pierre.canto@wanadoo.fr

Versorgung

Alle Liegeplätze haben Wasser- und Stromanschluss (220 V und 380 V), ein Postservice ist möglich. Duschen und Toiletten sind vorhanden.
Die Tankstelle befindet sich an der Einfahrt zum inneren Becken. Es gibt einen 70-t-Bootslift, einen 15- und einen 6-t-Kran und einen Slip. Reparaturen an Mechanik und Maschine, Elektrik und Elektronik sowie an Holz- und GFK-Rümpfen können ausgeführt werden. Yachtausrüster und Segelmacher sind am Ort.
Die meisten Lebensmittel und auch Stangeneis sind in der Marina erhältlich, die bessere Auswahl hat man in Cannes. Restaurants und Bars findet man in Hafennähe; eine Post, Banken und Autovermietungen gibt es nur in Cannes.

Port du Palm Beach (Port de la Croisette)

Der kleine Hafen liegt unmittelbar S-lich von Port Pierre-Canto und ist nur 1–2 m tief. Die meisten Liegeplätze sind bereits mit einheimischen Yachten belegt. Bei ruhigem Wetter kann man zwischen den beiden Häfen auf 2–3 m ankern. Dabei ist die Untiefe mit 0,5 m Tiefe S-lich der S-Mole von Pierre-Canto, bezeichnet mit einer roten Tonne, zu beachten.

Port du Palm Beach aus SW

Port du Mouré-Rouge

WP 43°32,6'N 007°02,6'E

Der kleine Hafen an der E-Seite der Pte de la Croisette ist dicht besetzt mit einheimischen, meist offenen Booten. Die Einfahrt weist weniger als 2 m Tiefe auf, im Inneren des Hafens sind es aber nur 1–1,5 m. *Nachts* ist die E-Mole mit Fl(4)WG.15s9/6M befeuert.
Hinweis: Mit den Bauarbeiten für die hier geplante Marina mit 500 Liegeplätzen wurde bis zur Drucklegung dieses Buches noch nicht begonnen.

Îles de Lérins

WP 43°30,0'N 007°03,1'E (Feuer Les Moines)
Karten: D 484, D 597, F 7205, F 7409

Die beiden flachen Inseln Île Ste-Marguerite und Île St-Honorat sind der Pte de la Croisette vorgelagert und mit ihr durch eine Untiefe verbunden. Sie bieten zahlreiche Ankerplätze, die je nach Wetterlage zu nutzen sind. Die Durchfahrten zwischen den beiden Inseln sowie zwischen Ste-Marguerite und der Pte de la Croisette können von Yachten bis etwa 3 m Tiefgang genommen werden.

Die Durchfahrten

Zwischen der Pte de la Croisette und der Île Ste-Marguerite steuert man, aus W kommend, mit 110°–130° auf das Fort Ste-Marguerite; hat man das Fort querab, läuft man Kurs E. In W-licher Richtung hält man einen Abstand von mindestens 250 m zur Insel und steuert, wenn das Fort Ste-Marguerite querab liegt, mit 290°–310° weiter. Zwischen den Inseln Ste-Marguerite und St-Honorat hält man, von E oder W kommend, etwa 300 m Landabstand zur Île Ste-Marguerite, da alle Gefahren an der S-Seite der Durchfahrt liegen.

Île Ste-Marguerite

Die größere der beiden Inseln ist von W am Fort Ste-Marguerite, einem festungsähnlichen Schloss im NW zu erkennen. Vor der NW-Spitze der Insel steht eine Kardinalbake W Batéguier (Q(9)15s4M), die das Riff vor der Pte Batéguier markiert. Vor der E-Spitze der Insel liegt die kleine flache Île de la Tradelière, die nur aus unmittelbarer Nähe von der Hauptinsel zu unterscheiden ist.

Ankerplätze

Port de Ste-Marguerite ist kein richtiger Hafen, sondern bietet einen Ankerplatz zwischen den Anlegern der Ausflugsboote aus Cannes. Yachten sollten

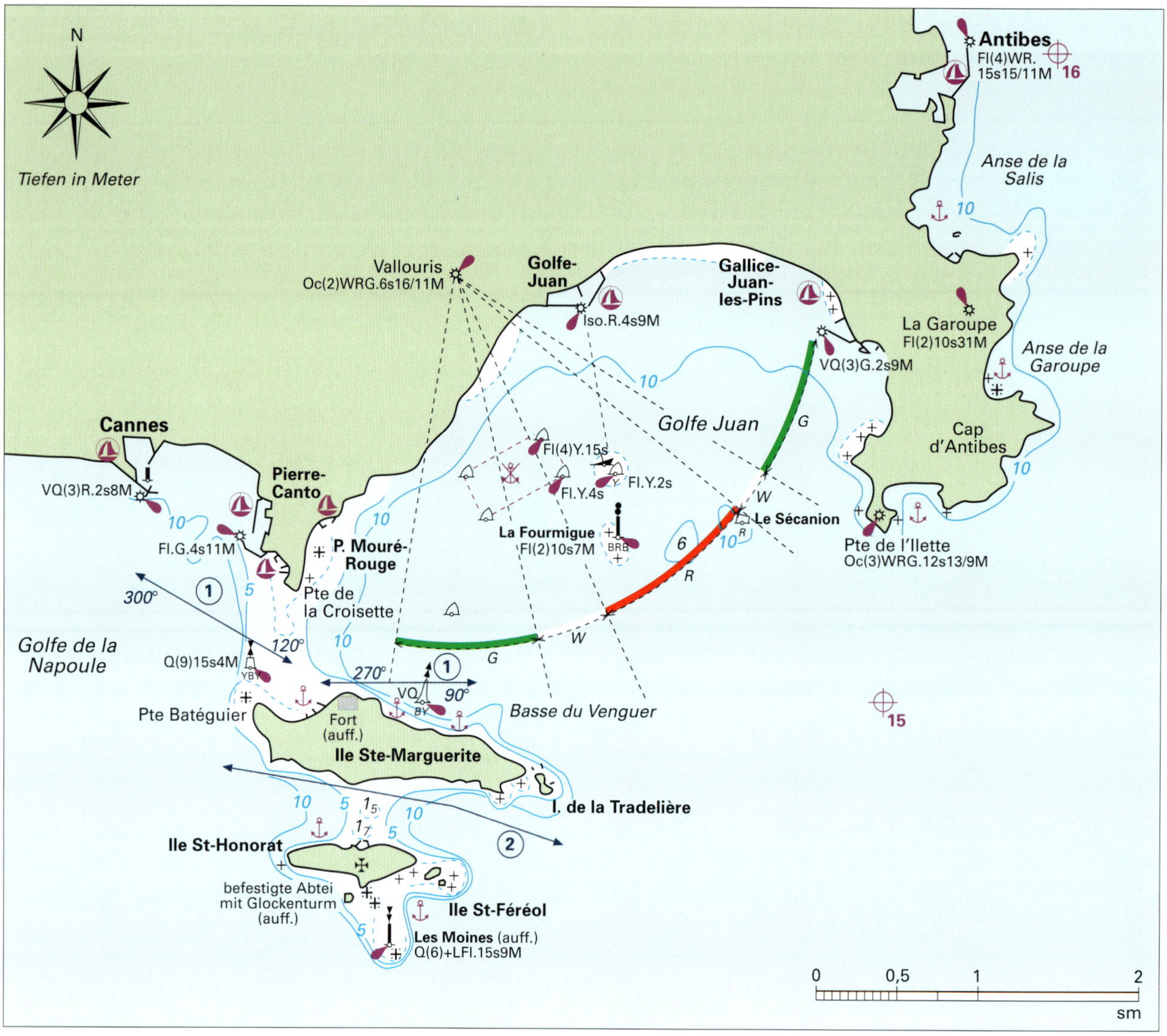

Von Cannes bis Antibes (Angaben zu den Wegpunkten siehe Seite 152)

auf keinen Fall am Kai festmachen, da diese Plätze dauernd von den Booten genutzt werden. Die Tiefen direkt am Kai betragen meist weniger als 2 m. Zwischen den Kais oder E-lich davon kann man auf 3–5 m über grasbewachsenem Schlick ankern, sollte sich von den Kais gut freihalten, um den Barkassen den nötigen Platz zum Manövrieren zu lassen.

Der Ankerplatz ist vor SW- bis SE-lichen Winden geschützt, nach NW bis NE dagegen offen. An Land gibt es ein Restaurant und eine Snackbar.

Der ***Ankerplatz an der N-Küste*** liegt E-lich des Fort Ste-Marguerite und ist eine weite, vor S-lichen und leichten W-lichen Winden geschützte Bucht. Man nähert sich der Küste so weit wie möglich und ankert auf 3–10 m Tiefe. Der sandige oder schlickige Grund ist üppig mit Gras bewachsen und bis dicht unter Land rein. Tagsüber liegen hier viele Yachten, aber in den Abendstunden wird es bemerkenswert ruhig.

Île de la Tradelière bietet bei ruhigem Wetter oder leichten NW-lichen Winden eine Ankermöglichkeit zwischen der Insel und der Pte Carbonel. Auf 4–6 m Tiefe über teils sandigem, teils felsigem und grasbewachsenem Grund hält der Anker eher schlecht. Der Platz erfreut sich bei Tauchern und Schnorchlern besonderer Beliebtheit.

Die ***Ankerplätze an der S-Küste*** haben teils sandigen, teils felsigen und grasbewachsen Grund. Man ankert, wo es einem günstig erscheint und bleibt auf 3–10 m Tiefe.

Île St-Honorat

An der S-Küste der kleineren der beiden Inseln steht die fortähnlich befestigte Lerins-Abtei. Von W oder E kommend, ist dieses schon aus großer Entfernung auszumachen. Auch die Kirchturmspitze kann man leicht erkennen. Vor der S-Küste erstreckt sich über etwa 800 m ein Riff, das im S mit der Kardinalbake S Les Moines (Q(6)+LFl.15s9M) markiert ist.

Der E-Spitze der Insel sind das Inselchen St-Féréol und zahlreiche Felsen vorgelagert.

Ankerplätze

Port aux Moines (Port de St-Honorat) ist ein winziger Hafen an der N-Küste, der von den Ausflugsbooten aus Cannes genutzt wird. Die Tiefen von 2,5 m in der Einfahrt nehmen auf 1,5 m und weniger ab, sodass Yachten meist außerhalb ankern. Trotz der in der Durchfahrt zwischen den Inseln verlegten Kabel wird auch hier geankert. Auf 4–8 m Tiefe über grasbewachsenem Schlick halten die Anker einigermaßen. Bei W- und E-lichen Winden liegt man gänzlich ungeschützt, bei leichten S-lichen Winden ist es noch ruhig. Obwohl die Bedingungen nicht ideal sind, ist dieser Ankerplatz im Sommer äußerst beliebt, und im Fahrwasser zwischen den Inseln liegen die Boote dicht an dicht.

Île St-Féréol bietet bei ruhigem Wetter wunderbare Ankermöglichkeiten. Meist sind es die ortskundigen Segler, die im glasklaren Wasser über teils sandigem, teils felsigem Grund S-lich der kleinen Insel ankern.

Roches d'Îlot ist die Felsgruppe S-lich von St-Honorat. Bei ruhigem Wetter kann man NW-lich der Felsen ankern, direkt N-lich dieser Felsen ist das Ankern verboten.

Das Fort Ste-Marguerite (auch Fort Royal) prägt den Norden der Insel Ste-Marguerite

Das Fort Ste-Marguerite

Das Fort Ste-Marguerite (auch Fort Royal) prägt den Norden der Insel Ste-Marguerite. Kurz nach der Fertigstellung durch Richelieu im 17. Jahrhundert wurde hier der mysteriöse „Mann mit der eisernen Maske" eingekerkert, um den sich viele Legenden ranken. Hinter der Maske, in Wirklichkeit war sie aus Bast, soll sich angeblich der uneheliche Sohn von Ludwig XIV. verborgen haben. Andere glauben eher an den Zwillingsbruder, an einen Minister des Herzogs von Mantua oder gar an eine Frau.

Jedenfalls endete die Gefangenschaft dieser Person in der Bastille, da die Verantwortlichen keine Lust verspürten, ihr Leben auch auf der Insel zu fristen, und es gab andere Gefangene und andere Geschichten, die bekannteste stammt von Alexandre Dumas.

Die Räume und Zellen der Burg sind heute dem Publikum zugänglich. Außerdem können ein kleines Museum und ein Aquarium besichtigt werden.

Das Kloster St-Honorat

Der Gründervater des französischen Klosterwesens, St-Honorat, kam im 4. Jahrhundert auf die Insel Lerina, um hier in Einsamkeit zu leben. Doch viele seiner Anhänger folgten ihm, und es wurde ein Inselkloster erbaut, das bald zu den einflussreichsten Frankreichs zählte. Zwanzig Heilige und etwa 600 Bischöfe stammen von hier. Auch der berühmte St. Patrick, der das heidnische Irland bekehrte und dort zahlreiche Klöster errichtete, lebte und studierte in St-Honorat.

Zur Hochzeit des Klosters im 7. Jahrhundert erstreckten sich seine ausgedehnten Ländereien entlang der Festlandküste, und es gab etwa 100 Priorate. Auf der Insel lebten 4000 Mönche. Im Jahre 1073 ließ der Abt Aldebert das Kloster zum Schutz gegen die zunehmenden Überfälle der Sarazenen und der Genueser Abenteurer befestigen und erbaute den Turm, der damals noch keine Treppen, aber eine im Notfall einzuziehende Leiter besaß. 1788 lebten nur noch vier Mönche in St-Honorat, und das Kloster wurde geschlossen. Nach der Französischen Revolution kaufte es eine Schauspielerin der Comédie Française, doch 1859 zogen wieder Mönche ein. Zehn Jahre später übernahm der Zisterzienserorden die Stätte.

So leben heute also wieder Mönche auf der Insel, und es gibt zahlreiche Schilder, die um angemessene Kleidung und entsprechendes Verhalten bitten. Tagsüber kommen viele Ausflügler aus Cannes herüber, doch wenn das letzte Boot abends den Hafen verlassen hat, kehrt auf der Insel eine nahezu heilige Stille ein. Tagsüber wimmelt es von Booten – es wird gesegelt, geankert, Wasserski gefahren, geangelt. Aber spätestens mit Beginn der Dunkelheit fahren die meisten in die umliegenden Marinas zurück, und auch in den Buchten wird es wieder ruhig.

Golfe Juan

Karten: D 484, D 597, F 7205, F 7409

Die große weite Bucht des Golfe Juan liegt zwischen der Pte de la Croisette und Cap d'Antibes. Die Îles de Lérins im W schützen vor Dünung aus SW bis W. Zum Ufer hin wird das Wasser sehr flach, und im Golf gibt es zahlreiche Untiefen und Felsen.

La Fourmigue heißt die Untiefe in der Mitte des Golfe Juan. Sie ist mit einer Einzelgefahrbake (Fl(2)10s7M) markiert. Ein Riff erstreckt sich N-lich und S-lich über den Felsen hinaus.
Le Sécanion ist ein Riff mit mindestens 5 m Tiefe, das etwa 0,75 sm E-lich von La Fourmigue liegt. Es ist mit einer roten Tonne mit Zylindertoppzeichen markiert. Zwischen La Fourmigue und Le Sécanion liegt eine Untiefe (Felsen mit Seegras) mit 6 m Tiefe. Eine gelbe, mit Fl.Y.2s ***befeuerte Wracktonne*** 0,5 sm N-lich von La Fourmigue bezeichnet ein Wrack sowie die Einleitung eines Abwasserrohres.
Das ***Sperrgebiet*** im W-Teil des Golfe Juan ist mit vier gelben Tonnen mit liegendem Kreuz als Toppzeichen markiert. In diesem Bereich sind Fischen und Ankern untersagt. Die beiden E-lichen Tonnen sind befeuert: Fl.Y.4s bzw. Fl(4)Y.15s.

Ports de Golfe-Juan

WP 43°33,97'N 007°04,77'E (WGS 84)
Karten: D 484, D 597, F 7205, F 7409

Allgemeines

Die Marina scheint, verglichen mit anderen der Côte d'Azur, einladend und angenehm belebt; der sich anschließende Port Camille Rayon ist eine typische moderne Marina mit erstklassigen Versorgungseinrichtungen. Der Ort selbst scheint wenig auf den Tourismus ausgerichtet: Golfe-Juan ist eine durchschnittliche Stadt mit staubigen Straßen und gusseisernen Balkongittern, einer arbeitenden Bevölkerung und ganz „normalen" Geschäften und Betrieben. Mit der Fertigstellung des neuen Hafenbeckens, von den Einheimischen teilweise heftig bekämpft, wird sich das wahrscheinlich ändern. Bekannt ist die Stadt eigentlich nur wegen der Landung des 1815 aus der Verbannung zurückkehrenden Napoléon. Dieser ging eines Tages, zum Erstaunen der örtlichen Fischer, von Bord der Brigg „L'Inconstant", verteilte Trikolorefähnchen und Kokarden und schwor, Frankreich noch einmal zu regieren, was während der berühmten „Hundert Tage" auch geschah.

Ansteuerung

Auffällig: Rechts und links des Ortskerns wird das

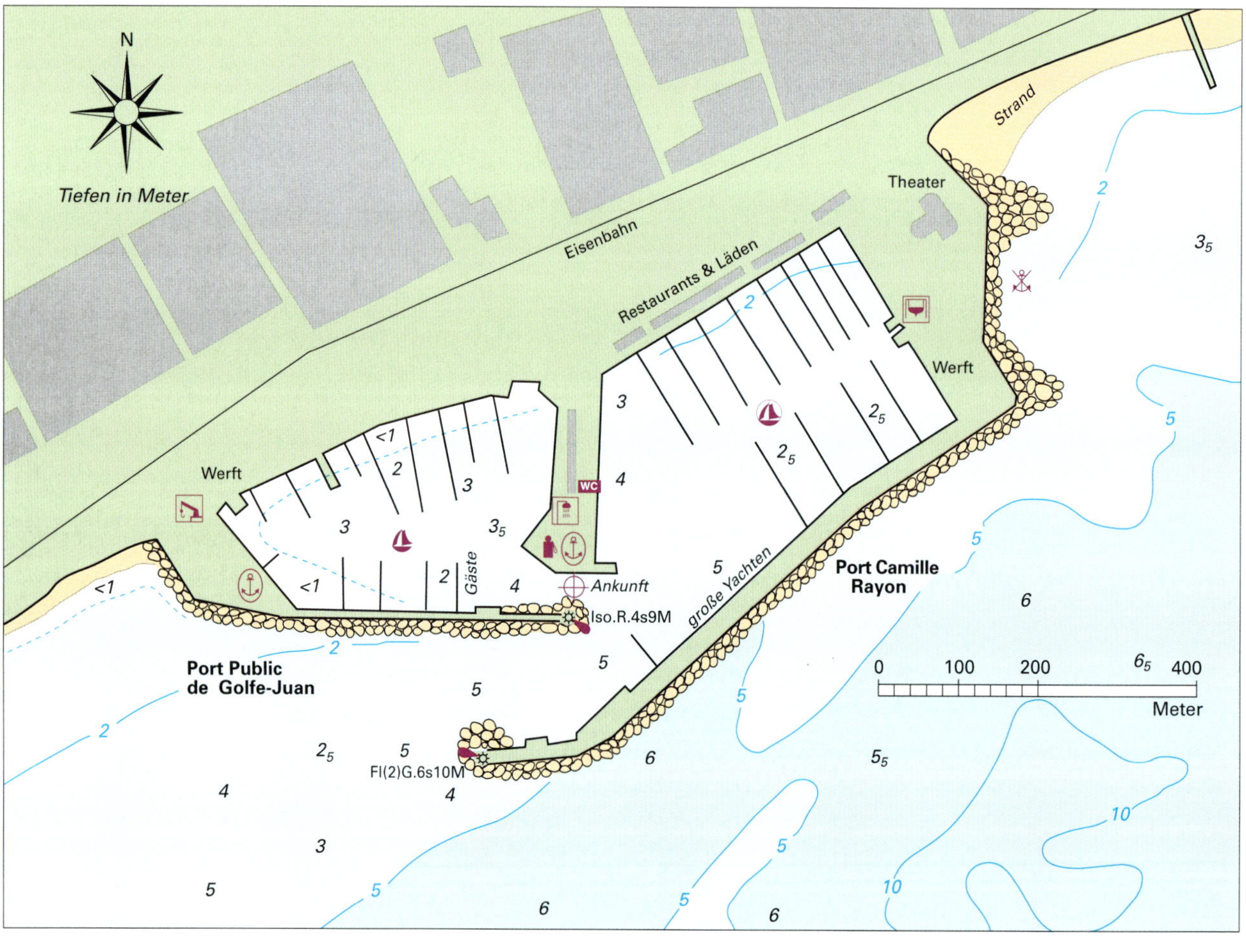

Ports de Golfe-Juan aus SSE

Ufer von hohen Gebäuden gesäumt, sodass der Hafen aus der Ferne nicht leicht auszumachen ist. Gut zu erkennen sind die Einzelgefahrbake auf La Fourmigue und aus geringer Entfernung auch die Hafenmolen und der weiße Leuchtturm mit grüner Laterne an der Hafeneinfahrt.

Nachts steuert man Ports de Golfe-Juan in einem der beiden weißen Sektoren (305°–309° für die E-Passage und 336°–342° für die W-Passage) des Feuers Vallauris Oc(2)WRG.6s16/12/11M an.

Im roten Sektor auf 309°– 336° liegen La Fourmigue und Le Sécanion.

Die roten Sektoren des Feuers auf der Pte de l'Îlette Oc(3)WRG.12s13/9M mit 070°–090° decken La Fourmigue, und Le Sécanion ab; 045°–056° deckt Les Moines vor Île St-Honorat ab. La Fourmigue ist mit Fl(2)10s7M, die Hafeneinfahrt von Golfe-Juan mit Iso.R.4s9M und Fl(2)G.6s10M befeuert.

Der Port Public ist im Sommer von 0700–2100 Uhr, im Winter, außer sonntags, von 0800–1800 Uhr auf UKW-Kanal 12 zu erreichen. Der Port Camille Rayon ist rund um die Uhr auf Kanal 09 erreichbar.

Gefahren: Einzelheiten zu Über- und Unterwasserfelsen siehe „Golfe Juan" und „Îles de Lérins". Bei starken SE-lichen Winden wird das Einlaufen durch Dünung in der Hafeneinfahrt erschwert.

Liegeplätze

Im 2–5 m tiefen ***Port Camille Rayon*** sind 844 Liegeplätze für Yachten bis 75 m Lüa vorhanden, darunter 80 für Besucher, Tiefe 2-5 m; im ***Port Public*** sind 260 der 850 Plätze für Gäste reserviert, geeignet für Yachten bis 22 m Lüa. Wassertiefe <1–3,5 m.

Man macht zunächst am Empfangskai am Kopf der Mittelpier fest. Gastyachten machen im Port Public meist am äußeren Schlengel auf der Innenseite des Wellenbrechers fest. In beiden Hafenbecken werden die Liegeplätze zugewiesen. Das Hafenbüro des neuen Hafens befindet sich auf der Mittelmole. Mooringleinen am Kai oder an Bojen. Der Hafen ist bei jedem Wetter gut geschützt.

Behörden: Ports de Golfe-Juan ist Zollhafen. Es gibt einen Hafenmeister und Marinapersonal. Die Liegegebühren im Port Public entsprechen Kategorie 3, im Port Camille Rayon Kategorie 3/4.

Port Public: Tel. 04 93 63 96 25 oder Fax 04 93 63 66 41;

Port Camille Rayon: Tel. 04 93 63 30 30, Fax 04 93 63 55 07 oder E-Mail port.golfe-juan@cote-azur.cci.fr

Versorgung

Jeder Liegeplatz hat Strom- und Wasseranschluss. Duschen und Toiletten sind vorhanden. Telefon- und TV-Anschlüsse können im Port Camille Rayon gelegt werden. Dort gibt es auch einen Wachdienst rund um die Uhr.

Die Tankstelle befindet sich am Kopf der Mittelmole. Es stehen ein 6- und ein 15-t-Kran sowie verschiedene Slips, aber nur wenige Stellplätze im Port Public, ein 100-t-Bootslift und ein 36-t-Kran im Port Camille Rayon zur Verfügung. Reparaturen an Maschine und Mechanik, Elektrik und Elektronik

sowie an Holz- und GFK-Rümpfen können ausgeführt werden. Yachtausrüster sind am Ort. Lebensmittel und Stangeneis sind in der Nähe erhältlich. Es stehen verschiedene Bars und Restaurants zur Auswahl.
Ebenfalls am Ort sind eine Post, eine Bank sowie eine Busstation des Küstenverkehrs. Vom Hafen aus fahren Ausflugsboote zu den Îles de Lérins.

Gallice-Juan-les-Pins

WP 1 43°33,8'N 007°06,8'E
WP 2 43°33,6'N 007°07,2'E
Karten: D 484, D 597, D 598, F 7205, F 7409

Allgemeines

Die Gründung der Ortschaft Juan-les-Pins geht auf den amerikanischen Millionär Frank Jay Gould zurück, der in den zwanziger Jahren zahlreiche Grundstücke aufkaufte und diese, bei Erhalt der Pinienwälder, bebaute. So entstanden luxuriöse Villen und Hotels in diskreter Bauart, die der Schönheit der Landschaft glücklicherweise keinen Abbruch tun.
Wie auch in Antibes fanden sich in Juan-les-Pins in den 1920er- und 30er-Jahren unzählige Künstler oder vermögende Amerikaner ein. Gerald und Sarah Murphy erwarben ein Haus auf Cap d'Antibes und nannten es „Villa America". Sie zogen viele Besucher an, darunter Größen wie John Dos Passos, Archibald MacLeish, Alice B. Toklas, Gertrude Stein, Dorothy Parker, Ernest Hemingway, Robert Benchley und das Ehepaar Fitzgerald, die hier lebten oder ihre Freunde besuchten und Juan-les-Pins und Umgebung in ihre Werke einbezogen.
Den Schriftstellern und Malern folgten in neuerer Zeit Fernsehstars, Politiker und andere Persönlichkeiten, die allerdings ein weitaus zurückgezogeneres und ruhigeres Leben führen, als in den wilden zwanziger Jahren üblich.

Ansteuerung

Diese elegante Marina befindet sich an der E-Seite des Golfe Juan.
Auffällig: Beste Landmarke bei der Ansteuerung aus SE ist der 29 m hohe, viereckige weiße Leuchtturm La Garoupe neben der Kirche Notre-Dames d'Antibes auf Cap d'Antibes. Die Einzelgefahrbake La Fourmigue und die rote Tonne Le Sécanion im Golf sind gut zu erkennen.
Die Marina liegt im E des Golfe Juan, wo die dichte Bebauung der Golfküste aufhört und die bewaldeten Hügel von Cap d'Antibes beginnen.
Nachts steuert man nach dem Feuer La Garoupe Fl(2)10s31M und bleibt im weißen Sektor zwischen 305°–309° des Leuchtfeuers Vallauris Oc(2)WRG.6s 16/12/11M, der sicher zwischen Le Sécanion und Cap d'Antibes hindurchführt. Die roten Sektoren des

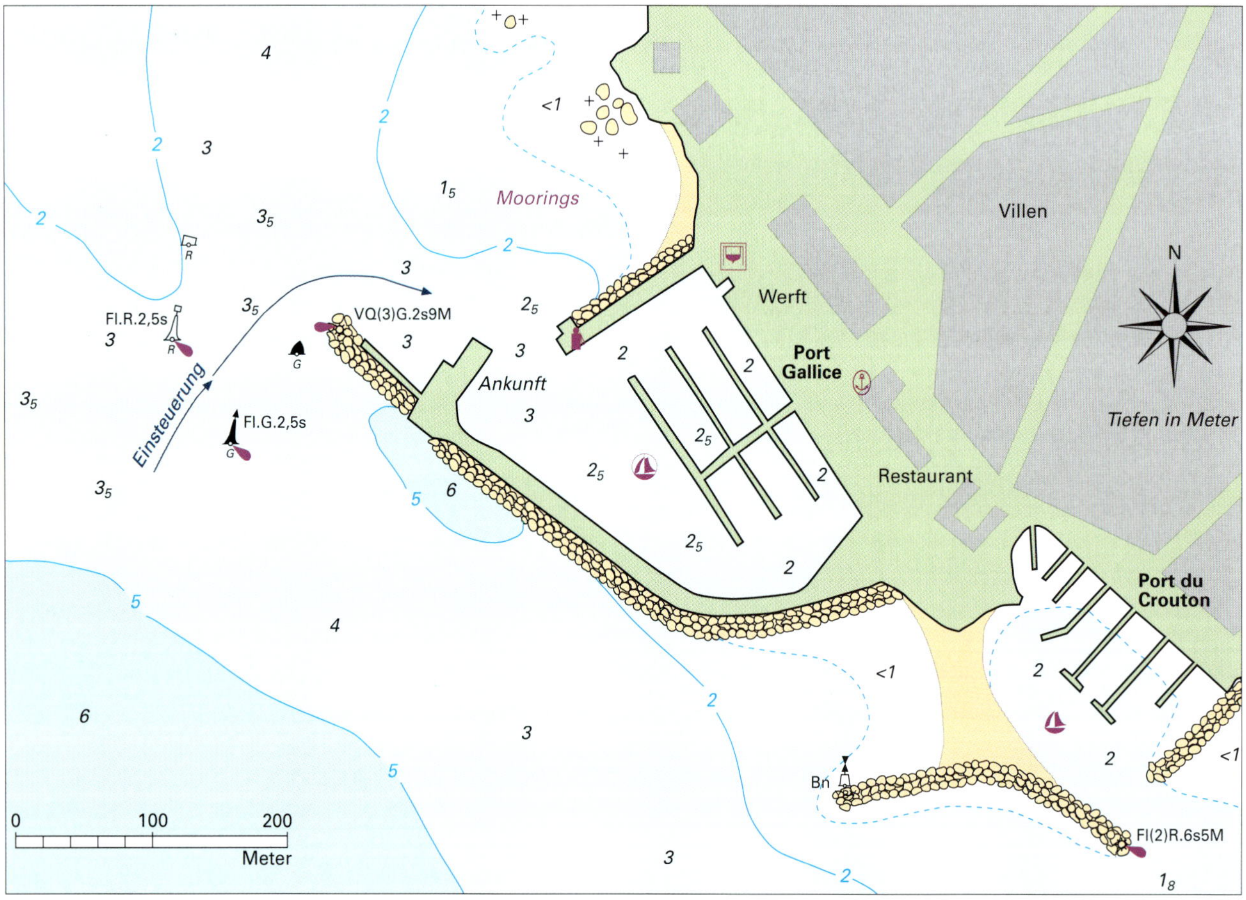

Gallice-Juan-les-Pins aus SW

Feuers auf der Pte de l'Îlette Oc(3)WRG.12s13/9M decken auf 045°–056° Les Moines, und auf 070°–090° La Fourmigue und Le Sécanion ab. Die Hafeneinfahrt von Gallice-Juan-les-Pins ist mit VQ(3)G.2s9M befeuert, Port Crouton direkt S-lich mit Fl(2)R.6s5M. NW-lich der Einfahrt markiert eine Bake die Wasserskirampe und zeigt F.Bu und F.Vi.
Zur Hafeneinfahrt führt ein mit roten Stumpf- und grünen Spitztonnen bezeichnetes Fahrwasser. Verlassen Sie sich nicht darauf, denn die Tonnen sind nur schwach befeuert (Fl.G.2,5s und Fl.R.2,5s) und liegen nicht immer an ihrem Platz.
Der Yachthafen ist auf UKW-Kanal 09, Ruf: „Gallice" zu erreichen.
Gefahren: Bei starkem Mistral ist in den Ansteuerungen und in der Einfahrt Vorsicht geboten.

Liegeplätze

Der Hafen hat insgesamt 470 Plätze für Yachten bis 20 m Lüa. Wassertiefe 2–3 m. Man macht zunächst am Empfangskai direkt hinter der Einfahrt fest und lässt sich im Hafenbüro einen Platz zuweisen. Mooringleinen am Kai. Der Hafen ist bei jedem Wetter gut geschützt.
Vom Hafenmeister oder dem Marinapersonal wird ein Liegegeld der Kategorie 3/4 verlangt.
Infos: Tel. 04 92 93 74 40 oder Fax 04 92 93 74 44.
E-Mail: port.gallice@wanadoo.fr

Versorgung

Jeder Liegeplatz hat einen Wasser- und Stromanschluss (220 und 380 V). Duschen und Toiletten sowie ein Waschsalon sind vorhanden. Die Tankstelle befindet sich bei der Einfahrt.
Es gibt einen 30-t-Bootslift. Reparaturen an der Mechanik, der Elektrik und Elektronik sowie an GFK- und Holzrümpfen können in beschränktem Maß ausgeführt werden. Yachtausrüster sind am Ort. Einige Lebensmittel sind in der Marina zu bekommen, doch eine bessere Auswahl findet man im 1 km entfernten Juan-les-Pins. Auch Stangeneis ist erhältlich. In der Marina haben verschiedene Bars und Restaurants geöffnet. Die Post, Banken und eine Autovermietung stehen im Ort zur Verfügung.

Port du Crouton

Der alte Fischereihafen SE-lich von Gallice-Juan-les-Pins ist mit einheimischen Booten besetzt, die an dem ypsilonförmigen Wellenbrecher liegen oder im Becken ankern. Gegenüber des SE-Endes der T-förmigen Mole wurden vom Ufer her eine neue Mole herausgezogen und Pontons ausgelegt, doch der Hafen blieb weiterhin mit Tiefen von 1–1,5 m in der Einfahrt und 1–2 m im Hafenbecken für die meisten Yachten zu flach.
Nachts brennt auf dem E-Kopf des S-Wellenbrechers ein Leuchtfeuer (Fl(2)R.6s5M).

Cap d'Antibes

WP 15 43°31,6'N 007°07,3'E
WP 16 43°35,4'N 007°08,7'E

Das flache, bewaldete Kap ist leicht anhand des Leuchtturms La Garoupe zu identifizieren. In den

Cap d'Antibes (Angaben zu den Wegpunkten siehe Seite 227 oder 152)

zahlreichen Ankerbuchten rund um das Kap können Sie je nach Windrichtung geschützte Plätze finden.

Pte de l'Îlette begrenzt eine vor N-lichen Winden gut geschützte Ankerbucht. Als Landmarken können das weiße Gebäude auf der Landspitze, ein weißer Leuchtturm mit schwarzer Spitze sowie der Tour Graillon, ein runder Steinturm, dienen. Ein Riff, das sich bis zu 200 m ins Meer erstreckt, ist der Landspitze vorgelagert. Die Sèche de St-Pierre mit 3,5 m Tiefe liegt 400 m S-lich. Man ankert auf 8–15 m über teils sandigem, teils felsigem Grund, der nicht überall gut hält.

Anse de la Garoupe (43°33,6'N 007°08,5'E) heißt eine Bucht an der E-Seite des Cap d'Antibes. Man ankert, vor W-lichen und leichten SE-lichen Winden geschützt, auf 6–10 m über grasbewachsenem Sandgrund.

Anse de la Salis (43°34,6'N 007°08,0'E) ist die weite Bucht zwischen der Pte Bacon und der Stadt Antibes. Sie liegt vor W-lichen und leichten SE-lichen Winden geschützt. Die Untiefen und Felsen vor der

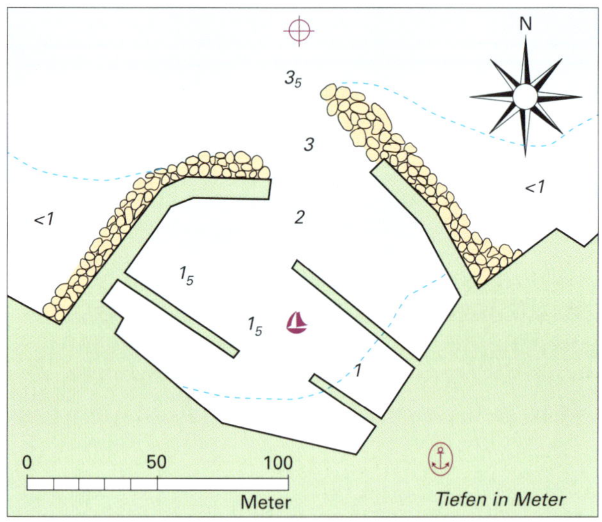

Cap d'Antibes aus SW; Blick über die Pte de l'Îlette zum Ankerplatz an der E-Seite

Pte Bacon sind bei der Navigation zu beachten. Man ankert auf 4–10 m Tiefe, wo gerade Platz ist; der grasbewachsene Schlick hält gut. Am Ufer befinden sich mehrere Bars und Restaurants.
Port de la Salis (WP 43°34,2'N 007°08,0'E) heißt der kleine Hafen in der S-Ecke der Anse de la Salis. Die Tiefen nehmen von 2 m in der Einfahrt auf 1,5 m im Hafenbecken ab. Meist sind alle Liegeplätze schon mit einheimischen Booten belegt.

Vauban-Antibes

WP 43°35,4'N 007°08,0'E
Karten: D 484, D 597, D 598, F 7200, F 7409

Allgemeines

Antibes ist neben Marseille und Nizza eine der ältesten von den Phokäern gegründeten Städte an der französischen Mittelmeerküste. Der alte Name Antipolis – Stadt auf der anderen Seite – weist auf die Lage an der Bucht gegenüber von Nizza hin. Im Mittelalter war „Antiboul" die E-lichste Stadt des französischen Königreiches. Das Fort Carré und andere Festungsanlagen entstanden im 17. Jahrhundert und erinnern uns noch heute an eine militärisch imposante Epoche.
1794 war der junge Napoléon Bonaparte Kommandant in Antibes und hier mit seiner Familie äußerst schlecht angesehen. Nach der Beschreibung von Archibald Lyall bekam Napoléon, wie alle Militärs in revolutionären Zeiten, seinen Sold nur unregelmäßig ausgezahlt, sodass seine Mutter, immerhin die Witwe eines Adeligen aus Ajaccio, eigenhändig die Wäsche

Vauban-Antibes aus E; Blick in den Vieux-Port und die Anse St-Roch

wusch und seine Schwestern, die Prinzessinnen, die Vorratskammer mit in der Nachbarschaft entwendeten Feigen und Artischocken füllten. Der Groll der Antiber auf den General zeigte sich auch 1815, als Napoléon aus Elba zurückkehrte und seine Boten, die um Unterstützung baten, allesamt im Gefängnis landeten.
In der Altstadt von Antibes ist noch die Atmosphäre einer alten Hafenstadt zu verspüren, obwohl nahezu jedes zweite Haus der Hauptstraße ein Touristengeschäft oder ein Restaurant beherbergt. Viele der Handwerksbetriebe scheinen einzig darauf aus, die unzähligen Yachten im überfüllten Hafen zu bedienen. Der Hafen selbst gehört zu den ansprechendsten der Côte d'Azur.

Ansteuerung
Auffällig: Der hohe viereckige weiße Leuchtturm La Garoupe oben auf Cap d'Antibes ist aus einiger Entfernung zu erkennen. Von E kommend, ist das Fort Carré an der N-Seite der Hafeneinfahrt besonders auffällig; ebenso bilden ein Turm und ein Kirchturm in der Altstadt gute Landmarken. Die Hafenmolen sind gut zu sehen, aber die Einfahrt selbst ist schlecht zu erkennen. Beim Näherkommen wird der weiße Leuchtturm mit roter Spitze auf der Einfahrt sichtbar.
Nachts steuert man nach dem Feuer La Garoupe Fl(2)10s31M.
Die Hafeneinfahrt ist mit Fl(4)WR.15s15/11M, eine Tonne mit Fl(2)G.6s und die innere Hafenmole unterhalb des Fort Carré mit Iso.G.4s5M befeuert. Die sichere Ansteuerung erfolgt im weißen Sektor des Einfahrtfeuers 160°–328°.

Der alte Hafen ist mit F.Vi.2M befeuert. Die Einfahrt in die Anse St-Roch ist mit F/F.R, die innere Mole mit Iso.4s bezeichnet. Der Yachthafen ist rund um die Uhr auf UKW-Kanal 09 zu erreichen.
Gefahren: Bei starken E- bis NE-lichen Winden entsteht in der Einfahrt eine unangenehme See.

Liegeplätze
170 der insgesamt 1700 Liegeplätze für Yachten bis 65 m Lüa sind für Gastlieger reserviert. Wassertiefe 2–7 m. Man macht zunächst am Empfangskai in der Nähe der W-lichen Einfahrt oder am Bunkerplatz fest und lässt sich im Hafenbüro einen Platz zuweisen. Mooringleinen am Kai oder an Bojen. Man ist überall sehr gut geschützt. Antibes ist einer der beliebtesten Häfen an der französischen Mittelmeerküste zum Überwintern.
Behörden: Zoll, Hafenmeister und Marinapersonal sind vor Ort. Es wird ein Liegegeld der Kategorie 3/5 verlangt.
Infos: Tel. 04 92 91 60 00 oder Fax 04 93 34 74 04.
Hinweis Eine neue Marina mit 1000 Plätzen ist N-lich des Hafens geplant. Bei Redaktionsschluss war über den Baubeginn dazu noch nichts bekannt.

Bassin de Grande Plaisance (IYCA)
19 Liegeplätze für große Yachten zwischen 70 und 165 m Lüa befinden sich an der Einfahrt des 5–7 m tiefen Bassin de Grande Plaisance, das dem IYAC (International Yacht Club d'Antibes) untersteht und ein eigenes Hafenbüro auf der Mole an der Einfahrt hat.
Infos auf UKW-Kanal 09 (rund um die Uhr) bzw. Tel. 04 93 34 30 30 oder 04 93 34 27 52.

Versorgung
Jeder Liegeplatz hat Wasser- und Stromanschluss (220 und 380 V). An einigen Plätzen sind auch Telefon- und TV-Anschlüsse zu bekommen. Duschen und Toiletten sind vorhanden. Der Hafen ist Tag und Nacht bewacht.
Die Tankstelle ist am Kai beim Hafenbüro. Es sind Bootslifte bis 150 t sowie Kräne und Slips vorhanden. Reparaturen an Maschine und Mechanik, Elektrik und Elektronik sowie GFK- und Holzrümpfen und Aluminium- und Stahlarbeiten können ausgeführt werden. Segelmacher, Yachtausrüster und Schifffahrtsagenten sind am Ort. In Hafennähe findet man eine exzellente Auswahl an Lebensmitteln. In der Altstadt gibt es einen Wochenmarkt. Alle Waren werden auch an Bord geliefert. Am Hafen liegen die verschiedensten Restaurants.
Außerdem gibt es hier Post, Banken, Auto-, Motorrad- und Fahrradvermietungen sowie Bus- und Bahnverbindungen entlang der Küste. Flüge ins In- und Ausland sind vom Flughafen Nizza möglich.

Picasso
Nach dem Zweiten Weltkrieg kehrte Pablo Picasso an sein geliebtes Mittelmeer zurück. Selbst als unangefochtener Meister der Moderne hatte er in diesen Zeiten Schwierigkeiten, an Atelier und Material heranzukommen, und so nahm Picasso sehr gerne das Angebot des Museumsdirektors in Antibes an, der ihm das Grimaldi-Schloss zur Verfügung stellte.
Er begann, zwischen den verstaubten Exponaten wie ein Besessener zu zeichnen und zu malen; durch das Mittelmeer beeinflusst, kehrte Picasso thematisch zur griechischen Mythologie zurück, und seine Arbeiten wurden von Odysseus und den Sirenen sowie zahllosen Faunen, Zentauren, Satyren, Stieren, Eulen, Flötenspielern und Tänzern geprägt. Anstelle der Leinwand, die es damals auch für ihn nicht zu kaufen gab, malte er direkt auf Holz.
Weitere Anregungen gab die neue Lebensgefährtin Picassos, die junge Françoise Gilot, die ihn später mit der Begründung verlassen haben soll, sie wolle nicht mit einem Denkmal verheiratet sein.
Als Picasso von Antibes nach Vallauris umzog, ließ er praktisch alle seine Arbeiten als Leihgabe zurück und vervollständigte die Sammlung noch durch einige der in Vallauris entstandenen Keramiken. So haben Sie heute in Antibes die seltene Gelegenheit, seine Arbeitsräume sowie Werke des großen Künstlers zu besichtigen.

Marina Baie des Anges
WP 43°38,0'N 007°08,5'E
Karten: D 484, D 597, D 598, F 7200, F 7409

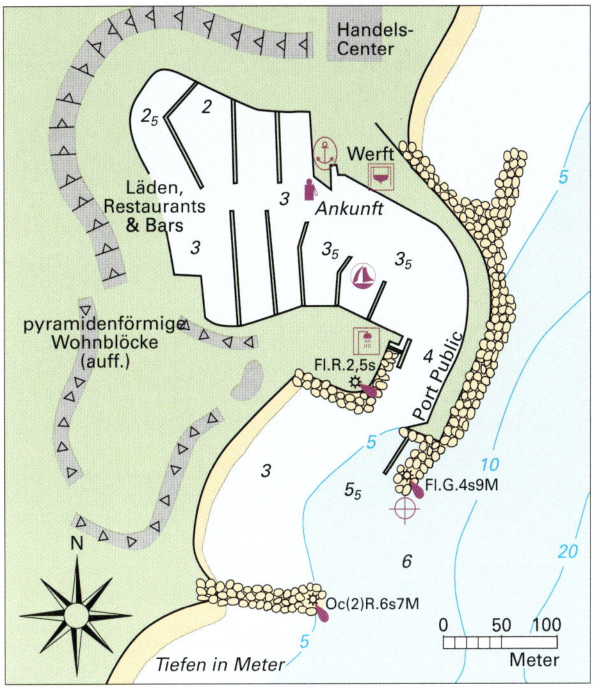

Allgemeines
Beim ersten Anblick der gigantischen Appartementhäuser des Architekten André Minangoy kann einen das blanke Entsetzen packen. Die Reihen der pyramidenförmigen Häuser verschandeln die gesamte Landschaft. Doch die vielen Bäume und Sträucher machen den Aufenthalt einigermaßen erträglich, zumal der Marinabetrieb sehr gut funktioniert.

Ansteuerung
Auffällig: Die vier riesigen, pyramidenförmigen Appartementbauten sind aus einiger Entfernung zu erkennen. Die Hafenmolen und der Einfahrtsleuchtturm sind nur aus der Nähe zu identifizieren.
Nachts ist die Einfahrt mit Fl.G.4s9M und Oc(2)R.6s7M befeuert. Die innere Einfahrt zeigt Fl.R.2,5s.
Im Sommer ist der Yachthafen von 0900–1230 und von 1430–1830 Uhr auf UKW-Kanal 09 zu erreichen.
Gefahren: Bei starken E-lichen Winden wird das Einlaufen durch eine unruhige See in der Einfahrt erschwert.

Liegeplätze
Im 2–5 m tiefen Port Public stehen insgesamt 475 Plätze für Yachten bis 30 m Lüa zur Verfügung, davon 53 für Gäste. Wassertiefe 2–5 m.
Man macht am Empfangskai im N des Hafens fest und lässt sich im Hafenbüro einen Platz zuweisen. Mooringleinen am Kai. Der Schutz im Hafen ist gut,

Marina Baie des Anges aus E

auch wenn einige Plätze im Port Public bei starken E-Winden recht ungemütlich werden.
Marinapersonal und Hafenmeister versehen ihren Dienst. Es wird ein Liegegeld der Kategorie 3/4 verlangt.
Infos: Tel. 04 92 13 32 22, Fax 04 93 20 45 39 oder E-Mail: info@portmarinabaiedesanges.com

Versorgung

Jeder Liegeplatz hat einen Wasser- und Stromanschluss (220 und 380 V). Duschen und Toiletten sind vorhanden.
Treibstoff bekommt man am Kai beim Hafenbüro. Es sind ein 50-t-Bootslift sowie ein 2,5-t-Kran vorhanden. Reparaturen an Maschine und Mechanik, Elektrik und Elektronik sowie an Holz- und GFK-Rümpfen können ausgeführt werden. Yachtausrüster sind am Ort. Gute Versorgungsmöglichkeiten, Stangeneis und zahlreiche Bars und Restaurants findet man in und um die Marina.
Eine Post und eine Autovermietung stehen zur Verfügung. Busse und Züge des Küstenverkehrs halten hier. Vom Flughafen Nizza gehen Flüge ins In- und Ausland.

Cros de Cagnes

43°39,4'N 007°10,2'E

Der kleine Hafen vor Cagnes-sur-Mer liegt unmittelbar W-lich des Flughafens Nizza und ist an einem massiven weißen Mast (14 m Höhe) zu erkennen. Die Wassertiefen nehmen von 2 m in der Einfahrt auf 1–2 m im Hafenbecken ab. Meist sind alle Liegeplätze mit einheimischen Yachten belegt, sodass Gastyachten kaum eine Chance auf einen Platz haben.
Hinweis: Es gibt Pläne, hier eine Marina mit 1000 Liegeplätzen zu bauen, doch bisher ist noch nichts Konkretes geschehen.

St-Laurent-du-Var

WP 43°39,3'N 007°10,8'E
Karten: D 484, D 597, D 598, F 7200, F 7409

Allgemeines

Die Marina mit exzellenten Versorgungseinrichtungen ist vorbildlich, doch darüber hinaus kann man eigentlich nichts Besonderes über diesen Ort sagen. Die Lärmbelästigung durch die pausenlos startenden und landenden Flugzeuge und die auf der nahen Küstenstraße brausenden Autos ist unglaublich, und die Luft ist von Abgasen und Flugbenzingestank erfüllt.
Der Fluss Var bildete bis 1860 die Grenze zwischen Frankreich und dem Nationalstaat Savoyen. Reisende mussten ihn flussaufwärts queren und waren dabei meist größeren Schikanen der Grenzposten ausgesetzt.

Ansteuerung

Die große Marina liegt direkt W-lich des Flusses Var und dem Flughafen Nizza.
Auffällig: Die startenden und landenden Flugzeuge sind der beste Hinweis auf den Hafen. Gut zu erkennen sind auch die dicht gedrängt stehenden Häuser des Ortes St-Laurent-du-Var.
Nachts ist die Hafeneinfahrt mit Fl(3)WG.12s11/8M befeuert, wobei die sichere Ansteuerung im weißen

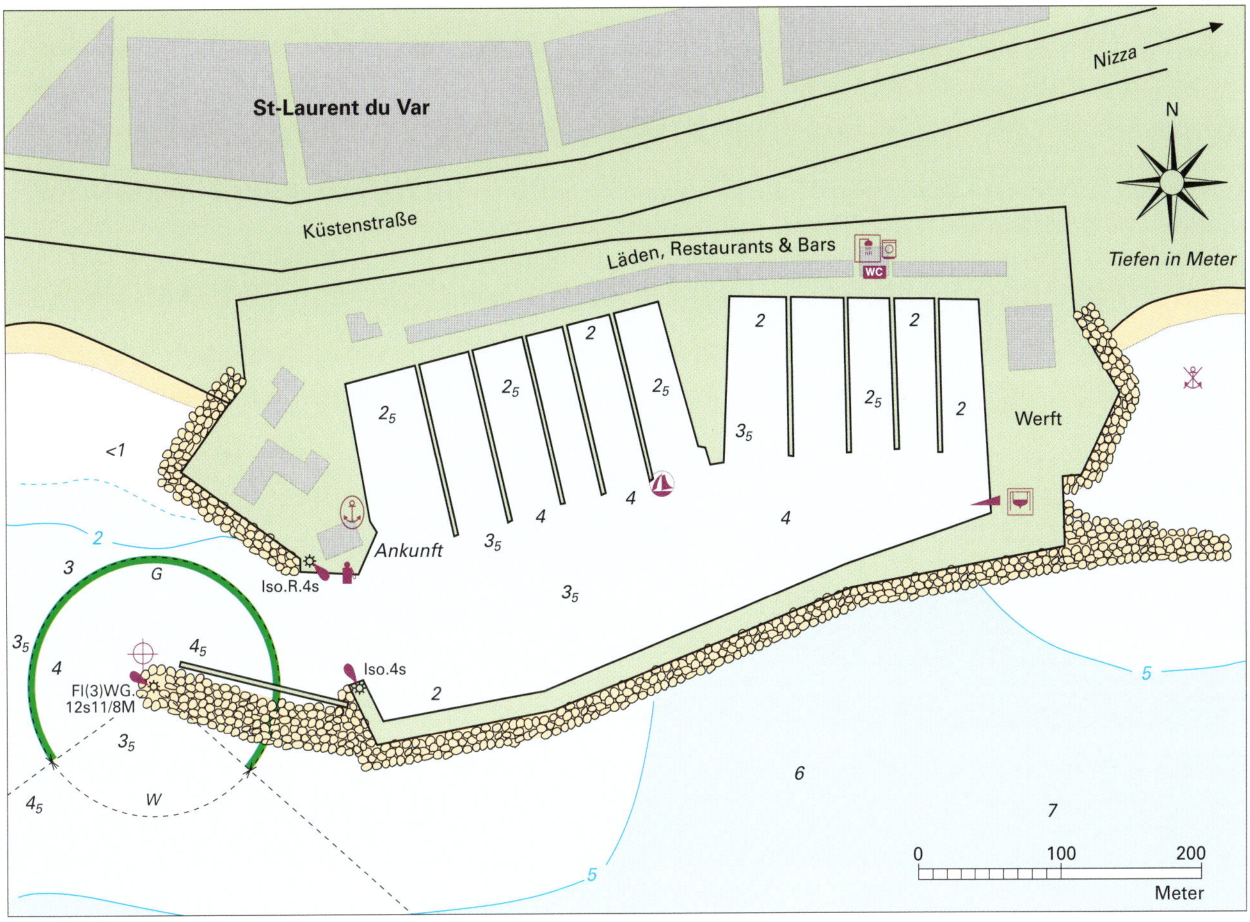

Sektor auf 310°–055° liegt. Die innere Einfahrt ist mit Iso.4s und Iso.R.4s (Leuchtband) versehen.
Die Marina ist Tag und Nacht auf UKW-Kanal 09 zu erreichen.
Gefahren: Bei stärkeren S-lichen Winden entsteht eine grobe See, die das Einlaufen erschwert.

Liegeplätze

250 der 1085 Plätze für Yachten bis 23 m Lüa sind für Gastlieger reserviert. Die Wassertiefe beträgt 2–4 m. Man macht zunächst am Empfangskai unmittelbar hinter der Einfahrt fest und lässt sich im Hafenbüro einen Platz zuweisen. Mooringleinen am Kai oder an Bojen. Der Hafen ist bei jeder Windrichtung gut geschützt. Die Marina beschäftigt einen Hafenmeister sowie Marinapersonal und erhebt ein Liegegeld der Kategorie 3/4.
Infos: Tel. 04 93 07 12 70 oder Fax 04 93 07 35 55.

Versorgung

Jeder Liegeplatz hat Wasser- und Stromanschluss (220 und 380 V). Duschen und Toiletten sind vorhanden, ebenso ein Waschsalon.
Eine Tankstelle befindet sich am Kai bei der Einfahrt. Ein 50-t-Bootslift, ein 4- und ein 6-t-Kran sowie mehrere Slips stehen zur Verfügung. Reparaturen an Maschine und Mechanik, Elektrik und Elektronik sowie an Holz- und GFK-Rümpfen können ausgeführt werden. Segelmacher und Yachtausrüster sind am Ort.
Die meisten Lebensmittel und Stangeneis sind in der Marina erhältlich. Eine bessere Auswahl findet man allerdings in St-Laurent. In der Marina haben auch Bars und Restaurants geöffnet.
Im Ort gibt es Post, Banken und eine Autovermietung. Bus- und Zugverbindungen führen entlang der Küste. Vom Flughafen Nizza starten Flüge ins In- und Ausland.

St-Laurent-du-Var aus S

Die Riviera

Der Begriff der „Französischen Riviera“ wird häufig ungenau verwendet, sodass viele darunter den Küstenabschnitt von Marseille bis La Spezia verstehen. Die eigentliche Riviera erstreckt sich aber über die Küstenregion der Voralpen von Nizza über Menton und die französisch-italienische Grenze hinaus nach Genua. Geografisch gesehen ist eine Riviera im Allgemeinen ein Küstenstreifen, der durch hohe Berge vor extremen Klimaverhältnissen geschützt wird, also relativ milde Winter und gemäßigte Sommer aufweist. Von 1388 bis 1860 gehörte der hier gemeinte Küstenstreifen zum Nationalstaat Savoyen, also eigentlich zu Italien. Bis heute sind das Straßenbild, aber auch die Sprache und der Speisezettel stark von italienischen Einflüssen geprägt.

Das Wetter an der Riviera

Der im Sommer vorherrschende Wind ist ein Seewind aus NE über E bis SE, der morgens zu wehen beginnt und zur Nacht abflaut. Dieser Wind erreicht selten mehr als Beaufort 4–5 und beschert wundervolle dunstige Morgenstunden auf einem spiegelglatten Meer. Die hohen Berge schützen den Küstenbereich vor den schlimmsten Auswirkungen des Mistrals, und die See ist weniger grob als weiter im Westen.

Wichtige Angaben

Die wichtigsten Leuchtfeuer

Nizza, Jetée du Large: Fl.R.5s21m20M
Cap Ferrat: Fl.3s69m25M
Villefranche: Q.WR.8m12/8M (009°-R-148°-R (schwach)-238°-R-286°-W-311°-R-335°-W-009°)
St-Jean: Fl(4)R.12s9m9M
Beaulieu-sur-Mer: Q.R.7m10M
Cap d'Ail: Fl.G.4s11m10M
Port de Monaco/Port Hercule: Fl(3)R.15s8M und Fl(3)G.15s5M
Menton, Vieux-Port: VQ(4)R.3s16m10M
Menton-Garavan: Fl.R.4s11m10M

Wegpunkte für die Törnplanung

WP 1	43°37,71'N 007°12,09'E (WGS 72) 1 sm S-lich des Flughafens von Nizza (SW-Ecke)
WP 2	43°39,5'N 007°19,7'E 1 sm S-lich des Cap Ferrat
WP 3	43°43,4'N 007°26,3'E 1 sm E-lich von Port de Cap d'Ail
WP 4	43°43,94'N 007°29,20'E (WGS 72) 1 sm S-lich von Cap Martin
WP 5	43°45,5'N 007°30,7'E 1 sm S-lich von Menton, Vieux-Port

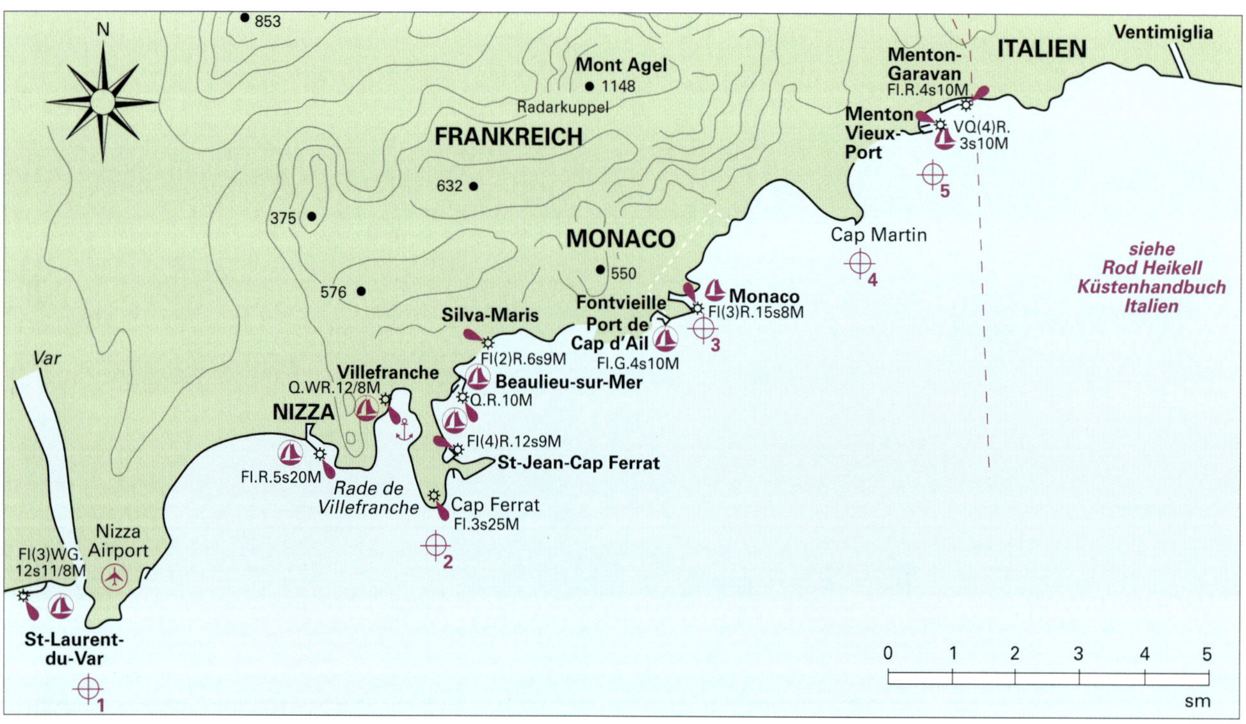

Die Französischen Riviera (Angaben zu den Wegpunkten siehe oben)

Kurzübersicht

	Schutz	*Liegeplatz*	*Treibstoff*	*Wasser*	*Lebensmittel*	*Restaurants*	*Hafenplan*	*Liegegebühren*
Nizza	A	AB	A	A	A	A	•	3
Villefranche	A	A	A	A	B	B	•	3
St-Jean-Cap Ferrat	A	A	A	A	B	B	•	3/4
Beaulieu-sur-Mer	A	A	A	A	B	B	•	3
Port de Cap l'Ail	AB	AB	A	A	B	B	•	3
Fontvieille	A	A	O	A	B	B	•	4
Port de Monaco	B	A	A	A	A	A	•	3
Menton, Vieux-Port	B	A	B	A	A	A	•	3
Menton-Garavan	A	A	A	A	B	B	•	3

Nizza

WP 1 43°41,4'N 007°17,3'E
WP 2 43°41,72'N 007°17,18'E (WGS 84)
Karten: D 484, D 597, D 598, F 7200, F 7409

Allgemeines

Nizza, die Hauptstadt der Riviera, zählt zu den klassischen Seebädern und wird von vielen als unbedingtes „Muss" angesehen. Die fünftgrößte Stadt Frankreichs ist die zweitgrößte an der französischen Mittelmeerküste.

350 vor Christus von griechischen Phokäern gegründet, stand Nizza zur Zeit der Römer stets im Schatten des nahen Cimiez. Erst unter der Herrschaft der provenzalischen Herzöge im 10. Jahrhundert entwickelte sich die Stadt zum wichtigsten Hafen der Region. 1388 nutzte Amadeus VII., Graf von Savoyen, die Herrschaftsstreitigkeiten der Häuser Durazzo und Anjou und übernahm, mit heimlicher Unterstützung des Bürgermeisters, die Macht. Von der Bevölkerung überschwänglich begrüßt, hielten sich die Savoyer bis zur Einverleibung durch Frankreich im Jahre 1860.

Während noch 1763 der schottische Arzt und Schriftsteller Tobias Smollett durch sein tägliches Bad im Mittelmeer für Aufläufe sorgen konnte, ist Nizza heute zum Treffpunkt des internationalen Tourismus geworden. Neben diesem Erwerbszweig baut die Stadt auf Einkünfte aus der leichten Industrie und der Blumenzucht und wird durch zahlreiche Ausstellungen und Kongresse sowie durch die 1966 gegründete Universität belebt. Der alte Hafen, von Handelsschiffen, Fähren, Fischern und Yachten gleicherma-

Nizza aus SW

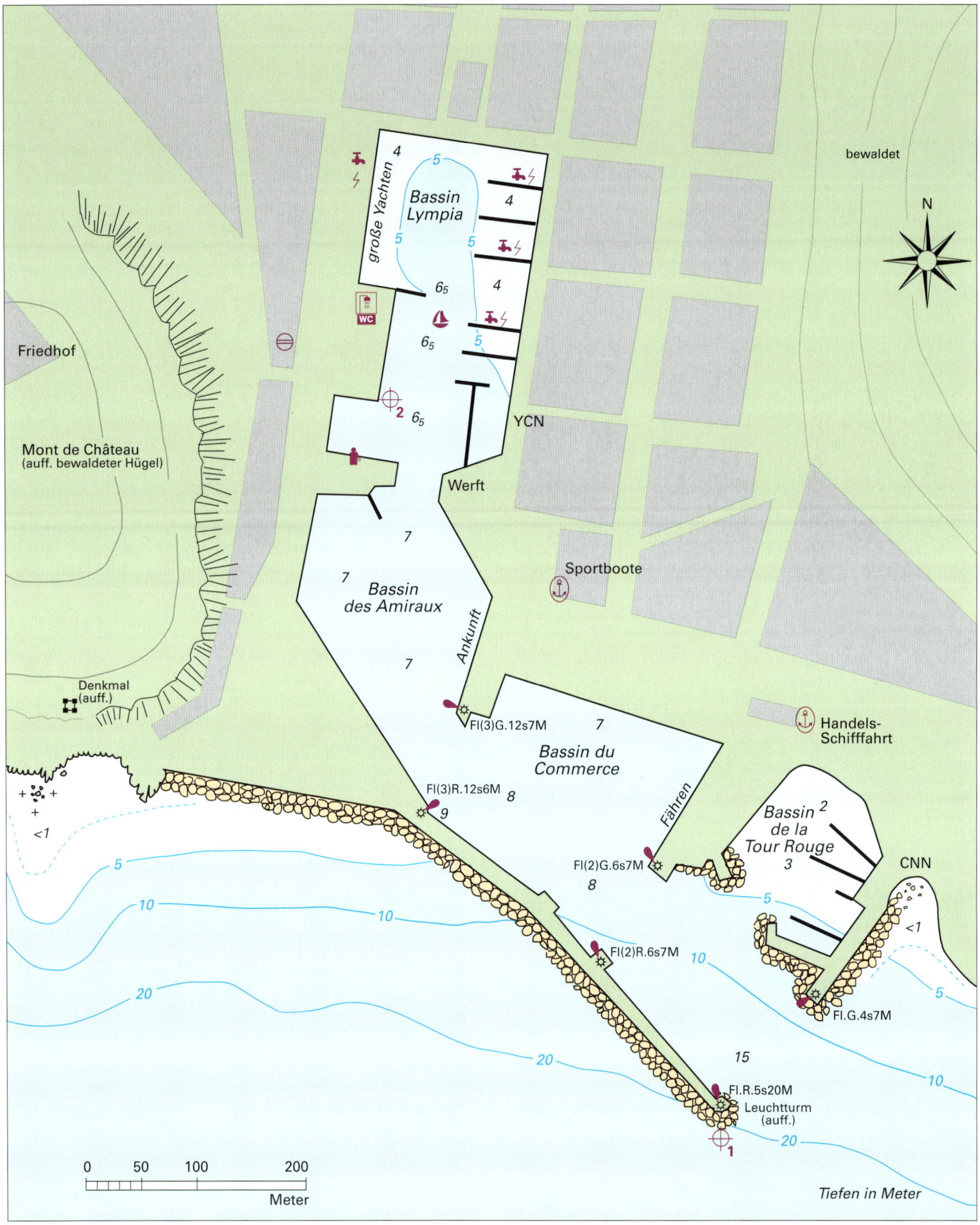

ßen genutzt, ist zwischen all den Marinas der Umgebung eine willkommene Abwechslung.

Ansteuerung

Von W kommend, erkennt man zunächst die Vororte der Stadt, die sich am Ufer der Baie des Anges hinziehen. Der Flughafen E-lich des Flusses Var ist wegen des starken Flugverkehrs gut auszumachen. Von E ist der Hafen erst nach der Rundung des Cap de Nice zu sehen.

Auffällig: Gute Landmarken sind das weiße Observatorium auf dem Mont Gros oberhalb des Hafens sowie der Mont de Château de Nice, ein mit Bäumen bestandener Felshügel W-lich des Hafens. Aus der Nähe ist auch das Denkmal, das in eine Höhlung des Felsens gebaut wurde, zu erkennen. An der Hafen-

Nizza aus E; Blick hinüber zum Mont de Château. Das in den Fels gehauene Denkmal am Fuß des Wellenbrechers, bildet eine gute Landmarke

einfahrt steht ein viereckiger Leuchtturm auf dem Kopf des Wellenbrechers.

Nachts navigiert man nach dem Leuchtfeuer auf Cap Ferrat mit Fl.3s25M. Der Leuchtturm an der Hafeneinfahrt hat die Kennung Fl.R.5s20M.

Das Feuer auf dem Kopf der E-Mole der Hafeneinfahrt Fl.G.4s7M kommt erst später in Sicht. Die Einfahrt des Handelshafens ist mit Fl(2)R.6s7M und Fl(2)G.6s7M, die innere Hafeneinfahrt mit Fl(3)R.12s 6M und Fl(3)G.12s7M befeuert.

Der Yachthafen ist mit dem Ruf „Nice Marina" auf UKW-Kanal 09 zu erreichen: im Sommer von 0700–2100 Uhr, im Winter von 0800–1800 Uhr.

Gefahren: Bei starken S-lichen Winden entsteht in der Einfahrt eine unangenehme See, die das Einlaufen erschwert, teilweise sogar gefährlich macht.

Hinweis: In den Ansteuerungen hat die Berufsschifffahrt Wegerecht. Yachten sollten stets einen guten Abstand zu diesen Schiffen halten.

Liegeplätze

500 Plätze stehen für Yachten bis 140 m Lüa zur Verfügung, darunter 150 Gastliegeplätze; die Wassertiefen liegen zwischen 5 und 10 m. Im Sommer ist es schwierig, einen Platz zu bekommen. Man macht zunächst am Empfangskai bei der Einfahrt zum Bassin des Amiraux fest und lässt sich vom Yacht Club de Nice einen Platz im Bassin Lympia zuweisen. Falls das nicht möglich ist, wird man an die Capitainerie weiterverwiesen, die eventuell einen Platz besorgen kann. Auch beim Club Nautique de Nice im Bassin de la Tour Rouge lässt sich vielleicht ein Plätzchen finden – in der Hochsaison ist das allerdings sehr unwahrscheinlich. Das Bassin Lympia bietet guten Rundum-Schutz.

Behörden: Nizza ist Zollhafen und hat einen Hafenmeister. Das Büro des YCN befindet sich an der E-Seite des Bassin des Amiraux. Das Liegegeld entspricht der Kategorie 3.

Yachthafenbüro: Tel. 04 92 90 42 14, Fax 04 92 90 42 90 oder E-Mail nice-plaisance@cote-azur.cci.fr

Yacht Club de Nice: Tel. 04 93 89 44 17,

Club Nautique de Nice: Tel. 04 93 89 39 78.

Versorgung

Die Liegeplätze beim YCN haben Wasser- und Stromanschlüsse (220 V und 380 V). Treibstoff erhält man am Kai nahe der Einfahrt. Es gibt einen 6- und einen 12-t-Kran sowie verschiedene Slips und einen 5-t-Bootslift, doch nur wenige Stellplätze. Reparaturen an Mechanik und Maschine, Elektrik und Elektronik sowie an Holz- und GFK-Rümpfen können ausgeführt werden. Yachtausrüster und Segelmacher sind am Ort.

Lebensmittel und Stangeneis sind in Hafennähe zu bekommen. Hier findet auch der Fischmarkt statt, der Wochenmarkt ist in der Stadt. Es stehen unzählige Restaurants zur Auswahl. Weitere Einrichtungen wie Post, Banken und Autovermietungen sind vorhanden. Busse und Züge verkehren entlang der Küste. Es gibt Fährverbindungen nach Korsika. Flüge ins In- und Ausland sind vom Flughafen Nizza möglich.

Rade de Villefranche

WP 43°40,5'N 007°19,7'E (Feuer Cap Ferrat)
Karten: D 484, D 597, D 598, F 7200, F 6863, F 7409

Die tief eingeschnittene, von Steilufern umgebene Rade de Villefranche schließt sich im E an Nizza an. Die Bebauung ist zum Glück nicht geschlossen, sodass Platz für Bäume geblieben ist. Der achteckige Leuchtturm und die weiße Signalstation auf Cap Ferrat dienen bei der Ansteuerung aus W und E als Landmarke.

Am W-Ufer der Bucht gibt es in Villefranche eine Marina, und vor den Ufern rund um die Bucht findet man zahlreiche Ankermöglichkeiten.

Rade de Villefranche und Cap Ferrat (Angaben zum Wegpunkt siehe Seite 235)

Villefranche

WP 43°42,0'N 007°18,7'E
Karten: D 484, D 597, D 598, F 7200, F 6863, F 7409

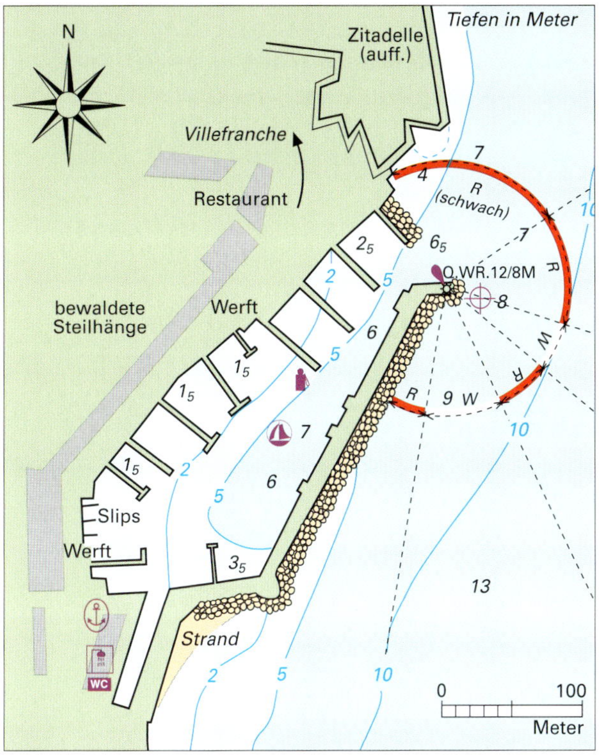

Allgemeines

Die Architektur und der Charakter dieser Stadt entstammen vergangenen Jahrhunderten. Zwischen den Häusern schlängeln sich von alten Bäumen beschattete Gassen und Wege. Die Zitadelle oberhalb des Hafens wurde im Jahre 1560 vom Herzog von Savoyen zum Schutz der Bucht gebaut. Heute kann man hier herrliche Spaziergänge machen und hat einen wundervollen Blick über die Rade.
Die Chapelle des Pêcheurs am Fischerhafen wurde 1957 von Jean Cocteau ausgemalt. Von den Restaurants an der Hafenpromenade N-lich der Kapelle blickt man über das Wasser auf das Cap Ferrat.

Ansteuerung

Auffällig: Beim Einlaufen in die Rade de Villefranche wird die Zitadelle auf dem W-Ufer sofort sichtbar; die Marina liegt genau unterhalb davon.
Nachts navigiert man nach dem Feuer auf dem Cap Ferrat, Fl.3s25M, und dem Feuer auf der Hafeneinfahrt Q.WR.12/8M. Die sichere Ansteuerung der Rade de Villefranche erfolgt in den weißen Sektoren auf 335°–009° und 286°–311°.
Die Marina ist im Sommer von 0700–2000 Uhr, im Winter von 0730–1800 Uhr auf UKW-Kanal 09 zu erreichen.

Villefranche aus SE

Hinweis: In der Buchtmitte sind mehrere unbefeuerte Reedetonnen ausgelegt.

Liegeplätze

Insgesamt stehen 420 Plätze für Yachten bis 30 m Lüa zur Verfügung. Wassertiefe 1,5–6 m. Auch für Gäste sind Plätze reserviert.
Man macht entweder auf einem zugewiesenen Platz oder zunächst am Tankpier fest und erkundigt sich im Hafenbüro nach einem freien Platz. Mooringleinen am Kai oder an Bojen. Der Schutz im Hafen ist bei jeder Wetterlage hervorragend. Zollabfertigung im N-Hafen möglich. Der Hafenmeister oder das Marinapersonal kassieren Liegegeld der Kategorie 3. Infos: Tel. 04 93 01 70 70, Fax 04 93 76 92 33 oder E-Mail port-villefranche@cote-azur-cci.fr

Versorgung

Alle Liegeplätze haben Wasser- und Stromanschluss. Duschen und Toiletten sind vorhanden.
Treibstoff bekommen Sie am Kopf der Tankpier. Ein 12- und ein 20-t-Kran sowie ein 50- und ein 200-t-Slip sind vorhanden. Reparaturen an der Mechanik sowie an Holz- und GFK-Rümpfen können ausgeführt werden. Segelmacher und Yachtausrüster sind am Ort.
Lebensmittel gibt es im Ort, der sich oberhalb des Hafens befindet und auf einem steilen Weg zu Fuß in zehn Minuten zu erreichen ist. Restaurants sind bei der Marina und an der Hafenpromenade beim N-Hafen zu finden.
Außerdem gibt es eine Post, Banken sowie Bus- und Bahnverbindungen entlang der Küste.

Port de la Santé

Der kleine Fischerhafen von Villefranche befindet sich unmittelbar N-lich der Zitadelle. Der Kopf der Hafenmole ist befeuert mit Fl(4)R.15s7M. Die Wassertiefe an der Innenseite der Mole beträgt 1,5–2 m. Der Hafen ist mit einheimischen Yachten und Fischerbooten so stark belegt, dass Gäste kaum einen Platz finden. Rund 20 m vor dem Quai Courbet an der Hafeneinfahrt beträgt die Tiefe etwa 2 m; gelegentlich ankern Yachten hier, wobei eine Leine zum Kai ausgebracht wird. Bessere Ankermöglichkeiten bestehen aber N-lich des Hafens auf 10–15 m Tiefe über Schlick, der dicht mit Kraut bewachsen ist.

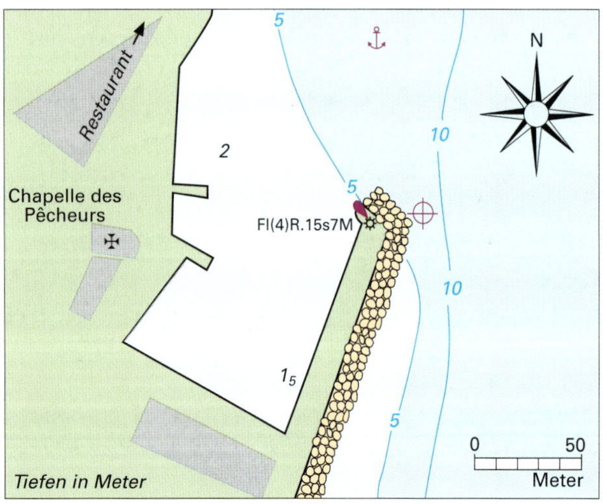

Ankermöglichkeiten in der Rade de Villefranche

Villefranche: In der Bucht S-lich der Marina ankert man auf 5–10 m Tiefe über Schlick, der mit Gras bewachsen ist. Meist steht eine leichte Dünung in die Rade; bei mittleren bis starken S-Winden muss der Platz verlassen werden. Die Versorgungseinrichtungen der Marina sind gut zu erreichen.
Im ***NW der Rade***: Hier kann man auf 10–15 m Tiefe über grasbewachsenem Schlick ankern. Von der 15-m-Linie an wird es schnell flacher. Der Ankerplatz ist nach S ungeschützt. In der Nähe von Villefranche findet man zahlreiche Restaurants.
Anse de l'Espalmador: Dies ist der beliebteste Ankerplatz im E der Rade. Vor dem Seewind aus SE gut geschützt, kann man auf 4–12 m über grasbewachsenem Schlick ankern; von der 10-m-Linie an nehmen die Tiefen abrupt ab. Auch hier ist eine stetige, leichte Dünung zu spüren. Bei starken S-Winden muss man den Ankerplatz verlassen. Bei der Navigation sind die Roches du Rube im vor dem Ufer N-lich der Anse zu beachten, über denen nur 1,3–1,8 m Wasser stehen.
Anse de Passable: Diese kleine Bucht S-lich der Anse de l'Espalmador ist wenig einladend, da sie kaum Schutz bietet.
Hinweis: In der gesamten Rade de Villefranche ist die zulässige Höchstgeschwindigkeit auf 5 Knoten begrenzt; von der „Gendarmerie maritime" wird dies streng kontrolliert.

Pointe de St-Hospice

Die relativ flache Landspitze an der E-Seite des Cap Ferrat ist dicht bewachsen. Zwischen den Bäumen versteckt liegen zahlreiche Privatvillen. Auffällig ist der Turm im E. Die verschiedenen Ankerbuchten sind je nach Windrichtung zu nutzen.

Anse de Lilong ist eine kleine Bucht W-lich der Pte de Lilong. Sie ist nach S hin offen. Man ankert auf 4–8 m über grasbewachsenem Sand bzw. Schlick. Von der 4-m-Linie an steigt der Grund steil auf 1 m Tiefe an.
Anse des Fosses liegt an der E-Seite der Pte de Lilong und ist ebenfalls nach S ungeschützt. Man ankert auf 5–8 m über grasbewachsenem Sand.

Blick nach N auf St-Jean-Cap Ferrat mit der Anse de Fosses (vorn) sowie der Anse de l'Espalmador (oben li.)

Anse de la Scaletta an der N-Seite der Pte de St-Hospice ist nach N und E offen. Die Anker halten auf dem mit sehr dichtem Gras bewachsenen Sand häufig schlecht. St-Jean-Cap Ferrat ist gut zu erreichen.

St-Jean-Cap Ferrat

WP 43°41,5'N 007°20,2'E
Karten: D 484, D 597, D 598, F 7200, F 6863, F 7409

Allgemeines

Am Cap Ferrat und in der Umgebung von St-Jean-Cap Ferrat findet man wundervoll angelegte Gärten und die elegantesten Villen der gesamten Küste. Die Anwesen gehören u. a. dem belgischen König, einem Rothschild und verschiedenen Adeligen. In der Villa Mauresque lebte von 1927 bis zu seinem Tod im Jahr 1968 der englische Schriftsteller Somerset Maugham.

St-Jean-Cap Ferrat aus E

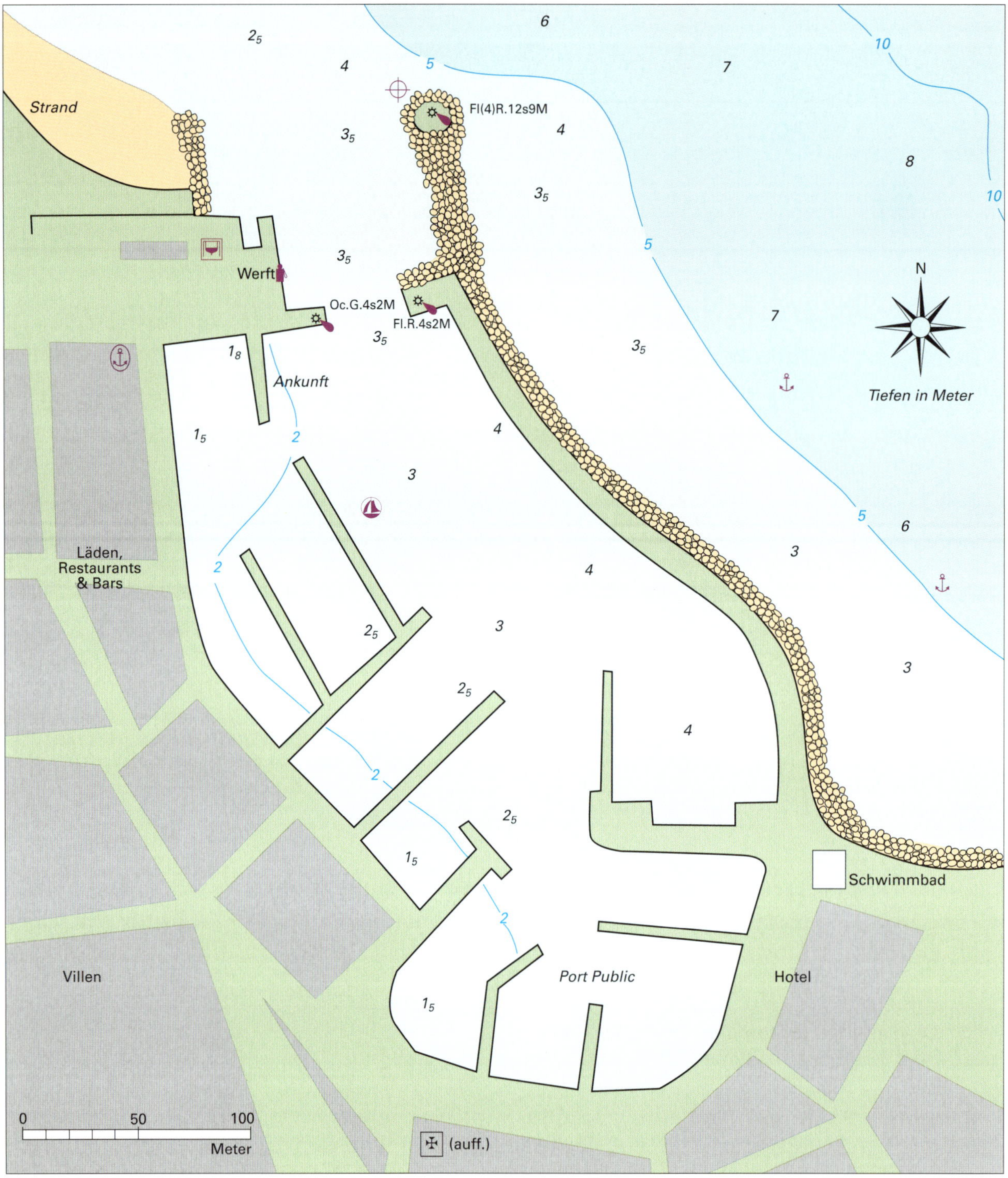

Ansteuerung

Auffällig: Von S und E kommend, ist der Turm auf der Pte de St-Hospice die beste Landmarke. Beim Näherkommen wird im Ort ein Uhrturm sichtbar. Die Molen und der Leuchtturm an der Hafeneinfahrt sind gut zu erkennen.

Nachts ist die Außenmole mit Fl(4)R.12s9M, die innere Hafeneinfahrt mit Oc.G.4s2M und Fl.R.4s2M befeuert.

Die Marina ist Tag und Nacht auf UKW-Kanal 09 zu erreichen.

Gefahren: Bei starken E-lichen Winden entsteht in der Einfahrt eine grobe See, die das Einlaufen erschwert.

Liegeplätze

10 der insgesamt 560 Plätze für Yachten bis 30 m Lüa sind Gästen vorbehalten. Wassertiefe 1,5–4 m.

Man macht zunächst am Empfangskai im W fest und lässt sich im Hafenbüro einen Platz zuweisen. Mooringleinen am Kai. Der Hafen ist bei jedem Wetter hervorragend geschützt. Vom Hafenmeister oder dem

Die Villa Kerylos auf der Pte des Fourmis

Villa Kerylos

Die auffällige Villa auf der Pte des Fourmis ist der Nachbau eines griechischen Herrschaftshauses, den Théodore Reinach, ein französischer Archäologe, zu Beginn des 20. Jahrhunderts errichten ließ. Unter der Anleitung eines Architekten und mehrerer Archäologen wurden Tropenhölzer sowie Marmor aus Carrara für die Konstruktion importiert. Die Möbel und Fresken fertigte man nach den Motiven originaler Keramiken und Mosaike.

Obwohl nicht unter allen Gesichtspunkten exakt rekonstruiert, ist das Haus doch ein Abbild der Begeisterung für die griechische Antike jener Zeit. Der Innenhof mit Swimmingpool wird von einem Säulengang mit ionischen Statuen gesäumt; die Decke des Salons ist getäfelt, es gibt einen Hausaltar, und in dem Speisezimmer wurden zu Reinachs Zeiten ausschließlich griechische Mahlzeiten aufgetragen.

Neben den vielen Nachbildungen sind einige Originale zu sehen. Und auch einige Errungenschaften des 20. Jahrhunderts durften nicht fehlen: Außer an fließend Wasser und Elektrizität hatte man zum Beispiel an ein Klavier gedacht. Die alten Griechen hätte es gefreut!

Marinapersonal wird Liegegeld der Kategorie 3/4 verlangt.
Infos: Tel. 04 93 76 04 56 oder Fax 04 93 76 12 73.

Ankerplatz: Im Sommer kann man N-lich der Hafeneinfahrt oder vor den Molen der Marina ankern, wobei ein- und auslaufende Yachten nicht behindert werden dürfen.

Versorgung

Jeder Liegeplatz hat Wasser- und Stromanschluss (220 und 380 V). Duschen und Toiletten stehen zur Verfügung; ein Waschsalon ist vorhanden. Am Kai bei der Einfahrt ist eine Tankstelle. Es gibt einen 30-t-Bootslift und einen 16-t-Kran. Einige Reparaturen an Holz- bzw. GFK-Rümpfen und Arbeiten an der Mechanik können hier ausgeführt werden. Yachtausrüster sind am Ort. Die Versorgungsmöglichkeiten in der Umgebung sind gut; auch Stangeneis ist erhältlich. Entlang der Hafenpromenade findet man zahlreiche Bars und Restaurants. Post, Banken und eine Autovermietung sind vorhanden.

Port des Fourmis

Allgemeines

Dieser kleine Hafen unterhalb der Villa Kerylos auf der Pte des Fourmis ist ein wirkliches Kleinod. Bedauerlicherweise bleibt er aufgrund der geringen Wassertiefen nur flachgehenden Booten vorbehalten.

Ansteuerung

Der kleine Hafen liegt S-lich von Beaulieu-sur-Mer. Die Wassertiefen im unmittelbaren Ansteuerungsbereich betragen 1,4–2 m. Die Einfahrt ist unbefeuert. Der Hafenmeister ist auf UKW-Kanal 09 zu erreichen.

Liegeplätze

10 der 260 Liegeplätze für Yachten bis 9 m Lüa sind Gästen vorbehalten. Wassertiefen 0,5–1,3 m. Liegeplätze werden zugewiesen. Einige Plätze werden bei S-lichen und besonders SE-lichen Winden ziemlich unruhig.
Infos: Tel. 04 93 01 11 09 oder Fax 04 93 01 35 25.

Versorgung

An allen Liegeplätzen gibt es Wasser und Strom. Toiletten sind vorhanden.
Ein 7-t-Kran steht zur Verfügung. Lebensmittelgeschäfte und Restaurants befinden sich in der Nähe.

Beaulieu-sur-Mer

WP 43°42,5'N 007°20,4'E
Karten: D 484, D 597, D 598, F 7200, F 6863, F 7409

Allgemeines

Von hohen Bergen umgeben, beansprucht Beaulieu für sich, die meisten Sonnenstunden und die mildesten Winter der Riviera zu haben. In dem eleganten Badeort gibt es eine Reihe viktorianischer Bauten, die von englischen Gästen errichtet wurden. Spezielle Sehenswürdigkeiten fehlen hier zwar, doch der Besucher bekommt einen guten Eindruck von der damaligen Atmosphäre. Eine wundervolle Uferpromenade verbindet den Ort mit St-Jean-Cap Ferrat.

Ansteuerung

Der Yachthafen liegt ganz im W der Baie de Beaulieu am Rande der hellen Kalkfelsen, die sich bis Monaco erstrecken.

Auffällig: Die hohen hellen Kalksteinfelsen mit den hineingeschnittenen mittleren und oberen Küstenstraßen, den Corniches, sind schon aus einiger Entfernung gut zu erkennen. Die untere Straßenführung mit ihren Tunneln und Viadukten ist besonders

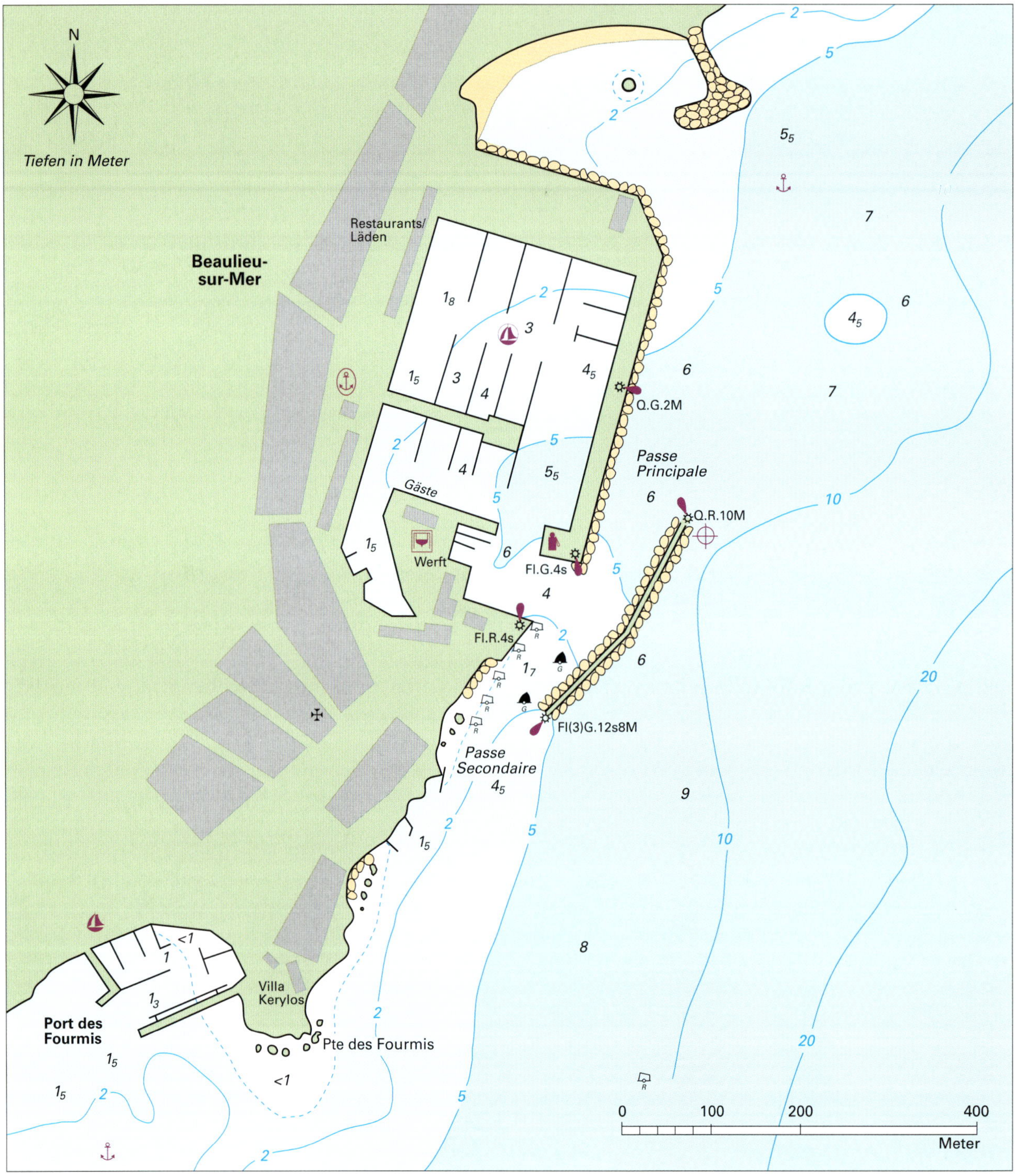

Beaulieu-sur-Mer aus SE

markant. An der Stelle, an der die Straße in den Häusern des Ortes Beaulieu „verschwindet", ist der freistehende Wellenbrecher der Marina zu sehen. Die beiden Leuchttürme auf den Köpfen des freistehenden des Wellenbrechers, der quer vor der Einfahrt verläuft, sind leicht zu erkennen.

Hinweis: Yachten sollten zum Einlaufen die Passe Principale, die N-liche Einfahrt, benutzen, die Wassertiefen von mindestens 4 m bietet. Das betonnte Fahrwasser der Passe Secondaire, der S-lichen Einfahrt, hat weniger als 2 m Tiefe und sollte nur von flachgehenden Booten benutzt werden.

Vor dem Hafen ist ein Gebiet mit vier gelben Tonnen bezeichnet: Dort sind Ankern, Tauchen und Fischen untersagt.

Nachts ist der freistehende Wellenbrecher mit Fl(3)G.12s8M und Q.R.10M, die innere Einfahrt mit Fl.R.4s und Fl.G.4s befeuert. Auf halber Höhe der Schutzmole steht ein Leuchtfeuer (Q.G.2M) zur Bezeichnung der Passe Principale.

Die Marina von Beaulieu ist Tag und Nacht auf UKW-Kanal 09 zu erreichen.

Gefahren: Bei mittleren bis starken E-lichen Winden entsteht in der S-lichen Einfahrt, Passe Secondaire, eine grobe See, und die Ansteuerung dieser Einfahrt sollte – selbst mit flachgehenden Yachten – unterbleiben. Die Passe Principale ist bei jedem Wetter sicher.

Liegeplätze

776 Plätze für Yachten bis 30 m Lüa stehen zur Verfügung, darunter sind 152 für Gastlieger reserviert. Wassertiefe 1,5–5 m.

Man macht zunächst am Kopf der Mittelpier fest und lässt sich im Hafenbüro einen Platz zuweisen. Mooringleinen am Kai oder an Bojen. Der Hafen ist bei allen Windrichtungen gut geschützt.

Behörden: Zoll, Hafenmeister und Marinapersonal versehen hier ihren Dienst. Es wird ein Liegegeld der Kategorie 3 erhoben.

Infos: Tel. 04 93 01 10 49 oder Fax: 04 93 01 14 12.

Versorgung

Alle Liegeplätze haben Wasser und Strom. Duschen und Toiletten sind vorhanden, ein Waschsalon befindet sich in Hafennähe.

Die Tankstelle befindet sich am Kopf der Schutzmole nahe der Einfahrt. Es gibt einen 4-t-Kran und einen 150-t-Bootslift sowie einen Slip. Reparaturen an Maschine und Mechanik, Elektrik und Elektronik sowie an Holz- und GFK-Rümpfen sind möglich. Yachtausrüster und Segelmacher sind am Ort.

In der Marina sind einige Lebensmittel zu bekommen, die größere Auswahl aber bieten die Läden im nahen Ort. Stangeneis ist erhältlich. An der Hafenpromenade sowie in den Straßen dahinter gibt es zahlreiche Restaurants. Außerdem sind Post, Banken, eine Autovermietung, eine Bus- bzw. Bahnstation vorhanden.

Port de Silva-Maris (Port d'Eze-sur-Mer)

WP 43°43,0'N 007°21,2'E

Der kleine Privathafen liegt etwas weniger als 1 sm NE-lich von Beaulieu. Er ist Teil der dahinter liegenden Appartementsiedlung und nicht auf Gastlieger eingerichtet. Die Hafeneinfahrt ist mit Fl(2)R.6s9M befeuert.

Port de Cap d'Ail

WP 43°43,4'N 007°24,9'E
Karten: D 598, F 6863, F 6953, F 7409

Allgemeines

Die Grenze zwischen Frankreich und Monaco verläuft hinter dem Hotel und den Geschäften bei der Marina, sodass man sich hier im wahrsten Sinne des Wortes an der Hintertür des kleinen Fürstentums befindet. Cap d'Ail gehört gerade noch zu Frankreich. Früher war Churchill hin und wieder hier zu Gast und wurde zum Ehrenbürgermeister des Ortes ernannt.

Ansteuerung

Der Yachthafen liegt an der Grenze zu Monaco.
Auffällig: Von W kommend, sind die Hochhäuser der Stadt gut unter der kahlen Bergspitze des Tête de Chien zu erkennen. Gute Landmarken bilden das Ozeanographische Museum in Monaco und die dicht gedrängt stehenden Hochhäuser um die drei Häfen von Cap d'Ail, Fontvieille und Port de Monaco. *Nachts* steuert man nach dem Feuer des Hubschrauberlandeplatzes AeroMo(MC)30s10M in die mit Fl.G.4s10M, Fl.G.4s6M und Fl.R.4s bezeichnete Einfahrt. Die Marina ist Tag und Nacht auf UKW-Kanal 09 zu erreichen.
Gefahren: Vor dem Cap d'Ail erstreckt sich 200 m nach S ein Riff unter Wasser, daher sollte man das Kap mit gutem Abstand runden und erst nach Passieren auf die Hafeneinfahrt zuhalten.

Liegeplätze

Der 5–20 m tiefe Hafen bietet 253 Plätze für Yachten bis 20 m Lüa, einige davon sind Gästen vorbehalten. Man macht zunächst an der Tankstelle bei der Einfahrt fest und lässt sich im Hafenbüro einen Platz zuweisen. Zum Festmachen gibt es Schwimmstege. Mooringleinen an den Stegen.
Der Hafen ist bei jedem Wetter sicher, auch wenn starke SW-liche Winde Schwell verursachen, der einige Plätze etwas ungemütlich macht.
Hafenmeister und Marinapersonal sind vor Ort. Es ist eine Liegegebühr der Kategorie 3 zu entrichten. Infos: Tel. 04 93 78 28 46 oder Fax 04 93 41 98 29.

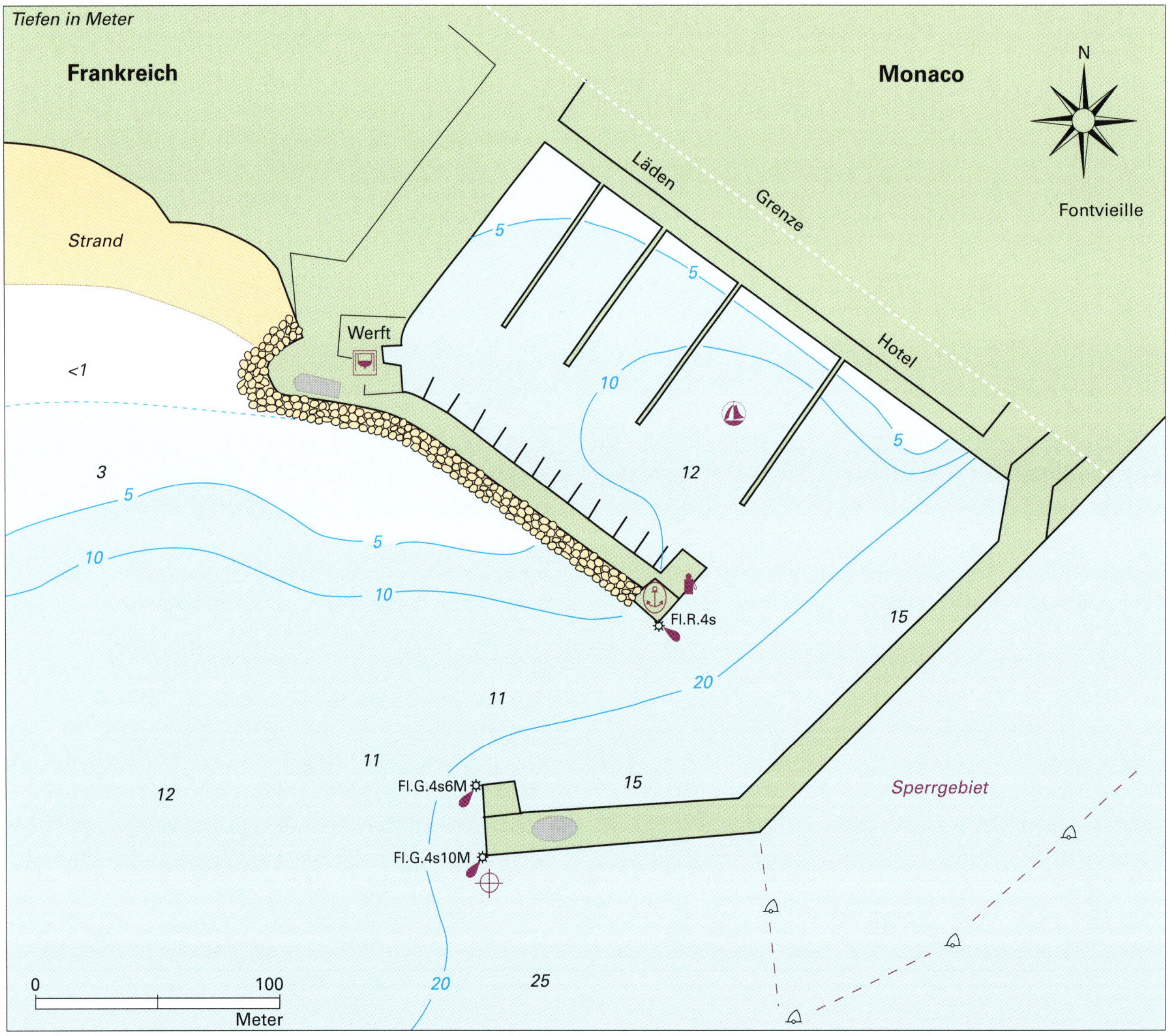

Port de Cap d'Ail aus SE

Versorgung

Alle Liegeplätze haben Wasser und Strom (220 und 380 V). Duschen und Toiletten sind vorhanden.
Am Kai bei der Einfahrt befindet sich eine Tankstelle. Außer einem 50-t-Bootslift und einem 10-t-Kran gibt es einen Slip. Reparaturen an Maschine und Mechanik sowie an Elektrik und Elektronik können ausgeführt werden. Yachtausrüster sind am Ort.
In der Nähe findet man gute Einkaufsmöglichkeiten; Stangeneis ist zu bekommen. Zahlreiche Restaurants stehen zur Auswahl. Außerdem gibt es hier eine Post, Banken, eine Autovermietung und Bus- und Bahnstationen. Vom nahen Hubschrauberlandeplatz kann man nach Nizza fliegen.

Fontvieille

WP 43°43,7'N 007°25,4'E
Karten: D 598, F 6863, F 6953

Allgemeines

Fontvieille ist eigentlich als Industriegebiet ausgewiesen, doch davon ist kaum etwas zu merken. Wichtigste Anlagen sind das große Stadion und der Park zwischen den Yachthäfen von Cap d'Ail und Fontvieille, in dem ein Rosenbeet zu Ehren der verstorbenen Fürstin Gracia besonders gepflegt wird. Die Marina wird von einem modernen Appartementkomplex gesäumt; im Untergeschoß befindet sich ein Einkaufszentrum.
Besonders interessant ist der Kontrast zwischen den zerklüfteten Kalkklippen, die den Hafen im E begrenzen, und den darauf stehenden Hochhäusern von Monte Carlo. Die vergleichsweise bescheidene Yacht der Fürstenfamilie liegt hier in Fontvieille und zeigt, dass tatsächlich Interesse am Segeln besteht. Sollten Sie im Hafen ein Grunzen, Heulen oder andere Urwaldgeräusche vernehmen, so sind das die Tiere des nahen Zoos.

Ansteuerung

Auch wenn es hinreichend Landmarken gibt, an denen man den Hafen eindeutig erkennen kann, ist die Hafeneinfahrt selbst schwer auszumachen und erst zu sehen, wenn man dicht davor ist.
Auffällig: Von W kommend, sind insbesondere die neun Bögen des St-Louis-II.-Stadions und das Ozeanographische Museum im E des Hafens gut zu sehen. Von E kommend, ist der Port de Monaco auszumachen; das Ozeanographische Museum bildet auch in diesem Fall eine gute Landmarke. Die sich überlappenden Wellenbrecher erscheinen selbst aus der Nähe wie eine massive Mauer ohne Durchfahrt. Man hält auf den Leuchtturm auf dem Kopf des S-lichen Wellenbrechers zu, bis sich die Einfahrt langsam öffnet.

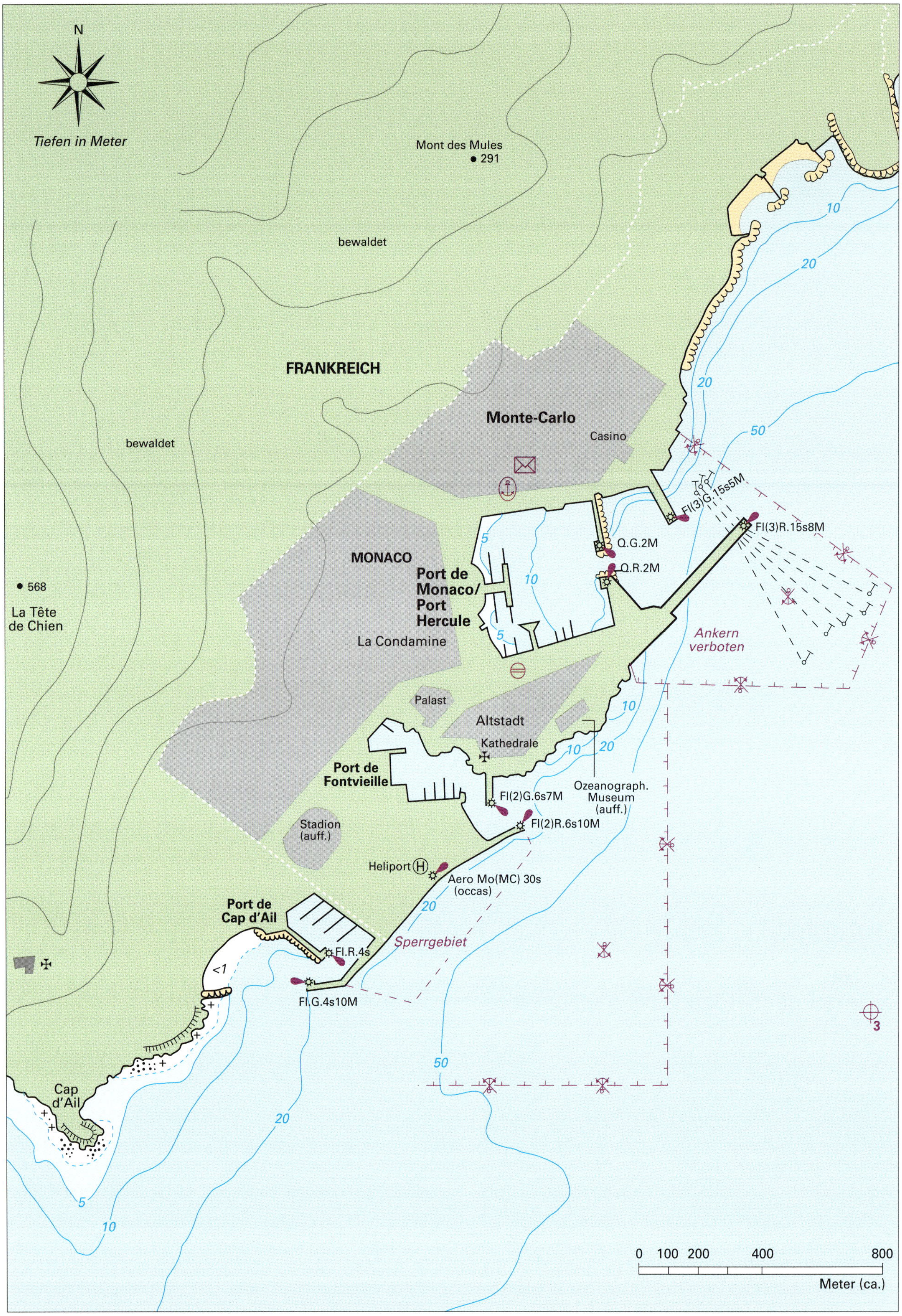

Von Cap d'Ail bis Monaco (Angaben zum Wegpunkt siehe Seite 234)

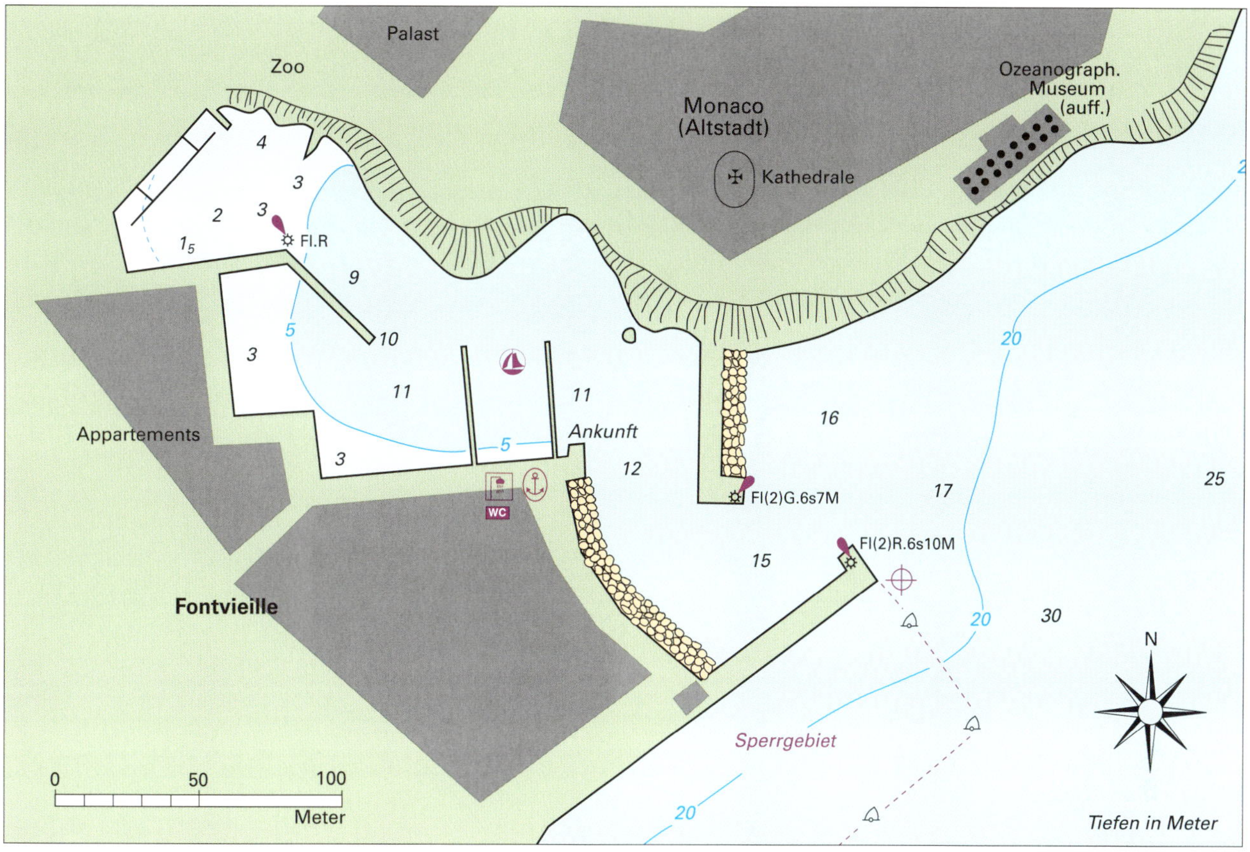

Nachts steuert man nach den Feuern des Hubschrauberlandeplatzes AeroMo(MC)30s10M und der Hafeneinfahrt mit Fl(2)R.6s10M und Fl(2)G.6s7M. Die Marina ist im Sommer von 0800–2200 Uhr, im Winter von 0800–2000 Uhr auf UKW-Kanal 09 zu erreichen.

Gefahren: Bei starken S-lichen und E-lichen Winden wird die Dünung von den Wellenbrechern zurückgeworfen; die unruhige See erschwert das Einlaufen. Bei auflandigen Winden in Sturmstärke sollte man auf ein Einlaufen ganz verzichten, da dies gefährlich werden kann.

Hinweis: Zwischen der Marina Cap d'Ail und der Hafeneinfahrt von Fontvieille ist eine Reihe gelber Spitztonnen etwa 150 m vor der Küste ausgelegt. Sie bezeichnen ein Sperrgebiet, das nicht befahren

Fontvieille aus SE

werden darf. Auch zwischen dem Port de Monaco und der Einfahrt von Fontvieille erstreckt sich ein solches Sperrgebiet, das von einer Reihe gelber Tonnen bezeichnet wird. Auch hier ist jeglicher Schiffsverkehr untersagt.

Liegeplätze

Der Hafen hat 140 Plätze für Yachten bis 30 m Lüa. Gastplätze sind je nach Belegung des Hafens zu bekommen. Wassertiefe 1–15 m.
Man macht zunächst am Empfangskai hinter der Einfahrt fest und lässt sich im Hafenbüro einen Liegeplatz zuweisen. Im Juli und August ist der Hafen häufig sehr voll, das Marinapersonal tut jedoch sein Bestes, um alle unterzubringen. Die Liegeplätze sind an Schwimmstegen; Mooringleinen am Kai oder an den Stegen. Der Hafen ist bei jedem Wetter gut geschützt. Bei stürmischen S-Winden bricht die See im äußeren Hafenteil.
Es gibt einen Hafenmeister und Marinapersonal; das Liegegeld entspricht Kategorie 4.
Infos: Tel. 377 93 15 85 69 oder Fax 377 93 15 37 13.

Versorgung

Alle Liegeplätze sind mit Wasser und Strom (220 und 380 V) versehen. Duschen und Toiletten sind vorhanden.
Treibstoff ist nur im Port de Monaco bzw. Cap d'Ail zu bekommen. Es gibt keine Kranmöglichkeit; Yachtausrüster sind in der Nähe. Die meisten Lebensmittel und Stangeneis sind in der Nähe erhältlich; auch Restaurants findet man um die Marina herum.
Eine Post, Banken und eine Autovermietung sind am Ort. Nach La Condamine und Monte Carlo kommen Sie per Bus oder Taxi. Der Hubschrauberlandeplatz Monaco befindet sich nebenan.

Monaco

Das kleine, halb autonome Fürstentum Monaco mit einer Fläche von weniger als drei Quadratkilometern liegt zwischen Cap d'Ail und der Pte de la Vieille bei Cap Martin. Oft als Spielzeug-New York oder Klein-Manhattan beschrieben, sind es wirklich die Wolkenkratzer, die das Stadtbild charakterisieren, wenn davon auch nur die wenigsten auf monegassischem Territorium stehen. Yachten sollten beim Einlaufen aus Höflichkeit die richtige Gastflagge setzen: die rot-weiß quer gestreifte Ausführung; die gelbe Flagge „Q" ist nicht nötig. Die selbstständige Wasserschutzpolizei Monacos wacht streng über die Beachtung der Sperrgebiete in ihrem Küstengewässer.
An Land gelten teilweise andere Gesetze als in Frankreich, und deren strikte Einhaltung wird von der Polizei erwartet. So ist es beispielsweise verboten, barfuß, mit bloßem Oberkörper oder im Badeanzug auf die Straße zu gehen. Lagerfeuer sind nur an speziell ausgewiesenen Plätzen erlaubt und somit kaum möglich; jedes auffällige Verhalten oder gar „Ausflippen" wird geahndet.

Geschichte

Monaco ist die älteste Monarchie Europas und die einzige, in der der Herrscher allein noch das Sagen hat. Durch geschickte Politik und viel Glück konnte sich die mittelalterliche Ordnung bis heute erhalten.
Alles begann im Jahre 1308, als die Grimaldis Monaco von den Genuesern erwarben. Es gab Zeiten mit französischer oder spanischer Gesetzgebung; wegen hoher Verschuldung mussten Roccabone und Mentone veräußert werden.
Unter Carlo III., der trotz der Gebietsverkäufe weiterhin verschuldet war, wurde nach dem Vorbild Baden-Badens ein Casino gebaut, das zunächst allerdings weniger erfolgreich lief. Erst mit dem Bau der Eisenbahnlinie Nizza–Monte Carlo 1868 und dem Wegfall aller Abgaben und Steuern begann das Geschäft zu blühen. Heute ist Monaco ein Steuerparadies – gebürtige Monegassen zahlen noch immer keine öffentlichen Abgaben –, und es ist zum Anziehungspunkt des großen Geldes geworden.
Mit dem Erfolg des Casinos entstand der Ruf, Monaco sei die Stadt des luxuriösen Lebens, des schnellen Geldes und der freizügigen Frauen. Aber alle Versuche der prüder Zeitgenossen, das Haus zu schließen, schlugen fehl, und schließlich wurde es auch von den Engländern, den „Herren der Riviera", akzeptiert. Zahlreiche Geschichten und Schicksale ranken sich um das Casino in Monte Carlo, das Reiche, Berühmte und Berüchtigte, Politiker, Adelige und solche mit gekauften Titeln anzog und deren Leben zu einer nie endenden Party werden ließ.
Nach dem Zweiten Weltkrieg traten in vielen Ländern Devisenbeschränkungen in Kraft, und im Casino wurde weniger Geld umgesetzt.
Fürst Rainier III., der 1949 den Thron bestieg, investierte nach dem Vorbild Las Vegas in Spielautomaten und machte Monaco durch Festivals, Sportveranstaltungen und Shows wieder interessant; für das Big Business wurden Kongresscenter gebaut.
Schließlich heiratete er den Hollywoodstar Grace Kelly, und nun war Monaco mit dem kosmopolitischen Flair wieder „in".

Sehenswürdigkeiten

Diese Liste bietet nur eine Auswahl dessen, was es an Land zu besichtigen gibt.
Casino Monte Carlo. Alle Straßen der Stadt scheinen hierher zu führen. Von den Häfen aus ist es gut zu erreichen.
Die Altstadt befindet sich auf dem Felsen zwischen

Fontvieille und dem Port de Monaco. Das Stadtgebiet ist von engen, kopfsteingepflasterten Gassen durchzogen, und innerhalb der alten Stadtmauern ist es nicht nur auf den schattigen Plätzen angenehm kühl. Das Fürstliche Palais ist dem Publikum in den Sommermonaten, wenn die Fürstenfamilie auf Reisen ist, zugänglich. Vom Vorplatz aus hat man einen wundervollen Blick über Fontvieille und das Meer.
Das Ozeanographische Museum ist eines der angesehensten am Mittelmeer. Es wurde von Fürst Albert I., der mit seinen Yachten „Hirondelle" und „Princess Alice" auf Forschungsreisen ging, gegründet. Die Ergebnisse seiner Arbeiten und Funde, aber auch neuere Erkenntnisse sind im Museum ausgestellt.
Daneben existieren ein großes Aquarium mit mediterranen und tropischen Fischen und Krustentieren, eine Muschelausstellung sowie eine ungewöhnliche Sammlung von Gegenständen, die aus Meerestieren hergestellt wurden. Museumsdirektor war einst Jacques Cousteau, dessen Filme täglich in dem kleinen Vorführraum gezeigt werden.
Die Kathedrale St-Nicolas ist ein neoromanisches Bauwerk, geschmückt mit einigen frühen Gemälden der Schule von Nizza.
Ein Zoo befindet sich oberhalb des Yachthafens Fontvieille. Der Exotische Garten mit verschiedensten Sukkulenten und Kakteen sowie einer Tropfsteinhöhle liegt auf dem felsigen Vorgebirge.
Das Museum der Prähistorischen Anthropologie beim Exotischen Garten zeigt interessante Funde aus der Region.
In der Grotte des Observatoriums, ebenfalls beim Exotischen Garten, sollen schon während der Steinzeit Menschen gelebt haben.

Port de Monaco (Port Hercule)

WP 43°44,15'N 007°25,62'E (WGS 84)
Karten: D 598, F 6863, F 6953

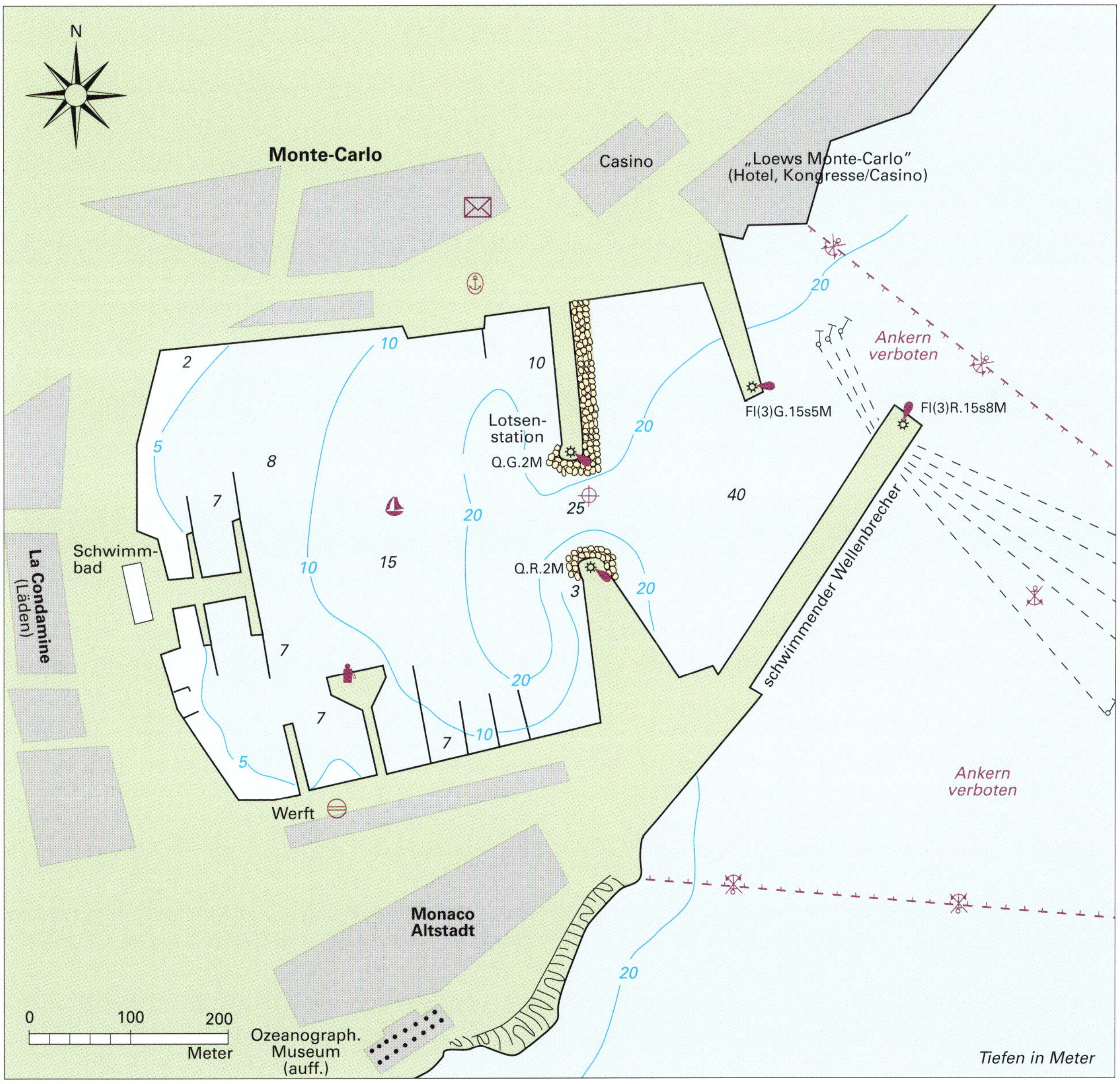

Monaco, Port Hercule

Das Ozeanographische Museum

Allgemeines

Der Hafen wurde von Fürst Albert I. zu Beginn des 20. Jahrhunderts erbaut. In erster Linie hatte der Ozeanograph daran gedacht, seine eigene Forschungsyacht sicher unterzubringen.

Zunächst wurde der Hafen von Yachten jeder Größe angelaufen. Erst in den 1950er- und -60er-Jahren begann ein regelrechter Kampf um die Liegeplätze, auf denen man seine riesigen Luxusyachten zur Schau stellen wollte. Der unangefochtene Held des Hafens, der so genannte „ungekrönte König von Monaco“, war seinerzeit kein Geringerer als Aristoteles Onassis mit seiner Yacht „Christina“. Seine Yacht war die luxuriöseste, hier fanden die Partys statt, die größeres Aufsehen erregten. Aber auch an Land begann Onassis, seinen Einfluss als Hauptaktionär des Casinos, als Vorsitzender des Winter Sporting Club und als Besitzer mehrerer Hotels auszuweiten. In den 1960er-Jahren empfand Fürst Rainier III. die Unabhängigkeit seines Staates bedroht und ließ Onassis ausweisen.

Heute sind es noch immer die Luxusyachten, die sich im Hafen drängen. Inzwischen liegen hier aber mehr Segel- als Motoryachten. Einmal mitten in Monte Carlo gelegen zu haben, entschädigt sicherlich für die Unbequemlichkeiten und Unruhe, die man hier erdulden muss.

Ansteuerung

Auffällig: Schon von weitem bilden die dicht gedrängten Gebäude der Stadt, zu denen auch zahlreiche Wolkenkratzer gehören, eine gute Landmarke. Auch das Ozeanographische Museum ist ein auffälliges Bauwerk.

Aus E kommend, ist der flache, lang gestreckte Hotel-, Veranstaltungs- und Kasinokomplex „Loews Monte-Carlo“an der N-Seite vor der neuen Innenmole auszumachen. Für die Ansteuerungen aus W wie aus E ist dazu die neue 19 m hohe und 352 m lange, schwimmende Außenmole eine unübersehbare Landmarke.

Nachts ist die neue Einfahrt am Kopf der Außenmole mit Fl(3)R.15s8M und am Kopf der Innenmole mit Fl(3)G.15s5M befeuert; die Feuer an den Köpfen der alten Innenmolen zeigen Q.R2M und Q.G.2M. Die Lotsenstation ist auf den UKW-Kanälen 12 und 09, Ruf „Monaco Radio“ zu erreichen.

Gefahren: Bei E- und S-lichen Winden wird die Dünung von den Hafenmolen zurückgeworfen, sodass eine grobe See entsteht. Bei stürmischen,

auflandigen Winden kann das Einlaufen gefährlich werden.
Hinweis: Vor der Einfahrt ist nun in einem weiträumigen Gebiet Ankern verboten. Dort liegen die Verankerungen für die neue schwimmenden Außenmole.

Liegeplätze

Die Liegeplatzkapazität wurde durch die neuen Außenmolen erheblich vergrößert. Vom neu geschaffenen Raum werden zuerst die zahlreichen Kreuzfahrtschiffe profitieren. Im neuen Vorhafen sind nun zusätzlich 50 Liegeplätze für Yachten über 40 Lüa und 200 Plätze für Yachten über 20 m Lüa entstanden.
Ansonsten sind im Port Hercule 60 der 700 Liegeplätze für Yachten bis 130 m Lüa auf Wassertiefen von 2–25 m für Gastyachten reserviert. Durch die neuen Außenmolen steht nun auch bei E-lichen Winden kaum noch Schwell in den Hafen.
Man meldet sich bei der Lotsenstation am Kopf der alten N-Mole oder fragt vorab auf UKW-Sprechfunk, ob noch ein Platz frei ist. Im Sommer ist der Hafen äußerst beliebt, sodass große Yachten rechtzeitig vorbestellen sollten. Kleinere Yachten können dagegen nach Cap d'Ail oder Fontvieille ausweichen, wenn der Hafen voll belegt ist. Auf einigen Plätzen gibt es Mooringtonnen am Kai. Größere Yachten müssen den eigenen Anker benutzen.
Behörden: Außer dem Zoll, der Polizei und einem Hafenmeister arbeitet weiteres Personal am Hafen. Es wird Liegegeld der Kategorie 3 erhoben.
Capitainerie: Tel. 377 93 15 86 78, Fax 377 93 15 37 15, Lotsenstation: Tel. 377 93 15 85 77.

Versorgung

Auf jedem Liegeplatz sind Wasser und Strom (220 und 380 V) sowie Telefon anzuschließen. Duschen und Toiletten sind vorhanden. Die Tankstelle steht am Kopf einer Pier am S-Kai. Es stehen ein 15-t-Bootslift, ein 10- und ein 20-t-Kran sowie Slips für Yachten bis 100 t zur Verfügung. Reparaturen an Maschine und Mechanik, Elektrik und Elektronik sowie an Holz- und GFK-Rümpfen können ausgeführt werden. Yachtausrüster und Segelmacher sind am Ort.
Die besten Einkaufsmöglichkeiten sind in La Condamine; Stangeneis ist erhältlich. Restaurants aller Preisklassen sind in Hafennähe zu finden.
Außer einer Post, Banken und einer Autovermietung gibt es organisierte Stadtrundfahrten, einen Bahnhof und den Hubschrauberlandeplatz mit einer regelmäßigen Verbindung nach Nizza.

Cap Martin

43°44,5'N 007°29,3'E (0,5 sm S-lich Cap Martin)

Die Küstenlinie zwischen Monaco und Menton wird von dem massigen Cap Martin unterbrochen, auf dessen Spitze das elegante Hotel Cap Martin zu sehen ist. Eine weitere Landmarke ist die alte Signalstation. Im vergangenen Jahrhundert zählte das Kap zu den exklusivsten Plätzen an der Riviera. 1965 ertrank hier der berühmte Architekt Le Corbusier.
Beiderseits des Kaps kann man je nach Wind ankern.

Baie de Roquebrune (43°45,3'N 007°27,8'E). Die Bucht bietet einen gewissen Schutz vor N- und E-lichen Winden. Der Küste ist hier ein Riff vorge-

Cap Martin mit dem auffälligen Gebäude des Hotels Cap Martin aus SW

lagert. Man ankert auf 6–12 m über Sandgrund, der mit dichtem Gras bewachsen ist.
Carnolès (43°45,5'N 007°29,4'E). Der Platz NE-lich der ehemaligen Signalstation ist nur bei ganz ruhigem Wetter zu nutzen. Man ankert auf 3–6 m über dicht bewachsenem Schlick.

Menton, Vieux-Port

WP 1 43°46,58'N 007°30,69'E
Karten: D 598, F 6952, F 7017, F 6953

Allgemeines

Der Vieux-Port eignet sich hervorragend für einen kurzen Aufenthalt. Man liegt mitten in der Stadt und hat alle Attraktionen der Stadt in der Nähe. Menton gehört zwar zu Frankreich, doch das Stadtbild und die Atmosphäre wirken eher italienisch.
Der besonders im 19. und Anfang des 20. Jahrhunderts von Engländern besuchte Badeort rühmte sich eines äußerst milden Klimas und heilender Wirkungen bei Atemleiden. So verbrachte beispielsweise die Schriftstellerin Katherine Mansfield hier ihre letzten Jahre, bevor sie jung an Tuberkulose starb.
Vier Museen bzw. Sammlungen lohnen einen Besuch: Das Museum der Schönen Künste im Palais Carnolés, das Jean Cocteau-Museum in der alten Bastei am Vieux-Port, die Galerie für zeitgenössische Kunst im Palais de l'Europe und das Prähistorische Museum für die Côte d'Azur und die Französische Riviera.

Ansteuerung

Auffällig: Eine gute Landmarke ist die an einen Berghang gebaute Altstadt und der Turm der Basilika St-Michel. Aus der Nähe sind die hohe Außenmole, die kleine Bastion am Fuß der S-Mole sowie der viereckige Leuchtturm der Einfahrt gut zu erkennen.
Nachts orientiert man sich am Feuer des Leuchtturms VQ(4)R.3s10M auf der Mole.
Der Hafenmeister ist im Sommer von 0800–1200 und von 1500–1900 Uhr, im Winter von 0800–1200 und von 1400–1730 Uhr auf UKW-Kanal 09 zu erreichen.
Gefahren: Bei der Ansteuerung aus E ist ein Riff, das sich vom Capo Mortola ins Meer erstreckt und mit einer Kardinaltonne S markiert ist, zu beachten. Bei starken E-lichen Winden entsteht in der Einfahrt Dünung, die das Einlaufen erschwert.

Liegeplätze

Von den insgesamt 550 Plätzen für Yachten bis 25 m Lüa sind 100 für Gäste reserviert. Wassertiefen 1–6 m.

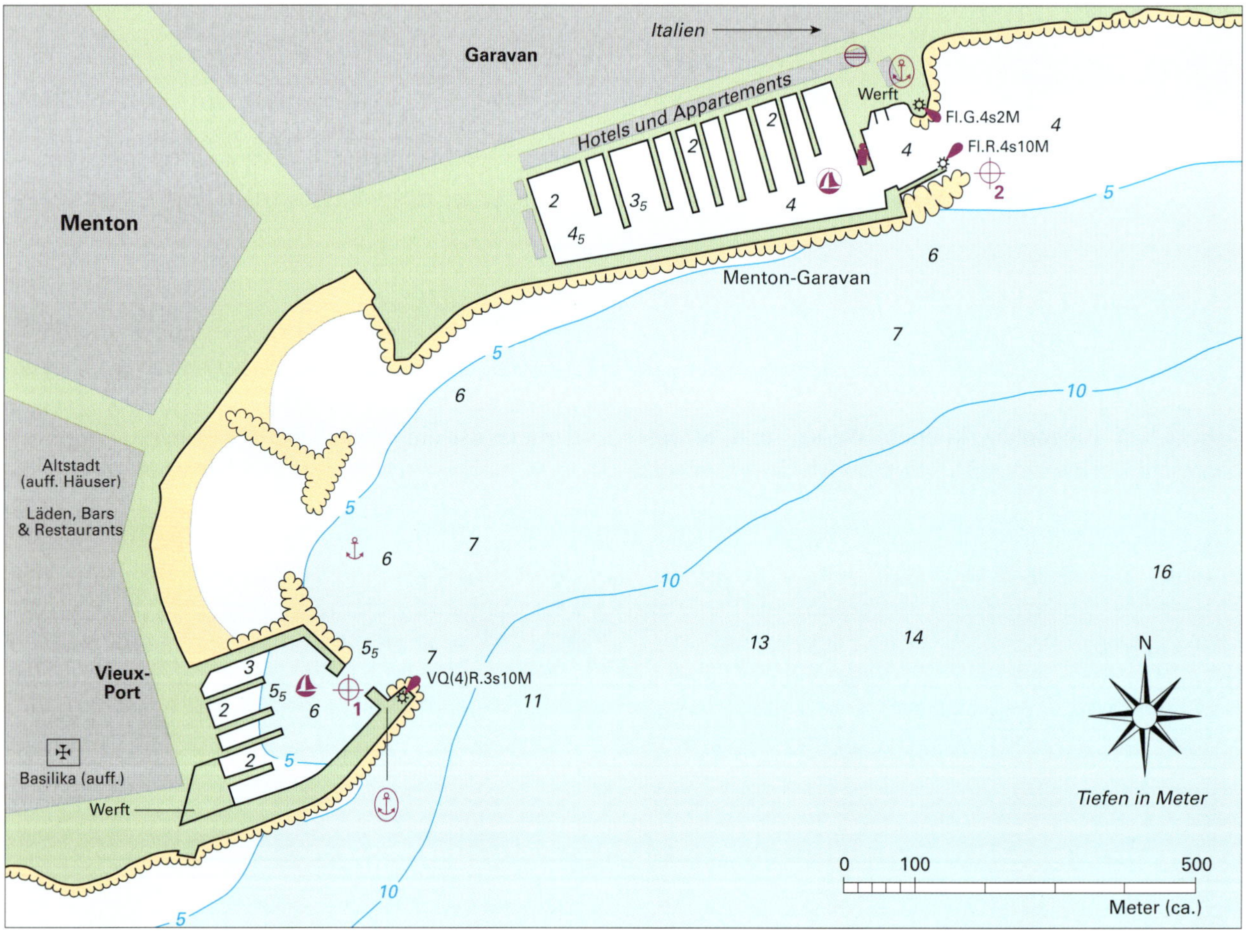

Menton, Vieux-Port aus SSE

Man macht zunächst an der N-Mole fest und lässt sich im Hafenbüro einen Platz zuweisen. Mooringleinen am Kai oder an Bojen. Außer bei SE- bis E-Winden ist der Hafen gut geschützt. Bei Winden aus diesen Richtungen wird es äußerst unruhig im Hafen; auf einigen Plätzen kann es sogar gefährlich werden.
Behörden: Es gibt Zoll und einen Hafenmeister. Liegegebühr der Kategorie 3.
Infos: Tel. 04 93 35 80 56 oder Fax 04 93 35 28 40.

Ankerplatz: NE-lich des Hafens kann auf 6–8 m über grasbewachsenem Sand geankert werden; der Grund hält gut.

Versorgung

An jedem Liegeplatz können Wasser und Strom angeschlossen werden. Duschen und Toiletten stehen zur Verfügung.
Tanken ist nur in der Stadt und in Menton-Garavan möglich. Am Hafen gibt es einen Slip für kleine Yachten. Reparaturen im Bereich der Mechanik werden ausgeführt. Yachtausrüster sind am Ort.
Die Einkaufsmöglichkeiten in der Stadt sind gut, auch Stangeneis ist erhältlich. An der Hafenpromenade und in der Stadt sind zahlreiche Restaurants zu finden.
Außerdem gibt es eine Post und Banken. Am Bahnhof halten die Züge und Busse des Küstenverkehrs.

Menton-Garavan

WP 2 43°47,0'N 007°31,4'E
Karten: D 598, F 7017, F 6953

Allgemeines

Die Marina liegt etwas außerhalb der Stadt, bietet aber exzellente Versorgungseinrichtungen und sicherere Liegeplätze als im Vieux-Port. Von hier aus erstreckt sich die Italienische Riviera entlang der ligurischen Küste bis Genua.

Ansteuerung

Auffällig: Der Yachthafen liegt W-lich der tiefen Schlucht, die die Grenze zwischen Frankreich und Italien bildet. Über die Schlucht führt ein Viadukt, darunter ist ein großes, weißes Gebäude zu erkennen. Die Hafenmolen und der weiße Leuchtturm mit roter Galerie an der Einfahrt sind erst aus der Nähe zu erkennen.
Nachts ist die Hafeneinfahrt mit Fl.R.4s10M und Fl.G.4s2M befeuert. Der Yachthafen ist Tag und Nacht auf UKW-Kanal 09 zu erreichen.
Gefahren: Bei starken S-lichen Winden ist besondere Vorsicht geboten, da Yachten dann quer zur Dünung in den Hafen einlaufen müssen.

Liegeplätze

Der 2–5 m tiefe Yachthafen bietet 800 Plätze für Yachten bis 40 m Lüa, darunter 144 für Gäste.
Man macht am Empfangskai unmittelbar hinter der

Menton-Garavan aus S

Einfahrt fest und lässt sich im Hafenbüro einen Liegeplatz zuweisen. Mooringleinen am Kai. Alle Liegeplätze sind rundum gut geschützt.
Behörden: Zoll, Einwanderungsbehörde und Hafenmeister sowie Marinapersonal sind im Dienst. Es wird Liegegeld der Kategorie 3 verlangt.
Infos: Tel. 04 93 28 78 00 oder Fax 04 93 35 48 01.

Versorgung

Jeder Liegeplatz hat Wasser- und Stromanschluss. Duschen und Toiletten sind vorhanden.
Die Tankstelle befindet sich gleich hinter der Einfahrt. Es stehen ein 2-t-Kran, ein 30-t-Bootslift sowie ein Slip zur Verfügung. Reparaturen an Maschine und Mechanik, Elektrik und Elektronik und an Holz- bzw. GFK-Rümpfen können ausgeführt werden. Am Ort sind Segelmacher und Yachtausrüster. Die meisten Lebensmittel sind in der Marina erhältlich, aber die Auswahl in den Geschäften der einen Kilometer entfernten Altstadt ist besser. Auch Stangeneis ist zu bekommen. Zwischen dem Hafen und der Stadt findet man, auch direkt am Wasser, zahlreiche Restaurants.
Außerdem gibt es hier eine Autovermietung.

Von Menton nach Osten

Viele Yachten reisen von Menton in Richtung Italien weiter. Bis San Remo, dem nächsten größeren italienischen Hafen, sind es 14 Seemeilen. Bis Genua liegen die Häfen dicht an dicht.
Eine andere Möglichkeit ist, nach Korsika hinüberzufahren. Bis Calvi beträgt die Entfernung 92, bis Bastia 118 Seemeilen.

Korsika

Die Insel Korsika liegt etwa 100 Seemeilen entfernt vor der französischen Küste und wird im Norden und Osten vom italienischen Festland umrahmt. Landschaftlich unterscheidet sie sich deutlich vom Süden Frankreichs, was zum einen auf die große Entfernung zum Festland, zum anderen aber auch auf die typische Inselgeografie und -geologie zurückzuführen ist. Hauptmerkmal ist das hohe, zerklüftete Granitgebirge, das selbst in den niedrigeren Regionen unzugänglich und unbewohnbar erscheint.
Dem mit dem westlichen Mittelmeer vertrauten Segler bietet sich die Insel außergewöhnlich und beeindruckend dar. Die teilweise steil ins Meer abfallenden Berge können ihm handfeste Schwierigkeiten bereiten. So wird die Dünung von den steilen Felswänden zurückgeworfen, und es entsteht eine grobe See, die bis zu einer Seemeile von der Küste entfernt zu spüren ist. Zusätzlich muss mit schweren Fallböen und Windverstärkung im Bereich von Tälern und Schluchten gerechnet werden. Die Witterung und die See sind rau wie das Land und verdienen eine gesteigerte Aufmerksamkeit.
Dieses Kapitel ist nach den folgenden vier Küstenabschnitten aufgeteilt:
Die Westküste – Von Calvi bis Propriano
Die Südküste – Von Campomoro bis Porto Vecchio
Die Ostküste – Von Porto Vecchio bis Bastia
Die Nordküste – Von Bastia bis Calvi
Die meisten vom französischen Festland kommenden Yachten laufen Calvi als ersten Hafen an. So steht dieser Hafen auch am Anfang unserer Beschreibung. Die weiteren Häfen folgen einer Inselrundung entgegen dem Uhrzeigersinn.

Das Wetter auf Korsika

Im Allgemeinen sind an der W-Küste der Insel härtere Bedingungen als an der E-Küste zu erwarten. Aber die typischen Fallböen, die Windverstärkungen vor Tälern und Schluchten sowie plötzliche, durch Abdeckung entstehende Flautenlöcher sind an beiden Küsten anzutreffen.

Der Wind

An der W-Küste herrscht im Sommer ein Seewind aus W vor. Er beginnt in den späten Morgenstunden zu wehen, flaut am Abend ab und erreicht Bft 3–6. Reiner W-Wind ist nur in Höhe der Inselmitte anzutreffen. An der S-Hälfte, wie z. B. in Bonifacio, wird der Wind an der Küste in Richtung N abgelenkt und kommt aus SW; an der N-Hälfte, also bei Calvi oder der Île Rousse, weht der Seewind aufgrund von Ablenkung aus NW. Dicht unter der Küste wird der Wind ebenfalls abgelenkt und weht in Buchten hinein oder um Landspitzen herum.
Der zur Nacht einsetzende Landwind ist dementsprechend kein reiner E-Wind, sondern kommt aus SE bis NE.
An der E-Küste trifft man den leichten, Seewind aus SE an. Dieser wird aber häufig durch den stärkeren Seewind aus W oder den starken Mistral bzw. Libeccio aufgehoben oder gar übertroffen.
Im N und S der Insel nehmen die Windablenkungen und -verstärkungen ein noch größeres Ausmaß an. Vor Cap Corse steht bei jeder Windrichtung eine sehr unangenehme See. Besonders bei starkem Tramontana, Mistral oder Libeccio und bei stürmischem S-Wind ist das Kap mit großem Abstand zu runden. Im S in der Straße von Bonifacio zwischen Korsika und Sardinien verstärken sich vornehmlich W-liche und E-liche Winde. Doch hier kann man vielerorts unter der Küste Schutz finden.

Der Libeccio und der Mistral (Maestrale)

Der Seewind wird im Sommer vom Libeccio und vornehmlich im Frühling und Herbst vom Mistral aufgehoben oder verstärkt.
Der Libeccio ist ein warmer W- bis SW-Wind, der mit einer Stärke von bis zu Bft 7–8 weht. Er wird meist von einer geschlossenen Wolkendecke oder gar Regen begleitet und hält drei bis sieben Tage an. Nach ein bis zwei Tagen ist die durch ihn erzeugte See an der W-Küste schon sehr grob.
Der Mistral aus dem Golfe du Lion erreicht Korsika aus W bis SW, wenn das Tiefdruckgebiet, das ihn bedingt, zum Golf von Genua gezogen ist. Der trockene, kalte Wind weht bei blauem Himmel und mit bis zu Bft 10–11; die durchschnittliche Stärke im Sommer liegt bei Bft 7–8. An der ungeschützten W-Küste bewirkt der Mistral eine hohe See.
Sowohl der Libeccio als auch der Mistral überqueren die Insel und kommen in harten Böen, „Raggiature" genannt, die Täler der E-Küste hinunter. Die Windbezeichnungen werden hier regional unterschiedlich verwendet. So heißt der NW-liche Wind mit Regen „Mistral Noir", und der vom Land aufgewärmte Mistral zwischen Cap Corse und Bastia wird Libeccio genannt, während derselbe Wind in Calvi Mistral heißt.

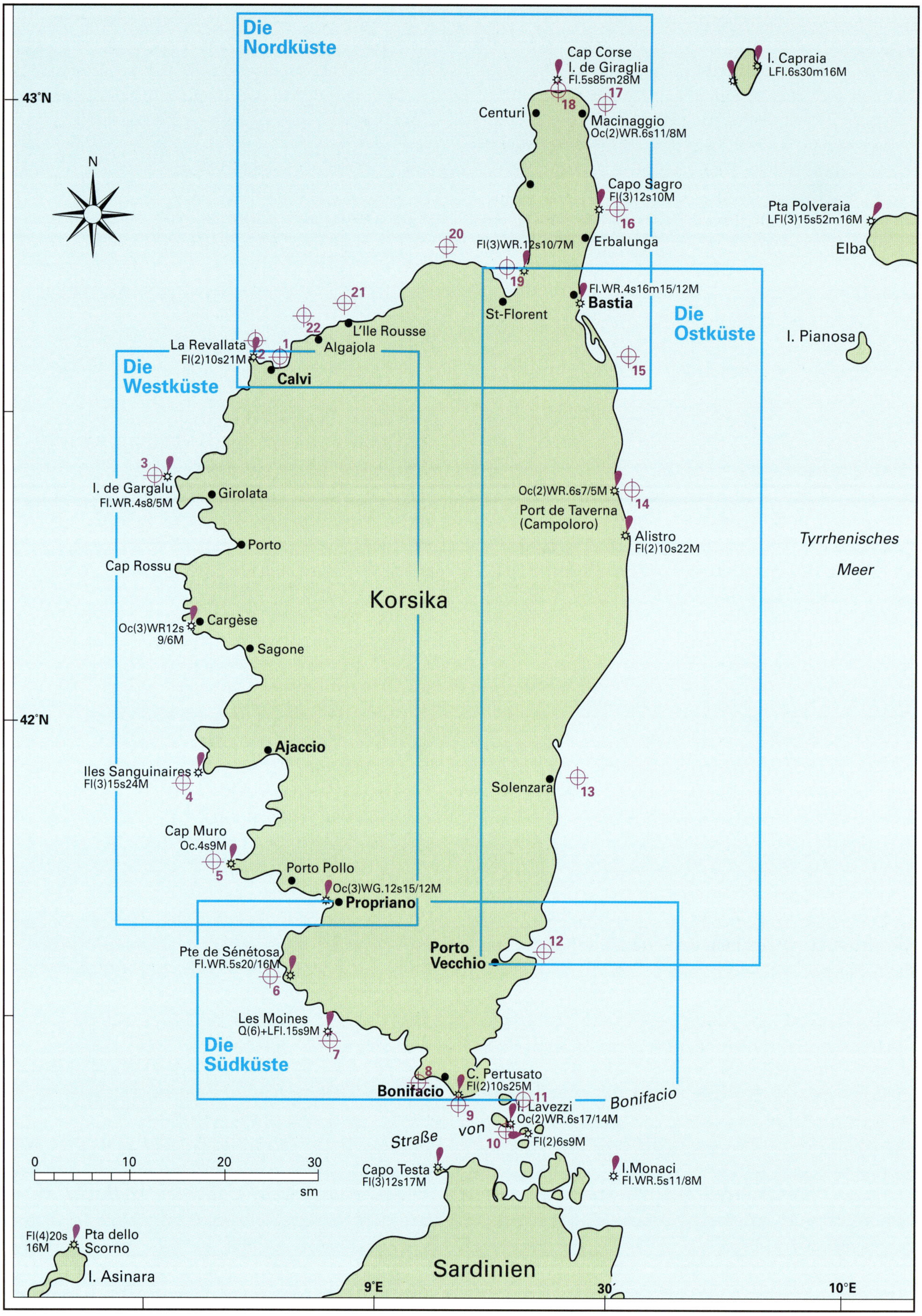

Die Insel Korsika (Angaben zu den Wegpunkten siehe Seite 260)

Andere Windrichtungen

Der N- bis NE-liche Tramontana weht von der italienischen Küste herunter. Er wird häufig von Wolken und Regen begleitet und kann Sturmstärke erreichen. Er tritt auf, wenn ein Tiefdruckgebiet über Italien zur Adria zieht. Dreht dieser auf NNE, nennt man ihn auch Tramontana Torbala.

Der Gregale ist ein N- bis NE-Sturm, der manchmal im Winter auftritt und meist weiter S-lich zu spüren ist. Levante heißt dieser Wind, wenn er aus E kommt.

Der Scirocco ist der S–SE-Wind, der teilweise Sturmstärke erreicht.

Der Wind aus S wird Vent du Midi bzw. Vento dal Sud genannt.

Ponente heißen alle Winde aus W-lichen Richtungen. Maestrale werden die frischeren Winde aus NW-licher Richtung genannt.

Seewetterberichte

Die täglichen Wettervorhersagen werden meist in englischer und französischer Sprache in den Yachthäfen ausgehängt. Weitere Angaben, u. a. zu den Küstenfunkstellen und deutschsprachigen Ausstrahlungen sind unter „Seewetterberichte“ in der Einführung genannt.

Routenvorschläge

Von Frankreich setzen die meisten Yachten Kurs auf Calvi im NW Korsikas ab. Calvi ist 116 sm von der Île de Porquerolles, 102 sm von St-Tropez, 95 sm von Antibes und 92 sm von Monaco entfernt. Es ist bei Tag und Nacht anzusteuern, und die umliegenden Ankerplätze sind bei den vorherrschenden Windrichtungen gut geschützt. Natürlich können auch Ajaccio oder Macinaggio als erste korsische Häfen angelaufen werden, Letzterer allerdings nicht bei starken NE- bis E-Winden.

Vor dem Start sollte man eine Wettervorhersage für die nächsten 24 Stunden hören. Bei Mistral können sich in relativ kurzer Zeit sehr hohe Seen bilden. Auch während der Überfahrt sollten eventuelle Mistralwarnungen nicht überhört werden. Falls man auf der Fahrt von Korsika nach Frankreich von einem Mistral überrascht wird, muss man eventuell ablaufen und einen E-licheren Zielhafen ansteuern.

Wichtige Angaben

Sperrgebiete

In den Küstengewässern Korsikas liegen zahlreiche Sperrgebiete, in denen das Ankern, Fischen und die Unterwasserjagd verboten sind. Diese Gebiete sind mit gelben Spitztonnen markiert und in den Seekarten eingezeichnet. Eingerichtet wurden sie, um die Flora und Fauna zu erhalten – eine Maßnahme, die von uns Seglern mit Beifall bedacht werden sollte. Die Umweltverschmutzung auf und um Korsika zählt zu den geringsten im Mittelmeerraum, und die Unterwasserflora und -fauna ist sehr vielfältig.

Die wichtigsten Leuchtfeuer

La Revellata: Fl(2)10s97m21M
Calvi: Oc(2)G.6s30m8M
Île de Gargalu: Fl.WR.4s37m8/5M (348°-W-214°-R-348°)
Cargèse: Oc(3)WR.12s7m9/6M (325°-W-025°-R-325°)
Îles Sanguinaires: Fl(3)15s98m24M
Ajaccio, La Citadelle: Fl(2)WR.10s19m20/16M (045°-R-057°(über Ecueil de la Guardiola)-W-045°)
Cap Muro: Oc.4s57m9M
Propriano, Scoglio Longu: Oc(3)WG.12s16m15/12M (070°-W-097°-G-137°-W-002°)
Propriano, Jetée Nord: Iso.G.4s11m10M
Pointe de Sénétosa: Fl.WR.5s54m20/16M (328°-W-306°-R-328°)
Ecueil Les Moines: Q(6)+LFl.15s26m9M
Cap de Feno: DirFl(4)15s21m21M und Fl(4)WR.15s23m7/4M (270°-W-150°-R-270°)
Cap Pertusato: Fl(2)10s100m25M
Perduto, Felsen: Q(3)10s16m11M
Lavezzi, Felsen: Fl(2)6s18m9M
Île Lavezzi: Oc(2)WR.6s27m17/14M (243°-W-351°-R-243°)
Punta de a Chiappa: Fl(3+1)15s65m23M
Punta San Ciprianu: Fl.WG.4s26m11/8M (220°-W-281°-G-299°-W-072°-G-084°)
Punta di Pozzoli: DirOc(2)WRG.6s10m15/13M (258,7°-G-271,7°-W-275,2°-R-288,2°)
Alistro: Fl(2)10s93m22M
Campoloro: Oc(2)WR.6s7m7/5M (184°-W-342°-R-184°)
Bastia, Jetée du Dragon: Fl.WR.4s16m15/12M (040°- W(schwach)-130°-R-215°-W-325°-R-040°)
Bastia, Jetée St-Nicholas: Fl.G.4s9m11M
Capo Sagro: Fl(3)12s10M
Macinaggio: Oc(2)WR.6s8m11/8M (120°-R-218°-W-331°-R-000°)
Cap Corse: Fl.5s85m28M (057°-W-314°)
Pointe Vecchiaia: Fl(3)WR.12s35m10/7M (035°-W-174°-R-035°)
Port de St-Florent: Oc(2)WR.6s6m9/6M (227°-W-116°-R-227°)
Île Rousse: Iso.G.4s12m11M
Île Rousse, La Pietra: Fl(3)WG.12s64m14/11M (Land-079°-W-234°-G-Land)

Wegpunkte für die Törnplanung

Westkorsika

WP 1 42°35,1'N 008°45,8'E
1 sm E-lich von Calvi

WP 2 42°36,0'N 008°43,5'E
1 sm N-lich von La Revellata

WP 3 42°22,3'N 008°31,4'E
0,5 sm W-lich Leuchtturm Île de Gargalu

WP 4 41°51,6'N 008°33,28'E (WGS 72)
2 sm SW-lich der SW-Spitze von Grande Sanguinaire (Îles Sanguinaires)

WP 5 41°44,4'N 008°38,3'E
1 sm W-lich von Cap Muro

Südkorsika

WP 6 41°33,5'N 008°46,5'E
1 sm W-lich der Pointe de Sénétosa

WP 7 41°25,8'N 008°54,0'E
1 sm S-lich von Les Moines

WP 8 41°22,6'N 009°05,8'E
1 sm S-lich von Cap de Feno

WP 9 41°21,0'N 009°11,2'E
1 sm S-lich von Cap Pertusato

WP 10 41°19,6'N 009°15,6'E
0,5 sm S-lich der Île Lavezzi

WP 11 41°21,5'N 009°19,0'E
0,5 sm S-lich von Ecueil de Perduto

WP 12 41°36,7'N 009°23,6'E
1 sm E-lich von Rocher de Pecorella

Ostkorsika

WP 13 41°51,4'N 009°25,7'E
1 sm E-lich von Solenzara

WP 14 42°20,5'N 009°33,9'E
1 sm E-lich von Port de Taverna

WP 15 42°32,9'N 009°34,5'E
1 sm E-lich der Kardinaltonne E Lucciana vor dem Ölterminal Bastia

Nordkorsika

WP 16 42°47,7'N 009°30,8'E
1 sm E-lich von Capo Sagro

WP 17 42°59,1'N 009°29,1'E
0,5 sm E-lich der Kardinaltonne E Finocchiarola

WP 18 43°00,9'N 009°24,6'E
0,5 sm S-lich der Südspitze der Île de Giraglia

WP 19 42°43,05'N 009°17,45'E
Einfahrt in den Golfe de St-Florent

WP 20 42°45,2'N 009°10,0'E
1 sm N-lich der Punta de Mignola

WP 21 42°39,75'N 008°56,0'E
1 sm N-lich von Leuchtturm La Pietra, Île Rousse

WP 22 42°37,8'N 008°50,4'E
Kardinalbake N Danger d'Algajola

Magnetische Abweichungen

Missweisungen von 5° und mehr, wie sie vor der E-Küste Korsikas auftreten, haben schon so manchen Yachtsportler verwirrt. Hier muss mit besonderer Aufmerksamkeit navigiert werden.

Die Namensgebung

Die Kaps, Buchten, Inseln usw. wurden von Italienern, Franzosen und Korsen unterschiedlich benannt, sodass die heutigen Namen in verschiedenen Sprachen ihren Ursprung haben. In diesem Buch werden die allgemein üblichen Namen benutzt.

Geschichte

Die folgende Übersicht geschichtlicher Ereignisse in chronologischer Reihenfolge erhebt keinen Anspruch auf Vollständigkeit, sondern möchte vielmehr die Möglichkeit bieten, verschiedene Daten und Fakten einzuordnen.

Vor Christus

- 3000 Erste Megalithkultur auf Korsika.
- 1400 Einfall der Turaner im W von Porto Vecchio, dann Kontrolle der S-lichen Inselhälfte.
- 565 Gründung einer griechischen Kolonie der Phokäer bei Aleria.
- 295 Übernahme von Aleria durch die Römer. Das Landesinnere bleibt unabhängig.

Nach Christus

- 200 Beginn der Christianisierung.
- 430 Angriff auf die Küstenstädte und Machtübernahme durch die Vandalen (bis 460).
- 534 Die Goten werden von den Byzantinern unter Belisarius vertrieben; Korsika wird Teil des Byzantinischen Reichs.
- 581 Angriff der Langobarden; ab 725 gehört Korsika zu deren Königreich.
- 712 Beginn der Überfälle durch die Sarazenen, die bis ins 12. Jahrhundert fortgesetzt werden. Im S der Insel werden einige Küstenstädte von den Sarazenen kontrolliert.
- 1000 Rückzug der Sarazenen. Im N haben wieder die lokalen Herren die Macht.
- 1077 Pisa macht Korsika zu seinem Protektorat und beginnt mit dem Bau von Kirchen.
- 1133 Genua ficht die Rechte Pisas an und übernimmt Ländereien. 1284 sind die Pisaner endgültig vertrieben.
- 1330 Angriff der Städte Genuas durch Aragon.
- 1335 Erneuter, aber abgewehrter Angriff.
- 1358 bis 1359 Aufstand gegen die lokalen Herren, angeführt von Sambocuccio.
- 1376 bis 1401 Mit der Unterstützung Aragons kämpft Arrigo della Rocca gegen Genua.
- 1380 Gründung der Stadt Bastia durch die Genueser.

- 1453 Nach dem Fall Konstantinopels, und dem folgenden Gebiets- und Machtverlust Genuas, wird Korsika der Banco di San Giorgio, die eigene Streitkräfte unterhält, übereignet.
- 1553 bis 1559 Französische Invasion unter Sampiero Corso mit anschließender Herrschaft über die Insel, Calvi und Bastia werden nicht eingenommen. 1559 Rückgabe an Genua.
- 1564 Sampiero Corso kämpft mit der Unterstützung durch Katharina de Medici gegen die Genueser und kontrolliert die Insel bis 1567.
- 1567 bis 1729 Erneute Herrschaft der Genueser.
- 1729 bis 1769 Rebellion der Korsen und Rückzug der Genueser in die Hafenstädte der Insel.
- 1738 bis 1741 Frankreich unterdrückt die Rebellion bis zum Abzug der eigenen Truppen im Jahre 1741.
- 1748 Erneuter Einzug französischer Truppen bis 1752.
- 1755 Wahl von Pasquale Paoli zum korsischen Oberhaupt. Bis auf einige Küstenstädte ist ihm die ganze Insel unterstellt.
- 1769 Paoli wird von den Franzosen vertrieben und geht nach England ins Exil. Am 15. August wird Napoléon Bonaparte geboren.
- 1769 bis 1789 Korsika befindet sich unter französischer Herrschaft.
- 1789 Französische Revolution, Einführung einer verfassunggebenden Versammlung auf Korsika.
- 1790 Rückkehr Paolis.
- 1793 Nach Streitereien mit der verfassungsgebenden Versammlung erklärt Paoli die korsische Unabhängigkeit.
- 1794 Paoli wird von den Briten unterstützt, das Anglo-Korsische Königreich wird ausgerufen.
- 1796 England zieht sich von Korsika zurück, und Paoli geht ins Exil.
- 1796 bis 1815 Korsika ist Teil von Frankreich unter Napoléon.
- 1815 Alle Korsen werden zu französischen Bürgern.
- 1860 Englische Touristen entdecken Korsika, vor allem Ajaccio.
- 1914 bis 1918 Korsen kämpfen an der Seite Frankreichs.
- 1931 In einer groß angelegten Polizeiaktion wird Korsika von Banditen, die das Landesinnere kontrollieren, gesäubert.
- 1942 Italienische und deutsche Truppen besetzen Korsika.
- 1943 Befreiung Bastias und der Insel durch örtliche Partisanen und freifranzösische Truppen.

Korsika heute

Viele Besucher der Insel wollen als Erstes wissen, ob die korsische Befreiungsbewegung FLNC (Front de Libération de la Corse) gefährlich ist. Dazu ist zu sagen, dass sich die Aktionen der Bewegung nicht direkt gegen die Touristen, sondern gegen deren Urlaubsziele wie Hotelanlagen usw. wenden.

Ihr Gedankengut, im Allgemeinen von der korsischen Bevölkerung unterstützt, findet in seinen Auswüchsen weniger Anklang. Die Mehrheit der Korsen wünscht sich für ihre Insel eine größere Selbstständigkeit und weniger Abhängigkeit von der französischen Regierung in Paris. Doch eine vollständige Autonomie wird lediglich von wenigen, radikalen Anhängern gefordert. Die Parolen der FLNC sind besonders auf dem Lande an vielen Haus- und Felswänden zu sehen; einige Ortsschilder sind übersprüht oder von Schüssen zerlöchert – als Urlauber wird man nur wenig von der FLNC spüren.

Es ist dringend nötig, das Bild der in den Medien oft sehr negativ dargestellten Korsen und ihrer Befreiungsbewegung zurechtzurücken. Viele Vorurteile, z. B. das der dunkelhäutigen und düsteren korsischen Gestalten, lassen sich nicht erhärten. Ganz im Gegenteil: Ich habe die Korsen als sehr freundlich, hilfsbereit und selbstbewusst empfunden.

In den Dörfern im Landesinneren muss allerdings mit einer größeren Zurückhaltung seitens der Bevölkerung gerechnet werden. Die meisten Korsen haben ein heiteres, lebensfrohes Temperament, wobei die Männer den italienischen Machismo übernommen haben.

Beim Einlaufen in korsische Gewässer sollte man die Inselflagge „Tête de Maure“ setzen. Sie zeigt das Profil eines Mauren mit Kopftuch und wurde erstmals von den korsischen Rebellen im 18. Jahrhundert gehisst. Das Emblem ist Teil des Wappens von Aragon, auf dem sich vier solcher Köpfe befanden und das an den Sieg über die Sarazener erinnerte. Durch die Geschichte hindurch blieb der „Tête de Maure“ als Flagge Korsikas erhalten und wird heute von den meisten Gastyachten unter der Trikolore gesetzt.

Die korsische Küche

Die korsische Küche ist besser als ihr Ruf. Typische Inselprodukte, wie etwa Wildschweinschinken oder -

wurst, sind in ihrer Qualität gesunken und glücklicherweise kaum noch auf den Speisekarten der Restaurants zu finden.

Sehr gut ist der Fisch: Besonders profitiert die korsische Fischsuppe von den guten, stets fangfrischen Zutaten. Die Suppe wird als Hauptgericht mit Knoblauch, Brot, Käse und „Rouille" gereicht. Ansonsten kommt der Fisch gebraten oder gegrillt und mit einer Sauce französischen Ursprungs auf den Tisch. Schmackhafte, aber nicht ganz billige Spezialitäten sind Langusten und Hummer.

Traditionelle Gerichte wie Eintopf gibt es in den Restaurants eher selten. Auch das gegrillte Wildschwein scheint vom Speisezettel verschwunden zu sein. Meist wird „à la française" gekocht, und die appetitanregenden Gerichte schmecken sehr gut.

Die Weine

Es gibt eine Reihe guter korsischer Rotweine, die meist bekömmlicher sind als die leicht säuerlichen Weißweine der Insel. Aus der Gegend von Ajaccio, Balagne, Patrimonio, Porto Vecchio, Sartène, dem Cap Corse und Figari stammen Weine der Qualitätsbezeichnung „Appellation d'Origine Contrôlée". Die Weine der Kategorie „Appellation Régionale A.O.C. Vin de Corse" werden in den Weinbergen der E-Küste und bei Golo angebaut. Die besten Weine sollen aus Patrimonio und Sartène sowie vom Cap Corse kommen.

Das Landesinnere

Das Inselinnere ist so wild, wie es von See her den Anschein hat. Schon dicht hinter der Küste erlebt man eine herrliche Landschaft. Größere Ortschaften und Städte sind durch unregelmäßig verkehrende Busse verbunden. Die Entfernungen geben wenig Aufschluss über die Reisedauer, die sich eher nach den Landschafts- und Straßenverhältnissen richtet. In den größeren Orten sind Leihwagen zu bekommen, die Sie jedoch wegen der schlechten Straßenverhältnisse relativ teuer bezahlen müssen.

Im Norden der Insel verkehrt eine 1897 gebaute und 1983 modernisierte Schmalspurbahn. Sie verbindet Bastia mit Ponte Leccia und teilt sich dort in die beiden Strecken nach Corte und Ajaccio beziehungsweise über L'Île Rousse nach Calvi. Auf den gemütlichen Fahrten bieten sich dem Reisenden prächtige Ausblicke.

Kurzübersicht

	Schutz	*Liegeplatz*	*Treibstoff*	*Wasser*	*Lebensmittel*	*Restaurants*	*Hafenplan*	*Liegegebühren*
Westkorsika								
Calvi	A	A	A	A	A	A	•	4
Golfe de la Revellata	C	C	O	O	O	O		
Portu Vecchiu	O	C	O	O	O	O		
Anse Recisa	O	C	O	O	O	O		
Port Agro	O	C	O	O	O	O		
Baie de Nichiareto	O	C	O	O	O	O		
Baie de Crovani	C	C	O	O	C	O	•	
Golfe de Galéria	C	C	O	B	C	C	•	
Marina d'Elbo	C	C	O	O	O	O	•	
Port Girolata	B	C	O	O	C	C	•	
Anse de Tuara	O	C	O	O	O	O		
Porto Marina	OC	BC	A	A	C	C	•	
Anse San Pellegrino	O	C	O	O	O	O		
Cala di Palu	C	C	O	O	O	O	•	
Port Leccia	C	C	O	O	O	O	•	
Porto d'Arone	C	C	O	O	O	O	•	
Anse de Chiuni	C	C	O	O	O	O	•	
Golfe de Peru	C	C	O	B	O	C	•	
Cargèse	B	AB	B	A	B	C	•	3/4
Rocca Marina	C	C	O	O	O	O		
Sagone	C	AC	O	B	C	C	•	1
Baie de Liscia	C	C	O	O	O	C	•	
Golfe de Lava	C	C	O	O	O	O	•	
Anse de Fico	O	C	O	O	O	O		
Anse de Barbicaja	C	C	O	O	O	C		
Ajaccio, Port Tino Rossi	A	AB	A	A	A	A	•	4
Ajaccio, Port Ch. Ornano	A	A	A	A	A	A	•	4/5
Porticcio	O	C	O	O	O	C		
Anse de Ste-Barbe	B	C	O	O	O	C	•	
Anse de Médea	O	C	O	O	O	O		
Anse Ottioni	O	C	O	O	O	O		
Port de Chiavari	C	C	O	O	O	O		
Île Piana	C	C	O	O	O	O		
Anse de Portigliolo	O	C	O	O	O	O		

	Schutz	Liegeplatz	Treibstoff	Wasser	Lebensmittel	Restaurants	Hafenplan	Liegegebühren
Anse de la Castagna	O	C	O	O	O	O		
Anse de Cacalu	C	C	O	O	O	O	•	
Cala d'Orzu	O	C	O	O	O	O	•	
Baie de Cupabia	O	C	O	O	O	O		
Porto Pollo	C	C	O	B	C	C	•	
Propriano	A	A	A	A	B	B	•	4
Südkorsika								
Campomoro	B	C	O	B	C	C	•	
Anse d'Agu-glia	O	C	O	O	O	O		
Anse de Ferro	C	C	O	O	O	O	•	
Anse d'Arana	C	C	O	O	O	O	•	
Anse de Conca	C	C	O	O	O	O	•	
Scoglio Bianco	C	C	O	O	O	O	•	
Anse de Tivella	O	C	O	O	O	O		
Cala Longa	C	C	O	O	O	O		
Cala de Tizzano	C	C	O	B	C	C	•	
Golfe de Murtoli	C	C	O	O	O	O	•	
Golfe de Roccapina	O	C	O	O	O	O	•	
Roccapina, Bucht	B	C	O	O	O	O	•	
Anse de Roccapina	B	C	O	O	O	O	•	
Anse de Fornello	C	C	O	O	O	O	•	
Anse d'Arbitru	C	C	O	O	O	O	•	
Anse de Chevanu	C	C	O	O	O	O	•	
Baie de Figari, Pianottoli	A	AC	O	A	O	C	•	3
Ventilegne	C	C	O	O	O	O	•	
Cala de Paragnanu	C	C	O	O	O	O	•	
Anse de Fazzuolu	O	C	O	O	O	O	•	
Bonifacio	A	A	A	A	A	A	•	4
Île Lavezzi								
Cala Lazarina	B	C	O	O	O	O	•	
Cala di Giunco	C	C	O	O	O	O	•	
Cala di Grecu	C	C	O	O	O	O	•	
Cala della Chiesa	C	C	O	O	O	O		
Île Cavallo								
Port de Cavallo	B	A	A	A	C	C	•	
Cala di Palma	C	C	O	O	O	O	•	
Cala di Zeri	C	C	O	O	O	O	•	
Cala di Grecu	C	C	O	O	O	O	•	
Golfe de Sant' Amanza	BC	C	O	B	C	C	•	
Port de Rondinara	B	C	O	B	O	C	•	
Golfo de Porto Novo	C	C	O	O	O	O	•	
Golfe de Santa Giulia	C	C	O	O	O	C	•	
Ostkorsika								
Porto Vecchio	A	A	A	A	B	B	•	3
Baie de Stagnolu	AB	C	O	B	C	C	•	
Golfe de San Ciprianu	B	C	O	O	O	C	•	
Anse de Pta Capicciola	O	C	O	O	O	O		
Anse de Cola	C	C	O	O	O	C	•	
Golfe de Pinarellu	C	C	O	O	O	C	•	
Anse de Tarco	O	C	O	O	O	C		
Anse de Favone	C	C	O	B	C	C		
Anse de Cannella	C	C	O	O	O	C		
Solenzara	A	A	A	A	B	B	•	3
Campoloro	A	A	A	A	C	C	•	3
Nordkorsika								
Bastia, Vieux-Port	B	A	B	A	A	A	•	3
Port de Toga	A	A	A	A	A	A	•	3
Erbalunga	O	C	O	B	C	C	•	
Marine de Sisco	O	C	O	O	O	C		
Marine de Pietracorbara	O	C	O	O	O	C		
Porticciolo	C	C	O	O	C	C	•	
Marine de Luri	C	C	B	B	C	C	•	2
Marine de								

	Schutz	Liegeplatz	Treibstoff	Wasser	Lebensmittel	Restaurants	Hafenplan	Liegegebühren
Meria	O	C	O	O	O	O		
Macinaggio	A	A	A	A	B	B	•	4
Baie de Tamarone	C	C	O	O	O	O	•	
Rade de Sta-Maria	C	C	O	O	O	O	•	
Marine de Barcaggio	C	C	O	O	O	C		
Centuri	BC	AC	B	B	C	C	•	
Anse d'Aliso	O	C	O	O	O	O		
Marine de Giottani	C	C	O	O	O	O	•	
Marine d'Albo	O	C	O	O	O	O		
Marine de Nonza	O	C	O	O	O	O		
Saint-Florent	A	A	A	A	B	B	•	4
Baie de la Mortella	C	C	O	O	O	O	•	
Baie de Loto	O	C	O	O	O	O		
Marine de Peraldu	O	C	O	O	O	O		
Baie de Saleccia	O	C	O	O	O	O		
Anse de Trave	O	C	O	O	O	O		
Anse de Giugnu	O	C	O	O	O	O		
Anse de Malfalco	C	C	O	O	O	O		
Anse d'Orlando	C	C	O	O	O	O		
Anse de Peraiola	C	C	O	O	O	O		
Anse de Lozari	O	C	O	O	O	O		
Île Rousse	B	AC	B	B	B	B	•	3
Algajola	C	C	O	B	C	C	•	

Die Westküste
Von Calvi bis Propriano

Die W-Küste von Korsika (Angaben zu den Wegpunkten siehe Seite 260)

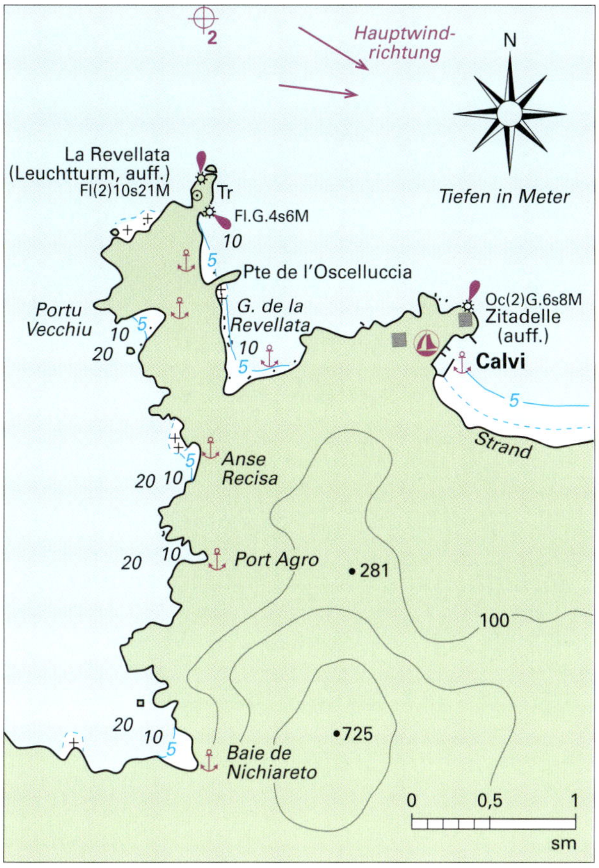

Ansteuerungen von Calvi (Angaben zum Wegpunkt siehe Seite 260)

Calvi

WP 42°33,97'N 008°45,50'E (Feuer auf der Zitadelle)

Karten: D 499, D 675, F 6970, F 6980

Allgemeines

Die Zitadelle von Calvi beherrscht das Stadtbild aus jeder Perspektive. Ihre Mauern wirken unüberwindlich. Der einzige Zugang, ein gewundener Tunnel mit einer Zugbrücke, ist mit dem Leitsatz „Civitas Calvi semper fidelis" überschrieben, der an das Pflichtbewusstsein der Bürger gegenüber den Machthabern in Genua erinnert. Die schmalen, kopfsteingepflasterten Straßen innerhalb der Mauern sind von baufälligen Häusern gesäumt, haben ihren Charme aber nicht verloren.

Erste Siedlungen wurden schon im 5. Jahrhundert vor Christus von den Phönikiern gegründet, während man zunächst die geschützte Reede von Calvi nutzte. Die heutige Zitadelle der stets umkämpften und schon früh befestigten Stadt stammt aus dem 13. Jahrhundert. Nach der Herrschaft der Griechen und Römer kamen Soldaten aus Pisa und Genua sowie die Franzosen mit Unterstützung der Türken. 1794 fiel die Zitadelle in die Hände von Lord Nelson, der nicht den aussichtslosen Seeweg wählte, sondern von Land her über die Halbinsel Revellata angriff und bei den Kämpfen sein rechtes Auge verlor.

Während die für Touristen wenig attraktive Zitadelle kaum besucht wird, herrscht unterhalb davon dichtes Menschengewirr. Eine gewisse laszive Atmosphäre kann Besucher länger als geplant in Calvi verweilen lassen.

Ansteuerung

Auffällig: Aus S und W kommend, ist die Halbinsel La Revellata von weitem zu erkennen, doch der Leuchtturm kann nur direkt von N ausgemacht werden. Dieser viereckige weiße Turm mit schwarzer

Blick von der Citadelle auf die Calvi Marina

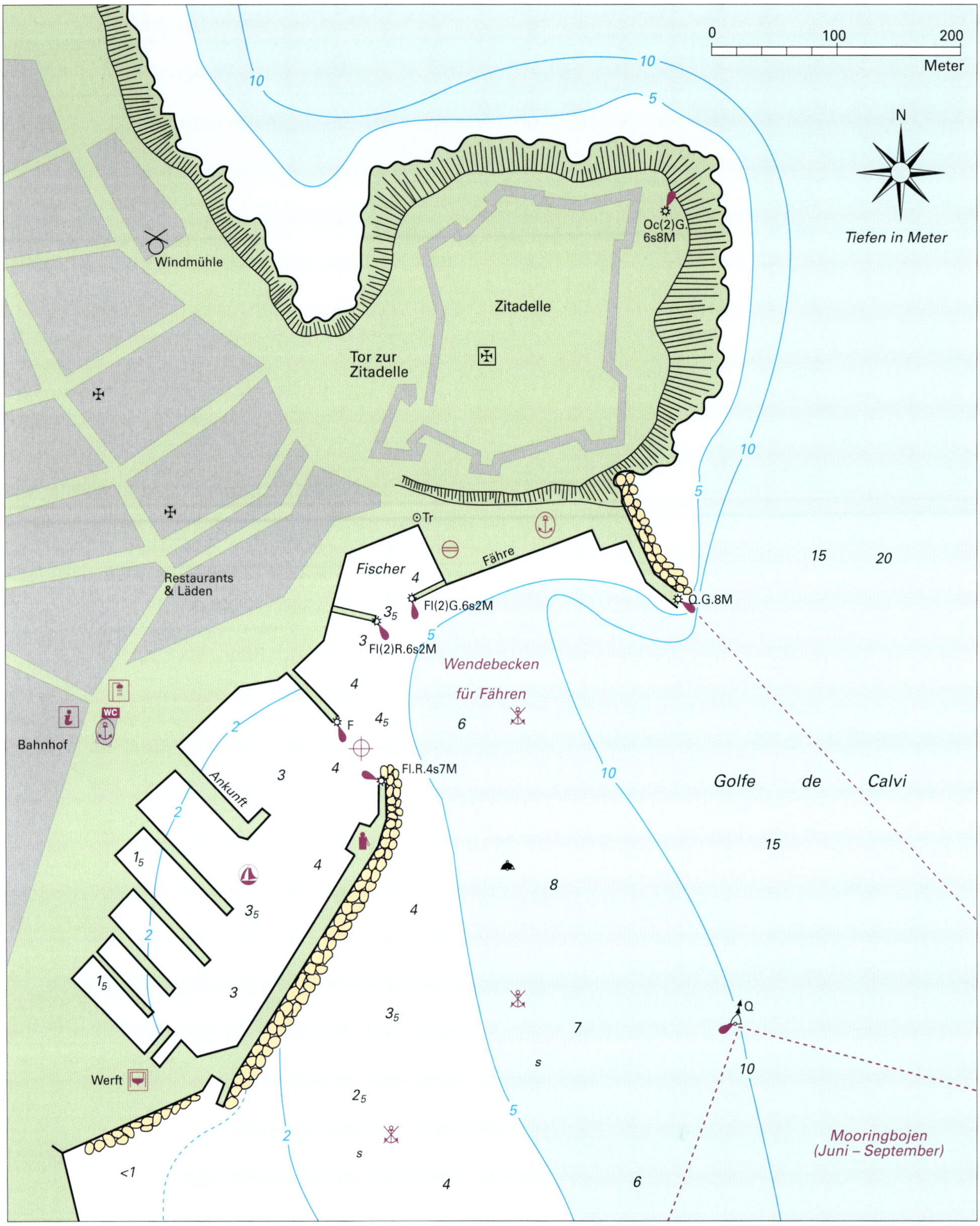

Kuppel ist eine gute Landmarke. Auffällig sind auch die rot gedeckten Villen bei Sant'Ambrogio, die man aus NE sieht. Die Zitadelle und die Altstadt von Calvi sind nicht zu verwechseln.

Nachts steuert man nach dem Feuer auf La Revellata mit Fl(2)10s21M. Die Zitadelle ist mit Oc(2)G.6s8M und der Kopf der Außenmole des Handelshafens mit Q.G.8M befeuert. Die Einfahrt der Marina hat die Kennung Fl.R.4s7M. Calvi ist bei Nacht problemlos anzusteuern.

Die Marina ist im Sommer von 0700–2100 Uhr, im Winter von 0800–1200 und von 1400–1730 Uhr auf UKW-Kanal 09 zu erreichen.

Gefahren: Bei W-lichen Winden ist mit starken Böen zu rechnen, die aus dem Golfe de la Revellata sowie über die Marina und die Ankerplätze wehen.

Hinweis: Bei der Navigation ist Vorsicht vor den zahlreichen ein- und auslaufenden Fähren und Ausflugsbooten geboten.

Liegeplätze

150 der insgesamt 380 Plätze für Yachten bis 50 m Lüa sind für Gäste reserviert. Wassertiefe 1,5–3,5 m. Man macht zunächst am Empfangskai am Pierkopf direkt hinter der Einfahrt fest und lässt sich im Hafenbüro einen Platz zuweisen. Größere Yachten liegen beiderseits der Mole an der Einfahrt. Mooringleinen am Kai oder an Bojen. Der Hafen ist bei allen Winden hervorragend geschützt.
Behörden: Calvi ist Zollhafen und beschäftigt neben dem Marinapersonal auch einen Hafenmeister. Das erhobene Liegegeld entspricht der Kategorie 4.
Infos: Tel. 04 95 65 10 60 oder Fax 04 95 65 15 13.
Hinweis: In den Monaten Juli und August ist manchmal trotz der Bemühungen des Personals kein freier Platz mehr zu finden. Deshalb weichen viele Yachten auf die Ankermöglichkeiten im SE der Marina aus.

Mooringtonnen: Vom 1. Juni bis 30. September liegen 230 Mooringbojen aus, die bei allen Windrichtungen außer NE, der im Sommer ohnehin selten auftritt, gut geschützt sind. Infos auf UKW-Kanal 08 oder Tel. 04 95 65 42 22. Die Liegegebühr entspricht Kategorie 2. Das Gebiet ist durch eine Kardinaltonne N (Q) begrenzt.

Ankerplätze: Der Ankerplatz E-lich des Mooringbojenfeldes ist bis auf Winde aus NE, die im Sommer nur sehr selten vorkommen, gut geschützt. Die Wassertiefe am Ankerplatz beträgt 3–6 m; die Anker halten im sandigen Grund gut. Wegen der Böen sollte man reichlich Kette stecken.
Hinweis: Das Ankern vor dem Handelshafen ist verboten, weil die Fähren diesen Raum, der mit gelben Tonnen bezeichnet ist, zum Manövrieren benötigen.

La Revellata aus W

In den Monaten Juli und August sind das Mooringbojenfeld sowie der Ankerplatz sehr voll, sodass sich SE-lich des Marinawellenbrechers ein Mastenwald erstreckt. Da nachts nicht einmal 50 % der Yachten ein Ankerlicht gesetzt haben, muss mit besonderer Vorsicht navigiert werden.

Versorgung

Alle Liegeplätze sind mit Wasser- und Stromanschlüssen (220 und 380 V) versehen. Duschen und Toiletten findet man nahe des Hafenbüros. Treibstoff ist in der Marina am Kai auf der Innenseite des Wellenbrechers zu bekommen. Ein 15-t-Kran, ein 50-t-Bootslift und ein Slip sind vorhanden. Reparaturen an der Mechanik sind möglich; Yachtausrüster sind am Ort. Die Werft hat einen guten Ruf für Slippen und Raparatur.
Es gibt gute Einkaufsmöglichkeiten, auch Stangeneis ist erhältlich. An der Hafenpromenade und in der Stadt stehen zahlreiche Restaurants zur Auswahl.
Außerdem findet man hier eine Post, Banken und Vermietungen von Autos und Motorrädern. An der Küste verkehren Busse. Bahnverbindung nach Île Rousse. Es verkehren Fähren nach Nizza, und vom Flughafen aus gehen Flüge nach ganz Europa.

Golfe de la Revellata

WP 2 42°35,5'N 008°43,5'E
Karten: D 499, D 675, F 6980, F 6970

An der E-Seite von La Revellata liegen beiderseits der Punta di l'Oscelluccia vor W- bis SW-Winden bestens geschützte Ankerplätze. S-lich der Punta di l'Oscelluccia ankert man auf 5–10 m Tiefe, N-lich der Landspitze kann man bis auf 3 m Tiefe unter Land gehen. Der teilweise felsige und grasbewachsene Sandgrund hält an einigen Stellen schlecht. Es sind starke Böen, aber wenig Dünung zu erwarten. Außer den ankernden Yachten herrscht hier kein Betrieb. Es kann auch im S des Golfe de la Revellata auf 5–10 m geankert werden.

Portu Vecchiu

42°34,1'N 008°42,8'E

In dieser Bucht W-lich von La Revellata können Sie nur bei ruhigem Wetter oder leichten N- bis NE-Winden liegen. Nach W ist sie ungeschützt. Bei Libeccio ist mit heftiger Dünung zu rechnen. S-lich der Einfahrt liegen zahlreiche Felsen und Riffe, die beim Einlaufen umfahren werden müssen. Man sollte möglichst nahe im Scheitel der Bucht auf 5–10 m über teils sandigem, teils felsigem, grasbewachsenem Grund ankern.

Anse Recisa
42°33,4'N 008°43,1'E

Die kleine, wenig geschützte Bucht ist 1 sm S-lich von Portu Vecchiu zu finden. Bei der Navigation ist das Riff im N-Teil der Einfahrt zu beachten. Man ankert auf 10–15 m Tiefe. Bei den geringsten Anzeichen von Libeccio muss dieser Ankerplatz verlassen werden.

Port Agro
42°32,8'N 008°43,1'E

Der kleine fjordähnliche Naturhafen im S von Recisa ist nach W ungeschützt und kann nur bei ruhigem Wetter genutzt werden. Hier landete Lord Nelson 1794 mit seinen Truppen, um die Stadt Calvi einzunehmen. Man ankert auf 5–10 m Tiefe über grasbewachsenem, teils sandigem, teils felsigem Grund.

Baie de Nichiareto
42°31,7'N 008°42,6'E

Diese große, nach NW bis W ungeschützte Bucht liegt 3 sm S-lich von La Revellata. Sie bietet auch bei SW-lichen Winden nur wenig Schutz. Man ankert in der kleinen Einbuchtung im S auf 5–10 m Tiefe über grasbewachsenem Sand- oder Felsgrund. Bei ruhigem Wetter kann man auch im Scheitel der Bucht auf 6–10 m über grasbewachsenem Grund liegen.

Capo Cavallo
Das auffallend steile Kap ist an der ehemaligen Signalstation auf seiner Kuppe zu erkennen.

Baie de Crovani
WP 42°28,0'N 008°40,0'E

Die große Bucht S-lich des Capo Mursetta ist nach W offen, sodass stets eine leichte Dünung zu spüren ist.

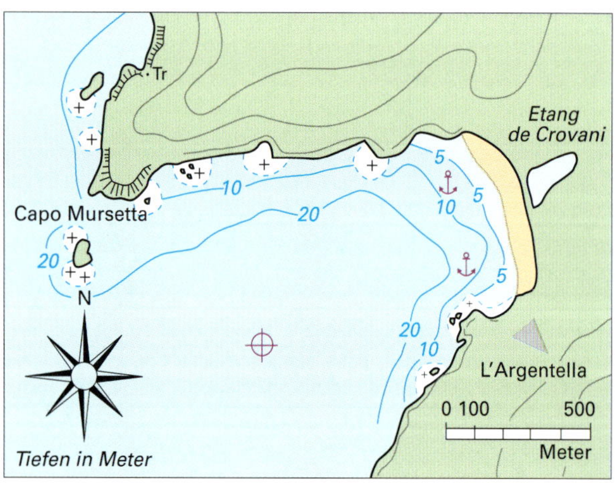

Bei ruhigem Wetter ankert man im SW-Teil auf 5–10 m Tiefe. Von hohen Bergen umgeben, bietet die Bucht im E einen schönen Sandstrand. Im S liegt das Dorf L'Argentella, das nach einer heute geschlossenen Silbermine benannt wurde.

Golfe de Galéria
WP 42°25,6'N 008°39,0'E

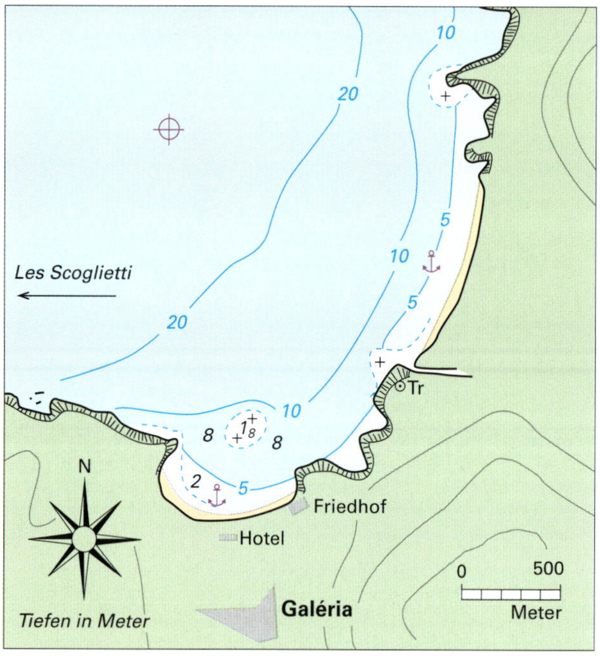

Dem S-Teil der Bucht ist die Felsgruppe Les Scoglietti vorgelagert, sodass sie vor leichten SW-lichen Winden geschützt ist; nach W bis NW ist sie offen. Stets steht eine leichte Dünung hinein. Ein Riff mit 1,8 m Tiefe liegt mitten in der Einfahrt zum S-lichen Ankerplatz (siehe Plan). Man bleibt vor dem Hotel auf 5–8 m über grasbewachsenem Sand. Lebensmittel sind in Galéria oder am Kiosk im E der Bucht zu bekommen. Hier gibt es auch ein paar Bars und Restaurants.

Bei ruhigem Wetter kann auch vor dem Strand N-lich des Genueser Turms auf der felsigen Landspitze geankert werden. Man bleibt auf 5–7 m Tiefe, muss den Platz aber bei W-lichen Winden sofort verlassen. Bei starkem Libeccio wehen schwere Böen über die Bucht, und die Dünung wird äußerst unangenehm.

Les Scoglietti
800 m N-lich der Punta Rossa erstreckt sich ein Gebiet mit z. T. felsigen Untiefen. Direkt unter der Küste existiert eine Passage mit mindestens 5 m Wassertiefe, die auf 045° bzw. 225° Grad zu durchfahren ist.

Das Naturschutzgebiet La Scandola
In dem Gebiet SE-lich von Marina d'Elbo brüten

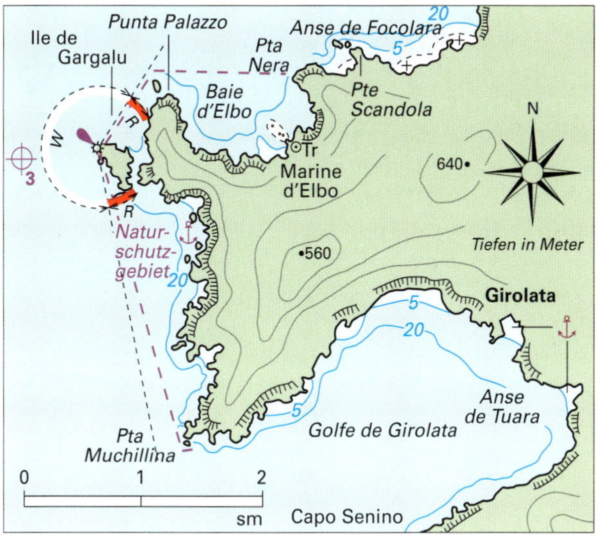

La Scandola (Angaben zum Wegpunkt s. Seite 260)

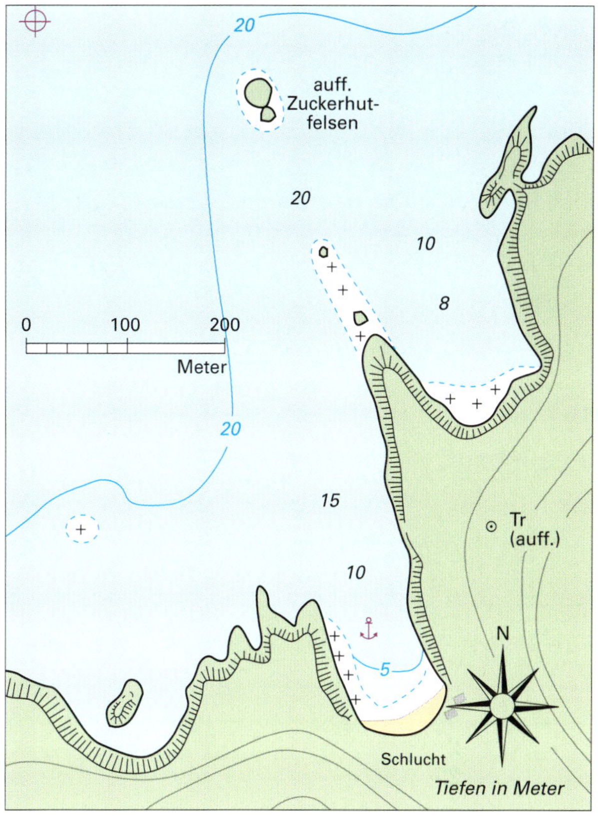

seltene Vögel, darunter Seeadler, Turmfalken, Fischadler, Kormorane und verschiedene Möwenarten.
La Scandola ist das erste Naturschutzgebiet in Frankreich, dass sowohl eine Zone auf See wie an Land umfasst. Außerdem gelang es hier, ein Gleichgewicht zwischen den Interessen der Bevölkerung, dem Fremdenverkehr wie dem Umweltschutz zu schaffen. Zelten, offenes Feuer sowie Fischen und Unterwasserjagd sind verboten. Die ansässigen Fischer fangen aus Rücksichtnahme nicht in den angrenzenden Gewässern, und alle Yachtsportler sollten sich entsprechend vorbildlich verhalten.

Anse de Focalara

42°23,6'N 008°35,9'E

Diese ungeschützte Bucht liegt 2 sm S-lich der Felsen Les Scoglietti und ist von einer wirklich beeindruckenden Landschaft umgeben. Man ankert vor dem kleinen Strand.

Marina d'Elbo

WP 42°22,7'N 008°33,8'E

Im SE der Bucht E-lich der Punta Palazzo liegt eine kleine Calanque in der Verlängerung einer Schlucht. Als Landmarken dienen der große Felsen vor der Einfahrt und der Genueser Turm am E-Ufer. 350 m W-lich der Einfahrt liegt ein Unterwasserfelsen, sodass die Calanque mit Kurs SE angesteuert werden muss. Der rote Felsen kann mit geringem Abstand passiert werden. Das der E-lichen Landspitze vorgelagerte Riff muss an Backbord bleiben.
Man ankert vor dem kleinen Strand auf 5–7 m über grasbewachsenem Sand. Der Ankerplatz ist vor W- bis SW-lichen Winden geschützt, nach NW bis NE aber offen.

Diese Calanque ist ein wahres Kleinod in einem Spalt zwischen den steil bis auf 600 m ansteigenden Bergen. Im Sommer wird Marina d'Elbo von vielen Yachten und Ausflugsbooten angelaufen.

Île de Gargalu

WP 3 42°22,3'N 008°31,4'E
WP 42°22,3'N 008°32,2'E (Leuchtturm)

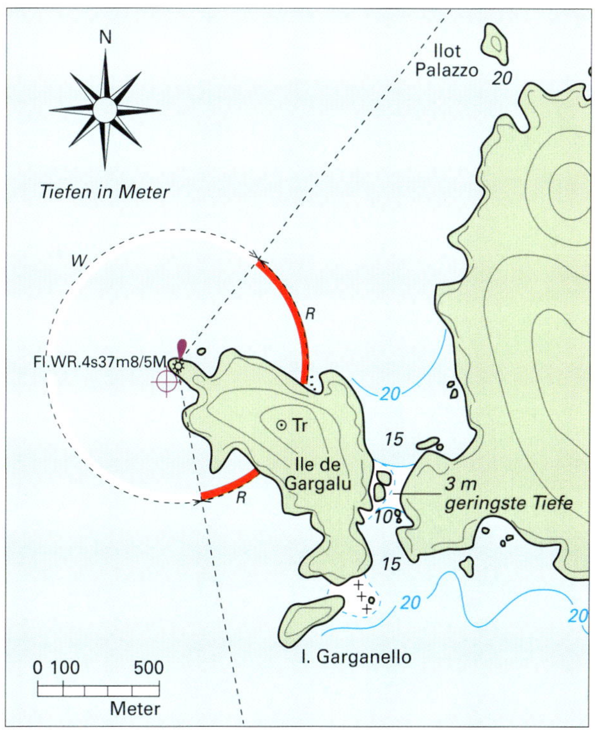

Die Passage Gargalu aus SW; der Turm auf der Île de Gargalu bildet eine auffällige Landmarke

Die Ansteuerung von Port Girolata aus SW; der Genueser Turm bewacht die Einfahrt

Die Île de Gargalu ist der Punta Palazzo vorgelagert und von ihr durch eine schmale Passage mit mindestens 3 m Tiefe getrennt, die man bei ruhigem Wetter befahren kann. Die roten Klippen bieten einen wundervollen Anblick.

Von S oder N ist die zerklüftete Insel gut zu erkennen. Auf ihrer Kuppe steht ein Genueser Turm. Während die Insel aus N direkt anzusteuern ist, sind bei der Ansteuerung von S einige Felsen und ein Riff zu umfahren, sodass man die Durchfahrt mit Kurs NW anläuft.

Port Girolata

WP 42°20,8'N 008°37,1'E (Turm)
Karten: D 499, F 7050

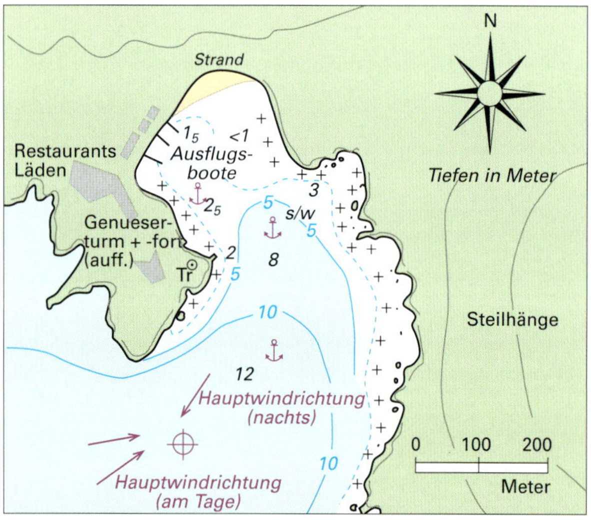

Allgemeines

Durch Berge und Schluchten vom Hinterland getrennt, hat Girolata seinen seit jeher aufs Meer gerichteten Charakter bewahrt. Das Fort, von den Genuesern erbaut, schützte einen der wenigen Häfen, der nicht den vorherrschenden W-lichen Winden ausgesetzt war. Die flachgehenden Schiffe mit nicht mehr als 1 m Tiefgang konnten ans Ende der Bucht gezogen werden, um auch vor dem Libeccio sicher zu sein.

Heute lebt man hier hauptsächlich vom Tourismus. Der Hafen wird von zahlreichen Yachten und Ausflugsbooten angelaufen, deren Passagiere hier in den Bars und Restaurants kräftigende Mahlzeiten einnehmen.

Ansteuerung

Die geschützte Bucht von Port Girolata liegt im W des Golfe de Girolata und kann direkt und gefahrlos angelaufen werden.

Auffällig: Aus N kommend, passiert man die Île de Gargalu und rundet Punta Muchillina, um dann in den Golfe de Girolata zu steuern. Von S her rundet man das Cap Rossu, das an einem Turm auf seinem Gipfel zu erkennen ist, und läuft dann auf das Fort auf der flachen Landspitze bei Port Girolata zu. Dieses Fort sollte nicht mit jenem bei Porto verwechselt werden.

Nachts sind Hafen und Kaps unbefeuert.

Gefahren: Der Libeccio wird durch die beiden hohen Landspitzen genau in den Golfe de Girolata gelenkt und erzeugt eine grobe See.

Liegeplätze

Beim Ankern sollte man sich so weit wie möglich in die Bucht hineinquetschen. Man kann auch eine Leine zum W-Ufer ausbringen und den Anker nach E bis NE ausbringen. Der mit Gras bewachsene Sandgrund hält nicht besonders gut. Abends und nachts muss mit N- bis NE-Wind gerechnet werden, der ins Tal und dann über die Ankerbucht weht. Beim Ankern selbst sollte man sich an seinen Nachbarn orientieren: Beim abendlichen Drehen des Windes gibt es hier stets ein beträchtliches Durcheinander, denn hier ankern viele mit Bug- und Heckanker – aber scheinbar ebenso viele nur mit Buganker, und die fangen dann unweigerlich zu schwojen an.

Port Girolata ist gut geschützt. Nur bei starkem

Libeccio muss man auf den äußeren Ankerplätzen mit heftigem, teilweise gefährlichem Schwell rechnen. Wenn es der Tiefgang der Yacht erlaubt, sollte man im inneren Teil der Bucht ankern.
Gefahren: Die Untiefe im NE der Bucht sowie die der W-Seite vorgelagerten Felsen sind bei der Navigation zu beachten. Hierher sollte man selbst im Sommer, wenn es ziemlich voll wird, nicht ausweichen.
Hinweis: Die Molen im NW der Bucht werden im Sommer von zahlreichen Ausflugsbooten benutzt, deren Fahrt Sie nicht behindern dürfen. Flachgehende Yachten legen hier während der Nacht an, verlassen den Platz aber, wenn das erste Ausflugsboot naht.

Versorgung

An Land gibt es zahlreiche Bars und Restaurants. In den beiden kleinen Geschäften sind ein paar Grundnahrungsmittel zu bekommen. Die Preise sind überdurchschnittlich hoch, da alles mit dem Boot herangebracht werden muss.

Anse de Tuara

42°20,4'N 008°37,6'E

Die kleine Bucht SE-lich von Port Girolata ist nach SW bis W offen. Hier kann man nur bei ruhigem Wetter auf 5–6 m Tiefe über grasbewachsenem Sand- oder Felsgrund ankern; der Halt ist nicht überall gut. Vorsicht vor den zahlreichen Felsen und Riffe, die den Ufern vorgelagert sind.

Golfe de Porto

Der Golf, in dessen Scheitel das kleine Fischerdorf Porto liegt, wird in den meisten Reiseführern als landschaftlich besonders reizvoll und wunderschön beschrieben. Das ist vielleicht etwas übertrieben; sicher jedoch ist, dass das Ankern hier, wenn nicht gerade Flaute herrscht, zum Albtraum werden kann. Denn bei W-lichen Winden steht Dünung in den Golf, die von den steilen Ufern zurückgeworfen wird, wobei konfuse Kreuzseen entstehen. Diese Gegend schaut man sich lieber von Land oder von einem der Ausflugsschiffe an und bekommt so einen Eindruck von den interessanten Gesteinsformationen und dem einzigartigen Licht.
An den Küsten des Golfe de Porto gibt es zahlreiche Ankerplätze, von denen aber keiner besonderen Schutz bietet.

Anse de Lignaggia ist die Bucht E-lich der Pte Scopa. Die Landspitze muss mit einem Mindestabstand von 200 m gerundet werden, um einen Unterwasserfelsen zu umfahren. Man ankert auf 8–

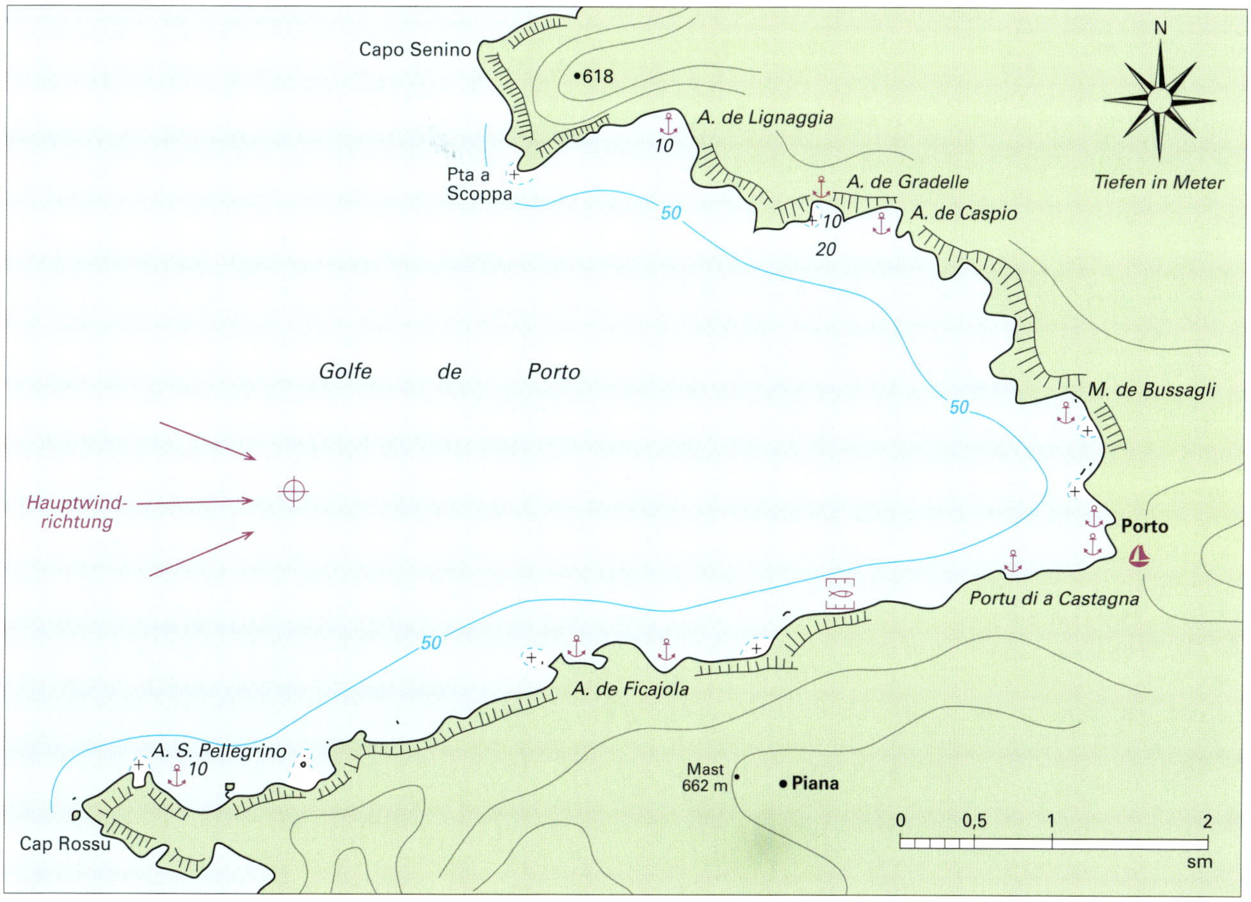

12 m über grasbewachsenem Fels oder Sand und liegt vor W-, SW–S-lichen Winden ungeschützt.
Anse de Gradelle ist 2 sm E-lich der Pte Scopa zu finden. Die Bucht wird durch eine felsige Landspitze vor NW- bis W-lichen Winden geschützt, ist nach SW aber offen. Beiden Seiten der Einfahrt sind Felsen vorgelagert. Man ankert auf 3–5 m Tiefe vor dem Strand.
Anse de Caspio ist die kleine Bucht E-lich von Gradelle, die aber vor NW- bis W-Winden kaum Schutz bietet. Der 3–5 m tiefe Ankergrund besteht aus Felsen oder Sand.
Marine de Bussaglia ist die Bucht N-lich der Ortschaft Porto. Bei W-Wind liegt man völlig ungeschützt und ist heftigem Schwell ausgesetzt. Von dem Riff vor den Felsen, die dem Strand vorgelagert sind, muss man sich gut freihalten. Man ankert vor dem Strand auf 5–10 m Tiefe.

Porto Marina

WP 42°15'99'N 008°41,58'E (WGS 84)
Karten: D 499, F 7050

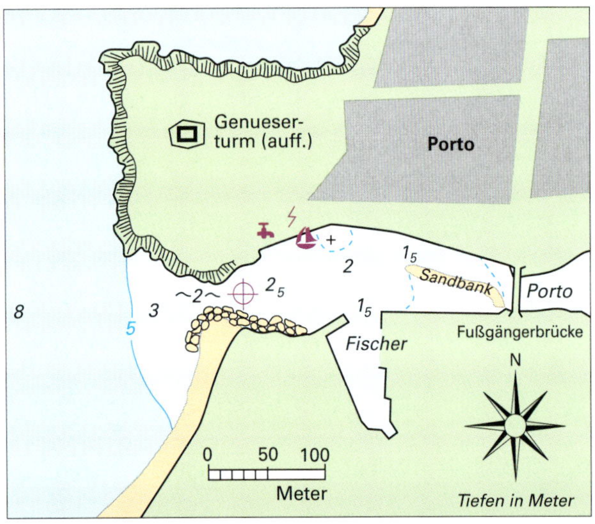

Allgemeines

Die kleine Ortschaft liegt im Scheitel des gleichnamigen Golfs. Porto ist für viele Touristen zum Ausgangsort für Küstentouren geworden, doch sein alter Dorfcharakter ist weitgehend erhalten.

Ansteuerung

Im Fluss Porto, der S-lich des Genueser Turms ins Meer mündet, liegen ein paar einheimische Fischerboote, die hier bestens geschützt sind. Als Landmarke dient der Genueser Turm auf dem felsigen Vorland. N-lich davon befindet sich eine kurze Mole, an der nur die Ausflugsschiffe anlegen.
Nachts ist die Einfahrt unbefeuert.
Die Marina ist im Sommer auf UKW-Kanal 09 zu erreichen.
Gefahren: Je nach Versandung variieren die Tiefen in der Flussmündung zwischen 1,5–2 m. Vor dem Einlaufen sollte man sich unbedingt nach den aktuellen Wassertiefen und der Lage der Fahrrinne erkundigen. Bei auflandigen Winden sollten Yachten nicht einlaufen, weil sich dann die Seen in der Einfahrt brechen.
Der Fluss neigt zur Versandung, und der Hafen wird von Zeit zu Zeit ausgebaggert. Vor dem Einlaufen ist eine Erkundung sinnvoll.

Liegeplätze

Das 1–2 m tiefe Hafenbecken hat Liegemöglichkeiten für 150 Yachten bis 14 m Lüa. Die Liegeplätze, die gut geschützt sind, werden zugewiesen. Man beachte die Position des Unterwasserfelsens! Ein Hafenkapitän ist im Dienst.
Ankerplatz: Nur bei wirklich ruhigem Wetter kann man im S des Turms auf 6–12 m Tiefe über Sand bzw. Kies mit mittelmäßigem Halt ankern. Sobald etwas Wind aufkommt, wird der Ankerplatz äußerst unruhig.

Porto aus S

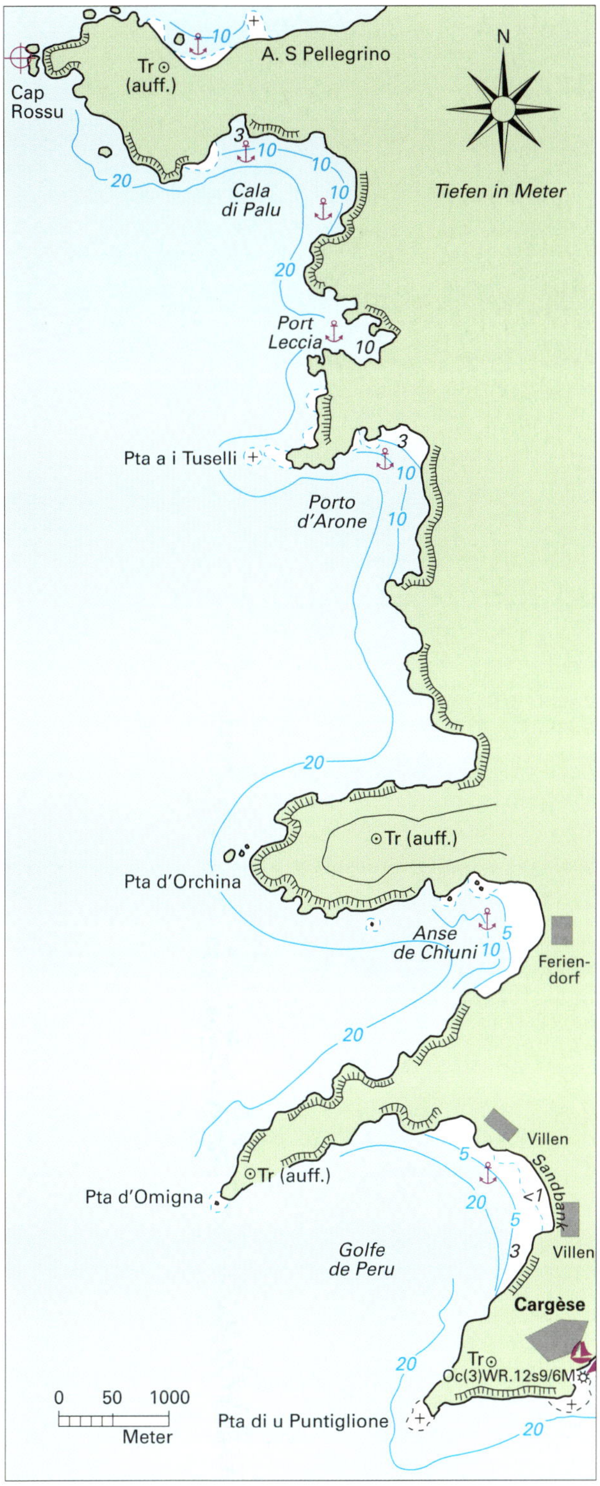

Die Küste zwischen Cap Rossu und Cargèse

Versorgung

Wasser- und Stromanschlüsse sind möglich. Toiletten sind vorhanden. Eine Tankstelle befindet sich am Rande der Ortschaft. Im Ort sind Lebensmittel zu bekommen; Bars und Restaurants sind ebenfalls vorhanden.

Portu di a Castagna ist eine kleine Bucht E-lich der Pta Capicciolo im WSW von Porto. Sie bietet einen gewissen Schutz vor SW-lichen Winden und wird von vielen Dauerliegern aus Porto genutzt, sodass Gastyachten kaum Platz zum Ankern vorfinden.

Anse de Ficajola ist eine kleine Bucht auf etwa halber Strecke zwischen Porto und Cap Rossu. Über ihr, an den Berghängen auf 500 m Höhe, ist die Ortschaft Piana zu erkennen. Vor leichten SW-lichen Winden kann man hier Schutz finden, aber bei mittleren bis starken Winden steht Schwell in die Bucht, und man muss mit schweren Böen von Land rechnen. Hier gibt es zahlreiche feste Mooringbojen. Man ankert auf 6–10 m Tiefe über Sandgrund. Oben im Dorf sind einige Lebensmittel zu bekommen.

Anse San Pellegrino heißt die weite Bucht an der N-Seite von Cap Rossu. Man kann hier bei ruhigem Wetter E-lich des Turms auf 10–12 m ankern. Schwell tritt bei W-lichen Winden auf.

Cap Rossu

WP 42°14,4'N 008°32,5'E

Wie der Name besagt, besteht das hohe Kap aus rötlich-braunem Gestein. Wegen des von N und S sichtbaren Turms ist es gut von Capo Serino an der N-Seite des Golfe de Porto zu unterscheiden, das ebenfalls aus rötlichem Fels besteht. In unmittelbarer Nachbarschaft liegt die rote Punta Rossa.

Cala di Palu (42°13,6'N 008°34,0'E) ist die Bucht im S des Cap Rossu, die nach W bis SW offen ist und deshalb nur bei Flaute genutzt wird. Man ankert in den Einbuchtungen im N oder E auf 10–15 m; der Grund steigt steil an.

Port Leccia heißt die Bucht S-lich der Cala di Palu. Sie bietet vor leichten SW-lichen Winden Schutz. Der Ankergrund auf 8–10 m Tiefe besteht aus grasbewachsenem Sand.

Porto d'Arone (42°12,2'N 008°34,7'E) ist die weite Bucht S-lich der Pta a i Tuselli. Die der N-lichen Landspitze vorgelagerten Felsen und Riffe müssen seewärtig gerundet werden. Man ankert vor dem Strand auf 3–6 m Tiefe über gut haltendem Sandgrund. Am Ufer stehen einzelne Villen.

Anse de Chiuni (42°10,0'N 008°35,0'E) im S der Punta d'Orchina ist an dem Genueser Turm (Torre d'Orchina) zu erkennen. Das N-Ufer der Bucht ist von Steinen gesäumt. Der Ankerplatz befindet sich vor dem Strand auf 4–8 m Tiefe über sandigem Grund und ist bei W- bis SW-lichen Winden ungeschützt. Im Scheitel der Bucht wurde eine Feriensiedlung gebaut.

Golfe de Peru (42°08,6'N 008°35,0'E) heißt die große Bucht S-lich der Punta d'Omigna, die an einem Turm zu erkennen ist. Auf der S-lichen Landspitze

Punta di u Puntiglione sind ein Turm und die Häuser von Cargèse auszumachen. Man ankert nach W ungeschützt vor dem Strand auf 5–8 m über grasbewachsenem Sand. Der Bereich vor dem Strand ist teilweise sehr flach. Im Sommer tummeln sich an diesem Strand viele Erholungssuchende.

Cargèse

WP 42°07,86'N 008°35,87'E (WGS 84)
Karten: D 499, F 7050, F 6942

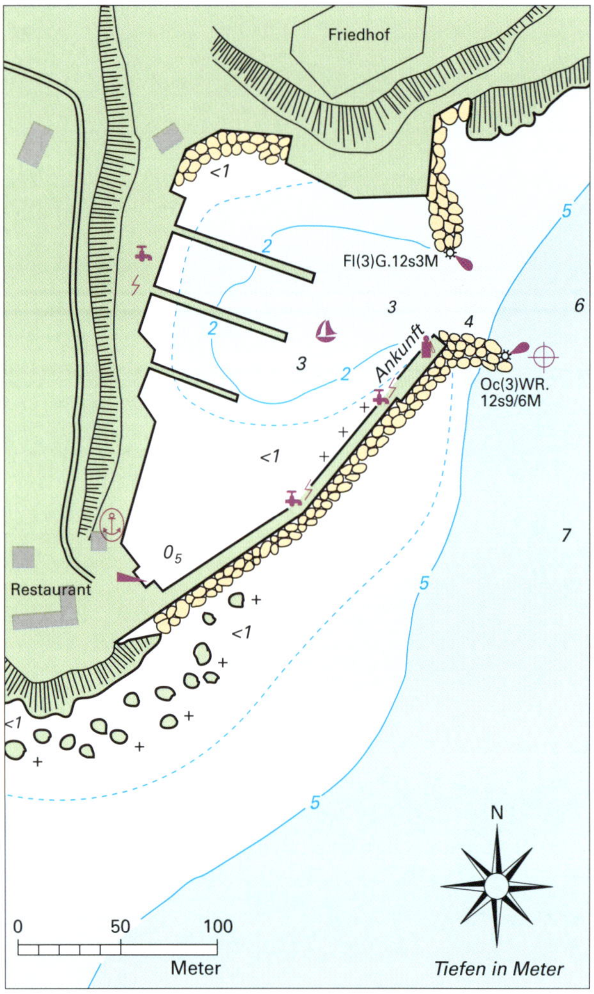

Cargèse aus N

Allgemeines

Cargèse ist keine typisch korsische Ortschaft. Beim Anblick der Häuser und besonders der Kirche, die eine überladene Bilderwand und von Kerzen gesäumte Ikonen zieren, fühlt man sich eher an den östlichen Mittelmeerraum erinnert. Und das ist wenig verwunderlich, da der Ort griechischen Ursprungs ist.

Im späten 17. Jahrhundert wurde einer Gruppe von Griechen vom Peloponnes, die sich auf der Flucht vor den türkischen Besatzern befand, bei Paomia in der Nähe von Cargèse ein Stück Land gegeben. Die Griechen sollten den Genuesern bei der Kolonisierung der Insel behilflich sein. Sie pflanzten Wein und Oliven, waren sehr erfolgreich und bekamen mit den benachbarten Korsen Streit. Ihr Dorf wurde niedergebrannt, und sie flohen nach Ajaccio. Nach der Machtübernahme durch die Franzosen wurde den Griechen Land um Cargèse zugeteilt, das sie kultivierten und bebauten. Heute leben griechisch-orthodoxe und katholische Bewohner in Frieden nebeneinander.

Ansteuerung

Der Hafen und die Ankerplätze im Schutz der Pta di u Puntiglione liegen unterhalb der am Berghang erbauten Ortschaft.

Auffällig: Die Häuser und der Turm auf der Pta d'Omigna sind gut auszumachen. Der Turm auf der Pta di u Puntiglione ist erst später zu erkennen.

Nachts ist die Hafeneinfahrt mit Oc(3)WR.12s9/6M und Fl(3)G.12s3M befeuert.

Der Hafenmeister ist im Sommer von 0800–2000 Uhr auf UKW-Kanal 09 zu erreichen. Im Winter bleibt sein Büro geschlossen.

Gefahren: Das Riff vor der Pta di u Puntiglione sollte mit gutem Abstand gerundet werden, da es, besonders wenn die See mit Schaumkronen bedeckt ist, schwer zu orten ist.

Bei der Ansteuerung von E bzw. SE muss man sich von dem Unterwasserfelsen Rocher Marifaja im E-Teil der Bucht, über dem nur 1,3 m Wasser stehen, gut freihalten. Der Wurzel des Wellenbrechers ist ebenfalls ein Riff vorgelagert, das mit gutem Abstand passiert werden muss.

Liegeplätze

Der <1–3 m tiefe Hafen bietet 235 Liegeplätze für Yachten bis 15 m Lüa, darunter 35 für Gäste.

Liegeplätze findet man an den Schwimmstegen. Mooringleinen. Die besten Plätze sind am Ende der Mole, an die man mit dem Bug geht. So liegend besteht auch die beste Möglichkeit, den Betonklötzen aus dem Weg zu gehen, die als Mooringstein dienen und über denen eine geringe Wassertiefe besteht.

Die Plätze sind bei den vorherrschenden Winden gut geschützt. Der Hafenmeister kassiert ein Liegegeld der Kategorie 4.
Port de Cargèse: Tel. 04 95 26 47 24 oder Fax 04 95 26 41 47.

Ankerplatz: Man kann auch vor der Hafeneinfahrt auf 4–8 m ankern, wobei man so weit wie möglich unter Land gehen sollte. Der Ankergrund besteht aus grasbewachsenem Fels oder Sand und hält recht gut.

Versorgung

Wasser (wird manchmal abgestellt) und Strom an allen Liegeplätzen. Duschen und Toiletten sind vorhanden. Am Kai befindet sich eine Tankstelle. Segelmacher und Yachtausrüster unmittelbar am Hafen. Lebensmittel sind im Ort erhältlich, der allerdings etwas entfernt ist. Dort findet man auch weitere Bars, Restaurants, eine Post und eine Bank.

Rocca Marina

In der großen Bucht in E von Cargèse kann man vor NW- bis W-Winden geschützt ankern. Der Ankerplatz vor dem Strand bietet 3–6 m Tiefe über grasbewachsenem Sandgrund. Von den zahlreichen Felsen und Riffen vor dem Ufer muss man sich gut freihalten.

Sagone

WP 42°06,73'N 008°41,25'E
Karten: D 499, F 7316, F 6942

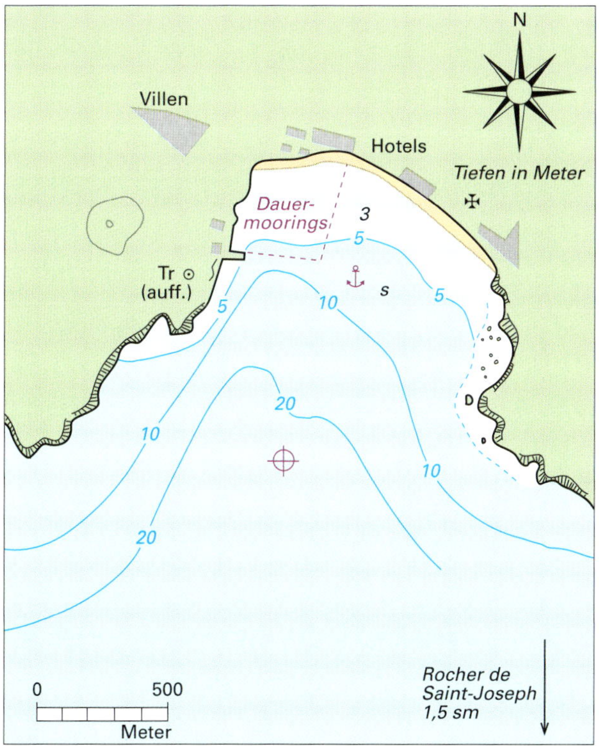

Baie de Sagone (WP 42°06,6'N 008°41,5'E)

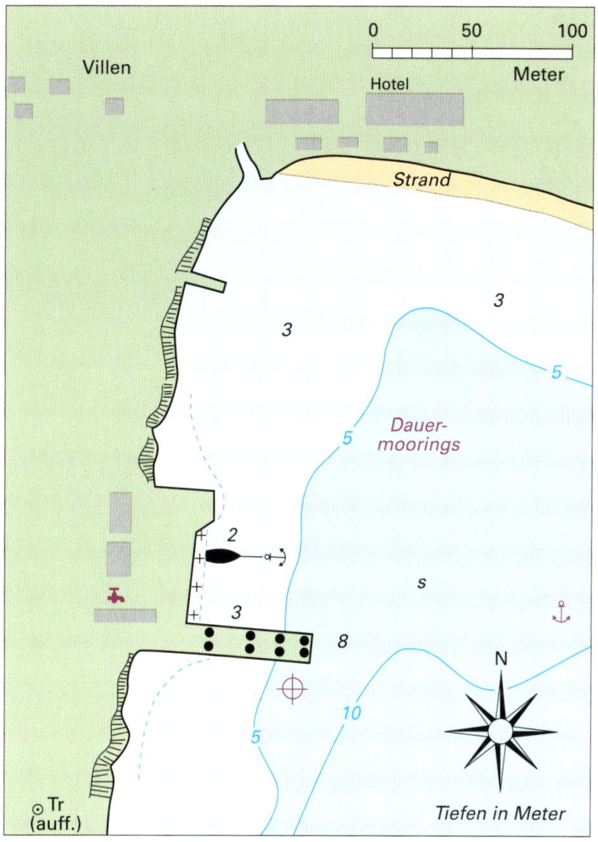

Sagone (WP 42°06,73'N 008°41,25'E)

Allgemeines

Die etwas unscheinbare, von einem feinen Sandstrand gesäumte Bucht hat keine großartige Geschichte aufzuweisen. Nach den Römern siedelten hier die Pisaner, die eine Kathedrale errichteten, deren Ruinen heute am Ufer des kleinen Flusses zu finden sind. Das Bistum wich vor den zahlreichen Überfällen sarazenischer Piraten zurück und zog in eine weniger von Malaria verseuchte Gegend um.

Ansteuerung

Wegen der zahlreichen Riffe muss in der Bucht besonders vorsichtig gesteuert werden. Am Tag ist das kein Problem, nachts sollte man hier jedoch nicht einlaufen.
Auffällig: Aus W sind der eben überspülte Rocher Marifaja und die Punta de Triu gut auszumachen. Letztere ist mit einem guten Abstand zu runden, da ihr zahlreiche Felsen und Riffe vorgelagert sind. Am W-Ufer der Baie de Sagone steht ein Turm, und am Ufer weiter E-lich sind zahlreiche Hotels zu sehen. Aus S ist die Bucht nur schwer auszumachen, letztlich aber an der Uferbebauung zu erkennen.
Der Pta de Triu ist ein Riff vorgelagert, das selbst bei ruhigem Wetter schlecht zu erkennen ist.
Auch die Rochers de St-Joseph, ein Riff, das SW-lich des E-Teils der Bucht beginnt und sich in Richtung Sagone erstreckt, verdienen besondere Aufmerk-

Sagone aus NW; Blick über die Bucht

samkeit. Mit einer Rückpeilung von 207° zum Cap de Feno steuert man die Bucht sicher an.

Liegeplätze

Man ankert auf 7–10 m über gut haltendem Sandgrund E-lich der kurzen Mole am W-Ufer. Zahlreiche einheimische Boote liegen hier an Dauermoorings. Da der vorherrschende SW-Wind in die Bucht weht, ist es ratsam, einen Heckanker auszubringen, um mit dem Bug zum Schwell zu liegen, wenn abends der Wind abflaut. Man kann auch mit Bug oder Heck hinter der Mole festmachen; da jedoch der Wind in die Bucht steht, ist dieser Platz ständigem Schwell ausgesetzt. Angenehmer ist es daher mit Bug- und Heckanker in der Bucht. Der Ankerplatz ist vor NW- bis W-Wind geschützt, SW-lichen Winden aber ausgesetzt. Abends dreht der Wind häufig auf N bis NE. Bei starkem Libeccio ist Sagone nicht gerade ein „gemütliches Plätzchen".

Versorgung

Hinter der Molenwurzel findet man einen Wasseranschluss. Lebensmittel sind im Supermarkt bei der Mole oder im Ort zu bekommen. An der Mole und am Strand gibt es einige Restaurants.

Baie de Liscia

WP 42°03,3'N 008°43,2'E

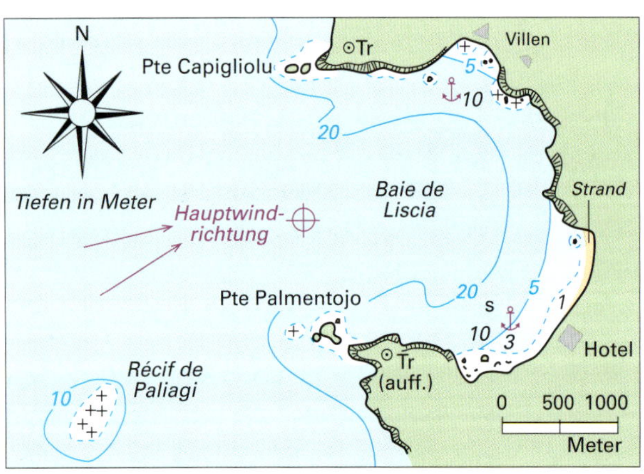

Die große Bucht liegt im E-Teil des Golfe de Sagone. Als Landmarken dienen der Turm auf der Pte Capigliolu in N und der Turm der Pte Palmentojo in S. Letztgenannter Landspitze sind ein Inselchen und Riffe vorgelagert. Die nach W offene Bucht bietet in ihrem SE-Teil einen gewissen Schutz vor SW-lichen Winden. Hier ankert man auf 6–10 m; der Grund steigt steil auf Tiefen von weniger als 1 m an. Bei ruhigem Wetter kann auch im NE unterhalb des Ortes Tiuccia auf 5–10 m geankert werden, doch hier ist ein Riff zu beachten, das sich vom Ufer in die Bucht erstreckt.
Im NE der Bucht stehen mehrere Hotels. Außerdem gibt es hier noch die Burg Capraja der Familie Cinarche, die vom 13. bis 16. Jahrhundert der Herrschaft der Genueser trotzte und größere Teile Korsikas kontrollierte.

Récif de Paliagi

Dieses Riff liegt 1 sm WSW-lich der Pte Palmentojo. Bei ruhigem Wetter erkennt man es an den Verfärbungen des Wassers, bei Seegang brechen sich hier die Wellen.

Golfe de Lava

WP 41°59,1'N 008°38,8'E

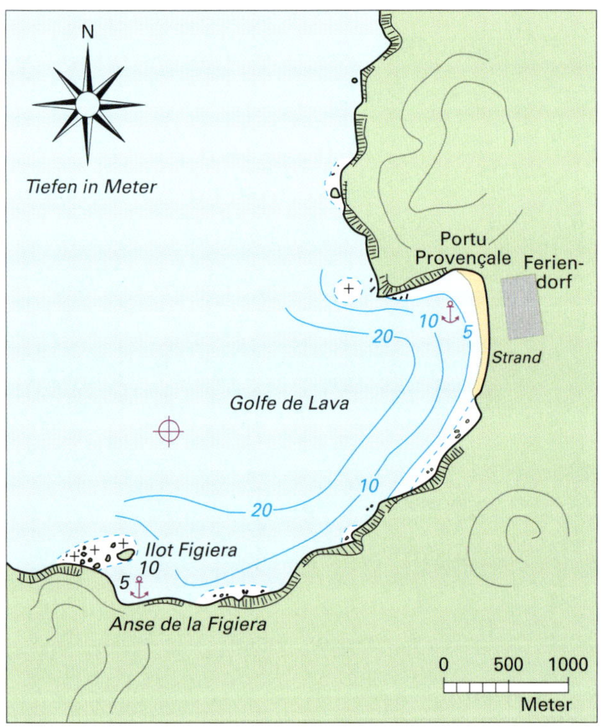

Die große Bucht liegt im S-Teil des Golfe de Sagone. Bei ruhigem Wetter ankert man in ihrem NE-Teil, der Anse Portu Provençale, auf 5–10 m über grasbewachsenem Grund vor dem Strand. Außer einem Riff, das 200 m W-lich der Einbuchtung liegt, ist die Ansteuerung rein.

Vor leichten SW-Winden findet man im S des Golfe de Lava in der Anse de la Figiera Schutz. Der Ankerplatz liegt E-lich der Felsen und Inselchen, die durch ein Riff miteinander und mit der Îlot de la Figeara verbunden sind, auf 4–7 m über grasbewachsenem Sandgrund.

Anse de Fica (41°57,1'N 008°36,3'E). Die kleine Bucht am Cap de Feno ist nach W offen und nur bei ruhigem Wetter zum Ankern zu nutzen. Ein Riff mit mindestens 2 m Tiefe liegt 500 m WSW-lich des N-Teils der Einfahrt.

La Botte. Die kleine, 22 m hohe Felsinsel im SW der Anse de Fica ist leicht auszumachen. In ihrer Umgebung ist die See bei W-lichen Winden besonders grob, sodass man den Bereich weiträumig umfahren sollte.

Anse de Minacchia (41°56,2'N 008°37,0'E). Die große Bucht im S der Anse de Fica eignet sich ebenfalls nur bei ruhigem Wetter zum Ankern.

Die Îles Sanguinaires

Die Inselkette erstreckt sich von der Pte de la Parata in Richtung SW und bildet die N-liche Begrenzung

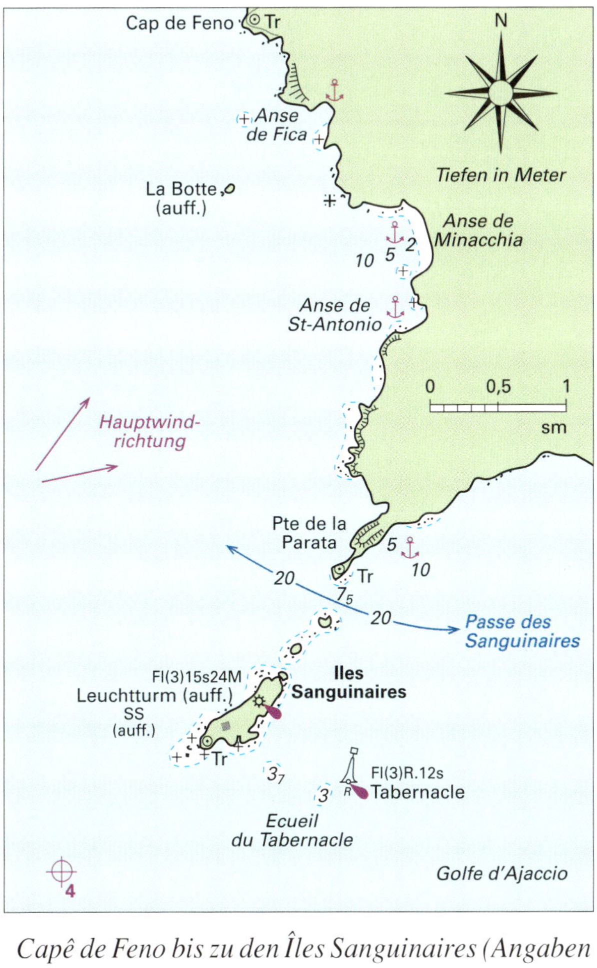

Capê de Feno bis zu den Îles Sanguinaires (Angaben zum Wegpunkt siehe Seite 260)

des Golfe d'Ajaccio. Auf der größten Insel, Grande Sanguinaire, stehen ein weißer Leuchtturm auf dem Gipfel (Fl(3)15s24M) sowie ein Wachturm und ein ehemaliger Semaphor im S der Insel. Auch auf der Pte de la Parata steht ein gut sichtbarer Turm. Yachten können zwischen dieser Landspitze und der N-lichsten Insel, Île di Porri, hindurchfahren; das Fahrwasser der Passe des Sanguinaires ist 7,5 m tief. Bei starken W-lichen Winden ist allerdings Vorsicht geboten, da sich die Wellen in der Durchfahrt brechen.

Bei der seewärtigen Passage der Inseln ist das Riff Ecueil du Tabernacle mit 3 m Tiefe zu beachten, das ESE-lich von Grande Sanguinaire liegt und mit einer roten Leuchttonne mit Zylindertoppzeichen (Fl(3)R.12s) bezeichnet ist. In SW-licher Verlängerung der großen Insel liegt auf 600 m eine Reihe von Felsen und Riffen.

Der Name „Blutrünstige Inseln" bezieht sich auf die Gefahr, die sie für alle Seefahrer, die den Golfe d'Ajaccio ansteuern, bedeuten. Ihr wildes Aussehen, geprägt von zerklüfteten Felsen, die von spitzen Felszacken gesäumt werden, unterstreicht diese Vorstellung.

Pte de la Parata. Bei ruhigem Wetter kann man SE-lich der Landzunge ankern und ist vor leichten NW- bis W-lichen Winden geschützt. Bei stärkeren W-lichen Winden wird die Dünung so stark, dass der Ankerplatz sehr unruhig wird.

Anse de Barbicaja. Die flache Bucht liegt am N-Ufer des Golfe d'Ajaccio. Man ankert E-lich des Riffs, das sich vor der Pte de Scudo in die Bucht erstreckt, auf 5–8 m Tiefe und ist vor NW- bis N-lichen Winden ganz gut geschützt, Winden aus S-lichen Richtungen aber voll ausgesetzt.

Ajaccio

WP 41°55,21'N 008°44,57'E (WGS 84)
Karten: D 499, D 675, F 6851, F 7280

Allgemeines

Ajaccio ist die Hauptstadt Korsikas, und das spürt man hier überall. Autos und Motorräder verstopfen die engen Straßen, Fußgänger drängen sich zwischen Straßenhändlern, Souvenirgeschäften und nicht enden wollenden Reihen von Bars und Restaurants – ein leichter Schock, wenn man aus den ruhigen, weniger besuchten Orten der Insel kommt.

Die Stadt teilt sich, abgesehen von den gleichförmigen Wohnblocks der Vorstädte, in einen alten und einen neuen Teil. Die älteren, sechs- und siebenstöckigen Häuser sind zur Zeit der Herrschaft von Genua entstanden; die Zitadelle stammt aus dem Jahre 1554. Hier dringt kein Sonnenstrahl in die engen

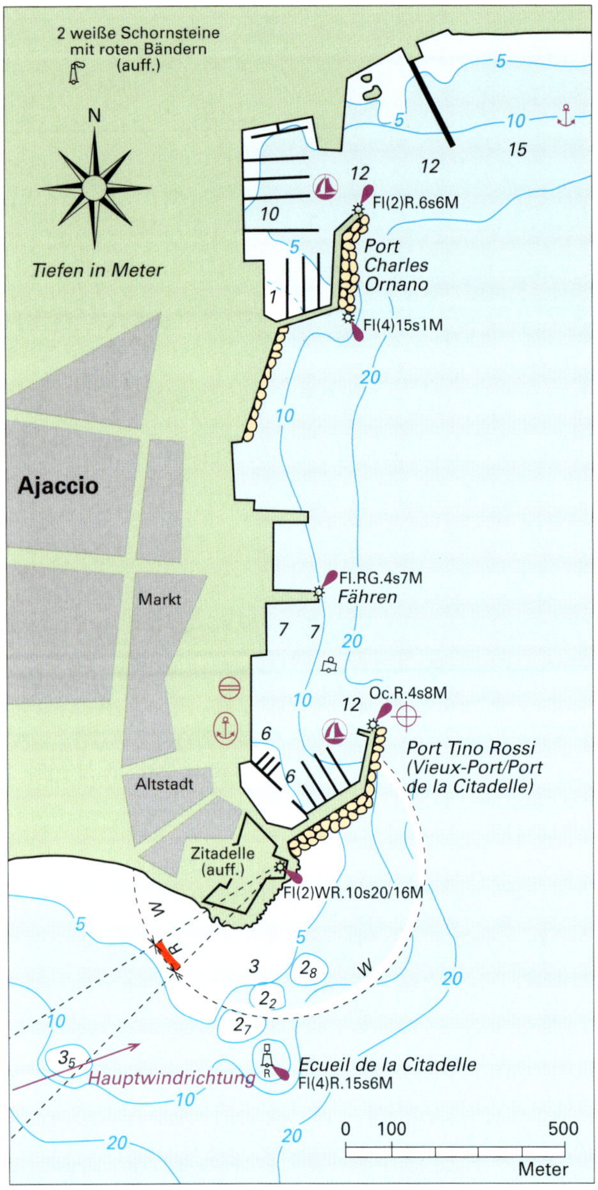

Gassen, Wäsche hängt auf den Balkonen. Durch dunkle Torbögen fällt ab und zu der Blick auf die winzigen Hinterhöfe. Der neuere Stadtteil wurde im 19. Jahrhundert erbaut und hat eine unverkennbar englische Note. Denn damals konnte sich Ajaccio durchaus mit den mondänen Bädern an der Riviera messen, und viele Briten reisten auch hierher.

Während die Orte auf dem Festland prosperierten, verschlechterte sich der Ruf Ajaccios zunehmend. Nach dem Zweiten Weltkrieg nahm die Zahl der Urlauber zwar wieder zu, doch die Korsen würden sich durchaus freuen, mehr Gäste aus Europa zu empfangen.

Ansteuerung

Der Golf und die beiden Yachthäfen können bei jedem Wetter sicher angelaufen werden. Zwar gibt es direkt unter der Küste einige Gefahrenstellen, aber der Golf selbst ist problemlos zu befahren.

Auffällig: Die dicht gedrängten Häuser im Stadtzentrum und die darumstehenden Wohnblocks sind gut auszumachen. Als Landmarken in W der Stadt dienen zwei Schornsteine mit roten Bändern sowie zwei große Hallen. Aus der Nähe sind dann die Mauern der Zitadelle sowie die Mole des Port Tino Rossi (Vieux-Port) zu sehen, auf deren Kopf ein Leuchtturm steht. Die Mole des Port Charles Ornano ist erst vom Port Tino Rossi aus zu erkennen.

Nachts steuert man im weißen Sektor des Feuers La Citadelle (Fl(2)WR.10s20/16M), wobei der rote Sektor 045°–057° Ecueil de la Guardiola abdeckt. La Guardiola ist mit Fl.R.2,5s2M, Ecueil de la Citadelle mit Fl(4)R.15s6M befeuert. Die Einfahrt des Port Tino Rossi liegt zwischen der Fährmole Jetée des Capucins (Fl.RG.4s7M) und dem Leuchtfeuer

Blick auf die Zitadelle in Ajaccio aus SE

Oc.R.4s8M. Der Port Charles Ornano ist mit Fl(2)R.6s6M am Wellenbrecherkopf und Fl(4)15s1M auf dem Knie befeuert.

Die Hafenbehörden sind auf den UKW-Kanälen 06, 12 und 16 zu erreichen. Auf Kanal 09 ist der Port Tino Rossi (Vieux-Port) von 0600–2000 Uhr, der Port Charles Ornano im Sommer von 0700–2100 Uhr und im Winter von 0800–1200 und von 1400–1800 Uhr zu erreichen.

Gefahren: Im N des Golfe d'Ajaccio können das Riff vor der Pte de Scudo, der Felsen mit dem Riff La Botte de Caniccìu sowie der Ecueil de la Guardiola, markiert mit einer massiven roten Turmbake, und der Ecueil de la Citadelle, ein ebenfalls mit einer roten Turmbake bezeichnetes Riff, gefährlich werden.

Im S des Golfe d'Ajaccio liegt vor der Pte de la Castagna ein ausgedehntes Riff. Der Pte de Sette Nave ist das Riff La Campanina, markiert mit einer Einzelgefahrbake mit Doppelballtoppzeichen, vorgelagert; SW-lich der Pte de Porticcio liegt das Riff Ecueil Dorbéra. Pte de Poticcio ist in W wie in N von Riffen und Untiefen umgeben.

Liegeplätze

Port Tino Rossi (Vieux-Port/Port de la Citadelle): 80 der insgesamt 260 Plätze für Yachten bis 60 m Lüa sind für Gäste reserviert; die Tiefen im Hafen betragen 2,5–10 m. Man macht zunächst an der Tankstelle fest und lässt sich im Hafenbüro einen Platz

Port Tino Rossi (Vieux-Port) aus S

zuweisen. Man liegt an Schwimmstegen. Mooringleinen am Kai oder an Bojen. Der Hafen ist gut geschützt. Nur bei starken S-lichen Winden steht Dünung hinein. Schwell von Ausflugsbooten.

Behörden: Zoll und Hafenmeister sind an diesem Hafenbecken zu finden. Die Marina beschäftigt einen Hafenmeister und weitere Angestellte. Liegegeld der Kategorie 4. Infos: Tel./Fax 04 95 21 93 28.

Port Charles Ornano: Die Marina bietet 800 Plätze für Yachten bis 35 m Lüa auf Wassertiefen von weniger als 1 m bis zu 15 m, davon 160 für Gastyachten. Plätze werden zugewiesen, meist an Schwimmstegen. Man ist bei jedem Wetter gut geschützt.

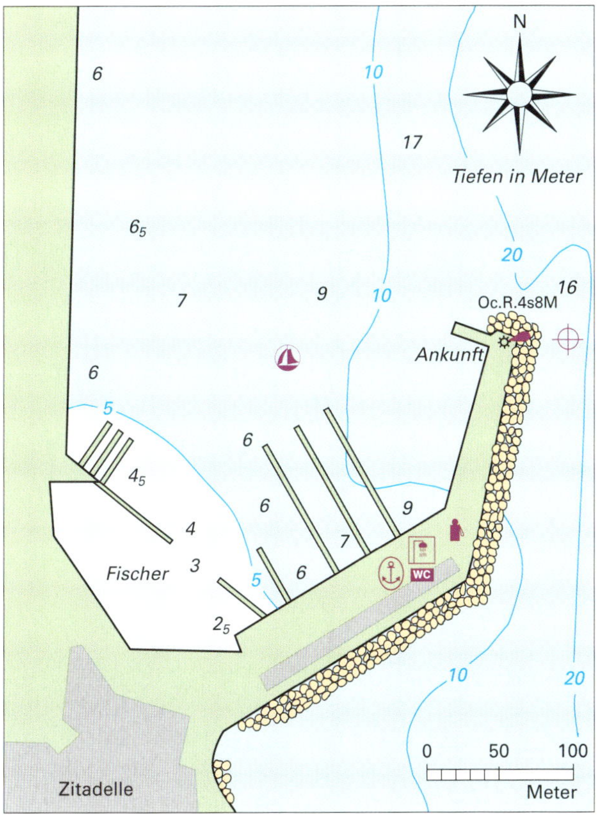

WP 41°55,21'N 008°44,57'E (WGS 84)

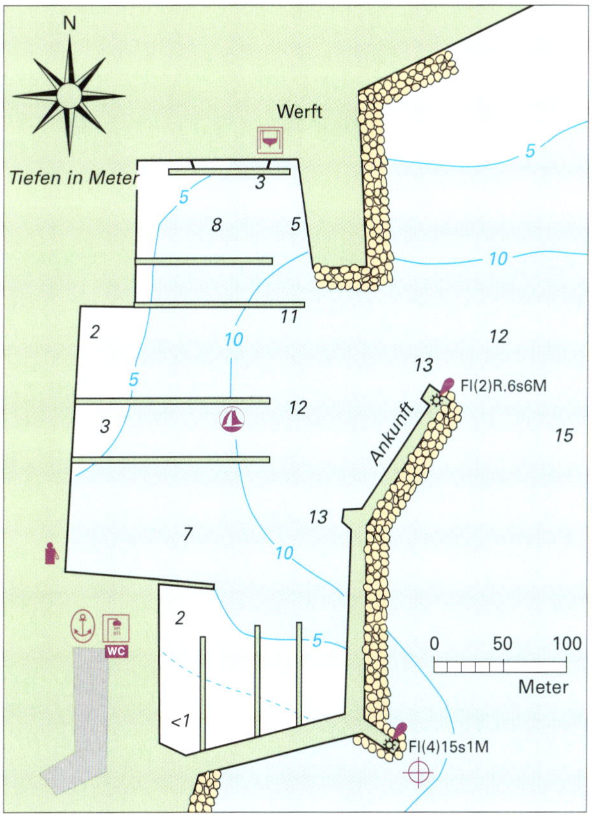

WP 41°55,67'N 008°44,59'E (WGS 84)

Der Hafen beschäftigt einen Hafenkapitän sowie Marinapersonal. Das Liegegeld entspricht der Kategorie 4/5.
Infos: Tel. 04 95 22 31 98 oder Fax 04 95 20 98 08.

Versorgung

An jedem Liegeplatz kann Wasser und Strom angeschlossen werden. Toiletten und Duschen sind in beiden Häfen vorhanden. Einen Waschsalon gibt es nur im Port Charles Ornano.
Tankstellen befinden sich am Kai beider Häfen. Der Port Charles Ornano bietet einen 50-t-Bootslift und einen 20-t-Kran. Reparaturen an Mechanik und Maschine, Elektrik und Elektronik sowie an Holz- und GFK-Rümpfen sind möglich. Yachtausrüster und Segelmacher sind am Ort.
Lebensmittel sind in großer Auswahl in den beiden großen Supermärkten an der Wurzel der NE-Außenmole sowie auf dem täglichen Markt in der Nähe des Port Tino Rossi zu bekommen. In beiden Häfen ist Stangeneis erhältlich.
Die meisten Restaurants sind in oder in der Nähe der Altstadt. Auch bei der neuen Marina gibt es einige. Außerdem gibt es hier Post, Banken, Auto- und Motorradvermietungen sowie den internationalen Flughafen. Bussverbindungen zu den Küstenorten; nach Bastia gehen Züge, und die Fähren verkehren nach Nizza und Toulon.

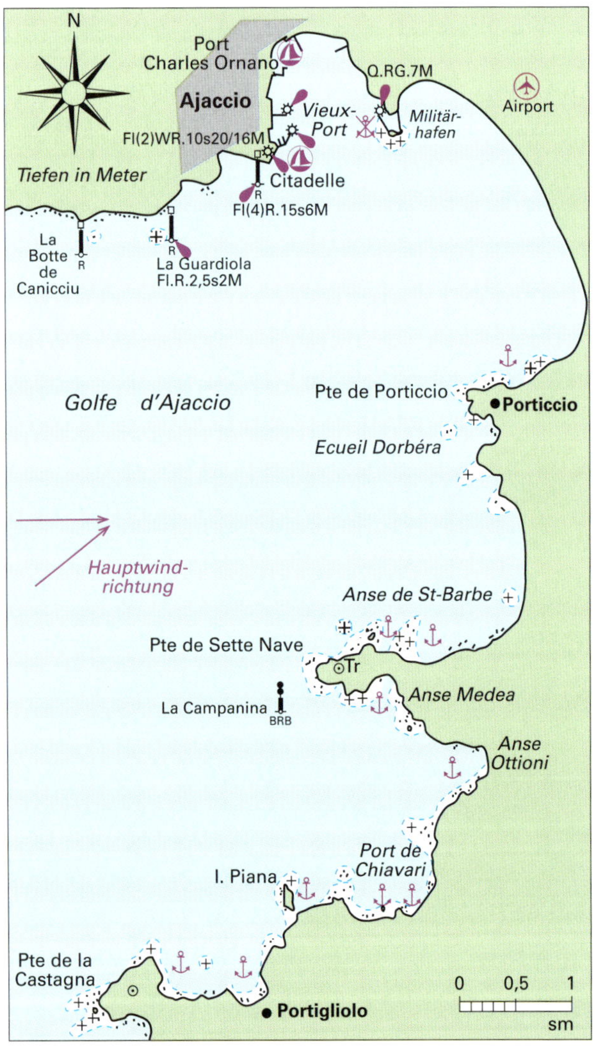

Ajaccio bis Pte de la Castagna

Porticcio

WP 41°53,45'N 008°47,4'E

Dieser Schönwetterankerplatz liegt in N der Pta de Porticcio. Zu beachten sind die der Landzunge vorgelagerten Felsen und Ecueil Dorbéra S-lich davon. Die Untiefen erstrecken sich weit in die Bucht hinein, sodass man mit einem guten Landabstand auf 8–10 m Tiefe ankern muss. Am Ufer befinden sich ein Hotel und Restaurants.

Anse de Sainte-Barbe

WP 41°51,2'N 008°46,0'E

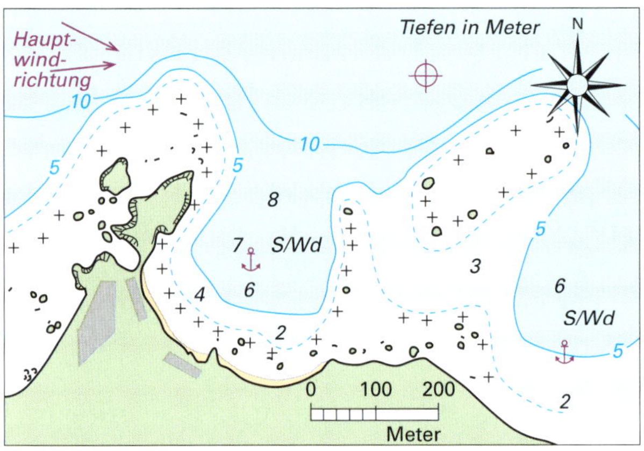

Die von Felsen und Riffen umgebene Ankerbucht in N der Pte de Sette Nave bietet vor W- bis SW-lichen Winden Schutz, ist nach NW bis W aber offen. Der Genueser Turm auf der Landspitze und die Einzelgefahrbake mit Doppelballtoppzeichen auf La Campanina sind gut zu erkennen. In der Ansteuerung liegen unzählige Felsen und Riffe. Besondere Erwähnung verdient der einzelne Unterwasserfelsen Ecueil de la Fontaine de l'Isolella mit nur 0,3 m, der etwa 500 m vor der Küste im N des Turms de l'Isolella zu finden ist. Man steuert den Ankerplatz mit Kurs S an und hält dabei guten Landabstand. Vor dem Strand auf 6–8 m Tiefe besteht der Ankergrund aus grasbewachsenem Sand. Ab 3–4 m nehmen die Tiefen abrupt ab und betragen auf dem Felssockel weniger als 1 m.
Am Ufer befindet sich eine Feriensiedlung mit einer Bar und einem Restaurant am Strand.
Auch E-lich der Felsen kann man ankern; man bleibt vor dem Strand auf 4–5 m Tiefe auf grasbewachsenem Sand.

Anse de Médea

41°50,5'N 008°45,8'E

Die kleine Bucht an der S-Küste der Pte de Sette Nave ist gegen die vorherrschenden W-lichen Winde nicht geschützt. Man hält sich gut frei von der Küste und steuert den Schönwetterankerplatz mit Kurs N an. Auf 4–5 m Tiefe findet man sandigen oder felsigen Ankergrund vor. An den Hügeln rund um die Bucht stehen einige Villen.

Anse Ottioni

41°49,9'N 008°46,8'E

Die nach W völlig ungeschützte Schönwetterbucht liegt 1 sm SE-lich der Anse de Médea. Man ankert im Scheitel der Bucht auf 5–7 m Tiefe.

Port de Chiavari

41°49,0'N 008°45,9'E

Die große Bucht unmittelbar SSW-lich der Anse Ottioni bietet Schutz vor W- bis SW-lichen Winden, ist NW- bis W-lichen Winden aber ausgesetzt. Im W-Teil der Bucht liegen Felsen und ein Riff, ein weiteres Riff erstreckt sich im N vom Ufer in die Bucht. Auch in der Buchtmitte liegen Felsen und ein Riff, die vom Ufer in die See verlaufen. Man ankert entweder W-lich davon auf 7–10 m Tiefe vor dem Dörfchen Verghia oder E-lich auf 5–7 m. Der Ankergrund besteht aus grasbewachsenem Fels oder Sand. An Land stehen einzelne Villen.

Île Piana

41°48,9'N 008°45,0'E

W-lich von Chiavari liegt die kleine Insel Piana, vor deren W-Ufer Yachten vor W- bis SW-lichen Winden Schutz finden. Die Insel ist von einem Riff umgeben, das sich im NE bis 100 m ins Meer erstreckt. Man bleibt auf 5–10 m Tiefe; der Ankergrund besteht aus grasbewachsenem Fels oder Sand.

Anse de Portigliolo

41°48,3'N 008°44,15'E

Etwa 1 sm E-lich des auffälligen Turms auf der Pte de la Castagna findet man die nach W offene Anse de Portigliolo. Vor dem Ufer liegen zahlreiche Felsen und Riffe. Hier ankert man auf 5–6 m Tiefe. Im Hinterland stehen die Häuser des Dorfes Portigliolo.

Anse de la Castagna

41°48,15'N 008°43,5'E

Die Bucht liegt am N-Ufer der gleichnamigen Landspitze, auf der ein weithin sichtbarer Genueser Turm steht. Dieser Platz darf nicht mit der Cala di a Castagna in SE der Pte de la Castagna verwechselt werden. Dem W und SW der Landspitze sind bis 500 m vor der Küste Riffe vorgelagert. In der Buchtmitte, etwa 200 m vor dem Strand, ist ein eben vom Wasser überspülter Felsen zu umfahren. Man ankert im W-Teil auf 8–10 m über grasbewachsenem Sandgrund. Auf den umliegenden Hügeln sind zahlreiche Villen zu sehen.

Anse de Cacalu

41°45,2'N 008°40,95'E

Diese Bucht an der N-Seite des Cap Muro bietet guten Schutz vor W- bis SW-lichen Winden. Aus S und W ist der Leuchtturm auf Cap Muro, ein viereckiger, weißer Turm mit schwarzer Galerie, sehr auffällig. Als weitere Landmarke dient der Wachturm im W der Bucht auf Pte Cacalu. Cap Muro ist von Riffen umgeben, die sich im NW, W und SW bis 600 m vor die Küste erstrecken. Vor dem E-Ufer liegt bis 250 m in die Bucht hinein ein weiteres Riff. Man ankert vor dem kleinen Strand über Sand und Gras. *Hinweis*: Der vorherrschende Seewind am Küstenabschnitt S-lich des Cap Muro kommt aus NW-licher Richtung.

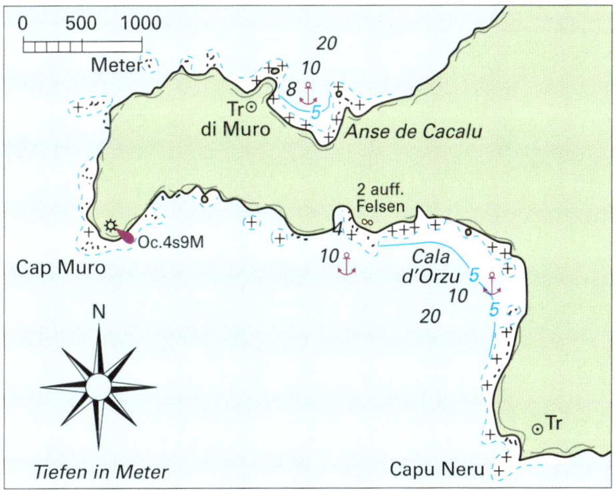

Anse de Cacalu und Cala d'Orzu

Cala d'Orzu

41°44,2'N 008°41,9'E

Die große Bucht in SE des Cap Muro ist vor W-lichen Winden einigermaßen gut geschützt, nach S aber ganz offen. Ein Ankerplatz liegt vor dem Strand im NE-Teil, an dem einige Villen stehen. Beachten Sie das Riff vor dem N-Ufer sowie den einzelnen Unterwasserfelsen, der 100 m vor dem Strand liegt, und ankern Sie auf 3–5 m auf Sand, Fels und Gras.

Ein weiterer Ankerplatz befindet sich in der kleinen Einbuchtung WNW-lich. Die beiden Felsen im E davon sind gut zu erkennen. Besondere Beachtung verdient ein Unterwasserfelsen, der im SW etwa 250 m vor der Einfahrt auf 0,7 m Tiefe liegt. Ankern Sie auf 4–5 m auf felsigem Grund, der meist schlecht hält. Der Platz ist nur bei leichten NW-Winden oder Flaute zu empfehlen.

Baie de Cupabia

41°43,9'N 008°46,2'E

Die Lage der großen Bucht E-lich von Capu Neru ist an dem Wachtturm auf Capu Neru zu erkennen, das sie im W begrenzt. Vor leichten W-lichen Winden findet man hier Schutz, aber bei stärkerem W-Wind wird das Liegen durch die einsetzende Dünung sehr unruhig. Man ankert vor dem Strand auf 3–5 m Tiefe.

Porto Pollo

WP 41°42,5'N 008°48,2'E
Karten: D 499, D 675, F 6851, F 6942, F 7162

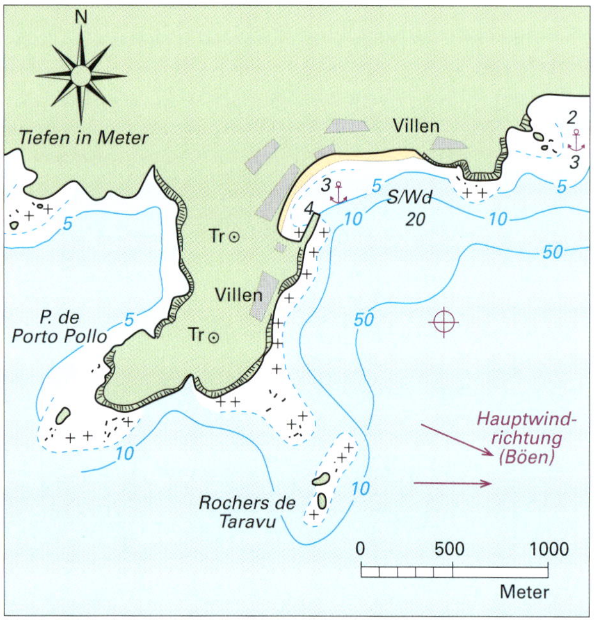

Allgemeines

Die bewaldeten Hänge und der goldene Sandstrand der Bucht halfen Porto Pollo, sich von einem kleinen Fischerdorf zu einem attraktiven Urlaubsort zu entwickeln. Im geschützten E der Pte de Pollo säumen Hotels und Ferienwohnungen das Ufer, während die W-Seite bei vorherrschend W-lichen Winden als zu rau gilt. In der Saison ist der Ort angenehm belebt, aber im Winter wird man hier keinen Urlaubsgast mehr antreffen.
Das 8 km entfernte Filitosa ist mit dem Taxi gut zu erreichen, und im Yachthafen von Propriano können Sie Ihre Yacht mit ruhigem Gewissen liegen lassen.

Megalithfigur in Filitosa

Filitosa

Im 5. und 4. Jahrhundert vor Christus breiteten sich die Megalithkulturen in Europa und dem Mittelmeerraum aus. Neben den berühmten Funden von Stonehenge oder Carnac ist auch auf die weniger bekannten, sehr verblüffenden Steinsäulen von Filitosa auf Korsika hinzuweisen, die im 4. bis 2. Jahrhundert vor Christus entstanden sind. Diese 50 cm hohen Figurenpaare stehen in einem bewaldeten und wunderbar schattigen Tal. Sie unterscheiden sich vor allem durch ihre ausdrucksvollen Gesichter von anderen Menhiren in Europa.
Zur Entstehung und Bedeutung dieser Bildnisse vergangener Kulturen gibt es verschiedene, teilweise mystifizierende Theorien, die aufzuzeigen hier zu weit führen würde. Doch machen Sie sich selbst ein Bild, wenn Sie mit Ihrer Yacht in Porto Pollo oder Propriano liegen.

Ansteuerung
Aus W kommend, sind Ortschaft und Ankerplatz erst nach der Rundung der Pte de Porto Pollo auszumachen. Der Wachtturm auf Capu Neru ist eine gute Landmarke. Die Felsen, die sich von der Landspitze auf etwa 800 m in Richtung SE erstrecken, sind leicht zu erkennen und müssen mit sicherem Abstand umfahren werden. Bei der Ansteuerung aus S stellen die Gebäude von Porto Pollo sehr gute Landmarken dar.

Liegeplätze
Man ankert vor dem Ort auf 6–10 m und hält sich von den Dauerliegern frei. Der Sandgrund hält nicht überall einwandfrei. Man ist hier vor W- bis NW-lichen Winden gut geschützt, sollte aber bei SW-Wind nach Campomoro ausweichen.

Versorgung
An Land sind Wasser und Treibstoff zu bekommen. Im Ort gibt es gute Einkaufsmöglichkeiten sowie Bars und Restaurants.

Propriano
WP 1 41°40,66'N 008°54,39'E (WGS 84)
WP 2 41°41,71'N 008°53,94'E (WGS 84)
Karten: D 499, D 675, F 6851, F 7162

Allgemeines
Propriano liegt ganz am Ende des Golfe de Valinco und ist von sanft ansteigenden, bewaldeten Berghängen und einem fabelhaften Sandstrand umgeben. Der ehemalige Charakter des Fischerdorfes ist von vielen touristischen Einrichtungen weitgehend zerstört, doch die lebendige Atmosphäre hat ihren ganz eigenen Charme.
Der zweifelhafte Ruf von Gewalttätigkeit entstand in den fünfziger Jahren, als zahlreiche Morde und Überfälle aufeinander folgten. Er wurde durch ein Attentat der FLNC im April 1990 wieder aufgefrischt, bei dem aber niemand zu Schaden kam.

Ansteuerung
Propriano versteckt sich tief im Inneren des weiten Golfe de Valinco, an dessen N-lichem Ende Porto Pollo und ganz in S Campomoro liegen.
Auffällig: Der lange, weiße Sandstrand zwischen Propriano und Portigliolo ist leicht zu erkennen. Später kann man die Molen des Handelshafens ausmachen; die Marina ist schwer zu identifizieren.
Nachts steuert man nach dem Feuer auf der Landspitze Scoglio Longu W-lich des Handelshafens Oc(3)WG.12s15/12M; später sind das Feuer auf dem W-Kopf des Marina-Wellenbrechers mit Fl(2)6s und auf der Handelspier (Iso.G.4s10M) sowie das Einfahrtsfeuer auf dem E-Kopf des Marina-Wellenbrechers Fl(3)G.12s6M zu sehen.
Die Marina ist im Sommer von 0600–1200 sowie von 1400–2000 Uhr, im Winter von 0800–1200 und von 1400–1800 Uhr auf UKW-Kanal 09 zu erreichen.
Gefahren: Die Überwasserfelsen und das Riff vor Cap Laurosu, das sich etwa 0,75 sm WSW-lich der Hafeneinfahrt erstreckt, sind bei der Navigation zu beachten.
Die Unterwasserfelsen, Roches de Scoglio Longu, über denen nur 1,1 m Wasser stehen, liegt 150 m NW-

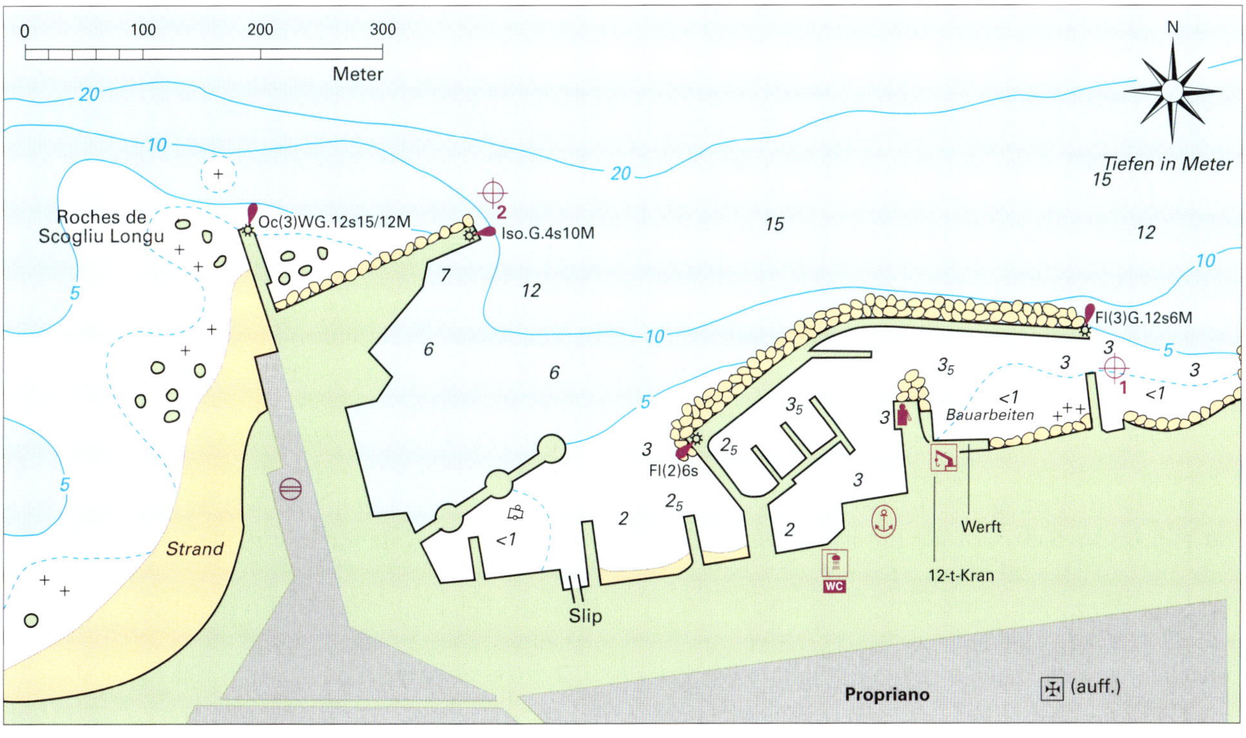

Propriano aus NE; Blick auf die Marinaeinfahrt

lich des Leuchtturms beim Handelshafen. Ein weiterer Unterwasserfelsen, über dem 1,5 m Wasser stehen, lauert etwa 90 m N-lich des Turms. S-lich dieser Felsen säumen Unter- und Überwasserfelsen die Küste.
Bei starken W-lichen Winden entsteht in der Marinaeinfahrt eine starke, aber ungefährliche Dünung.
Beim Einlaufen in die Marina hält man sich dicht unter der Mole und meidet das flache Wasser im neuen Hafenbecken. Der Außenhafen wird wohl demnächst ausgebaggert.

Liegeplätze

200 der insgesamt 380 Plätze für Yachten bis 32 m Lüa können von Gästen genutzt werden; die Hafentiefen betragen 2–5 m.
Man macht zunächst an einem freien Platz im äußeren Hafenbereich fest und erkundigt sich im Hafenbüro nach einer Liegemöglichkeit. Man liegt an Schwimmstegen. Mooringleinen am Kai oder an Bojen. Größere Yachten machen an der W-Seite der Marina mit Bug zum Kai fest. Die Marina ist gut geschützt, auch wenn es bei den im Sommer sehr seltenen NE-Stürmen im Hafen etwas unruhig werden kann.
Behörden: Propriano ist Zollhafen. In der Marina sind ein Hafenmeister und weiteres Personal beschäftigt; das Liegegeld entspricht Kategorie 4.
Infos: Tel./Fax 04 95 76 10 40.

Versorgung

An allen Liegeplätzen können Wasser und Strom angeschlossen werden. Duschen und Toiletten stehen zur Verfügung.
Eine Tankstelle befindet sich am Kai bei der Einfahrt. Ein 12-t-Kran ist vorhanden, und die meisten Reparaturen an mechanischen Teilen sind möglich. Yachtausrüster sind am Ort.
Die Einkaufsmöglichkeiten sind gut, Stangeneis ist erhältlich. In Propriano gibt es zahlreiche Bars und Restaurants.
Weitere Einrichtungen sind Banken, Post und eine Autovermietung. Es fahren Busse nach Ajaccio und Bonifacio.

Die Südküste
Von Campomoro bis Porto Vecchio

Campomoro

41°38,05'N 008°49,1'E/Karten: D 499, D 675, F 7162

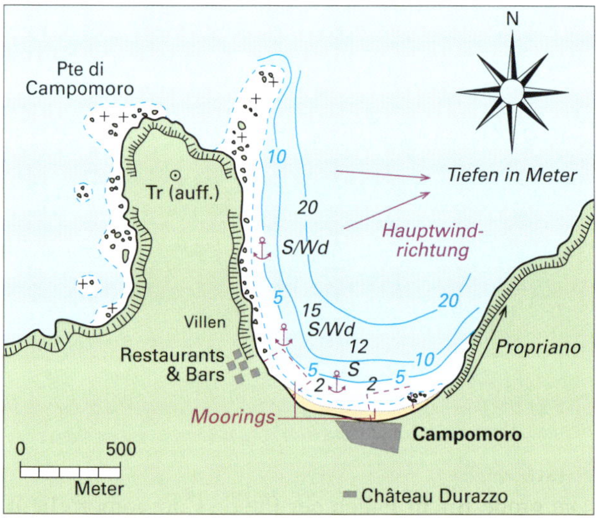

Allgemeines

Die kleine Ortschaft Campomoro kauert sich an steile Berghänge und ist mit ihrem palmenbestandenen Strand ein fast afrikanisch anmutendes Kleinod. In den Bergen im Hinterland ist das Château Durazzo zu finden, das der berühmten korsischen Herrscherfamilie gehörte, deren Fehden mit der Nachbarschaft in der Novelle *Colomba* von Prosper Merimée verewigt wurden.

Die Südküste Korsikas (Angaben zu den Wegpunkten siehe Seite 260)

Ansteuerung

Die große Bucht E-lich der Pte de Campomoro liegt im S-Ausgang des Golfe de Valinco. Der Genueser Wachtturm auf der Landspitze ist eine gute, von allen Seiten sichtbare Landmarke.

Achtung: Die Pte de Campomoro wird von zahlreichen Riffen und Felsen gesäumt. An der W-Seite erstreckt sich ein Riff in SW-licher Richtung bis 550 m vor die Küste. An der E-Seite der Huk erstreckt sich eine weitere Felskette in NE-licher Richtung, die gut zu erkennen ist.

Liegeplätze

Man ankert im W oder SW der Bucht. Im SW findet man außerhalb der Dauermoorings Tiefen von 4–10 m vor. Im W muss auf größeren Tiefen (bis 20 m) geankert werden. Der sandige Ankergrund ist mit Gras bewachsen und bietet guten Halt. In der nach N offenen Bucht findet man Schutz vor W-lichen und leichten NW-lichen Winden.

Versorgung

Im Ort gibt es eine kleine Auswahl an Lebensmitteln. Während der Saison haben einige Bars und Restaurants geöffnet.

Anse d'Aguglia bis Cala Longa

Anse d'Aguglia

Der kleine Einschnitt an der Küste N-lich der Pte d'Eccica ist nach W offen und nur bei ruhigem Wetter zum Ankern geeignet. Vor der Einfahrt liegen zahlreiche Felsen und ein Riff, sodass mit äußerster Vorsicht gesteuert werden muss. Man ankert auf 8–10 m Tiefe auf teils felsigem, teils sandigem, grasbewachsenem Grund.

Der Pte d'Eccica ist die gut sichtbare, 8 m hohe kleine Insel, Île d'Eccica vorgelagert.

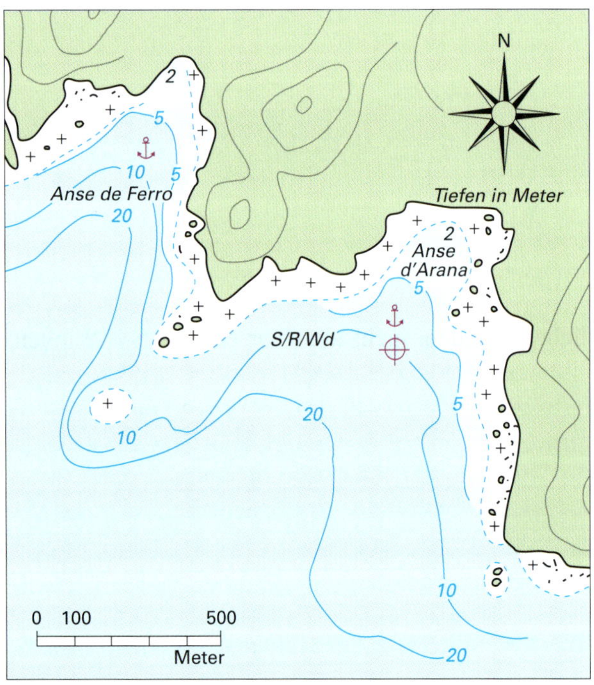

Anse de Ferro und Anse d'Arana

Anse de Ferro

Die Bucht an der S-Küste der Pte d'Eccica ist vor NW-lichen Winden geschützt, nach W bis SW aber offen, und bei stabiler Wetterlage ein brauchbarer Platz. Die zahlreichen Riffe und Felsen, die sich bis 400 m SW-lich der Landspitze erstrecken, müssen mit gutem Abstand umfahren werden. Der Ankergrund auf 5–8 m Tiefe besteht aus grasbewachsenem Sand.

Anse d'Arana

WP 41°35,1'N 008°47,4'E

Diese Bucht wird durch eine kleine Landspitze, der zahlreiche Felsen und Unterwasserfelsen vorgelagert sind, von der Anse de Ferro im N getrennt. Vor dem Ufer liegen zahlreiche Gefahrenstellen. Man ankert auf 4–5 m über grasbewachsenem Fels oder Sand. Die Bucht bietet Schutz vor NW-lichen Winden (s. o.).

Anse de Conca

WP 41°34,5'N 008°48,0'E

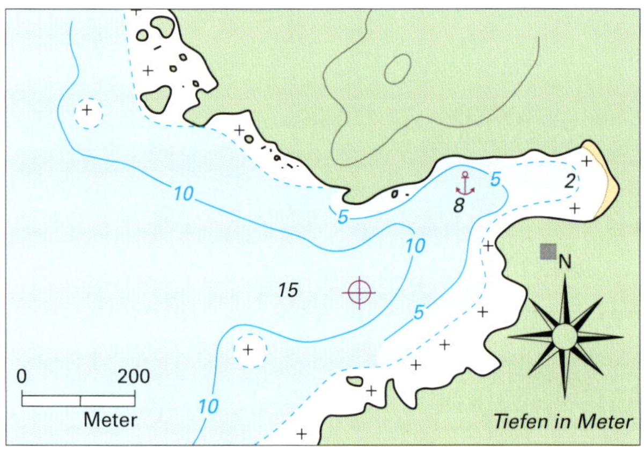

Die nach W offene Bucht bietet Schutz vor NW- bis SW-lichen Winden, wobei NW die vorherrschende Windrichtung ist. Man findet die Bucht E-lich der auffälligen weißen Felsen Scoglio Bianco. In der Ansteuerung sind zwei Unterwasserfelsen zu beachten: Einer liegt 100 m vor einem auffälligen Felsen im N der Buchteinfahrt, der andere auf 1,8 m Tiefe liegt 500 m W-lich der S-Huk. Der 5–7 m tiefe Ankergrund besteht aus Sand. Eine besondere Attraktion sind das türkisblaue Wasser und die teilweise mit Macchia bewachsenen Felshänge der Umgebung.

Scoglio Bianco

WP 41°34,3'N 008°47,4'E

Hinter den Scoglio Bianco, die sich im N an die Pte de Sénétosa – erkennbar an dem Genueserturm –

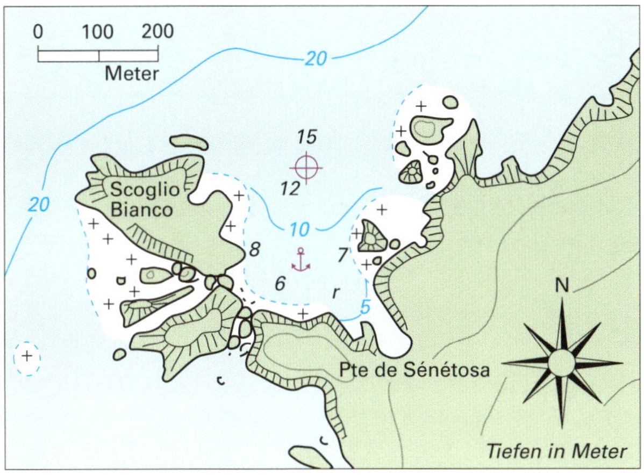

anschließen, befindet sich ein vor W- bis SW-lichen und leichten NW-lichen Winden geschützter Ankerplatz. Ein Unterwasserfelsen, der 200 m W-lich der Landspitze liegt, sowie eine Untiefe mit 4 m Tiefe vor der Buchteinfahrt sind zu beachten. Man ankert auf 7–10 m Tiefe über grasbewachsenem Sand oder Fels. Die unberührte Bucht ist gesäumt von zahlreichen weißen und grauen Felsen, die von Wind und Meer zu wundervollen Skulpturen geformt wurden.

Scoglio Bianco – die Felsen am Ankerplatz wirken, als wären sie ein Werk des Bildhauers Henry Moore

Pointe de Sénétosa

WP 6 41°33,5'N 008°46,5'E

Die Landspitze ist an einem Leuchtturm mit zwei weißen Türmen mit schwarzen Spitzen und einem Wohngebäude zu erkennen. Weitere Bauten sind ein Gittermast, eine Funkfeuerbake und zwei Windgeneratoren sowie der Wachtturm auf dem Gipfel. Der Landspitze sind unzählige Unterwasserfelsen und Felsen vorgelagert.

Anse de Tivella

Die nach W bis SW offene Bucht liegt in E der Pte Aquila und bildet die Verlängerung eines fruchtbaren Tals. Hier kann auf 5–8 m über Sandgrund mit Gras geankert werden.

Cala Longa

Die sehr schmale Bucht SE-lich von Tivella ist an ihrer E-Seite durch ein Riff versperrt. Man ankert vor der Verengung auf 5–8 m über Sandgrund. Der einzelne Unterwasserfelsen, ca. 200 m vor der Küste auf halber Strecke zwischen der Anse de Tivella und Cala Longa, ist seeseitig zu umfahren.

Cala di Tizzano

WP 41°32,5'N 008°50,9'E

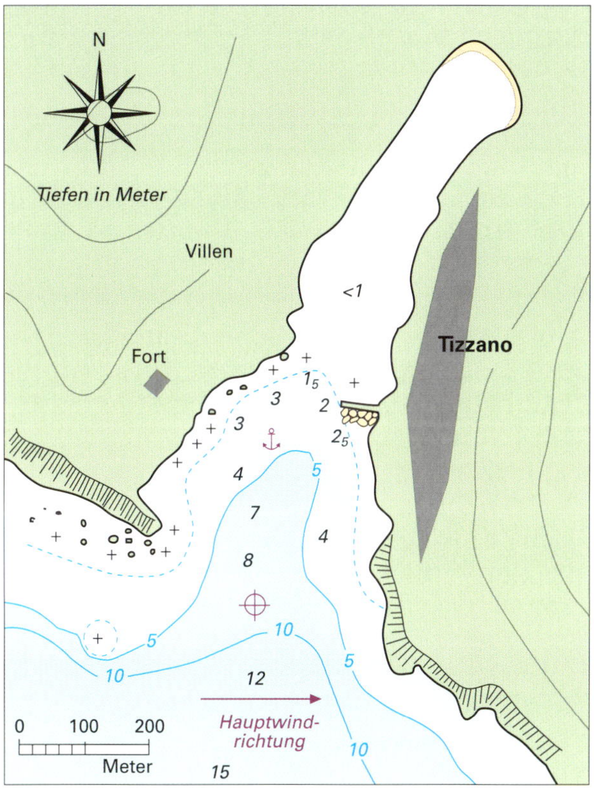

Die enge, tiefe Bucht liegt in N der Pte de Lattoniccia. Sie bietet guten Schutz vor den vorherrschenden W-lichen Winden, nicht aber vor starken SW-Winden. Eine gute Landmarke sind die zahlreichen Villen an den umliegenden Hängen. Von einem Unterwasserfelsen mit 1,5 m Wasser darüber, der etwa 200 m vor dem S-Teil der Buchteinfahrt liegt, muss man sich gut freihalten. Der N-Teil der Bucht kann wegen der geringen Tiefen von weniger als 1 m nicht genutzt werden. In dem tieferen Südteil sind zahlreiche Moorings ausgelegt, die von einheimischen Booten beansprucht werden. Gastyachten ankern vor dem W-Ufer auf 4–5 m Tiefe über gut haltendem, grasbewachsenem Fels oder Sand. An Land gibt es einige

Lebensmittel zu kaufen, und in der Saison haben eine Bar und ein Restaurant geöffnet. Per Taxi oder Autostopp ist es nicht weit nach Palaggiu, wo Sie 258 Menhire der Megalithkultur bewundern können.

Golfe de Murtoli

WP 41°31,2'N 008°52,6'E

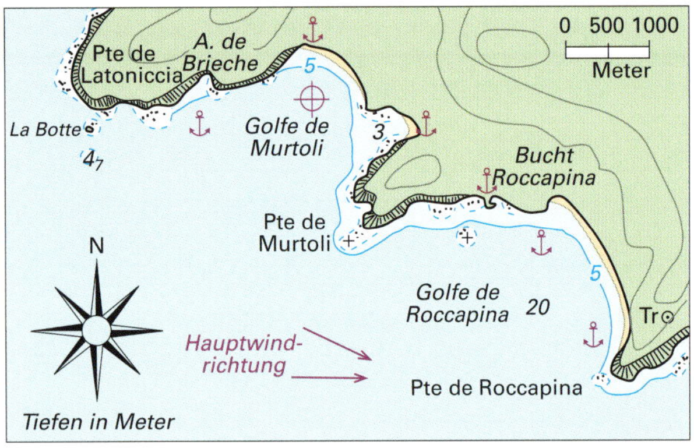

Die große Bucht im S der Pte de Lattoniccia erkennt man an dem Inselchen La Botte im N der Ansteuerung. Sie bietet verschiedene Ankerplätze, die je nach Wind und Seegang zu nutzen sind.
Bei NW-lichen Winden ankert man am besten im N der Bucht auf 8–10 m über Sand oder man bleibt im NE auf 7–10 m über ebenfalls sandigem Grund. Bei SW-Wind ankert man in der kleinen Einbuchtung im E auf 5–10 m. Vor starken W-lichen Winden findet man keinen Schutz.

Golfe de Roccapina

In der großen Bucht SE-lich von Murtoli kann nur bei ruhigem Wetter geankert werden, wobei man vor dem NW-Ende des langen Strandes auf 5–10 m Tiefe über Sand bleibt. Vor der Pte de Murtoli liegen ein Riff und zahlreiche Felsen, und auch vor dem W-Ufer der Bucht sind die flachen, schwer zu erkennenden Felsen zu beachten.

Die Bucht Roccapina

WP 41°30,7'N 008°54,5'E

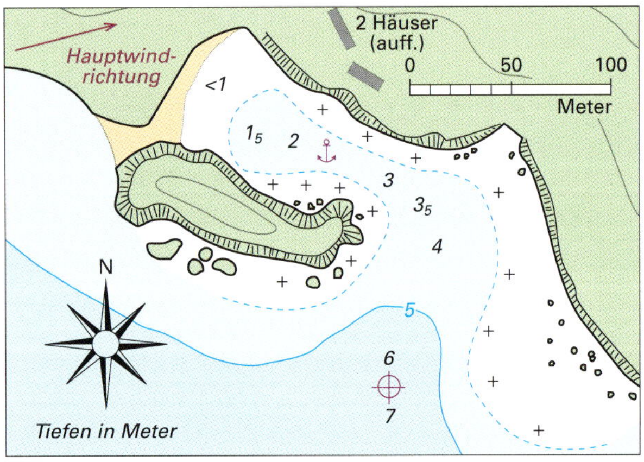

Die Bucht Roccapina – um hier einzulaufen, bedarf es ruhigen Wetters und Nerven wie Drahtseile!

Diese winzige Bucht im N des Golfs liegt am W-Ende des Strandes. Nur kleinere Yachten bis 8 m Lüa und weniger als 1,5 m Tiefgang können hier bei ruhigem Wetter vorsichtig einlaufen. Als Landmarke dienen zwei auffällige, oberhalb angesiedelte Steinhäuser. Da nur wenig Raum zur Verfügung steht, sollten sowohl ein Heck- als auch ein Buganker ausgebracht werden.

Anse de Roccapina

WP 41°29,5'N 008°56,0'E

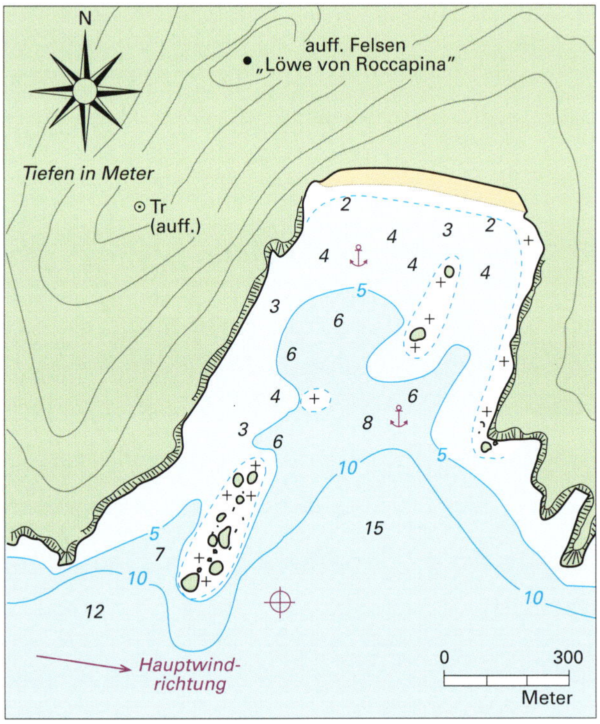

Diese Bucht im E der Pte de Roccapina ist von wilder Landschaft umgeben und im Sommer gut besucht. Am besten liegt man im NE auf 3–6 m Tiefe über gut haltendem Sandgrund. Man findet vor allen Winden, außer den S-lichen, guten Schutz. Gute Landmarken sind die beiden zerklüfteten Felsspitzen im Hinter-

Die Anse de Roccapina mit dem Löwen von Roccapina und dem Genueserturm auf der W-Huk

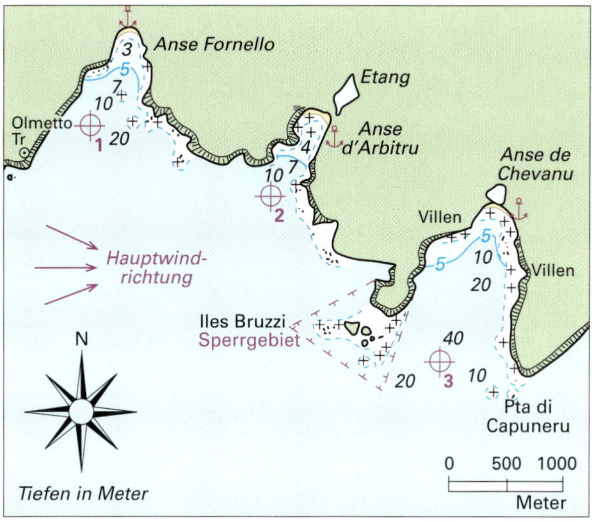

Anse Fornello, Anse d'Arbitru, Anse de Chevanu

land (Löwe von Roccapina) sowie der Genueser Wachtturm im W der Bucht. Die beiden Felsgruppen im SW bzw. NE der Bucht sind gut zu erkennen. Auf halber Strecke dazwischen liegt ein einzelner Unterwasserfelsen, der umfahren werden muss.

Les Moines

WP 7 41°25,8'N 008°54,0'E

Diese Gruppe von Felsinselchen in einem Naturschutzgebiet ist der Küste ca. 2,5–4 sm vorgelagert. Die äußere Insel ist mit einer Kardinalbake S bezeichnet, die weithin sichtbar und nachts mit Q(6)+LFl.15s26m9M befeuert ist. Zwischen den Inseln und der korsischen Küste erstrecken sich die Ecueils d'Olmeto, ein Riff- und Flachwassergebiet, das sich bis 1,5 sm SW-lich vor dem Wachtturm auf Punta di Caniscione ausdehnt. Dichter unter der Küste liegen der gut sichtbare Felsen Le Prêtre und ein weiteres Riff. Bei ruhigem Wetter kann man sowohl zwischen Les Moines und den Ecueils d'Olmeto als auch zwischen Le Prêtre und den Ecueils hindurchfahren, doch nur die seewärtige Rundung von Les Moines ist wirklich sicher.

Anse Fornello

WP 1 41°28,7'N 008°59,55'E

Die Bucht liegt in E der Punta di Caniscione mit dem Wachtturm Tour d'Olmeto. Beim Einlaufen muss man sich unter dem W-Ufer halten, um sich von einem Unterwasserfelsen mit 1,5 m Wasser darüber im E-Teil freizuhalten. Man ankert im Scheitel der Bucht auf 3–5 m über Sandgrund. Der Platz ist vor den vorherrschenden W- bis NW-lichen Winden gut geschützt.

Anse d'Arbitru

WP 2 41°28,45'N 009°00,8'E

Die kleine Bucht liegt 1 sm E-lich von Fornello. Der Küste dazwischen sind Riffe und Felsen vorgelagert, sodass sie mit Abstand passiert werden muss. Man ankert im S-Teil der Bucht, da ihr N-Teil von einem Unterwasserfelsen versperrt ist und ein Riff vom Strand zur Buchtmitte verläuft. Auf 4–5 m Tiefe liegt man vor allen Winden, außer S-lichen, gut geschützt.

Anse de Chevanu (Capuneru)

WP 3 41°27,45'N 009°01,8'E

Die große Bucht E-lich des Sperrgebiets der Île Bruzzi bietet vor NW- bis W-lichen Winden Schutz. Auf 500 m S-lich der Felsinselchen sowie 300 m vom E-Teil der Einfahrt in Richtung SW verlaufen Riffe. Man ankert tief in der Bucht auf 3–5 m über grasbewachsenem Sand. An den umliegenden Hängen stehen einige Villen. Im Sommer ist der Strand sehr beliebt.

Baie de Figari

WP 41°26,6'N 009°03,3'E
Karten: D 499, D 438, D 7096, F 7162

Allgemeines

Die von spitzen Felsen und Riffen umgebene Bucht hat eine ganz eigene Art von Schönheit. Das Land, das die Bucht umschließt, ist zwar nicht die außergewöhnliche Bergszenerie, wie man sie anderswo findet, hat aber trotzdem ihren Reiz. Leider liegt die Bucht direkt in der Einflugschneise des Flughafens Figari, sodass mit Lärmbelästigung zu rechnen ist. Ansonsten ist der wirklich sichere Ankerplatz NE-lich der Îlot du Port zu empfehlen.

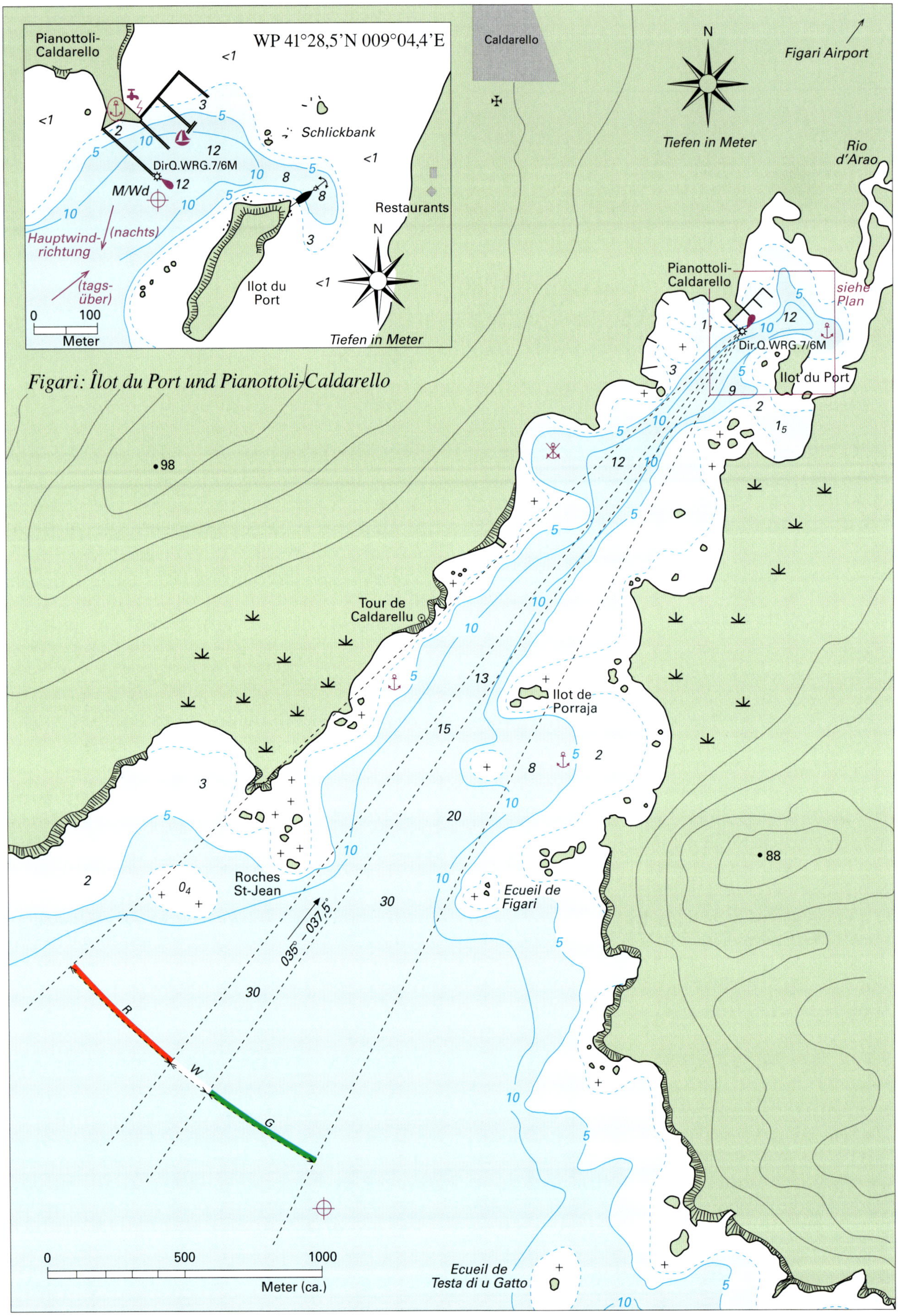
Pianottoli-Caldarello
WP 41°28,5'N 009°04,4'E
Schlickbank
DirQ.WRG.7/6M
M/Wd
Restaurants
Hauptwind-richtung
(nachts)
(tags-über)
Ilot du Port
Tiefen in Meter
0 100 Meter
Figari: Îlot du Port und Pianottoli-Caldarello
Caldarello
Figari Airport
Tiefen in Meter
Rio d'Arao
Pianottoli-Caldarello
siehe Plan
Dir.Q.WRG.7/6M
Ilot du Port
Tour de Caldarellu
Ilot de Porraja
Roches St-Jean
Ecueil de Figari
035° – 037,5°
Ecueil de Testa di u Gatto
0 500 1000 Meter (ca.)

Der Genueser Wachtturm Tour de Caldarellu

Ansteuerung

Die Ansteuerung dieser tiefen Bucht erfordert wegen der vielen Riffe und Felsen eine hohe Konzentration, ist aber eigentlich ungefährlich.

Auffällig: Als Landmarke dient der Genueser Wachtturm Tour de Caldarellu im W der Einfahrt, der aus W und S zu sehen ist.

Am Tag hält man sich vor der Mitte der Bucht, bis man den Genueserturm mit etwa 008°–010° ansteuern kann. Auf diesem Kurs bleibt man von den Felsen und Riffen (Ecueil de Figari und Roches St-Jean, die gerade 30 cm aus dem Wasser ragen) vor den Ufern frei (siehe Plan Seite 290). Wenn die Roches St-Jean auf 222° achteraus liegen, steuert man mit 042° in die Bucht hinein. Die Îlot de Porraja ist nicht nur leicht zu erkennen, sondern auch ein guter „Kontrollpunkt" für den Kurs. Das gilt auch für die Îlot du Port, nachdem man das erste Inselchen passiert hat. Eine rote und grüne Leuchttonne N-lich der Roches St-Jean bezeichnen das Fahrwasser; man sollte sich jedoch nicht darauf verlassen, dass sie auf ihren exakten Positionen liegen.

Nachts steuert man auf 035°–037,5° im weißen Sektor des Molenfeuers von Caldarellu mit Dir.WRG.7/6M; das nächtliche Einlaufen ist jedoch nicht empfehlenswert.

Gefahren: Etwa 600 m vor dem S-Teil der Buchteinfahrt liegt der flache, von einem Riff umgebene Felsen Testa di u Gatto, der besonders zwischen Schaumkronen schlecht auszumachen ist.

Vor dem E-Teil der Einfahrt liegt ein weiterer flacher Felsen mit Riff (Ecueil de Figari). 550 m N-lich davon liegt ein Unterwasserfelsen auf nur 0,2 m Tiefe, und ein weiterer (auf 0,3 m Tiefe) befindet sich 500 m SW-lich der Roches St-Jean. Letzterer ist selbst bei ruhigem Wetter nur schwer zu erkennen.

Hinweis: Ein Einsteuerungskurs von 008°–010° auf den Tour de Caldarellu hält einen von allen Gefahrenstellen frei.

Liegeplätze

Pianottoli-Caldarello: Der Hafenmeister ist im Sommer von 0800–1200 und von 1400-2000 Uhr, im Winter von 0900–1200 und von 1400–1700 Uhr auf UKW-Kanal 09 zu erreichen.

80 der 160 Liegeplätze bis 27 m Lüa sind Gästen vorbehalten; die Hafentiefen betragen <1–10 m.

Man macht an einem zugewiesenen Platz fest. Im Sommer ist man im Allgemeinen recht geschützt; nur ein starker SW könnte Schwierigkeiten bereiten.

Der Hafenmeister kassiert ein Liegegeld der Kategorie 3.

Infos: Tel. 04 95 71 83 57 oder Fax 04 95 71 86 04.

Ankerplätze

Es bestehen verschiedene Ankermöglichkeiten:

S-lich des Tour de Caldarellu ankert man, vor leichten W-lichen Winden geschützt, auf 3–6 m über gut haltendem, grasbewachsenem Schlick oder Sand. W-lich der Îlot du Port kann man auf 10–12 m über mit Gras bewachsenem Schlick oder Sand ankern. Der Platz ist vor leichten W-lichen Winden geschützt, muss aber bei starkem SW verlassen werden.

NE-lich der Îlot du Port kann man auch ankern, doch der Platz muss mit größter Vorsicht angelaufen werden. Im N ist er von einer Schlickbank mit Tiefen von weniger als 0,5 m begrenzt, die aber gut zu erkennen ist, sodass man zwischen dieser Bank und dem Riff, das N- bzw. E-lich der Insel liegt, hindurchfahren kann. Hinter der Insel nehmen die Tiefen schnell von 3–4 m auf 1 m und weniger ab. Man ankert vor Bug- und Heckanker oder bringt eine Leine zum Land aus. Nachts flauen die vorherrschenden W-lichen Winde meist ab, und ein N- bis NE-licher Wind kommt auf. Zahlreiche Mooringbojen schränken den Raum des Ankerplatzes erheblich ein. Trotzdem, falls man ein Plätzchen findet, ist man hier bei allen Windrichtungen gut geschützt.

Hinweis: In der kleinen Bucht etwa 800 m NE-lich des Tour de Caldarellu – hier liegen Muschelzuchten – besteht Ankerverbot.

Versorgung

An fast allen Liegeplätzen von Pianottolo-Caldarello sind Wasser und Strom zu bekommen. Duschen und Toiletten sind in einem Sanitärhäuschen untergebracht. An Land gibt es ein begrenztes Angebot an Einkaufsmöglichkeiten sowie einige Bars und Restaurants.

Golfe de Ventilegne

WP 41°26,5'N 009°05,4'E

In der kleinen Bucht Anse de Porticciu in NW des Golfs kann bei ruhigem Wetter auf 3–5 m über

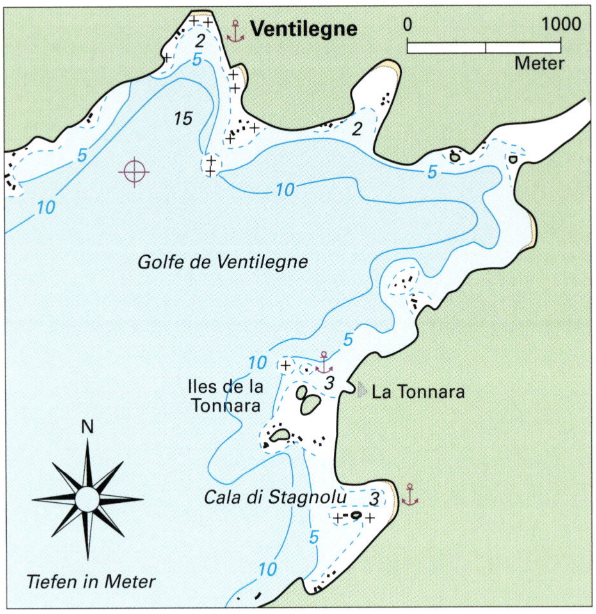

grasbewachsenem Sand geankert werden. Bei den vorherrschend W-lichen Winden ist hier mit Dünung zu rechnen. Von W kommend, muss der Felsen Testa di Gatto umfahren werden.

Îles de la Tonnara

Dieser Ankerplatz im E des Golfe de Ventilegne wird durch verschiedene Felsinselchen vor W-lichen Winden geschützt. Von einem Riff mit Tiefen von 1–3,5 m, das sich 350 m in N der Inseln erstreckt, muss man sich gut freihalten; den Platz steuert man am besten mit Kurs S an. Der 4–5 m tiefe Ankergrund besteht aus grasbewachsenem Fels oder Sand. An Land sind einige Häuser des Fischerdorfes La Tonnara zu sehen, dessen Bars und Restaurants nur im Sommer geöffnet haben. La Tonnara ist der Name des langen Netzes, das im Sommer ausgelegt wird, um Tun- und Schwertfische zu fangen.

Cala di Stagnolu

In der Schönwetterbucht S-lich von La Tonnara kann auf 4–5 m über Sandgrund geankert werden. Vor W-lichen Winden gibt es keinen Schutz.

Cap de Feno

WP 8 41°22,6'N 009°05,8'E

Auf dem Felskap steht ein 11 m hoher, viereckiger, weißer Leuchtturm mit schwarzer Galerie. Dir.Fl(4)15s21M deckt auf 109,4°-111,4° Les Moines ab; ein gleichgehendes Nebenfeuer zeigt Fl(4)WR. 15s7/4M, 150°-R-270°-W-150°. Die vorgelagerten Riffe müssen mit Abstand gerundet werden.

Cala di Paragnanu

WP 41°23,7'N 009°07,5'E

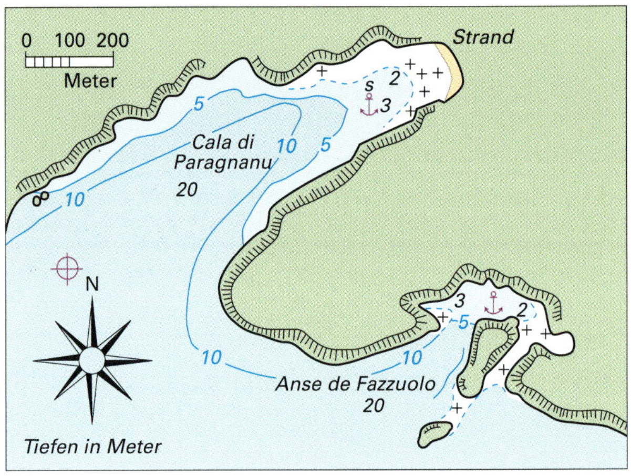

Die tiefe Einbuchtung im S des Cap de Feno ist vor leichten W-lichen Winden geschützt, nicht aber vor der Dünung. Man ankert vor dem Strand auf 3–6 m Tiefe, wobei das Riff im Scheitel der Bucht zu beachten ist, das sich bis vor das N-Ufer erstreckt.

Anse de Fazzuolu

Die Einfahrt in diesen wunderschönen Naturhafen ist durch eine Insel verdeckt. Vor leichten W-lichen Winden findet man hier Schutz, doch die Dünung wird von den Felsufern zurückgeworfen, sodass es unruhig ist. Man läuft im N der Insel ein; der S ist durch ein Riff versperrt.

Man ankert auf 3–5 m vor Bug- und Heckanker oder bringt eine Leine zum Land aus. Leider wird die Anse de Fazzuolu häufig von Ausflugsbooten angelaufen.

Bonifacio

WP 1 41°23,1'N 009°08,8'E
WP 2 41°23,32'N 009°09,55'E (WGS 84)
Karten: D 499, D 438, D 675, F 7096, F 7024

Allgemeines

Der Hafen von Bonifacio ist wohl einer der eindrucksvollsten im westlichen Mittelmeerraum. In S wird er von einem Kalksteinplateau begrenzt, auf dem die mittelalterliche Altstadt angesiedelt ist. Das äußere Ufer ist derart ausgewaschen, dass die Häuser darauf wie auf einem Balkon stehen. Schon Homer beschrieb den Hafen in der „Odyssee“ als sicher, inmitten einer wilden und unkultivierten Landschaft liegend. Das gilt auch heute noch. Zunächst von Römern besiedelt, entstanden die ersten Festungsanlagen wohl im Jahre 828 nach Christus. Die ab dem 12. Jahrhundert regierenden Genueser beeinflussten das Stadtbild bis heute. Die Altstadt, deren enge, kopfsteingepflasterte Straßen von vier- bis fünfstöckigen Häusern gesäumt werden, ist über eine

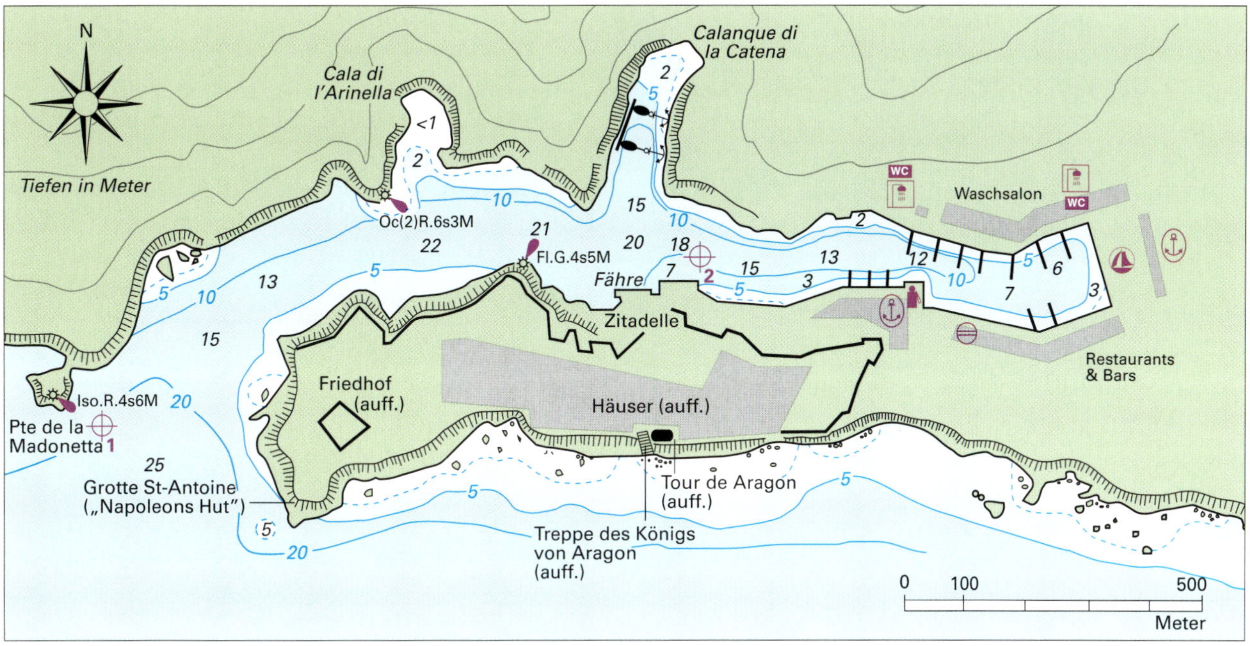

Zugbrücke und einen im Zickzack angelegten Tunnel zur Zitadelle zu erreichen. Während diese weitgehend erhalten blieb, wurde das Hafengebiet im Zuge des immer weiter um sich greifenden Tourismus stark verändert.

Ansteuerung

Der Hafen liegt in der schmalen „Calanque" in den hellen Kalkfelsen im SW der Insel. Die Einfahrt selbst ist schwer auszumachen, aber die Häuser der Altstadt auf dem hohen Plateau im E sind gut zu erkennen.

Auffällig: Eine gute Landmarke ist der weiße, viereckige Turm mit dem Wohngebäude des Leuchtturms auf Cap Pertusato, der von S und W zu sehen ist. Aus N kommend, ist der weiße Leuchtturm mit schwarzer Galerie auf Cap de Feno die beste Landmarke. An den Klippen unterhalb der Altstadt sind der restaurierte Wachtturm und die in den Fels gehauenen Treppen zu sehen. Auf der W-Huk der Einfahrt, Pte de la Madonetta, steht ein roter, viereckiger Leuchtturm.

Nachts steuert man nach den Feuern auf Cap de Feno DirFl(4)15s21M+Fl(4)WR.15s7/4M und Cap Pertusato Fl(2)10s25M. Pte de la Madonetta ist mit Iso.R.4s6M befeuert. Später sind die inneren Feuer auf Pte di l'Arinella (Oc(2)R.6s3M) und Pte Cacavento (Fl.G.4s5M) zu erkennen.

Die Hafenbehörden sind auf den UKW-Kanälen 12 bzw. 16, die Marina ist im Sommer von 0700–2200 Uhr und im Winter von 0730–1200 sowie von 1430–1800 Uhr auf Kanal 09 zu erreichen.

Gefahren: Starke W-liche Winde erzeugen in der Einfahrt eine grobe See.

Hinweis: Bei der Ansteuerung sollte ein wachsamer Ausguck die zahlreichen ein- und auslaufenden Fähren und Ausflugsboote im Auge behalten.

Liegeplätze

220 der 400 Plätze für Yachten bis 50 m Lüa sind Gästen vorbehalten; die Hafentiefen betragen 2–12 m.

Liegeplätze werden zugewiesen. Eventuell macht man zunächst an einem freien Platz fest und meldet sich dann im Hafenbüro. Mooringleinen am Kai oder an Bojen. Der Hafen ist bei jedem Wetter gut geschützt.

Behörden: Bonifacio ist Zollhafen. Der Hafen hat einen Hafenmeister und Marinapersonal; die Liegegebühr entspricht der Kategorie 4.

Infos: Tel. 04 95 73 10 07 oder Fax 04 95 73 18 73.

Blick von der Calanque di la Catena auf die Zitadelle von Bonifacio im Abendlicht

Ankerplätze: Am N-Ufer des Naturhafens liegen zwei kleinere Buchten. Die Cala di l'Arinella ist flach, bietet aber vor und in ihrer Einfahrt Ankermöglichkeiten. Die Calanque di la Catena ist größtenteils tief und bietet guten Schutz. Yachten bringen hier eine Leine zu den eisernen Ringen am W-Ufer aus. Der Grund besteht aus hartem Sand, Schlick und dichtem Gras und hält nicht hundertprozentig. Ab und zu fallen Böen in die Bucht ein, aber Schwell ist hier nicht zu spüren.

Versorgung

An jedem Liegeplatz können Wasser und Strom angeschlossen werden. Duschen und Toiletten sind vorhanden.

Die Tankstelle befindet sich am Kai im S-Teil. Es gibt einen 10-t-Kran und einen 40-t-Bootslift, aber nur wenige Stellplätze. Mechanische Reparaturen können ausgeführt werden. Yachtausrüster sind am Ort.

Die Einkaufsmöglichkeiten sind gut und befinden sich in Hafennähe; auch Stangeneis ist erhältlich.

An der Hafenpromenade gibt es Restaurants aller Preisklassen. Außerdem findet man hier Post, Banken und eine Autovermietung. Nach Ajaccio und Porto Vecchio verkehren Busse, nach Santa Teresa auf Sardinien eine Fähre. Von dem internationalen Flughafen gehen nur im Sommer Flüge zu europäischen Flughäfen.

Die Straße von Bonifacio
Les Bouches de Bonifacio

Das Fahrwasser zwischen Korsika und Sardinien, die Straße von Bonifacio, ist von zahlreichen Inseln, Felsen, Riffen und Untiefen gesäumt, die auf den ersten Blick äußerst gefährlich erscheinen. Bei ruhigem Wetter und exakter Navigation sind hier aber keine Probleme zu erwarten. Sie können sogar im Schutz einiger Felsen und Inseln wunderschöne Ankerplätze finden.

Das ***Naturschutzgebiet „Bouches de Bonifacio"*** erstreckt sich von E-lich der Anse de Roccapina bis zur Punta di a Chiappa und schließt die Îles Lavezzi, Île Cavallo, Les Moines, die Île Perduto und die Îles Cerbicales in den 80 000 Hektar Gesamtfläche ein. Einige Teile dürfen nicht befahren werden, in anderen ist lediglich das Ankern, Tauchen oder Fischen verboten.

Hinweis zum Wetter

Es ist gut zu wissen, dass der Wind in der Straße von Bonifacio abgelenkt und verstärkt wird. So sind hier Bft 5–6 zu erwarten, während an der korsischen oder sardischen Küste noch Windstärke 4 gemessen wird. Sollten stürmische Winde vorausgesagt sein, ist es besser, die geschützten Ankerplätze vor Sardinien oder den Hafen Bonifacio aufzusuchen und die Passage aufzuschieben.

Bei den vorherrschenden W-lichen Winden setzt eine

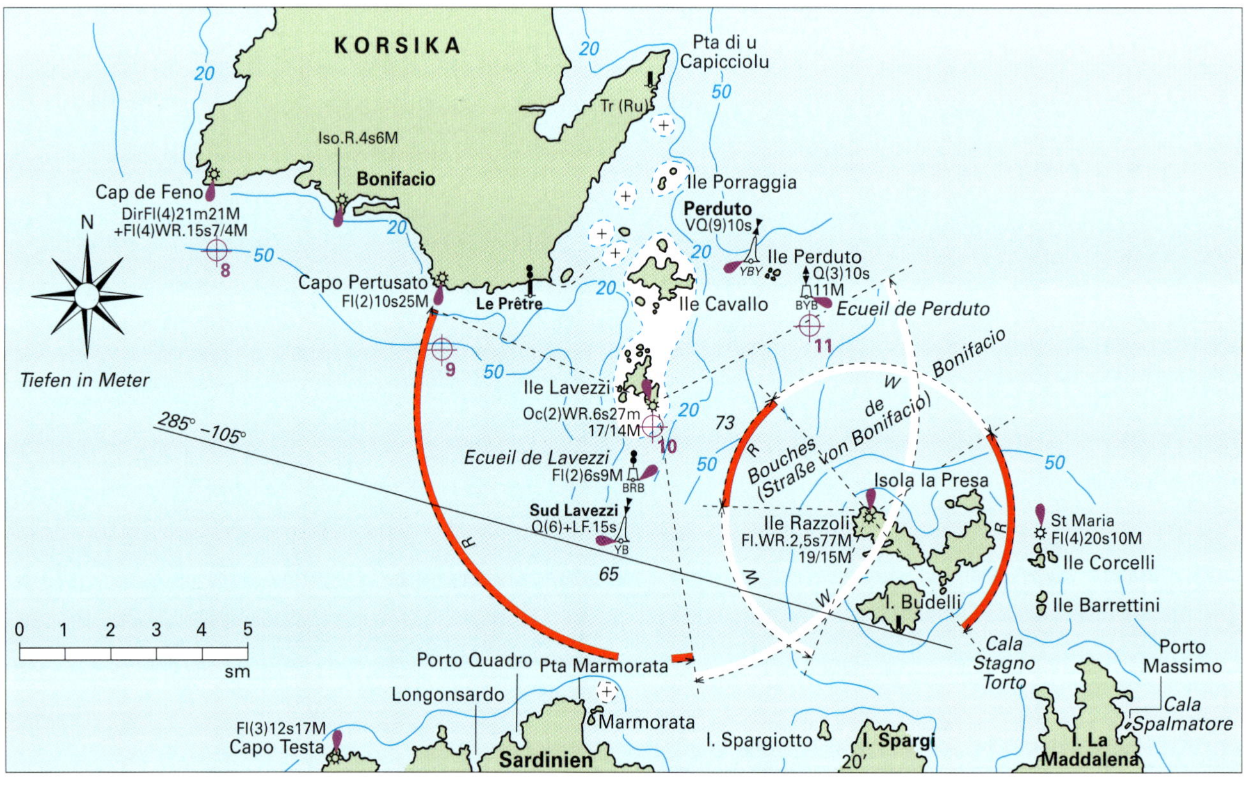

Die Straße von Bonifacio (Angaben zu den Wegpunkten siehe Seite 260)

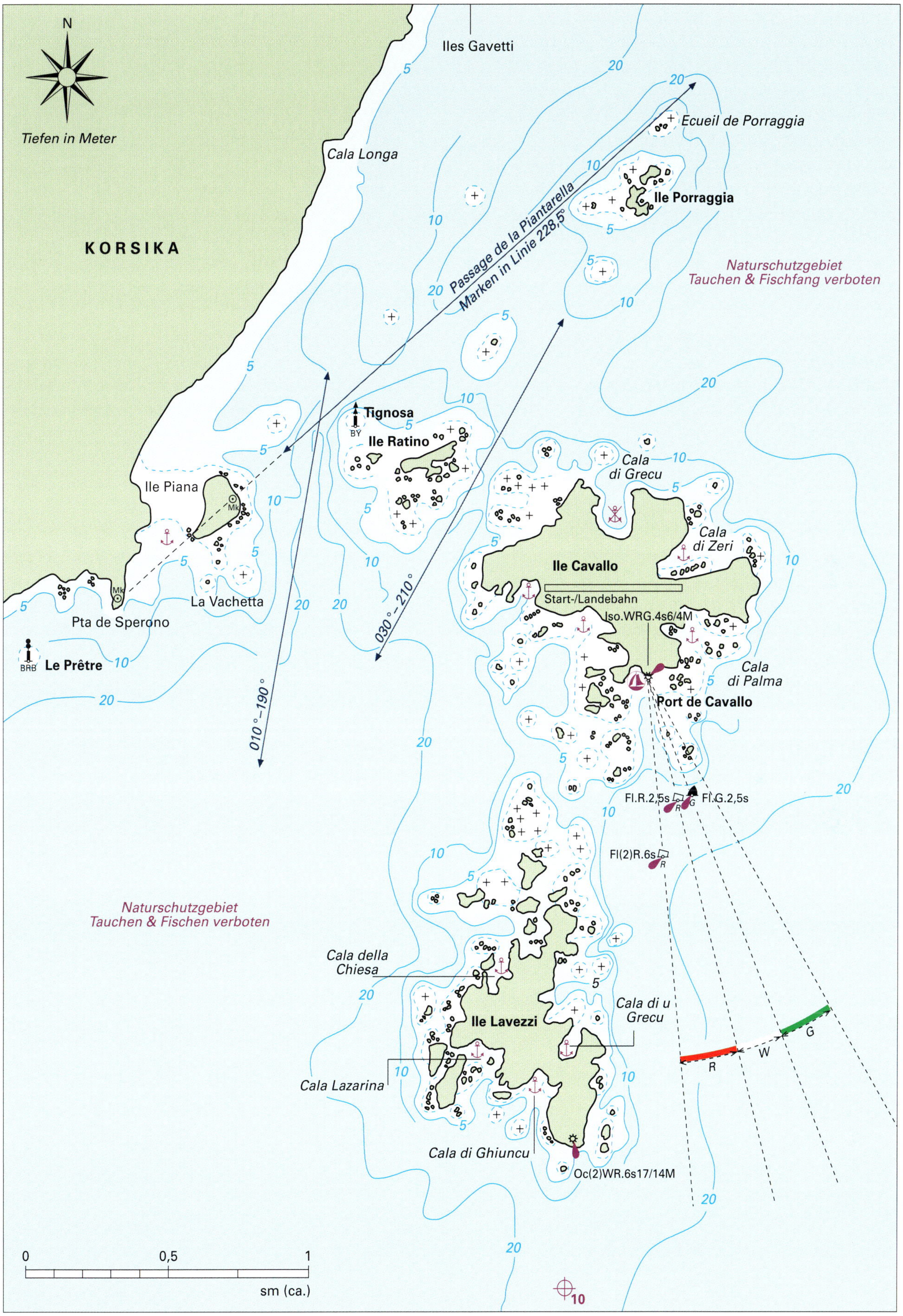

Île Piana, Île Lavezzi, Île Cavallo und die Passagen (Angaben zum Wegpunkt siehe Seite 260)

Strömung mit 1–2 Knoten Richtung E. Umgekehrt ist bei E-lichen Winden mit einer nach W setzenden Strömung zu rechnen, die jedoch weniger stark ist.
Die Grande Passe des Bouches ist ein Tiefwasserweg, der von der Berufsschifffahrt genutzt wird. Er verläuft S-lich der Kardinaltonne S Sud Lavezzi (Q(9)+LFl.15s), die 0,75 sm S-lich der Einzelgefahrbake Lavezzi (Fl(2)6s9M) zu finden ist, und führt N-lich der Insel Razzoli nach E. Dabei ist die massive, 18 m hohe Turmbake (schwarz mit rotem Band und Doppelball als Toppzeichen) eine gute Landmarke sowohl für die Ansteuerung als auch für die Passage.

Île Lavezzi

WP 41°20,1'N 009°15,6'E (Leuchtturm)

Allgemeines

Beim Anblick der flachen, nahezu vegetationslosen Insel wird man an die Gestalten von Henry-Moore-Skulpturen erinnert. Es ist hier wunderschön und unheimlich zugleich. Unheimlich, weil sich auf der Insel die Gräber der 773 Soldaten befinden, die in einem Sturm im Februar 1855 mit der Fregatte „La Semillante“ vor Lavezzi sanken. Keiner von ihnen überlebte das Unglück, und ihre Leichen wurden noch Tage danach auf der Insel angespült.
Heute ist Lavezzi ein Naturschutzgebiet und wird nur von dem Leuchtturmwärter, seinen Kühen und einem Esel sowie zahlreichen Seevogelarten bewohnt. Es gibt einige eingezäunte Gebiete, die vor dem Zutritt durch das Vieh und die Touristen geschützt werden sollen, damit sich die kärgliche Vegetation unbeeinträchtigt entwickeln kann. Offenes Feuer, Zelten und das Pflücken von Pflanzen sind untersagt.

Ansteuerung

Die Insel ist von zahlreichen Felsen, Riffen und Untiefen umgeben. Zwischen der Insel und Ecueil de Lavezzi ist die Passage gefahrlos. Die Einzelgefahrbake auf Ecueil de Lavezzi ist von W und S gut zu sehen. SW-lich der Île Lavezzi ist das auffällige, pyramidenförmige Denkmal für die gesunkene Fregatte zu sehen.
Von S oder E kommend, ist der rot-weiße Leuchtturm mit Wohngebäude die beste Landmarke.
Gefahren: Trotz der befeuerten Einzelgefahrbake auf Ecueil de Lavezzi (Fl(2)6s9M) und dem Feuer auf der SE-Huk der Île Lavezzi (Oc(2)WR.6s17/14M) sollte man weder die Insel noch die umliegenden Ankerplätze bei Dunkelheit ansteuern.
Hinweis: Die Durchfahrt zwischen der N-Spitze der Île Lavezzi und der Île Cavallo ist zwar möglich, aber nicht zu empfehlen. Bei der Navigation sind zahlreiche Riffe und Felsen zu beachten, die selbst bei nur ganz leicht gekräuseltem Wasser äußerst schwer auszumachen sind.

Der Leuchtturm Lavezzi aus S

Ankerplätze

Hinweis: Der Ankergrund besteht aus Fels oder Sand mit leichtem Grasbewuchs und hält gut.

Die ***Cala Lazarina*** (WP 41°20,2'N 009°15,1°E) ist der am besten geschützte und am meisten besuchte Ankerplatz. Man steuert den kleinen Strand im NE der Bucht mit 030° an, sodass das Semillante-Denkmal und die Felsen SSE-lich davon im W liegen bleiben. Die mit einem weißen Pfahl bezeichneten Felsen bleiben an Backbord. Am schönsten liegt man vor Heckanker im W-Teil der Bucht und findet dort bei nahezu jedem Wind Schutz.

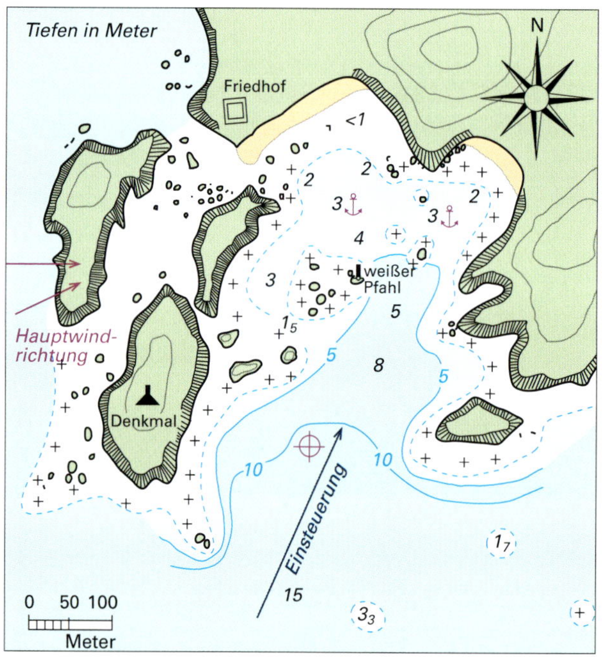

Die ***Cala di Ghiunco*** (WP 41°20,2'N 009°15,4'E) ist vor W-lichen Winden kaum geschützt. Man steuert

Der Ankerplatz Cala Lazarina aus NW; Blick hinüber zum Leuchtturm Lavezzi

mit 020° den weiß ummauerten Friedhof an und legt sich im N-Teil vor Anker.

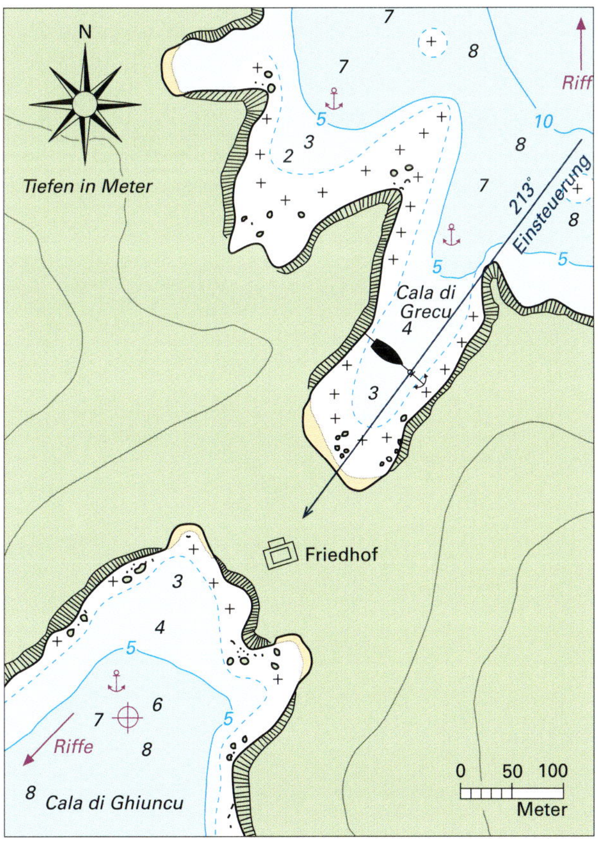

Cala di u Grecu und Cala di Ghiunco

Die ***Cala di u Grecu*** ist eine kleine Bucht im E der Insel. Sie ist vor W-lichen Winden geschützt, nach E bis NE aber offen. Die Ansteuerung erfolgt von NE, wobei nach Rundung der E-lichen Einfahrtsspitze diese mit dem Friedhof in 213° zur Deckung kommt. Vor dem W-Teil der Einfahrt erstreckt sich ein Riff, und ein weiteres Riff sowie Felsen versperren den Scheitel der Bucht. Bei W-lichen Winden sollte man eine Leine zum W-Ufer ausbringen, oder man bleibt kurz hinter der Einfahrt auf 5–6 m Tiefe. Vor der Bucht im NW kann man auf 6–7 m Tiefe ankern.

Die ***Cala della Chiesa*** im NW der Insel wird aus W und S-lich eines Inselchens N-lich der Bucht angesteuert. Dann fährt man mit Kurs S in die Bucht, wo man vor Bug- und Heckanker bzw. mit einer zum W-Ufer ausgebrachten Leine ankert. Der beste Schutz vor W-Wind ist im hinteren rechten Teil der Bucht zu finden.

Versorgung

In der Cala Lazarina gibt es zwar die Möglichkeit, Müll zu deponieren, allerdings ist es sehr viel besser, wenn man seine Abfälle wieder mitnimmt.

Île Cavallo

Allgemeines

Die Île Cavallo liegt unmittelbar N-lich der Île Lavezzi, mit denen sie durch eine „Brücke" aus Felsen, Riffen und Untiefen verbunden ist. Wie bereits beschrieben, ist die Passage zwischen der Île Lavezzi und der Île Cavallo zwar möglich, aber nicht empfehlenswert.

Die Passage zwischen der Île Cavallo und der Île Ratino verläuft genau vor der W-Küste und ist bei ruhigem Wetter befahrbar. Man steuert einen NE-lichen bzw. SW-lichen Kurs und hält sich in der Mitte der Durchfahrt. Ein erfahrener Ausguck ist außerdem recht hilfreich. Die Durchfahrt sollte aber wirklich nur bei ganz ruhigem Wetter vorgenommen werden!

Ansteuerung

Aus S kommend, sind die Île Lavezzi und das Denkmal für die „Semillante" sowie der Leuchtturm gut zu erkennen; Lavezzi sollte mit einem guten Landabstand passiert werden.

Von N her sind die Île Porraggia, die Kardinaltonne W Perduto (VQ(9)10s) NW-lich der Île Perduto sowie die Kardinalbake E auf dem Ecueil de Perduto (Q(3)10s11M) die besten Marken.

Nachts ist der Ecueil de Perduto mit Q(3)10s11M befeuert. Eine Passage bei Nacht sollte tunlichst unterbleiben.

Port de Cavallo

WP 41°21,7'N 009°15,9'E

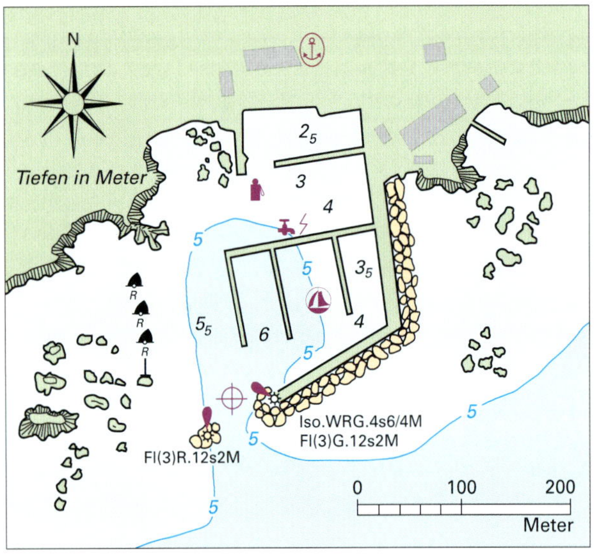

Ansteuerung

Der Hafen ist an der S-Spitze der Insel entstanden. Das Einsteuerungsfahrwasser ist von den Außenmolen ab bis in den Binnenhafen hinein betonnt.

Nachts ist die Ansteuerung mit Iso.WRG.4s6/4M befeuert, wobei der weiße Sektor auf 337°–344° das Fahrwasser bezeichnet. Dieses wird zudem 800 m vor der Hafeneinfahrt mit einem rot-grünen Tonnenpaar und Fl.G.2,5s2M bzw. Fl.R.2,5s2M und 500 m davor mit einem weiteren und Fl.G.6s2M bzw. Fl.R.6s2M bezeichnet. Diese Tonnen sind zudem mit Radarreflektoren ausgestattet. Die Hafeneinfahrt zeigt Fl(3)R.12s2M und Fl(3)G.12s2M, wobei das Steuerbordfeuer auf dem Feuerträger für das Sektorenfeuer der Ansteuerung installiert ist, das Backbordfeuer auf einem Felsinselchen steht. Die Ansteuerung ist mindestens 5 m tief.

Der Hafen ist auf den UKW-Kanälen 09 bzw. 67 zu erreichen.

Gefahren: Bei der Ansteuerung des Hafens sind die der Insel im S vorgelagerten Unter- und Überwasserfelsen zu beachten. Die Ansteuerung sollte mit einem Kurs von etwa 340° erfolgen; beim ersten Mal ist ein Ausguck erforderlich.

Liegeplätze

37 der 240 Liegeplätze für Yachten bis 20 m Lüa sind Gästen vorbehalten; die Hafentiefen betragen 2–5 m. Man macht an einem zugewiesenen Platz fest. Der Hafen bietet im Sommer guten Schutz. Allein S-Stürme können hier Ärger bereiten. Ein Hafenmeister und Marinapersonal versehen ihren Dienst. Es wird Liegegeld erhoben.

Versorgung

Alle Liegeplätze verfügen über Wasser- und Stromanschlüsse. Duschen und Toiletten sind vorhanden. Treibstoff bekommt man am Kai im Innenhafen.

Für Einkäufe steht ein Minimarkt zur Verfügung. Bar und Restaurant sind am Ort.

Ankerplätze

Der Grund ist Sand, teilweise felsig und/oder mit Gras bewachsen und bietet recht guten Halt.

Cala di Palma (WP 41°21,9'N 009°16'35'E). Diese

Bucht befindet sich im SE der Insel. Die Ansteuerung ist von zahlreichen Felsen und Riffen gesäumt, von denen man sich freihält, indem man mit Kurs 342°

auf die kleine rote Kuppel hinter dem Strand zuhält. Auf 3–4 m Tiefe ankert man vor W-lichen und NE-lichen Winden geschützt, ist E- bis SE-Winden aber voll ausgesetzt.

Cala di Zeri (WP 41°22,2'N 009°16,35'E). Im NE der

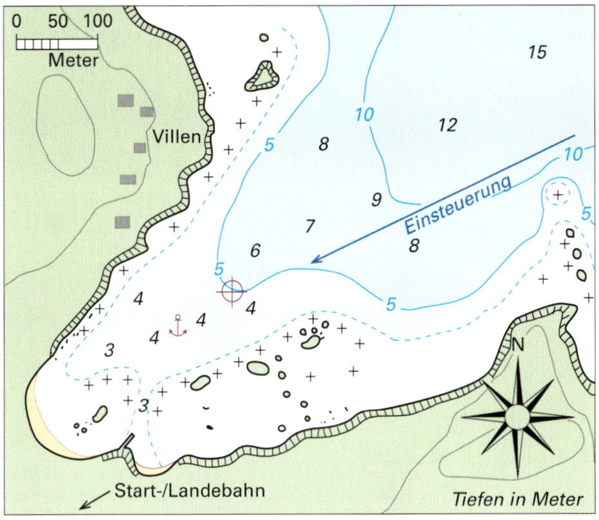

Insel liegt die Cala di Zeri. Etwa 250 m N-lich ihrer Einfahrt liegt ein Felsen, und ein Riff erstreckt sich vom E der Einfahrt in Richtung N. Der SE-Teil der Bucht ist von zahlreichen Felsen versperrt. In der Bucht kann man auf 4–5 m, in der Buchteinfahrt auf 5–10 m Tiefe ankern und ist vor W-lichen Winden gut geschützt, den E-lichen Winden aber ganz ausgesetzt.

Cala di Grecu. Diese Bucht befindet sich am N-Ufer. Von dem Felsen, der 300 m N-lich der Landspitze, die die Bucht im E begrenzt, liegt, muss man sich gut freihalten. Mitten vor der Einfahrt lauert eine Untiefe auf 1,5 m Tiefe.

Man ankert auf 4–6 m über sandigem Grund. Die nach N offene Bucht bietet vor S- und W-lichen Winden einen guten Schutz.

Cala di u Ghiuncu. Die kleine Bucht liegt an der SW-Spitze der Insel. Von W kommend, steuert man die Bucht mit 035° an. Von den Felsen im E der Ansteuerung muss man sich gut freihalten. Auf 3–5 m Tiefe hat man nur wenig Schutz vor W-lichen Winden.

Île Ratino

Die kleine Insel vor der W-Küste von Cavallo ist weiträumig von Riffen und Felsen umgeben. Ein Felsen, der 400 m NW-lich von Ratino liegt, ist mit der Kardinalbake N Tignosa markiert.

Île Piana

Die kleine Insel liegt dicht NE-lich vor Pta de Sperono. Eine Einzelgefahrbake bezeichnet den Felsen Le Prêtre, der etwa 0,5 sm SW-lich der Landspitze Sperono liegt. Bei ruhigem Wetter können Yachten zwischen Piana und der Kardinalbake N Tignosa hindurchfahren (siehe unten: Passage de la Piantarella). Zwischen der Pta de Sperono und der Insel kann man bei ruhigem Wetter auf 5 m Tiefe über Sandgrund ankern. Die Durchfahrt ist durch ein Riff und Untiefen versperrt.

Passage de la Piantarella

Die Durchfahrt ist im Prinzip sicher, sollte aber nur bei ruhigem Wetter gewagt werden.

Von W kommend, bleibt Le Prêtre landseitig liegen, und man steuert auf Cavallo zu. Wenn die Île Ratino und die Kardinalbake N Tignosa in 024° peilen, sie also mit der Pta di u Capicciolu in Deckung kommen, ändert man den Kurs auf 010°, um mittig zwischen Île Ratino und Île Piana zu passieren. Wenn die weiße Mauer auf Île Piana 228,5° peilt, steuert man mit 048° an der Backbordseite der Kardinalbake N Tignosa vorbei, bis eine weiße Mauer auf der Pta de Sperono in Sicht kommt, die mit der Mauer auf der Île Piana in Deckung bleiben muss. Vor der Île Porraggia ändert man den Kurs auf NW, um sich von den Felsen freizuhalten.

Bei der *Ansteuerung aus NE* liegen die Richtmarken auf 225° in Deckung. Vor Tignosa beginnt man, mit Kurs 190° zur Einzelgefahrbake auf Le Prêtre zu steuern, die seeseitig gerundet wird.

Île Porraggia

Die kleine Granitinsel liegt 1 sm N-lich der Île Cavallo und ist von Riffen und Untiefen umgeben. E-lich der Insel sind keine Untiefen zu vermelden.

Île Perduto

WP 11 41°21,5'N 009°19,0'E

Das Inselchen liegt 1,5 sm E-lich der Île Cavallo. Die Untiefe, die sich von der Insel nach NW erstreckt, ist mit einer Kardinaltonne W (VG(9)10s) markiert. Die Durchfahrt zwischen dieser Tonne und der Île Cavallo ist tief und sicher.

SE-lich der Île Perduto liegt Ecueil de Perduto, ein mit einer Kardinalbake E (Q(3)10s11M) markiertes Riff. E-lich dieser Bake wird es tief.

Golfe de Sant'Amanza

WP 41°26,3'N 009°15,2'E

Karten: D 499, D 438, F 7024, F 6929

Allgemeines

Im Sommer ist der Golf äußerst beliebt. An den Ufern stehen Campingbusse, und auf dem Wasser lärmen die Außenborder zahlreicher Schlauchboote und Dingis.

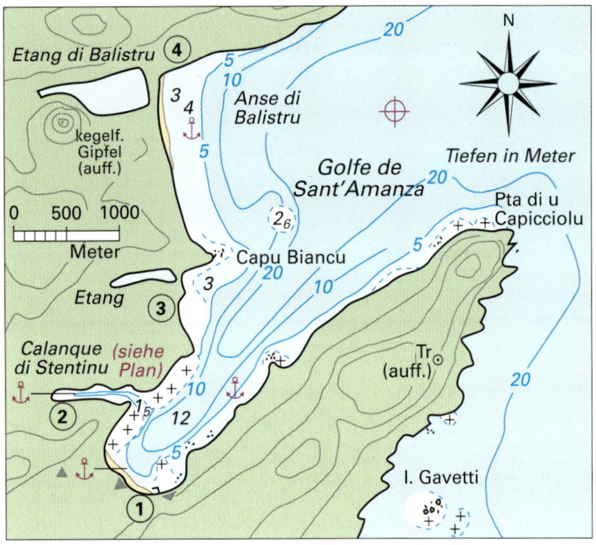

Ansteuerung

Der Golf liegt im SE Korsikas. Im S wird er von einem hohen, zerklüfteten Bergrücken begrenzt, der die SE-Seite des Golfs bildet und im roten Felskap Pta di u Capicciolu endet. Der Tour de Sant'Amanza auf dem Bergrücken ist eine gute Landmarke bei der Ansteuerung von S. Aus N kommend, ist der Gipfel des Monte Rossu N-lich des Etang de Balistra am W-Ufer des Golfs nicht zu verkennen. Gleich nach dem Einlaufen in den Golf werden die Gebäude sichtbar.

Ankerplätze

Im ***Scheitel des Golfs*** ankert man auf 4–8 m Tiefe über grasbewachsenem Sandgrund. Riffe und Untiefen erstrecken sich bis zu 250 m vor der W- und S-Küste.

Die bei jedem Wind geschützte ***Calanque di Stentinu*** schneidet in das W-Ufer ein und kann nur von

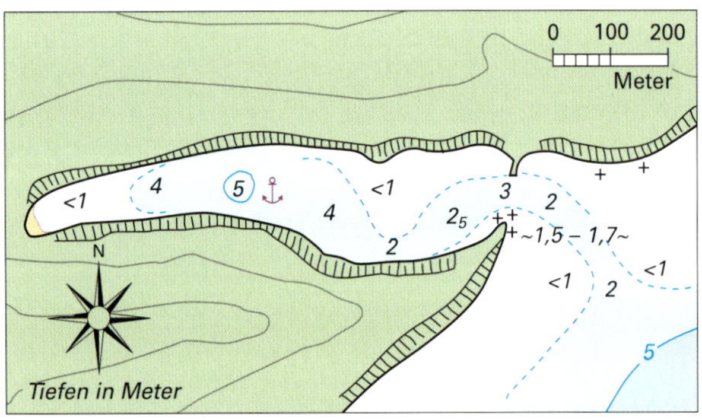

flachgehenden Yachten bis 1,5 m Tiefgang durch ein schmales Fahrwasser angelaufen werden. Dabei steuert man mit 315° auf eine kurze Mole unterhalb einer weißen Villa zu. Ab hier hält man Kurs SW, um die Sandbank vor der Calanque zu passieren. In der Calanque wird auf 3–6 m Tiefe über grasbewachsenem Sand geankert.

S-lich des ***Capu Biancu*** kann man auf 2,5–5 m Tiefe ankern. Hier liegt man vor NE- über E- bis SE-lichen Winden ungeschützt.

In der ***Anse di Balistru*** kann man vor dem langen Sandstrand auf 4–6 m über Sandgrund ankern.

Versorgung

Am Ende des Golfs gibt es Bars und Restaurants. Hier sind auch einige Lebensmittel zu bekommen.

Port de Rondinara

WP 41°28,2'N 009°16,7'E
Karten: D 499, D 438, F 7024, D 6929

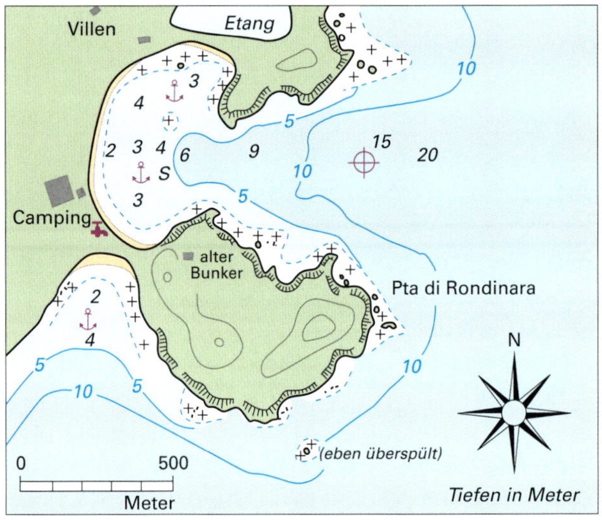

Allgemeines

Diese hübsche Bucht hat einmalig klares Wasser und bei jedem Wind geschützte Ankerplätze zu bieten. An Land stehen nur wenige Villen, und es gibt einen Campingplatz.

Ansteuerung

Von S sieht die Pta di Rondinara wie eine Insel aus. Bei der Ansteuerung aus N ist ein Turm auf der Pte de Sponsaglia die beste Landmarke. Von der Landspitze, die die Bucht im N begrenzt, erstreckt sich ein Riff in Richtung E. Etwa 150 m vor der Pta di Rondinara liegt ein eben vom Meer überspülter Felsen.

Liegeplätze

Man ankert vor dem Strand auf 4–6 m Tiefe oder im N-Teil der Bucht auf 2,5–4 m über Sandgrund, der gut hält. Der eben überspülte Felsen im N der Bucht ist nur schlecht zu erkennen.

Versorgung

Zum Campingplatz gehören ein Restaurant und eine Strandbar. Einen Wasserhahn findet man in Strandnähe.

Golfe de Porto Novo

WP 41°30,4'N 009°17,1'E

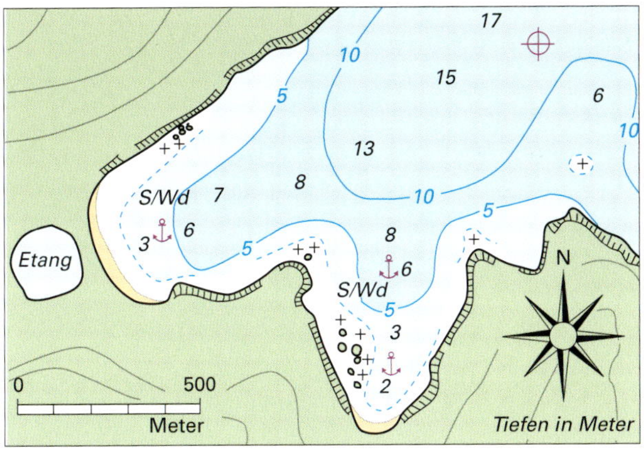

Die große, zweigeteilte Bucht liegt 2 sm N-lich von Port de Rondinara. Als Landmarke dient der Turm auf der Pte de Sponsaglia. Etwa 100 m N-lich der Landspitze im E der Bucht liegt ein Unterwasserfelsen auf nur 0,8 m Tiefe. Yachten ankern in der W-lichen Bucht vor dem Strand auf 3–4 m Tiefe über grasbewachsenem Sand oder bleiben in der S-lichen Bucht auf 2,5–4 m; hier ist aber Vorsicht vor Felsen und Riffen vor dem W-Ufer geboten. Den besten Schutz vor dem häufigen SE-lichen Seewind findet man in der S-Bucht.

Ein bewaldetes Tal zieht sich bis zu dem kleinen Strand im Scheitel der S-Bucht herunter. Auch im Sommer herrscht hier kaum Betrieb.

Golfe de Santa Giulia

WP 41°31,6'N 009°16,9'E

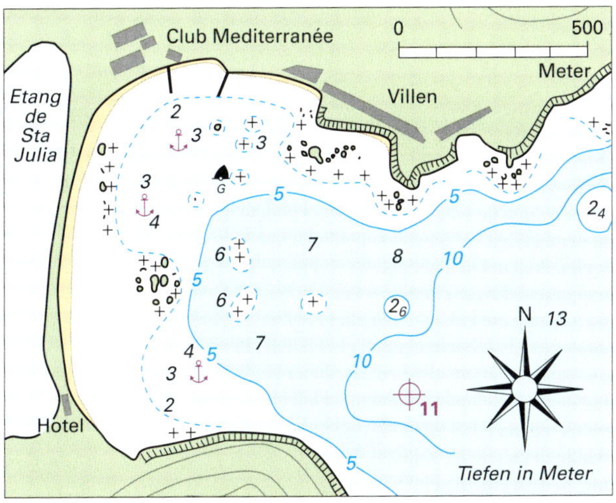

Die große Bucht liegt 1 sm N-lich von Porto Novo. Zahlreiche Felsen, Riffe und Untiefen erschweren die Ansteuerung, die man nur bei ruhigem Wetter wagen sollte.

Um im SW der Bucht zu ankern, fährt man unter dem S-Ufer entlang und bleibt auf 3–5 m Tiefe über gut haltendem Sandgrund. Die meisten Yachten ziehen den besser geschützten Ankerplatz im NW der Bucht vor.

Die Bucht ist äußerst belebt: Am NW-Strand erstrecken sich die Anlagen eines Club Méditerranée, in deren S-licher Verlängerung ein Hotel mit strohgedeckten Strandhütten gebaut wurden. Restaurants und Bars findet man am N-Ufer.

Anse d'Acciaju

41°32,5'N 009°18,3'E

Dieser schöne Ankerplatz S-lich der Capu Acciaju ist nur bei ruhigem Wetter zu nutzen. Man ankert im Schutz der Landspitze auf 5–7 m; dabei sind vorgelagerte Felsen zu beachten. Zwischen den Pinien stehen einige Villen.

Anse de la Folaca

41°32,8'N 009°18,8'E

N-lich Capu Acciaju liegt in wunderschöner Umgebung die von dem rötlichen Felsinselchen Îlot de la Folaca geschützte Bucht. Bei der Ansteuerung mit Kurs NW sind das Riff, das Capu Acciaju vorgelagert ist, und ein weiteres Riff im S des Inselchens zu beachten. Bei wirklich ruhigem Wetter kann man auf 4–6 m über Sandgrund ankern. In den Dünen und an den Hängen stehen einige Villen. Die Strandbar hat nur in der Saison geöffnet.

Îles Cerbicales

Die Inselgruppe liegt etwa 1 sm vor der Küste im S der Einfahrt in den Golfe de Porto Vecchio. Tagsüber sind die Inseln Forana, Maestro Maria, Île de la Vacca, Piana und Pietricaggiosa (von N nach S) gut zu erkennen, und Yachten können die Durchfahrt zwischen den Inseln und der Küste Korsikas, die im Fahrwasser Tiefen von über 19 m bietet, nutzen. W-lich der Inseln liegen zahlreiche Untiefen, von denen eine nur 1,3 m Wasser aufweist.

Bei ruhigem Wetter ankern Yachten vor den Inseln, die man, da sie Naturschutzgebiet sind, nicht betreten darf.

Île de la Vacca

Die kleine Insel liegt E-lich der Îles Cerbicales. Eine Untiefe mit 4 m Tiefe SE-lich der Insel ist mit einer Kardinaltonne E (Q(3)10s5M) bezeichnet.

Île du Toro

Im S der Île de la Vacca liegen zwei buckelige Inselchen, die von N und S gut zu erkennen sind. Das

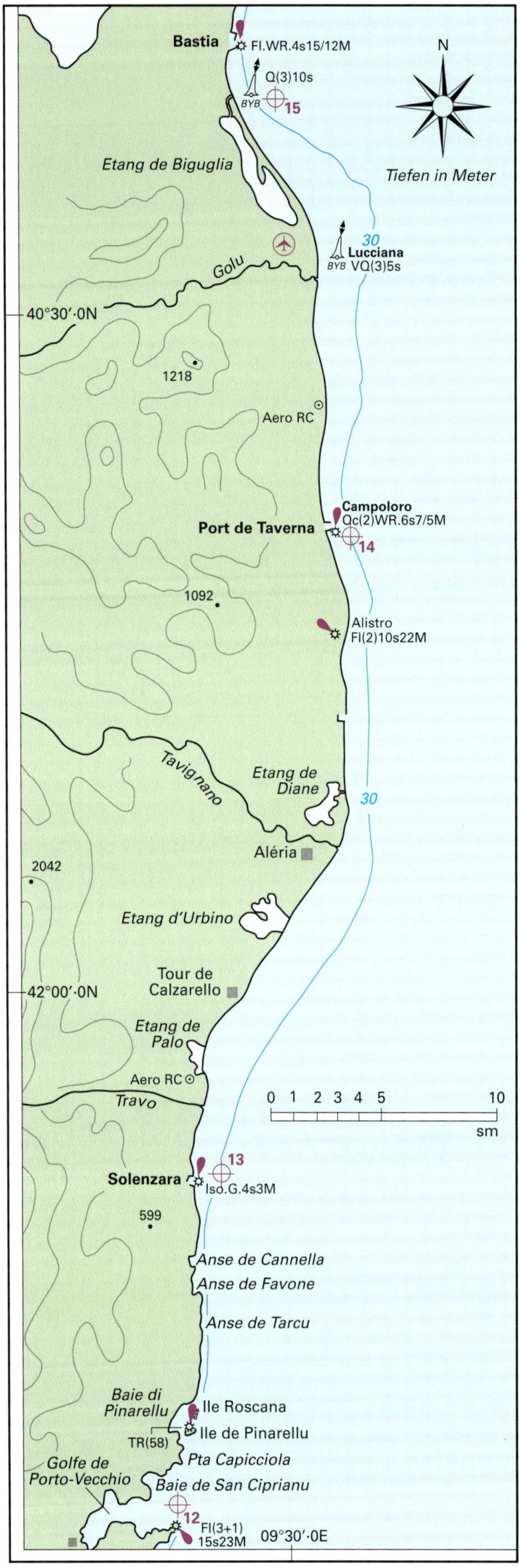

Die E-Küste von Korsika (Angaben zu den Wegpunkten siehe Seite 260)

Riff E-lich der Inseln ist mit einer Kardinaltonne S (Q(6)+LFl.15s) bezeichnet.

Baie de Palombaggia

41°33,5'N 009°20,0'E

Die Bucht an der E-Küste Korsikas wird von dem langen Sandstrand im S der Pte Cerbicale gesäumt. Bei ruhigem Wetter kann man vor dem Strand ankern, dessen N-Ende ein Riff vorgelagert ist. An den Hängen steht eine Reihe neuerer Villen.

Baie de Bona Matina

41°35,36'N 009°21,9'E

Bei ruhigem Wetter können Yachten im S der Pta di a Chiappa ankern. Man bleibt vor der Feriensiedlung auf 3–4 m über grasbewachsenem Sandgrund.

Die Ostküste
Von Porto Vecchio bis Bastia

Golfe de Porto Vecchio

WP 12 41°36,7'N 009°23,6'E
Karten: D 499, D 675, F 6929, F 6911

Der tief in die E-Küste einschneidende Golf bietet eine Reihe von Ankerplätzen. An seinem Scheitel liegt der Yachthafen von Porto Vecchio.

Ansteuerung

Der Golf ist bei jedem Wetter gut anzusteuern. Jedoch muss schon ab einer mittleren Windstärke mit unangenehmer See in der Golfeinfahrt gerechnet werden.

Punta di a Chiappa – der Leuchtturm und die Signalstation bilden eine gute Landmarke

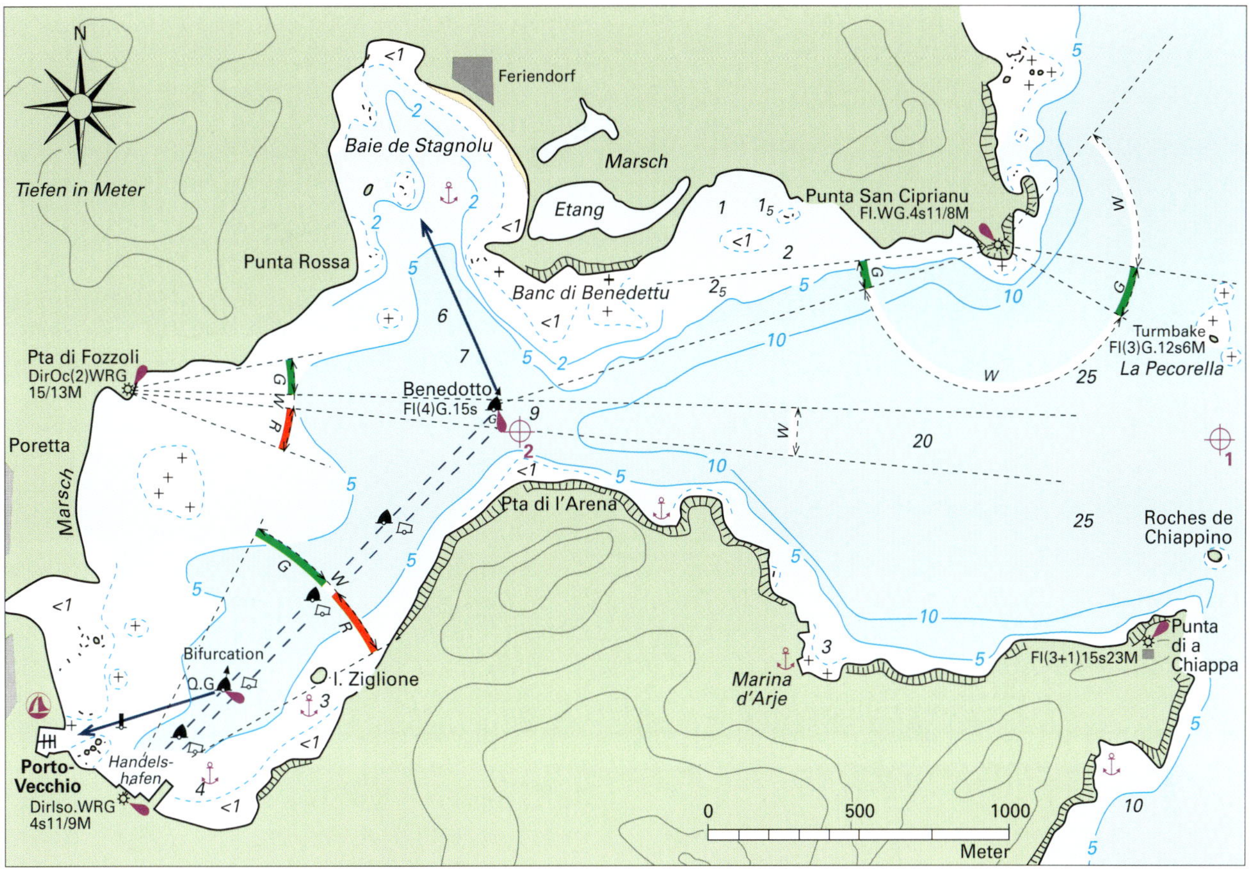

Golfe de Porto Vecchio (WP 1 41°36,4'N 009°22,15'E, WP 2 41°36,5'N 009°19,05'E – beide WPs WGS 72)

Auffällig: Von N sind der Turm auf der Île de Pinarellu und ein Leuchtturm auf Pta San Ciprianu in N der Einfahrt in den Golf die besten Landmarken. Von S kommend, muss man die Île du Toro und die Îles Cerbicales passieren. Weitere Landmarken sind der Leuchtturm und die Signalstation auf der Pta di a Chiappa im S der Einfahrt sowie der weiße Leuchtturm mit grüner Spitze auf La Pecorella.

Nachts ist die Einfahrt gut befeuert. Auf der Pta San Ciprianu steht das Feuer Fl.WG.4s11/8M, dessen grüne Sektoren auf 281°–299° La Pecorella und auf 072°–084° die Untiefen und das Riff der Banc de Benedettu abdecken. Die Pta di a Chiappa ist mit Fl(3+1)15s23M, La Pecorella mit Fl(3)G.12s6M befeuert.

Einsteuerung: Bei ruhigem Wetter können Yachten

Porto Vecchio

zwischen der Pta di a Chiappa und dem Felsen Chiappino hindurchfahren, wo ein 9 m tiefes Fahrwasser verläuft. Die eigentliche Einfahrt in den Golf liegt zwischen Chiappino und dem Leuchtturm auf La Pecorella.

Marina de Porto Vecchio

WP 41°35,39'N 009°17,16'E (WGS 84)
Karten: D 499, D 675, F 6929

Allgemeines

Der Naturhafen von Porto Vecchio wird seit Menschengedenken genutzt: Zuerst siedelten hier die Turaner, später waren es die Römer und dann die Genueser, die die heutige Festungsanlage auf dem Vorgebirge erbauten. Von ihnen stammen auch die unzähligen Wachttürme in der Umgebung.
Die malerische Altstadt hat dem Tourismus einen erneuten Aufschwung zu verdanken und macht einen recht wohlhabenden Eindruck.

Ansteuerung

Im Golf steuert man auf die grüne Leuchttonne mit Kegeltoppzeichen zu, die den S der Banc de Benedettu bezeichnet. Mit 225° läuft man dann zu den beiden rot-grünen Tonnenpaaren, die das Fahrwasser zum Handels- und Yachthafen markieren. Die dann folgenden Tonnen sind sehr klein und schlecht auszumachen. Ab dem dritten Tonnenpaar, mit der grünen Leuchttonne Bifurcation, vor Îlot Ziglione steuert man mit 255° auf die rote Leuchtbake auf der Klippe La Cioccia zu. NW-lich davon bezeichnet eine grüne Bake die N-Seite der Ansteuerung zum Yachthafen.
Auffällig: Die Leuchttonne der Banc de Benedettu ist leicht zu erkennen, ebenso die ersten beiden großen Tonnenpaare des Hauptfahrwassers. Die Marina ist am besten anhand der vielen Masten auszumachen.
Nachts Das Leitfeuer Pozzoli am W-Ufer des Golfs zeigt die Kennung DirOc(2)WRG.6s15/13M. Der weiße Sektor 271,7°–275,2° leitet sicher in das Fahrwasser bis zur Leuchttonne Benedettu (Fl(4)G.15s). Von hier führt ein weiteres Feuer mit DirIso.WRG.4s 11/9M durchs Fahrwasser in den Handelshafen (weißer Sektor 223,5°–225,5°). Die grüne Leuchttonne Bifurcation an der Abzweigung zum Yachthafen ist mit Q.G. befeuert, und La Cioccia zeigt die Kennung Fl.R.2s2M. Die Einfahrt des Yachthafens ist mit Fl.G.4s5M und Fl(2)R.6s6M befeuert.
Die Marina ist im Sommer von 0800–2100 Uhr und im Winter von 0830–1200 sowie von 1400–1730 Uhr auf UKW-Kanal 09 zu erreichen.

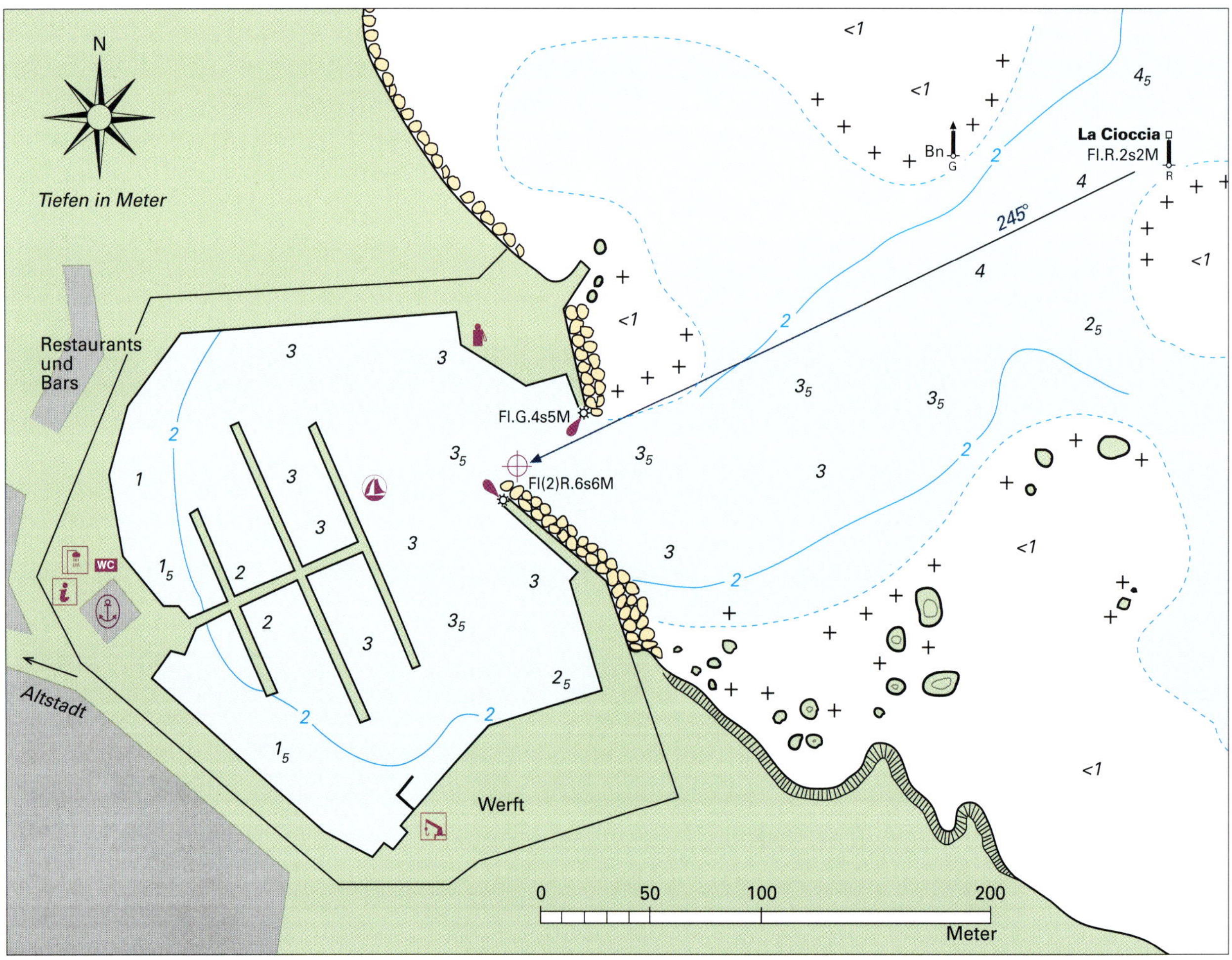

Gefahren: Folgende Gefahrenstellen müssen bei der Navigation berücksichtigt werden: die Banc de Benedettu mit einem Riff und Untiefen im N des Golfs, die Sandbank vor der Pta di l'Arena, die bis ins Fahrwasser reicht, die Klippe Cioccia vor der Yachthafeneinfahrt sowie zahlreiche Felsen und Riffe N-lich des Fahrwassers.
Vorsicht: Bei stärkeren W-lichen Winden besteht die Gefahr schwerer Fallböen, die bis zur Ansteuerung der Marina herunterkommen.

Liegeplätze

150 der insgesamt 540 Plätze bis 40 m Lüa stehen Gastliegern zur Verfügung; sie befinden sich im S der Marina. Wassertiefen 1–3,5 m. Plätze werden zugewiesen. Ansonsten macht man an einem freien Gastliegeplätze an der S-Seite der Marina fest. Mooringleinen am Kai oder an Bojen. Yachten liegen hier im wahrsten Sinne des Wortes „dicht gepackt", sodass wenig Raum zum Manövrieren bleibt. Alle Plätze sind gut geschützt.
Behörden: Porto Vecchio ist Zollhafen. In der Marina arbeiten ein Hafenmeister und weiteres Personal; Liegegeld: Kategorie 3–4 .
Infos: Tel. 04 95 70 17 93 oder Fax 04 95 70 27 68.

Versorgung

An jedem Liegeplatz gibt es Wasser- und Stromanschlüsse, Duschen und Toiletten sind vorhanden.
Eine Tankstelle befindet sich am Kai bei der Einfahrt. In der Marina steht ein 50-t-Kran zur Verfügung. Reparaturen an der Mechanik können ausgeführt werden, Segelmacher und Yachtausrüster sind am Ort.
Einige Lebensmittel sind im kleinen Laden an der Marina zu bekommen, aber die größere Auswahl findet man im Supermarkt an der Hauptstraße im N des Hafens. Stangeneis ist erhältlich. In Marinanähe und in der Altstadt gibt es zahlreiche Restaurants, wobei sich der Weg in den oberen Teil durchaus lohnt, um mit einem wundervollen Blick auf den Golf zu speisen.
Außerdem gibt es Post und Banken im Ort sowie ein Wechselbüro in der Marina. Es können Autos gemietet werden; Busse fahren vom Ort aus nach Bonifacio und an die E-Küste.

Ankerplätze im Golfe de Porto Vecchio

Marina d'Arje. Man ankert SE-lich des kleinen Hafens im SE der weiten Einfahrt des Golfs auf 4–5 m Tiefe über grasbewachsenem Sandgrund. Vor W-lichen Winden ist man hier geschützt, man muss aber mit Fallböen rechnen. Der Hafen ist flach, der Grund felsig.

Marina Vizza (41°36,35'N 009°19,8'E). In dieser wunderschönen Bucht kann nur bei ruhigem Wetter geankert werden. Vor der Küste liegen Klippen.
Îlot Ziglione (41°35,6'N 009°18,2'E). S-lich des Inselchens kann man vor E-Winden geschützt auf 4–5 m Tiefe über Schlickgrund ankern. Es gibt hier zahlreiche feste Moorings. An Land steht ein Hotel.
Port du Commerce (41°35,4'N 009°17,8'E). Yachten dürfen nicht im Handelshafen festmachen, können aber S-lich des Fahrwassers ankern. Bei der kurzen steilen See und W-lichen Winden liegt man sehr unruhig, aber noch sicher. Man ankert auf 4–5 m über grasbewachsenem Schlick mit gutem Halt. Der Verkehr im Fahrwasser darf auf keinen Fall behindert werden.

Baie de Stagnolu

WP 41°37,8'N 009°21,8'E

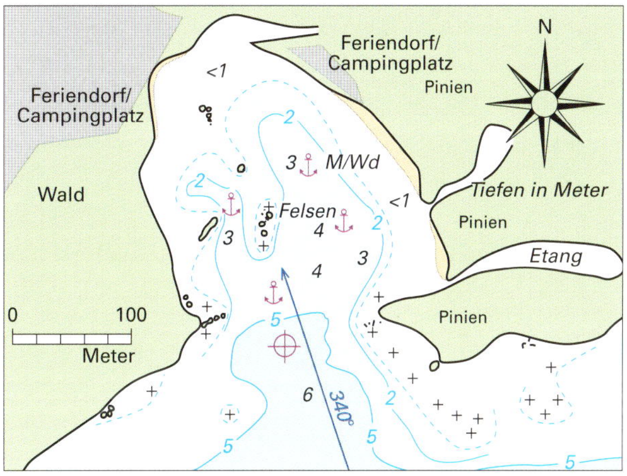

Die beinahe geschlossene, äußerst geschützte Bucht liegt im N des Golfs. Man steuert sie über die grüne Leuchttonne der Banc de Benedettu an und hält dann mit 340° auf die hellen Felsen in der Buchtmitte zu. Vor den Felsen fährt man mit Kurs N zum Ankerplatz auf 2,5–4 m Tiefe über Schlick oder Sand. Im E-Teil nehmen die Tiefen rasch auf 1 m und weniger ab. Man liegt vor allen Winden gut geschützt.
An Land gibt es verschiedene Restaurants und Bars, die zu den Campingplätzen oder dem Ferienhof gehören. Das W-Ufer mit einem langen Sandstrand, zwei Lagunen, Dünen und vielen Pinien ist wunderschön.

Anse de Tramulimacchia (41°37,1'N 009°20,3'E)
Die flache Bucht kann nur von Booten mit sehr geringem Tiefgang angelaufen werden.

Baie de San Ciprianu

WP 41°37,8'N 009°21,8'E

In der großen Bucht N-lich der Einfahrt in den Golfe

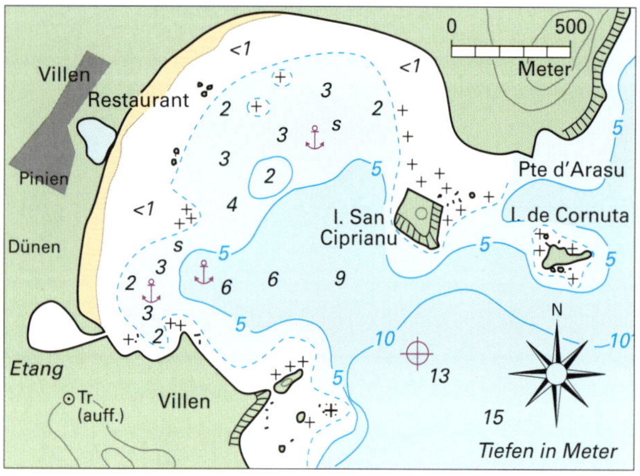

de Porto Vecchio liegen die beiden Inseln San Ciprianu und Cornuta. Die runden Felsen der Letztgenannten sind gut zu erkennen. Dem S-Teil der Bucht ist ein Riff vorgelagert, das sich von der Pta San Ciprianu ins Meer erstreckt; ein weiteres liegt vor dem Strand. Man ankert im SW der Bucht auf 3–5 m über gut haltendem Sand. Tief in der Bucht liegt man vor W- über S- bis SE-lichen Winden geschützt. Die andere Ankermöglichkeit besteht im N der Bucht hinter der Insel, wo man auf 3–4 m Tiefe vor W- über N- bis NE-lichen Winden geschützt liegen kann. Die Insel ist durch ein Riff und Untiefen mit der Pta d'Arasu verbunden.
Im Sommer stehen mehrere Hotels und ein Campingplatz sowie zahlreiche Bars und Restaurants zur Verfügung, und in der Bucht herrscht viel Betrieb. Flache, pinienbestandene Sanddünen bedecken den Landstreifen zwischen dieser Bucht und der Baie de Stagnolu. Das Meer ist hier unvergleichlich klar.

Anse de Punta Capicciola
41°38,5'N 009°23,0'E

Im S der Pta Capicciola liegt eine landschaftlich sehr reizvolle Ankerbucht, die aber nur bei ruhigem Wetter zu nutzen ist. Man ankert auf 5–6 m außerhalb des Riffs, das dem Strand auf 100 m vorgelagert ist. Außer Einheimischen trifft man hier niemanden.

Anse de Cola
Die Bucht im S des Golfe de Pinarellu ist vor W-lichen Winden gut geschützt. Man ankert in der Buchtmitte auf 5–8 m Tiefe.
Im S des Strands befindet sich eine Feriensiedlung, und die N-Hänge sind mit Villen bebaut.

Golfe de Pinarellu
WP 41°40,5'N 009°24,0'E

Die große, vor W- bis S-lichen Winden geschützte Bucht liegt 3 sm NNE-lich des Golfe de San

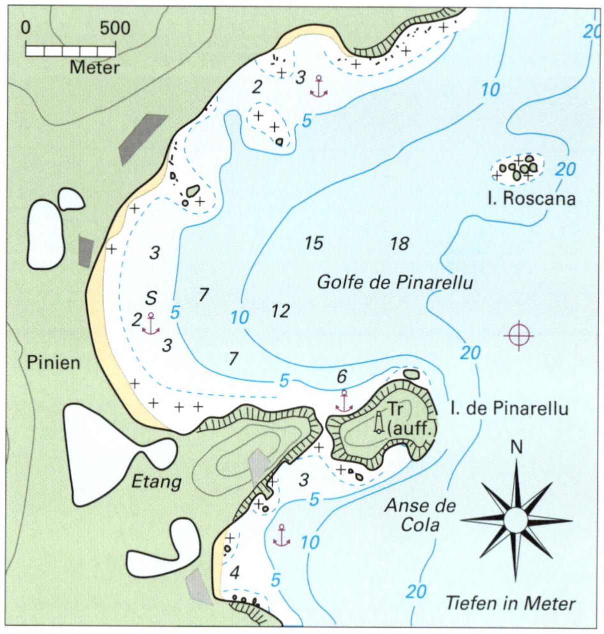

Golfe de Pinarellu und Anse de Cola

Ciprianu. Beste Landmarke ist ein Turm auf der Île de Pinarellu. Auch die Felsgruppe um die Île Roscana in der Buchteinfahrt ist gut zu erkennen. Man ankert vor dem Strand S-lich des Hotels auf 3–6 m Tiefe über gut haltendem Sandgrund. Bei SE-lichen Winden ist mit Schwell zu rechnen. Das Restaurant mit Bar hat nur im Sommer geöffnet.

Anse de Tarcu
41°45,0'N 009°24,6'E

Die kleine Bucht liegt 2 sm von den Türmen auf der Pte de Fautéa und der Île de Fautéa entfernt. Man ankert auf 2–3 m auf Sandgrund vor dem Strand und bleibt vor E-lichen Winden ungeschützt. Die Bucht ist von Appartements und Villen gesäumt.

Anse de Favone
41°46,8'N 009°24,3'E

Die vor W- bis SW-Winden geschützte Bucht ist von zahlreichen Villen und einem Campingplatz umgeben. Vor den Ufern liegen Klippen. Man ankert auf 3–4 m über gut haltendem Sandgrund. An Land bekommt man einige Lebensmittel. Das Restaurant hat nur in der Saison geöffnet.

Anse de Cannella
41°47,9'N 009°24,2'E

Die kleine, vor W- bis NW-lichen Winden geschützte Bucht liegt 1 sm N-lich der Anse de Favone. Man ankert auf 2–3 m über Sand. An Land ist ein Restaurant.

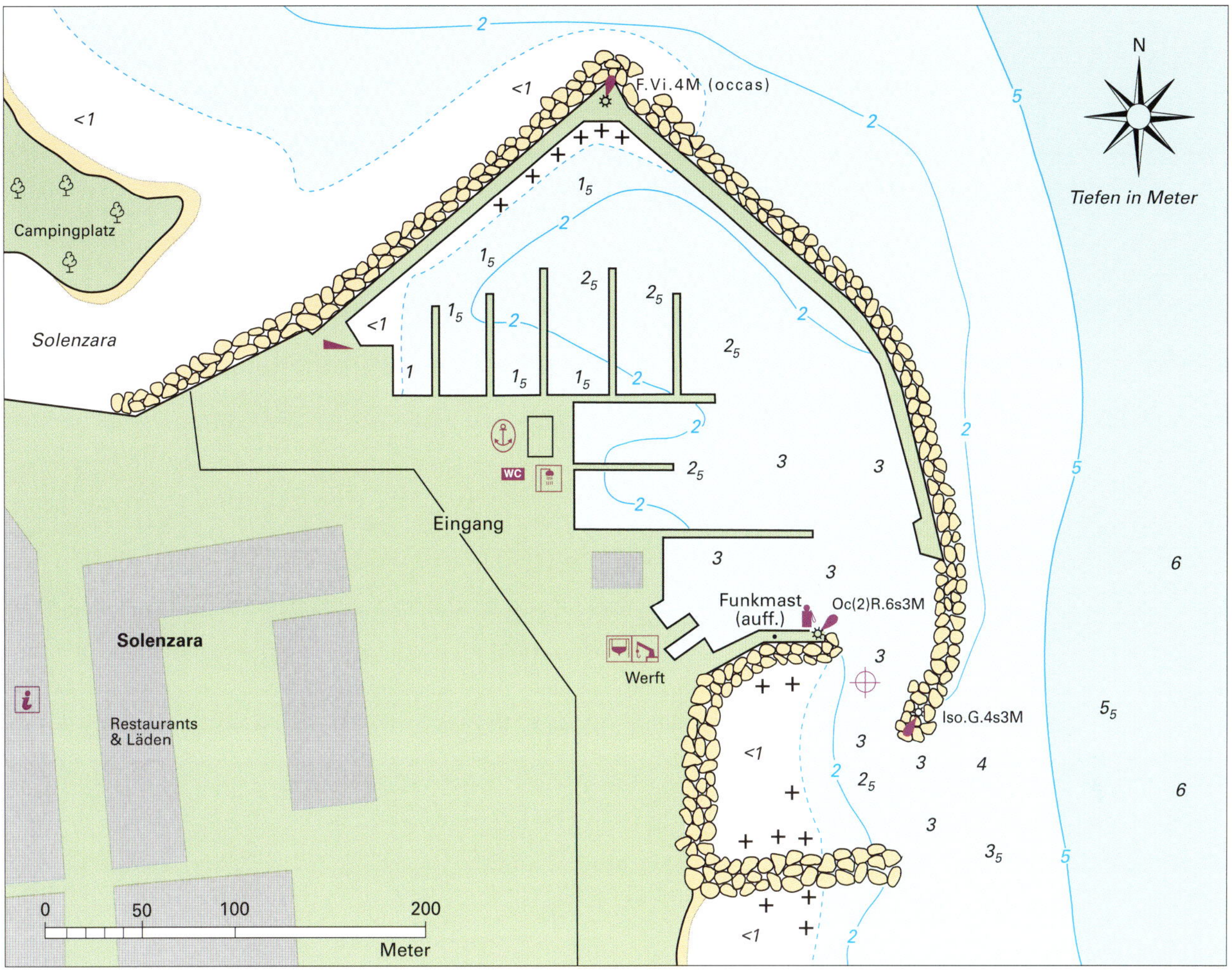

Solenzara

WP 41°51,49'N 009°24,24'E (WGS 84)
Karten: D 499, D 675, F 6855

Allgemeines

Die neue Marina von Solenzara wurde an der E-Küste von Korsika gebaut, um Yachten und ihre Crews in die verlassene Gegend zu bringen – und damit Arbeitsplätze und Wohlstand.

Die Ortschaft Solenzara liegt an den grünen, schattigen Hängen beiderseits des Flusses Solenzara, der N-lich der Marina ins Meer mündet. Auch wenn es hier im Sommer ziemlich heiß wird, ist die Lage doch recht idyllisch. Das Wasser und die Schatten spendenden Bäume lassen einen die Sommerhitze leichter ertragen. Auf der anderen Seite des Flusses gibt es einen Campingplatz, der aber von zahlreichen Bäumen weitgehend verdeckt wird.

Ansteuerung

Die Marina wurde neben der Solenzaramündung am Beginn der flachen Seenlandschaft, die sich bis nach Bastia im Norden Korsikas erstreckt, erbaut.

Auffällig: Aus S kommend, sind die Hafenmolen aus großer Entfernung auszumachen. Von N her sind die Kontrolltürme des Flughafens die beste Landmarke. Ein Mindestabstand von 300 m in Höhe des Rollfelds muss eingehalten werden, die Grenze des Sperrgebietes ist mit einer Kardinaltonne E bezeichnet. Auffälliges Bauwerk der Innenmole ist ein weißer, 26 m hoher Funkmast auf dem kurzen Wellenbrecher an der W-Seite, beschriftet mit „SOLENZARA". In geringerer Entfernung sind dann auch die Außenmole und die Yachtmasten im Hafen auszumachen. Es ist empfehlenswert, den Hafen von E her anzusteuern und dann hart Steuerbord in die Einfahrt zu halten.

Nachts ist die Kardinaltonne E vor dem Flughafen (Q(3)10s) und die Einfahrt mit Iso.G.4s3M und Oc(2)R.6s3M befeuert. Auf dem Knie der Mole – gleichzeitig das Backbord-Feuer der Solenzaramündung – wird zeitweise F.Vi.4M gezeigt. Die nächtliche Ansteuerung sollte besonders vorsichtig erfolgen.

Die Marina ist im Sommer von 0700–2100 Uhr, im Winter von 0800–1200 und von 1400–1700 Uhr auf UKW-Kanal 09 zu erreichen.

Gefahren: Wegen der Felsen und Untiefen im W der Einfahrt ist das Einlaufen bei Dunkelheit nicht zu empfehlen. Die durch stärkere SE-liche Winde

erzeugte unruhige See erschwert das Einlaufen. Bei starken W-lichen Winden ist in den Ansteuerungen von Solenzara mit Fallböen zu rechnen.
Hinweis: Wenn der Fluss durch heftige Regenfälle im Winter stark angeschwollen ist, kann es vorkommen, dass er den Wellenbrecher überflutet und beschädigt.

Liegeplätze

150 der insgesamt 450 Plätze sind für Gastyachten bis 30 m Lüa reserviert; die Hafentiefen betragen 1–3 m.
Festmachen an einem zugewiesenen Platz oder am Kopf der Mittelmole. Anschließend begibt man sich ins Hafenbüro und lässt sich einen Liegeplatz (römisch-katholisch) zuweisen. Größere Yachten bringen ihre eigenen Anker aus. Der Hafen bietet bei allen Winden Schutz, nur bei starken E-lichen Winden kann es etwas ungemütlich werden.
Hafenmeister und Marinapersonal sind im Dienst. Das Liegegeld entspricht Kategorie 3.
Infos: Tel. 04 95 57 46 42 oder Fax 04 95 57 44 66.

Versorgung

Wasser und Strom können an jedem Liegeplatz angeschlossen werden. Toiletten und Duschen sind vorhanden.
Die Tankstelle befindet sich am Kai bei der Einfahrt. Ein 40-t-Bootslift sowie Slips können genutzt, mechanische Reparaturen ausgeführt werden. Yachtausrüster sind am Ort.
Solenzara bietet gute Einkaufsmöglichkeiten und eine reichhaltige Auswahl an Restaurants.
Außerdem gibt es hier die Post und eine Bank sowie eine Bushaltestelle.

Die Küste von Solenzara bis Port de Taverna

Ein Teil der Seen und Flüsse, die an diesem Küstenstrich ins Meer münden, sind von flachgehenden Booten zu befahren. Man sollte vorher an Ort und Stelle die aktuellen Tiefen erfragen. Die beste Zeit zur Erkundung dieses Gebietes ist der Spätsommer bzw. frühe Herbst, wenn der bei Winterstürmen angeschwemmte Schlick, der vor den Flussmündungen Barren bildet, von der zum Meer fließenden Strömung weggespült ist.
Zwischen dem Etang d'Urbino (Etang de Sale) und dem Etang de Diane liegen die Ruinen der von Phokäern gegründeten Stadt Aléria (oder Alalia). Erste Siedlungen gehen auf das Jahr 560 vor Christus zurück. Die Überreste einer Totenstadt, Gräber und Keramiken wurden erst 1955 entdeckt und erbrachten den Beweis für die stets vermutete Bedeutung der Region für die Griechen wie später für die Römer. Es wird angenommen, dass Aléria damals am Etang de Sale lag und durch ein heute versandetes Fahrwasser mit dem Schiff zu erreichen war.
Die reichen Funde sind in einem nach dem berühmten Archäologen Jérome Carcopino benannten Museum untergebracht und der Öffentlichkeit zugänglich. Zu erreichen ist das alte Aléria von Solenzara (32 km) oder von Campoloro (30 km) aus.
Die zahlreichen Fischzuchtfarmen, die entlang der Küste sowie in den Seen liegen, sind zwar markiert, jedoch besonders bei Dunkelheit nicht immer leicht auszumachen.

Port de Taverna (Campoloro)

WP 42°20,44'N 009°32,49'E (WGS 84)
Karten: D 499, D 675, F 6823

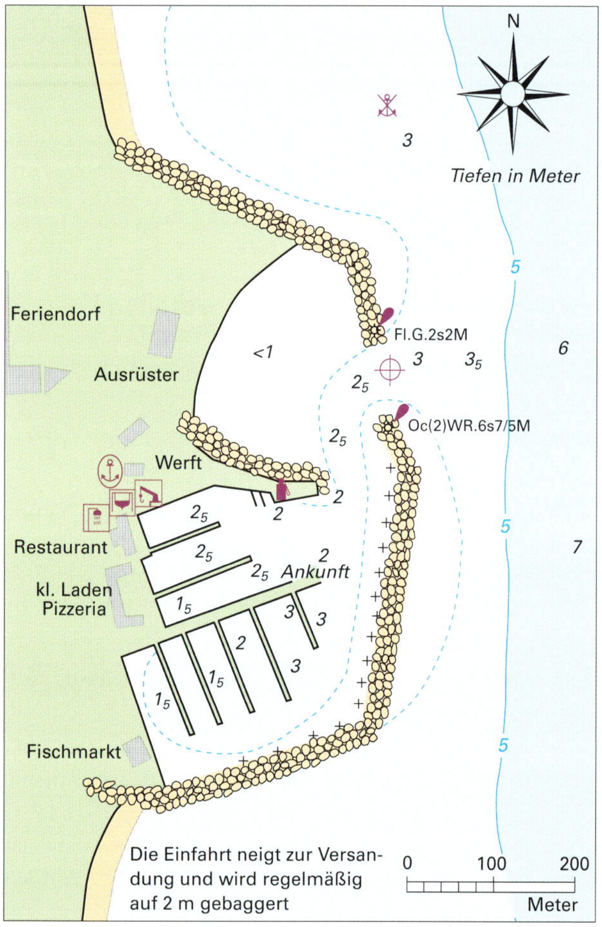

Allgemeines

Der Yachthafen wurde zusammen mit einem Feriendorf gebaut, um den Tourismus im Osten Korsikas zu fördern. Einige der Ferienhäuschen sind vermietet, der Swimmingpool ist mit Wasser gefüllt, die Restaurants in der Marina haben geöffnet, trotzdem macht der Ort einen verlorenen Eindruck: Die Urlauber fehlen. Obwohl der Strand kürzlich zum saubersten in ganz Europa gekürt wurde und Campoloro, ursprünglich „Champ de Lauriers" (Felder mit Lorbeerbäumen) mit einem wunderschönen Hinterland aufwarten kann, ist der Ort wenig besucht.

Ansteuerung

Die Lage der Marina an dem flachen Küstenstreifen zwischen Solenzara und Bastia ist von weitem nur schwer auszumachen. Die genaue Lage ist erst aus einer Entfernung von 2 bis 3 Seemeilen zu erkennen.
Auffällig: Eine gute Landmarke bei der Ansteuerung von S ist der 27 m hohe, graue, achteckige Leuchtturm von Alistro, der etwas erhöht im Hinterland steht. Die Hafenanlagen sind erst aus der Nähe zu erkennen.
Nachts steuert man, von S kommend, nach dem Feuer des Leuchtturms von Alistro Fl(2)10s22M.
Die Marinaeinfahrt ist mit Fl.G.2,5s2M und Oc(2)WR.6s7/5M befeuert, wobei die sichere Ansteuerung im weißen Sektor auf 184°–342° liegt.
Die Marina ist im Sommer von 0600–2200 Uhr, im Winter von 0800–1200 und von 1400–1800 Uhr auf UKW-Kanal 09 zu erreichen.
Vorsicht: Der Hafen und seine Einfahrt versanden leicht, werden aber durch Baggerarbeiten auf mindestens 2 m Tiefe gehalten.
Gefahren: Starke auflandige Winde erzeugen in der Einfahrt Dünung und erschweren das Einlaufen, das bei stürmischem E-Wind gefährlich wird.

Liegeplätze

Der 1,5–3 m tiefe Hafen hat 464 Plätze für Yachten bis 25 m Lüa, davon 100 für Gastlieger.
Man macht zunächst am Empfangskai fest und lässt sich im Hafenbüro einen Platz zuweisen. Die meisten Liegeplätze haben Mooringleinen an Bojen. Der Hafen ist bei jeder Windrichtung gut geschützt.
Hinweis: Erst kürzlich wurde der Hafen auf eine Tiefe von 2-3 m, das Ansteuerungsfahrwasser auf 3 m ausgebaggert.
Vorsicht ist bei auflandigen Winden geboten, die größere Mengen Seegras in den Außenhafen drücken.
Es sind ein Hafenmeister und weiteres Personal angestellt; die Liegegebühr entspricht Kategorie 4.
Infos: Tel. 04 95 38 07 61, Fax 04 95 38 07 46 oder E-Mail porttaverna@mic.fr

Versorgung

Jeder Liegeplatz besitzt einen Wasser- und Stromanschluss. Duschen und Toiletten sind vorhanden.
Am Kai bei der Einfahrt ist Treibstoff zu bekommen.
Es steht ein 50-t-Bootslift zur Verfügung, und es gibt einige überdachte Stellplätze. Arbeiten an der Mechanik sowie in geringem Umfang auch an GFK- und Holzrümpfen können ausgeführt werden.
In der Marina gibt es ein kleines Lebensmittelgeschäft und zwei Restaurants. Eine größere Auswahl an Lebensmitteln findet man im Supermarkt von Prunete (2 km).

Port de Taverna (Campoloro) aus S

La Castagniccia

Das Vorgebirge im Hinterland von Campoloro ist von einem ausgedehnten Kastanienwald bedeckt, der sich von Cervione bis Ponte Leccia erstreckt. Hier findet man überall zwischen den uralten, knorrigen Bäumen die typischen grauen Steinhäuser der Dörfer und Weiler.
Gepflanzt wurde der Wald im 16. Jahrhundert, als die herrschenden Genueser die landwirtschaftliche Entwicklung ihrer Kolonie Korsika vorantreiben wollten. Sie ließen im Nordosten der Insel Weizen und Oliven anbauen, die aber auf dem harten Schiefergestein der steilen Berghänge des Ostens nicht gedeihen konnten. Deshalb pflanzte man dort Esskastanien, die als Schweinefutter sowie zur Herstellung von Mehl genutzt wurden und die korsische Küche grundlegend beeinflussten.
Neben den Esskastanien waren es die Baumwollindustrie und die Fabrikation von Präzisionsgewehren, die der Region zu einem bescheidenen Reichtum verhalfen. Aber in der einsamen Bergwelt gediehen auch die radikalen Ideen der Befreiungsbewegung: Der berühmte Kämpfer Pasquale Paoli wuchs in dem Dörfchen Merosaglia mitten im Wald auf.
Heute werden zwar keine Kastanien mehr geerntet, und die Walddörfer sind größtenteils verlassen, aber ein Besuch in dieser rauen, ursprünglichen Bergwelt lohnt sich.

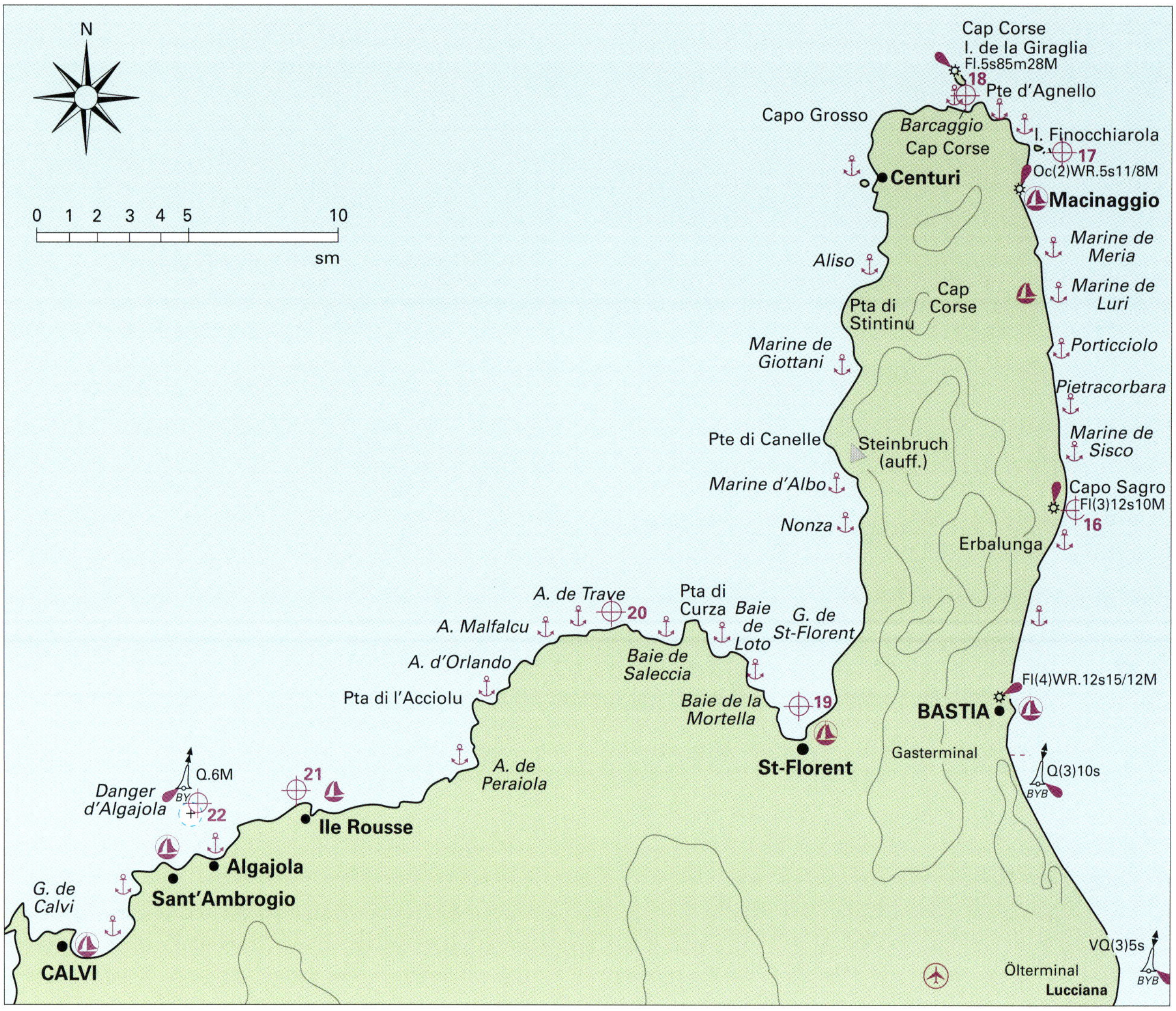

Die Nordküste Korsikas (Angaben zu den Wegpunkten siehe Seite 260)

Die Nordküste
Von Bastia bis Calvi

Bastia
WP 42°41,97'N 009°27,14'E (WGS 84)
Karten: D 499, D 675, F 6823, F 6822, F 6856

Allgemeines
Der Vieux-Port liegt inmitten der italienisch anmutenden Altstadt von Bastia. Sechs- und siebenstöckige Häuser, schmale Gassen, in denen Wäsche trocknet und lauthals geführte Unterhaltungen unter Nachbarinnen erschallen, ein wilder Verkehr, vor dem man sich als Fußgänger hüten muss – all das könnte man genauso auch in Genua vorfinden.
1380 war Cardo noch ein unbedeutendes Fischerdorf, doch sein Gouverneur ließ den Hafen ausbauen und eine Zitadelle errichten, nach der die Stadt nunmehr benannt wurde (von „Bastiglia", ital. Festung). Bis zu Zeiten Napoléons war sie nun Inselhauptstadt, aber mit dem Verlust dieser Würde ging der Handel zurück, Betriebe wanderten ab, und die Stadt begann zu verwahrlosen. Zu allem Unglück wurde Bastia im Zweiten Weltkrieg von den Deutschen besetzt, und als diese 1943 die Stadt verlassen hatten, begann das Bombardement der Amerikaner. Erst nach 1975, als Bastia Hauptstadt der Provinz Haute Corse wurde, gelangte es wieder zu einem gewissen Ansehen und Reichtum, was hauptsächlich den Einnahmen aus dem Weinbau an der fruchtbaren E-Küste und dem Tourismus zu verdanken ist.

Ansteuerung
Auffällig: Die dicht gedrängten Häuser der Stadt sind weithin sichtbar. Sehr auffällig ist die hohe Mole des Handelshafens. Weitere Landmarken sind der Glockenturm von Ste-Marie in der Altstadt sowie die von zwei Leuchttürmen gesäumte Einfahrt des Vieux-Port.
Hinweis: Etwa 2 sm S-lich von Bastia sind zahlreiche unbefeuerte Tonnen zu passieren. In diesem Gebiet liegt auch eine Kardinaltonne E (Q(3)10s).

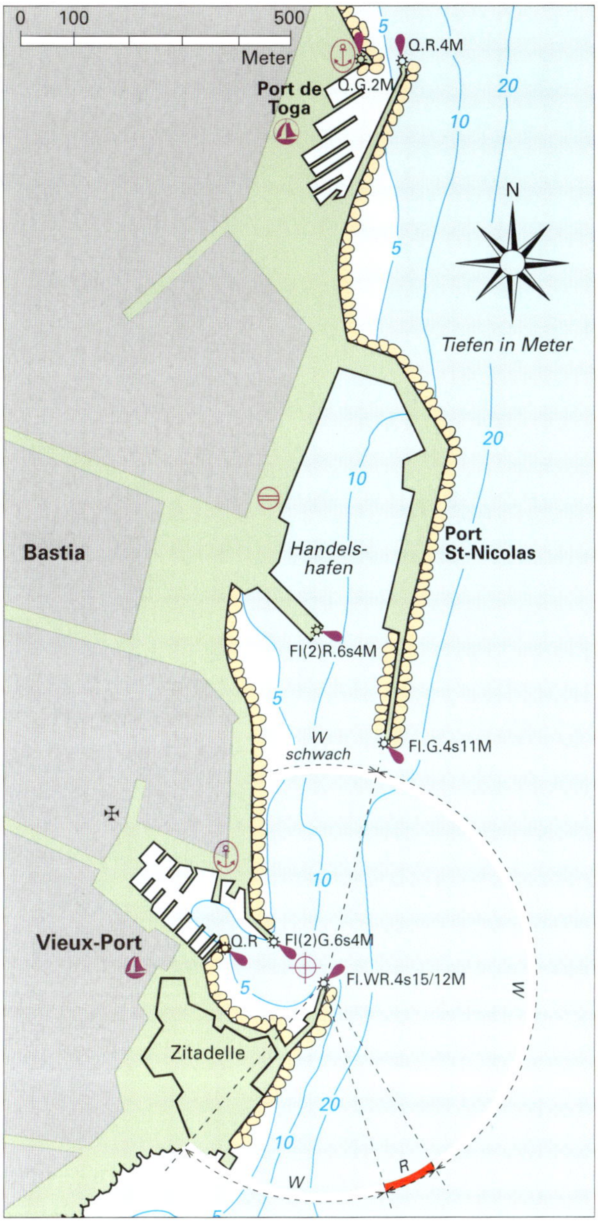

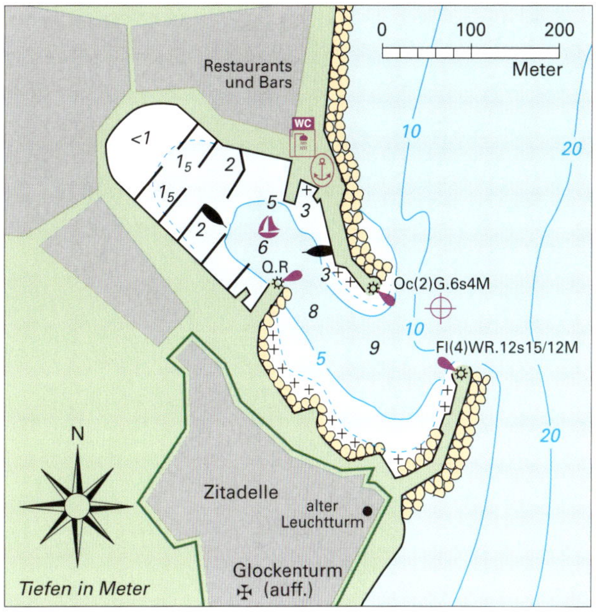

Nachts ist die Jetée du Dragon mit Fl.WR.4s15/12M, der Handelshafen mit Fl.G.4s11M und Fl(2)R.6s4M und der Vieux-Port mit Fl(2)G.6s8M sowie Q.R befeuert.

Die Hafenbehörden erreicht man auf den UKW-Kanälen 12 und 16; der Hafenmeister des Vieux-Port ist im Sommer von 0800–2000 Uhr, im Winter von 0830–1200 und von 1400–1700 Uhr auf Kanal 09 zu erreichen.

Gefahren: Starke E-liche Winde erzeugen eine unruhige See sowie brechende Wellen in der Einfahrt des Vieux-Port. Bei starken W-lichen Winden ist mit Fallböen in der Ansteuerung Bastias zu rechnen.

Liegeplätze

Der 1–6 m tiefe Hafen bietet 265 Liegeplätze für Yachten der Größe 12–30 m Lüa, darunter auch

Bastia: der Vieux-Port

Gastplätze. An allen Liegeplätzen sind Mooringleinen an Bojen ausgelegt. Plätze werden zugewiesen.
Bei nahezu jeder Windrichtung ist mit Schwell zu rechnen, doch dieser kann nur bei starken auflandigen Winden gefährlich werden, wenn man sich nicht ausreichend vorbereitet hat. In einem solchen Fall kann man in den Port de Toga ausweichen.
Behörden: Zoll- und Einwanderungsbehörden sowie ein Hafenmeister sind vor Ort. Das Liegegeld entspricht Kategorie 4.
Infos: Tel. 04 95 31 31 10 oder Fax 04 95 31 77 95.

Versorgung

Am Kai gibt es verschiedene Wasseranschlüsse; Strom kann ebenfalls angeschlossen werden.
Toiletten und Duschen befinden sich beim Hafenbüro.
Im Sommer werden größere Mengen Treibstoff per Tankwagen angeliefert. Es gibt einen 10-t-Slip, und Arbeiten an der Mechanik können ausgeführt werden. Yachtausrüster sind am Ort. Die Einkaufsmöglichkeiten sind gut, auch Stangeneis ist erhältlich. Am Vieux-Port und in der Stadt gibt es zahlreiche Restaurants.
Außerdem findet man Banken, Post und Autovermietung. Von Bastia verkehren Busse und Züge nach Ajaccio und Calvi sowie Fähren nach Marseille, Nizza, Genua und Piombino. Bastia hat einen internationalen Flughafen.

Port de Toga

WP 42°42,58'N 009°27,36'E (WGS 84)
Karten: D 499, D 675, F 6823, F 6822, F 6856

Allgemeines

Die neue Marina im N des Handelshafens von Bastia, Port St-Nicolas, liegt 1 km vom Stadtzentrum entfernt und bietet endlich die dringend benötigten Liegeplatzkapazitäten.

Ansteuerung

Auffällig: Beste Landmarken sind die Kräne und Fähren des Handelshafens (Port St-Nicolas) im S der Marina. Die Marinamolen sind erst dann aus der Nähe zu erkennen, wenn auch das große Schild mit „Port de Toga" in Sicht kommt.
Nachts ist die Einfahrt mit Q.R.4M und Q.G.2M befeuert.
Die Marina ist im Sommer von 0800–2000 Uhr, im Winter von 0800–1200 und von 1400–1800 Uhr auf UKW-Kanal 09 zu erreichen.
Gefahren: Bei starken auflandigen Winden entsteht in der schmalen Einfahrt ein chaotischer Schwell, der das Einlaufen erschwert.

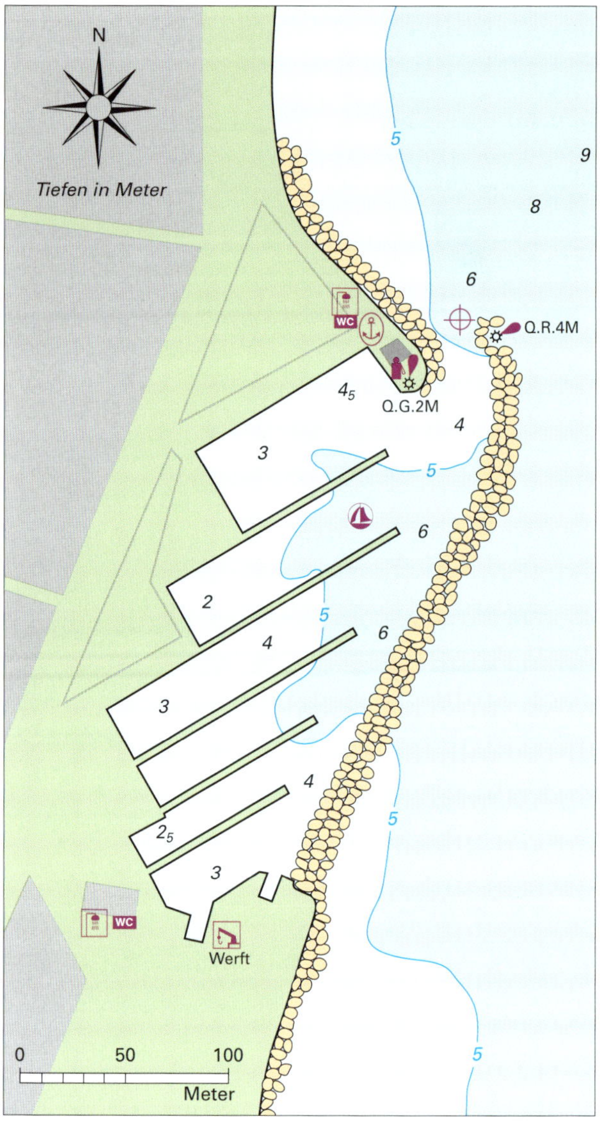

Liegeplätze

Im Hafen finden 355 Yachten bis 25 m Lüa Platz; es gibt 100 Gastplätze. Die Hafentiefen betragen 2,5–6 m, die Einfahrt selbst ist nur 4 m tief.
Man macht zunächst am Empfangskai an der Einfahrt fest und lässt sich einen Platz zuweisen. Mooringleinen am Kai.
Der Hafen bietet guten Schutz; nur bei starken NE-Winden kann es auf manchen Plätzen etwas unruhig werden.
Hafenmeister und Marinapersonal sind im Dienst. Das Liegegeld entspricht Kategorie 3. Der Hafen wird nachts bewacht.
Infos: Tel. 04 95 34 90 70 oder Fax 04 95 34 90 71.

Versorgung

Es gibt Wasser- und Stromanschlüsse (220 und 380 V). Duschen und Toiletten sowie ein Waschsalon sind vorhanden.
Die Tankstelle befindet sich am Kai nahe der Einfahrt.

Ein Travellift, ein Slip und Kräne sind verfügbar. Landstellplätze sind vorhanden. Schiffszubehör beim Travellift.
In Bastia hat man beste Einkaufsmöglichkeiten, aber gegenüber der Marina gibt es einen Supermarkt. Restaurant und Bar sind am Ort.

Erbalunga

42°46,5'N 009°28,5'E

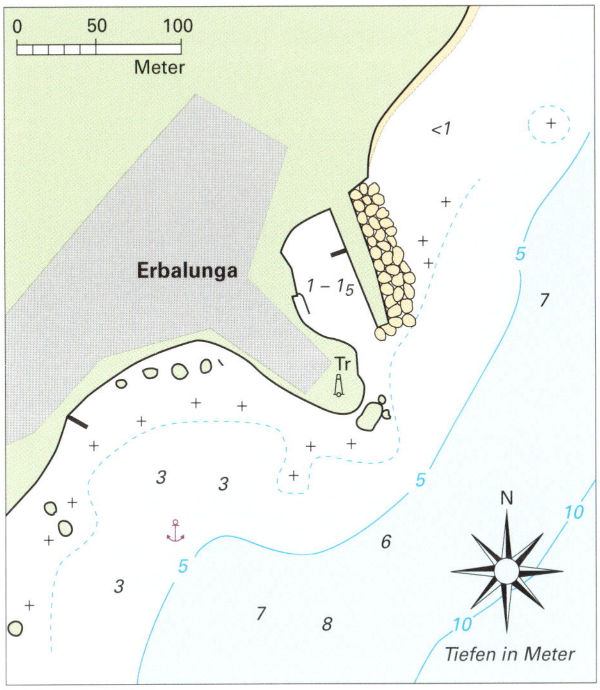

Der winzige Hafen vor der Ortschaft Erbalunga liegt in einer flachen Bucht, 5 sm N-lich von Bastia. Er ist 1–1,5 m tief und mit einheimischen Booten voll belegt. Es besteht die Möglichkeit, vor dem Ort und SW-lich des Hafens auf 4–7 m zu ankern. Dabei sind die zahlreichen Klippen vor den Ufern zu beachten. Der Ankerplatz ist vor E- und S-lichen Winden ungeschützt. An Land gibt es Lebensmittelgeschäfte, Bars und Restaurants, und das malerische Fischerdorf mit seinem Genueser Wachtturm ist einen Besuch wert.

Marine de Sisco

42°48,7'N 009°29,5'E

Der Ankerplatz auf 3–5 m über Sandgrund S-lich der Siscomündung vor dem kleinen Urlaubsort eignet sich nur bei gutem Wetter. Vor E- und S-lichen Winden ist er nicht geschützt. Im Sommer öffnet an Land ein Restaurant mit Bar.

Marine de Pietracorbara

Die flache, nach E offene Bucht liegt 1,5 sm N-lich von Sisco. Im S steht der Genueser Tour d'Aquila, der als Landmarke dient. Man ankert vor dem Strand auf 3–4 m über Sandgrund. An Land befindet sich ein Hotel, die Restaurants haben nur im Sommer geöffnet.

Porticciolo

WP 42°52,66'N 009°28,57'E (WGS 84)

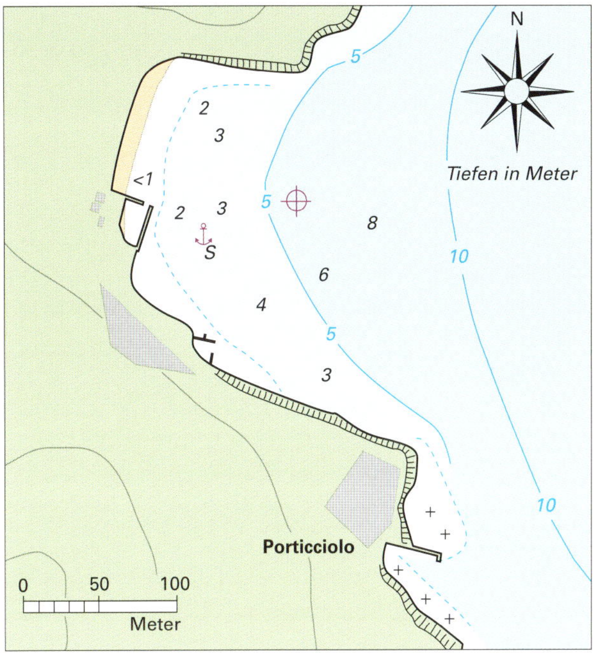

In der kleinen Bucht im NW von Porticciolo, 2,5 sm N-lich von Pietracorbara, kann man auf 3–5 m über Sandgrund vor dem Strand ankern. Der Platz ist bei E-Wind ungeschützt, bietet aber bei SE-Wind ein wenig Schutz. An Land gibt es einige Lebensmittel zu kaufen, und man kann in den Restaurants essen gehen.
Hinweis: Am S-lichen Ende des Strandes gibt es einen Hafen für kleine Boote und noch einen weiteren Hafen am S-Ufer dieser Bucht. Vor der kurzen Mole vor Porticciolo betragen die Wassertiefen 2–3 m; der Grund ist allerdings mit Felsen gespickt.

Porticciolo

Marine de Luri (Santa Severa)

WP 42°53,26'N 009°28,53'E (WGS 84)

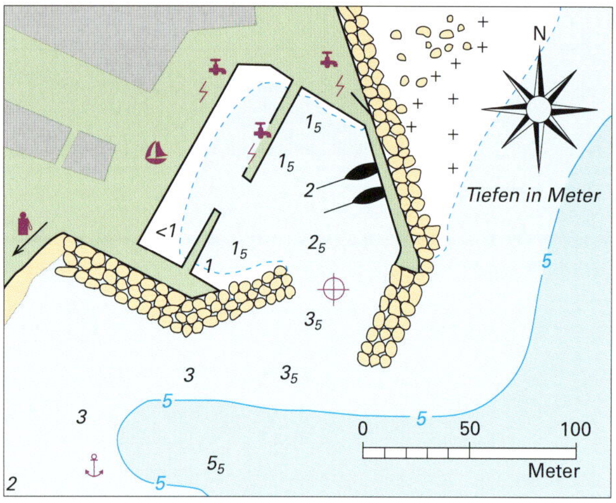

Allgemeines

Marine de Luri ist eine ruhiger kleiner Ort, der sich als Zwischenstopp für kleine und mittlere Yachten auf der Reise von oder nach Cap Corse anbietet.

Ansteuerung

Der Hafen befindet sich 1 sm N-lich von Porticciolo. Die Einfahrt ist unbezeichnet.
Gefahren: N-lich des Hafens erstreckt sich ein Riff vom Ufer aus seewärts.
Hinweis: Bei auflandigen Winden wird das Einlaufen durch heftige Dünung erschwert.

Liegeplätze

30 der 130 Liegeplätze des 0,5–2 m tiefen Hafens für Yachten bis 12 m Lüa sind Gästen vorbehalten.
Man legt sich auf den zugewiesenen Platz. Mooringleinen an Bojen. Im Sommer bietet der Hafen recht guten Schutz; starker SE-Wind kann allerdings problematisch werden.
Es gibt einen Hafenmeister, und es werden Liegegebühren der Kategorie 2 erhoben.

Marine de Luri

Ankerplätze: Bei ruhigem Wetter kann man S-lich des Hafens auf 3–5 m Tiefe ankern. Der Grund steigt sehr schnell an, und schon gut 100 m vor dem Ufer beträgt die Wassertiefe weniger als 1 m.

Versorgung

Alle Liegeplätze haben Wasser und Strom.
Treibstoff bekommt man an der Tankstelle, die 100 m hinter dem Hafen an der Küstenstraße (Richtung S) zu finden ist.
Im Ort gibt es Lebensmittel sowie Restaurants und Bars.

Marine de Meria

42°56,1'N 009°28,1'E

Am N-Ufer der Bucht, die 2 sm N-lich von Luri liegt, steht eine Windmühle. Der Genueser Wachtturm am Strand ist eine weitere Landmarke. Man ankert auf 3–5 m über Sand im S des Turms und ist E- und S-lichen Winden ausgesetzt.

Macinaggio

WP 42°57,70'N 009°27,29'E (WGS 84)
Karten: D 499, D 675, F 6822, F 6850

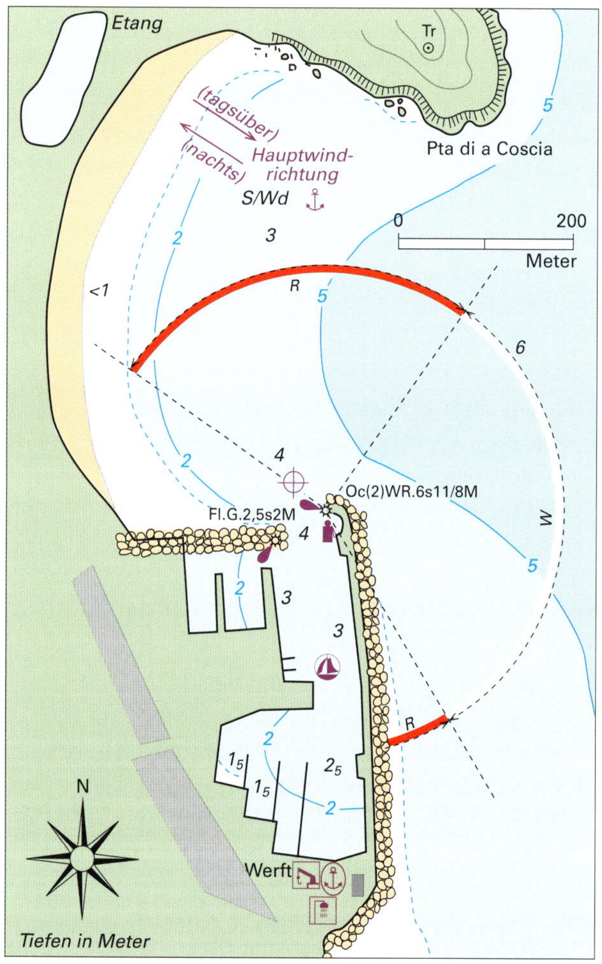

Macinaggio – Blick auf die Hafeneinfahrt aus NNE

Allgemeines

Die Landschaft bei Macinaggio ist weniger rau als weiter S-lich. In den grünen Tälern grasen Kühe, und die Berge sind sanfter geformt. Das kleine Fischerdorf gehört zu einer Ortschaft im Hinterland, die lange Zeit Hauptstadt der Region Cap Corse war. Es sieht noch heute so aus wie vor 50 Jahren, nur die Marina ist neueren Datums. Als Ankerplatz aber ist Macinaggio seit den Zeiten der Römer bekannt, was Ausgrabungen in dem 4 km entfernten Monte Bughiu belegen.

Ansteuerung

Die Ortschaft und der Yachthafen von Macinaggio liegen im S der Baie de Macinaggio an der E-Seite des Cap Corse.

Auffällig: Beste Landmarke ist der Wachtturm auf der äußeren Insel der Îles Finocchiarola. Auch die Kardinaltonne E vor der Banc de Sta Maria sowie eine alte Windmühle im N der Bucht sind gut sichtbar.

Nachts nutzt man das Feuer auf der Île de la Giraglia Fl.5s28M sowie das auf der Kardinaltonne E vor der Banc de Sta Maria (VQ(3)5s). Die Einfahrt der Marina ist mit Fl.G.2,5s2M und Oc(2)WR.6s11/8M befeuert, wobei der weiße Sektor die sichere Ansteuerung auf 218°–331°, der rote Sektor auf 120°–218° die Îles Finocchiarola und die Banc de Sta Maria abdeckt.

Die Marina ist im Sommer von 0700–1300 und von 1400–2100 Uhr, im Winter von 0800–1200 und von

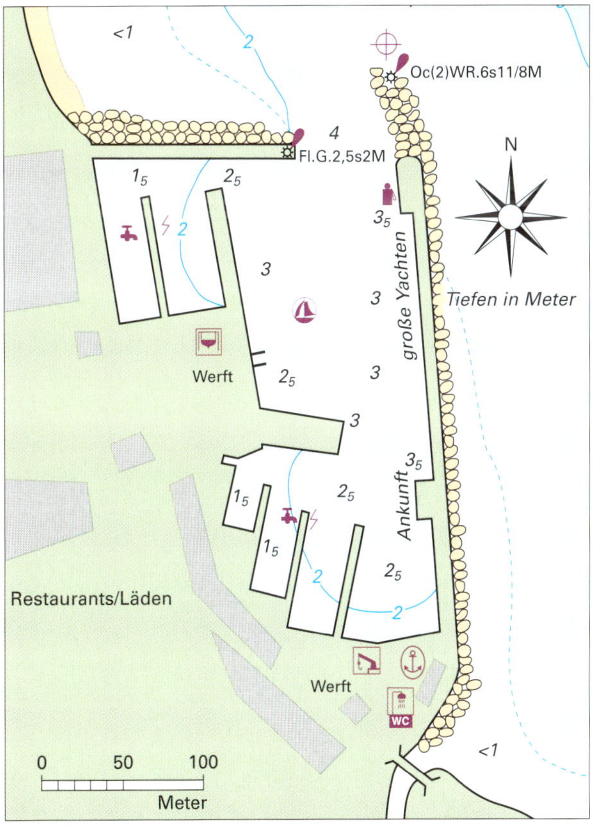

1400–1700 Uhr auf UKW-Kanal 09 zu erreichen.

Gefahren: Starke NE- bis E-Winde erzeugen Schwell in der Marinaeinfahrt, sodass das Einlaufen schwierig bzw. gefährlich wird.

Hinweis: Die Einfahrt ist sehr eng, und man muss ständig mit ein- oder auslaufenden Schiffen rechnen.

Liegeplätze

Die 1,4–3,5 m tiefe Marina bietet 585 Plätze bis 40 m Lüa, 200 davon für Gastlieger. Man lässt sich einen Platz zuweisen oder macht an der Mittelmole fest. Größere Yachten liegen meist mit dem Heck zum Kai S-lich der Tankstelle. Der Hafengrund besteht aus stinkendem, schwarzem Schlick. Beim Aufnehmen einer Mooring beschmutzt man sich fast zwangsläufig. Die Liegeplätze sind bei jedem Wind sicher; nur stürmische NE- bis E-liche Winde erzeugen Schwell im Hafen.
Behörden: Macinaggio ist Zollhafen und beschäftigt einen Hafenmeister und Marinapersonal; die Liegegebühr entspricht Kategorie 4.
Infos: Tel. 04 95 35 42 57 oder Fax 04 95 35 47 00.

Versorgung

Wasser und Strom (220 V sowie 380 V) können an jedem Liegeplatz angeschlossen werden; Wasser wird im Sommer rationiert und ist nur zu bestimmten Tageszeiten zu bekommen. Duschen und Toiletten sind vorhanden.
Die Tankstelle befindet sich bei der Einfahrt. Es stehen ein 45-t-Bootslift sowie ein 2-t-Kran zur Verfügung; einige mechanische Reparaturen können ausgeführt werden. Ein Yachtausrüster ist am Ort.
In der kleinen Ortschaft gibt es ein begrenztes Lebensmittelangebot; Stangeneis ist erhältlich. Es stehen zahlreiche Restaurants zur Auswahl.
Außerdem findet man hier eine Post, eine Bank und eine Busverbindung nach Bastia.

Baie de Macinaggio

42°57,85'N 009°27,3'E

Yachten können vor W- bis NW-Winden geschützt im N der Marina auf 3–5 m über grasbewachsenem Sandgrund ankern. Die Badezone, in der Ankerverbot besteht, ist mit gelben Bojen bezeichnet. Die in die Marina ein- und auslaufenden Yachten dürfen nicht behindert werden. Bei der abends häufigen SE-Brise liegt man unruhig.

Baie de Tamarone

42°58,5'N 009°27,5'E

Die Bucht im N von Macinaggio bietet vor W- bis NW-Wind geschützte Ankerplätze. Man ankert auf 3–5 m über Sandgrund. Das Wasser ist sehr klar, und die Ufer der Bucht sind weitgehend unbebaut.

Îles Finocchiarola

WP 42°59,1'N 009°28,35'E (Genueserturm)

Die Felsinselchen vor der Küste zwischen der Baie de

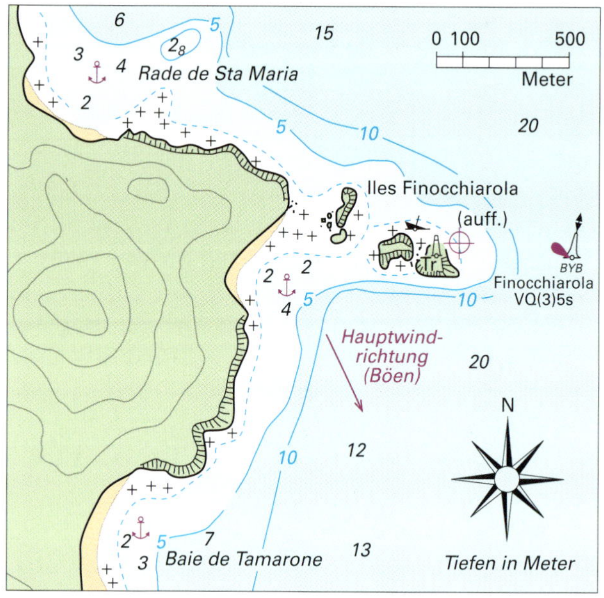

Rade de Sta Maria, Îles Finocchiarola, Baie de Tamarone (WP 42°59,1'N 009°28,35'E)

Îles Finocchiarola mit dem markanten Turm

Tamarone und der Rade de Sta Maria gleichen von N gesehen einem gestrandeten Schiff. Beste Landmarken sind der Wachtturm auf der äußeren Insel sowie die Kardinaltonne E (VQ(3)5s) auf der Banc de Sta Maria. Die Durchfahrt zwischen der Kardinaltonne und der äußeren Insel ist 10 m tief.
Yachten können S-lich der Inseln auf 3–6 m über grasbewachsenem Sandgrund ankern und liegen hier vor NW- bis W-lichen Winden geschützt; mit ablandigen Böen ist zu rechnen.
Hinweis: Das „Syndicat des Ports de Plaisance de Haute Corse" erließ ein Ankerverbot für die Baie de Tamarone, um die Îles Finocchiarola herum und für die Rade de Sta Maria, das allerdings im Sommer von Yachten ungestraft umgangen wird.

Rade de Sta Maria

Die drei kleinen Buchten im N der Îles Finocchiarola sind vor W- bis NW-lichen Winden gut geschützt. Der Küste ist auf 100–200 m ein Riff vorgelagert. Man ankert, wo es einem günstig erscheint, über grasbewachsenem Fels- oder Sandgrund.

Cap Corse

WP 19 42°43,05'N 009°17,45'E

Die kahle N-Spitze des Cap Corse wird im W von dem hohen, hellen Capo Bianco, das sich gut von dem sonst dunklen Felsgestein der Küste abhebt, sowie dem Capo Grosso, das an einer auffälligen Signalstation zu erkennen ist, gebildet. Der flachere E-Teil läuft in die Pte d'Agnello aus, auf der ein Genueser Wachtturm steht. 0,75 sm N-lich des Cap Corse liegt die Île de la Giraglia, eine schroffe Felsinsel mit einem gut sichtbaren, weißen Leuchtturm. Das Fahrwasser zwischen dieser Insel und Korsika ist mindestens 3,5 m tief und kann bei ruhigem Wetter genutzt werden. Am Cap Corse ist stets mit stärkeren Winden als an der W- oder N-Küste zu rechnen. W- oder E-liche Winde erzeugen schwere ablandige Böen. Besonders über den Untiefen zwischen Giraglia und Korsika sowie von der E-Küste bis zur Banc de Sta Marie ist die See dann sehr grob. Bei stärkeren oder gar stürmischen Winden sollte man das Kap mit 2,5–3 sm Abstand runden.

Marine de Barcaggio

43°00,5'N 009°24,3'E

Die große, von einem Sandstrand gesäumte Bucht liegt W-lich der Pte d'Agnello. Am Ufer befindet sich ein kleines Fischerdorf. Bei ruhigem Wetter kann man im E-Teil und vor dem Strand auf 3 m über schlecht haltendem Sand oder Fels ankern. Von der Strandmitte erstreckt sich auf 300 m ein Riff in die Bucht. Die Mole wird ausschließlich von einheimischen Fischern genutzt.

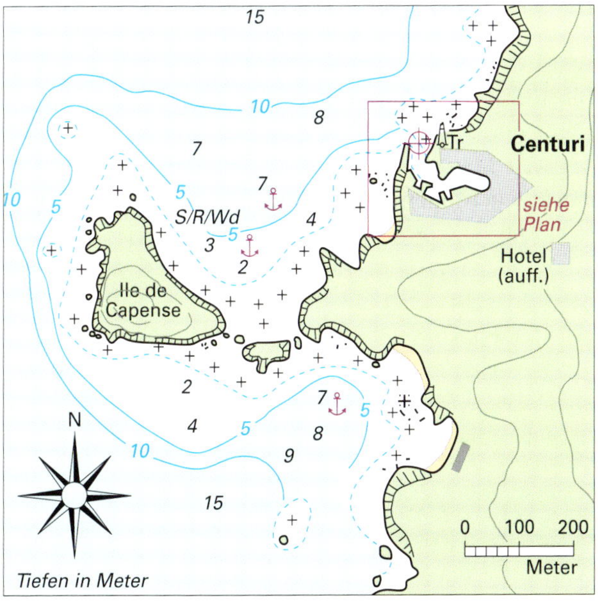

Ansteuerungen von Centuri (WP 42°58,02'N 009°20,97'E/WGS 84)

Centuri

WP 42°58,02'N 009°20,97'E (WGS 84)
Karten: D 499, D 675, F 6969, F 6850

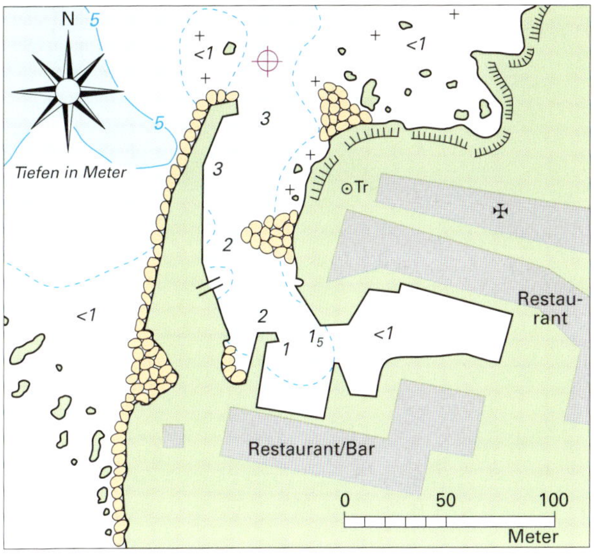

Allgemeines

Die grauen Steinhäuser mit ihren dunklen Schieferdächern sehen von See fast gleich aus und unterscheiden sich kaum vom Felsgestein der Umgebung. Aus der Nähe gesehen, nimmt der Ort dann doch etwas Farbe an. Der Tourismus, der sich in den letzten Jahren hier entwickelte, sorgt für eine bescheidene Besserung der Lebensumstände, hat den Charakter von Centuri aber nicht nachhaltig verändert. Der Hafen wurde im 18. Jahrhundert mit privaten Mitteln erbaut, wobei die damalige Bestimmung heute unklar ist.

Ansteuerung

Die Ortschaft von Centuri liegt, hinter einem Inselchen versteckt, 2 sm S-lich des Capo Bianco.
Auffällig: Von N sind die grauen Steinhäuser gut zu erkennen. Von S her ist das nicht der Fall, und auch die Insel ist von der Küste kaum zu unterscheiden. Als Landmarke dient das Hotel am Hang E-lich des Ortes. Aber erst nachdem der Turm an der E-Seite der Hafeneinfahrt in 120° peilt, kann man den Kurs auf den Kopf des Wellenbrechers absetzen.
Gefahren: Die Île de Capense ist von Riffen und Felsen umgeben. Auch 200 m NNW-lich der Insel liegt ein Riff.
Die Ansteuerung des kleinen Hafens wird von einem Riff versperrt.

Liegeplätze

Der 1–2 m tiefe Hafen verfügt über 60 Liegeplätze für Yachten bis 10 m Lüa, Gastplätze eingeschlossen. Nur flachgehende Boote können im Hafen festmachen. Yachten mit mehr Tiefgang ankern W-lich

Centuri aus ENE – Blick über den kleinen Hafen zur Île de Capense

des Hafens in der Bucht auf 5–8 m über schlecht haltendem Sand- oder Felsgrund, wobei das der Küste vorgelagerte Riff zu beachten ist. Auch S-lich der Île de Capense kann auf 8–10 m über grasbewachsenem Sand oder Fels geankert werden.
Die Ankerplätze eignen sich nur bei ruhigem Wetter, wobei stets mit Schwell gerechnet werden muss. Sind stärkere Winde vorausgesagt, sollte man nach Macinaggio oder St-Florent laufen.
Hinweis: Eine Hafenausbaggerung und -erweiterung ist in Planung.

Versorgung

Wasser und Strom können angeschlossen werden. Ein WC ist vorhanden.
Lebensmittel und Restaurants findet man im Ort.

Anse d'Aliso

42°55,5'N 009°21,3°E

Die Bucht liegt 2 sm S-lich von Centuri und bietet vor den vorherrschenden leichten bis mittleren W-lichen Winden Schutz. Beste Landmarke ist das Bergdorf Pino im S. Ein steiles, schluchtähnliches Tal mündet in die Bucht, wo auf 3–5 m über Sandgrund geankert wird.

Marine de Giottani

WP 42°51,98'N 009°20,23'E (WGS 84)

Die Bucht liegt 3,5 sm S-lich von Aliso auf der S-Seite des steil abfallenden Monte Minervu. Von S kommend, passiert man die Ortschaft Canari, deren

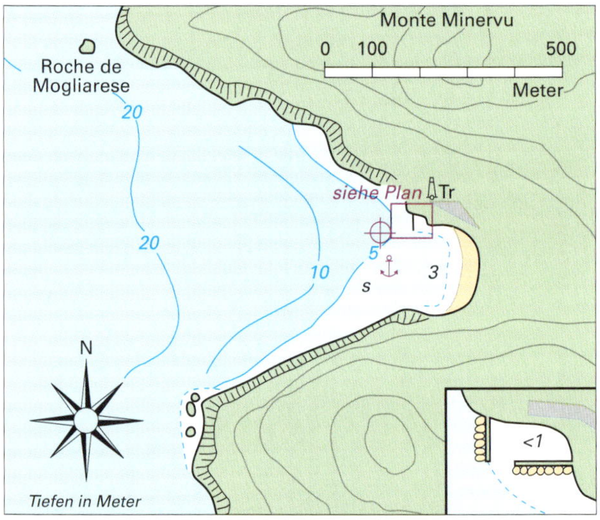

viereckiger Turm eine gute Landmarke ist. Canari liegt 1 sm S-lich der Ankerbucht; der eben vom Meer überspülte Stein vor dem Ufer bei Canari ist bei der Navigation zu beachten. Landmarken sind die Häuser hinter dem Strand und ein winziger Hafen im N der Bucht. Man ankert auf 5–7 m über Sandgrund und ist W-lichen Winden ausgesetzt. Bei Libeccio ist der Platz unhaltbar.

Marine d'Albo

42°48,65'N 009°20,0'E

Dieser Ankerplatz befindet sich in der Bucht unterhalb des Steinbruchs, der eine der besten Landmarken am Eingang des Golfe de St-Florent ist. Das Riff, das sich von dem Turm im S der Bucht bis etwa 200 m in die Buchtmitte erstreckt, ist bei der

Navigation zu beachten. Man ankert vor dem Strand auf 5–10 m. An Land gibt es ein Restaurant mit Bar. *Hinweis*: Bei der Ansteuerung des Golfe de St-Florent von See ist die beste Landmarke der große Steinbruch oberhalb der Marine d'Albo. Die gleichmäßigen Terassen ähneln einer Inka-Stadt.

Marine de Nonza

42°47,25'N 009°20,5'E

Die Ortschaft Nonza thront hoch über dem Meer auf einem Felsvorsprung S-lich des Steinbruchs und bietet einen äußerst spektakulären Anblick. Der darunter liegende Ankerplatz eignet sich nur bei ruhigem Wetter. Man liegt hier vor dem S-Ende des langen Strandes über 7–10 m tiefem Grund.

Saint-Florent

WP 42°41,1'N 009°17,3'E
Karten: D 499, D 675, F 6969, F 6850

Allgemeines
Saint-Florent ist eine angenehm geschäftige Stadt, in der das touristische Leben pulsiert wie in keiner anderen Ortschaft Korsikas. Die Stadt wurde im 16. Jahrhundert gegründet. Anlass war angeblich die Notwendigkeit, vor den Malariamücken an die Küste zu fliehen. Denn bereits seit dem 12. Jahrhundert befand sich einen guten Kilometer landeinwärts eine Siedlung mit der noch heute zu besichtigenden Kirche Santa-Maria-Assunta der Pisaner. Die neue Stadt wurde im Umkreis der Genueser Zitadelle an dem bereits viel genutzten Hafen angelegt.
Nach dem Zweiten Weltkrieg bekämpfte man die Mücken in Saint-Florent und schuf damit die Voraussetzungen für Tourismus in dieser so malerischen Stadt. Eine besondere Spezialität scheinen die teilweise exotischen Drinks zu sein, die hier auch noch mit Schlagsahne („Chantilly") serviert werden.

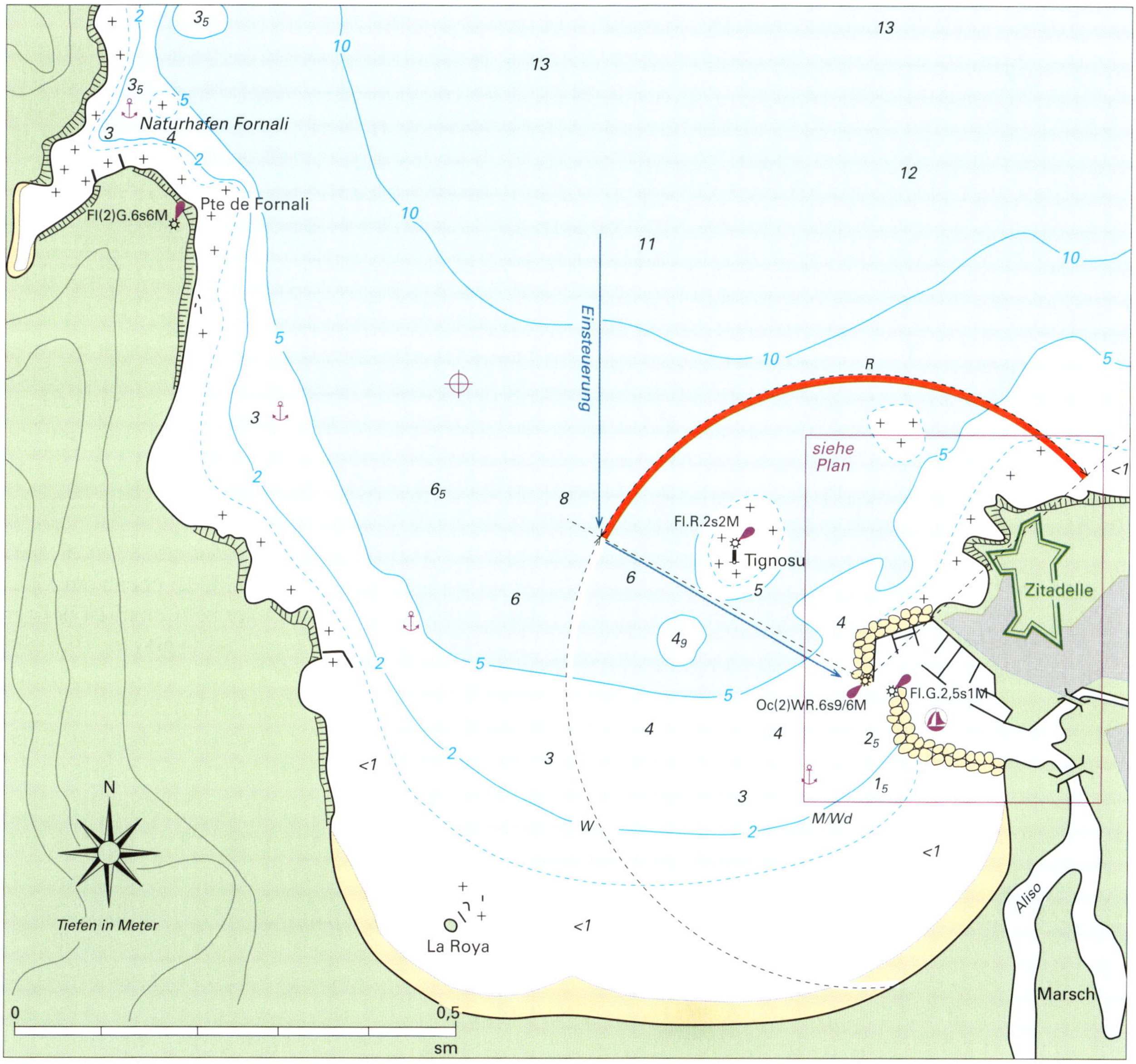

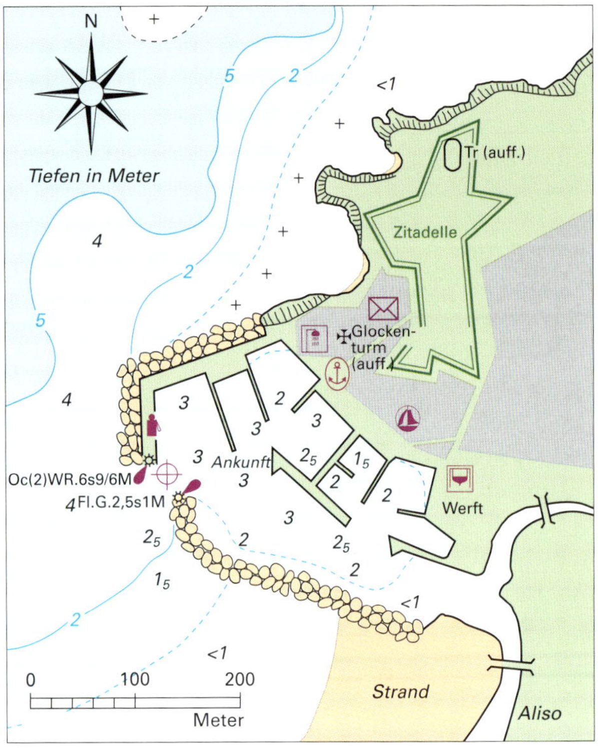

Ansteuerung

Auffällig: Der Steinbruch oberhalb von Albo ist aus großer Entfernung zu erkennen. Weitere Landmarken im Golfe de St-Florent sind der viereckige, weiße Leuchtturm und die Signalstation auf der Pta Mortella. Das Stadtbild wird von den starken Mauern der Zitadelle geprägt. Auffällig ist auch ein Kirchturm. Die Einfahrt der Marina ist nur aus der Nähe zu erkennen.

Nachts navigiert man nach den Feuern auf der Pta Mortella mit Oc.G.4s8M sowie dem auf Pte de Fornali Fl(2)G.6s6M und dem Feuer des Leuchtturms der Pta Vecchiaia mit der Kennung Fl(3)WR.12s10/7M, wobei der rote Sektor auf 174°–035° die Gefahrenstellen in der Ansteuerung St-Florents abdeckt. Später kommt das Feuer der Turmbake auf Ecueil de Tignosu mit Fl.R.2s2M sowie die mit Oc(2)WR.6s9/6M und Fl.G.2,5s1M befeuerte Hafeneinfahrt in Sicht. Alle Gefahrenstellen liegen im roten Sektor des Einfahrtsfeuers auf 116°–227°.

Die Marina ist im Sommer von 0700–2100 Uhr, im Winter von 0800–1200 und von 1500–1800 Uhr auf UKW-Kanal 09 zu erreichen.

Gefahren: Das Riff Ecueil de Tignosu ist mit einer gut sichtbaren roten Turmbake bezeichnet. ENE-lich davon liegen ein weiteres Riff sowie eine Untiefe, sodass Yachten die Bake bei der Ansteuerung des Hafens an Backbord lassen sollten.

Starke N-liche Winde erzeugen vor allem im Scheitel des Golfs eine unruhige See, die das Einlaufen in die Marina erschwert. Im Frühling und Herbst ist abends mit schweren Fallböen zu rechnen.

Liegeplätze

200 der insgesamt 750 Plätze bis 30 m Lüa sind Gastyachten vorbehalten; die Hafentiefen betragen 1–3 m. Man macht am Kopf der T-förmigen Mittelmole fest. Mooringleinen am Kai. Der Grund des Hafens besteht aus klebrigem Schlick, der nicht nur an den Moorings, sondern wirklich überall haften bleibt. Der Hafen bietet bei jeder Windrichtung Schutz.

Vom Hafenmeister oder dem Marinapersonal wird ein Liegegeld der Kategorie 4 verlangt.

Infos: Tel. 04 95 37 00 79 oder Fax 04 95 37 11 37.

Hinweis: In das Hafenbecken münden der Fluss Aliso und der Bach Strutta, beide tragen erheblich zur Versandung bei. Daher wird regelmäßig eine Rinne von der Mündung bis zur Einfahrt in die Marina auf 3 m gebaggert.

Ankerplatz: W-lich der Marina kann auf 3–5 m über gut haltendem, grasbewachsenem Schlickgrund geankert werden. Man liegt vor leichten W-lichen Winden geschützt und kann damit rechnen, dass der Schwell sowie die vorherrschend auflandigen Winde zum Abend abnehmen. Den besten Schutz bietet die Bucht S-lich von Pte de Fornali.

Versorgung

Wasser und Strom (220 und 380 V) sind an jedem Liegeplatz anzuschließen. Duschen und Toiletten finden Sie beim Hafenbüro.

Die Tankstelle ist nahe der Einfahrt. Es stehen ein 12-t-Kran und ein 50-t-Bootslift zur Verfügung. Ein Großteil der anfallenden mechanischen Reparaturen sowie Arbeiten an GFK- bzw. Holzrümpfen können ausgeführt werden. Yachtausrüster sind am Ort.

St-Florent bietet gute Einkaufsmöglichkeiten, auch Stangeneis ist erhältlich. Im Ort und an der Hafenzeile hat man die Wahl zwischen zahlreichen Restaurants. Außerdem findet man hier Post, Banken und eine Autovermietung. Es fahren Busse nach Bastia, wo es einen Flughafen gibt.

Der Naturhafen Fornali

WP 42°41,3'N 009°16,9'E (Feuer Pte de Fornali)

Die tiefe, enge Bucht im N des Pte de Fornali ist größtenteils mit einheimischen Dauerliegern belegt. Beste Landmarke ist der Leuchtturm auf dem Kap. Das dem Kap vorgelagerte Riff sowie der Unterwasserfelsen mitten vor der Einfahrt sind bei der Navigation zu berücksichtigen. Man ankert im äußeren Teil auf 3–4 m. Hier ist man allerdings vor den vorherrschenden Winden nur unzureichend geschützt.

Anse de Fornali

S-lich der Pte di Cepo liegt die nur mäßig vor den vorherrschenden Winden geschützte Bucht, in der man auf 3–6 m über gut haltendem Schlick ankert. Den Ufern der Bucht sind Riffe vorgelagert.

Baie de la Mortella

WP 1 42°41,3'N 009°16,9'E
WP 2 42°43,0'N 009°15,4'E (Feuer Pta Mortella)

Die lang gestreckte Bucht zwischen der Pta Mortella und der Pta di Cepo bietet verschiedene Ankerplätze. Als Landmarken dienen der Leuchtturm und die Signalstation auf der Pta Mortella. Der dicht am Ufer stehende Wachtturm ist nur von N her zu erkennen. Unterhalb des Turms wird auf 4–5 m auf grasbewachsenem Fels oder Sand geankert. Hier ist man vor den vorherrschenden Winden gut geschützt.

In der ***Anse Fiume Santo*** bei der Flussmündung kann man auf 3 m über Fels oder Sand ankern. Dicht unter der Küste liegt ein Riff.

Vor dem Strand im S der Bucht ankert man auf 4–6 m über Sand oder Fels. Nachmittags findet man hier meist keinen Schutz. Der Ankerplatz ist von Riffen gesäumt.

Der Genueser Wachtturm auf der Pta Mortella hielt dem Bombardement einer britischen Flotte stand, die im Jahre 1794 der französischen Regierung im Kleinkrieg gegen den korsischen Freiheitskämpfer Paoli zur Hilfe kam. Beeindruckt von der Stärke des Mauerwerks, ließ Lord Hood Hunderte von Nachbauten des so genannten Martello-Turms an den Küsten Englands errichten, die damals zum Schutz vor Angriffen des napoleonischen Frankreichs dienten.

Baie de Loto

42°43,3'N 009°14,4'E

W-lich der Pta Cavallata erstreckt sich ein langer Sandstrand vor einem schroffen Bergrücken. Bei gutem Wetter und leichten W-lichen Winden kann man vor dem Strand auf 4–6 m über Sandgrund ankern. In der Nähe befindet sich eine Reihe von Seen, darunter der Etang de Loto.

Marine de Peraldu

WP 42°43,5'N 009°13,8'E

Die kleine Bucht NW-lich von Loto bietet nur wenigen Yachten Platz. Man ankert auf 3–4 m über grasbewachsenem Sand oder Fels. Die Restaurants am Ufer haben nur im Sommer geöffnet. Bei ruhigem Wetter kann man auch vor der Küste zwischen Peraldu und der Pte di Curza ankern.

Baie de Saleccia

WP 42°44,2'N 009°13,4'E (Pta di Curza)

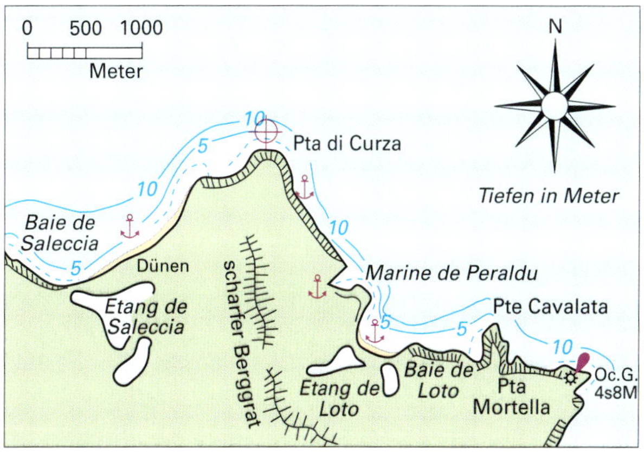

W-lich der Pta di Curza liegt ein langer, fast weißer Sandstrand, der von einem Dünengürtel gesäumt wird. Bei Flaute oder leichten W-lichen Winden kann man vor dem Strand auf 4–6 m über Sandgrund ankern.

Anse de Trave

Auch diese Bucht 3 sm W-lich von Saleccia, zwischen Pta di Trave und Pta Negra eignet sich nur bei gutem Wetter zum Ankern (4–5 m über Sand).

Anse de Giugnu
42°43,9'N 009°08,2'E

Die Schönwetterbucht schließt sich im W an die Anse de Trave an. Das Riff, das sich von einer kleinen Landspitze zwischen zwei Einbuchtungen bis fast vor das E-Ufer erstreckt, ist bei der Navigation zu beachten. Man ankert vor dem Strand auf 3–5 m über Sandgrund.

Anse de Malfalco
42°43,7'N 009°07,0'E

Die kleine Bucht 1 sm W-lich von Giugnu bietet ein wenig Schutz vor W-lichen Winden. Man ankert auf halber Strecke zum Scheitel auf 4–5 m über Sand- oder Felsgrund. Yachten mit weniger als 1 m Tiefgang können tiefer in die Bucht laufen, müssen aber die Riffe vor den Ecken beachten.

Désert des Agriates
Die Hänge des Landstrichs zwischen dem Golfe de Saint-Florent und Île Rousse bestehen größtenteils aus ödem, braunem, nur vereinzelt mit Büschen oder Bäumen bewachsenem Felsgestein. Es gibt hier fast keine Ortschaften, und somit fehlen auch Landmarken, die beim Erkennen der zahlreichen Ankerplätze hilfreicher sein könnten.

Anse d'Orlando (Baie di l'Acciolu)
42°41,8'N 009°04,1'E

Die Bucht im E der Pta di l'Acciolu ist vor leichten W-lichen Winden geschützt. Man ankert auf 3–5 m vor dem kleinen Strand.

Anse de Peraiola
42°39,8'N 009°03,6'E

In der Schönwetterbucht 2 sm S-lich der Pta di l'Acciolu kann vor dem Strand auf 3–5 m über Sandgrund geankert werden. Das Restaurant mit Bar am Ufer öffnet im Sommer.

Anse de Lozari
42°38,6'N 009°00,9'E

Auch diese große Bucht 2 sm S-lich von Peraiola eignet sich nur bei ruhigem Wetter. Am Ufer stehen Ferienhäuser, und am W-Ende des Strands liegt das Fischerdorf Lozari. Man ankert auf 3–5 m vor dem Strand.

Île Rousse
WP 42°38,5'N 008°56,4'E
Karten: D 499, D 675, F 6970, F 6980

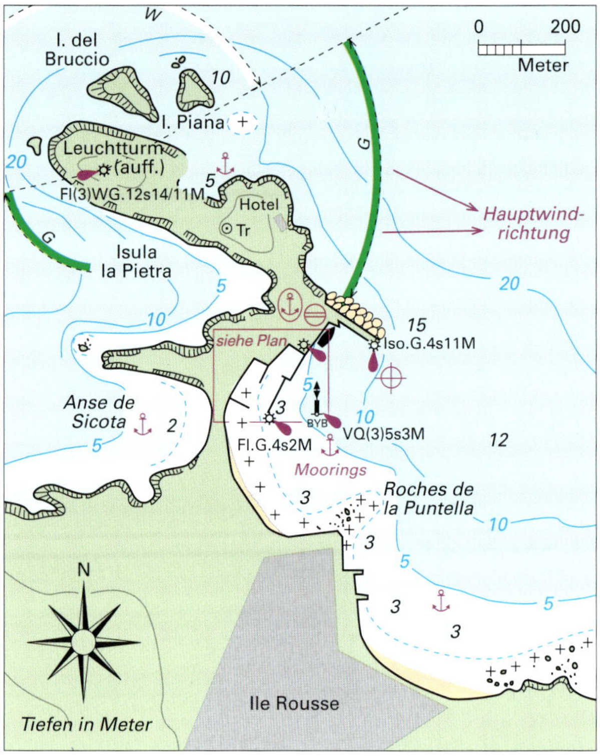

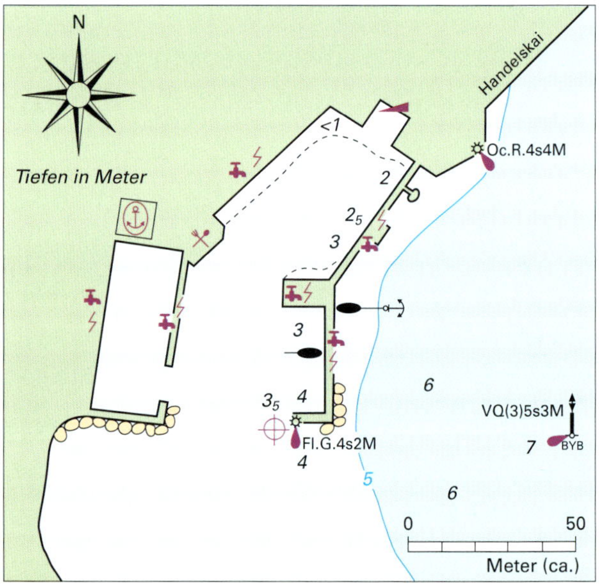

Allgemeines
In der Bucht könnte man sich an der Riviera wähnen, doch hier leben sehr viel weniger Leute, und es gibt kaum Touristen. Dennoch hat Île Rousse seinen Charme. Es besitzt einen beeindruckend großen Platz, der nach Pasquale Paoli benannt und von herrlichen Häusern gesäumt ist. In den eleganten Cafés sieht man die einheimischen Bauern beim Kaffee oder Pastis sitzen, und man muss sich fragen, ob die ganze Anlage nicht etwas zu groß geraten ist.

Bis 1758 gab es außer dem Genueser Wachtturm und ein paar römischen Ruinen keine weiteren Bauten. Die Stadt wurde nach den Ideen des Freiheitskämpfers Paoli errichtet, der einen Wohnort und Hafen für seine aus Calvi geflohenen Anhänger benötigte. Die drei parallel geführten Hauptstraßen werden durch kleinere Straßen verbunden und sind um den riesigen Hauptplatz herumgeführt. Die Häuser sind verhältnismäßig groß und prächtig ausgefallen mit repräsentativen Eingängen. Auch nach Paolis Tod wurde in diesem Stil weitergebaut, und noch heute spürt man die künstliche Gestaltung dieser Stadt.

Ansteuerung

Die rote Felsinsel ist sowohl von W als auch von E gut zu erkennen.

Auffällig: Beste Landmarke von W kommend, ist die Zitadelle Algajola. Der runde, weiße Leuchtturm mit Wohngebäude auf der Îsula la Pietra (Grande Île Rousse) ist sehr auffällig. Später kommen der Wachtturm und ein hässliches weißes Hotelgebäude in Sicht.

Nachts steuert man nach dem Feuer La Pietra (auf der Isula la Pietra) mit der Kennung Fl(3)WG.12s 14/11M, wobei der weiße Sektor 079°–234° die sichere Ansteuerung außerhalb von Danger d'Algajola abdeckt. Der Kopf der Fährmole ist mit Iso.G.4s11M, der Fischerhafen mit Oc.R.4s4M und die Kardinaltonne E mit VQ(3)5s3M befeuert. Die Yachthafeneinfahrt zeigt Fl.G.4s2M. (Einzelheiten zu Danger d'Algajola s. u.)

Gefahren: 150 m W-lich der Îsula la Pietra (Grande Île Rousse) liegt ein Riff, das auch bei ruhigem Wetter schwer auszumachen ist.

Im Sommer ist der Yachthafen von 0700–2200, im Winter von 0700–1800 Uhr auf UKW-Kanal 09 zu erreichen.

Liegeplätze

Der neue Yachthafen S-lich des Fischereihafens bietet 150 Liegeplätze bis 35 m Lüa, darunter 85 für Gäste. Die Wassertiefen betragen <1–4 m.

Man liegt mit dem Bug oder Heck zum Kai. Mooringleinen am Kai.

Der Hafen bietet guten Schutz, doch bei starken N-lichen Winden herrscht Schwell.

Behörden: Zoll und Hafenmeister sind vor Ort, das Liegegeld entspricht der Kategorie 2.

Infos: Tel./Fax 04 95 60 26 51.

Ankerplätze

Bei den im Sommer vorherrschenden W-lichen Winden ankern die meisten Yachten vor der Stadt SE-lich der Roches de la Puntella bzw. NW-lich davon. Der letztgenannte Ankerplatz ist besser geschützt und größtenteils mit einheimischen Dauermoorings belegt. Direkt vor der Stadt liegt man zwar näher an den Versorgungseinrichtungen, muss aber auch mit dem Lärm und Schwell von Motorbooten rechnen.

Einem Teil des Strandes ist ein mit gelben Bojen markiertes Sperrgebiet für Schwimmer/Wassersport vorgelagert, das unbedingt zu respektieren ist.

Bei den vorherrschend W-lichen Winden liegt man im Hafen und auf den Ankerplätzen gut geschützt. Dreht der Wind auf N, muss der Ankerplatz verlassen werden.

Versorgung

Wasser und Strom gibt es an jedem Liegeplatz, Duschen und Toiletten sind vorhanden. Treibstoff wird an den Kai geliefert. Es gibt einen kleinen Yachtausrüster. Die Lebensmittelauswahl ist gut, und es findet sogar ein kleiner Markt statt. Neben zahlreichen Restaurants stehen eine Post und Banken zur Verfügung. Bastia und Calvi sind mit dem Zug zu erreichen.

Algajola

42°36,7'N 008°51,4'E/Karten: D 499, D 675, F 6970

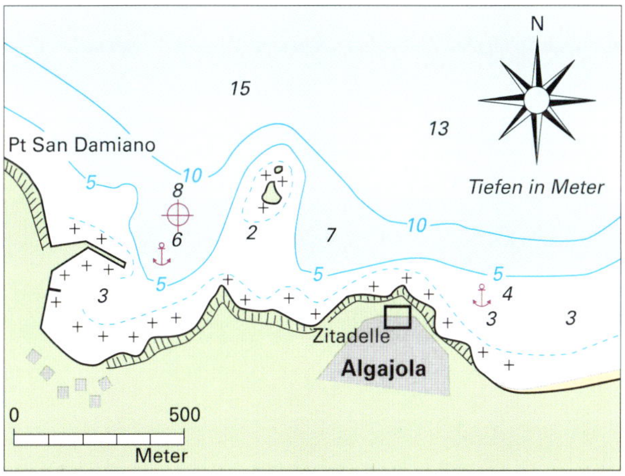

Allgemeines

Die Zitadelle von Algajola stammt von den Genuesern und wurde zur Sicherung der W-Küste gebaut. Ihre Bedeutung schwand mit dem Ausbau von Calvi und Île Rousse. Im Sommer ist dieser angenehme Ort ein beliebtes Ausflugsziel.

Ansteuerung

Ankerplatz und Hafen liegen etwa 4 sm W-lich von Île Rousse. Die Gebäude und die Zitadelle des Ortes sind nicht zu übersehen.

Gefahren: Danger d'Algajola (WP 22 42°37,8'N 008°50,4'E) ist ein gefährliches Riff mit nur 0,8 m Tiefe und liegt, von weiteren Untiefen umgeben, 1 sm NW-lich von Algajola. Es ist mit einer Kardinalbake N und Q.6M bezeichnet. Bei ruhigem Wetter ist das

Riff leicht auszumachen, und auch die Durchfahrt zwischen diesem und der Küste Korsikas ist gut zu erkennen. Bei mehr Wind ist das nicht mehr möglich, sodass sorgfältiger navigiert werden muss.

Liegeplätze

Man ankert E-lich der Ortschaft auf 3–5 m über Sandgrund, wo man vor leichten W-lichen Winden geschützt ist.
Kleine Yachten können im Hafen ankern und eine Leine zum Land ausbringen. Die Hafenmole und die Küste werden von einem Riff gesäumt.

Versorgung

An Land sind Lebensmittel erhältlich, und es gibt Restaurants und Cafés.

Sant'Ambrogio

WP 42°36,1'N 008°49,8'E
Karten: D 499, D 675, F 6970, F 6980

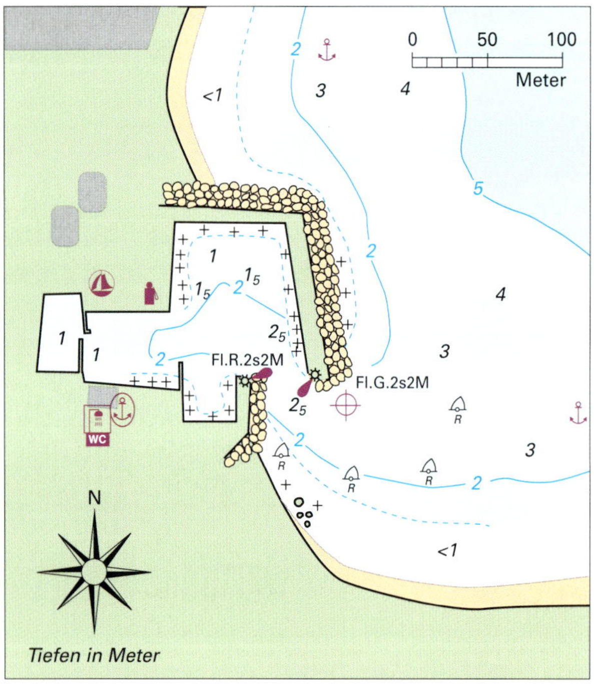

Allgemeines

Der Yachthafen gehört zu dem großen Feriendorf, das die Hänge an den Küsten im E und N bedeckt. Die meisten Freizeitaktivitäten finden in und um den Hafen herum, auf den Yachten, im Schwimmbad, auf den Tennisplätzen und in den Bars und Restaurants statt. Im Winter ist hier zweifelsohne sehr viel weniger Betrieb.

Ansteuerung

Beste Landmarke von W ist die Wachtturmruine auf Pta Spano. Das Feriendorf und der Hafen kommen erst beim Einlaufen in die Bucht in Sicht. Von E kommend, sind die roten Dächer der Ferienhäuser auffällig.
Nachts ist die Hafeneinfahrt mit Fl.G.2s2M und Fl.R.2s2M befeuert. Das erste Einlaufen in den Hafen sollte tagsüber stattfinden.
Gefahren: Bei der Ansteuerung von E ist der Danger d'Algajola zu umfahren. Starke NE- bis E-liche Winde erzeugen in der Einfahrt eine grobe See, die das Einlaufen erschwert oder gar gefährlich werden lässt.
Hinweis: Man hält mit Kurs S auf den Hafen zu, bis man die erste Tonne des bezeichneten Fahrwassers bis zur Einfahrt aufnehmen kann.

Liegeplätze

21 der insgesamt 150 Plätze sind für Gastyachten bis 12 m Lüa reserviert – längere Yachten sollten sich aus Platzgründen wirklich nicht in den Hafen begeben; der Hafen ist 1–2 m tief. Man macht am Kai N-lich der Tankstelle oder an einem zugewiesenen Platz fest. Mooringleinen am Kai. Vorsicht, vor den Kais ist der Grund durch Geröll unrein. Der Hafen ist bei jedem Wind sicher; bei starken NE-Winden ist mit Schwell zu rechnen.
Dem Hafenmeister ist ein Liegegeld der Kategorie 4–5 zu zahlen.

Versorgung

An jedem Liegeplatz sind Wasser und Strom anzuschließen. Duschen und Toiletten sind vorhanden. Treibstoff bekommt man am Kai. Es steht ein 10-t-Kran zur Verfügung; einige Arbeiten an der Mechanik können ausgeführt werden. Lebensmittel und Stangeneis sind in der Nähe erhältlich. Die Restaurants und Cafés haben nur im Sommer geöffnet.

Baie Algajo

WP 42°35,8'N 008°48,5'E

In der Bucht gibt es mehrere Schönwetterankerplätze:
S-lich ***Pta Spano*** wird auf 4–5 m über Sand geankert.
Im S-Teil der Bucht liegt der ***Port Algajo***, wo man auf 2–5 m über Sand ankern kann.
An der S-Spitze von ***Pta Carchincu*** kann man auf 5–6 m ankern.
Alle drei Ankerplätze sind bei den vorwiegend W-lichen Winden ungeschützt. Yachten sollten bei W-Wind nach Calvi laufen.

Register